泸溪教育志

泸溪县史志办公室　编

方志出版社
Publishing House of Local Records

图书在版编目（CIP）数据

泸溪教育志 / 泸溪县史志办公室编；唐黎明主编
--北京：方志出版社，2019.1
ISBN 978-7-5144-3541-2

Ⅰ.①泸… Ⅱ.①泸… ②唐… Ⅲ.①地方教育—教育史—泸溪县 Ⅳ.①G527.644

中国版本图书馆CIP数据核字（2019）第011172号

泸溪教育志

编　　者：泸溪县史志办公室
主　　编：唐黎明
责任编辑：冯　松

出 版 人：翼祥德
出 版 者：方志出版社
地址　北京市朝阳区潘家园东里9号（国家方志馆4层）
邮编　100021
网址　http://www.fzph.org
发　　行：方志出版社图书经销中心
电话（010）67110500
经　　销：各地新华书店
印　　刷：吉首蓝天彩色印刷厂

开　　本：889×1194　　1/16
印　　张：32.5
字　　数：664千
版　　次：2019年1月第1版　　2019年1月第1次印刷
印　　数：0001～1000册

ISBN 978－7－5144－3541－2　　定价：380.00元

《泸溪教育志》编纂委员会

《泸溪教育志》撰稿人员

黄海龙	陈永辉	印有芳	符兴明	周隆发
谢永良	付朝华	杨建华	邓良英	张千聪
陈湘波	吴务生	张玉德	陈仕国	杨　屹
张贤彪	李长发	杨再兴	杨明忠	田儒平
翟　强	李成刚	李华君	覃自杰	吴朝逢
钟吉海	宋兰珍	向连凤	李书清	孙东海
杨启群	张明明	李　平	毛永学	李永宏
邓光华	黄国荣	张民志	杨清华	唐秀玉
唐健生	刘序年	符双碧	杨铁文	符自杰
张红娟	王维红	刘　勇	罗邦全	张自育
陈秀刚	杨元军	杨荣洲	石远君	李成春
张昌旺	张时满	李德双	黄利华	李道发
周付元	杨和平	李雪刚	杨昌建	杨万军
梁本军	彭顺芬	文飞云	刘柏英	戴春寿
周建生	周显富	莫刚军	李代海	李　妮
黄生发	向建春	吴学高	梁时义	杨　智
杨世军	黄书香	吴代喜	包昌祥	谭子应
康碧爱	王　毅			

2018年3月7日，州委书记叶红专（前排左三），州委常委、州委政法委书记欧阳旭（二排有一）等一行在县委书记杜晓勇(左一)、县长向恒林（右一）、县委副书记李云信（二排右二）等陪同下考察思源实验学校

2017年6月2日，州委副书记、州长龙晓华（左二）在县委书记杜晓勇（左一）、县长向恒林（左三）、县教体局局长谭子好（左四）陪同下到思源实验学校调研

2018年1月12日，省民宗委任徐克勤（右二）在县委书记杜晓勇（左三）、副县长尚远道（右一）、县教体局局长谭子好（右三）陪同下调研泸溪县民族教育工作

2014年9月19日，州人大常委会副主任刘小刚（右二）、州政府秘书长（时任教育局局长）包太洋（右一）在副县长尚远道（左一）陪同下调研思源实验学校

2017年11月6日副州长李平（左三）在县领导陪同下调研马王溪村小学

（县委、县人大常委会、县政府、县政协）“四大家”领导在思源实验学校召开教育工作现场办公会议

县委书记杜晓勇在泸溪一中考点检查指导高考筹备工作

全县教育脱贫攻坚推进暨教师节表彰大会召开

县领导为教育功臣颁奖

县领导参加武溪第二小学建设奠基仪式

县教体局召开全县教育发展脱贫工作会议

中国石油化工集团公司领导为学生发放助学金

教育资助中心工作人员为贫困大学生办理助学贷款

泸溪一中学生获湖南宋祖英基金资助

长沙市芙蓉区为浦市中心完小贫困学生发放助学金

思源实验学校发放建档立卡——贫困学生助学金明白卡

县教体局召开全县中小学校长会议，对校长进行培训

教体系统青年后备干部培训班开班

学前教育乡村教师工作坊研修线下集中培训

心理健康教育教师参加培训

全县小学语文青年教师阅读教学优质课观摩暨研讨活动

县教体局召开名师工作室成员及学员评审会

县教体局局长谭子好带领全县教育教学工作会议与会人员在县职业中学观摩机器人『小胖』

泸溪县教体局承办湘西州第十五届中小学生田径运动会

泸溪县第一中学举办第30届学校田径运动会

白沙小学举办第二届校园足球联赛，创建全国校园足球特色学校

泸溪县第一职业中学举行课间操比赛活动，1800余名师生同台竞技（李焱华、钱坤摄）

白沙小学魅力大课间表演玩转足球操

明德小学开展学校阳光健身活动

学生们在读书活动中表演竹竿舞

踏虎学校“书香校园”活动

白沙小学陶艺教学

明德小学粮食字画艺术

武溪小学开展『民俗文化进校园』活动，师生表演苗族跳香舞

泸溪第一职业中学开设非物质文化遗产项目踏虎凿花专业课程

思源实验学校开设非物质文化遗产项目《辰河高腔》传承课程

梁家潭学校开展『民俗文化进校园』活动，传承苗族鼓舞

泸溪县第一中学

泸溪县第二中学

泸溪县第三中学

泸溪县第四中学

泸溪县第五中学

潭溪中学

泸溪县第一职业中学

白沙中学

小章民族中学

达岚中学

永兴场中学

武溪小学

浦市中心完全小学

白沙小学

明德小学

思源实验学校

达岚中心完全小学

合水中心完全小学

兴隆场中心完全小学

小章中心完全小学

潭溪中心完全小学

永兴场中心完全小学

洗溪学校

八什坪学校

梁家潭学校

石榴坪学校

长坪学校

白羊溪学校

踏虎学校

解放岩学校

泸溪县民族幼儿园

泸溪县全民健身中心

泸溪一中旧址（1996年）

省心楼（原一中校园内）(龙赞才摄)

浦市官立高等小学堂（清光绪二十九年）

泸溪县农业中学（1958年以浦市吉家大院为校舍）（张宗南摄）

泸溪县教育和体育局领导班子：（左起）党组成员、主任督学左华，党组书记、局长谭子好，党组成员、副局长胡建中，党组成员，副局长向子权

编辑部人员：（左起）许世和、张宗南、唐黎明、符明、李蓉

序　一

教育工作，是一项神圣的工作；教育事业，是太阳底下光辉的事业。因此，编纂《泸溪教育志》，是一件合乎民意、深得人心的事情。

当这部煌煌60余万字的《泸溪教育志(送审稿)》摆上我案头的时候，我是抚卷有感、心情激动的。这本书能够编纂出来，它体现了教育部门的远见卓识和责任担当；也凝聚了史志部门的辛劳汗水和智慧勇气。编纂这本书，是一件值得期待的事情；这本书的编纂，是一件难能可贵的事情。

泸溪是一个文化厚重的地方，也是一个教育源远流长的地方。泸溪的教育发展得很早，据考证，泸溪学校教育发端于汉代，隋唐时期已有贤者开馆授徒，北宋年间就有了湘西地区第一所学宫。这一梳理，就不难发现泸溪教育发展的历史脉络、厚重文化。由此可见，泸溪教育是有景深的。

教育是推动一个地方经济社会发展的内在动力，一个不重视教育的地方也必然是一个没有希望的地方。一直以来，泸溪就格外重视教育，尊师重教已成为泸溪人民的光荣传统，不仅历代官府，历届党委、政府高度重视教育，而且泸溪人民从内心深处高度重视和大力支持教育事业的发展。这几年，每年新年上班的第一个县委常委现场办公会必然要到教育部门召开，为教育部门送去新年“红包”，这对推动全县形成尊师重教浓厚氛围，发挥了积极示范引领作用。

这些年来，泸溪县委、县政府对教育事业的支持主要体现在“四个优先”上：教育问题优先研究、教育投入优先保障、教育项目优先建设、教育环境优先治理。为推动教育事业加快发展、科学发展，县委、县政府从政策层面出台了一系列文件，比如《关于建设教育强县的决定》《关于全力推进教育强县工作的决定》《关于进一步推进教育事业优先发展的决定》等，特别是围绕城乡教育均衡发展，出台了“农教补贴”制度，为发展高中教育出台了“高考重奖”制度，形成了良好的政策环境和制度体系。可以说，如今在泸溪，最好的房子是在学校，最好的环境是在学校，最好的风景是在学校。

这些年来，县委、县政府高度重视优化城乡义务教育学校布局，形成了“一环两片”的教育格局，有效解决了城镇大班额问题，泸溪被评为全国、全省义务教育均衡发展先进县；切实加强名师、名校长队伍建设，锻造了一支讲政治、讲实干、讲奉献的教师队伍和教育管理者队伍；始终重视教育管理创新和教研教改工作，形成了具有泸溪特色的教育管理经验，并得到了教育部的推介；始终狠抓基础教育、高中教育、职业教育，教育教学质量稳步提升，高考本科上线率、本科上线万人比连续14年位居全州第一，仅2018年考取清华、北大的学子有6人，创造了泸溪教育新的辉煌、新的高峰。

这些年来，县委、县政府高度重视校园文化建设，按照“一校一特色、一校一模式”原则，指导和推进校园文化建校、实现文化强校，形成了各具特色、各显魅力、精彩纷呈的校园文化。比如，一中的高中文化、职中的职教文化、五中的民俗文化等，文化园地、文化长廊、校训校旨蔚然成风，已成为校园里一道道最亮丽的风景。

这些年来，县委、县政府高度重视教育扶贫工作，落实义务教育"两免一补"政策，执行建档立卡贫困学生学前至高中阶段15年免费教育；在全州率先建立助学网，实施"关爱工程"，建立留守儿童"爱心之家"，引导社会爱心人士、青年志愿者关爱留守儿童、贫困学生，有效解决了贫困学生读不起书、上不起学的问题；同时，也进一步打破了贫困的代际传递。

回望过去，是为了更好地创造未来。《泸溪教育志》的编纂成书，很好地记录了泸溪教育发展的历程，记录了泸溪教育改革的脉络，记录了教育教学的经验，记录了教育名人和大事，它是泸溪教育沿革的"历史书"，也是泸溪教育成绩的"荣誉簿"，更是泸溪教育发展的"教科书"。能够在短短两年时间内编纂成书，它凝聚了教育部门的心血和汗水，凝聚了史志部门的心血和汗水，更是凝聚了所有编纂者的心血和汗水。搜集资料、伏案写作、反复校对、几易其稿，很是不易。这里，我要为他们点个赞，他们是真真正正为泸溪教育事业的发展做了一件大实事、大好事。

回望，是为了更好地出发；总结，是为了更好地提高。当前，泸溪教育已形成了自己的特色、铸造了自己的荣光，已成为泸溪的一张名片，并在全州引领风骚。但成绩属于过去，我们不能躺在过去的功劳簿上，而要以此为起点，不忘初心、继续上路、奋力开拓、勇攀高峰，努力在优化教育布局上下功夫，努力在夯实教育基础建设上下功夫，努力在提升教育信息化水平上下功夫，努力在在加强师德师风建设上下功夫，努力在优化教育环境上下功夫，积极开创教育工作新局面。我想，只要众志成城、和衷共济，一定能书写泸溪教育事业发展更加美好、更加璀璨的明天！

是为序

中共泸溪县委书记：杜晓勇

2018 年 9 月

序　二

泸溪县第一部正规出版的《泸溪教育志》终于成书付梓，这是我县精神文明建设的一项重要成果，也是我县教育史上的一件振奋喜事。担任泸溪县人民政府县长7年，有幸见证了泸溪教育"十二五"以来艰辛和腾飞，深感泸溪教育厚重底蕴和教育成果来之不易。县史志办和县教体局历经2年的呕心笔耕，终于编成这么一部翔实的教育志书，可谓功在当代、利在千秋，我谨致以衷心地感谢和祝贺！

泸溪历史悠久，人文荟萃。万古奔流的沅水，用它甘甜的乳汁哺育了两岸人民，孕育了悠久的盘瓠文化，催生了神秘的巫楚文化。战国时期，楚国爱国诗人屈原怀着"路漫漫其修远兮，吾将上下而求索"的悲天悯情，溯沅水而上，一路探访，一路悲歌，在这里留下了《涉江》《渔父》《橘颂》等千古名篇；现代文学大师沈从文也曾驻足泸溪，文采泉涌，真情流露，写下了《泸溪·浦市·箱子岩》等脍炙人口的文章；"东方戏曲活化石"辰河高腔更是在这里源远流长，发扬光大，成为人类不可多得的艺术瑰宝。

深厚的文化底蕴为泸溪教育事业培育了适宜发展的温床，代复一代，学风兴盛，形成了崇文重教、兴学育人的社会风尚，泸溪教育源远流长，不断发展壮大。泸溪学校教育发端于汉代，北宋庆历五年(1045)

始建学宫，开湘西创立学校和祭祀孔子之先河。南宋绍兴十九年(1149)，始建湘西州第一所书院——东洲书院。元明清时期学宫、书院、私塾、县学、义学等竞相发展，愈发兴旺。民国时期，尽管社会动荡、经济凋零、办学维艰，然教育事业绵延不绝，门类逐步孕育齐全。中华人民共和国成立后，县政府接管改造，推陈出新，各类教育迎来发展春天。特别是改革开放40年来，县委、县政府把发展教育作为政府的责任，纳入全县经济发展总体规划，把教育摆在优先发展的位置，大力实施“科教兴县”“教育强县”战略。经过几代人拼搏努力，泸溪教育事业得到蓬勃发展，全社会形成了“党以重教为先、政以兴教为本、民以助教为荣”的欣欣向荣局面。20世纪90年代以来，“两基”达标，惠及当世；素质教育，硕果累累；课程改革，如火如荼；“双高普九”，高歌猛进；教育督导，成绩卓著；义教均衡，有声有色；教育扶贫，其战正酣。值得一提的是，泸溪高考质量更是大放异彩，2000年以来共有31名学子考入清华北大，本科上线率、本科上线万人比连续14年稳居全州第一，创造了泸溪教育现象，缔造了泸溪教育神话，为全县经济社会发展添上了浓墨重彩的一笔！

在谱写泸溪教育辉煌篇章的进程中，各级党委政府聚精会神、高位推进；广大教职员工殚精竭虑、孜孜以求；社会各界倾情关注、广泛参与；全县上下团结一致，群策群力。其间，有多少人勇立潮头，敢为人先，用智慧与汗水，用奉献和忠诚，演绎出泸溪教育发展的壮丽篇章！

如是这般，教育大地方显勃发生机，迎来百花争艳的明媚春光。留存事业前进的辉煌瞬间，铭刻躬身发展的志士先贤，《泸溪教育志》应时应运而生，以“存史、资治、教化”为主旨，记其渊源，以传光荣历史，载其兴革，具明发展轨迹，上可告慰先贤，下可为后者借鉴，亦可作诸君研究泸溪教育之工具书，必当经世致用、服务现实、冶励来者、惠及千秋。

盛世修志，继往开来。泸溪教育历经风霜洗礼，愈发勃勃生机，前景一片光明。站在新的历史起点，如何推动泸溪教育高质量发展，加快教育现代化进程，助力全县经济社会更好更快发展，成为我们这一代人及后人不断努力的前进方向和奋斗梦想。我愿与全县32万泸溪人民一道，高举马克思列宁主义和习近平新时代中国特色社会主义思想旗帜，坚持办好人民满意教育的初心不变，坚持教育优先发展的地位不动摇，同心同德，群策群力，开拓创新，奋勇拼搏，努力开创泸溪教育更加辉煌的明天，为推进“五大工程”、打造“五个泸溪”、助力经济社会全面发展做出新的更大贡献！

唯其如此，我们才能无愧于先贤创造的丰功伟绩，无愧于芸芸桑梓的殷嘱重托，无愧于莘莘学子的热切期盼，无愧于我们所处的这个伟大时代！

抚卷长思，且之为序！

泸溪县人民政府县长：向恒林

2018年9月

序　三

有一首歌这样唱道:"心给了这片土，所有的心就在这里倾注;人给了这片地,所有的爱都在这里投入。"泸溪县第一部教育专业志书浓情面世,值得庆贺!《泸溪教育志》的出版,正当其时,意义非凡,不仅是对前仆后继、创业奉献的先贤前辈们的告慰,更是对律己诲人、劳苦功高的广大教育工作者的褒扬,必将大裨当前,鼓舞士气,鉴照千秋,以励来兹!

百年大计,教育为本。泸溪悠久灿烂的千年文明得以传承、升华和发展,靠的就是教育培养的杰出人才和培育的知识沃土;泸溪经济社会在艰巨的自然条件得到快速发展,靠的就是教育提供的智力支撑和人才保证。

通览《泸溪教育志》,仿佛一轴厚重多彩的历史画卷。泸溪教育最早可追溯至汉代,伴随着唐、宋、元、明、清及民国朝代更替,至中华人民共和国,教育事业经历了始建学宫、首办书院、私塾风靡、县学兴起、义学竞展、战乱冲击、艰苦创业、"两基"普及、素质教育、义教均衡、两项督导、教育扶贫等多个重大事件,谱写了一曲可歌可泣的壮丽诗篇。特别是在党的十一届三中全会以来,历届县委、县政府始终对教育高看一等、厚爱一层,将教育放在优先发展的战略高度,大力实施"科教兴县”“教育强县”和“教育扶贫”战略，弘扬优良传统，紧跟时代步伐，在传承中创新，在创新中发展进步。办学条件极大改善，师资队伍持续优化，教育扶贫卓有成效，教育质量稳步提高，呈现出蓬勃向上的喜人局面，形成了党政重教、部门支教、社会兴教、教师乐教、全民尊师重教的浓厚氛围。如今，教育已成为泸溪最亮的名片、最大的金字招牌，领跑湘西，誉满三湘，蜚声全国。

方今盛世，万物活力；杏坛春晖，泮池桃李；圣哲先导，学风兴盛。兴县必兴教，强教必强师。时逢泸溪教育进入高质量发展新时代，额手相庆之余，一纸笔墨，聊表寸心，恳望后者贤达，以志为鉴，回顾历史，总结经验，弘扬继承，与时偕进，深入领会贯彻习近平总书记关于教育工作的重要指示精神，让教师成为令人尊敬和羡慕的职业，把教育优先发展战略真正落到实处，加快推进教育现代化，办好人民满意教育，为推动泸溪经济社会发展做出更大的贡献！

是为序

泸溪县人民政府副县长：尚远道

2018 年 9 月

前 言

泸溪县有史以来第一部正规出版的《泸溪教育志》，在各级领导关怀和广大教育工作者支持下，经过编纂人员历时 2 年之久的辛勤劳动，终于成书，可喜可贺！付梓之前，通览志稿，抚古追昔，感慨万千！

泸溪历史悠久，文化厚重，是中国盘瓠文化的发祥地、爱国诗人屈原流放地、“东方戏曲活化石”辰河高腔保存地、文学大师沈从文解读上古悬棺笔耕地。悠久灿烂历史给这块古老而神奇土地留下了丰富文化遗产，积聚了深厚文化底蕴和丰沃教育土壤，也激扬着泸溪人民崇文尚学、尊师重教的精神信念。古往今来，千年文明在历史长河中得以延续、扩展和升华，教育长期为人类的文化传承和创新及社会发展起到了无可替代的巨大作用。泸溪经济社会在艰苦自然环境中得以全面快速发展，靠的是教育提供强大精神动力和人才支撑。

泸溪教育源远流长，百代薪火，弦歌不辍，历来有开创先河、领跑湘西之美誉。学校教育最早可追溯到汉代，隋唐时期就有贤者开馆授徒。北宋庆历五年(1045)，始建湘西第一所学宫，开湘西州内儒学之先河。南宋绍兴十九年(1149)，创办东洲书院，为湘西州内书院之首创。金元明清四代，南溪书院、崇文书院、文峰书院、观澜书院等都曾烜赫一时。辛亥革命前夕，泸溪开设学堂和私塾达到 58 所，规模居湘西地区前列，在教育历史的画卷上留下了璀璨的印迹。

民国时期，泸溪教育在战乱频仍、社会动荡环境中吸收外来文化，接受新式教育。创立了师范教育和初等中学教育，拉开了泸溪中学教育序幕。

中华人民共和国成立后，泸溪教育人艰苦创业，从青壮年扫盲到普及九年义务教育、从教育体制改革到推进素质教育，掀开了从孔儒教育到科学教育、从富人教育到全民教育的历史新篇章。斗转星移，唯有教育在泸溪这片土地上生生不息。

改革开放后尤其是进入21世纪，在历届县委、县政府的正确领导下，始终坚持教育优先发展战略地位，通过科教兴县、教育强县和教育扶贫，教育体制机制不断创新，办学条件不断改善，教师队伍不断优化，学前教育、义务教育、高中教育、职业教育、成人教育等各类教育全面协调健康发展，教育质量大幅度提升，形成了党委、政府好谋善断重教育，教育主管部门聚精会神抓教育，全体教师殚精竭虑搞教育，社会各界群策群力办教育的全新格局。地无论城乡，人无论贫富，教育已成为社会和百姓最为关注、倍加关切的头号民生工程，更成为抢抓发展机遇、增强发展后劲的人才工程。

古人云："知昔日始可喻今者，观已事所以察未然。"存史、资治、教化是志书的重要功能。这部体例完备、内容丰富、资料翔实的《泸溪教育志》，是一部了解泸溪教育改革和发展历程不可多得的地方教育专业工具书，具有很高的参考、借鉴、研究和收藏价值。

治天下者以史为鉴，治郡国者以志为鉴。当今，泸溪教育已进入高质量发展新时代，衷心希望全县广大教职工和一切关心支持泸溪教育事业发展的社会各界人士，以教育志的出版为契机，坚持以习近平新时代中国特色社会主义思想为指导，深入研究泸溪教育，办人民满意的教育，圆泸溪美好的教育梦，加压奋进，乘势快上，奋力开创泸溪教育事业新局面，为推进社会经济发展、打造“五个泸溪”而努力奋斗！

泸溪县教育局党组书记、局长：谭子好

2018 年 9 月

凡 例

一、本志以马克思列宁主义、毛泽东思想、邓小平理论、“三个代表”重要思想、科学发展观、习近平新时代中国特色社会主义思想为指导，坚持辩证唯物主义和历史唯物主义的立场、观点和方法，本着古为今用、略远详近原则，记述了上至事物发端，下至2017年泸溪教育工作发展历史，特别是中华人民共和国成立后的发展历程，个别事物延伸至2018年8月。本志力求思想性、科学性、资料性相统一，为教育事业建设和发展提供经验和借鉴，达到存史、资治、教化的目的。

二、本志横排门类，按类系事，以时为经，以事为纬，纵横结合，按章编辑，逐节阐明。在体裁上采用记、图、表、录等结构式样组织成书。

三、本志坚持实事求是、科学分析的态度，秉笔直书，在文字上简明通顺，力求达到雅俗共赏，图文并茂目的。

四、本志包括序、凡例、照片、概述、大事记、正文15章64节、附录、后记等内容，较为详实地记述了泸溪教育发展和改革历程，重点记述泸溪县教育和体育局68年来的工作实绩。

五、年代名称，中华人民共和国成立以前沿用各个朝代名称，括注公元年份，中华人民共和国成立后，采用公元纪年。

六、本志在单位名称和专业用语等方面，根据语言表述使用的习惯,始用时采用全称,复用时采用被广泛使用又比较简便的简称。数字使用阿拉伯数字,文字采用国务院公布的简化汉字。

七、德育、体育、卫生、艺术教育、学校综治安全管理涉及中小学教育教学内容,为避免重复而列章单独撰写或合写。

八、本志只对已故的教育界知名人士和省级以上先进人物撰写传略。根据"生不立传"原则,其他健在的知名人士和先进人物列表记载。同时,考虑到各学校历任主要领导的资料不太详尽,故只列学校第一任和 2017 年在任校长,党组织书记及中间年段各校长均不列入。

九、本志属教育志,体育部分只记述学校体育内容。

十、学校一章,对 2 所示范性高中、2 所百年老校、4 所新兴学校按简志形式分节记述,其他学校则按简述形式分类设节记述。职业中学、教师发展中心列入相关章设节记述。

十一、本志刊用图片由泸溪县教育和体育局办公室及各学校网站提供。刊用非教体系统人员所摄图片标明作者或注明图片来源。

十二、《泸溪教育志》是泸溪县教育工作的系统史料,富有地方特色,为历史留存资料,为后人提供借鉴。

目录

概 述

泸溪县位于湖南省西部、湘西自治州东南部。梁萧铣鸣凤三年(619,唐武德二年),始建卢溪县。清顺治六年(1649)改卢溪县为泸溪县。清代,属湖南省辰沅永靖道辰州府。民国初,属湖南辰沅道。民国29年(1940),属湖南省第九行政督察区。中华人民共和国成立后,属湘西行署沅陵专区。1952年,属湘西苗族自治区,1955年,属湘西苗族自治州,1957年,属湘西土家族苗族自治州至今。

2017年, 全县辖4乡7镇,16个社区,131个行政村,690个村民小组,1283个自然村寨。总户数8.82万户,总人口31.42万人,其中以苗族、土家族为主的少数民族人口191125人,占总人口的61%。域内语种有苗语、土家语、瓦乡语和汉语四种语言,通行汉语。

2017年,全县有中小学学校168所,其中独立中学10所,职业中学1所,九年一贯制学校7所,中心完全小学6所,独立小学2所,村片完全小学5所,教学延伸点137所,在校学生37254人;有公民办幼儿园47所,在园幼儿8926人;有教师发展中心1所。泸溪教育发展速度和教学质量在湘西土家族苗族自治州县市中一直名列前茅。

一、源远流长的沅水码头文化孕育了泸溪教育发展的根基

泸溪学校教育发端于汉代,隋唐时期域内城郭乡村已有贤者开馆授徒。北宋庆历五年(1045),始建湘西州地区第一所学宫。南宋绍兴十九年(1149),始建湘西州地域第一所书院,即东洲书院。元明清时期,历代县府修建修缮学宫,发展县学,设教谕署,创办义学。清末教育改革,将书院改为官立高等小学堂,推行新式教育。至清宣统三年(1911),全县有高等小学堂2所,初等小学堂14所,私塾42所。

民国时期,泸溪县顺应时代潮流发展基础教育,形成官办学校与民办学校、师范教育与中学教育、全日制学校与短期义校、外地学校(迁入境内)与本地学校、旧式教学与新式教法并存局面。泸溪教育几经风雨坎坷,在战争动乱中艰难前行。

1949年11月18日,泸溪县人民政府成立。从此,泸溪县教育事业在中国共产党和人民政府领导下,走上快速健康发展道路。

20世纪50年代,泸溪县按照“整顿教师队伍,取缔私塾,巩固公立学校,提倡群众办学,德智体全面发展”要求,历经接管学校、取缔私塾、恢复教学、发展农村小学等艰苦历程,教育

发展迅速，学校规模扩大。20世纪60—70年代，先是调整减少办学规模，而后是扩大办学面，把“学校办到家门口”。再后，实施整合教学资源，调整减少初中学校，泸溪教育发展历经波折，在曲折道路中不断发展进步。20世纪80—90年代，随着以经济建设为中心战略转移，泸溪教育经过布局调整，学校教育布局趋向于合理化。全县学校调整为完全中学5所，初中学校17所，农村小学271所。

进入21世纪，特别是从2005年起，学校布局伴随着2次撤乡并村和推进城镇化建设而多次调整。至2017年，70所农村学校因生源不足而自然消失，县城中小学学校达到了9所。泸溪学校教育和建设走上了现代化、规模化、规范化办学轨道。

二、传统厚重的尊师重教氛围为泸溪教育发展提供了支撑

泸溪从有学校起，尊师重教就成为历代县府和人民群众的优良传统。民国及以前时期，历代官府决策者十分重视发展学校教育，但囿于开发迟缓和时局动乱，学校教育仅局限于县城及重点集镇。中华人民共和国成立后，教育制度发生根本性转变，全县学校教育蓬勃发展。特别是1979年，教育工作重心转移到以教学为中心轨道后，全县教育历经了教育体制改革、普及初等教育、扫除青壮年文盲和普及九年义务教育、教育布局调整、教育强县、教育扶贫等历程，关心教育、关怀教师、关爱学生在党委政府和人民群众中形成共识。泸溪教育事业紧跟时代发展步伐，在改革开放大潮中快速发展。

——理顺了教育管理体制。1979—2002年，县委、县政府在学校管理体制上根据经济社会发展情况，从将“乡学乡办，村学村办”改为“县管中学，乡管小学，村管初小”三级管理，到“教育行政部门主管，乡镇党委政府负责，村组群众投工捐物办教育”“以政府办学为主体，社会各界共同办学”“地方政府负责，分级管理，以县为主”，历经5次决策，到2009年，形成以政府办学为主导，社会各界参与，公办学校与民办学校共同协调教育发展新格局。

——强化了教育政策支撑。2006年起，县委、县政府为发展教育提供政策支撑。先后制定《关于建设教育强县的决定》《关于全力推进教育强县工作的决定》《关于进一步发展职业教育的决定》《泸溪县2014—2018年全面改薄工作规划方案》《泸溪县实施“四大工程”，推进教育均衡发展实施方案》《关于进一步推进教育事业优先发展的决定》《泸溪县乡村教师支持计划(2016-2020年)实施细则》《泸溪县贫困学生资助全覆盖实施方案》《泸溪县城乡义务教育学校布局专项规划(2017—2020年)》等12个指导性文件，确定一系列推进教育强县的重要举措，建立完善优化教育发展环境一系列制度。这些政策文件形成县域教育发展支持体系，对建设教育强县发挥决定性作用。

——加强了基础教育。在历经20世纪50—70年代发展基础教育、扫盲教育、职业教育“两条腿走路”教育教学模式基础上，1984年起，先后决策并实施普及初等教育、“两基(基本扫除青壮年文盲、基本普及九年义务制教育)”攻坚、发展职业教育等发展和改革措施，全县

按期按质完成上级指定任务。1989年，实现普及初等教育并通过连续3年复查。2005年，成为全国第十一批“基本普及九年义务教育、基本扫除青壮年文盲县”，在全州率先实现“两基”目标。县职业中学被授予“湖南省示范性县级职教中心”“湖南省示范性(特色)中等职业学校”。

——加大了教育投入。从1986年到2009年，县委、县政府通过实施扶贫建校、“民族寄宿制学校工程”“希望工程”、国家贫困地区义务教育工程等项目，加强学校建设。全县教育经费全部纳入县财政预算支出，年均增长10%。“十二五”期间，累计投入项目建设资金2.33亿元，建设农村标准化学校64所，新建城区学校1所，校舍扩容8.87万平方米，配套完善各类教学仪器设备12万(套)件。“十三五”期间，计划整合资金10亿元，合理规划城乡义务教育学校布局，推进教育城镇班额均衡化、农村学校标准化、城乡教育信息化、教师队伍专业化“四大工程”，均衡优质教育资源配置，加快城乡教育一体化建设。

——提高了教师地位。县委、县政府把发展教育置于科教兴县战略重要位置，加强教师队伍建设，形成尊师重教氛围。通过实施落实政策、教师节表彰、职称改革、党组织建设、民办教师问题、绩效工资等工作措施，对教师“高看一等，厚爱一层”。2009年，在全省率先实行农村教师岗位津贴制度。2010年，农村教师岗位津贴提高到月补助1200元。实施农村中小学教师公转住房建设工程，在34所重点学校投入资金5160万元，建设教师周转房1500套，建筑面积69.97万平方米。

——开展了教育精准扶贫。2005年，在全州率先建立助学网，实施 “关爱工程”。2007年起，落实义务教育免费提供教科书、免除学杂费、免除寄宿费、补助贫困寄宿生生活费“两免一补”政策，帮助贫困家庭学生完成学业。2016年，按照“教育扶贫、精准施教、强势推进”方针，推进教育脱贫攻坚，对建档立卡贫困家庭子女实行学前至高中阶段15年免费教育。至2017年，全县建立留守儿童“爱心之家”34个，形成由党委政府统揽，县直部门和乡镇、社会爱心人士、青年志愿者共同参与留守儿童关爱网络。累计发放“两免一补”和贫困生寄宿制生活费资金7010万元，惠及学生14.48万人次，办理贫困生源地贷款3500万元，惠及学生4600人，全县没有因交不起学费而失学现象。

三、严谨求实的教风学风奠定了泸溪教育独领风骚的辉煌成就

师资队伍建设不断加强　20世纪50—70年代，全县教师队伍建设形成公办教师、民办教师、代课教师并存的多元化结构。随着全县普及初等教育和普及九年制义务教育实施，从1980年起，县教育局(教委)制定系列政策措施，在职教师通过参加进修和函授学习、师德师风教育、教师基本功培训、业务水平考试、骨干教师对口支教等系列活动，政治素养、学识水平和业务能力适应了现代教学要求。至2017年，全县2855名专任教师中，有硕士研究生23人，本科1592人，占56.6%；教师职称中，正高2人，副高466人，一级1402人，二级

860人。有省级特级教师4人，中小学名师工作室8个，州级学科带头人10人，县级学科带头人41人，学科骨干教师28人。一支数量充足、结构合理、作风过硬、素质优良、相对稳定的教师队伍已经形成。

学校管理不断规范 在泸溪教育历史长河中，泸溪教育人不断创新管理方式，形成管理机制。在领导班子建设、学校德育管理、城乡学校分类管理、责任目标管理、教育教学常规管理、教育经费管理、教育法制化管理、民主监督管理等方面形成了一系列管理体系和管理方法，使学校管理走上规范化、法制化和科学化轨道。

——规范学校领导班子管理。探索实施领导班子述职考核制、教职工(代表)大会民主监督评议制、学校中层干部公开招考选任制。伴随着新时代步伐，泸溪县教育局适时推行校长负责制、教师聘任制、目标责任制、绩效工资制"四制"改革，促进教育教学质量提高。

——规范校长管理。20世纪80年代，按照"革命化、年轻化、知识化、专业化"标准选任校长，推行校长负责制。90年代，相继实施中小学校长培训制度、校长责任目标管理制、校长离任审计制度、校长任职考核制度、校长队伍素质教育和专业化培训制度。2015—2017年，改进中小学校长任职情况年度实绩考核办法，实行自评与他评相结合、领导测评与群众测评相结合、定性与定量相结合、考人与考事相结合。按照基本素质、学校管理、工作业绩、勤政廉洁、民主测评5项进行考核，落实奖惩。

——规范学校管理。20世纪80年代，改革学校管理制度弊端，建立健全适应改革开放形势的管理制度。通过制定《中小学目标管理细则》《泸溪县中小学校管理常规》《泸溪县中小学教学工作常规》，使学校走上了规范化管理。至2017年，全县教育系统形成行政管理常规、教育管理常规、教学管理常规和教学常规检查评估等制度。这些管理制度和措施经过历年多次修订完善，成为学校常规工作机制。

各类教育综合发展 中华人民共和国成立后的69年，泸溪县除基础教育长足发展外，其他各类教育也在蓬勃兴起。起步于20世纪50年代的成人教育，通过举办农民夜校、职工学校、党校干训班等办学形式，在扫盲培训、文化补习、科技推广和人才集训等方面发挥巨大作用；以职业中学为龙头的职业技术教育不断发展壮大；学前幼儿教育快速发展，从1952年2所幼儿园发展到2017年的47所幼儿园。

教育教学质量稳步提升 明清及民国时期，县教育行政管理部门定期对学校(书院、学堂)教学质量进行督导检查，加之泸溪学子孜孜不倦地求学精神和聪慧睿达，泸溪教育教学质量一直领先于辰州府四县。1979年起，学校教育工作重心转移，县教育局(教委)始终把教育教学质量作为教育工作重中之重，常抓不懈。1985—2000年，县教委(教育局)对提升教育教学质量作出规划，先后制定《泸溪县学校教育教学质量奖励办法》《泸溪县中小学校管理常规》《泸溪县中小学教学工作常规》《关于实施素质教育，稳步提高教育教学质量的意见》《关于提高基础教育教学质量的指导意见》等系列文件，这些措施制度，保障了中小学教育教学质量稳步提高，全县中小学教育教学工作一直处于稳中有升质量常态。

2001年起，泸溪县紧跟教育改革步伐，全面实行新课程改革。这次新课程改革，虽不是一场脱胎换骨教育革命，但却是一次前无古人教育革新。背负着科教兴县历史使命的泸溪教育工作者抢抓机遇，迎难而上，投入新课程改革实践。通过新课改，历练了师资队伍，打造了无数教学教研团队，催生了各学校校本教研制度建立，使学校成为最适合人发展乐园，使教师成为乐于探究的学者，使学生成为善于学习的精灵。泸溪一中、二中、白沙小学、武溪小学、浦市中心完小等中小学被评定为湘西州素质教育示范学校。2002—2017年，初中毕业会考成绩综合排名和高考上线率保持全州前3名；本科上线率、本科上线万人比连续13年位居全州第一。泸溪一中被空军招飞局确定为空军招收飞行学员优质生源基地。继1978年泸溪一中学生张林波成为中华人民共和国成立后泸溪县第一位叩开北京大学之门学生后，先后有42名学生被北京大学、清华大学录取，3名学生被空军航空大学录取，进入重点本科大学就读学生不计其数。在抓教育教学质量同时，建立县教研室（教科所）—学校教科室—学科教研组“三位一体”教研网络，一批新式教学法在全县中小学应用，在全州推广。

至2018年，泸溪县教育事业在县委、县政府领导下，通过全县人民和泸溪教育人共同努力得到快速发展，教育强县建设取得明显成效。先后荣获全国“普九”巩固提高先进县、全国“尝试教学法推广先进县”、全国“责任督学挂牌督导创新县”“国家义务教育基本均衡县”， 湖南省“巩固提高普及九年义务教育先进县”、湖南省“推进义务教育均衡发展工作先进县”“全省国培项目县”“全省百佳学生资助工作典型县”等荣誉称号。

纵观泸溪县教育发展历程，可谓是伴随着开发蛮荒之地而萌芽，伴随着建县兴业而发展，伴随着外来教育进入而兴起，伴随着共和国建立而兴盛，伴随着改革开放东风而崛起，伴随着新时代步伐而奋进，成绩赫赫，硕果累累。

展望未来，前程似锦。泸溪教育人将在习近平新时代中国特色社会主义思想指引下，凝心聚力，竭力拼搏，奋发进取，迈出更加坚实步伐，开创教育强县新局面！

大事记

宋

北宋庆历五年(1045),卢溪郡始建学宫,开启湘西自治州区域内创立学校和祭祀孔子之先河。

南宋十九年(1149),卢溪郡在武口洲(今五里洲)创办东洲书院,聘流放泸溪进士王庭珪为书院山长,教授生徒。

元

至元十七年(1280),达鲁花赤(县尹)盖忙古歹在县城东修建学宫,立木屋三间。

至大二年(1309),县尹王克柔在旧学宫西侧建新学宫,设立县学。

明

洪武三年(1370),县丞王守约重建学宫。

成化六年(1470),知县丁继宗重修学宫。

万历元年(1573),知县王京奉令重修学宫,拓展县学。

万历十一年(1583),知县吴一本改建教谕署,将教谕署设于学宫(文庙)。

清

康熙五年(1666),知县邵时英在县城北门外广储仓一侧始建义学校舍。

康熙五十五年(1716),知县王光夔与儒学教谕及绅士捐资,在县城文庙明伦堂右侧选址建义学校舍。

乾隆十二年(1747),浦市通判王敷赍在浦市梓童阁修建崇文书院。

乾隆十八年(1753),知县熊学烈重建潕溪书院。

乾隆二十九年(1764),知县吴询在刘家滩丛山村修建文峰书院。延请山长在书院办学,教授生徒。

嘉庆八年(1803),辰沅永靖兵备道道尹傅鼐派部属周鸣球在浦市文昌阁修建浦阳书院。

嘉庆十八年(1813),在浦市河堤大定门新建浦阳书院。

嘉庆二十二年(1817),巡道姚吉庆重修扩建书院规模,改浦阳书院为观澜书院。

道光三年(1823),知县谭野新建训导署,将潕溪书院更名为南溪书院。

同治五年(1866),浦市人士印次桢重建观澜书院,清拔贡张云楣、张昆冀父子先后任山长。

同治九年(1870),县城人士李帮保、杨国楠、吴兆元、张声镛呈请知县周廷相准许,重修南溪书院。

光绪二十二年(1896),知县施启宇捐款在县城东、城西关、北区龙背山苗区、西区河溪、南区浦市各设义学一所。

光绪二十七年(1901),秀才黄尊三被清政府选送留学日本,就读明治大学,九年后,学成回国,是泸溪历史上第一个留学生。

光绪二十九年(1903),南溪书院改为高等小学堂,聘吴永勋为堂长。改观澜书院为官立高等小学堂,聘陈大诰为堂长。

光绪三十二年(1906),奉湖南巡抚院令,设立县劝学所。

宣统元年(1909),胡蕴山于浦市广福寺创办私立崇实小学堂。

宣统三年(1911年),武溪高等小学堂设初、高两等小学校,吴永勋为校长。

中华民国

民国3年(1914),县城和浦市分别设立第一、第二女子小学校。吴永勋任第一女子小学校长,黄传甲任第二女子小学校长。毕业于桃源第二女子师范湘西女师速成班的李婉淑被聘为第一女子学校教师,成为泸溪县史上第一名女教师。

民国4年(1915),县府奉令组织成立教育会,吴永勋任会长。同时,武溪和浦市高等小学堂改成高等小学校。

是年,县城人士陈馨斋、胡蕴山分别创办培养小学和崇实小学,浦市江西籍商贾兴办豫章小学。

民国9年(1920),湘西巡防军第二支队长贺龙驻防浦市,接受当地士绅之聘,任第二女子学校名誉校长。

民国10年(1921),贺龙移防重庆后,给女校寄银圆300元资助办学。

民国13年(1924),驻泸溪县城川军团长周锡祺倡议在县城西郊观音阁旁修建省心楼,后任团长王仡续修竣工。省心楼为两层砖木结构。

民国14年(1925),武溪、浦市2所高等小学更名为第一、第二小学,县城私立培养、崇实小学并入县立第一小学。

民国16年(1927),废劝学所设县教育局,杨君可任局长。

是年,县立第一小学校长黄传相因从事革命运动被捕,在沅陵县城被害。

民国17年(1928),县教育局机关移设省心楼。

民国20年(1931),创办乙种师范学校,有教职员7人,学生40人,杨人隽任校长。

民国21年(1932),乙种师范学校更名乡村师范学校,石光泽任校长,招收学生32名,学制两年。

民国22年(1933),在南一区岩头山、南二区青草、南四区解放岩、西一区洗溪相继建立4所初级小学校。

民国25年(1936),县城商户许兰皋为县民众教育馆和教育局捐银543元,省教育厅授予捐资兴学五等奖。

民国26年(1937),县教育局改为教育科,石光标任科长。全县经改良后有合法私塾84所。

是年,湖南省立高级农业专科学校避战乱内迁至浦市上庵办学。

民国27年(1938)7月,江苏失学失业青年工读服务团数百师生迁至浦市江东寺办学。秋,常德中学(省立四中)内迁泸溪县城武溪西郊省心楼下建校办学。

民国28年(1939)3月,省教育厅委任叶崑为县教育科长。

是年,在大章、云上、达力寨等苗族聚居区处增设特区小学。在蚂蝗溪、欧溪、祖坟山、合水、狗爬岩各增设1所初级小学。中共党员殷廷禄将设于县城义校校舍改为难童小学,收容流入泸溪的难民子女就读。

民国30年(1941),军政部军需署第二被服厂第二分厂子弟学校因避战乱内迁武溪镇办学。

民国33年(1944)3月,县立简易师范学校竣工开学,学制四年,聘黄尊三为校长。

民国34年9月,省教育厅批准县立简易师范学校附设初中班,学校更名为县立简易师范学校暨附设初中部。

12月,经县府批准,县立简易师范学校暨附设初中部迁至原省立第四中学校址。

民国35年(1946),浦市富商姚少安、姚稚安兄弟创办私立志仁中学,姚稚安任董事长,聘李运基为校长。

中华人民共和国

1949年

12月2日,县人民政府设立民教科,郭天锡任副科长,主持工作。县政府接管县立简易师范学校暨附设初中部。

1950年

3月，改县立简易师范学校暨附设初中部为县立初级中学，停办师范班。浦市私立志仁中学更名为群力中学。

8月，县民教科分设县民政科与县教育科，粟显仁为教育科负责人。

9月，武溪镇小学改为一区中心小学；浦市镇中心小学改为二区中心小学。在三区兴隆场、四区潭溪、五区祖坟山各恢复1所中心小学。

11月，浦市群力中学迁至浦市下湾入云山原辰郡中学校址。

是年，全县各区开办工农夜校8所，学员178人。

1951年

4月8日至11日，县人民政府召开第一届文教工作座谈会。

8月，在一区岩头山、二区青草、三区狗爬岩(解放岩)、四区八什坪、五区蚂蝗溪开办完全小学一所，将原一、二、三、四、五区中心小学改为武溪、兴隆场、潭溪、祖坟山完全小学。

9月，县长赵志钧兼任县初级中学校长。县教育科改为文教科，鲁岳岩任副科长，主持工作。

是年，全县中心小学校始建中国少年儿童队组织。

1952年

8月，县文教科第五次吸收失业知识分子49人加入教师队伍。至此，全县失业知识分子已基本就业。

9月，泸溪一中成立共青团支部委员会，初十班学生罗同祥任支部书记，为全县第一个学校团组织。

12月，县政府成立扫盲委员会，下设办公室，推行速成识字法。

1953年

3月，县立初级中学更名为泸溪县第一初级中学；浦市群力中学更名为泸溪县第二初级中学。

是年，全县所有小学均以所在地命名。从下学期起，始向学生征收学杂费。

1954年

9月，全县学校改春秋两季始业为秋季始业。

12月，县长赵志钧辞去泸溪一中校长职务。

是年，全县实行冬学扫盲教育，有冬学366所，学员8890名。

1955年

4月，鲁焕任县教育科副科长，主持工作。

7月，州人民政府决定，泸溪二中迁入吉首办学（吉首一中前身）。学校除11名教师转入泸溪一中外，其余教职工随校迁往吉首。194名学生转入泸溪一中就读。

8月，湖南省召开第一次优秀教育工作者代表大会，泸溪县教师代表杨敬文、王伟群，业余教育代表王国宾出席会议。

9月，上寨乡第三农业合作社创办全县第一所社办小学，全社20名学龄儿童全部入学。

9月3日，县委成立泸溪县小学教师工资改革委员会。9月6日，在武溪学区试点。之后全县开展小学教师工资改革工作。小学教师月工资从25.47元提高到33元，最高为55.50元。

1956年

3月13日，县人民委员会将县文教科分设为文化科与教育科，杨应酬任县教育科科长。

6月，县委成立文化教育工作部，王明辉任副部长，主持工作。

7月，泸溪县首批5名中学毕业生被高等院校录取。

1957年

2月12日，县人民委员会任命高天章为泸溪县第一初级中学校长。

3月，经县委批准，泸溪第一中学建立党支部，高天章任支部书记，是全县教育系统第一个基层党组织。

9月，浦阳乡青草村创办全县第一所民办中学。浦市高级完全小学始设初中部。

11月30日，在县城武溪镇设立县直机关幼儿园。

12月，永兴场乡密灯高级社社员唐伏湘赴北京参加全国扫盲会议，被评为全国扫盲先进工作者。

1958年

8月，泸溪县第一中学始设高中班，实施高中教育。招收高一班学生46名。校名更名为泸溪县第一中学。

9月，经州文教局批准，恢复泸溪县第二中学，学校设在浦市高级完全小学。与小学部分离，实施初中教学，成为独立中学。

是年，八什坪学校教员吴永东被评为湖南省教育先进工作者（劳动模范）。

1959年

9月，兴隆场、合水、潭溪3所完全小学附设初中班，实施初中教学。

10月，全国人大常委会副委员长、湖南省省长程潜和副省长唐生智在州、县领导陪同下，到潭溪公社视察，看望土麻寨大队幼儿园老师和幼儿。

是年，小章公社被评为全省“扫盲红旗公社”。

1960年

3月，泸溪一中动员师生在催龙山上安营扎寨1个月，开荒100亩，种植粟米。

9月，泸溪一中从初中一年级起试行五年一贯制。推行高速度、高质量“双高”课教学法。

是年，泸溪二中教员张民化、合水学校教员杨桂莲被评为湖南省教育先进工作者（劳动模范）。

1961年

7月，泸溪一中高一班38名学生毕业，13人经高考被大专院校录取。

7月22日，县文化、教育两科再次合并为文教科。

11月17日，县人民委员会任命杨应酬任文教科长，吴天球任泸溪一中校长，游传贵任泸溪二中校长。

是年，因自然灾害等原因，群众生活困难，县委决定重灾区15所公办小学停学1年。

1962年

5月21日，县人民委员会决定，将县直机关幼儿园、武溪镇幼儿园合并为泸溪县幼儿园，隶属县文教科管理。

12月12日，兴隆场中心完小附设初中班分出，设立泸溪县第三中学。

1963年

5月1日，梁家潭团结山民族小学、八什坪酉溪民族小学遭受大风、冰雹灾害，校舍受损。州人民委员会下拨两校修缮费5000元。

1964年

3月28—4月5日，泸溪县遭受冰雹风灾袭击，全县11所中小学受灾，校舍受损严重。

5月，县人民委员会发布《发展农业中学的办法》。恢复武溪、上堡、洗溪、达岚、潭溪5个社镇农（林）中学。

1965年

是年，全县创办武溪、达岚、洗溪、潭溪、上堡5所半耕半读农（林）业中学，设有高中一个班级，初中七个班级，学生197人，教师30人。

1966年

11月，泸溪县组织12名中学教师、176名中学生赴京参观学习，进行革命串联，2次受到毛泽东主席接见。

1967年

3月1日，全县中小学及耕读学校陆续开学复课。

1968年

6月22日，武溪镇小学六年级乙班学生石素君，为抢救落水同学不幸牺牲，时年16岁。

7月，撤销文教科，设立县革命委员会文教卫组，张光祥任组长。

9月，全县实行初高中各二年、小学五年制学制。

1969年

2月，改县革命委员会文教卫组为教育卫生组。

3月，泸溪二中开设高中部，实施高中教学。

1970年

11月，泸溪一中学校后山操场建成，面积6000平方米，是县内最大学校操场。

1971年

1月，泸溪县革命委员会教育组成立，刘良林任组长。

8月，全县招收新教师98人。

是年，国家废除高考制度，中学招生实行推荐制。

1972年

1月，县委对19名被处分教职工进行复议，除1名亡故外，18人重回教师队伍，重新安排工作。

3月15日，经县革命委员会批准，成立县教育辅导站。

4月30日，共青团泸溪第一中学委员会成立，李望珍任团委书记。为全县第一个学校团委组织。

5月20日，县委招生工作领导小组成立，下设办公室，由王远明任办公室主任。

是年，合水中学更名为泸溪县第四中学，潭溪中学更名为泸溪县第五中学。两校始设高中班，实施高中教学。

1973年

1月5日，泸溪县革命委员会教育局成立，王远明任副局长，主持工作。

1974年

1月31日，泸溪县革命委员会扫盲业余教育领导小组成立，下设办公室，王远明兼办公室主任。

4月，县浦市磷矿、县磁厂、纸厂、农具厂党支部派出6名工人党员组成工人宣传队，分别进驻泸溪一中，泸溪二中。各公社党委派出贫下中农代表进驻公社中学和大队小学。全县224所中小学有工人宣传队队员或贫下中农管理委员会委员1198人。

1975年

6月6日—10日，在全州中小学运动会上，泸溪县代表队获5个第一、4个第二好成绩。

9月29日，县委任命熊谟元为泸溪县革命委员会教育局局长。

9月，县委、县革命委员会创办泸溪县"五七"大学，由县委直接领导，设有农业、林业、畜牧、医学、师专5个专业，学制一年。同时，县工交、财贸系统兴办"七二一"工人大学8所，设置与本行专业相关基础课程。

1976年

1月12日，县革命委员会发出《关于成立"七二一"工人大学的通知》。成立"七二一"工人大学领导小组，覃遵忠任组长，下设办公室。从县工交办、总工会、教育局各抽调一名工作人员负责日常工作。

12月9日，全县举办第一期幼儿教师训练班，各社镇、工矿单位39名幼儿教师参加训练。

1977年

9月20日，县委召开全县教育战线先进单位、先进工作者代表大会，表彰奖励72名公办教师、51名民办教师。

12月，全国恢复高考，全县2600名考生参加高考，其中29名考生被高等院校录取，76名考生被中等专科学校录取。

1978年

1月11—18日，州革命委员会以永兴场公社为主要现场，召开全州扫盲业余教育工作现场会议，各县宣传部和教育局负责人及县社业教工作者 327 人参加会议。

2 月 18 日，县成立工农教育委员会，李万清任主任委员，李望珍任办公室主任。

是年，上堡学校初中部与小学分离，与潭溪中学高中部合并，成立新的泸溪县第五中学，游传贵任校长。

是年，县教育局、泸溪一中、永兴场学校、新堡学校被评为湖南省“教育工作先进单位”。

1979 年

1 月，县教育局制定《泸溪县社镇中心小学管理细则》，在浦阳公社第一小学试行。尔后，在全县各学校推广。

1980 年

3 月 5 日，泸溪县被评为“湖南省基本扫除青少年文盲县”，小章公社被评为全省扫除文盲先进单位。

10 月，县政府决定取消民办教师补助费向所在生产队上交部分，按月全额发给民办教师，工分照记。

是年，对 1958 年以来错划右派或受其他错误处理的 28 名教师予以纠错平反，重回教师队伍。

1981 年

1 月 6 日，泸溪县教师进修学校成立，张继成任校长。

3 月，县文教卫办公室设立，熊谟元任县文教办公室主任。

7 月，县教育局调整全县中小学布局。5 所高中调整为 4 所，初中由原来 28 所调整为 17 所，中心完小由原来 164 所调整为 54 所，附设简易高小 53 所，初小 123 所。

9 月，全县高中学制由两年改为三年学制。

11 月，浦市第一小学教师李家英获评“全国优秀班主任”。

12 月，全州幼托工作现场会在泸溪县召开，推广梁家潭公社“依靠群众勤俭办园”经验。

1982 年

5 月 9 日，县职工教育管理委员会成立，周明英任主任委员，下设办公室，武岗任办公室主任。

5 月，经县人民政府同意，全县恢复学区制。

10 月，县委、县政府决定将受浦市化工总厂污染影响的第二中学整体搬迁。省、州、县共投资 160 万元，浦市化工总厂资助 50 万元，在浦市镇西泡子冲征地 100 亩，新建校舍。

1984 年

9月，泸溪五中高中部并入泸溪一中。

11月18日，撤销文教卫办公室，恢复县教育局，熊谟元任局长。

1985年

7月13日上午11时，浦市镇第二小学三年级年仅10岁女学生罗海凤为抢救溺水儿童英勇献身。湖南省教委、团省委、省少工委授予其"学英雄小标兵"称号。浦市二小为其塑像，修建海凤亭和少年英雄纪念碑。

8月16日，县人大常委会作出《关于庆祝第一个教师节开展尊师重教活动的决定》。

9月10日，县委、县人大常委会、县政府、县政协在县城举行第一个教师节庆祝大会。

10月，武溪小学11岁女生石洁参加国家民委在上海举办的第二届全国"民族杯"小歌手大奖赛，获最佳演员奖。

1986年

3月，泸溪第二中学整体迁入苞子冲新校区办学。

5月14日，县教育局撤销，设立县教育委员会，将县政府职业教育组并入。6月，副县长李望珍兼任主任，教育局原局长杨秀涛改任副主任，主持工作。

12月，上堡乡覃家庄小学教师杨东生被评为湖南省模范教师。次年被授予全国优秀共产党员称号，赴京参加全国先进党支部、优秀共产党员代表大会，受到邓小平、胡耀邦等中央领导接见。

1987年

5月，县委批准成立县教育委员会党组，杨秀涛任党组书记。

8月，教师职称改革，首次评聘教师技术职称1468人。

11月，县人民政府副县长李万永兼任县教育委员会主任。

1988年

2月，郑年贞任中共泸溪县教育委员会党组书记、主任。

1989年

8月，泸溪二中校长刘本忠、武溪小学教师吉中兰分别被评为"全国优秀教师"和湖南省教育系统劳动模范。

是年起，对在岗民办教师分期分批输送到州县教师进修学校培训，考试合格转入公办教师。

1990年

3 月，县人民政府制定《关于认真抓好扫除文盲工作的意见》，每个乡镇配一名成人教育专干，县、乡镇、村居层层签订扫盲责任书。

1991 年

3 月，杨秀涛任县教育委员会党组书记、主任。

9 月，泸溪一中校长吴天球被国家教育委员会授予"全国优秀教师"称号。

1992 年

3 月 30 日，县十一届人民代表大会第三次会议审议通过《关于全县普及九年制义务教育规划的决议》。决定从是年起，在全县分步实施九年制义务教育。

9 月，全县 269 所中小学全部开设法制课。

是年，泸溪县被省人民政府评为全省"民族寄宿制中心小学建设先进县""省勤工俭学基地达标县"。

1993 年

8 月，法国东方博物馆馆长、北京大学客座教授班•巴诺一行在文化部顾问和香港记者陪同下，到浦市镇和县第二中学考察。

9 月，浦市第二小学校长康伯温被授予"全国优秀教师"称号。

1994 年

6 月 1 日，武溪小学成立少年军校，是湘西州第一所少年军校。

9 月，全县开展"希望小学"援建项目，由团县委和县教委组织实施。

是年，县教育委员会决定，实行城镇学校对偏远农村学校开展支教、送教、帮教活动。

1995 年

2 月，县委、县政府撤销县教育委员会，更名泸溪县教育局，杨俊任局长。

11 月，县幼儿园随县城搬迁至白沙沅江社区怡馨小区星苗路 13 号新校舍。

7 月，白沙小学建设竣工。9 月，开学投入使用。是白沙城区第一所完全小学。

1996 年

5 月，县教育局机关从武溪老城搬迁至白沙城区新址。

5 月，泸溪县第一中学搬迁至白沙新城新校址。

1997 年

10 月，全县扫盲工作通过省、州复查评估合格，荣获湖南省"基本扫除青壮年文盲合格县"。

1998 年

3 月，县政府部署，在全县开展“基本普及九年义务教育、基本扫除青壮年文盲”工作。

10 月，全县最后一批民办教师 97 人经考试合格，全部转入公办教师。

1999 年

7 月，县教师进修学校新校舍竣工，学校由武溪老城迁到白沙新址办公。

9 月，梁家潭乡红岩排村 22 岁苗家姑娘周春，为摆脱没有文化之痛苦，毅然返校就读小学三年级，直至小学毕业。

2000 年

1 月，泸溪一中教师杨桂权被湖南省人民政府授予“湖南省特级教师”称号。

2 月，包太洋任泸溪县教育局局长、党组书记。

11 月 23 日，经省人民政府“两基”评估验收团检查评估，泸溪县“两基”工作基本达标。成为基本普及九年制义务教育、基本扫除青壮年文盲合格县。

是年，泸溪县第一职业中学从武溪迁至白沙新校区办学。

2001 年

8 月 31 日，株洲市委副书记邓德芳、副市长张雄率株洲市计委、教委、建委、文化局、民政局、对口支援办等部门负责人到县，参加县一中“株洲教学二楼”竣工剪彩仪式，为泸溪再捐 100 万元建校资金，为县教育局捐助建设资金 10 万元。

9 月，由香港方文标先生捐款 50 万元的一中科技楼建成竣工，建筑面积 4800 平方米。

是年，湖南省委、省人民政府授予泸溪县“普及九年义务教育，扫除青壮年文盲先进县”称号。

2002 年

2 月，徐朝洪任县教育局党组书记、局长。

2004 年

9 月，泸溪一中教师石杰被授予“全国优秀教师”称号。

2005 年

1 月，国家教育委员会确认，泸溪县为全国第十一批“基本普及九年义务教育、基本扫除青壮年文盲县”，在全州率先实现“两基”目标。

5 月，县委、县政府将位于县城教科文卫小区的县进修学校 13717 平方米地段划出，创办明德小学。

2006 年

4 月，小章乡黄泥冲小学 12 岁学生张言成被州委宣传部、州新闻工作者协会授予 2005 年“全州十大新闻人物”称号。是全州唯一获此殊荣的小学生。

是年，县委、县政府制定并下发《关于建设教育强县的决定》。

2008 年

4 月，在湘西州第十一届中小学运动会上，县一中学生选手在 4×100 米男子接力赛中以 44 秒 6 勇夺第一，打破 45 秒 56 州级纪录；在 4×400 米接力赛中以 3 分 32 秒 4 的成绩打破 3 分 35 秒州级纪录；糜弘在 100 米短跑中以 10 秒 09 成绩打破 11 秒 1 州级纪录。

5 月 31 日，白沙小学五(1)班学生杨葛被授予“湖南省十佳少先队员”，是全州唯一获此殊荣的学生。

6 月 20 日，湖南省委书记、省人大常委会主任张春贤一行到县，在州、县领导陪同下考察明德小学。

2009 年

3 月 11 日，全州中小学“关爱工程”现场会在泸溪县召开。

是年，县委、县政府实行农村教师岗位津贴制度，每人每月补助 300 元。

2010 年

5 月 13 日，县委、县政府制定《关于全力推进教育强县工作的决定》。召开推进教育强县工作会议。县委副书记、县长杜晓勇作《强化责任、全力攻坚、奋力推进教育强县建设步伐》报告。5 名突出贡献教师、5 名先进教育工作者和 32 名优秀教师受到表彰，每人分别奖励现金 10000 元、5000 元。

5 月 31 日，泸溪县获“全省推进义务教育均衡发展工作先进县”称号。

7 月 7 日，县委、县政府提高农村小学教师待遇，每月每人岗位津贴从 300 元增加到 600 元，农教补贴每人每月 120 元。

2011 年

2 月 19 日，县委批准设立中国共产党泸溪县教育局委员会，符兴明任书记，职务确定为正科级实职级别。

4 月 10 日，全县 2000 名优秀贫困中小学生获湖南省少数民族助学金 40 万元，每人获 200 元。

9 月 3 日，省教育厅副厅长王键一行到县，在县职业中学实地调研职业教育工作。

2012 年

10 月 11 日，株洲市委书记陈君文，市委副书记、市长王群率党政代表团在州委副书记、州长叶红专，县委书记杜晓勇陪同下，到县开展对口援建工作。株洲市再拨 1000 万元支持第一中学和白沙第三小学校舍建设。

12 月，龚佳平任泸溪县教育局党组书记、局长。

是年，县教育局局长徐朝洪被评为 “全国‘两基’工作先进个人”。

2013 年

2 月 27 日，教育部党组成员、部长助理陈舜，国家教改办副巡视员彭斌柏一行在省教育厅厅长、党组书记、省委教育工委书记王柯敏，州人民政府党组成员、州教育局党组书记、局长秦平，县委书记杜晓勇等领导陪同下，到明德幼儿园、明德小学、浦市镇马王溪村小和泸溪二中检查调研春季开学工作情况。

5 月，县委决定“中国共产党泸溪县教育局委员会”更名为“中国共产党泸溪县教育局机关委员会”，符兴明任书记。

8 月，泸溪一中初中部从一中剥离，成为独立全日制初级中学。

9 月 18 日至 21 日，湘西州教育局在白沙辰河大剧院举办“我的中国梦”第十届中小学生“三独”(独唱、独奏、独舞）比赛。泸溪县抱揽高中总分、初中总分、小学总分、团体总分四项第一名。

10 月 19 日，选址于杨柳溪开发区内的思源实验学校项目工程正式开工建设。

是年，县职业中学校长杨秀国被评为“全国职业教育先进工作者”称号。

2014 年

3 月，解放岩乡牛场村小教师杨万莲被国务院授予“全国民族团结先进个人”称号。

6 月 7 日，全县 2044 名考生参加 2014 年高考。本科录取上线 977 人，其中一本 209 人，二本 410 人，三本 358 人。本科上线首次突破 600 人大关。

9 月 10 日，思源实验学校项目建设工程竣工，学校开学投入使用。

9 月 19 日，州人大常委会副主任刘小刚、副州长艾可知率领州教育局负责人，到思源实验学校调研。

2015 年

1 月 19 日，县教育局在全省督学责任区创建工作经验交流会上作典型发言，“按类设区、导督并重、专兼结合、三级联动”督导做法，获省教育厅肯定。

3 月 12 日，湖南省政协副主席、党组副书记武吉海一行在州委书记叶红专，县委书记杜晓勇，县委副书记、县长向恒林，县政协主席胡成平等陪同下，到思源实验学校视察指导工作。

4 月 14 日，全国人大常委会副委员长兼秘书长王晨一行到县第一职业中学实地走访，就泸溪县职业教育发展情况进行视察指导。

6 月，泸溪县《推进三个均衡发展　办好人民满意教育》案例入围全国义务教育均衡发展优秀工作案例。

7 月，教育部关心下一代工作委员会青少年"五好小公民"主题教育活动组委会，授予泸溪县教育局第十八届全国青少年五好小公民"少年向上　真善美伴我行"主题教育活动先进集体。

9 月 8 日，县委、县政府召开庆祝第 31 个教师节表彰座谈会，表彰优秀教师 122 名，奖励资金 230 万元。

10 月 17 日，举行全民健身"挑战日"活动，共有 8000 人参与全民健身多个项目比赛活动。

11 月 9 日，全州经济工作推进会召开，州委书记叶红专率全州八县市党政领导到泸溪第一职业中学参观考察。

11 月 17 日，湖南省人大常委会副主任、省总工会主席刘莲玉一行在县委书记杜晓勇等陪同下，到浦市镇长坪学校开展精准扶贫走访慰问。

11 月，县政府机构改革，撤销县教育局、县体育局，合并组建县教育和体育局。

12 月，谭子好任县教育和体育局党组书记、局长。

2016 年

4 月，湘西州第十五届中小学生田径运动会在泸溪一中举行，泸溪县代表队获团体总分第三名。

8 月，泸溪县全民健身中心开工建设，投资金额 1 亿元。

9 月，县委、县政府制定《关于进一步推进教育事业优先发展的决定》《泸溪县乡村教师支持计划(2016—2020 年)实施细则》《泸溪县贫困学生资助全覆盖实施方案》。

9 月 9 日，县委、县政府召开全县教育发展大会，出台《关于进一步推进教育优先发展的决定》，对 2016 年高考先进单位、重教乡镇、重教部门及 141 名优秀教师和重教个人进行表彰。

9 月 21 日，中国石化联合石化公司党委书记詹麒、纪委书记张均一行，到潭溪中学开展爱心助学活动。

11 月 23 日，国家责任督学挂牌督导创新县实地检查验收组组长、国家督学、山东潍坊中学校长、特级教师王伟一行 3 人，到泸溪一中、白沙小学、思源实验学校就责任督学挂牌督导工作进行实地检查验收。肯定泸溪责任督学挂牌督导工作，同意向国家督导局推荐。

11 月 24 日，西南民族大学授予泸溪一中"西南民族大学优质生源基地"。

12月7日，县政府举行世界大学生举重锦标赛冠军唐健表彰大会，奖励资金8万元。

2017年

1月5日，泸溪县教育督导经验《泸溪县完善督学管理机制，推动常规工作落实》，入选国家教育督导委员会《教育督导决策参考》，在全国推介教育督导“泸溪模式”。

1月9日，中国石油大学（华东），授予泸溪一中优质生源地。

2月3日，武溪镇第二小学举行开工奠基仪式。

4月27日，泸溪籍短跑运动员糜弘以10秒40成绩，在2017年亚洲田径大奖赛第二站比赛中夺冠。

5月，教育局机关党委更名为中共泸溪县教育和体育局直属机关委员会，谭子好任书记。

6月2日，州委副书记、州长龙晓华到思源实验学校调研考察。

6月21日，泸溪一中获空军招飞局广州选拔中心颁发“空军招飞优质生源基地”。是全州首个招飞优质生源基地。

9月8日，县委、县政府在辰河大剧院举行全县教育脱贫攻坚暨教师节表彰大会，奖励资金560万元。

是日，湖南省青少年举重培训基地落户泸溪县全民健身中心。

11月5日，泸溪第一职业中学校长王维红获全国“乡村教育家”提名奖。

2018年

1月12日，省民宗委主任徐克勤率调研组到县，就民族地区教育扶贫工作进行专题调研。

2月8日，县政府举行教体紧缺人才引进奖励安家费发放会议，为2017年度引进的7名紧缺专业技术人才兑现首期安家费14万元。

2月27日，县政府召开教育扶贫政策落实情况会议，部署春季控辍保学专项行动。

2月，泸溪县第一中学荣获“湖南省生态文明示范校”。

3月7日，州委书记叶红专一行考察思源实验学校和全民健身中心。

4月10日，共青团中央、中国青年志愿者协会一行到洗溪中心完小和宋家寨教学点捐资助学。

4月25日，湘西州第十六届中小学生田径运动会在泸溪召开。泸溪一中夺得高中组总分第一名。

7月7日，县教育局召开2018年“国培”项目推进会，部署教师培训工作。

7月22日，泸溪一中考生中有3人被北京大学录取，3人被清华大学录取，创泸溪县高考录取历史新高。

第一章　教育发展与改革

泸溪是湘西土家族苗族自治州建县最早、开发较早、发展教育最早的县。历史上，泸溪县处于苗族西迁湘西等地必经之地，在苗族史诗《鸺巴鸺玛》中便有这样记载："男女相跟来到了泸溪峒，老少相随来到了泸溪岘；来到泸溪垌立了泸溪峒，来到泸溪岘立了泸溪岘。"明清时期，泸溪又成为历代朝廷征剿"五溪蛮"和湘西地区人们与封建王朝抗衡缓冲地带，特定地域环境和水运交通优势孕育了厚重的沅水码头文化。清乾隆二十年(1755)版《泸溪县志》载："泸邑虽蛮徼，而学校之设久矣。规模不侈不弃，盖得其中长民者知学为先，亦时勤缮葺焉。"在社会发展进步历史进程中，泸溪人们较早地接受了传统文化教育，伴随着外来文化教育引进和渗透，形成了历代官府重视教育发展改革、教师勤奋授业解惑、人们崇尚教育尊师重教良好氛围，历经千年沉淀，厚积了教育文化底蕴。

第一节　清代及以前教育

一、兴办私塾

泸溪自唐武德二年(619)建县后至宋庆历五年(1045)，志书中关于发展学校教育情况鲜有记载。张九龄(唐开元年间宰相)在《故辰州卢谿令赵公碣铭并序》中记述县令赵渊在泸溪任职期间"公聿副诚，请增修德化，乃邹鲁设教，而夷楚蛮风"。可见，从沅陵建县起，县内就有私塾教育。唐代泸溪建县，私塾有所发展。宋元时期，为培养士绅及满足民众识字，在修建学宫同时，鼓励境内开明绅士、富商、富户及儒学生员等设立私塾。宋庆历年间，官绅及殷实户廷请塾师在家开馆教育子弟，发展私塾教育。明代，民间私塾渐多，形成官办学宫、书院与民办私塾并存的教育体系，进入学宫、书院、私塾求学者甚多。清代，私塾教学延伸到一些偏僻乡村。所办私塾有三种类型：富户开设家族子弟私塾；学究自行开设私塾；地方士绅捐资建私塾。县府对地方士绅捐资所建私塾给予经费资助。至光绪二十九年(1903)推行新式教育止，全县私塾发展到51馆。民国时期发展到130所。

二、创办学宫、书院及义学

(一)学宫

明万历八年(1580)县府知事吴一本主持编纂《卢溪县志》载:宋庆历年五年(1045),县令范南伯用库银在城内修建学宫(孔庙),以供城中学子就读和祭祀孔子场所。此为泸溪官办学校之始,也是湘西州第一所学宫。

元代至元十七年(1280),达鲁花赤(县尹)盖忙古歹在县城东面修建木屋三间作为学宫,招收城中学子就读,并作为祭祀孔子场所。元至大二年(1309),河南汴梁人士王柔克任县尹,巡察学宫时见房舍破败不堪,感叹"庙学若是,何以新观听,使之兴礼,逊向德宜。善政不如善教,吾事殆不可缓"。遂在县城绅士、富户中倡议重修,选址在距旧学宫西侧百步空旷之地建新学宫。"倡己俸酬币,以至元计为贯二百余。未几,乐助者麇至,以中统计,为贯合五千有奇。凡倡若助,以锭计合为中统二百余。又移牍所司,得郡痒米八十石,为工食。"学宫建成,设大成殿、讲诵堂、东西庑、庖房等宫舍。湖北廉访使毛渊到泸溪巡察时,对王克柔善举"益用敦勉"。从明洪武初(1370)起至清光绪三年(1877),先后有王守约、丁继宗、胡思忠、王京、吴一本、张宏烈、熊学烈、黄澍、季澍、林发森、景星、高照奎、舒恺13任知县(县令),采取个人捐出薪俸,或倡议捐助和募化,或动用县府库银等方式对学宫进行修缮。学宫规模不断扩大,内设大成殿、讲诵堂、东西庑、庖房、先师庙、明伦堂、乡贤祠、公廨私署、棂星门、泮池等。辰州知府赞其规模"可与郡学比"。

(二)书院

南宋绍兴十九年(1149),流放卢溪进士王庭珪寓居武口洲(今五里洲)。卢溪郡令慕其博学多才,动用库银在武口洲修建东洲书院,延请王庭珪教授生徒。此后,清乾隆十二年(1747)、十八年(1753)、二十九年(1764)及嘉庆八年(1803),知县熊学烈、吴询、浦市通判王敷赍、辰沅永靖兵备道道尹傅鼐相继在县城武溪和浦市创办南溪书院、崇文书院、文峰书院、观澜书院。其中南溪书院设十余间学斋和考棚,能容纳230人学习和科举考试。为支持南溪书院办学,县府划拨和富户捐赠学田52亩,书院将9间空余房间出租,作为办学经费。辰沅永靖兵备道道尹傅鼐每年从屯田稻谷里拨出420石,作为观澜书院师生膏奖费。

(三)义学

清康熙五年(1666),知县邵时英捐俸在县城修建义学,招收贫穷学生,实行义务教育,经费由县府库银承担大部,部分源于社会富户捐助。康熙四十二年(1703),县令郎廷权受辰州知府命,在城北建立义学1所,配备塾师3人,免费招收生徒。康熙五十五年(1716),知县王光夔在县城文庙明伦堂右侧选址建义学1所。光绪二十二年(1896),知县施启宇捐款,在县城东、城西关、北区龙背山苗区、西区河溪、南区浦市各设义学1所。全县6所义学实行免费入学,部分贫困学子得到读书识字机会。

三、重视科举考试

唐代建县后，县府鼓励域内生徒参加科举考试，县府每年组织一次县试(初试)。宋庆历年间起，县试在学宫或东洲书院进行。为改善科举初试场所，清同治九年(1870)，知县周廷相复修南溪书院，内设两个长廊为考棚。此后，凡科举初试均在南溪书院进行。一批经过初试合格者相继进入乡试、会试、殿试。据史料记载，仅明清时期，泸溪有文科进士6人，武科进士2人，文科举人28人，武举人19人，拔贡20人，贡生346人。

光绪二十七年(1901)，朝廷选派一批科甲出身士子出国留学，县内7名秀才及贡生经过选拔相继留学日本。

四、设立教育管理机构

唐代，教育管理由县令负责。宋代始设教谕署，配备教谕，负责教育生员。元明时期，县设儒学，配教谕1人、训导2人，教谕和训导均为举人、贡生出身。教谕官阶为七品，掌管文庙春秋两季祭祀，管理全县教育，训导所属生员。生员犯法治罪前，须经教谕署先免除功名，取消秀才头衔等罚学措施。明万历十一年(1583)，知县吴一本将教谕署移至学宫。清同治年间，县府在学宫后修建教谕署，设视学1人。清光绪三十二年(1906)，设劝学所，配备总董1人，由县视学兼任，配劝学员4人。宣统二年(1910)，改总董为所长。

五、变革与改良

光绪二十九年(1903)，根据癸卯学制要求，实行旧式教育向新式教育转变。县令程寿保遵令改南溪书院和浦市观澜书院为官立高等小学堂，成为泸溪历史上两所新式学堂。县府规定，原书院田产和房屋等财产作为办学经费，确立教学宗旨和修业年限，依照《湖南暂定小学堂章程》规定开设新式教育课程。光绪三十二年(1906)，县府根据学生就学情况，将泸溪官立高等小学堂分为高等小学和初等小学，扩大办学规模，增广学额，添设学级。从是年起，落实《私塾改良会章程》，对民间私塾进行改良，将设在都(相当于行政村)一级私塾改良为初等小学堂。至光绪三十三年(1907)，全县创立13所全日制初等小学堂，1所半日制初等小学堂。宣统二年(1910)，县劝学所对私塾进行改良，劝导或逼迫塾师调整私塾课程、教材、教法，促使私塾向近代小学靠拢。县府在推行新式教育中，支持浦市有识之士创办牛头巷文社第一蒙养小学堂、老文昌阁第二蒙养小学堂、桓侯庙第三蒙养小学堂、水龙宫第四蒙养小学堂4所蒙养小学堂。经过改良，剩下私塾均属蒙馆。至宣统三年(1911)，全县学堂发展到58所，其中高等小学堂2所，初等小学堂14所，私塾42所。在辰州府所辖4个县中仅次于沅陵县，是湘西州内各县厅办学最早、学校最多的县。

第二节　民国时期教育

一、兴办小学

民国初期，以发展新式教育为重点，建立国民学校。民国元年(1912)，全县高初等小学堂减至9所。民国3年(1914)，知事陈大澄决定，由县府出资在县城和浦市创办第一、第二女子小学，招收有读书识字意愿女子入学，劝学所与区乡职员到居民家中动员适龄女童到学校读书。民国4年(1915)，按照教育部《教育纲要》，将学堂改称为学校。除办好县立武溪、浦市2所高等小学校和2所女子小学外，各区以县立模范初等国民小学为样本，各创办1所国民小学，并鼓励社会团体和民间开办各类小学。全县除县立小学外，创办了3所私立小学。民国14年(1925)，县府将私立培养小学、崇实实验小学并入武溪高等小学，更名县立第一小学，浦市高等小学更名为县立第二小学。民国15年(1926)，在完成全县行政区划调整后，县府规定各区乡办好1所示范小学，小学办到保一级。

民国22年(1933)，施行短期义务教育。县教育科设专职义务教员，分3期在30个保开办短期义校30所。民国25年，中共地下党员殷廷禄、刘晨组织青年学生龚顺兴、张祖培、文体浩、文体嵩等人利用武溪义校创办难民儿童小学，收留外地流落到县城的难民儿童就学。民国26年(1937)，《泸溪县县长李振文民国26年冬季巡视全县乡镇报告书》载："校长及教员均纯粹义务，职员月支伙食而已，而(学校)各项设备齐全。(县第二小学)校长肖僧年轻有为，热心教育，事为难得。即书手令一纸奖励之，并拟回府后设法酌予增加津贴。"民国28年(1939)，县府纠正"注重质之整顿，未注重量之扩大"办学倾向，在苗族聚居区大章、云上、达力寨等村各建1所特区小学。在马王溪、欧溪、祖坟山、合水、狗爬岩创办初级小学5所。民国29年(1940)，改义务教育为国民教育，保设国民学校，乡设中心国民学校，校长分别由保长、乡长兼任。11月14日，国民政府教育部对泸溪县推行国民教育情况报告作出11项指导，指示湖南省教育厅"转饬遵照办理"。民国32年(1943)，为避战祸而迁入县城的军政部军需署第二被服厂创办子弟小学。民国36年(1947)，县立简易乡村师范学校在城西武水岸边修建附属小学，作为简师毕业生实习学校。至民国38年(1949)，全县有小学101所，其中，县立小学2所，乡中心学校14所，保(村)校84所，私立小学1所，在校学生7889人，占学龄儿童总数45%。

二、初创师范和中学教育

民国20年(1931)，乡保学校增多，师资严重不足。县府决定县教育科办公地点从省心楼搬出，利用省心楼创办乡村师范学校，两年后毕业学生34名，分配到乡保小学任教。民国

26年(1937)至31年(1942),6所来自沦陷区及省内中学相继迁入武溪和浦市地区办学。县府和区乡及时接纳这些学校入境,帮助选择办学场所。每年暑期,县教育科举办教师培训班,联系并邀请各教育团体和学校知名教师授课,培训教师,提高本地教师教学能力。民国27年(1938),省高级农校教员赵世虹在浦市观音阁开办"建湘补习中学"。次年,改名建湘中学。民国28年(1939),建湘中学更名为兴华中学。

民国32年(1943),县府决定恢复师范教育。成立简易师范学校建设筹备委员会,县长刘武敏任主任,聘请教育界知名人士黄尊三、胡子诚等为委员,选址孔庙废址,将县预算余款拨为建校费用。民国33年(1944)1月,学校教室、教师办公室和礼堂等建筑竣工。2月,获省教育厅立案批准开学。民国34年(1945),战时迁入学校陆续迁回原籍,为便利本县学生进入中学就读,简易师范学校附设初中部,是泸溪县自办普通中学开端。5月,驻县城47军医院百余名伤兵强占武溪中心学校和简易师范学校,县长倪渭清向沅陵行署报告。在省政府协调下伤兵撤出,停课10天后恢复教学秩序。秋季,常德四中迁回原址,县府将所遗留7间木质竹壁教室拨给学校,并拨款维修校舍。冬季,学校移设于此。民国35年(1946),辰郡中学迁移,浦市地区中学教育中断,当地富商姚少安、姚稚安捐款集资创办志仁中学。至民国38年(1949),全县有中学2所。

三、改良私塾

民国4年(1915),依据教育部《整理教育方案草案》,对全县私塾进行改良。县长陈浚主抓,以区推进。民国5年(1916),劝学所负责改良私塾教学内容和教学方法。武溪镇塾师陈馨斋率先将其所办私塾改名为培养小学,按照《小学规程》开设国文、算术等新式课程。民国11年(1922),县政府下令取缔私塾。县劝学所组织全县塾师考试,考试成绩及格者准许设馆,不合格者取消塾私资格,取缔其所办私塾。

民国26年(1937)冬,县长李振文在《出巡全县各乡镇报告书》中记载:"浦市私塾极多。在浦时偶至天后宫游览,见有私塾在焉。学生二十余人,教师案下即养一猪,满地垃圾,令人入室即呕。其教学如何,不问可知。当予斥责,并嘱区长及教委将私塾切实取缔。"是年,县府按照教育部《改良私塾办法》,规定"凡距离学校二里半以内范围,不得设立私塾。私塾所教之科目,非经审定不准采用。其馆舍卫生、课堂器物符合规定条件,方准开馆"。经过清理核准,全县符合办学条件私塾降至84馆,塾师84人,入馆学生651名,教育科予以登记备案。即年起,每年暑期教育科负责开设塾师训练班,对塾师"予以新教育方法之训练"。至民国38年(1949),全县五个区共有私塾130所,学生1750名。

四、教育管理

民国初年,教育管理事务由县知事兼理,配备1名工作人员。民国5年(1916),恢复劝学所,配所长 1 人,指导全县教育工作。民国 16 年(1927),奉令将劝学所改为教育局。民国 26 年(1937),改教育局为教育科,在各区设教育委员会委员。其间,县长每年对全县办学情况进行一次巡视,巡视报告呈省教育厅。劝学所(教育局、教育科)每期对全县学校开展 2 次检查,每年暑期举办 1 期教师训练班,传授新式教学方法,提高教师教学水平。县府定期为县立学校拨付修缮费,各区乡、各学校向社会募集资金修缮校舍,农村学校筹集木料、组织劳力,每 3 年维修一次学校房屋。

第三节 中华人民共和国成立后教育发展与改革

一、恢复整合阶段(1950—1980 年)

(一)全日制教育

1.恢复整合。1949 年 11 月 18 日,泸溪县人民政府成立,设民教科。随即接管武溪、浦市两镇公私立学校,按照"维持现状,立即开学"方法恢复教学。1950 年,落实"为工农服务,为生产建设服务"方针,对乡村小学实行"维持现状,逐步改进"。8 月,教育从民教科分离,设教育科。各区乡按照"整顿教师队伍,取缔私塾,巩固公立学校,提倡群众办学,德智体全面发展"要求,实施"两手抓"措施:一手抓学校接管,恢复教学;一手抓取缔私塾,分流私塾学生到各小学继续就读。县政府先后 5 次从社会上吸收一批失学失业知识分子、年轻塾师和退伍军人,经过培训合格后充实教师队伍。至 1951 年,130 所私塾全部取缔,分流 1750 名学生到乡村小学就读。98 所乡村小学全部恢复教学。至此,具有千年历史私塾教育最终被现代小学取代。9 月,县长赵志钧兼任县立初级中学校长。二区政府接管浦市私立志仁中学,改组学校董事会,筹集办学经费,更名为群力中学。是年,全县开展劝学运动,重点动员高小毕业生继续接受初中教育,县财政单列助学金,解决困难家庭初中生学费和生活费。实施"乡学乡办,村学村办"分级办学,发展小学教育。至 1952 年,全县有学校 138 所,其中,中学 2 所,中心小学 12 所,乡村小学 127 所。1953 年,贯彻中央"整顿巩固,重点发展,稳步前进"教育发展方针,增设 2 个中心学区,学校统一以所在地命名,合并相邻学校和班级。实行小学六年、初中三年学制。1954 年,县教育科选派 13 名教师参加吉首民族师范学校附设小学教师轮训班学习进修。

2.充实提高。1956 年,县委、县人民委员会发出《关于加强小学教育工作领导的联合指示》,要求乡镇党委把发展小学教育列入议事日程,贯彻执行党的知识分子政策,做好学校党的建设工作,禁止随意抽调教师参加社会工作,部署各农业社创办小学。1957 年,全县小学发展到 369 所,比 1956 年增加 217 所。1958 年,县第一中学始设高中部,在兴隆场、合水设立第三、四中学,创办潭溪中学。1960 年,在达岚、白羊溪、小章、梁家潭公社中心完小开设初中班。1962年,贯彻国家 “调整、巩固、充实、提高”方针,按照《全日制中小学暂行工作条例(草案)》,对中心完小附设初中进行调整,停办达岚、白羊溪、小章中心完小初中班。调整后,全县小学减至205所,中学由9所减至6所。规定除寒暑假外,学校不再放农忙假,保证学生有足够时间学习。1964年,国民经济好转,全县扩大农村小学办学规模,中小学发展到486所,在校学生9142人。至1965年,泸溪一中高中班164名毕业生参考高考, 44人升入大专院校。1966—1969年,开展教育革命,部分教师下放参加生产劳动,工人或贫下中农宣传队管理学校。1969年2月,按照“把公办中学下放到公社、大队来办”“读初中不出大队,读高中不出公社”指示,18个公社全部创办中学,小学办到自然村一级,在片完全小学设立初中班。上堡、小章、永兴场等公社完全小学增设高中班。为弥补师资不足,选拔知识青年担任民办教师。

1973年1月,撤销县革命委员会教育组,成立县教育局,统一管理全县教育教学工作。1974年,取消大队一级学校初中班,整合自然村小学,农村以大队办学为主。1976年,全县学校调整到381所。其中,高中学校11所,初中学校55所,小学315所。1977年11月,恢复高考制度。县委召开全县高考会议,决定将考场设在县第一中学,动员历届高中毕业生参加高考。1978年,将泸溪一中、二中、三中、武溪小学、浦市一小、合水小学、兴隆场小学、潭溪小学列入全县第一批重点中小学。1979年,县革命委员会批准《泸溪县教育事业三年调整规划》,在全县普及小学五年制教育,调整中学布局。1980年,调整为完全中学为5所,初中学校17所,农村小学271所。

(二)职业教育

1958年8月,贯彻落实中央关于 “两种教育制度”指示精神,在全县开办农业中学。12月,18个公社开办农(林)业中学19所。1963年,各公社农(林)业中学停办。1964年,县人民委员会发布《发展农业中学的办法》,确定“今后除办好现有全日制中小学外,尤其重要的是发展不脱离劳动生产的半工半读学校”。恢复武溪、上堡、洗溪、达岚、潭溪5个社镇农(林)中学。1965年,全县恢复和发展农林业中学16所。1969年,取消“两种教育制度”,全县农(林)业中学再度停办。

1970年,恢复农林中学10所。1975年,县财政拨款10万元,兴办 “五七”大学,设师范、医学、林业、农业、畜牧等5所分校,学制2年。1976年,县委成立“五七大学”领导小组,县委书记周振岗任组长,“五七大学”增设农业机械、水电2个分校。1977—1978年毕业学生304名。师范专业毕业生由县教育局分配到乡镇学校任教,其他专业毕业生担任社队农业、林业、畜医等技术工作。1978年,农林中学停办。1979年,“五七大学” 停办。

(三)扫盲教育

1950年春,县人民政府组织开展识字运动,发展工农业余教育。县教育科在武溪、浦市各设工农夜校1所。10月,县人民政府召开第二届文教工作会议,安排部署全县扫盲工作。

12月，成立县扫除文盲委员会，县长赵志均任主任，下设扫盲办公室，配备专职干部6人，全县农民业余学校发展到16所。1951年3月，贯彻落实《关于开展农民业余教育的指示》，各区乡在发展农民夜校同时，利用冬季农闲举办短期识字学校(简称冬学)。12月，全县办冬学41所。1952年4月，对全县扫盲学校组织领导、教学、群师培养与辅导进行整顿，成立区乡工农业余教育委员会，配置业余教育专干。1953年12月，按照《关于扫盲标准、毕业考试等暂行办法的通知》，撤销常年民校和冬学，组建速成识字扫盲班。1954年，落实中央"整顿巩固，稳步前进"扫盲方针，坚持"以民教民，就地取材"办学原则，对工农扫盲和业余教育进行整缩，精简扫盲专干。是年，全县基本完成省分扫盲入学任务。1955年，将常年民校和冬学全部转为农民业余学校。全县农民业余学校464所，学员16089人。1956年，贯彻落实《关于扫除文盲的决定》，县委召开全县扫盲积极分子表彰大会，总结成绩，交流经验，表彰先进。是年，超额完成州分扫盲入学任务。1957年，县人民委员会组织编写《农村大辩论识字课本》，配合农村大生产和社会主义教育运动。1958年4月，湘西州提出"一年内实现普及小学、初中、高中，基本扫除文盲"要求，召开全县"教育跃进誓师"大会。8月，经州扫盲委员会检查验收，永兴场乡成为全州第二个"无盲乡"，群师唐伏湘被评为全国社会主义建设积极分子。1959年，确定红旗人民公社(后为上堡公社)为扫盲重点，开展争当扫盲"红旗公社"活动。是年，小章公社被评为全省扫盲红旗公社。至1960年，全县有业余小学88所，扫盲班662个。1962年，按照三种类别开展扫盲活动：粮食产量达到或超过1957年水平社镇、大队、生产队，全面恢复扫盲教育；粮食产量接近1957年水平社镇、大队、生产队，适当开展并坚持办好一批重点扫盲学校；遭受自然灾害、粮食产量没有达到1957年水平生产队暂不开展。扫盲教师"以民教民，就地取材"。12月，根据《关于农村业余教育工作的通知》要求，恢复社镇扫盲组织机构，配置社镇业余教育专干11人。至1964年元月，全县开办扫盲班225所。1964年，落实州委"关于今冬明春扫盲业余教育工作几点意见的通知"，利用大队学校开办业余学校，由各学区参照全日制学校管理方式实行规范化管理。8月，根据中央"两种劳动制度、两种教育制度"精神，在全县创办耕读小学，推行耕读教育制度。至1965年，全县共办耕读小学924所，在校学生11641人，为全日制小学生总数71.7%。

1971年，在大队举办政治夜校，开展扫盲教育工作。1973年，成立扫盲业余教育工作领导小组，设立扫盲业余教育办公室，各学区配置1名业余教育专干。1977年3月，州委确定泸溪县为第一批脱盲县。1978年，成立县工农教育委员会。全县有业余高等学校(五七大学)4所，政治文化夜校1849所，其中扫盲夜校452所，被评为全州"扫盲业教先进单位"。1979年，实行县、社镇、大队三级扫盲办学形式取得成效，经州扫盲办检查验收合格，宣布泸溪为青少年"无盲县"。

1980年，经省政府检查验收，达到扫除文盲标准，被评为全省"基本扫除青少年文盲单位"。

二、规范管理阶段(1981—2005年)

(一)调整学校布局

1981年,县委、县政府对全县学校布局进行调整。5所全日制高中学校调整为4所,初中学校(含附中)调整到17所,小学调整为281所,恢复小学六年制、中学三三制学制。对教师队伍进行调整,合理使用教师资源。12月,县委、县政府决定将县教师函授站改为县教师进修学校,确定为副科级事业单位,专事教师培训工作,全县教育教学工作走向规范管理轨道。

(二)普及初等教育

1984年10月,实施普及初等教育工作。11月,召开全县普初动员会,确定学龄儿童入学率、在校学生年巩固率达到90%以上;毕业班学生毕业率达到70%,12—15周岁少年儿童初等教育普及率达到90%。1986年1月,成立扶贫建校领导小组。县财政每年安排资金,各部门通力协作,乡镇发动群众捐资建校。至1988年,全县扶贫建校累计投入资金400余万元,新建校舍36022平方米。1989年10月,全县小学校舍总面积108722平方米,仅有危房1998平方米,占校舍总面积1.8%,基本实现"班班有教室,学生人人有课桌椅"要求,学龄儿童入学率95.3%,巩固率97.4%,小学生毕业率79.7%;普及率95.2%。全县小学民办教师545人,占小学教师42.9%。民办教师报酬采取乡镇统筹形式连续4年均得到落实。12月,经州检查组检查验收,达到州定八条标准,实现普及初等教育。

(三)发展职业教育

1983年8月,县教育、农业、林业、畜牧、水电、农机六个部门在第四中学联合创办泸溪农业职业中学,开设农业种植、经济作物、畜牧畜医三个专业,每班招收初中毕业生50名,学制3年。学校由教育局主管,联办单位提供部分办学经费选派相关专业课教师。1988年7月,县农业职业中学搬至教师进修学校办学,更名为泸溪县第一职业中学。1988年9月至1992年,先后与县建委、县移民办、县人民医院、县财贸办联合开办工业民用建筑、乡村医士、财会等专业班。1999年,县政府在白沙新城划拨土地8.27公顷,新建教学楼、职工宿舍楼、学生宿舍楼各1栋。2000年,学校迁入白沙新校址,结束没有独立校舍历史。2005年,投入资金380万元,新建第二教学楼和学生宿舍楼2栋,面积4200平方米。在校学生达到1610人,教职员工53人。

(四)改善教学条件

1981年前,实行分级办学。县人民委员会负责重点中学建设,各公社、大队采取各生产队摊派木料、砖瓦材料和无偿用工等形式修建和维修校舍。1982年,浦市化工总厂普钙、硫酸车间污染二中学校环境,县政府在泡子冲划拨土地面积17.33公顷建新学校。1985年动工建设,1986年建成竣工,泸溪二中整体搬迁新校区。1987—1988年,全县开展大规模扶贫建校。1989 年，实施“民族寄宿制学校工程”，新建校舍 4000 平方米。1992 年，实施世界银行贷款项目，新建、扩建、维修校舍 2.18 万平方米。1994 年起，实施“希望工程”援建项目，帮助农村学校修建校舍。移民资金向教育倾斜，帮助泸溪一中、教育局、进修学校等在白沙新城修建校舍和办公楼，新建白沙小学。1997 年，启动“国家贫困地区义务教育工程”，建设 10 所寄宿制骨干初级中学。2001—2004 年，全县筹集建校资金 2950 万元，新建、改造校舍 3.63 万平方米。2005 年，争取农村寄宿制学校建设和日元贷款工程 2686 万元，添置配套教学装备，新建和改造校舍面积 6.12 万平方米。

（五）尊师重教

1981 年起，县委、县政府把发展教育置于科教兴县战略重要位置，加强教师队伍建设，形成尊师重教氛围。1982 年起，对教师进行培训，提高学历和教学能力。1987 年，教师职称改革，首次评聘教师技术职称 1468 人，待遇按照专业技术职称套改。1988 年，县委对历次政治运动中被处理的教师落实政策，收回到教师队伍。注重学校组织建设，在中学、独立小学、中心完小建立党支部，在教师队伍中培养党建积极分子，吸收优秀教师加入党组织。1989 年起，对在岗民办教师分期分批输送到州县教师进修学校培训，经考试合格转为公办教师。1991 年起，每年进行一次教师技术职称评聘，接收大中专毕业生和选用优秀民办教师充实教师队伍。1996—1998 年，泸溪县连续 3 年遭受特大洪涝灾害，财政收入下降，在国家公职人员连续 3 个月发不出工资情况下，优先保证教师工资按月发放。1998 年，最后一批民办教师 97 人经考试合格全部转为公办教师。1999 年，启动教师继续教育，实施学历教育、信息技术培训和普通话培训。2000 年起，规定新进教师一律分配到农村学校任教，充实农村学校师资。2005 年起，县财政对农村教师实行岗位津贴补助。

（六）“两基”攻坚

“两基”是指基本普及九年义务教育、基本扫除青壮年文盲。1990 年，县人民政府制定《关于认真抓好扫除文盲工作的意见》，每个乡镇配一名成教专干，县、乡镇、村居层层签订扫盲责任书。1992 年，成立扫除文盲协调小组办公室，由县教育局负责具体工作。1995 年，扫盲实行“双线承包责任制”，各级党政一把手为扫盲第一责任人，县教育部门负责人以及中小学校长为扫盲直接责任人，签订责任状，落实扫盲经费 130.53 万元。1997 年，扫盲工作通过省州复查评估合格，荣获湖南省“基本扫除青壮年文盲合格县”。

1998 年，扫除青壮年文盲和普及九年义务相教育结合开展。2000 年，全县“两基”工作经省评估验收团评估验收合格，实现“基本普及九年义务教育、基本扫除青壮年文盲”目标。2004 年，贯彻落实西部地区“两基”攻坚计划，抓青壮年扫盲成果巩固工作，全县小学毕业率 99.9%，初中毕业率 100%，在校小学生年辍学率 0.5%，初中辍学率为 3%。12 月，教育部对西部地区“两基”攻坚计划评估验收和审查，认定泸溪县达到现阶段基本普及九年义务教育和基本扫除青壮年文盲各项要求。

2005 年 1 月，国家教育委员会确认，泸溪县为全国第十一批“基本普及九年义务教育、基本扫除青壮年文盲县”，在全州率先实现“两基”目标。

三、教育强县阶段（2006—2018 年）

（一）建设教育强县

2006 年，县委、县政府坚持对教育“高看一等，厚爱一层”传统，树立“抓教育就是抓经济、抓教育就是抓发展”理念，实施教育强县战略。

1.坚持“三会”制度。2006 年开始，每年春节后，县政府召开第一个县长办公会议，研究解决教育发展问题。2009 年起，县委、县政府在教育系统形成 “三会”制度，即新年元旦后第一个县长办公会在教育战线召开，研究解决教育实际问题；春节后第一个县委常委会在教育系统召开，听取教育部门工作汇报和新年打算；每年教师节召开全县表彰奖励大会，表彰奖励教育功臣。

县委常委及县政府县长办公会议。2006 年，在决策创办明德小学、石化中学（白沙中学）等教育重大事项后，连续 4 次在县职业中学召开全年第一个现场办公会议，投入资金 1500 万元用于职业学校教学能力建设。2012 年，决定创办泸溪县白沙第三小学和特殊教育学校（即思源实验学校）。2013 年 1 月 9 日，县政府在教育局召开县长办公会，研究解决白沙第三小学、一中教学楼、进修学校基地建设等教育事项。将新建白沙第三小学列为 2013 年十大标志性工程。2013 年 2 月 16 日，县委在教育局召开常委办公会议，为教育系统拨付资金 220 万元，其中县教师奖励基金 100 万元，3 所普通高中节假日“辅优补差”100 万元，教育督导评估经费 20 万元。2016 年，为破解城镇学校“大班额”和易地搬迁子女“上学难”问题，县委、县政府连续召开县委常委会议和政府常务会议，决定投资 6000 万元建设武溪第二小学。至 2018 年，县委、县政府连续 14 年在春节后第一个工作日到教育部门召开现场办公会议。

教师表彰奖励大会。2006 年起，每年召开一次教师节表彰大会，奖励金额逐年增加，奖励范围从单纯奖励优秀教师拓宽到重教单位和乡镇、高考先进、重教先进个人、优秀教师、优秀班主任等。2010—2012 年，累计表彰优秀教师 624 名，发放奖金 540 万元。2016 年，召开全县教育发展大会，对全县“最美教师”、高考先进个人、优秀教师及重教先进个人共 141 人和 2 个高考先进单位、3 个重教乡镇、3 个重教部门进行表彰奖励，发放奖金 330 万元。2017 年，召开全县教育脱贫攻坚暨教师表彰大会。表彰奖励 55 名优秀教师、35 名优秀班主任、10 名优秀教育工作者、6 个重教乡镇和部门、3 个高考工作先进单位、14 名重教先进个人、55 名高考工作先进个人，发放奖金 560 万元。

2.重大事项决策。2006 年，贯彻农村中小学布局调整精神，县委、县政府责成县政府教育督导室和县教育局对全县农村中小学布局调整开展调研，联合调研组得出“强行撤并只会让很多孩子辍学”调查结论。根据调研结论，县委、县政府作出“只进行调整，不强行撤并”

决策。在农村学校布局调整中，只将一些生源少的片完小学五、六年级学生就近并入规模较大片完小或中心完小，撤销生源不足的李家田学校初中部和第三中学高中部，在泸溪五中增设高中部。在调整农村中小学布局中，做到了“不让一个孩子失去受教育权利”，得到上级教育行政部门认可。由于城镇化带动了农民举家进城务工潮，不少农民家庭在城镇购房或租房居住，城镇学校出现“大额班”现象，农村学生相应减少，60所农村小学因学生流失或人口减少自然消失。县委、县政府一方面在城镇新建明德小学和石化中学，化解大班额，让进城孩子都能上学。另一方面，加强农村学校建设，县财政每年安排危房改造资金322万元、农村中小学维修专项资金306万元，实施农村学校改造维修。2009年，县委、县政府制定《关于建设教育强县的决定》，提出到2012年，全县学前三年教育毛入园率达到80%以上；义务教育完成率达到98%以上；高中阶段毛入学率达到90%以上；中等职业学校毕业生专业对口就业率达到80%以上。8月，召开教育强县工作会议，启动教育强县工作。

2012年起，县委、县政府在建设教育强县上坚持政策保障、机制保障、经费保障、队伍保障、环境保障“五个保障”，做到教育工作优先部署、教育问题优先解决、教育项目优先建设、教育经费优先安排“四个优先”。2013年，泸溪县被省教育厅确定为城乡教育信息化试点县。县委、县政府抓住机遇，整合资源，投入资金2000万元，建设宽带网络校校通、优质资源班班通、网络学习空间人人通和教育资源公共服务平台、教育管理公共服务平台“三通两平台”。加大建设资金投入，全县农村中心学校宽带入网率100%，“班班通”覆盖面80%，教学点数字教育资源覆盖92%。

2015年，县政府制定《泸溪县实施“四大工程”推进教育均衡发展实施方案》，成立实施“四大工程”推进教育均衡发展领导小组。目标任务是：到2017年年底，全面实施城镇班额均衡化工程、农村学校标准化工程、推进城乡教育信息化、教师队伍专业化工程“四大工程”。将实施“四大工程”列入县政府目标管理，实行领导联系督办制，将工作纳入教育督导评估重要内容进行指导督查。明确“四大工程”具体任务：第一，在改善办学条件上，完善义务教育经费保障机制，义务教育经费在财政预算中单列，全额纳入财政保障范畴。落实教育经费“三个增长”。第二，实施农村义务教育薄弱学校改造计划和中西部农村初中校舍改造工程。加强农村学校食堂标准化建设和厕所、饮水安全设施建设，改善农村学校生活设施条件。将城镇薄弱学校改造作为标准化建设重点，实施县城义务教育学校扩容工程，解决县城学校大班额问题。第三，加快学校信息化建设。全县所有义务教育学校实现“班班通”，逐步为村完小以上小学配备计算机教室。加强基础教育资源平台建设，建设县基础教育资源网，促进城乡优质教育资源共享，缩小城乡学校优质教育资源差距。第四，教师队伍专业化。在师资资源统筹上，配齐配足义务教育学校教师，开齐开足国家规定的课程。完善“以县为主”教师管理体制，健全义务教育教师合理流动机制，组织实行城区学校间、农村学区学校间教师定期交流，推行城乡间教师支教、挂职等多种形式交流，实施城乡学校结对帮扶。加强校长队伍建设，建立健全校长培养、任用、考核机制，提高校长专业化水平。加强师德师风建设，严格执行教师职业行为准则，完善教师职业道德评价、考核和奖惩机制。加强教师培训，制定义务教育教师和管理人员培训计划，促进教师专业发展，力争在三年内培育一批学科带头人、青年教学能手和骨干教师。

9月，制定《泸溪县义务教育学校标准化建设试点工作规划(2015—2020)》，对全县义务教育学校教学规划，建立标准化学校。

2016年9月9日，县委、县政府制定《关于进一步推进教育事业优先发展的决定》。提出把立德树人作为根本任务，把均衡发展和品质提升作为重要抓手，以“一流办学条件、一流队伍建设、一流管理水平、一流均衡发展水平、一流教育质量”领跑湘西教育，率先实现全省义务教育均衡发展县和全省“教育强县”目标，争创全国责任督学挂牌督导创新县国家级示范性职教中心，城乡教育一体化、教育精准脱贫等工作成为全省全国典型工作目标。细化《教育强县考核方案》，每年评选3个重教乡镇、3个重教部门、10个重教功臣和重教个人，每年教师节召开一次全县教师表彰大会。完善保障机制，落实“两个提高”，增加教育经费投入。落实教师继续教育、教育科研、中小学危房改造、民办教育发展、教育督导、教育信息化等专项资金，按政策足额按时拨付到位。设立农村学校建设专项资金，县财政每年统筹资金300万～500万元用于农村中小学基础设施建设。“十三五”期间，筹集教育资金10亿元以上，建设武溪第二小学和浦市第二小学，规划筹建职业教育中心。

2017年10月，制定《泸溪县城乡义务教育学校布局专项规划(2017—2020年)》。(1)规划学校布局。推进全县中小学布局调整，形成集中与分散双重办学模式，既满足城乡适龄儿童少年就近接受义务教育需求，又实行办学标准化，实现优质教育资源共享，推进基础教育均衡发展。利用新型农村社区建设机遇，通过土地置换、新建、改建、扩建等多种形式推进城乡学校标准化建设，加快农村薄弱学校改造和寄宿制学校建设。到2020年，全县所有义务教育阶段学校办学条件达到《湖南省中小学校幼儿园规划建设条例》规定基本标准。(2)确定年度目标。2017年，通过国家义务教育发展基本均衡县评估验收。2018年，接受省“两项督导”评估。到2020年，基本消除城乡二元结构壁垒，县域内义务教育与城镇化发展基本协调，城乡学校布局合理，消除大班额，90%以上义务教育学校(含教学点)达到办学标准。均衡配置城乡师资，提高乡村教师待遇，增强岗位吸引力，提升乡村教育质量，完成教育脱贫任务。九年义务教育巩固率达到98%以上，三类残疾儿童入学率达到85%。(3)明确具体任务。首先，按照“就近入学，顺其自然，适当集中”原则，乡镇中心完小以下设初级小学和教学点，调整规模较小初中，实现一个乡镇办好一所寄宿制初中目标。2017年秋，将八什坪学校初中部撤并入县内其他中学。2020年，将初中学生不足200人乡镇学校初中部就近择优并入县内其他中学。其次，实施教育扩容。2017年，新建武溪二小(五里洲社区)，开设教学班45个，新增学位2000个。2018—2019年，新建浦市二小(印家桥社区)，开设教学班45个，新增学位 2000 个。2018—2020 年，规划在刘家滩新区新建 1 所民办高中 2400 个学位，新建 1 所九年一贯制学校，新增 1800 个学位，小学设 24 个教学班 1080 个学位，初中设 15 个班 720 个学位。新建武溪镇第二幼儿园，规划招生幼儿 400 人。规划筹建县职业教育中心，原职业中学改扩建办学规模为 60 个教学班 3000 个学位的初级中学，新增初中学位 3000 个。思源实验学校限招生小学生，新增小学学位 800 个。扩建浦市中心完小，新建教学楼一栋，教室 20 间，新增学位 900 个。(4)落实工作措施。成立以县长为组长，县分管教育工作副县长为副组长，县教体局、县发改局、县财政局、县住建局、县国土资源局、县人社局、县编办等部门负责人为成员学校布局调整工作领导小组。下设办公室由教体局局长兼任办公室主任。县人民政府将中小学、幼儿园规划和建设纳入国民经济和社会发展规划、土地利用总体规划和城乡规划。将城乡义务教育学校布局调整工作纳入县政府对各级各部门年度工作目标管理考核之中。按照"小学就近入学、初中相对集中"和"先建、后撤(并)"工作思路，根据规划撤并规模小、办学条件差中小学，在交通便利、人口较为集中地方布点，采取两校合并或多村、乡镇联办方式办好乡镇中心校、片完小、村校以及九年一贯制学校。在人口分散、交通不便、地理环境复杂地方保留必要教学点。根据中小学布局结构调整规划和国家规定的教职工配备标准，核定编制，规范学校机构和岗位设置。

(二)加大城乡教育投入

2006 年起，城乡义务教育学校新建和改扩建项目资金实行县、乡镇两级财政按比例共同负担。提高乡村小学和教学点生均公用经费标准，对学生规模不足 100 人乡村小学和教学点按 100 人核定公用经费，保证学校正常运转。2007—2009 年，全县教育投入年均 1.50 亿元，年均增长率 10%。2010—2017 年，全县预算内教育经费支出年均达到 3.25 亿元。"十二五"期间，累计投入项目建设资金 2.33 亿元，建设农村标准化学校 64 所，新建城区学校 1 所，校舍面积扩容 8.87 万平方米，配套完善各类教学仪器设备 12 万(套)件，投入资金 7000 万元建成农村教师住房 1500 套。"十三五"期间，坚持把教育作为优先发展"一号工程"，强化政策倾斜和资金保障，拟整合资金 10 亿元合理规划城乡义务教育学校布局，推进教育城镇班额均衡化、农村学校标准化、城乡教育信息化、教师队伍专业化，改善农村学校，均衡优质教育资源配置"四大工程"，加快城乡教育一体化建设，实现城乡教育均衡发展。

(三)关怀农村教师

从 2005 年起，县委、县政府实施教师关怀工程，坚持教师工资优先发放，教师政策性福利待遇优先落实，教师培训奖励经费优先保证"三个优先"。从是年起，全县中小学教师工资按国家标准按月足额发放，教师各类政策性福利补贴全部落实到位。

1.激励教师到农村学校任教。2006 年，绩效工资一类地区标准每人每月 200 元，二类地区每人每月 100 元。2009 年，实行农村教师岗位津贴制度，每人每月补助 300 元。2010 年，将农村教师岗位津贴提高到每人每月 1200 元，教师职级评审向农村教师倾斜。规定城镇学校教师晋升职务、参评特级教师、评选县级以上优秀教师等须在农村学校任教1年以上，评选优秀教师、优秀班主任、优秀教育工作者农村教师占指标总数80%。

2.改善农村教师工作生活条件。2006年，按照“政府统筹、个人垫资、产权公有、以息抵租、周转使用”原则，实施农村中小学教师公转住房建设工程。至2009年，投入资金1564万元，建设公转住房350套，建筑面积22728平方米，入住教师873人。2010年起，将农村中小学教师住房纳入保障性住房建设范围，在34所学校投入建设资金5160万元，修建教师周转房1500套，建筑面积69.97万平方米。

(四)教育扶贫

1.关爱留守儿童。2005年，在全州率先创建“助学网”，构建就读保障体系，要求全县事业单位每个党员至少资助1名贫困中小学生。2006年，实施“关爱工程”。按照“心有人爱、身有人护、难有人帮、学有人教”要求，突出“情感交流、道德引领、生活照顾、学习辅导、安全保护”主线，让留守儿童和贫困生健康成长。以县乡关工委、学校、县直各相关部门以及乡镇、村为依托，在关工委组织构建协调指导网，学校构建主体责任网，职能部门构建帮护责任网，乡镇、村构建关爱联系网，建立“领导包村、干部包组、党员包人”全方位关爱体系。在湘西州首创以心理教育为主要内容基本技能课，作为校本课程开设。中心完小以上学校建有留守儿童“爱心之家”。开通由县政府统一安装财政统一支付话费“亲情电话”，设立“青少年维权岗”，建立健全联席会议、信息管理、定期开展艺体活动、校外学习、应急处理等关爱活动制度。2009年，州教育局、州关心下一代协会在全州推广泸溪经验。2010年，在全省推进义务教育均衡发展现场会和全省民族教育工作座谈会上，泸溪县以实施“关爱工程”，让每个学生健康成长”为题介绍经验，省教育厅要求全省民族教育地区推广泸溪经验。

2011年起，县总工会组织老年卫生协会进村入户为留守儿童免费体检，团县委启动“大手牵小手—爱心哥哥、爱心姐姐牵手留守儿童”活动，县妇联开展百名“爱心妈妈”为留守儿童纺织“爱心毛衣”活动。每年筹资200万元在中心完小以上学校建立留守儿童“爱心之家”，组织“五星学生快乐周”“留守儿童快乐月”活动。建立结对帮扶制度，党员、干部、教师和社会爱心人士通过“一助一、多助一、一助多”等形式与留守儿童结成帮扶对子。县教育局定期召开留守儿童工作联席会议，在留守儿童、学校、监护人之间建立联系方式和制定突发事件应急处置机制。至2017年，全县建立“爱心之家”34个。形成由党委政府统揽，县教体局协调，关工委、团县委、县妇联为主体，各学校为主导，各部门乡镇、社会爱心人士、青年志愿者等共同参与的留守儿童关爱网络。

2.贫困学生救助。2007年起，贯彻执行《国务院关于深化农村义务教育经费保障机制改革的通知》精神，实行义务教育阶段学生免费提供教科书、免除学杂费、免除寄宿费、补助贫困寄宿生生活费“两免一补”政策。补助对象和标准是：义务教育阶段农村和城镇学校家庭经济困难寄宿生享受基本生活费补助，占寄宿生人数40%。小学每生每年补助1000元，初中每生每年补助1250元。是年，全县学生免杂费50788人，免教科书费16613人，补助贫困生寄宿制生活费2440人，“两免一补”资金1388万元。其中，中央免教科书191万元，省财政免杂费资金1157万元，县财政补助寄宿生生活费40万元。

2014年，发放贫困寄宿生生活费补助资金470.47万元，资助贫困寄宿生8268人次。其中，小学生3702人次，资助金额185.10万元；初中生4566人次，资助金额285.37万元；发放学前入园补助金35万元，资助贫困幼儿700人；发放普通高中助学金343.05万元，资助人数2859人；发放中等职业中学助学金33.15万元，资助学生442人，免学费64.74万元，资助学生540人；社会团体和爱心人士捐资301万元，资助贫困学生3557人。全年办理贫困生源地贷款1429人次，受理贷款955.06万元；发放大学生救助款259.30万元，资助677人次。

2015年，全县发放各类资助资金2124.20万元，惠及学生81514人次。其中义务教育免教科书费384万元，惠及学生60519人次；义务教育寄宿生生活补助费686万元，惠及学生11996人次；幼儿入园补助90.5万元，惠及幼儿1809人次；高中助学金330万元，惠及学生3304人次；中职助学金123万元，惠及学生1229人次；中职免学费198万元，惠及学生1651人次；政府助学金15.70万元，惠及学生314人；发放贫困大学生助学金297万元，惠及学生692人；办理贫困大学生生源地贷款1130.50万元，惠及学生1531人；社会捐资助学204.60万元，惠及学生3697人。

2016年，实施“教育扶贫、精准施教、强势推进”方略，推进教育脱贫攻坚。县政府印发《泸溪县贫困学生资助全覆盖实施方案》。确定受助对象为泸溪县户籍且在全日制学校（幼儿园）就读的建档立卡户子女及孤儿等。对建档立卡贫困家庭子女实行学前至高中阶段15年免费教育。学前保教费按每年1500元标准免除，普通高中每生每年减免学杂费1600元；按学前教育、小学、中学、职业教育四个阶段每生每年分别给予1000元、1500元、2000元、2500元生活补助；免除建档立卡等家庭经济困难学生普通高中教科书费和中小学生教辅材料费。对所有建档立卡贫困家庭考取本科、专科大学生新生分别发放5000元、3000元一次性资助，并根据个人意愿大学期间每年可办理生源地信用助学贷款8000元，研究生可贷款12000元。是年，发放学前至高中阶段建档立卡贫困学生生活费补助及免学费资金2164.28万元，惠及学生20870人次。落实贫困大学生救助305.50万元，惠及学生711人。办理生源地信用助学贷款1270万元，惠及学生1640人。企业、社会爱心人士捐资助学300万元，惠及贫困学生3697人。

（五）拓展职业教育

2006年，县政府按照“工业立县、产业富民”发展战略，确定“发展职业教育就是发展先进生产力，抓经济就要抓职业教育，抓职业教育就是抓经济”职业教育发展思路。县委、县政府在新年上班后到县职业中学现场办公，帮助县职业中学解决办学条件和具体问题，在职业中学建立县职业教育中心。2007年，县职教中心进入省示范性县级职教中心项目，成为湘西地区第一个进入全省职业教育“十一五重点建设项目单位”。县政府将职业教育纳入教育富民工程系列，把职业教育发展纳入政府目标管理。成立以县职中为办学主体、部门培训机构为辅助、各乡镇农村为辐射点的县职教中心。全年县职教中心培训 9000 人次。2008—2010 年，将城市教育费附加 30%用于职业教育，按企业职工工资总额 1.5%标准足额提取职业教育培训经费，按全县总人口人平 1 元标准设立职业教育专项经费，促进职业教育快速发展。至 2010 年，职业教育发展实现三个突破： 职业中学长班招生 470 人，在校学生 2018 人，职业技能培训 9830 人，实现招生“普职分流”。先后与武溪工业园 10 多家县内龙头企业合作，培训技术人员及产业工人 2000 人次。开设水稻高产种植、农产品加工、油菜培管、畜禽养殖与防疫等农村实用技术培训，年均培训 3 万人次。2011 年起，学校常规教学中确定“以育人为根本、以服务为宗旨、以就业为导向”办学思路，实施品牌强校战略。实施“雨露计划”、新型职业农民电子商务、农村实用技术培训，职业技术培训 1000 人次。

2016—2017 年，推进面向职业岗位“工学结合”一体化课程建设。向各企业输送毕业生 2000 人，就业率 100%。对“两后生”、青年农民、贫困户等免费实施“订单式、定向式、定岗式、就业式”培训，全县免费职业技能教育培训 21000 人次，实现“培训一人，就业一个，脱贫一户”目标，成为全县唯一一所集职业教育、职业培训和科技服务“三位一体”综合性公办全日制中等职业学校，被评为“湖南省示范性县级职教中心”“湖南省示范性（特色）中等职业学校”。

（六）全面改薄

2014 年，县委、县政府贯彻落实党中央、国务院“全面改善贫困地区义务教育薄弱学校基本办学条件”（简称全面改薄）决策，开展“全面改薄”工作，成立全面改薄领导小组，制定《泸溪县 2014—2018 全面改薄工作规划方案》。至 2017，累计投入资金 8059 万元，新建、改扩建、竣工项目共 20 个，改造校舍面积 1.93 万平方米，购置农村学校教学、生活设施 8564 台（件／套），添置图书 11.04 万册，建成农村标准化学校 54 所。全县共有义务教育阶段学校 138 所。其中普通小学 120 所（县政府所在地学校 2 所，乡镇完小 8 所，村小 7 所，教学点 103 个），初级中学 9 所（包括完全中学初中部 2 所，初级中学 7 所），九年一贯制学校 9 所。在校学生 30525 人，其中小学 20672 人，初中 9853 人。在职教职工 2342 人，其中小学教职工 1393 人、初中教职工 949 人。校均规模为小学 172 人、初中 548 人，平均班额为小学 32.7 人、初中 48.3 人，师生比例为小学 1:14.8，初中 1:10.4。

是年，全县义务教育学校教学设施和生活设施得到基本满足，村小和教学点能够正常运转，城镇超大班额现象基本消除，教师配置合理，数量素质和结构基本适应教育教学需要，小学辍学率控制在 0.6%以内，初中辍学率控制在 1.8%以内。

至 2017 年，泸溪县通过教育发展改革，全县教育取得明显成效。先后荣获全国“普九”巩固提高先进县、国家义务教育基本均衡县，湖南省巩固提高普及九年义务教育先进县、湖南省推进义务教育均衡发展工作先进县、全省百佳学生资助工作典型县等荣誉。

泸溪县2017年教育事业综合数据统计表

表1—1

一、学校数（所）	普通教育									其他教育			
	合计	小学				九年制	初中	高中	完中	职业中学	教师发展中心	幼儿园	
		计	其中									计	其中：民办
			中心完小	小学	教学点								
	167	150	8	8	137	7	7	1	2	1	1	46	34

二、教学班（个）	普通教育					其他教育		
	合计	小学	初中	高中	职业中学	教师中心	幼儿园	
							计	其中：附属班
	989	687	202	100	44		312	82

三、学生（人）	普通教育						其他教育		
	合计		小学	初中	高中	职业中学	教师中心	幼儿园	
								计	其中：附属班
	36174		20994	9537	5643	1809		8926	1071
	其中：寄宿生	15324	6866	6415	2043	1370			

四、教职工（人）	教育部门办教职工									离退休人员
	合计	小学	初中	高中	职业中学	教师中心	教体局	活动中心	幼儿园	
教职工总数	3115	1410	917	442	121	36	105	13	71	1018
其中：专任教师	2855	1399	905	414	102	35				

五、校园校舍（万平方米）	校园面积	校舍面积	其中			
			教学用房	办公用房	生活用房	其他用房
合计	117.89	36.86	18.98	1.77	14.43	1.68
小学	55.28	16.76	9.73	0.78	5.44	0.80
初中	15.10	5.84	2.55	0.20	2.87	0.21
九年制	18.76	6.67	2.63	0.17	3.37	0.49
完全中学	12.67	4.25	2.59	0.29	1.34	0.03
高中	16.10	3.34	1.47	0.31	1.41	0.15

第二章 旧式教育

第一节 私塾

一、历史上的私塾

私塾按其性质区分有三种：塾师自己兴办的教馆、学馆、村校；富户、商人设立的家塾；用祠堂、庙宇地租收入或私人捐款兴办的义塾。按经费来源可分成三类：富户聘师在家教读子弟，称坐馆或家塾；村寨、宗族捐助钱财、学田，聘师设塾教本村、本族子弟，称村塾或族塾，族塾一般设在宗祠内，不招收外姓儿童。塾师本人设馆收费教授生徒，称门馆、教馆、学馆、书屋或私塾。这类私塾招生不分姓氏。塾师多为落第秀才或老童生，学生入学年龄不限。泸溪唐代以前，属沅陵县，虽地处偏僻，但沅江和武水便利地交通条件使得开发较早，较早地接受了外来文化。东汉时期武溪、浦市两地便有私塾萌芽。唐代建县后，私塾在沅江和武水流域集镇发展。至宋代，县府为培养士绅及满足民众识字，官方在办学宫、兴书院同时，鼓励封建士大夫、富商等发展私塾。明代，私塾教学逐步拓展至县城周边地区和浦市、洗溪、潭溪、兴隆场等地乡村。清代，境内迁入村寨增多和人口繁衍增加，加之水运交通条件便利，经济社会发展，接触外界文化教育空间进一步扩大，私塾教学延伸到一些偏僻乡村。民国时期，私塾教学形成一定规模。是时，县内所办私塾有三种类型：一种是家族聘请教师教授子弟，俗称东馆，如县城武溪东正街章万盛私塾。一种是由清贫老学究开馆，接受附近学童入学，按年龄大小、悟性程度高低和家庭富裕情况，议定全年学资，这类私塾在兴旺时期 1 所私塾学生达到 70 人，如县城武溪文福寺胡蕴山私塾。一种是地方士绅捐资兴学，聘请塾师在公共处所设馆教学，县署定期资助一定经费。如设在县城武溪钟家弄南宫祠内陈馨斋私塾等。民国 11 年(1922)，县政府下令整顿私塾。县劝学所举行塾师考试，及格者准其设馆授徒。民国 26 年(1937)县府规定，凡距离学校二里半以内，不得设立私塾。私塾所教之科目，非经审定不准采用，其馆舍卫生、课堂器物符合规定条件，方准开馆。是时，全县登记有私塾

84馆，塾师84人，入馆学生651名。其中，武溪地区章万盛私塾、胡蕴山私塾、陈馨斋私塾、浦市地区天后宫梅南枝私塾、唐家弄陈大刚私塾、烟坊弄陈大胥私塾、李家弄赵敦卿私塾等较有名气。至民国37年(1948)，全县私塾发展到130所。

学生第一次进私塾就读，由家长择吉日带“贽见礼”(草烟、酒等物品)进见塾师。塾师对学生进行登记后与学生一起向贴在堂屋正中用红纸书写“至圣先师香位”磕三个头，学生再向塾师磕两个头，即完成“入塾典礼”。按照私塾施教程度，私塾一般分成蒙馆和经馆两类。蒙馆学生由儿童组成，重在识字；经馆学生以成年人为主，大多忙于举业。

二、教学内容及方法

私塾教学分为初级与高级两种：初级相当于基础教育阶段低年级。对这类学生，塾师多讲授持家立业所需少数应用文字和识数，教学内容以《三字经》《百家姓》《千字文》为主。较高级私塾，初教学生读《孝经》《小学集注》《增广贤文》《千家诗》，后授以《幼学》《四书》等。年龄较大、智慧高学生侧学习对贴应用文，读《唐诗三百首》《左传》《五经》《古文观止》等。《三字经》《百家姓》《千字文》成书于南宋、五代、南朝各个朝代，在流传过程中逐渐得到社会认可，成为明清时期私塾中最常见儿童识字用书。《论语》《孟子》属于经典读物，随着社会发展也变成蒙学教材一部分。

私塾教学方法，一般采取单人面授。塾师根据不同学生学习基础、接受能力情况安排课业，体现因材施教原则。授课时，塾师端坐室中，学生依次拿书至先生案前，侍立恭听，由先生圈点口授，下午温书、背书。年幼儿童先识“方块字”，即书写在一寸多见方纸上的楷体字。识至千字左右后，教读《三字经》《百家姓》《千字文》。清代，私塾对学生背书要求特别严厉。私塾学生“每日读生书，朗读百遍”。教法大多为先教学生熟读背诵，然后在适当时候由教师逐句讲解文意，所谓“开讲”。写字在私塾中占重要地位，先描红，即用墨笔印好红色字体上去描摹。然后，塾师选择颜体、柳体或其他字帖学生临摹。学童粗解字义后，则教以诗词习作，先从对对子(对联)着手，再按平仄声填写作对。“四书”读完，即读“五经”，再兼读古文，如《古文观止》等，并开始学习作文。学塾重视制科文字(八股文)习作，为科举考试做准备。

私塾教学分为“短学”“长学”两种。“短学”一般是一至三个月不等，学生日后能识字、记账、写对联即可。“长学”则每年农历正月十五开馆，到冬月散馆。在蒙养教育阶段，注重蒙童教养教育，对蒙童行为礼节，像着衣、叉手、作揖、行路、视听等都有严格具体规定。私塾学规严格，学生犯规、读错、写错、背错，则采取罚站或木尺打手心或打屁股，进行体罚。

三、塾师待遇

在各个时期，塾师待遇各有不同，一般由入塾学生共同负担，每人每月缴米三五升，食油少量，亦有兼送蔬菜的。逢春节、端午、中秋等传统节庆，学生家长向塾师赠送粮食、酒肉等“敬师礼品”。

表 2—1

清末至民国时期泸溪县部分私塾设置一览表

私塾名称	地　点	时　间	塾师姓名	备　考
谭氏私塾	兴隆场平布亮	1887 年	蔡师傅	学生 30 余人
赵家私塾	浦市	1903 年	赵敦鄉	学生约 40～50 人
广福寺私塾	广福寺	1907 年	胡蕴山	学生 70 余人
南宫祠私塾	县城中家弄	1907 年	陈兴斋	学生 30 余人
祖坟山私塾	合水祖坟山	1909 年	张银志	学生 20 余人
狗爬岩私塾	茨冲大寨	1911 年	杨文志	不详
洗溪私塾	泪木溪	1915 年	石光吉	学生 8 人
白羊溪私塾	毛坪	1919 年	杨一生	不详
八什坪私塾	八什坪村	1919 年	张祖久	学生 32 人
小章私塾	小章	1919 年	侯家鄉	学生 40 人
同善社私塾	武溪镇曹家弄	1923 年	邓守寅	不详
人帮私塾	县城东秤坨山	1924 年	蔡锡五	学生 20 人
梁家潭私塾	覃家寨	1929 年	张从久	学生 17 人
潭溪私塾	土麻寨	1931 年	蔡先生	学生 9 人
蚂蝗溪私塾	蚂蝗溪村	1939 年	王子龙	学生 38 人
达岚私塾	五德	1940 年	陈良训	学生 20 余人
石榴坪私塾	兰村	1949 年	刘喜	学生 18 人

第二节　书院

书院是中国古代民间教育机构，最早书院出现在唐朝，发展于宋代。原由富室、学者自行筹款，于山林僻静之处建学舍，或置学田收租，以充经费。后由朝廷赐敕额、书籍，并委派教官，调拨田亩和经费，逐步变成半民半官性质地方教育组织。宋仁宗庆历年间（1041—1048），州府皆建官学，一些书院与官学合并。宋神宗时（1068—1085），朝廷将书院钱、粮一律拨归州学，书院一度难以为继。元朝时期走向衰落，明朝时期又走向复兴，清朝时期盛极一时。书院主管人称为“山长”，有助教、教书等辅助教学职责。入学不需考试或推举，一般由学生自己要求，书院山长同意即可。书院无一定修业年限，没有固定课程，讲习内容主要是“四书五经”。教学方法自学为主，采用个别指导、大会讲演、相互讨论或辩论等方式。泸溪县自宋代起至清代有书院五座。

一、东洲书院

清乾隆二十年(1755)版《泸溪县志》载，南宋绍兴十九年(1149)，江西安福进士王庭珪因同情乡人胡铨反对秦桧，被流放到卢溪，寓居武口洲(今五里洲)十年之久，自号“泸溪老人、泸溪真逸”。由于其博学多才，泸溪郡和辰州府官绅子弟纷纷求学。时任郡令在武口洲修建书馆，取名东洲书院，延请王庭珪教授生徒。该书院是湘西州第一所教育机构。

二、南溪书院

设县城武溪中街，紧靠县衙，修建时取名潕溪书院，后被损毁，清乾隆十八年(1753)，知县熊学烈复修。道光三年(1823)，知县谭野将毁坏之训导署和潕溪书院一道重建，改名南溪书院。咸丰十一年(1861)遭兵毁。同治九年(1870)，县城人士李帮保、杨国楠、吴兆元、张声镛等呈请知县周廷相准许，复修南溪书院。重建头门内房三间，住斋夫，后为墙，中间门内两长廊为考棚，能容 230 人集中考试。墀上厅三间，厅后又建屋三间，左右小房十多间为学斋。清贡生文景安任南溪书院山长十年之久。光绪二十九年(1903)，改为高等小学堂，优廪生吴永勋为堂长，王承文等为教师，改长廊为教室，改射圃为体育场。

三、崇文书院

设在浦市后街梓童阁(今浦阳医院处)。乾隆十二年(1747)，浦市通判王敷赉修建，后废。

四、文峰书院

清乾隆二十九年(1764)，知县吴珦同当地士绅筹资在丛山(今武溪镇刘家滩村丛山村小组)村后山顶修建七层宝塔—题雁塔，在塔旁修建书院，取名为文峰书院。书院在民国时期损毁，宝塔毁于 1968 年。

五、观澜书院

清嘉庆八年(1803)，辰沅永靖兵备道道尹傅鼐派部属周鸣球在浦市文昌阁修建浦阳书院，年有 800 石屯租谷做师生费用，后书院损毁。嘉庆十八年(1813)，在浦市堤上大定门(今浦市第一幼儿园)新建浦阳书院。嘉庆二十二年(1817)，巡道姚吉庆重修并扩建书院规模，改浦阳书院为观澜书院，后再次被毁。同治五年(1866)，浦市人士印次桢重建观澜书院，拔贡张云楣、张昆翼父子先后为书院山长。清光绪二十九年(1903)，废科举，兴学堂，观澜书院改为官立高等小学堂。

第三节 县学

县学是旧时供生员读书学校。科举制度童试录取后准入县学读书,称"进学""入学"或"入泮",士子称庠生、生员,俗称秀才。县学不仅是教育和管理生员机构,还是祭祀孔子场所,承担教化、教育、礼仪、科举等方面职能。县学设教谕1人,训导3人。生员因供给廪膳,称廪膳生。后数额扩充,又有增广生、附学生编制。廪膳生在县学学额20人,增广生数目与廪膳生相同,附学生数额不定。初入学者均是附学生,考试合格后升为增广、廪膳生。

宋代庆历五年(1045),县府在县城内修建官学(学宫),招录城中生员就学。元代至元十七年(1280),达鲁花赤(县尹)盖忙古歹在县城东面修建学宫,立木屋三间,招收生员在学宫就读。由于地处偏僻,岁久地腐,学宫破败不堪,不能进学祭祀圣人,生员无法就读。元代至大二年(1309),县尹王柔克在距旧学宫西侧百步空旷之地,建新学宫。后学宫损毁,明洪武三年(1370),县丞王守约重建。明成化六年(1470),知县丁继宗重修学宫。嘉靖二十五年(1546),辰州知府胡思忠到泸溪巡察,见学宫规模狭小,拨资扩建。隆庆五年(1571),学宫被大水损毁。万历元年(1573),知县王京扩建学宫,"榱角檐楹,丹护黝垩,焕然改观……可与郡学比"。万历十一年(1583),知县吴一本重修,前为圣门,又其前为櫺星门,以临通衢,门外增置阑槛。清雍正十年(1732),知县张宏烈认为学宫向位不吉,捐俸银更换大门旧向位,定圣位并新建崇圣祠,修砌泮池,改造櫺星门。乾隆十八年(1753),知县熊学烈捐金倡助重修,挖泮池,移屏墙,左侧开门,称为圣城,右侧开门,称为贤关,自大成殿到东西两庑、匾额全新修缮,施工两个月告竣。乾隆三十八年(1773),知县黄澍整修学宫。道光十七年(1837),知县季澍对学宫进行重修,一年后工程未竣工离任。道光十九年(1839),继任知县林发森接手续建。至道光二十年(1840),时任知县景星完成对学宫重修。咸丰十一年(1861),遭受兵祸,学宫损毁。同治十三年(1874),知县高照奎到任,倡议民众捐资重修,改门外木格为砖墙,作半圆形结构,尚未修成便离任。光绪三年(1877),知县舒恺续修竣工,令孝廉方正杨光铨书写匾额。民国16年(1927),国民革命军雷华勋部驻扎学宫,农历正月初一,解散其部队时,士兵纵火焚毁学宫。

据乾隆二十年版《泸溪县志》载,乾隆二十年(1755),学宫招收廪膳生20名,增广生20名,岁试、科试、进学各8名,拨入府学1名或2名。咸丰、同治后,拨入府学2名,以2名为额数。武生同科举,以13名为率。学宫每名生员盘缠银4两,花红银9钱,酒席银1钱,典银15两。三年拨付一次,各年银两合计为21两6钱6分7厘。学月考由教官主持,岁考、科考由各省提学使主持。岁考成绩分为六等:一、二等可升补增、廪生或参加乡试,即科考;三等为平常;四等受责处;五等廪、增生递降一等,附生降为青衣;六等黜革。

第四节 义学

义学也称义塾，是旧时靠官款、地方公款或地租设立的蒙学。义学产生于北宋时期，始于名相范仲淹，为民间孤寒子弟所设立。清代，朝廷规定县以上设书院，乡镇一般设义学。

康熙五年(1666)，知县邵时英在县城北门外广储仓一侧始建立义学。义学教室5间，中堂设官厅1所。后因失火义学焚毁，校址改做义冢(旧时穷困潦倒之人死后，族人或慈善团体以薄棺殓尸埋葬之地)。康熙四十一年(1702)，朝廷"定义学小学之制"。康熙四十二年(1703)，县令郎廷权受知府之命，调查泸溪境内学院、义学状况。任期内奉都部院谕檄，在城北建义学，配备塾师，招收生徒。不知何故，屡建屡废。康熙五十一年(1712)，"令各省府州县多立义学，聚集孤寒，延师教读"。康熙五十五年(1716)2月，知县王光夔与儒学教训及绅士捐资，在县城文庙明伦堂右侧选址建义学，3月动工，4月竣工。南北房屋做学舍，中间做门，匾额书写义学二字。中堂匾额书写"殖学"。正南一馆二间校舍原是文姓居民店地，因义学需要，将屏墙外店地两间与文姓居民店地斢换。5月，延请廪生李陟公在义学开馆授徒。义学每年由县署拨付银两20两，每月初一日、十五日讲课，初三日命题作文，生童习作。乾隆二十年(1755)，贡生李涌为义学塾师。咸丰末年(1861)，义学、学宫遭兵毁，并入南溪书院，迁于李家巷李栋(明嘉靖戊戌科中进士，官至吏部稽勋司主事，文选司员外郎)旧屋内。光绪十七年(1891)，知县张贵良将义学迁移至广福寺三官殿。光绪二十年(1894)，知县费道纯捐资倡议重修，延请县城知名人士吴永宣主持施工。工程尚未动工，费离泸调任桃源县知县，吴永宣病故，义学停建。

清光绪二十二年(1896)，知县施启宇捐款在县城东、城西关、北区龙背山苗区、西区河溪(清代隶属泸溪)、南区浦市各设义学一所，时有义学6所。光绪二十四年(1898)，施启宇任满离开泸溪县，义学不久废止。

义学主要是从事小学教育，又称蒙学教育，学校老师又称蒙师，从学者是15岁以下少年儿童。教育内容主要是识字写字、读书、作文、学算等，兼有伦理教化功能。常用的课本有《三字经》《百家姓》《千字文》《千家诗》《昔时贤文》等。这类学校大多都十分简陋，没有专门教舍，教师束脩微薄，仅能糊口，就学子弟多出自贫苦人家，只求粗识文字。

此外，清代泸溪县内还设有医学、阴阳学等义学教育。

第五节 科举

明清时期，泸溪县科举初试在县城南溪书院考棚进行，由知县主持。县档案馆所存光绪二十年(1894)一份扎文对当时考场有一段陈述:“乃近来士习不如从前,每逾定限,有迟至亥刻始行交卷者。遂至弊端纷出,而该仕相治成习,视为故然。省加约束,动易喧哗;而临监试各官亦多姑容宽从。殊属不成事体。”由此可见,当时考试混乱情况。为根治考场混乱陋习,朝廷发令:“嗣后,乡、会试均着恪守旧章按照定例时刻交卷……倘该士不遵约束或有抗违,即着斥革严办。”

清代科考是作八股文,规定由破题、承题、起讲、入手、起股、中股、后股、束股等固定部分和顺序组成。要求每一段落,乃至每一个句子都局限于固定格式,不准丝毫违反。这种追求形式、思想僵化考试方法不利于选拔有真才学者。清光绪三年(1877),泸溪知县舒恺对科举考试评价为:“自科目举士,试官泥于绳尺,磊落不羁,常被摈弃。故得者不必矜,失者不必怨”。

泸溪县明清时期科甲出身名录

(一)进士(见表2—2和表2—3)

表2—2

明代文科进士一览表

姓名	科次	姓名	科次	姓 名	科 次
张赉	明成化丙戌科(1466)	唐时英	明嘉靖已丑科(1529),官至都御史陕西巡抚	李乐	明嘉靖已丑科,官至太僕寺卿
李栋	明嘉靖戊戌科(1748)	石庭举	明万历年未科(1620)	杨卓然	明崇祯辛未科,官至提学道

表2—3

清代武科进士一览表

姓 名	科 次	姓 名	科 次	备 注
宋仁杰	清乾隆丙辰科(1736)	向宗陶	清乾隆已未科	

(二)举人(见表2—4至表2—7)

表2—4

明代文科举人一览表

姓名	科次	姓名	科次	姓名	科次
谭镇	明永乐戊子科(1408),官经历	黄 澜	明永乐甲午科(1414),官经历	陈源清	明永乐丁酉科(1417),官学士
邹鲁	明永乐丁酉科(1417)	杨遇春	明宣德丙午科(1426)	石鼎	明宣德壬子科(1433),官教谕
唐 昶	明宣德壬子科(1433)	石悦山	明景泰丙午科(1456)	张脊	明成化乙酉科(1465)

续表

明代文科举人一览表

姓名	科次	姓名	科次	姓名	科次
李庭鸾	明弘治壬子科(1492)	李庭鹏	明弘治壬子科(1492)，官桃源县知县	李乐	明嘉靖戊子科(1528)
李栋	明嘉靖戊子科(1528)	唐时英	明嘉靖戊子科(1528)	牛凤	明嘉靖辛卯科(1531)
石　佩	明万历癸酉科(1573)，官乐至县知县	王家瑞	明万历已卯科(1579)，官河南州知州	石悦彩	明万历壬午科(1582)
石庭举	明万历甲午科(1594)	杨卓然	明天启甲子科(1642)	李沛然	明崇祯庚午科(1630)，官宜春
李家珠	明崇祯癸酉科(1633)	李子华			

表 2—5

清代文科举人一览表

姓名	科次	姓名	科次	姓名	科次
李子华	清康熙甲子科(1684)	杨初芳	清康熙丙寅科(1686)	杨毓秀	清康熙戊子科(1708)
姚必贤	清乾隆辛未科(1751)	杨光泰	清道光乙酉科(1825)	李建枝	清同治甲子科(1864)
唐沐寿	清同治癸酉科(1873)				

清代武举人一览表

表 2—6

姓名	科次	姓名	科次	姓名	科次
宋仁杰	不详	向宗陶	乾隆戊午科(1738)	张志诚	乾隆丙子科(1756)，官山西大同府参将
金　浩	乾隆甲子科(1744)	文光区	乾隆丁卯科(1747)，官山东德州守备	张显镗	乾隆辛卯科(1771)
唐自仪	乾隆辛卯科(1771)	杨赐元	乾隆丙辰科(1736)	张尚林	乾隆甲寅科(1794)，官乾州守备

续表

清代武举人一览表

姓名	科次	姓名	科次	姓名	科次
杨国柱	道光丁酉科(1837),兴宁把总	杨正均	科次失考	石　彪	科次失考,官芦州卫守备
石山节	科次失考	向文鳌	光绪乙亥科(1875)	梅开先	光绪乙亥科(1875)
廖应魁	光绪戊子科(1888)	龚德林	光绪已丑科(1889)	龚育元	光绪丁酉科(1897)
向文龙	光绪丁酉科(1897)				

表 2—7

清代拔贡一览表

姓　名	科　次	姓　名	科　次	姓　名	科　次
石山榛	康熙丙辰年(1676)	李日新	康熙戊寅年	李湧	雍正已卯年(1735)
唐宣文	雍正乙卯年(1735)	印鋕	乾隆癸酉年(1753)	李津	乾隆辛酉年(1741)
李治	乾隆已巳年(1749)	张光湘	乾隆官安仁教谕	刘正元	嘉庆辛酉年(1801),官江西高安知县
杨朝盛	嘉庆已巳年(1809)	刘奉珍	嘉庆癸酉年(1814)	李国培	道光乙酉年(1825)
张经世	道光丁酉年(1837)	廖华夏	同治癸酉年(1873)	宋必昌	咸丰辛酉年(1861)
廖华清	同治癸酉年(1873)	文聘珍	光绪乙酉年(1885)	廖名缙	光绪丁酉年(1897)
王承文	宣统已酉年(1909)	李国湘	宣统已酉年(1909)		

（三）贡生(见表2—8)

明代贡生一览表

表 2—8

姓　名	经任官职	姓　名	经任官职	姓　名	经任官职
龙云	盐运知事	蒋文		杨自义	检教
宋拱宸	新化训导	杨海安	都×断事	周忠	
蒋庸		虢翠		杨仲文	
刘芳德	鸿胪寺序班	杨自盛	太平府同知	杨元	
虢英		周思温	知县	李和	
殷礼	州判	李昕	江南泰州州判	周文	
杨仕龙	本县典史	宋琦		唐让文	训导
杨俊	照庸	唐辅	孝感训导	张文仪	县丞
钟必仁		杨元英	吏目	徐辕	卫经历
周齐		杨浩	山东兰山知县	向汉清	卫经历
李子芳		李伦	府知事	龚政	吏目
杨信	主簿	石仲靖	柳州府司训	杨附秀	冠带知事
杨铭	府经历	文湧	主簿	王瑁	训导
唐琼	知县	杨璠	彰明县知县	谭文监	
黄忠道		连登		邓元通	
张衡	主簿	杨亮		李官	
李明	州同知	杨元茂	县丞	杨仲俨	教谕
杨昴	主簿	杨清		杨监	府经历
李庭珏	县丞	张凤	教授	王民表	永兴府学教授
王庭弼	建德县丞	向显明		杨庄	广州市治司提事
李相	日照县知县	石岑		李学恩	
濮琦	县丞	杨鹏举	主簿	李洍	随州学正
杨继兰	海盐主簿	龚泰显	上阳县知县	杨恂	
文尚锦	李定州同知升知州	王镗	知县	张早	经历
李学颜	主簿	王况	训导	张天维	思南司训导

续表

姓　名	经任官职	姓　名	经任官职	姓　名	经任官职
李钟	知县	杨楚村	宁波府训导	李邦衡	岳州教授
李裕	清平县知县	杨镇		杨永坚	训导
杨钟嵩		李茉	经历	张谐	训导
李儒		文振	教谕	李洪恩	汉阳教授
文应宿	红油教谕	杨林芳	广西北流知县	杨作舟	训导
李春和		张所学	训导	杨天枢	训导
王家祥	武昌县教谕	李枝馨		李士龙	
杨筠	罗田县教谕	李枝开		杨明鸾	州判
许锭	五河县训导	李明龙		张天伦	温州府教授
李拜弼		张文焯	襄阳府学教授	杨玉	
谭必康	镇江府教授	杨簪		李人龙	训导
李福龙	曲阜县丞	文运亨	道州学正	石维裳	梧州通判
曾湧	教谕	李盎然	福建长泰知县、思南推官	杨兴	吏目
唐邦宪	卫经历	杨弟	训导	李秉珪	
李庭鹤		李通	应天府通判	文庭竖	淮安府沭阳知县
宋克新	知县	张纲	卫昭磨	王淡	知县
刘文琼		李芳	知县	莫通	县丞
石瑾		张庭辅	河南永城县尹	杨纲	县丞
李庭璋		李庭纪	吏目	龚庭宪	县丞
王駜	布政司都事	吴胜华	卫经历	江瑛	知县
杨朝云	东川府经历	李学曾	东弓训导	李学尧	
李洪钟		石镐		杨日安	石屏知州
石铭		李邦监	天柱教谕升恭城县令	李庭重	石城县训导
杨世纪	新建训导	杨日安	修仁知县、顺庆通训	石大华	云梦教谕
张侃		许志兴	从王阳明受学赣州	周福卿	

续表

姓　名	出贡年月和经任官职	姓　名	出贡年月和经任官职	姓　名	出贡年月和经任官职
石一士		冯镐		王召	
杨杰		杨希颜		张一中	思南府推官
石绍宸					

表2—9　**清代贡生一览表**

姓　名	出贡年月和经任官职	姓　名	出贡年月和经任官职	姓　名	出贡年月和经任官职
石山辉		石山耀		王之召	顺治八年恩贡(1651)
石庭祥	顺治八年贡(1651)	杨杰然		刘嗣昆	顺治十六年贡(1659)
文仁远	顺治十八年贡(1661)	张尔楚		余铭董	字仲舒，康熙初贡
李象珍	训导	张华昆	竹山训贡	张仕选	
龚帝选		张齐周	常宁训导	李枝玉	
文宪远		杨復元	东安训导	李枝滨	康熙二十八年贡(1689)，宜章训导
杨狗		李子实		邓玉美	
杨修业	攸县训导	杨正声		宋维新	
唐之命	康熙三十四年恩贡(1695)	文炙章		徐文彩	
龚之梅		杨以责		杨周斌	
杨浩		杨初黄	新宁训导	刘文铨	康熙四十年(1702)贡祁阳训导
张宏翔	康熙四十三年贡(1704)	钟昆	康熙四十五年贡(1706)	唐荣宠	康熙四十七年贡(1708)
李子聘	康熙五十年贡(1711)	唐杰	康熙五十二年恩贡(1713)	石山静	府学恩贡
李枝珊	康熙五十二年贡(1712)	杨修身	康熙五十二年贡(1713)	张鸿祠	康熙五十四年贡(1715)
李素然	康熙五十六年贡(1716)	张弘仁	康熙五十八年贡(1718)	唐昌	康熙五十九年贡(1719)
龚元章	雍正元年恩贡(1723)	杨士汉	雍正元年贡(1723)	张友曾	雍正三年贡(1725)
王万夫	雍正五年贡(1727)	张仙	雍正六年贡 (1728)，教谕	杨添	
石山凡	雍正八年贡(1730)	石山寿	雍正十年贡(1732)	杨洪	
张锦	雍正十三年贡(1734)，石门训导	王宗煌	乾隆元年恩贡(1736)	文从轼	乾隆二年贡(1737)
吴子弼	乾隆三年贡(1738)	周宏爵	乾隆三年贡(1738)	杨增丰	
杨播		李陟公	乾隆八年贡(1743)	唐仕遇	乾隆十年贡(1745)

续表

姓　名	出贡年月和经任官职	姓　名	出贡年月和经任官职	姓　名	出贡年月和经任官职
李枝瑛	乾隆十一年贡	宋文岱	乾隆十二年贡	李源长	乾隆十四年贡，德阳训导
熊应辰	乾隆十八年贡	李日明	乾隆十八年贡	龚文幾	乾隆十六年贡
石瑞	乾隆十八年贡	杨一鹏		曾启英	乾隆二十年贡
宋斌	乾隆二十二年贡	李枝鸾	乾隆二十四年贡	李璜	乾隆二十六年恩贡
唐守简	乾隆二十六年贡	谭杨	乾隆二十六年贡	王挺	乾隆二十八年贡
金湧	乾隆三十年贡	石纲	乾隆三十二年贡	张大鹏	乾隆三十四年贡
文盛璜	乾隆三十四年贡	李发元	乾隆三十六年贡	周光国	乾隆三十八年贡
张元潭	乾隆四十年贡	孙文煌	乾隆四十二年贡	李原达	乾隆四十四年贡
杨嘉生	乾隆四十五年贡	刘光昌	乾隆四十六年贡	张鑑	乾隆四十八年贡
杨一安		熊正紘	乾隆五十一年贡	龚滨	乾隆五十二年贡
李圣樞	乾隆五十四年贡	宋庭弼	乾隆五十五年贡	廖显光	五十六年贡
李盛柼	乾隆五十八年贡	李开进	乾隆六十年贡	聂生璜	嘉庆元年贡
廖自明	嘉庆二年贡	姚学经	嘉庆四年贡	周明儒	嘉庆四年贡
龚安治	嘉庆六年贡	石丰清	嘉庆八年贡	唐敷华	嘉庆十年贡
唐自位	嘉庆十二年贡	张玑		杨枝海	
唐仑	嘉庆十四年贡	熊载车	嘉庆十四年贡	熊钟芳	嘉庆十六年贡
唐知翼	嘉庆十八年贡	陈瑞邦	嘉庆二十年贡	周源标	嘉庆二十二年贡
张尚性	道光三年贡	石盛福		章光清	
张家魂		张金瑞		李坤定	
安朝连		杨国相	咸丰五年贡	杨显桂	咸丰七年贡
石盛基	咸丰九年贡	吴荣汉	十一年贡	龚大宽	同治二年贡
王正科	同治五年贡	龚国楠	李梦兰	张尚松	
龚希位		龚大宽		张经传	
文景安		邓绍忠	同治十二年贡	石盛霖	同治十二年贡
龚大方		金世锋		邱尚林	

续表

姓　名	出贡年月和经任官职	姓　名	出贡年月和经任官职	姓　名	出贡年月和经任官职
杨国楠		李发奇		廖荣禄	
蔡官邦		谭善楚		文宏春	
金凤瀑		刘奉礼		张昆翼	
石绍文		唐执中		唐锡龄	
唐锡爵		胡祥吉		文开愚	
谭正英		李焕彩		杨作家	
张光粮		李源澄		李光宣	
张正吾		刘奉瑜		张经魁	
廖惕芷		文开意		李成膺	
杨钟赢		陈大昆		张声纯	
文开慇		杨正乾		文开悟	
胡光明		胡光亮		鄢秉刚	
爵炳烜		陈大诰		吴永勋	
金鸿邦		杨正亨		谢礼堂	
文兴卫		杨以南		金邦俊	
杨凌云		张青云		杨光荣	
杨正芝		张永铭			

第六节　新式教育萌芽

清末，清廷为挽回颓局，巩固政权，提出“废科举、兴学堂”主张，对教育制度进行改革，主要内容包括停科举、设学堂和奖游学三项。光绪二十七年(1901)，清廷下兴学诏。在全国设立大、中、小学堂。光绪二十八年(1902)，朝廷再次通令各省选派学生到东、西洋各国讲求专门学业，学成者回国给予任用。以留日学生居多，许多留学生在国外接受资产阶级民主革命思想，成为以后民主革命运动重要力量。光绪二十九年(1903)7月，清政府命张百熙、荣庆、张之洞以日本学制为蓝本，重新拟订学堂章程。光绪三十年(1904)公布《奏定学堂章程》(时称癸卯学制)。是年，朝廷颁布学生章程，并通令各府、州和一等县开办中学堂，二、三等县办高等小学堂。泸溪属三等县，县令程寿保遵令改南溪书院为官立高等小学堂，委清贡生吴永勋为堂长。改浦市观澜书院为官立高等小学堂，委贡生陈大诰为堂长。两所学堂原有田产、房屋等财产作为办学经费。高等小学堂教学宗旨是“仁爱”“廉耻”“公勇”，修业年限为4年，课程按《湖南暂定小学堂章程》所定开设，计有修身、读经讲经、中国文学、算术、中国历史、地理、格致（理化）、图画、体操，加授手工、农业、商业等学科。光绪三十一年（1905），清朝政府下令废除科举考试，旧式教育宣告正式结束，原有各级官学和书院均改为新式学堂。是年，武溪高等小学堂增广学额，添设学级。光绪三十二年（1906），学部向各省转发《私塾改良会章程》，支持民间进行私塾改良。至光绪三十三年（1907），泸溪县共创立13所初等小学堂，有学生208名，半日学堂1所，学生36名。

宣统二年（1910），学部颁布《改良私塾章程》，鼓励劝学所对私塾进行改良，调整私塾课程、教材、教法，地方政府加强对私塾管理，劝导或者逼迫塾师调整办学方式。清末民初，经过改良的私塾介于新旧办学之间，是从传统私塾向近代小学过渡教学机构。课程有修身、国文、算术、读经、体操、游戏等，教学用具添置黑板、粉笔。是时，泸溪县小学教育处在初创阶段，小学教育还不能摆脱科举与书院传统教学方式束缚，一些学生在私塾读几年后再进学堂读书。因此，学堂初级小学生年龄在10岁以上，高级小学则在15岁以上，教员大多是科举出身，教学方法除县立高等小学外，多沿袭私塾，教学设备简陋，不合教学要求。但新学初创为泸溪小学教育发展奠定基础。

在“废科举、兴学校”中，浦市先后设立四所蒙养小学堂。第一蒙养小学堂设在牛头巷文社内，后改为吾南小学。第二蒙养小学堂设在老文昌阁，民国28年（1939）停办。第三蒙养小学堂是浦市地区屠业集资兴办，地址在桓侯庙（俗称屠夫庙）。第四蒙养小学堂是江西籍旅浦同乡龚柏森等人倡议创办，校址在水龙宫，后迁至新街口，再迁至唐家弄。民国4年（1915）2月，又迁至万寿宫，后改为私立豫章小学（浦市第二完全小学前身）。该校是泸溪教育史上历史较久一所私立小学。

民国元年（1912），推行新式教育。浦市“官立高等小学堂”易名“浦市官立高等小学”。民国3年（1914），县城武溪镇私塾先生陈馨斋将所办私塾改名“私立培养小学”。校址设在南王宫正殿上首，占地400平方米，光线尚好，在读学生40人左右，最多时有55人，分大班和小班，入学者均系贫民子弟，所收学费低于其他同类学校。但多数塾师墨守成规，不舍废除尊孔读经旧制。一些塾师为应付督学检查，要求学生各买一本新编课本做幌子，教学上仍用旧教材。由于全县小学很少，不能满足众多儿童入学要求，加之农村家长对新学不解，只相信私塾，故私塾在城乡仍与国民学校并行。民国4年（1915）2月，县城武溪镇和浦市镇相继兴办女子学校，女子进入学校接受教育。浦市女子学校校长杨辉是留日学生李仁斋妻子，初期，浦市女子学校招收教育界人士女子在校读书，后逐步扩大到招收社会各界人士子女就读。

民国8年（1919），乾城县（今吉首市）人士侯永卿到小章苗区开办私塾。除采用“四书”等教材外，增设国文、珠算、体育等课程。侯在小章办学四年，给学生和家长留下深刻印象。

至此，泸溪县新式教育进入萌芽时期。

第三章　学前教育

第一节　萌芽及发展

一、萌芽

清雍正十一年(1733),知县张宏烈奉辰州府令,修建房屋作收养遗弃婴幼儿场所,取名育婴堂。因缺乏经费,没有将遗弃婴孩送进堂内抚养。光绪元年(1875),县内知名人士杨千提倡立老会,筹款四百串,为育婴堂配备义工,收养遗弃婴幼儿。

民国元年(1912),国民政府颁发《壬子学制》《壬子癸丑学制》,设官办蒙养园。但县内没有设立幼儿教育机构。民国10年(1921),遇辛酉大旱,浦市城内出现许多饥儿。驻扎浦市湘西巡防军第二支队长贺龙与当地绅士虢宾实商量创办饥儿收恤所,治疗饥儿疾病,安排饥儿生活,保健员每天教饥儿做体操、练唱歌、玩游戏,最多时收容饥儿400名。次年5月23日,贺龙率部开赴四川省驻防,饥儿收恤所因经费缺乏解散。民国11年(1922),根据《壬戌学制》,县教育科在浦市、武溪两镇创办短期幼稚园、育婴堂、难童收养所等幼儿蒙养教育组织,泸溪幼儿教育由此萌芽。

二、发展

(一)幼儿园

泸溪县正规学前教育事业发展于1956年。是年,县委、县人民委员会贯彻落实中央“幼儿教育以厂矿、企业、机关、团体、群众自筹为主”方针,在浦市镇设立全县第一所幼儿园,入园幼儿35名,配备保教员3名。同时,在县妇联组织下,在各农业社创办托儿所100所。1957年,县教育科在武溪镇创办县幼儿园。开园时招收县直机关“双职工”子女15名,设混合班,配有20个床位,幼儿实行全托。1958年,县城创办第二家幼儿园,即武溪镇幼儿园。期间,全县幼儿园发展迅猛,农村公社普遍设立幼儿园,至1959年,全县共开办幼儿园310所,入园幼儿4236名,占全县应入园幼儿45%。

1960年10月,为满足县城幼儿入园要求,县教育科在武溪镇伏波庙左侧购置私宅一栋,作为武溪镇幼儿园新园址,拨款1万元用于园内维修和购置教学器材。是年,浦市镇中心幼儿园被全国总工会、共青团中央、全国妇联、中国人民保卫儿童全国委员会授予"先进儿童工作集体"。1961 年，国民经济处于困难时期，因经费困难和幼教师资不足等因素，全县大部分幼儿园陆续停办。至 1963 年，全县仅有 3 所幼儿园，其中教育部门主办 1 所，民办 2 所，共 9 个班，入园幼儿 312 名，保育员 9 人，勤杂工 3 人。

1974 年，全县农村幼儿园在大办农村教育事业热潮中再度兴起，至 1976 年，全县设立幼儿园 171 所，开设班级 180 个，在园幼儿 3613 名，教职工 205 人，其中教养员 109 人，保育员 96 人。是年，为适应教育事业的发展，县教育局组织力量编写幼儿教材，举办第一期幼师培训班，各社(镇)、工矿幼师 39 人参加培训。1978 年，县幼儿园由县人事局接管，成为县人事局二级差额拨款单位，在园幼儿增至 530 人，开设 10 个教学班，有教职工 27 人。

1980 年 6 月，县教育局配幼教专干，与县托幼办共抓幼教工作。12 月，全州托育工作现场会在泸溪县召开，推广少数民族聚居区梁家潭公社"依靠群众勤俭办园"经验，与会人员参观了该社幼师自制玩教具展览。1982 年 6 月，县人民政府决定恢复武溪镇幼儿园，由幼师杜慎言负责筹备事宜，园址仍设伏波庙左侧。县财政拨款 5000 元用于幼儿园维修和添置教具、玩具，不足部分由武溪镇政府筹措。11 月初，武溪镇幼儿园正式开园。

1957—1982年全县幼儿园基本情况一览表

表 3—1

年份	幼儿园数			在园幼儿数			教职工数		
	合计	公办	民办	合计	公办	民办	合计	公办	民办
1957	1	1	—	30	30	—	3	3	—
1958	301	1	141	4236	43	4193	628	4	624
1959	154	1	153	2625	51	2574	287	5	282
1960	5	1	4	361	60	301	31	5	26
1961	3	1	2	394	72	322	26	6	20
1962	3	1	2	312	185	227	12	5	7
1963	3	1	2	335	171	164	16	8	8
1964	3	1	2	291	175	116	18	10	8
1965	3	1	2	267	150	117	15	9	6
1966	2	1	1	292	169	113	14	9	5
1967	3	1	1	379	143	236	18	10	8
1968	1	1	—	170	170	—	10	10	—
1969	1	1	—	80	80	—	7	7	—
1970	3	1	2	113	80	33	10	7	3

续表

年份	幼儿园数			在园幼儿数			教职工数		
	合计	公办	民办	合计	公办	民办	合计	公办	民办
1971	1	1	—	110	110	—	8	8	—
1972	1	1	—	110	110	—	8	8	—
1973	1	1	—	164	164	—	6	6	—
1974	2	1	1	172	105	67	8	6	2
1975	7	1	6	208	105	103	14	7	7
1976	171	1	170	2993	148	2744	205	10	195
1977	168	1	167	2771	160	2011	193	8	185
1978	35	1	34	1147	240	907	63	12	51
1979	66	1	65	2126	205	1921	95	6	86
1980	182	1	181	4535	264	4271	61	10	51
1981	11	1	10	2818	270	2548	53	14	39
1982	5	1	4	1221	202	1019	30	15	15

1984 年 5 月，根据州人民政府关于农村幼儿教育指示，县教育局规范幼儿教育办学，撤销村办托儿所和幼儿园，以各乡镇中心完小开办学前班。1985 年，全县有城镇、厂矿幼儿园 6 所 31 个班，入园幼儿 869 名。是年，开办幼师培训班，提高幼师业务水平。1986 年，全县有城镇、厂矿幼儿园 6 所，31 个班，入园幼儿 869 名。全县举办幼师培训班 12 期，对所有幼师进行轮训。1992 年，全县有城镇、厂矿幼儿园 9 所 32 个班，入园幼儿 1357 名，全县幼儿教师 172 人。

1994 年，全县有幼儿园 59 所 75 个班，入园幼儿 1003 名。1996 年，全县调整幼儿园布局，幼儿园调整为 26 所。县民族幼儿园搬迁白沙新址，办学规模扩大，办学条件完善。园区占地面积 0.88 公顷，建筑面积 6200 平方米，各种设备齐全，园务管理、保教和教研工作规范，获“全省幼儿教育先进集体”。参加各级艺术节比赛获省三等奖 1 次、州一等奖 2 次。1997 年 10 月，经检查验收，县教育局批准解放岩乡水卡村个体协会和洗溪镇上街居委会开办幼儿园，颁发办园许可证。是年，对城镇幼儿园进行整顿。对浦市地区未经县教育局批准而擅自开办且以盈利为目的 5 所幼儿园责令停办整顿。1999 年，加强师资管理，实行幼师资格证制度，幼师持证上岗。

2000 年，全县幼儿园减至 4 所 15 个班，入园幼儿 469 名。幼儿教师学历合格率 95%，专业合格率 98%，持证上岗率 93%。县民族幼儿园有教职工 31 人，学历合格率 100%，开设 8 个班，入园幼儿380人，被评为州一级幼儿园。县蓓蕾幼儿园晋升为州二级幼儿园。2004年，全县学前教育事业进入快速发展阶段，入园学前儿童3536人。2005年，规范学前教育办学活动，全县在园学前儿童3818人，其中民办幼儿园1134人，城镇幼儿入园率97.5%，农村幼儿入园率84.4%。2006年，全县新建、改建乡镇幼儿园2所，村级幼儿园22所，认定普惠性民办幼儿园6所。全县有公办幼儿园12所，民办幼儿园34所，在园幼儿8451人，学前幼儿入园率92%。2008年，鼓励和提倡社会力量采取多种形式举办幼儿园，加强幼师培训，提高专业素质，推动乡镇中心幼儿园建设，每个乡镇办好一所中心幼儿园。

2011年，县政府办公室印发《学前教育三年行动计划》，提出全县幼儿教育发展指导思想和基本原则，明确学前教育发展总目标是：到2013年，全县6所乡镇幼儿园校达到《湖南省幼儿园办园标准》，9所村级（社区）幼儿园达到《湖南省简易幼儿园建设基本条件》要求。学前一年毛入园率达到90%，学前二年毛入园率达到70%，学前三年毛入园率达到60%；公办幼儿园和普惠性民办幼儿园在园人数占幼儿入园总数50%。是年，县财政投入资金92万元建设幼儿园项目11个，完成实事园武溪镇中心幼儿园1所，自行安排园浦市中心幼儿园、五里洲贝贝佳幼儿园、白沙希望幼儿园、白沙小神童幼儿园4所幼儿园建设。白沙希望幼儿园被评为州级示性范幼儿园，五里洲贝贝佳幼儿园被评为县级示范性幼儿园，全县幼儿入园率，城镇98.2%，农村81.6%。2014年，新建公办幼儿园3所，浦市中心幼儿园获“州级示范园”；洗溪中心幼儿园、踏虎中心幼儿园被评为“州级标准园”。认定普惠性幼儿园6所，普惠性民办幼儿园24所，全县在园幼儿7615人，三年幼儿入园率60%。

2015年，县教育局按照《湘西自治州民办幼儿园、民办教育培训机构年度办学情况评估方案》，对34所民办幼儿园办学情况进行检查评估。评出优秀单位9所，合格单位25所。是年，新建公办幼儿园3所，洗溪中心幼儿园、踏虎中心幼儿园通过省为民办实事园验收。县政府办印发《关于印发泸溪县普惠性民办幼儿园认定和管理办法（试行）的通知》，全县普惠性幼儿园28所，在园幼儿8223人，幼儿入园率73%。

2016年，县政府制定《泸溪县儿童发展规划（2016—2020年）》，明确学前教育指导思想、基本原则和总体目标。是年，新建改扩建乡村幼儿园22所，乡镇幼儿园2所，认定普惠性幼儿园6所。全县有公办幼儿园12所，民办幼儿园34所。在园幼儿8451人，学前一年、三年入园率分别为92%和73%。有幼儿教师597人，其中公办教师224人，大专以上学历310人，持有教师资格证教师485人。8月，县教体局设立学前教育股，配备专职工作人员3人，具体负责学前教育各项工作。

2017年，全县有47所幼儿园，其中12所公办幼儿园，35所民办幼儿园。在园幼儿10843人，教职工728人，专任教师468人，保育员166人，其他人员94人。

（二）学前班

1983年，县文教卫办公室对全县幼儿教育进行摸底调查，全县学龄前儿童入园率仅13.2%。为发展幼儿教育，县文教卫办对全县发展学龄前教育进行规划，根据县内各社镇经济条件差异情况，按经济条件好、经济条件较好、经济条件一般划分三个类别，确定各类地区学前教育发展指标，作为乡镇教育发展主要任务目标之一，在全县按地区类别推行学前班教育制度。一类地区以村为单位，办班面达到60%，幼儿入班率达到70%；二类地区以村为单位，办班面达到50%，幼儿入班率达到60%；三类地区办班面达到40%，幼儿入班率达到50%。要求全县学前班有教室、有桌椅、有风琴、有活动场所、有教具玩具、有合格幼师，禁止用危房办学前班。乡村幼师报酬与民办教师同等待遇，采取乡统筹、村自筹、群众集资、家长交纳等多种形式解决。1985年，全县农村学校开设学前班58个，入班幼儿1223人。1987年，全县普及初等教育，农村办班面由中心完小扩展到片完全小学。开办学前班86个，入班幼儿2643人。1988年3月，县教育委员会制定《泸溪县学前班管理细则》，要求各乡镇学校把学前班作为一个班级加强管理。学校制订工作计划、教研计划应含有幼教工作内容，制订岗位责任制，建立健全学前班管理制度，拟订办班标准和评估办法。要求乡镇中心小学办好一所示范性学前班，规定学前班统一使用省编教材。1989年3月，全县农村小学开办学前班76个，入班幼儿2252人，入班率66%。浦市镇21个村（含街道居委会）办班23个，入班幼儿684个，入班率93%，成为全县创办学前教育先进典范。是年，州教委对全州合格学前班进行检查验收，上堡乡中心小学学前班被认定为合格学前班。

1992年，全县有农村学前班91个，入班幼儿2652人。1994年，全县农村学前班发展到111个，入班幼儿2880人。1996年，农村学前班规范为109个。从是年起，县教育局从应届初中毕业生中招收120名优秀生到县进修学校幼师班专修3年，经考试合格后分配到农村学前班上岗工作。

1997年3月，县教育局根据农村学前班办学存在问题，部署开展整顿和规范管理工作。要求各中心小学、片完小、村小根据实际情况多开办学前班，提高幼儿入班率。规定中心完小学前班幼师须具有高中以上文化，片完全小学和村小幼师年龄在40岁以下、具有初中毕业以上文化程度。各学区从秋季起建立幼师档案，逐步实行持证上岗。学前班收费30%用于改善学前班办学设施，中心完小学前班须配置风琴、录放机、开水桶，有大型玩具2件以上，小型玩具人均2件以上，图书人手2册以上，配置日常生活用品，村小学前班配置桌面教玩具。落实幼师报酬，武溪、浦市、白沙镇学前班幼师月均工资保证在200～300元之间，乡镇中心完小学前班幼师月均工资保证在150～200元之间，村片小学前班幼师月均工资保证在100～150元之间。全县学前班统一使用省教委编写的湖南少儿出版社出版的学前班教材，严禁学前教育小学化。学前班课程按教育纲要开设，坚持备课制，做到课课有教案。要求各学校把学前教育纳入学校管理范围，确定一名校级领导分管，学校教务处、总务处承担学前班招生、教学、师资管理、培训、经费使用、改善办班条件等工作任务。

1999年，县教育局加强学前教育师资管理，全县实行“幼师资格证”制度，幼儿教师须持证上岗。

2000年，全县农村小学学前班116个，入班幼儿3084人，幼师全部持证上岗。2005年，随着民办幼儿园兴起和学前教育不断规范，学前班逐渐淡出学校教育范畴。

1988年至2000年泸溪县学前教育一览表

表3—2

年份	园数(所)				班数(个)		在园幼儿数(人)		幼儿教师数(人)			
	合计	其中			合计	其中:小学附设学前班	合计	其中:小学附设学前班	合计	其中		
		教育部门	集体办	其他部门						园长	教师	保健员
1988	6	3	—	3	98	86	2643	1893	110	5	98	7
1989	3	—	—	3	95	80	2725	1888	103	5	95	3
1990	4	—	1	3	98	80	2891	2003	106	6	97	3
1991	5	—	2	3	119	87	3551	2074	172	4	150	18
1992	10	5	2	3	123	91	4009	2652	172	7	146	19
1993	5	2	1	2	122	104	3761	2812	146	4	132	10
1994	59	—	56	3	186	111	3883	2880	180	9	152	19
1995	11	—	8	3	140	120	4337	3791	179	13	155	11
1996	26	—	25	1	122	109	4067	3452	160	6	147	7
1997	3	—	1	2	122	105	4105	3407	181	8	166	7
1998	36	25	9	2	130	109	3509	2804	193	5	179	9
1999	6	—	4	2	115	101	3427	2906	168	5	155	8
2000	4	—	—	4	131	116	3553	3084	156	4	144	8

2010 年至2017年泸溪县学前教育一览表

表 3—3

年份	园数(所)			班数(个)		在园幼儿数(人)		幼儿教师数(人)		
	合计	其中		合计	其中:小学附设学前班	合计	其中:小学附设学前班	合计	其中	
		公办	民办						园长	教职工
2010	33	4	29	177		6432		412	33	379
2011	35	5	30	185		6680		455	35	420
2012	37	5	32	193		6965		480	37	443
2013	42	9	33	205		7369		543	41	502
2014	43	10	33	213		1189		589	43	546
2015	46	13	33	221		8337		683	45	638
2016	46	13	33	227		8435		705	46	659
2017	47	13	34	233		8552		722	47	675

表 3—4

2017 年泸溪县幼儿园一览表

序号	乡镇	幼儿园名称	负责人	序号	所属乡镇	幼儿园名称	负责人
1	武溪镇	白沙小精灵幼儿园	印先秀	25		浦市杨丽幼儿园	杨桂丽
2		白沙蓝天幼儿园	李澜	26		浦市新农村幼儿园	毛建梅
3		白沙上上城国学幼儿园	田亚廷	27		浦市堤上幼儿园	杨五妹
4		白沙明德幼儿园	颜静	28	浦市镇	浦市南新街幼儿园	李中梅
5		白沙金太阳幼儿园	李诗花	29		浦市蓓蕾幼儿园	刘小玲
6		白沙童星幼儿园	熊莉琼	30		浦市鑫隆幼儿园	罗秀丽
7		白沙希望幼儿园	杨雪芝				
8		白沙小神童幼儿园	田梅	31	石榴坪乡	兰村幼儿园	包雪强
9		白沙杨柳溪幼儿园	刘武午	32		蒲公英幼儿园	刘海霞
10		白沙思源幼儿园	林艳	33	达岚镇	达岚小学幼儿园	黄婷
11		泸溪县民族幼儿园	康碧爱				
12		武溪中心幼儿园	胡丽云	35	合水镇	合水小明星幼儿园	谭盛梅
13		武溪金摇蓝幼儿园	覃素洁	36		踏虎中心完小幼儿园	杨换玉
14		武溪贝贝佳幼儿园	刘湘	37	兴隆场镇	兴隆场中心幼儿园	张力
15		武溪城南社区幼儿园	张文兰	38		新蕾幼儿园	廖小英
16		武溪镇启明星幼儿园	杨坤润	39		九德幼儿园	谭艳梅
17		武溪阳光(福娃)幼儿园	李澜	40		永兴场中心幼儿园	杨蓉
18		武溪大风车(铝厂)幼儿园	石湘萍	41	小章乡	贝尔乐幼儿园	向仙玉
19		武溪小学(第一)幼儿园	龙丽霞	42		小章中心幼儿园	张留霞
20	浦市镇	浦市中心完小(第一)幼儿园	刘冬梅	43	潭溪镇	潭溪中心幼儿园	吴云珍
21		浦市中心幼儿园	姚学玉	44	洗溪镇	洗溪中心幼儿园	邓付莲
22		浦市小精灵幼儿园	吴荣梅	45	解放岩乡	宝贝乐幼儿园	谢艳萍
23		浦市新苗幼儿园	张晓桂	46		解放岩中心幼儿园	杨明芝
24		浦市快乐幼儿园	刘拥政	47	白羊溪乡	白羊溪学校幼儿园	李晗

第二节 保教

20 世纪 50 年代，农村幼儿园主要是托儿所功能，没有正规幼儿教师。城镇幼儿园教师称为教养员，上课称为作业，课程设有语言、认识环境、计算、音乐、美工、体操及活动性游戏5 门。小班每节作业时间 10～15 分钟，中班作业时间 20～25 分钟，大班每节作业时间 25～30 分钟。

1960 年，全县进行幼儿园教学改革，语言作业中增加教拼音和识汉字，学会 20 以内加减法，设劳动课，大班每天有 3 节作业课。1963 年，根据省教育厅指示，幼儿园教育教学停止教学拼音，计算课改为 10 以内加减法。1966 年至 1976 年，学前教育将体操和活动性游戏改为军体课，教学毛主席语录，规定大中班教读语录 5～6 条，小班教读 3～4 条，并教拼音识字。

1978 年，国家推出一系列恢复学前教育秩序政策，为幼儿教育提供政策支持，幼儿园工作重点由保育转向保育与教育并重。1980 年，全县城镇幼儿园教学依照大纲规定设置语言、常识、算术、体育、音乐、美工 5 科。小班每周 6～8 节作业，中班每周 12～14 节作业，大班每周 14～16 节作业。1981 年，贯彻执行国家教育部《幼儿园教育纲要》，全县城镇幼儿园教育教学主要是游戏、体育活动、课堂教学、劳动、娱乐活动和日常生活等 7 种方式。课堂教学以游戏为主，教学方法通过直观和感官作用“寓教于乐”，防止幼儿教育小学化倾向。是年，幼儿园作业改称上课，教养员改称教师。县幼儿园贯彻教育纲要设语言、常识、计算、音乐、美术、体育 6 科，小班每周 6～8 节课，中班每周 10～11 节课，大班每周 12 节课。

20 世纪 50—60 年代，城镇幼儿园教学根据幼儿年龄特点，运用幼儿喜闻乐见方法，进行学前教育。其教学方法主要有：观察法。运用观察实物直观教学法。按春夏秋冬组织幼儿观察花草、农作物生长变化，观察蝌蚪变青蛙、小虫变蝴蝶、变蜻蜓变化，观察农民犁田、播种、插秧、收割，认识粮食来之不易。观察教学法扩大观察范围，开拓幼儿视野和胸襟。智力操作法。《幼儿教育纲要》颁布后，在教学活动中发挥幼儿感觉器官功能，采取看、听、闻、摸、做方法开发幼儿智力。在计算教学中数数、摆数，演算加减法，用各种物品拼出树、花、房等各种图形，教识正方体，使幼儿认识区别形和体。识别法。在常识教学中认识颜色，观察其颜色变化。教幼儿学习用电常识，教幼儿画水墨画、棉纤画、油彩棒画、印画。手工教学引导教幼儿用糖纸、碎布剪贴葵花、民族服装、菊花等图形以及用橡胶泥、纸浆、面坨捏出各种小动物小器具等。

1990 年，贯彻落实教育部《幼儿园管理条例》和《幼儿园工作规程》，全县幼儿教育实行保育与教育相结合，对幼儿开展体、智、德、美全面发展教育。1999 年，全县实行“幼师资格证”制度，幼儿教师须持证上岗。为提高学前教育师资力量，县教育局采取办训练班、选送部分幼师去外地学习等多种形式，使幼师文化、业务水平得到提高。省教育委员会授予县幼儿园幼师杜慎言《终生从事幼儿工作证书》，幼师李玉珍、符玉华等被评为优秀幼师。

2010 年 8 月，县教育局贯彻落实《国务院关于当前发展学前教育的若干意见》和教育部《关于规范幼儿园保育教育工作防止和纠正“小学化”现象的通知》规定，组织开展纠正幼儿园“小学化”活动，规范全县幼儿园办园行为。2012 年，全县幼儿园根据教育部《3～6 岁儿童学习与发展指南》要求，对学前教育教学进行改革，建立符合幼儿保教规律的幼儿园教育教学体系。

2014 年，全县持有幼儿教师资格证教师 255 人，各幼儿园组织幼儿参加省、州幼儿自制玩具教具大赛。县希望幼儿园“益智系鞋带”获省自制玩教具大赛特等奖，县民族幼儿园“趣味园”获州一等奖。在州幼儿书法美术摄影作品大赛中，全县 14 名参赛幼儿获一等奖，12 名参赛幼儿获二等奖，16 名参赛幼儿获三等奖。

2017 年，县教体局制定《关于加强和规范学前教育管理实施意见》，对全县幼儿园教育和管理做出具体规定，学前教育事业走上健康有序发展道路。县民族幼儿园贯彻执行《3～6 岁儿童学习与发展指南》，以“一切为了孩子”为管理理念，遵循幼儿教育规律，根据幼儿身心特点和幼儿个体差异开设语言、科学、健康、社会、艺术五大领域课程体系。

第三节　管理

一、收费管理

20 世纪 80 年代前，全县幼儿园属公办和民办福利性质机构，城镇公办幼儿园保育人员工资报酬由县财政拨款和主管单位筹集落实，农村托儿所、幼儿园保育人员以大队记工分，参加所在生产队年终分配。90 年代后，全县学前教育快速发展，公办、民办幼儿园数量增加，学前教育开始推向市场，办学单位和个人提出办学申请，经县教育行政主管部门审批后，取得办学许可证后到民间组织管理局办理法人登记，再到物价局办理收费许可证、收费员资格证，按照物价部门核定收费项目收费。

2003 年，县教育局、物价局核定全县幼儿园收费项目由教育费、保育费、管理费、生活费 4 项组成。收费标准分别为：白沙城区每生每期 180 元，武溪镇每生每期 160 元，其他各乡镇每生每期 100 元，经费用于教职工工资、办学经费、设备费等支出。生活费白沙城区每生 70 元 / 月，武溪地区每生 60 元 / 月，其他乡镇每生 50 元 / 月，未开中餐农村幼儿园每生每期收取教育费、保育费、管理费 160 元。规定举办幼儿园单位和个人须接受县教育和物价行政主管部门监督检查和收费年度检审。随着学前教育事业不断发展，幼儿园收费分为公办幼儿园和民办幼儿园2个标准，收费项目和金额由各收费单位自行确定，报县教育和物价主管部门备案。幼儿园收费是一个动态变化过程，收费项目和标准根据经济发展状况和物价变化情况而定。如县民族幼儿园2008年每期学费800元，生活费每生每月120元。2013年，每期学费1500元，生活费每生每月200元。2017年，兴沙幼儿园收费标准为每期学费2200元，特殊教育费每期200元，生活费每生每月200元。

2017年6月，县教育和体育局下发《关于加强和规范学前教育管理的实施意见》，对幼儿园收费行为进行规范：各幼儿园在相关部门核定标准范围内收取费用，不得随意提高或降低标准收费；规范教材征订，做到人手一册，所订教材须具备相应资质发行机构，严禁购买和使用盗版教材；财务收支清晰，规范幼儿园后勤和财务管理工作，收支分开，账目清楚，幼儿园膳食费用须建立专门账目，按成本收取，做到专款专用，严禁克扣幼儿伙食，并定期在园内显眼位置向幼儿家长公布账目收支情况。民办幼儿园每年年检时须出示具有会计师事务所资质单位所做年度财务审计报告。

二、园务管理

1956年，浦市镇设立全县第一所幼儿园。次年，在武溪镇设立第一所公办幼儿园即县直属机关幼儿园，设立由园长负责行政领导机构，按照国家教育部门颁布纲要、制度进行管理。这一时期，幼儿园园务管理重点是保健管理，制定卫生制度、托幼制度、政治学习制度、行政生活和党团组织生活会制度等制度。1960年，增加劳动制度，县直属机关幼儿园规定每人每周劳动一天。

1966年至1977年，县幼儿园坚持开园办学，主要进行政治教育，园务管理以政治管理为主。1978年，县幼儿园贯彻落实国家教育部发布《城市幼儿园工作条例》，幼儿园管理以保育为重点转为保育与教育并重。

1980年1月，县革命委员会成立县托幼工作领导小组，下设托幼办公室，负责日常工作。6月，县教育局配备幼教专干1人，协同县妇联抓幼儿教育工作。1984年5月，根据州政府关于加强农村幼儿教育指示，全县规范幼儿教育办学，撤销村办托儿所和幼儿园，各乡镇中心完小开办学前班。1989年11月，国家教委制定《幼儿园工作规程》，对幼儿园管理做出明确规定。县教育委员会贯彻执行《幼儿园工作规程》，严格执行办园审批制度，规范管理全县幼儿教育办学行为。

2003年，县教育局、县物价局联合下发《关于全县幼儿园办学管理暂行规定》，对幼儿园开办条件、申报程序、办园目标、收费项目和园务管理与监督，做出具体规定。2007年，县民族幼儿园由差额拨款事业单位转为全额拨款事业单位，归口县教育局管理。2009年，县教育局贯彻《幼儿园管理条例》和《幼儿园工作规程》，加强对幼儿教育规范管理，推进学前幼儿素质教育。

2010年5月，贯彻《国家中长期教育改革和发展规划纲要》和学前教育三年行动计划精神。县教育局发出通知，要求全县幼儿园进一步增强师生员工安全防范意识，做好校园安全防控工作，即日起全县幼儿园上课时间实行封闭管理。

2011年3月，县教育局召开全县幼儿园园长会议，对加强学前教育管理、规范办园行为进行部署，实行公、民办幼儿园等级评定，评定内容从办园条件、师资队伍、园务管理、安全防范等4个方面制定30个评估细则，评定结果通过电视台通报和挂牌公示等形式向社会告知，对评定中不合格幼儿园予以取缔。通过等级评定，促进全县学前幼儿教育健康发展。各幼儿园落实会议精神，日常教学以内容丰富、形式多样游戏为基本活动，杜绝幼儿教育“小学化”现象。

2013年起，县教育局会同县安监局、食药局和县公安交警大队每年召开一次全县幼儿园安全管理工作会议，对幼儿园安全管理、校车管理和食品安全进行具体部署。各幼儿园加强安全防范工作，层层签订责任书，健全安全管理制度，防止安全事故发生。每年组织开展一次幼儿园环境整治专项行动。

2014—2015年，县教育局基础教育股对全县幼儿园教学情况进行巡查，发现部分幼儿园大班存在小学化教学现象，主要表现在：教学内容小学化，过早地把小学教学内容搬到幼儿园，片面追求拼音、写字、计算等内容教学，忽视幼儿学习品质养成。教学形式小学化，重上课轻生活环节，以集体教学为主，单调填鸭式授课方式取代幼儿游戏活动。教学方法小学化，偏重知识灌输、技能训练，违背幼儿“做中学、玩中学、生活中学”独特学习方式。评价方式小学化，停留在能认能写多少字，做多少数学题，不尊重幼儿发展个体差异。其原因主要是受应试教育错误理念影响而形成。

2015年6月28日，县教育局根据基教股专题报告进行研究，进一步规范幼儿教学办学行为。7月8日，发出通知，全面纠正学前教育“小学化”倾向。规定各幼儿园在保育教育理念上，贯彻发展学前教育方针政策，领会《3～6岁儿童学习与发展指南》，坚持科学保教办园方向，树立保教并重、全面奠基学前教育思想，纠正在办园理念、目标等方面违背学前教育规律倾向。同时，下发《关于进一步加强幼儿园管理工作的通知》，要求严格依法依规办园，全日制幼儿园实行“两教一保”(两教一保是幼儿园教师分配形式，两教即一个主班一个配班，主要负责孩子教育教学工作，一保即保育员，负责孩子生活调配)，小班班额不得超过30人，中班不得超过35人，大班不超过40人。各幼儿园贯彻执行县教育局通知精神，组织开展民办幼儿园环境优化美化评比活动，12所幼儿园投入10万元对园舍进行维修、彩绘、地面软化、增添教学设施设备。明德幼儿园在暑假期间投入150万元新建食堂并对园舍进行重新装修翻新。武溪镇大风车幼儿园选择新园址，投入100万元修建园舍，增添部分教学设备设施。

2017年6月，县教育和体育局下发《关于加强和规范学前教育管理的实施意见》，规范全县幼儿园管理。(1)规范审批程序。办园许可审批按照“先申请,再许可;先许可,再筹建;先筹建,再评估;先评估,再审批”原则规范办园行政审批。(2)规范办园行为。全县幼儿园须参照中小学开学和放假时间统一开园和散放寒暑假,不得擅自提前或推迟。各幼儿园在相关部门核定标准范围内收取费用,不得随意提高或降低标准收费。教材征订做到人手一册,所订教材须具备相应资质发行机构,严禁购买和使用盗版教材。(3)规范办园条件。园舍以《湖南省幼儿园办园标准》《湖南省中小学校幼儿园规划建设条例》为标准,户外活动场所与办园规模相适应,配备标准活动室、休息室、多功能室和盥洗室,体现美化、绿化、儿童化、教育化特点。设备按照《幼儿园教学玩具配备目录》标准基本配齐,配置适合教材、教学图片、多媒体、幼儿操作材料和图书,有一定数量自制教玩具,有符合要求卫生设施,有独立餐饮操作间,具备餐具、毛巾消毒等设备。园长具备大专学历或中专以上学历,参加幼儿园园长培训并获得合格证书,教师须具有中等幼儿教育或中等以上师范教育学历,并取得幼师资格证书,严禁有传染病史、心理精神病史人员进入幼儿园工作。(4)加强园务管理。坚持提供健康适合成长环境、尊重幼儿人格和权利、遵循幼儿身心发展办园原则,做到保教并重,根据幼儿园保育和教育目标任务办出特色。贯彻落实《3～6岁儿童学习与发展指南》,防止学前教育“小学化”。健全规章制度,建立健全保教、安全、卫生等各项管理制度,明确各类工作人员职责。贯彻落实《中小学幼儿园安全管理办法》,做好幼儿园各项安全管理工作。(5)建立评价机制。建立幼儿园目标管理考核机制。县教体局每年对全县幼儿园进行年度考核,考核结果与奖补资金挂钩,对目标考核不合格或被安全工作“一票否决”幼儿园进行整改、停办或吊销“办学许可证”。民办幼儿园“办学许可证”每3年更换一次。建立国家投入政策、奖励性投入执行机制,将中央及省级扩大学前教育资源奖补资金和其他项目优先落实到学前教育发展规范幼儿园。是年,县民族幼儿园创新园务管理“四点一化”工作法,即把关爱和信任教职工作为增强凝聚力入手点;把解决保教工作困惑作为反思学习提升教师整体素质重点;把贯彻《3～6岁儿童学习与发展指南》落实素质教育作为促进幼儿全面发展基本点;把寓教育与一日生活作为提升保教质量着眼点,园务管理走上管理科学化管理路子。

三、师资管理

1956年,浦市镇幼儿园聘请保教人员3名,教职员工人事关系以浦市镇管理为主,属非公职保教人员。1957年,县直机关幼儿园招收公办教师3人。1958年,全县幼教事业发展有公办和民办两种办学形式,公办幼儿园由县教育科管理,人员工资由县财政拨款,民办幼儿园由各社镇管理,教职工报酬由社镇自行解决。1959年,全县有幼儿园教职员工287人,其中民办教职员工282人,公办教师5名。此后,民办幼儿园逐渐减少,公办幼师比例提高。至1963年,全县有幼儿园教职工16人,其中公办教师8人,1968年,农村幼儿园陆续停办,全县幼儿园教职员工10人,均为国家拨款事业编制。

1976年，发展农村教育事业，全县开办幼儿园171个，其中集体办幼儿园170个。幼儿园教职工205人，其中公办幼儿教师10人，民办幼儿教师195人，占幼儿教师总数95%。是年，为适应幼儿教育事业迅速发展，县教育局组织力量编写幼儿教材，举办全县第一期幼师培训班，来自各社(镇)、工矿39名幼师参加培训。

1980年，全县61名幼儿教师中，公办教师10人，民办教师51人。1988年，全县有幼儿园6所，其中县教育局直接管理3所，由其他部门管理的3所，中心小学附设学前班86个，学前教育教职工110人中，民办教师占80%。

1990年后，学前教育出现政府和社会两种办学形式，办学经费来源有财政拨款和社会资金等渠道。公办幼儿园教师列入国家财政拨款事业编制，员额不足部分向社会公开招聘，工资待遇由单位自己解决。社会办幼儿园所需师资人员由本单位向社会招聘，各项待遇不低于规定最低工资水平。1999年，县教育局加强幼儿教师管理，对幼儿教师实行幼师资格证制度，幼儿教师须持有资格证才能上岗。

2013年1月，县教育局贯彻落实教育部《幼儿园教职工配备标准(暂行)》，对幼儿园教职工配备管理进行规范。幼儿园教职工包括专任教师、保育员、卫生保健人员、行政人员、教辅人员、工勤人员，按服务类型、教职工与幼儿以及保教人员与幼儿比例配备。全日制幼儿园每班配备2名专任教师和1名保育员；村学前教育教学点幼儿班等配备2名专任教师。规定幼儿园根据学前教育发展实际情况，增设教师岗位类别和数量，确保在教师进修、病产假等情况下有可供临时顶岗保教人员。规定相关人员配备标准：幼儿园负责人6个班以下幼儿园设1名，6～9个班幼儿园不超过2名，10个班及以上幼儿园可设3名。卫生保健人员根据《托儿所幼儿园卫生保健工作规范》配备，炊事员根据就餐幼儿人数配备，每40～45名幼儿配1名专职炊事员。配备2名财会人员，1～2名安全保卫人员。

2015年，县教体局加强对学前教育管理，通过"国培计划"送教下乡、网络研修、名师工作坊及举办全县园长培训班、教师培训班等方式，年培训幼儿教师800人次。

2016年，县民族幼儿园对教职员工从师德修养、工作能力、工作实绩等方面进行规范管理。第一，实行层级管理。在教学管理上，建立业务副园长—保教主任—教研组长—组内成员教学体系，以园内大教研和组内小教研为主要模式，以保教工作中实际问题为主要内容，开展园本教研活动。第二，加强团队建设，培养骨干力量。县教体局和县教师发展中心挂牌成立全县第一个学前教育名师工作室—杨敏名师工作室，成立以杨敏老师为坊主，王雪娜老师为成员全县学前教育工作坊。通过开展名师教研、送教下乡、结对帮扶、培训研讨、成果展示等研修活动，提升教职工业务素质。第三，搭建成长平台，促进教师成长。春季学期组织健康领域赛课活动，秋季学期组织语言领域赛课活动，以赛促研，促进青年教师成长。开展读书活动，让幼师自己选书、读书、写读书笔记，丰富理论知识，积淀教师文化素养，提高教师写作水平。开展以自然角、区域游戏、主题环创等园本教研活动，让教职工在工作实际中发现问题、思考问题、解决问题，服务保教工作。第四，开展文体活动，凝聚教师情感。组织教师开展师德演讲、走进儿童福利院等活动，提高教师职业道德；开展教师户外拓展活动、户外徒步健身活动，增强教师情感沟通；举办教师情景表演晚会，提高教师团结协作能力；召开教师座谈会，集思广益，为幼儿园规划发展出谋划策。

2017 年，县教体局制定《关于加强和规范学前教育管理实施意见》，对幼儿教师要求和管理做出具体规定。园长须具有大专学历或中专以上学历、具备实践经验，参加过幼儿园园长培训并获得合格证书；6 个班以下幼儿园配备园长 1 名，6～9 个班幼儿园配备园长不超过 2 名，10 个班以上幼儿园要配备园长 3 名。教师须具有中等幼儿教育或中等以上师范教育学历，并取得幼师资格证书。全日制幼儿园每班配备 2 名专任教师和 1 名保育员。村级幼儿园每班要配备教师和保育员各 1 名，寄宿制幼儿园每班配备 2 名教师和 2 名保育员。

至 2017 年，全县幼儿园园长 47 人，专任教师 468 人，保育员 166 人，其他人员 94 人，教职工总数 728 人。

第四章 小学教育

第一节 建制布局

一、清末及民国时期小学教育

(一)官立学校

清光绪二十九年(1903),废科举,兴新学。朝廷通令各府、州和一等县开办中学堂,二、三等县开办高等小学堂。泸溪县属于三等县,知县程寿保尊令将南溪书院改为官立高等小学堂,委贡生吴永勋为堂长。改浦市观澜书院为官立高等小学堂,委贡生陈大诰为堂长。光绪三十二年(1906),泸溪官立高等小学堂改为初等和高等小学堂。知县阮桂申委任吴永勋为堂长兼国文教员。由此,全县各区乡开始发展新式教育。至光绪三十三年(1907),全县创办初等小学堂13所,在校学生208名;半日制小学堂1所,学生36名。

民国元年(1912),临时政府教育部颁布小学校令,规定小学校分为高、初两等设置,高等小学修业3年,初等小学修业4年。是年,全县设高、初等小学9所,学生179人。民国4年(1915)1月,国民政府颁布《教育纲要》,初等小学改称国民学校。县府将泸溪官立高等小学堂和浦市高等小学堂改名为高等小学校。民国5年(1916),泸溪高等小学校初小部分离,设县模范国民学校。民国14年(1925),根据北洋政府教育部规定,县城、浦市2所高等小学更名为泸溪第一、第二小学。民国21年(1932),县模范国民学校并入第一小学。

民国28年(1939),县长姜乾坤改变过去"注重质的整顿,未注重量的扩张"偏向,在苗族聚居区大章、营上、达力寨3个寨子增各设特区小学1所,3所学校共收苗族学生114人。又在蚂蝗溪、欧溪、祖坟山、合水、狗爬岩5地增设5所初级小学,在校学生174人。民国29年,县立第二小学更名为浦市镇中心国民学校。民国30年(1941),县立第一小学更名武溪镇中心国民学校,有教职员20人,学生400人。全县8乡2镇92保有乡镇中心学校5所,保中心国民学校76所,分校1所,在校学生4074人。因未达到省政府实施国民教育第一期"一乡镇一中心学校,一保一国民学校"计划,省教育厅责令泸溪县府"从速筹措"。

民国37年(1948)8月,为便于县立简易师范学校毕业生实习,县府在城西门武水岸边创办县立简易师范学校附属小学，龚继舜任主事。学校设1～4年级4个班，其中复式班2个，有学生90名，教员5名。是年，全县乡镇中心学校发展到14所，保国民学校84所，全县在校学生7706人，占学龄儿童总数45%。民国38年(1949)湘西“三二”事变后，学校师生离散，校舍被毁，校产被抢劫，所有学校全部停课。

至民国38年(1949)，武溪镇中心国民学校(县立第一小学)历任校长有黄传相、王国玉、李家爵、王元功、杨人隽、王远强、石晋衔、王国安、胡光焜等。有校具568件，教具542种，仪器48件，图书50册，订阅报纸3种，杂志5种。浦市中心国民学校(县立第二小学)历任校长有张楚屏、王元功、黄传相、李奇英、王元亨、白廷福、李家福、赵尊吾、李如龙、姚质初、朱文林等。办学期间，免收学生敬师俸米，对家境困难学生提供书籍课本。

(二)义校

民国22年(1933)，县府奉省教育厅指示，推行短期义务教育，县教育科设专职义务教员。县府在李家田等地兴办第一批短期义校计14所，教员14人，学生378人。义校教育实行免费入学，采用流动设校办学方式，由教员巡回施教。民国24年(1935)10月，全县创办短期义务教育学校10所。从次年起，每学期举办短期义务教育学校20所。民国27年(1938)，因学校流动性大，入学儿童不多等因素，全县短期义务教育学校停办。

(三)女子学校

民国3年(1914)9月，县府在旧教谕署开办第一所女子小学。清贡生吴永勋辞去劝学所长职务，专任女子小学校长，毕业于省第二师范湘西女师速成科的李婉淑女士担任教师。经其劝学，城区大家闺秀和县府官员内亲进入女校就读。同时，在浦市开设第二所女子小学，借用李家大院上课，聘请鄢秉刚任校长。初期，招收浦市教育界人士的女孩入学，后扩大到招收社会各界人士女孩入学就读。民国9年(1920)，湘西巡防军第二支队长贺龙率部驻防浦市，驻扎在金溪馆。贺龙了解女子学校情况后，将金溪馆让给女校做校舍。接受当地士绅之聘，任第二女子学校名誉校长。民国10年(1911)，贺龙率部离开浦市前夕，和女校师生在浦市清吉坪合影留念。部队到四川省重庆驻防后，贺龙给女校寄300块银圆资助办学。民国24年(1935)，浦市女子学校迁到梓童阁办学。民国26年(1937)，泸溪女子小学和浦市女子小学分别并入县立第一、第二小学。泸溪女子小学并入县第一小学后，实行同校不同班制度，女生单独编班。校长王国安聘女教师吴学榉负责女生部，并担任美术、音乐、体育等课程。

(四)私立学校

1.培养小学。民国元年(1912)，县城武溪镇钟家弄塾师陈馨斋响应政府改良私塾号召，改良教学内容，把自己开办私塾改名为私立培养小学，校址设南王宫正殿，学生在40人左右，分大班和小班。入学者为一般贫民子弟，收学费低于其他同类学校。开设课目有国文、算术、历史、自然、音乐、体育等。陈一人任课20余载，后由儿子陈平主持办学，自己在学校兼课。民国29年(1940)农历九月初九日,学校被日机炸毁而停办。

2.豫章小学。前身为“废科举、兴学校”时期浦市第四蒙养小学堂,由江西籍旅居浦市同乡会龚柏森、吴慕周、邦修已等筹资创办。原校址在水龙宫,后迁至新街口,又迁至唐家弄。学生主要是江西籍旅居浦市同乡会子弟,在校学生20人,教师3人。民国4年(1915)2月,更名为私立即豫章小学。民国9年(1920),学校对外招生,在校学生增至200人,开设4个班,有教师10人。民国13年(1924)2月,学校迁至万寿宫右侧财神殿。学制10年(初级小学6年,高级小学4年)。办学经费以江西会馆房租收入为主,县府予以适量补助。豫章小学历任校长有龚伯生、肖秀生、姚群芝、吴慕周、王元功、朱文林、龚继凡、邦修已、肖僧、肖传煜等。学校教员张仲山为学校编写校歌。民国37年(1948),学校在校学生183人,教员16人。

3.育才小学。民国34年(1945)9月,以姚世鑫为首,唐能刚、谢历德、姚本爵、张敦厚等人筹凑资金,购买陆军通讯兵团“官佐子弟学校”教学用具,将校址迁移到陕西馆,创办浦市私立育才小学。姚世鑫任董事长,唐能刚、肖仕廉任副董事长,谢历德、邹金海、姚本爵、张敦厚等人为董事。至1949年3月“湘西事变”停办,历时4年半。学校规模6～9个教学班,教职员工22人,在校学生210人,先后毕业5个班,毕业学生230人。在该校受过教育学生达1400多人。学校在入学第一年全部免收学费,只交书籍费,对家境贫困成绩优良学生免费上学。

民国时期,全县除上述知名学校外,还有县城武溪胡蕴山崇实小学、上堡育德小学、浦市吾南小学、浦市第二及第三蒙养小学堂、浦市民众学校、浦市教会崇德初级小学等私立学校。

(五)难童学校

民国28年(1939)6月,中共地下党员殷廷禄、刘晨组织青年学生龚顺兴、张祖培、张永悌、文体浩、文体嵩等人接管县城义务小学,将学校更名为难童小学。龚顺兴任校长,刘晨任教导主任,他们自任教员,出钱购买教科书、教学用具,收容外地流入泸溪县城的难民子女入学就读。学校除开设一般课程外,注重抗日救亡宣传工作,组织抗日救亡宣传队,利用课余时间到街头及附近农村演出抗战救国文艺节目,在县城开办书店,推销进步书刊。次年,难童小学被国民党县党部查封,学生和部分教师并入县立第一小学。

(六)子弟学校

1.纱厂子弟学校。民国30年(1941),军政部军需署第二被服厂二分厂由外地迁入武溪镇西正街。民国32年(1943),该厂遵照“修正私立学校规程”规定,开办员工子弟学校,又称纱厂子弟学校。学校经费由厂福利基金费支付,学校董事会选举厂主任赵英梓(闽厦陆海空军警备司令部干部学校毕业)兼任校长,龚筱初(武昌艺专毕业)任教导主任,学生系本厂员工子弟。民国34年(1945),校舍被大风刮倒,借尹公祠办学。民国35年(1946),在厂址右侧峒河岸边修建新校舍,学校迁此办学。除本厂员工子弟外,招收外地流亡泸溪的难民和城区居民子女,开设一至五年级5个班,在校学生160名,教职员8人。学校经费充裕,设备完善。教导主任龚筱初战前曾在高等院校、中等职业学校从教，经历丰富，治校有方。教师均是师范毕业生，熟悉教学业务，学校教学质量高。民国 36 年(1947)，学校随军政部军需署第二被服厂二分厂迁离泸溪。

2. 随营官佐子弟小学。民国 26 年(1937)，驻扎浦市的陆军通讯兵团开办随营官佐子弟小学，校址设于张飞庙，有学生 150 人。

3. 省立四中附设小学。民国 27 年(1938)，省立四中(常德中学)迁入县城建校后，学校附设小学随迁泸溪。初小部设在城西草坪头龚家油坊，高小部设城内石家祠堂。民国 34 年(1945)，省立四中迁回常德，附设小学随之迁出。

表 4—1　　**泸溪县民国时期义务教育学校一览表**

区别	校别	校址	设立年月	教职员	学生数
第一区	一期二年二级短期义校	天门溪	1936	1	24
第一区	一期二年十一级短期义校	甲罗平	1936	1	28
第一区	一期二年十二级短期义校	暮江头	1936	1	32
第一区	一期二年十二级短期义校	杜家寨	1936.12	1	48
第一区	一期二年十三级短期义校	布条堡	1936.10	1	32
第一区	一期二年十四级短期义校	椰木溪	1936.10	1	41
第一区	一期一年一级短期义校	峰登岩	1937.9	1	45
第一区	一期二十二级短期义校	人形岭	1937.9	1	16
第一区	盘古岩短期义教	盘古岩	1937.9	1	18
第一区	龙背山短期义校	龙背山	1937.9	1	25
第二区	一期二年四级短期义校	新泥田	1936.10	1	18
第二区	一期二年五级短期义校	鱼坪	1936.10	1	28
第二区	一期二年六级短期义校	岩龙头	1937.10	1	14
第二区	一期二年七级短期义校	新田	1936.10	1	14
第二区	一期二年十六级短期义校	六里	1936.10	1	23
第二区	一期二年十七级短期义校	灰洞坳	1937.9	1	24
第二区	一期二年十九级短期义校	中堂	1937.9	1	35
第二区	一期二年二十一级短期义校	岩门	1937.9	1	14
第三区	一期二年八级短期义校	罩子坪	1937	1	23
第三区	一期二年九级短期义校	彭宗管	1937	1	24

续表

区别	校别	校址	设立年月	教职员	学生数
第三区	一期二年十级短期义校	马耳田	1937	1	21
第三区	东瓜寨短期义校	东瓜寨	1937.9	1	
第四区	一期二年三级短期义校	能滩	1936.10	1	24
第四区	一期二年十级短期义校	小陂流	1936.9	1	25
第四区	二期三年十七级短期义校	黄梨坡	1937.10	1	28
第四区	一期二年十九级短期义校	松柏潭	1936.10	1	41
第四区	朱雀洞短期义校	朱雀洞	1937.9	1	18
第四区	下且岐短期义校	下且岐	1937.9	1	15
第四区	下都短期义校	下都	1937.9	1	42
第四区	都蛮短期义校	都蛮	1937.9	1	20

表 4—2　**民国37年(1948)泸溪县小学教育状况一览表**

区别	四至地名及方里数	户数	学龄儿童数		已设学校	
			已入学	未入学	校数	学生数
第一区	东至大龙溪,西至苏木桥,南至岩头山,北至芭蕉坪,面积 2460 方里	6900	988	2100	23	884
第二区	东至沅水，西至臭泥潭，南至麻垄,北至纸棚,面积 1600 方里	5711	899	3545	19	624
第三区	东至眉丛,西至板桥,南至花坪,北至大章小章,面积 3100 方里	4731	514	3625	12	202
第四区	东至岩田，西至野猪塘，南至已溶,北至五家坨,面积 2200 方里	3306	444	2684	17	320

表 4—3　　**民国37年(1948)泸溪县国民学校一览表**

序号	校名	校址	校长姓名
一	**乡镇中心国民学校**	**10 所**	
1	武溪镇中心国民学校	县城内中正街	胡光焜
2	浦市镇中心国民学校	浦市堤上	钱文杰
3	忠安乡中心国民学校	上堡	廖益衡
4	孝安乡中心国民学校	八什坪	张昌龙
5	仁安乡中心国民学校	上方寺(上庵)	杨成丹
6	爱安乡中心国民学校	达岚(蚂蝗溪)	陈子嘉
7	信安乡中心国民学校	祖坟山	陈良训
8	义安乡中心国民学校	兴隆场	谭继常
9	和安乡中心国民学校	潭溪	章建中
10	平安乡中心国民学校	帽洲(解放岩)	周镜心
二	**保(村)国民学校**	**65 所**	
1	武溪镇第五保国民学校	九甲杨	杨启均
2	武溪镇第六保国民学校	五里州	石仲华
3	忠安乡第一保国民学校	岩头山	杨天祥
4	忠安乡第二保国民学校	顺家田	王广
5	忠安乡第三保国民学校	大毛坪	杨承周
6	忠安乡第四保国民学校	不详	不详
7	忠安乡第四保国民学校	岩角	杨英灼
8	忠安乡第五保国民学校	下寨	田科绅
9	忠安乡第六保国民学校	洞底坪	龚继位
10	忠安乡第七保国民学校	大溪	王公誉
11	忠安乡第八保国民学校	高大坪	杨培垣
12	孝安乡第二保国民学校	布条坪	刘诗尊
13	孝安乡第三保国民学校	灯油坪	石岳
14	孝安乡第四保国民学校	斗蓬界	梁福民
15	孝安乡第五保国民学校	龙背山	许发喜
16	孝安乡第六保国民学校	欧溪	李仕发
17	孝安乡第七保国民学校	红水溪	吴学稱
18	孝安乡第八保国民学校	洞头寨	杨毓麒

续表1

序号	校名	校址	校长姓名
19	仁安乡第二保国民学校	中塘	徐跃南
20	仁安乡第三保国民学校	青草	文启东
21	仁安乡第五保国民学校	新堡	谭汉文
22	仁安乡第六保国民学校	高山坪	唐家模
23	仁安乡第七保国民学校	逻寨	姜逢琨
24	仁安乡第八保国民学校	白岩头	王孝芳
25	爱安乡第二保国民学校	六里	刘运麒
26	爱安乡第三保国民学校	麻坪	刘运文
27	爱安乡第四保国民学校	石榴坪	李代权
28	爱安乡第七保国民学校	麻岭	向治平
29	爱安乡第八保国民学校	长坪	刘文明
30	爱安乡第九保国民学校	白头溪	熊震球
31	爱安乡第十保国民学校	都歧	谭仲屏
32	信安乡第二保国民学校	罩子坪	张显心
33	信安乡第三保国民学校	暮洲	刘国鲲
34	信安乡第四保国民学校	坡上黄	黄大旺
35	信安乡第五保国民学校	上徐家岭	徐玉文
36	信安乡第六保国民学校	踏虎	李植成
37	义安乡第二保国民学校	彭总管	李长寅
38	义安乡第三保国民学校	岩坡	杨胜刚
39	义安乡第四保国民学校	五里坪	谭世君
40	义安乡第五保国民学校	甘田坪	谭世尧
41	义安乡第六保国民学校	武堰	朱明林
42	义安乡第七保国民学校	大水坪	张贤坤
43	义安乡第八保国民学校	小章	张民忠
44	义安乡第九保国民学校	营上	杨士奇
45	义安乡第十保国民学校	白羊溪	张子和
46	义安乡第十一保国民学校	麻溪	李盛淇
47	义安乡第十二保国民学校	马王溪	孙自夏
48	义安乡第十三保国民学校	坳头	杨再润

续表2

序号	校名	校址	校长姓名
49	义安乡第十四保国民学校	密灯	唐文湘
50	义安乡第十五保国民学校	上广	梁永德
51	和安乡第三保国民学校	下且己	向显华
52	和安乡第四保国民学校	松柏潭	杨心洁
53	和安乡第五保国民学校	小能溪	周明久
54	和安乡第六保国民学校	下都	龚德馨
55	和安乡第七保国民学校	能滩	文启瑗
56	和安乡第八保国民学校	洗溪	张书鲲
57	和安乡第九保国民学校	杉树寨	宋仲衡
58	和安乡第十保国民学校	大坪	杨子周
59	平安乡第一保国民学校	都蛮	陈简安
60	平安乡第二保国民学校	大坪	邓恒彬
61	平安乡第五保国民学校	牛场	王士奇
62	平安乡第六保国民学校	己溶	杨吉安
63	县立简易师范附属小学校	县城内草坪头	龚继舜
64	浦市私立豫章小学校	浦市镇	胥传煜
65	浦市私立育才小学校	浦市镇	姚本爵

二、中华人民共和国成立后小学教育

(一)恢复与发展时期(1950—1976年)

1949年11月,县民教科代表县人民政府相继接管武溪镇、忠安乡、浦市镇、仁安乡4所中心小学及私立豫章、育才小学等6所私立学校,共计48个班,学生663人,教职员75人。按照县政府“维持现状,立即开学”指示,接管学校陆续开学。

1950年,县内匪患基本肃清,各地中心小学和保校先后复课。是年,全县划分行政区,设置区政府,村仍沿袭保甲制度。武溪小学改名为第一区中心小学,浦市小学改为第二区中心小学。三区兴隆场、四区潭溪、五区祖坟山各恢复中心小学1所。按照县政府“一保恢复一所学校”部署,全县5个区恢复小学63所。是年,按照“边恢复,边发展”原则,继续恢复原有学校,采取“民办公助”方式创办保小学,发展小学教育。至1951年,县政府在大章、白泥塘、排口、小章、大陂流、洞头寨、盘古岩、李什坪、官寨、斗篷界、梁家潭、龙背山等苗族聚居区,创办一批初级小学。1951年,潭溪中心完小设立2个少数民族班。次年,学校迁至墟场后面伢伢坪。为突出民族特点，易名为“潭溪兄弟山中心小学”。是年，全县取消保甲制度，以保设农民协会。1952年，在农民协会基础上建立乡级政权。全县小学教育根据“巩固提高，逐步发展”方针，按照“乡校乡办，村校村办”原则，采取“调整巩固为主，有条件的适当发展”措施，乡公所和村筹集经费创办学校，发展教育。是年，创办梁家潭、白羊溪2所中心小学。是年，全县有小学142所，其中乡村小学130所，中心小学12所，在校学生9619人，教职员工276人。苗族聚居地小学发展到20所，在校学生987人。1953年，县政府贯彻落实政务院“整顿、巩固、重点发展、稳步前进”教育发展方针，对全县教育进行调整。统一学校名称，规定所有学校均以所在地命名。相邻同类学校实行合校并班，举行编级测验，调整班级。将过大学区划小，增设2个学区。同时，在教学方法、教学设备、师资培训等方面统一规范。1954年，教育系统学习贯彻过渡时期总路线，加强学校思想政治教育和劳动生产教育，输送13名教师到吉首民族师范学校小学教师轮训班参加学习培训。同时，贯彻落实政务院《整顿和改进小学教育的指示》，县政府改进小学教育，规范和建立学校规章制度，建立正常教学秩序，促进育质量提高。1955年，县政府贯彻“加速发展，提高质量，全面规划，加强领导”文教工作方针，鼓励有条件农业社创办小学。8月，上寨乡第三农业社创办1所社办小学，20名适龄儿童全部入学。其办学经验在全县推介后，社办小学逐渐增加。1956年，县委、县人民委员会贯彻落实国家“有计划、按比例发展”教育发展方针，发出“关于加强小学教育工作领导的指示”，要求各乡镇党委把小学教育列入重要议事日程。全县城乡小学发展到小学152所，比1949年接管初期增加30.4倍，在校学生15017人，比1949年增加23倍。1957年，县教育科将全县6区2镇小学划分为23个辅导区，包括150所学校和428名教师。

1958年，县人民委员会遵循省教育厅“发展民办小学，适当满足人民群众文化要求，补充国家力量不足方面有重要意义”指示精神，在全县发展小学教育。年内，全县小学发展到327所，其中初级小学309所，高级小学18所，在校学生20775人，教职工635人，比1957年增加177所。学校按照“公社化”部署，实行伙食供给制。农村许多16岁以上孩子也进学校读书。1959年，贯彻“两条腿走路”方针，开展“教育大革命”，实行“教育与劳动生产相结合”，组织学生参加集体劳动生产。

1960年，县教育科对小学一、二年级12岁以上，三、四年级14岁以上，五、六年级16岁超龄学生动员离学参加农业生产，全县清理超龄生2224人。冬季，县人民委员会对小学发展进行适当调整。全县小学减至228所，在校学生降至14915人，教职工减少到556人。至1962年，全县小学减至205所，在校学生11043人，教职工504人，其中民办教师74人。1963年，贯彻“整顿、巩固、充实、提高”方针，按照《全日制学校暂行工作条例》要求，在调整基础上发展小学教育。县人民委员会组织工作队到全县社队开展学额改革工作，各学校对家庭困难学生减免学费，发放少数民族教育事业补助费，巩固在校学生数量。小学恢复和发展到226所，当年新招收学生4018人，在校学生13635人，教职工549人。1964年8月，根据中央“两种劳动制度、两种教育制度”精神，县教育科在潭溪公社土麻寨大队创办耕读学校。10月，李家田公社在9个大队创办耕读小学10所，在全县社镇率先实施耕读教育制度。是年，全县全日制和耕读小学发展到478所，在校学生19238人，教职工650人，其中民办教师(耕读教师)185人。1965年，全县耕读小学924所，在校学生11641人，大部分不能进入全日制学校少年儿童能够入学。全县全日制小学发展到306所，在校学生15460人。1966年，全县停办耕读小学，各耕读小学归并大队小学。全县有小学316所，在校学生16231人，教职工637人，其中民办教师173人。1967年，全县学校建立“三结合”革命委员会班子，成立“红小兵”组织，取代少先队组织。1968年，全县269名公办小学教师或下放回原籍或去农场参加生产劳动。农村小学下放到大队管理，因公办教师减少，大队选任小学民办教师从事教学，并实行贫下中农管理学校，建立学校管理委员会，对学校实行一元化管理。全县时有小学267所，在校学生11744人，教职工686人，其中民办教师417人。从1971年起，全县按照读“小学不出生产队”要求，开始发展农村小学教育。至1972年，全县小学发展到311所，当年招生8067人，在校学生22433人，教职工1050人，其中民办教师578人。

1973年，实施农村普及五年制教育活动，农村小学办到生产队一级，学生就近上学。全县小学发展到346所，在校学生22096人，普及率达到96%，巩固率99%，实现基本普及小学五年制教育。1974—1975年，继续开展普及五年制教育，巩固现有学校，提高办学水平。各大队采取摊派木料、劳动力，组织烧砖瓦，新建学校，改变办学条件。县教育局根据各公社办学情况，对一些小学进行适当归并组合。

至1976年，全县小学333所，在校学生32106人，教职工增加到1287人，其中民办教师779人。

(二)调整和改革时期(1977—2000年)

1977年，全县教育工作以教学为中心，教学秩序恢复正常。9月，撤销小学“红小兵”组织，恢复少先队组织。撤销社(镇)教育革命委员会和学校革命委员会，恢复学校党支部和校长负责制领导建制。是年，全县小学减至315所，在校学生31246人，入学率95.5%，教职员工1299人，其中民办教师838人。1978年，县教育局制定《泸溪县社(镇)中心小学管理细则(试行稿)》，在浦阳公社中心完小试行。该校学风好、教风好、校风好而闻名全州，湖南省电视台以《一所风气好的湘西农村学校》为题，拍摄纪录片播出。试点经验在全县推广，教育质量明显提高。是年，县教育局确定武溪小学、浦阳公社中心完小、合水公社中心完小、兴隆场公社中心完小、潭溪公社小学为全县第一批重点小学。1979年，县教育局制定《泸溪县教育事业三年调整规划》。决定普及小学五年制教育，调整学校布局，开展扫盲教育。要求全县18个社镇各办好一所重点学校。

1980年，全县调整农村学校建置，在各公社所在地恢复公社中心完小，在村寨相对集中或人口较多大队建立联片办农村完全小学，每个社(镇)创办3至4所联片完小，远离中心完小或片完小的大队则创办简易高小或初小。是年，全县有完全小学54所，其中，社(镇)中心完小18所，片完小42所，在校学生33666人。教职工1236人，其中民办教师737人。1981年，恢复1966年前学区制，全县按乡镇辖区划分学区，设学区专干(兼公社中心完小校长)1人，由县人民政府任命。公社中心完小属公社和县教育局领导；片完小属公社中心小学领导。校长由县教育局任命，报县人民政府备案。大队学校属片完小领导，只设主任教师。调整后，全县设中心完小(学区)18所，片完小31所，初级小学182所，其他形式小学10所。是年，梁家潭、小章、八什坪、潭溪、洗溪5个公社小学从秋季一年级学生入学起，将五年制改为六年制，其余社、镇小学从1982年起实行。1982年11月，县教育局以浦阳公社中心完小为现场，召开全县小学校长会议，讨论通过《小学管理细则》。

至1982年，全县共有小学288所，其中，公社中心完小15所，城镇小学2所，大队学校254所，教学延伸点17所，开设班级939个。在校学生34217人，在职教师1281人，其中民办教师643人。

1983年起，县教育局按照“一个大队办好一所学校”原则，对学校布局进行适当调整，重点办好大队一级学校，对教学延伸点进行撤并。1984年，县政府根据州政府“力争在1990年前普及初等教育”要求，按照“统筹安排，分类指导”原则，将学制改为六年制，实行“四二分段”。每个乡镇办好1所中心完小，几个村联办1所片完全小学，各大队办好1所学校。县教育局提出各乡镇学校“普及率达到95%以上，巩固率保证在98%以上”指标要求，各乡镇开展普及初等教育工作。至1985年，全县小学调整至224所，教职工1352人，在校学生32071人，入学率95.5%。1986年，县委、县政府贯彻落实《中共中央关于教育体制改革的决定》，在全县启动普及九年制义务教育。实行“两步走”：1990年前，普及初等教育，作为普及九年制义务教育基础工作。在此基础上，再普及初中义务教育。1998年前，完成普及九年制义务教育工作任务。根据县委、县政府决定，县教育委员会再次对小学布局进行调整。在学校离村较远、适龄儿童多边远村寨，设立教学延伸点，重点办好片完小、村级小学，使适龄儿童能够全部入学。是年，全县有小学228所，教职工1381人，在校学生28932人，小学适龄儿童入学率93%，巩固率94%，普及率90%。1987年，全县有小学229所，教职工1414人，学生29279人，入学率95%，巩固率94%，毕业率91%，普及率91%。1988年，武溪、浦市、合水3镇普及初等教育工作经州人民政府检查验收合格。1989年9月，县教育委员会对全县各乡镇普及初等教育情况进行检查验收。自查验收结果为：1988年秋，全县适龄儿童入学20081人，入学率95.2%。1989年秋，小学生入学27986人，巩固率97%。1988—1989年，全县小学毕业生4413人参加全州毕业会考，语文、数学双科合格3535人，毕业率80%。1989年秋，全县13～15周岁少年儿童16854人，初等教育普及率94.5%。是年，县财政下拨小学危房改造专项资金34万元，完成改造校舍32所，面积3408平方米。全县小学校舍面积197774平方米，基本上实现“一无两有(无危房、有教室、有桌椅)”。全县小学教师1371人，其中专任教师1282人，普及初等教育各项指标要求均已达到。10月，县人民政府向省、州人民政府提交《关于对我县进行普及初等教育验收的请示报告》。12月，省人民政府委托州人民政府派检查组到县检查验收，经检查泸溪县普及九年制义务教育工作合格，在全州率先实现普及初等教育任务。

1990年，全县7～12岁适龄儿童21840人，已入学20982人，入学率96.1%，学年初在校学生27838人，学年末在校学生26990人，巩固率97%，上学年毕业班4897人，上学年末考试合格毕业4515人，毕业率92.2%。1991年，武溪小学四年级5班被评为全国“学赖宁活动先进集体”；浦市第一小学少先大队被授予全国“红旗大队”。1992年，教育部颁布九年义务教育全日制小学、初级中学(各科)教学大纲(试用)。3月，县人大十一届三次全会审议通过《关于全县普及九年义务教育规划的建议(草案)》，规划到1998年全县完成九年义务教育。是年，全县有小学223所，教职工1421人，学生29984人。入学率97.2%，巩固率97.4%，毕业率84.2%，普及率98.1%，升学率73%。是年，泸溪县被湖南省人民政府评为全省“民族寄宿制中心小学建设先进县”。1994年3月，县政府利用移民搬迁资金在白沙新城新建白沙完全小学。11月，全县小学普及实验教学经省、州检查验收合格，16所乡镇中心完全小学和武溪小学、浦市一小、浦市二小均设立仪器室、实验室，学生演示实验开出率100%。是年，武溪小学经省教育督导评估确定为省一级完全小学；浦市一小、浦市二小经州教育督导评估定为州一级完全小学。全县小学普及率98.9%，小学巩固率名列全州前茅。1995年，全县各小学实施国家教委义务教育课程方案，使用义务教育教材。9月，白沙小学工程建设竣工投入使用，县教育局从武溪小学抽调60名教师到白沙小学任教。第一期招生一至六年级学生985人，开设18个教学班。

1996年，县教育局在19个乡镇21所中心小学推行合格教育，全县小学教育综合验收名列全州第一名。白沙希望小学《建好希望小学，提高办学效益》研究课题获全州教育科研成果一等奖。被省委政法委、省综治委授予全省“安全文明小区”称号。是年，因“7.13”特大洪灾，全县有50多所小学受灾，损失严重。历经2个月抗灾自救工作，各学校在9月按时开学。是年，武溪小学主持研究全国教育科学九五规划教育部重点课题《义务教育音像教材建设的理论与实践》子课题《利用教育音像促进素质教育的途径与方法》取得成果，《富饶的西沙群岛》教学设计方案荣获全国教育科研成果三等奖。全县小学教师撰写论文8783篇获县级奖，5892篇获州级奖(含发表)，3093篇获省级奖(含省刊发表)，48篇获国家级奖(含国家级发表)。全县小学教研课题有10个获州级科研成果奖，4个获省级科研成果奖，2个获国家级科研成果奖。1997年，全县有小学221所，教职工1473人，学生35482人。白沙希望小学校园绿化覆盖率88.2%，被省绿化委授予省级“园林式单位”，省综治委授予全省“治安模范单位”。1998年，全县小学现代技术教育发展加快，其中白沙希望小学、武溪小学、浦市一小三所城镇小学班班实现“三机一幕”，教师人人能用电教媒体，被州教委授予全州首批电化教育示范学校。合水中心完小和兴隆场中心完小获全县教育目标管理一等奖，成为全县农村小学教育发展旗帜。1999 年，全县小学教育科研成绩显著，白沙希望小学被授予“湘西自治州示范学校”，学校占地面积 11.20 公顷，教职工 146 人，学生 3028 人，成为全国最大一所希望小学。

2000 年，全县有 32 所重点中小学配备法制副校长，加强小学生法制教育。5 月，全县城镇中小学法制教育经验交流会在武溪小学召开，县依法治县办与全县城镇中小学 12 名法制副校长学习推广该校开展青少年法制教育宣传工作经验。9 月，10 名就读小学的优秀女生获美国“盛氏女儿基金会奖学金”资助。梁家潭乡红岩排村小学 22 岁苗族姑娘周春重返学校读书，在社会上引起强烈反响。是年，全县有小学 216 所，教职工 1668 人，学生 36471 人。

（三）巩固提高时期（2001—2017）

随着城镇化速度加快，生源逐步向城镇集中，农村学校学生不断减少。2001 年，县教育局制定《泸溪县 2001—2005 年中小学布局调整规划》，确定分年度对乡村学校和教学延伸点进行调整，计划到 2005 年全县学校数量减少至 110 所。但随着实施希望工程、扶贫建校，农村学校布局调整并没有实施。来源于各个渠道、各种捐助建校形式加速农村学校建设，农村教学逐步走向规范化。2002 年，全县小学在校学生 35830 人，适龄儿童毛入学率 104%，小学毕业率 99.9%。“普九”综合评估排全州第一，通过全省“普九”巩固提高先进县复检。是年，投入 1660 万元改建、新建和维修校舍面积 10000 平方米，其中改造 10 所农村小学危房 3000 平方米。2004 年，县教育局设立中小学救助受援捐赠中心，对义务教育阶段在校贫困学生进行救助。从是年起，随着城镇化建设进程加快，一批外出务工人员在白沙、武溪、吉首等地修建或购买房屋，将子女迁入城镇学校就读，农村学生减少，出现农村学校闲置、城镇学校学位紧张现象。2005 年，行政区划调整，撤销上堡乡、李家田乡、长坪乡、踏虎乡，分别并入武溪镇、浦市镇、洗溪镇、合水镇，全县 19 个乡镇调整为 15 个。县教育局根据乡镇撤并和学生生源变化实际情况，对特定乡镇中心完小进行更名和调整。将上堡中心完小更名为武溪镇中心小学，继续行使原上堡学区管理职能，原辖属村小学及教学延伸点管理体制不变。保留李家田中心完小，原辖村小管理体制不变。长坪乡、踏虎乡撤销后，学校管理体制不变更，仍保持原学区管理体制。是年，县财政投资 240 万元，台塑集团捐资 110 万元在位于白沙富康路 166 台地文教小区新建明德完全小学，成为县城第二所完全小学，缓解了城区学校紧张局面。2006 年，县教育局贯彻《教育部关于实事求是地做好农村中小学布局调整工作的通知》和《教育部办公厅关于切实解决农村边远山区交通不便地区中小学生上学远问题有关事项的通知》精神，实施中小学布局调整。在考虑基础教育发展状况、人口变动状况和人民群众承受能力基础上，按照“实事求是、稳步推进、方便就学原则”实施农村中小学布局调整。办好乡镇中心完小和定点片完小，在少数人口分散、交通不便、地理环境复杂地方保留必要教学点，不强行撤并学校。加强定点学校建设，加强寄宿制学校建设和管理，统筹管理教学点，加强调整后教育资源管理，稳妥推进学校布局调整工作。2008 年，按照省教育厅颁发《湖南省义务教育学校办学标准（试行）》，改扩建农村学校 5 所，新建一批教师公转房。2010 年 8 月，县教育局制定《泸溪县片村小管理制度（试行）》。其中对学校校产管理进行规定：建立校产管理台账，制定校产管理制度；教师离校期间安排守校人员；校舍、课桌椅及办公设施等校产经常进行维修。对学校财务管理进行规范：规范办学，按规定收费；建立“两免一补”、救助金及其他捐助金管理台账，按时如数发放给贫困生，接受社会监督；严格执行省教育厅“十项禁令”，严禁向学生乱收费，严禁向学生摊派各种学习用具、复习资料、报纸杂志等。每年组织对片村小考核考评，考核结果与教师岗位津贴挂钩。2011 年，撤销李家田中心完小，所辖杨斌庄村小学、李家田完小划入武溪镇中心完小管理，原中心完小校舍改设顺江田村级小学。红岩村小学、辛女溪村小学划入白沙小学管理。岩头山村小学、黑竹坳村小学、李家田村片完小划入浦市中心完小管理；李尧溪村小学划入洗溪中心完小管理。2012 年，县人民政府印发《泸溪县农村义务教育学生营养改善计划工作实施方案的通知》，在全县实施农村义务教育学生营养改善工作。改善农村学校学生生活，促进学生身体健康。2013 年，根据全县教育教学实际，继续调整学校布局。投入资金加强乡镇中心完小校舍建设，在城镇扩建义务教育学校。9 月，撤销武溪镇中心小学，整体并入武溪小学，原校址改为武溪小学幼儿园。原武溪镇中心小学所辖村级小学分别划入武溪小学、白沙小学管理。红土溪、红岩、辛女溪 3 所村级小学划入白沙小学管理，顺江田村级小学划入武溪小学管理，原杨斌庄小学因无生源而自动消失，校产由武溪小学接管。是年起，县人民政府、株洲市人民政府和香港言爱基金会共同投入建设资金 3 亿元，新建泸溪思源实验学校，学校占地面积 72036 平方米，建筑面积 22884 平方米。成为县城第三所小学和第二所初中学校。

2015 年 11 月，乡镇区划调整，白沙镇并入武溪镇，梁家潭乡、八什坪乡并入洗溪镇，永兴场乡 6 个村并入兴隆场镇，2 个村分别并入达岚镇、合水镇。但教育体制仍依照原乡镇体制模式，保留学校管理体制。

2016 年 3 月，为缓解武溪地区教育压力，县政府投入 6000 万元对原五里洲小学进行改扩建，设立武溪镇第二小学。2018 年秋季开学。县政府制定《泸溪县教育发展脱贫工程实施细则》《泸溪县贫困学生资助全覆盖实施方案》，实施教育精准扶贫。

至 2017 年，全县有各类小学 151 所，其中中心完小 8 所，片完小 5 所，村小 7 所，教学延伸点 131 所，在校小学生 20994 人。与 2001 年比较，减少 65 所，这 65 所学校均为农村小学，属于推进城镇化建设后自然撤销学校。

附：部分年份学校基本情况一览表

表 4—4

1957年泸溪县各学区小学基本情况一览表

单位：人

区别	学区名称	所辖学校	负责人	教师数
第一区	武溪小学		校长张继承，教导主任罗一匡	21
	团结学区	洗溪小学、黄连坡小学、李尧溪初小、毛坨初小、下甘溪初小、望天堂初小、洞头寨初小、仲溪初小8所	校长饶秀斌，教导主任王聪生	16
	李家田学区	顺江田小学、岩头山初小、李家田初小、白洋溪初小4所	校长：杨心雄	10
	上堡学区	五里洲小学、黑塘初小、天门溪初小、九家杨初小、下寨初小、人形岭初小、坳门前初小、洞底初小、龙头上初小、上堡初小、公排岭初小11所	负责人：邓煌、唐显浩	17
	高大坪学区	高大坪初小、暮江头初小、榆树坪初小3所	负责人：文体春	7
	红土溪学区	红土溪初小、红岩初小、岩坪初小、刘家滩初小、辛女溪初小	负责人：杨明照	7
第二区	浦市学区	浦市高小部、浦市镇第一小学、浦市镇第二小学3所	高小副校长许德先，副教导主任石家深，一小校长李兴华，二小校长向民榜	33
	浦阳学区	浦溪小学、铁柱潭初小、高山坪初小、麻溪口小学、小马初小、下岩寨初小、五果溜小学、土桥溪初小、岩门溪初小、慕加冲初小10所	校长文启升，教导主任葛文泉	19
	青草学区	青草小学、麻垄初小、中塘初小、岩边初小、清水垄初小	校长杨启良，教导主任周乐毅	18
第三区	蚂蟥溪学区	蚂蟥溪小学、新堡初小、长坪初小3所	校长张大绪，教导主任陈百胜	13
	兴隆场学区	兴隆场小学、都里坪小学、德堡初小、龙头寨初小、彭总管初小、东广寨初小、马一头初小7所	兴隆场小学校长：杨毓英 都里坪小学校长：杨治之	31
	解放岩学区	解放岩小学、都蛮初小、利略初小、茨冲初小、油麻寨初小、牛场初小、万金山初小、己溶初小、大坪初小9所	校长李宁恒，教导主任吉钟炎	21

续表

区别	学区名称	所属学校	负责人	教师数
	踏虎学区	踏虎小学、晒州田小学、麻铺初小、南洪溪初小、马路口初小5所	踏虎副校长李长美，教导主任明继跃，晒州田校长吉隆泽，教导主任谭世杰	17
	永兴场学区	永兴场小学、三冲坪初小、密灯初小、木坨初小4所	校长文振球，教导主任吴兴泽	17
第四区	潭溪学区	潭溪小学、阿王溪初小、大陂流初小、小陂流初小、盘古岩初小、下都初小、长潭尾初小、朱雀洞初小、能滩初小、婆罗寨初小10所	校长覃如禄，教导主任杨光泽	22
第四区	八什坪学区	八什坪小学、龙背山初小、欧溪初小、杜家寨初小、李什坪初小、洪水溪初小、官寨初小7所	校长舒中明，教导主任杜书忠	17
第四区	梁家潭学区	梁家潭小学、布条坪初小、灯油坪初小、椰木溪初小、达勒寨初小、龙瓜坪初小、下湾初小、芭蕉坪初小、桌子潭初小、桐油坪初小10所	副校长罗嗣先，教导主任文体垣	20
第五区	兰村学区	兰村小学、石榴坪小学、桐木嘴初小、盖世冲初小、人头坳初小5所	副校长田景华，教导主任张照明，石榴坪学区负责人张志忠	23
第五区	岩门溪学区	岩门溪小学、覃木阳初小、麻坪初小、新田初小、寨坪初小4所	校长张再誉，教导主任许世清	19
第五区	潮地学区	潮地小学、徐家岭初小、六里初小、都岐初小、溪头初小5所	负责人：周泰璋	11
第五区	祖坟山学区	祖坟山小学、上徐家初小、塘冲初小、牛角冲初小、木垄初小、乃野溪初小、阳重初小7所	校长陈良轩，教导主任石学恒	23
第六区	白洋溪学区	白洋溪小学、周家寨初小、马入田初小、麻溪初小、马王溪初小、报木坨初小6所	校长胡仲华，副校长胡安龙，教导主任向元俊	12
第六区	小章学区	小章小学、黄泥冲小学、白泥塘初小、排口初小、塘坪初小、地回龙初小、云上初小7所	校长相敬文，副校长陈中和，黄泥冲小学校长向明胤，教导主任袁家方	24
第六区	松柏潭学区	松柏潭小学、新寨坪初小、洞上初小、兴隆寨初小、小能溪初小5所	校长周湘槐，副校长彭先甲	14

表 4—5

1949—1982年全县小学发展情况一览表

年份	学校	招生	毕业数	在校生	教职工数	其中民办教师	年份	学校	招生	毕业数	在校生	教职工数	其中民办教师
1949	5	155	32	633	63	—	1966	316	2380	118	16231	637	173
1950	63	886	40	3903	113	—	1968	267	—	1323	11744	686	417
1951	140	863	68	10113	252	—	1969	279	—	—	17411	1224	975
1952	142	901	96	9619	276	—	1970	273	6475	1810	11541	749	873
1953	143	2327	236	10841	1338	—	1971	281	7280	1517	18008	563	251
1954	141	4151	1504	10913	368	—	1972	311	8067	1473	22433	1050	578
1955	143	3731	404	12762	381	—	1973	346	6017	1503	22096	1213	581
1956	152	2681	1305	15017	447	6	1974	346	8049	1683	25880	1201	315
1957	150	2610	1275	14870	428	6	1975	345	8870	2945	30683	1215	683
1958	327	2012	1225	20775	635	—	1976	333	7993	3947	32106	1287	779
1959	324	4566	1070	22700	683	215	1977	315	6896	4306	31246	1229	838
1960	228	—	—	14915	556	118	1978	281	7202	3638	31466	1268	847
1961	173	2198	1067	11179	508	—	1979	281	7425	3591	33458	1322	877
1962	205	—	—	11043	504	74	1980	271	6692	3341	33666	1326	737
1963	226	4018	579	13635	549	90	1981	282	7502	3421	34059	1277	728
1964	478	7017	703	19238	650	185	1982	288	7968	3335	34217	1281	638
1965	306	2934	980	15460	649	165	—	—	—	—	—	—	—

表 4—6　**1982 年全县社镇中心完小基本情况一览表**

校名	校址	创办时间	姓名	职务
武溪小学	县城西	清乾隆十八年(1753)	唐子和 覃如禄	支书 校长
浦市小学	浦市	清光绪二十七年(1901)	谢历亮	副校长
浦阳一小	浦市城郊	清嘉庆十二年(1807)	石长远	校长
上堡公社中心完小	汽车站	1917 年	向远解	副校长
洗溪公社中心完小	洗溪	1950 年 9 月	周明贵	副校长
潭溪公社中心完小	潭溪	1940 年	向清腾	副校长
白洋溪公社中心完小	白洋溪	1950 年 8 月	杨秀旗	副校长
永兴场公社中心完小	永兴场	1951 年 2 月	梁宋成	校长
兴隆场公社中心完小	兴隆场	1928 年 7 月	邓永芳	校长
合水公社中心完小	合水	1935 年	许发兴	副校长
小章公社中心完小	小章	1952 年春	杨天刚	副校长
达岚公社中心完小	达岚	1947 年	杨通廉	校长
长坪公社中心完小	长坪	1950 年	谢文廉	副校长
八什坪公社中心完小	八什坪	1942 年	张自珠	校长
梁家潭公社中心完小	梁家潭	1951 年 12 月	石开云	校长
解放岩公社中心完小	解放岩	1934 年 3 月	吉隆泽	校长
石榴坪公社中心完小	兰村	1950 年 8 月	龚湘杰	副校长
李家田公社中心完小	顺江田	1950 年 7 月	覃国富	副校长

表 4—7

1982 年全县社(镇)、大队学校基本情况一览表

名称	类型	归属大队	开设年级	班数		教学延伸点设班数	学生数	教师数	
				计	其中复式			公办	民办
上堡公社	**31 所**			**91**	**21**		**2514**	**47**	**52**
学区	中心完小	车站	1～5	7			289	15	1
白沙	片完小	白沙	1～5	5			185	5	3
高大坪	片完小	高大坪	1～5	5			176	5	3
联盟	片完小	联盟	1～5	5			182	6	3
王家庄	简易高小	王家庄	1～5	4	1		102	1	1
岩头河	简易高小	岩头河	1～5	4	1		119	1	2
红土溪	简易高小	红土溪	1～5	5			114	1	3
大溪	简易高小	大溪	1～5	5			95	2	2
蜂子岩	村小	蜂子岩	1～5	3	1		72	1	1
团爱	简易高小	团爱	1～5	3	1		65		2
天门溪	简易高小	天门溪	1～5	5			176	3	2
刘家滩	简易高小	刘家滩	1～5	5	1		119	3	2
黑塘	简易高小	黑塘	1～5	4	1		122	1	3
周家庄	简易高小	周家庄	1～5	2	2		45	1	1
下寨	简易高小	上寨大队下寨	1～5	3	2		71	1	2
军亭界林场	简易高小	县林场	1～5	3	2		48	1	1
中朋岭	村小	王家庄大队中朋岭	1～2	1	1		36		1
龙溪	村小	蜂子岩大队龙溪	1～2	1	1		22		1

续表1

名称	类型	归属大队	开设年级	班数		教学延伸点设班数	学生数	教师数	
				计	其中复式			公办	民办
侯家	村小	侯家	1～4	4			118		3
蒲溪	村小	蜂子岩大队蒲溪	1～2	1	1		9		1
凤形地	村小	团爱大队凤形地	1～2	1	1		22		1
田金山	村小	天门溪大队田金山	1	1			5		1
枣子坪	村小	刘家滩大队枣子坪	1～2	2			58		2
曲望	村小	白沙大队屈望	1	1			32		1
桃溪	村小	高大坪大队桃溪	1～2	1	1		23		1
田子冲	村小	高大坪大队田子冲	1～2	1	1		18		1
暮江头	村小	暮江头	1～3	2	1		49		2
断渠	村小	暮江头大队断渠	1	1			24		1
铁山	村小	铁山	1～2	1	1		28		1
榆树坪	村小	榆树坪	1～3	3			73		2
上寨	村小	上寨	1～2	1	1		17		1

续表2

名称	类型	归属大队	开设年级	班数		教学延伸点设班数	学生数	教师数	
				计	其中复式			公办	民办
洗溪公社	**16所**			**52**	**1**	**5**	**1564**	**24**	**40**
洗溪	中心完小	洗溪	1～5	5			225	8	1
邓家坪	简易高小	邓家坪	1～5	5			121	1	3
宋家寨	简易高小	宋家寨	1～5	5		1	127	2	5
里岩	简易高小	里岩	1～5	5			163	1	4
洞底	简易高小	洞底	1～5	4			112	1	3
屋场坪	简易高小	洞底	1～5	4			84	2	2
仲溪	简易高小	仲溪	1～5	2			40	1	2
张家坪	简易高小	张家坪	1～5	1			95	1	4
能滩	简易高小	能滩	1～5	5			165	2	4
甘溪	简易高小	甘溪大队	1～5	3			82	1	3
望天堂	简易高小	望天堂	1～5	4			126	2	2
洞头寨	简易高小	洞头寨	1～5	5			100	2	3

续表3

名称	类型	归属大队	开设年级	班数		教学延伸点设班数	学生数	教师数	
				计	其中复式			公办	民办
邓家坪	村小	邓家坪	1	1		1	27		1
良儿寨	村小	宋家寨大队良儿寨	1～2	1	1	1	27		1
曹家	村小	张家坪大队曹家寨	1	1		1	19		1
新岩	村小	张家坪大队新岩	1～2	1		1	21		1
李家田公社	**13所**			**34**	**11**		**1074**	**21**	**26**
顺江田	中心完小	朱食洞	1～5	7			250	14	2
李家田	片完小	李家田	1～5	6			199	3	6
岩头山	片完小	岩头	1～5	5			201	3	4
杨斌庄	村小	杨斌庄	1～2	1	1		40	1	
影家冲	村小	影家冲	1～3	2	2		51		2
辛女溪	村小	辛女溪	1～3	2	1		60		2
红岩	村小	红岩	1～3	2	1		60		2
黑竹坳	村小	黑竹坳大队高岩坎	1～3	2	1		61		2
茶林溪	村小	茶林溪大队大溪口	1～3	2	1		48		2
李尧溪	村小	李尧溪	1～3	2	1		32		1

续表4

名称	类型	归属大队	开设年级	班数		教学延伸点设班数	学生数	教师数	
				计	其中复式			公办	民办
李家寨	村小	李家寨	1～2	1	1		28		1
白洋溪	村小	杨斌庄大队白洋溪	1～2	1	1		30		1
密丛	村小	黑竹坳大队密丛	1～2	1	1		14		1
浦阳公社	**25所**			**106**	**14**		**4011**	**79**	**76**
浦阳	中心完小	城乡、黄家桥	1～5	15			791	34	2
新堡	片完小	新堡	1～5	9			372	8	6
青草	片完小	青草	1～5	8			345	7	6
高山坪	片完小	高山坪	1～5	5			190	2	5
五果溜	片完小	五果溜	1～5	5			233	3	6
麻溪口	片完小	麻溪口	1～5	5		2	212	3	4
浦溪	片完小	浦溪	1～5	5			204	3	4
银井冲	片完小	银井冲	1～5	6			260	3	6
小岸坪	村小	小岸坪	1～4	4			154	1	4
高桥	简易高小	高桥	1～5	5			169	2	3
毛家滩	简易高小	毛家滩	1～5	5		1	188	2	4

续表5

名称	类型	归属大队	开设年级	班数		教学延伸点设班数	学生数	教师数	
				计	其中复式			公办	民办
铁柱潭	村小	铁柱潭	1～4	4			102	1	3
灰洞坳	村小	灰洞坳	1～4	4	1		114	2	3
岩门溪	简易高小	岩门溪	1～5	5			151	2	3
都岐	简易高小	都歧	1～5	5			123	1	4
田家溪	村小	田家溪	1～2	1	1		20	1	
徐家岭	村小	田家溪大队徐家岭	1～2	1	1		26		1
磨刀岩	村小	田家溪大队磨刀岩	1～2	1	1		38		1
板寨坡	简易高小	田家溪大队板寨坡	1～5	3	2		74	1	3
鱼坪	简易高小	鱼坪	1～5	3	2		98	1	3
小麻	村小	小麻	1～4	1	1		29		1
内古坡	村小	内古坡	1～4	2	1		35		1
贺家寨	简易高小	高山坪大队贺家寨	1～5	2	2		43		2
种羊场	村小	县种羊场	1～4	2	2		40	1	1
长坪公社	**12**			**46**	**3**		**1666**	**26**	**28**
长坪	中心完小	长坪	1～5	6			241	8	1
马王溪	片完小	马王溪	1～5	8			322	10	3
麻垄	片完小	麻垄	1～5	6			219	4	2

续表6

名称	类型	归属大队	开设年级	班数		教学延伸点设班数	学生数	教师数	
				计	其中复式			公办	民办
毛茂田	村小	毛茂田	1～3	3			94		3
丰堆	村小	丰堆	1～2	2			61		2
硬晒	村小	硬晒	1～2	2			83		2
大坪	村小	大坪	1～4	2	2		47		2
白头溪	村小	白头溪	1～3	3			94		3
庄尚	村小	庄尚	1～4	4			159	1	3
清水垄	村小	清水垄	1～4	4			130	1	3
中塘	村小	中塘	1～4	5			201	2	3
广盆冲	村小	马王溪大队广盆冲	1～2	1	1		15		1
达岚公社	**18所**			**66**	**9**		**1956**	**25**	**51**
农科	中心完小	农科队	1～5	5			182	7	3
覃木阳	片完小	覃木阳	1～5	6			237	7	3
麻坪	片完小	麻坪	1～5	5			192	3	4
八一	村小	八一大队细得垄	1～4	4			108		3
六里	简易高小	六里大队邓家湾	1～5	4	1		109	1	3
夕羊田	村小	夕羊田大队六队	1～4	3	1		73		1
企冲	村小	企冲大队竹山坳	1～4	4			86		4

续表7

名称	类型	归属大队	开设年级	班数		教学延伸点设班数	学生数	教师数	
				计	其中复式			公办	民办
六一	简易高小	六一大队寨坪	1～5	4	1		103	1	3
都用	简易高小	都田	1～5	5			168	2	5
潮地	简易高小	潮地	1～5	5			141	2	4
沙坪溪	村小	潮地大队沙坪溪	1～2	1	1		24		1
五德	村小	五德大队眉毛冲	1～4	4			80	1	3
车头	简易高小	车头	1～5	4	1		119	1	3
新田	简易高小	新田	1～5	4	1		106		2
麻子冲	村小	新田大队上坡龙	1～3	1	1		25		1
瓦子冲	村小	新田大队瓦子冲	1～2	1	1		25		1
冲木	简易高小	冲木大队中达岭	1～5	3	1		132	1	3
岩门	简易高小	岩门大队炭坪	1～5	5			155	1	5
石榴坪公社	15 所			57	6		1767	23	42
石榴坪	中心完小	石榴坪	1～5	5			255	6	2
兰村	片完小	兰村	1～5	10			468	8	8
牛角冲	简易高小	牛角冲	1～5	5			85	2	2
芒田	简易高小	芒田	1～5	5			114		5

续表8

名称	类型	归属大队	开设年级	班数		教学延伸点设班数	学生数	教师数	
				计	其中复式			公办	民办
民力	简易高小	民力	1～5	5			118	3	2
红桥	简易高小	红桥	1～5	5			104	1	4
人头坳	简易高小	人头坳	1～5	5			115	1	4
军家湾	村小	牛角冲大队军家湾	1～2	1	1		30		1
土溪	村小	坪里大队土溪	1～2	1	1		27		1
坪里	村小	坪里大队瑶古坟	1～4	4			108		4
长田坎	村小	芒田大队长田坎	1～2	2	1		52		2
盖世冲	村小	民力大队盖世冲	1～2	1	1		29		1
碧溪	村小	碧溪大队老冲脑	1～4	4			149	1	3
板桥	村小	板桥	1～3	2	1		60		2
三村	村小	三村大队胡子小冲	1～3	2	1		53	1	1
永兴场	**13所**			**49**	**4**	**5**	**1425**	**17**	**45**
永兴场	中心完小	永兴场	1～5	1			55	2	
一都阳	片完小	一都阳	1～5	5			158	2	4
溪头	片完小	溪头	1～5	5			129	3	2
密灯	片完小	密灯	1～5	6		1	170	2	4
三冲坪	村小	三冲坪	1～4	4			124		4

续表9

名称	类型	归属大队	开设年级	班数		教学延伸点设班数	学生数	教师数	
				计	其中复式			公办	民办
下广	简易高小	下广	1～5	6		1	255	4	3
上广	村小	上广	1～4	4		1	157	1	5
龙井	村小	龙井	1～4	4			96	1	3
天台龙	村小	天台山	2～3	1	1		16		1
呈田	村小	呈田	1～4	3	1		85		3
木坨	简易高小	木坨	1～5	5		1	140	2	3
坪木坨	村小	龙井大队坪木坨	1～2	1	1	1	17		1
长冲	村小	溪头大队 1～3 生产队	1～2	1	1		23		1
合水公社	20 所			88	7		3366	51	61
合水	中心完小	合水	1～5	10			474	19	1
踏虎	片完小	踏虎	1～5	10			414	9	6
晒州田	片完小	晒州田	1～5	6			255	6	3
罩子田	片完小	罩子坪	1～5	7			326	6	6
横坡	片完小	横坡	1～5	6			274	3	4
木龙	简易高小	木龙	1～5	6			264	3	6
塘冲	村小	塘冲	1～4	3	1		102		3
杨家仁	村小	杨家仁	1～4	4			95	2	

续表10

名称	类型	归属大队	开设年级	班数		教学延伸点设班数	学生数	教师数	
				计	其中复式			公办	民办
新桥	村小	新桥	1～4	4			180	2	3
蓄鱼塘	村小	蓄鱼塘	1～4	3	1		75		2
三合	村小	三合	1～4	3	1		120	1	2
中龙山	村小	中龙山	1～4	3	1		116		3
溪洲	村小	溪洲	1～4	4			125		4
南洪溪	村小	南洪溪	1～4	3	1		87		3
麻铺	村小	麻铺	1～4	4			142		4
马龙口	简易高小	马龙口	1～5	5			120	1	4
砂子坳	村小	砂子坳	1～3	2	1		80		2
丁云寨	村小	丁云寨大队板冲	1～3	3			80		3
板冲	村小	丁云寨大队板冲	1～2	1	1		17		1
阳重	村小	三合大队阳重	1～2	1			20		1
兴隆场公社	**15所**			**69**	**3**		**2674**	**42**	**48**
兴隆场	中心完小	兴隆场	1～5	12			618	22	3
得堡	片完小	得堡	1～5	6			296	5	5
岩坡	村小	岩坡	1～5	5			203	4	4
甘田坪	村小	甘田坪	1～5	7			308	5	4

续表11

名称	类型	归属大队	开设年级	班数		教学延伸点设班数	学生数	教师数	
				计	其中复式			公办	民办
都里坪	村小	都里坪	1～5	5			227	4	2
武也	村小	武也	1～4	5			177		5
寨上	村小	龙头寨	1～2	2			68		2
锡瓦	村小	锡瓦	1～4	4			112		4
五里坪	村小	五里坪	1～4	4			159		4
烂泥田	村小	烂泥田	1～4	5			120	1	5
彭总管	村小	彭总管	1～4	4			133		3
都岚山	简易高小	都岚山	1～5	5			127	1	2
东广寨	村小	东广寨	1～2	2			55		2
南湾冲	村小	巴斗山大队南湾冲	1～4	2	2		42		2
巴斗山	村小	巴斗山	1、3、4	1	1		29		1
解放岩公社	**17所**			**47**	**11**		**1899**	**26**	**34**
解放岩	中心完小	解放岩	1～5	6			307	11	1
利略	片完小	利略	1～5	5			223	4	3
都蛮	片完小	都蛮	1～5	7			350	7	1
已溶	简易高小	已溶大队大寨	1～5	4	1		113	1	3
万金山	村小	万金山	1～4	4			103		4

续表12

名称	类型	归属大队	开设年级	班数		教学延伸点设班数	学生数	教师数	
				计	其中复式			公办	民办
茨冲	村小	茨冲大队万溪坪	1～4	4			99		4
牛场	村小	牛场大队岩坳	1～3	2	1		83	1	1
水卡	村小	水卡	1～4	5			217	1	5
大塘坳	村小	大塘坳	1～4	3	1		121	1	2
大坪	村小	大坪	1～4	2	2		59		2
万口	村小	万口	1～3	3			90		3
双岔溪	村小	大坪大队双岔溪	1～2	1	1		16		1
油麻寨	村小	大坪大队油麻寨	1、3	1	1		29		1
淹水龙	村小	大坪大队淹水龙	1、3	1	1		31		1
江南岸	村小	水卡大队江南岸	1～2	1	1		22		1
四路溪	村小	已溶大队四路溪	1～2	1	1		17		1
腊洞坪	村小	都蛮大队腊洞坪	1～2	1	1		19		1
小章公社	**15所**			**46**	**5**		**1459**	**23**	**28**
小章	中心完小	小章	1～5	7			340	18	2
黄泥冲	片完小	大水坪大队黄泥冲	1～5	6			254	3	1
白泥塘	片完小	白泥塘	1～5	5			187	4	2
川洞	村小	川洞	1～3	3			92		3

续表13

名称	类型	归属大队	开设年级	班数		教学延伸点设班数	学生数	教师数	
				计	其中复式			公办	民办
大章	村小	川洞	1～2	2			52		2
能溪河	村小	能溪河大队庄屋冲	2、3	2			45		2
禾场坳	村小	大西龙大队禾场坳	1～2	1	1		30		1
大西龙	村小	大西龙	1～3	2	1		58		2
烟竹坪	村小	烟竹坪	1～4	4			93		3
瓦曹	村小	瓦曹	1～4	3	1		36		3
塘坪	村小	塘坪	1～3	3			76	1	1
平布亮	村小	洞上大队平布亮	1～3	2	1		30		1
洞上	村小	洞上	1～2	1	1		27		1
桃子坳	村小	洞上大队桃子坳	1	1			18		1
梓木坪	村小	梓木坪	1～3	4			121		3
白羊溪公社	**13所**			**35**	**10**		**1281**	**25**	**21**
白羊溪	中心完小	白羊溪	1～5	7			305	13	3
麻溪	片完小	麻溪	1～5	5			203	5	2
马王溪	片完小	马王溪	1～5	5			155	3	2
毛坪	村小	毛坪	1～3	3			99	1	2
打台冲	村小	打台冲	1.2.4	1			40		1
周家寨	村小	周家寨	1～3	2	1		68	1	1
马入田	村小	马入田	1～3	2	1		56	1	1

续表14

名称	类型	归属大队	开设年级	班数		教学延伸点设班数	学生数	教师数	
				计	其中复式			公办	民办
双溪	村小	双溪	1~4	2	2		73		2
湖田	村小	湖田	1~3	1	1		40		1
报木坨	村小	报木坨	1~4	2	2		70		2
老寨坪	村小	老寨坪	1~2	1	1		32		1
云上	村小	云上	1~3	1	1		41		1
排口	村小	排口	1~4	3	1		99	1	2
潭溪公社	**22所**			**75**	**19**		**1849**	**29**	**43**
潭溪	中心完小	土麻寨	1~5	16	1		282	12	1
楠木冲	简易高小	楠木冲	1~5	4	1		82	1	3
长潭尾	村小	楠木冲大队长潭尾	1~2	1	1		30		
火麻冲	村小	楠木冲大队火麻冲	1~2	1	1		39	1	
小能溪	片完小	小能溪	1~5	5			125	3	2
千丘田	村小	小能溪大队千丘田	1~2	1	1		32		1
新寨坪	简易高小 I	新寨坪	1~5	4	1		82	1	3
小陂流	简易高小	小陂流	1~5	4			96		3
吉河坪	村小	小陂流大队吉河坪	1、3	1	1		25		1
大陂流	简易高小	大陂流	1~5	6	1		210	3	5
虎食溪	村小	虎食溪	1~4	3	1		60	1	2

续表15

名称	类型	归属大队	开设年级	班数		教学延伸点设班数	学生数	教师数	
				计	其中复式			公办	民办
婆罗寨	村小	虎食溪大队婆罗寨	1、2	1	1		28		1
松柏潭	村小	松柏潭	1～3	3			75		3
桃子坳	村小	桃子坳	1～4	2	2		68		2
兴隆寨	村小	兴隆寨	1～4	3	1		93	1	2
且己	片完小	且己	1～5	5			160	3	3
符家坪	村小	符家坪	1～4	3	1		69		3
盘古岩	片完小	盘古岩	1～5	4	1		114	2	3
桃竹潭	村小	盘古岩大队桃竹潭	1～3	2	1		39	1	
扯夫溪	村小	盘古岩大队扯夫溪	1～2	1	1		21		1
朱雀洞	村小	朱雀洞	1～4	4			87	1	3
谷池	村小	谷池	1～2	1	1		32		1
梁家潭公社	**15所**			**44**	**24**	**6**	**1398**	**26**	**23**
梁家潭	中心完小	梁家潭	1～5	5			214	10	芭蕉坪
村小	芭蕉坪	1～5	5			1	192	4	1
灯油坪	村小	灯油坪	1～5	5		1	197	2	4
桌子潭	村小	桌子潭	1～4	2	2		36	1	1
下湾	村小	下湾	1～4	2	2		34	1	1

续表16

名称	类型	归属大队	开设年级	班数		教学延伸点设班数	学生数	教师数	
				计	其中复式			公办	民办
桐油坪	村小	茶坪大队桐油坪	1～4	2	2		42	1	1
茶坪	村小	茶坪	1～2	1	1		37		1
岩寨	村小	岩寨	1～4	2	2	1	71	1	1
猫子溪	简易高小	猫子溪	1～5	4	2	1	71	1	3
布条坪	简易高小	布条坪	1～5	3	2		90	1	2
鸡子潭	村小	鸡子潭	1～4	3	1		87	1	1
拖船坡	村小	拖船坡	1～4	2	2		68	1	1
八方界	村小	八方界	1～2	1	1		21		1
椰木溪	简易高小	椰木溪	1～5	2	2		78	1	1
烟坨	村小	烟坨	1～2	1	1	1	34		1
达力寨	村小	达力寨	1～4	2	2	1	92	1	1
白土坪	村小	达力寨大队白土坪	1～2	1	1		17		1
亮排坡	村小	桌子潭大队亮排坡	1～2	1	1		17		1
八什坪公社	11所			39	15	1	1329	29	25
八什坪	中心完小	花园坪	1～5	6			308	18	
五村	村小	五村	1～4	3	1		82	1	2
欧溪	片完小	欧溪	1～5	9			200	6	3

续表17

名称	类型	归属大队	开设年级	班数		教学延伸点设班数	学生数	教师数	
				计	其中复式			公办	民办
杜家寨	村小	杜家寨	1～4	3			84		3
昌朋坳	村小	杜家寨大队昌朋坳	1～3	1	1		18		1
梯溪坪	村小	梯溪坪	1～4	4			150		3
塘食溪	村小	塘食溪大队店上	1～4	1	1		78	1	2
官寨	村小	塘食溪大队官寨村	1	1			25		1
猪食溪	村小	塘食溪大队猪食溪	1～2	1	1		23		
龙背山	村小	龙背山	1～4	2	2		65	1	1
池塘	村小	池塘	1～4	2	2		60	1	1
李什坪	简易高小	李什坪	1～4	3	1		113	1	2
烧肉溪	村小	李什坪大队烧肉溪	1～3	1	1		25		1
上云界	村小	李什坪大队上云界	1～3	1	1		18		1
桃坨	村小	大村潭大队桃坨	1～3	1	2		45		2
大村潭	村小	大村潭	1～2	1	1	1	17		1
扒潭	村小	大村潭大队扒潭	1～2	1	1		18		1
总计	**271**			**939**	**63**	**17**	**31232**	**513**	**643**

表4—8

泸溪县1987～2000年小学基本情况一览表

单位:人

年份	学校数	招生数	毕业生数	在校学生数	教职员工数	
					总数	其中民办教师
1987	229	3515	3039	29279	1414	572
1988	234	4779	3885	28093	1403	551
1989	231	4840	4769	27838	1371	547
1990	265	4348	4515	26607	1443	
1991	226	5011	3037	27076	1435	496
1992	222	5303	2908	28243	1402	432
1993	223	5503	2895	29984	1421	
1994	225	6038	3325	31869	1419	335
1995	219	5700	3781	33281	1420	239
1996	221	6291	4438	34603	1435	216
1997	221	6215	4848	35482	1473	
1998	218	6070	4926	35979	1524	
1999	212	5884	5297	36300	1602	民办教师全部转为公办教师
2000	216	5541	5296	36471	1668	

表4—9

2001年至2017年泸溪县小学基本情况统计表

年份	学校数(含教学点)	在校学生数	教职工数	备注
2001	226	35380	1670	
2002	224	34659	1678	
2003	223	34339	1625	
2004	216	33506	1594	
2005	203	32176	1571	
2006	198	32197	1538	
2007	189	30415	1498	
2008	178	28695	1469	
2009	169	27830	1446	
2010	163	26612	1441	
2011	156	25336	1422	
2012	157	21678	1406	
2013	154	20432	1391	
2014	155	19850	1384	
2015	155	20261	1385	
2016	156	20672	1373	
2017	157	20994	1410	

表4—10

2017年泸溪县小学设置布局一览表

学校名称	辖属学校名称
武溪小学	武溪小学、顺家田小学、武溪第二小学3所
白沙学区	白沙小学、红土溪小学、红岩小学、辛女溪小学4所
浦市学区	中心完小、浦市二小、浦溪、青草、新堡、高山坪、五果溜、麻溪口、高桥、都歧、徐家岭、岩头山、李家田、银井冲、黑竹坳、板寨、茶林溪、田家溪等18所
达岚学区	中心完小、都用、岩屋口、覃木阳、车头、六一、六里、岩门、夕阳田、麻坪、潮地11所
合水学区	中心完小、罩子坪、横坡、木龙、新桥、溪州、蓄鱼塘、塘冲、阳重、中龙山10所
石榴坪学区	中心完小、兰村、碧溪、芒田、民力、界世冲、牛角冲、红桥、人头坳9所
兴隆场学区	中心完小、武堰、都里坪、甘田坪、德堡、彭总管、都岚山、岩坡、五里坪、烂泥田10所
小章学区	中心小学、黄泥冲、烟竹坪、瓦曹、塘坪、洞上、能溪河、大西龙、白泥塘、桥坡10所
白羊溪学区	中心完小、湖田、报木坨、排口、云上、马入田、周家寨、双溪、马王溪9所
永兴场学区	中心完小、三冲坪、密灯、木坨、溪头、呈田6所
解放岩学区	中心学校、都蛮、利略、水卡、牛场、茨冲、己用、万金山、大坪、大塘坳、淹水龙、油麻寨12所
潭溪学区	中心完小、新寨坪、松柏潭、兴隆寨、且己、小能溪、楠木冲、大陂流、小陂流、盘古岩、符家坪、下都、桃竹潭等13所
洗溪学区	中心完小、能滩、望天堂、峒头寨、宋家寨、里岩、邓家坪7所
踏虎学区	中心完小、晒州田、登云寨、麻铺、南洪溪5所
长坪学区	中心完小、马王溪、白头溪、毛茂田、茅冲口、麻垅、庄尚、清水垅8所
梁家潭学区	中心完小、芭蕉坪、桌子潭、桐油坪、岩寨、灯油坪、榔木溪7所
八什坪中心完小	中心完小、塘食溪、梯溪坪、杜家寨、欧溪、三角潭、李什坪等7所
独立学校	明德小学、思源实验学校
合计	151所

第二节　学制　课程　教材

一、学制

清代，书院改制，始有学制。光绪二十八年（1902）9月，朝廷颁布《钦定学堂章程》，亦称“壬寅学制”。规定修业期限为：蒙养学堂4年，初等小学堂3年，高等小学堂3年。光绪二十九年（1903），颁布《奏定学堂章程》，亦称“癸卯学制”。改初等教育学制为9年，分初等小学堂5年，高等小学堂4年。学童7岁入学，初等小学堂毕业后，升入高等小学堂。宣统三年（1911），学部规定，初等教育修业期限为8年，初、高等小学堂各为4年。县内各类学堂按照朝廷规定学制，组织学生修业。

民国元年（1912），国民临时政府教育部制定颁布《壬子学制》。规定小学学制为7年，分初等小学堂4年，高等小学堂3年。初等小学堂为义务教育，修业期满，可报考高等小学堂。民国3年（1914），实行每学年3个学期制。民国11年（1922），北洋政府颁布《学校系统改革案》，亦称“壬戌学制”或“新学制规定”，将小学由7年缩短为6年，实行“四二”分段，初小4年，高小2　年。民国13年（1924），将每学年3学期制改为每学年两学期制，取消原定春假，实行春秋始业，儿童入学年龄由7岁改为6岁。民国17年（1928），国民政府教育部颁布《整理中华民国学校系统案》，即“戊辰学制”，规定小学学制仍实行“四二”分段，即初小4年，高小两年。民国24年（1935），湖南实施短期国民义务教育，开办短期义务小学，学制分别为1年和2年。其他民众识字学校等非全日制学校无统一学制。民国12年（1923）10月，湘西巡防军统领陈渠珍颁布《湘西十县各乡推广小学暂行条例》，规定除原有小学外，“每乡每半年须增小学2校至5校，不分初等高等小学，统称为某乡小学校。不定学制。”民国14年（1925），北洋政府教育部规定，小学学制由七年制改为“四二制”，　即初级4年，高级2年，儿童6岁入学，12岁毕业。期间，境内各学校学制不统一，大部分实行六年制学制，豫章小学则实行十年学制。民国22年（1933），全县推行义务教育，县教育科设专职义务教员负责短期义务学校教学管理。第一期学制为义校1年，第二期学制为2年，第三期学制为3年。

中华人民共和国成立初期，遵照省人民政府“暂维持现状”指示，全县小学继续实行“四二”学制不变。1951年10月，中央人民政府颁布《关于改革学制的决定》，规定小学修业年限为5年，统一实施五年一贯制，取消初高两级划分，入学年龄为7周岁。1952年，省教育厅颁布《湖南省小学推行五年一贯制的实施办法》，从秋季学期起实行五年一贯制，儿童7岁入学，12岁毕业。这种学制在武溪小学试行。但在教学实践中，由于师资和教学设备等条件限制，不久停止。县内小学没有执行五年一贯制学制，仍沿袭“四二”分段制。1954年起，全县小学全部采用“四二”分段学制，农村学生在本地小学读到四年级后，进入中心完小高级小学就读，直至六年级毕业。

1960年，贯彻落实中共中央“教育必须改革”“学制要缩短”指示，改革学制，小学实行五年一贯制，取消分段制。5月，武溪小学、浦市第一小学被湘西州确定为试点学校。10月，全县各小学全部推行五年一贯制学制。1961年8月，全县各小学又恢复“四二”分段制，只有武溪小学作为州试点学校试行五年一贯制。1967年起，所有小学学制均实行五年一贯制，五年毕业后，免试进入初中学校就读。

1981年，贯彻落实党中央、国务院《关于普及小学若干问题的决定》、教育部《关于在城市试行六年制小学问题的通知》精神，把控制学生流失作为小学教育重点，全县小学开始向六年制过渡。1982年，全部小学实行六年制学制，统一为秋季始业。1986年，《中华人民共和国义务教育法》颁布实施，全县启动普及九年义务教育，小学学制统一为六年，此后小学学制一直不变。

二、课程

（一）民国及以前小学课程设置

清末，各学堂开设文科课程主要是读经、修身、讲经、国文、历史，自然学科主要有算术、英语、格致（地、化）等课程。光绪二十四年（1898），清廷发布诏书，推行新法，对教育考试制度作出修改，提出“勿论京城会试，县府岁考，一律废除八股文章，改为策论文”“今后考试均以讲求实学为主，不评楷法好坏作取舍标准”。光绪二十九年（1903），南溪书院、浦市观澜书院改为高等小学堂后，开设新课程。课程按“湖南省暂定小学堂章程”开设修身、读书讲经、文学、算术、中国历史、格致、图画、体操，还可随意加授手工、农业、商业等课程。光绪三十二年（1906），清政府颁发“初等小学堂每周授课时间表”，对高等小学堂课程作出修改，要求各县均须此表授课。宣统三年（1911），为适应学制改革，清政府学部修订高初等小学堂课程，在高等小学堂增开农业、商业2门课程。

光绪二十九年(1903)泸溪官立高等小学堂每周课程时间一览表

表4—11　　单位:节

科目	一年级	二年级	三年级	四年级	节数	总计
修身	四书、有益风文、诗歌	四书、有益风文、诗歌	四书、有益风文、诗歌	四书、有益风文、诗歌	2	320
读经	读经、每日120字	读经、书经、每日120字	书经、易经、每日120字	易经及礼记节本、每日120字	12	1920
中国文学	读古文、习楷书、习官治	读古文、习楷书、习官治	作短记事文、习行书	作记事文兼说理文	8	1280
算术	加、减、乘、除及诸等数	比例、有分数	比例、有分数	百分数算术及日用笔记	3	480
历史	历朝政事	历朝政事	历朝政事	历朝政事	2	320
地理	中国地理	外国地理	外国地理	外国地理	2	320
格致	动物、植物、矿物、大自然现象	寻常物理、化学现象	寻常物理、化学现象	生理卫生	2	320
图画	简易开体	简易开体	简易开体	简易几何画	2	320
体操	普通操、兵式操	普通操、兵式操	普通操、兵式操	普通操、兵式操	3	430

清宣统三年(1911)泸溪官立初等小学堂课程及每周授课时间一览表

表4—12

科目	一学年	时数	二学年	时数	三学年	时数	四学年	时数
修身	道德要义	2	道德要义	2	道德要义、国民教育意义	2	道德要义、国民教育意义	2
读讲经					孝经、论语(分讲解、诵读、默写、回讲)	5	论语(分讲解、诵读、默写、回讲)	5
国文	识字、短文、读法、习字	14	识字、短文、读法、联字、习字	14	识字、短文、读法、联字、习字、造句	15	识字、短文、读法、联字、习字、造句、作文	15
算术	数目、实物计算、20以下之数法、书法、加、减、乘、除	4	百以下之数法、书法、加、减、乘、除	4	通常之加、减、乘、除	5	简易小数及诸等数	5
体操	游戏	4	游戏、徒手体操	4	游戏、徒手体操	3	游戏徒手体操	3
手工	简易手工		简易手工		简易手工			
乐歌	单音唱歌		单音唱歌		单音唱歌			
图画			绘简易物体		绘简易物体			
合计		24		24		30		30

民国元年(1912),民国政府颁布《壬子学制》,但无完整教学计划。境内各小学堂仍沿袭清宣统学部颁布课程表开设课程。小学高级班开设课程有《幼学琼林》《古文观止》《左传》《四书》《五经》,中级班开设《龙文鞭影》《唐诗》《千家诗》等。民国9年(1920)1月,北洋政府教育部公布《国民教育令》,将国文改为国语,取消读经课。

民国13年(1924),根据国民政府教育部颁布《小学及初级中学课程标准纲要》规定,高小改革国语课,实行说、读、写并重;初小增设社会、自然课,将原设修身课改为公民课,图画课改为手工课。民国17年(1928),国民政府公布《小学暂行条例》规定,高小新增设三民主义课、童子军课、卫生课。民国18年(1929),将三民主义课改为党义课,手工课改为工作课,在体育课内增设武术。民国21年(1932),国民政府教育部公布《小学课程标准》,小学不设党义课,另设公民训练课。民国25年(1936)7月,国民政府教育部颁发《修正小学规程》,对小学教学科目及教学课时作出修正。境内城乡小学按此教学计划安排教学及其他一切活动,并一直沿用到中华人民共和国成立。

民国30年(1941年)军政部军需署第二被服厂第二分厂子弟学校,由外地迁至武溪镇,小学课程安排如下:

表4—13　　民国35年(1946)军政部军需署被服厂子弟学校课程表

学年	周课时	周实验时	学分	课程内容
第一学年	24	2	24	公训 国常 算术 劳作 美术 唱游 常问
第二学年	24	2	24	公训 国常 算术 劳作 美术 唱游 常问
第三学年	28	2	28	公训 国常 算术 劳作 美术 体育 音乐 珠算
第四学年	28	2	30	公训 国常 算术 劳作 美术 体育 音乐 珠算
第五学年	30	3	30	公训 国语 历史 地理 自然 美术 音乐 珠算体育 劳作

(二)中华人民共和国成立后课程设置

中华人民共和国成立初,遵照省人民政府指示,各学校"暂维持现状,逐步改进"。开设课程仅废除公民课,改为政治常识课;取消公民训练,改为朝、晚会;低年级写作称为"缀字",将每节课定为45分钟。1952年,教育部推行小学教育五年一贯制学制,制定《小学教学计划》和《小学算术教学大纲》,各小学均按教学计划和大纲开设课程,对原课程进行调整:语文包括阅读、说话、作文、语法、写字。算术包括珠算,安排在四、五年级教授。第一、二、三学年不设常识课,将其含在语文及其他各科教学和课外活动中进行;第四、五年级开设自然课,含卫生常识;图画课含绘画、剪贴等;劳作不列入教学科目。1953年4月,实施新教学计划，增加课程和教学时数。1956年，教育部颁布《小学算术教学大纲(修订草案)》《小学自然教学大纲(草案)》，各小学组织教师学习，将此尊为“教学宪法”贯彻执行。

1960年，实行学制改革，学校教学计划、课程安排均参照1953年教育部小学五年一贯制教学计划和1955年小学六年制教学计划设置课程。1963年，遵照中共中央《全日制小学暂行工作条例(草案)》和教育部颁布的《全日制小学教学计划(草案)》，在城镇小学四、五年级增开外语课，适当减少语、数课，每周3节。增设生产常识课，每周各2节。开设珠算教学，劳动时间分散安排。各班增开周会课，每周1节。所开课程有语文、数学、历史、地理、自然、生产常识、体育、音乐、图画、手工等，共11门课。是年，教育部颁布《全日制小学语文教学大纲(草案)》、《全日制小学算术教学大纲(草案)》《十二年制小学历史教学大纲(草案)》、《全日制小学自然教学大纲(草案)》。各小学组织教师学习每科大纲，结合各科教学实际贯彻落实，提高教学质量。1964年，小学普遍停开外语课。1965—1966年，各小学教学按照各学科大纲编制教学计划和设置课程，开展教学活动。

表4—14　　1952年小学教学计划及课程表

科目	一	二	三	四	五	合计
语文	14	14	14	10	10	2356
算术	5	6	7	7	7	1216
自然				3	3	228
历史				3	3	228
地理				2	2	152
体育	2	2	2	1	1	304
图画	1	1	1	1	1	190
音乐	2	2	2	1	1	304
总计	24	25	26	28	28	4978

表4—15　　1955年小学(四二制)每周课程设置计划表

科目	各年级每周上课时数						合计		合计
	一	二	三	四	五	六	初级	高级	
语文	12	12	12	12	9	9	1632	612	2244
算术	6	6	6	7	6	6	850	374	1224
历史					2	2		136	136
地理					2	2		136	136
自然					2	2	272	170	170
体育	2	2	2	2	2	2	238	136	408
唱歌	2	2	2	1	1	1	136	68	306
图画	1	1	1	1	1	1	136	68	204
手工	1	1	1	1	1	1	3264	68	204
合计	24	24	24	24	26	26		1768	5032

表4—16　　1963年全日制小学教学课程表

科目	一	二	三	四	五	六	上课总时数
周会	1	1	1	1	1	1	221
语文	15	15	16	16	12	12	3176
数学	6	6	7	8	9	9	1649
历史					2	2	142
地理					2		72
自然					2	2	142
生产常识						2	70
体育	2	2	2	2	2	2	442
音乐	2	2	2	2	1	1	371
图画	1	1	1	1	1	1	221
手工	1	1	1				114
每周课时	28	28	30	30	32	32	6620

1967—1970年，由于“教育革命”，教学秩序一度被打乱，学校教学没有按照计划进行，课程设置由学校自定，随意性大。1971年，恢复教学秩序，改为春季始业。学校恢复制定教学计划，按照教学计划设置课程实施教学。1974年起，由于过度强调学生参加生产劳动，虽有教学计划和课程设置，但常被调整为劳动课。1979年，教育部颁发全日制十年制学校小学数学、历史、自然、体育、语文等科教学大纲试行草案。1981年，教育部颁布《小学地理教学大纲》和《全日制五年制小学教学计划(修正草案)》。县教育局要求各学校按照新教学计划安排课程。1982年，教育部颁发《全日制五年小学音乐教学大纲(试行)草案》和《全日制小学思

想品德教学大纲(试行草案)》。全县小学课程均按国家规定教学计划制定，安排教学。1986年，教育部颁布《全日制小学地理教学大纲》《全日制小学自然教学大纲》《全日制小学历史教学大纲》《全日制小学数学教学大纲》《全日制小学语文教学大纲》。各学校以各科教学大纲调整教学计划和课程安排。1989年，全县小学按《湖南省全日制六年制农村小学教学计划》安排学校教学、教育、生产劳动及课内外、校内外活动。

1993年秋季，全县小学从起始年级执行国家教育委员会《九年制义务教育"六三"学制全日制小学、初级中学课程安排表(试行)》。小学设思想品德、语文、数学、社会、自然、体育、美术、劳动等9科课程。小学设晨会、班队活动、体育锻炼、科技活动、地方课程。每周按五天半安排课时。小学一、二年级每周行课26课时，三至六年级每周行课30课时。学校统一安排体育课和体育活动，保证学生每天锻炼1小时。1994年，执行国家教委《实行新工时制对全日制小学、初级中学课程(教学)计划进行调整的意见》，实行单双周工时制。课程安排以每2周为1个周期，小学11天课时总量不超过60节。1995年9月起，执行国务院规定每周五天40小时工作制，小学每周课时总量不变。

表4—17　　　　1981年全县小学教学计划安排表

科目		一	二	三	四	五	上课总时数
思想品德		1	1	1	1	1	180
语文		11	12	11	9	9	1872
数学		6	6	6	7	7	1152
自然				2	2	2	216
地理					2		72
历史						2	72
体育		2	2	2	2	2	360
音乐		2	2	2	2	2	360
美术		2	2	2	1	1	288
劳动					1	1	72
每周总课时		24	25	26	27	27	4644
课外活动	自习	2	2	2	2		
	科技文娱活动	2	2	2	2		
	体育活动	2	2	2	2		
	周会班队活动	1	1	1	1		
每周总活动量		31	32	33	34	34	

表4—18　　1994 年全日制六年制农村小学教学计划安排表

科目		一	二	三	四	五	六	上课总时数
思想品德		1	1	1	1	1	1	204
语文		11	11	11	10	9	9	2074
数学		6	6	6	6	6	6	1224
自然					2	2	2	204
地理						2		68
历史							2	68
体育		2	2	2	2	2	2	408
音乐		2	2	2	2	2	2	408
美术		1	1	1	1	1	1	204
劳动		1	1	1	1	1	1	68
并开课程		7	7	7	8	9	9	
每周总课程		24	24	24	25	26	26	5066
课外活动	自　习	2	2	2	2	2	2	
	科技活动	1	1	1	1	1	1	
	文体活动	3	3	3	3	3	3	
	周会班队活动	1	1	1	1	1	1	

2001 年 6 月，教育部印发《基础教育课程改革纲要(试行)》，推进基础教育课程改革。整体设置义务教育课程，小学阶段以综合课程为主。小学低年级开设品德与生活、语文、数学、体育、艺术(或音乐、美术)等课程。小学中高年级开设品德与社会、语文、数学、科学、外语、综合实践活动、体育、艺术(或音乐、美术)等课程。设置综合实践活动并作为必修课程，内容包括信息技术教育、研究性学习、社区服务与社会实践以及劳动与技术教育。实行国家、地方和学校三级课程管理，学校在执行国家课程和地方课程同时，结合本校传统和优势、学生兴趣和需要，开发或选用适合本校课程。课程设置及比例为：品德 7%～9%，历史与社会 3%～4%，科学 7%～9%，语文 20%～22%，数学 13%～15%，外语 6%～8%，体育与健康 10%～11%，艺术 9%～11%，综合实践活动 16%～20%。2002 年秋季，乡镇中心完小逐步开设英语课程，小学开设英语课程起始年级为三年级。2003 年，执行《湖南省义务教育课程(实验)计划》。设置国家课程、地方课程、学校课程，地方课程和学校课程是国家课程补充，设置时体现为实现国家规定培养目标服务宗旨。县教育局指导各学校开发建设学校课程，学校课程不使用学生教科书。课程设置原则为：均衡设置课程。按照德智体美全面发展要求，均衡设置课程，各门比

例适当，并可按照学校实际和学生的不同需求进行适度调整。设置综合课程。一至二年级设品德与生活课，三至六年级设品德与社会课，三至九年级设科学课，增设综合实践活动，内容主要包括信息技术教育、研究性学习、社区服务与社会实践以及劳动与技术教育等。2004 年，部分小学起始年级启用新课程。2005 年秋季，小学阶段各起始年级全部启用新课程标准。

2015 年，教育部对小学教育课程再次进行调整。小学三年级始设综合实践活动课，每周 3 小时，包括信息技术教育、研究性学习、社区服务与社会实践及劳动与技术教育。地方课程与学校课程中，包括发展教育、文明礼貌教育、安全教育、民族知识教育、人民防空教育、心理健康教育、禁毒教育、环境教育等内容。

2017 年 1 月，教育部对小学科学课程标准进行修订，印发《义务教育小学科学课程标准》。全县加强小学科学教育，组织课程标准宣传和培训工作，纳入校长、教师培训计划，结合师资队伍实际整体设计培训课程。落实规定课时，小学科学课程起始年级调整为一年级。实验教学按照小学一、二年级每周不少于 1 课时安排课程，三至六年级课时数保持不变。新小学科学课标准于 2017 年秋季开始执行。

表4—19　　2003 年小学课程设置及课时安排表

<table>
<tr><th colspan="3">课程</th><th>一</th><th>二</th><th>三</th><th>四</th><th>五</th><th>六</th><th>占比(%)</th></tr>
<tr><td rowspan="14">国家课程</td><td colspan="2">品德与生活</td><td>3</td><td>3</td><td></td><td></td><td></td><td></td><td rowspan="2">7.30</td></tr>
<tr><td colspan="2">品德与社会</td><td></td><td></td><td>2</td><td>2</td><td>2</td><td>2</td></tr>
<tr><td colspan="2">语文</td><td>9</td><td>9</td><td>7</td><td>6</td><td>6</td><td>6</td><td>21.21</td></tr>
<tr><td colspan="2">数学</td><td>4</td><td>4</td><td>4</td><td>4</td><td>4</td><td>4</td><td>13.88</td></tr>
<tr><td colspan="2">科学</td><td></td><td></td><td>3</td><td>3</td><td>3</td><td>3</td><td>8.73</td></tr>
<tr><td colspan="2">外语</td><td></td><td></td><td>2</td><td>2</td><td>2</td><td>2</td><td>7.26</td></tr>
<tr><td colspan="2">体育</td><td>4</td><td>4</td><td>4</td><td>4</td><td>3</td><td>3</td><td>10.24</td></tr>
<tr><td colspan="2">艺术(或选音乐、美术)</td><td>4</td><td>4</td><td>4</td><td>4</td><td>2</td><td>2</td><td>9.51</td></tr>
<tr><td colspan="2">音乐</td><td>2</td><td>2</td><td>2</td><td>2</td><td>1</td><td>1</td><td rowspan="2">9.51</td></tr>
<tr><td colspan="2">美术</td><td>2</td><td>2</td><td>2</td><td>2</td><td>1</td><td>1</td></tr>
<tr><td rowspan="4">综合实践活动</td><td>信息技术教育</td><td></td><td></td><td></td><td></td><td>1</td><td>1</td><td rowspan="4">9.10</td></tr>
<tr><td>研究性学习</td><td></td><td></td><td></td><td>1</td><td>1</td><td>1</td></tr>
<tr><td>社区服务与社会实践</td><td></td><td></td><td></td><td colspan="3" rowspan="2">每周各一节(可集中安排，也可分散安排)</td></tr>
<tr><td>劳动与技术</td><td></td><td></td><td></td></tr>
<tr><td>地方课程</td><td colspan="2">开设两门</td><td></td><td></td><td>1</td><td>1</td><td>1</td><td>1</td><td>5.10</td></tr>
<tr><td>学校课程</td><td colspan="2">学校自主开发或选用</td><td>2</td><td>2</td><td>2</td><td>2</td><td>2</td><td>2</td><td>5.83</td></tr>
<tr><td colspan="3">周总课时数(节)</td><td>26</td><td>26</td><td>30</td><td>30</td><td>30</td><td>30</td><td></td></tr>
<tr><td colspan="3">学年总课时数(节)</td><td>910</td><td>910</td><td>1050</td><td>1050</td><td>1050</td><td>1050</td><td></td></tr>
</table>

表4—20 2016年小学1～6年级课程设置

课程			一	二	三	四	五	六
国家课程	品德与生活		3	3				
	品德与社会				2	2	2	2
	思想品德							
	语文		9	9	7	6	6	6
	数学		4	4	4	4	4	4
	科学				3	3	3	3
	历史与社会							
	外语				2	2	2	2
	体育		4	4	4	4	3	3
	体育与健康							
	艺术(或音、美)		4	4	4	4	2	2
	音乐		2	2	2	2	1	1
	美术		2	2	2	2	1	1
	综合实践	信息技术					1	1
		研究学习				1	1	1
		社区服务与实践			每周各一节(可集中安排,也可分散安排)			
		劳技教育						
地方课程	开设两门课程自定				1	1	1	1
					1	1	1	1
学校课程	学校自主开发或选用		2	2	2	2	2	2
周总课时数(节)			26	26	30	30	30	30
学年总课时数(节)			910	910	1050	1050	1050	1190

表4—21 2017年武溪小学课程表

年级	课程
一	语文 数学 美术 体育 校本 道德 音乐 科学 时事
二	语文 数学 美术 体育 校本 道德 音乐 科学 时事
三	语文 英语 数学 实践 体育 科学 音乐 品社 时事 劳技 校本 道德
四	语文 英语 数学 实践 体育 科学 音乐 品社 时事 劳技 校本 研学 道德
五	语文 英语 数学 实践 体育 科学 音乐 品社 时事 劳技 校本 研学 道德 健康
六	语文 英语 数学 实践 体育 科学 音乐 品社 时事 劳技 校本 研学 道德 健康
说明:①禁毒、消防、交通安全、防溺水、食品安全、平安创建分别为 2 小时;②各年级每周语文早读一节阅读,一节朗读;③书法、写字每周一节,三至六年级作文每周两节	

三、教材

清末，县内2所高等官立小学堂文科课程使用教材仍沿用水刻线装旧教材，算学、英语、格致(理化)等自然学科用上海编译馆译日本、美国教科书译本。民国34年(1945)前，各小学使用上海商务印书馆、中华书局、中正书局等印行教材。抗战时期，各学校教材曾一度使用《抗战读本》等教材，国文课和算术应用题是有关抗日救国内容。民国35年(1946)，国民政府教育部成立国立编辑馆，统编和出版各科教材和教法，强制各小学使用。

中华人民共和国成立后，1950年至1951年，县内小学处于接管和恢复教学阶段，学校使用华北人民政府教科书编审委员会《小学国语课本》《初级小学算术课本》《高级小学算术课本》等，自然、历史、地理等课采用老解放区原课本，或选用民国时期旧课本，体育、音乐、美术、政治常识等课由各学校根据政治中心、经济建设、学生实际编写教材。1952年，各小学教材统一使用人民教育出版社出版的全国通用教材。1952—1954年，各校使用教材有教育部编印"五年一贯制"课本与六年制课本两种。1955年，停止试行"五年一贯制"，改用六年制课本。1956年，各小学组织教师学习贯彻执行教育部《小学算术教学大纲(修订草案)》《小学自然教学大纲(草案)》。1956年后，增加使用人民教育出版社编写和出版各种练习册和各科教学参考书以及省编各科补充教材。1958年，教学改革，各学校相继编写乡土教材。潭溪兄弟山中心完小教员利用土家族、苗族喜爱唱山歌形式，进行民族团结教育，校长张经勇将本土教材编印情况进行整理，在《教师报》上发表，受到好评。

1960年，实行五年制学制，全县统一使用人民教育出版五年制教材。1963年，停止实行五年制学制，改用人民教育出版社六年制教材。1967—1969年，教材使用混乱，省编教材内容均以形势需要而编写。1970—1980年，县内各小学既使用省编教材，也使用人民教育出版社教材，为五年制与六年制两套。恢复六年制学制后，统一使用六年制教材。1988年秋，全县统一使用人民教育出版社六年制教材。在使用国家统一教材为主前提下，各学校结合本地实际，编写乡土教材。

1990年秋，全县小学使用人民教育出版社编印九年义务教育实验教材。1993年秋，使用人民教育出版社按照新大纲重新编写九年义务教育小学教科书。2001年1月，教育部基础教育司发布《关于启动国家基础教育课程改革实验工作的通知》，全国基础教育开始实行"课程改革"。9月，各学校从一年级开始使用"义务教育课程标准实验教科书"。该教材根据教育部《全日制义务教育课程计划和各学科课程标准(实验稿)》编订。实行"课程改革"后，国家放开教材编写权，各出版社均可编写教材，各地可选用不同教材教学。根据所开设课程，全县学校使用教材有国家课程教材、地方课程教材、校本课程自编教材。

第三节　教学与教改

一、教学管理机构

清末，各类学堂教学由堂长直接管理，学堂教学工作、课程安排均由堂长安排。民国元年(1912)，浦市官立高等小学始设训育处，管理教学和学生工作。民国5年(1916)，武溪高等小学分为高等小学和县立模范初等国民小学，设训育处，管理教学。民国10年(1921)，县立高等小学和模范初等国民小学合并设县立第一小学后，始设教导处，负责教学管理和学生管理工作。民国27年(1938)，浦市中心国民小学借鉴浦市地区外地迁入学校管理经验，改训育处为教导处。其他乡中心国民学校参照武溪、浦市中心国民小学管理体制，设教导处，实行教导处主任指导下班级级任教师和课任教师教学管理体制。学校各科课程、课时、考试、升留级等事务由教导处安排和管理。民国33年(1944)，各中心国民小学实行教导处、训导处分设，分管教学和学生训导。这种教学管理体制一直延续到1949年10月。

中华人民共和国成立后，1950年，县政府接管5所小学恢复教学秩序，任命校长，学校教学管理机构没明确。1952年，根据教育部《小学暂行规程(草案)》，县教育科在全县5个区中心学校配置教导主任，管理教学工作。武溪小学和浦市第一、第二小学设学科教研组，组织管理教学研究工作。

1957年，全县6个区划为24个学区，在学区设教导处，配备教导主任，主管教学工作。1958年，成立人民公社，在公社中心完小设教导处，由教导主任负责全学区所辖学校教学管理工作。1968年，各学校成立革命委员会，教学管理工作由校革命委员会主抓。

1970年，恢复教导处。1983年，加强教学管理和教学研究工作，在教导处下设语文、数学等教研组。2000年起，20所乡镇中心完小(学区)和独立小学全部设教导处，同时设立学科教研组、年级备课组等教学管理机构。

2006年，各学校增设教科室，教科室在教导处领导下开展教学研究工作，管理语文、数学、科学、品社、体育、音乐美术等教研组。

2015年，教育和体育合并后，各学校根据教学管理实际，教科室下设年级语数教研组、科学教研组、品德教研组、社会教研组、音美教研组、体育教研组等教学管理机构。

二、教学管理

(一)教学制度

清末，县内2所高等小学堂教学管理以朝廷所颁学制、章程为准则，这些章程多为校纪条规，涉及教学管理内容少，但是，学堂在堂长吴永勋、陈大诰管理下，形成一套较为完整教学管理制度，其教学方法和管理制度领先辰州府所辖四县。民国时期，随着教导处(训导处)设立，各学校相继建立教学管理制度。每学年教导处制定教学计划，安排课时计划和课程表，级任教师和课任教师分别制定教学计划。教学计划由教导主任检查，学生作业按年级分类由级任教师和课任教师组成检查组检查。每学期，级任教师、课任教师分别对班级管理和教学写出总结，对学校改进教学方法提出建议。每学年，学校教导处对教学计划执行情况进行总结。民国26年(1937)，武溪镇中心国民小学制定教学管理制度，规定教师在教学中对学生采取说服教育方法为主，按照学科教授法实施讲课；布置学生作业并定期进行作业展览；举行朝夕学生会，进行品德教育；开展校园文体活动。民国33年(1944)，受迁入泸溪外地学校影响，武溪、浦市等地中心国民学校校务会议扩大到全体教职工，制定学校行政管理、教学管理等制度。

中华人民共和国成立后，从1950年起，各学校普遍建立教学管理制度。1952年至1966年，学校教学管理制度主要有：教导处按照教学大纲制定学年、学期教学计划，学期学年检查评比各科教学制度，总揽各学科教学；各教研组制定学科教研计划和工作制度，建立教师备课、作业布置与批改制度。武溪小学、浦市第一小学每期坚持落实教学计划、落实教学检查、落实听课制度、总结评比教学工作。其他学校按照县教育科部署，在加强教学计划、教学检查、教学总结同时，组织观摩、示范、模拟等课程教学，坚持校长、教导主任定期听课制度。1967—1978年，由于“教育革命”，各学校没有统一教学制度，教学管理各行其是。1982年，州教育局制定《全日制小学教学管理细则》，各学校重新制定或修订教学制度。1983年，浦市第一小学制定《小学教学规程》，以此规范教学管理工作。县教育局在总结该校经验基础上，制定《泸溪县小学教学规程》。2010年8月，县教育局制定《泸溪县片村小管理制度(试行)》，规范全县片村小管理。要求各片完全小学、初级小学严格按教育部课程计划开齐开足各门类课程，制定计划，做好教学总结。建立校领导定期听课、教导处定期检查、集体备课等教学制度。2011年起，学校教学管理制度融入教学常规管理之中。

(二)教学常规

1999年，中共中央发布《关于深化教育改革，全面推进素质教育的决定》，提出实施素质教育。2002年，湘西州教育局制定《湘西自治州中小学教学常规(试行)》。2003年，贯彻执行教育部《基础教育课程改革纲要(试行)》和《湘西自治州基础教育新课程教学常规(试行)》，制定泸溪县学校教学常规，作为学校实施教学管理、教师开展教学活动基本要求。在教学管理上，要求各学校严格执行教育部课程计划，开齐开足各门类课程。除常规课程设置外，增设综合实践活动课程，内容主要包括：信息技术教育，研究性学习，社区服务与社会实践，劳动与技术教育。学校根据实际选开校本课程。每学期开学初，学校制定教学工作计划，教研组制定全学期教学研究工作计划，教师制定学期学科教学计划，每期开展2次以上计划执行情况检查。期末，做好教学管理工作总结，教研组做好教研工作总结，教师做好学期教学工作总结。建立听课制度，校领导每学期听课不少于 15 节，教学管理人员不少于 30 节。学校、年级组、教研组、备课组组织评课活动。学校每学期对教师教案检查 2 次以上，作出评价。自 2004 年起，各学校相继制定学校教学常规管理实施办法，指导教学实践。2008 年，县教育局制定《泸溪县教学常规管理实施细则》，明确备课、上课等常规管理。

2010 年，县教育局对《泸溪县教学常规管理实施细则》进行修订完善。对教学计划管理、教学过程管理、教学结果管理进行规范。2012 年起，各学校根据实际制定或修订常规管理实施细则或办法。2016 年，县教体局加强中小学校教学常规管理工作，制定《关于进一步强化四项主要教学常规工作的管理规定》，对备课、上课、作业布置与批改、听课四项主要教学常规作出规定。各学校对原教学常规管理制度进一步修订完善，细化教学任务，建立教学常规管理长效机制。至 2017 年，全县学校教学常规管理工作走上规范化，形成教学管理长效机制。

(三)作业与考试

1.作业。清末及民国初期，各类学校学生作业布置与批改沿袭旧学制度。作业主要是温习功课、写毛笔字、连句断句，出对答对作诗等，均在课堂完成。抗日战争时期，境内学校引入新式教学，国文作业有习字、连句、背诵、作文等，算术、自然、艺术课程既有课堂作业，也有实际操作。作业交教师批改，优秀作业在班级或学校“成绩展览会”上展出，颁发一些奖品鼓励教学。

中华人民共和国成立后，1950—1955 年，每门学科除课堂作业外，还布置课外作业。1956 年，根据毛泽东主席“减轻学生作业负担”指示，各学校注重课堂消化，减少课外作业。1958 年—1962 年，学校课外活动以劳动生产为主，没有课外作业。1963—1966 年，恢复课外作业，教师对学生作业精批细改，提高学生接受能力。1967—1969 年，学校教学基本没有安排作业。1970 年，恢复教学后，学生作业主要是课堂作业，一些学校布置少量课外作业。1977 年，恢复高考制度后，学校恢复考试制度，作业又被置于教学重要位置。各学校对学科作业分量和批改作出规定。1983 年县教育局制定《全县小学各科作业的布置及批改细则》，规定 3～5 年级语文作业每天有写字练习和语文练习，每学期至少作文 15 篇，每周写日记 3 篇，每课有作业练习。语文、数学每天布置家庭作业，要求教师对学生作业全批全改。1985 年，学生寒暑假作业使用省编作业册。至 2000 年，除课堂作业外，还有大量家庭作业。2000 年，推行素质教育。县教育局根据上级教育部门要求，规定各学校减少学生家庭作业。2004 年，对小学作业布置与批改作出规定。作业设计在内容上注重学生学习态度、学习体验和学习效果，分层次作业、选择性作业。课外书面作业总时量：一、二年级不布置书面作业；三、四年级每天书面作业总量不超过 45 分钟，五、六年级不超过 1 小时。作业批改正确使用各种批阅符号，注明批改日期及作业修正要求。

2006—2015 年，各学校根据新课程改革要求和学科特点及教材内容，设计和布置不同类型课后书面作业，学生在课后书面作业之前复习消化和巩固课堂上所学习知识。作业批改除教师全批全改外，运用师生互动共同批改方式。2016 年 9 月，县教体局制定《关于进一步强化四项主要教学常规工作的管理规定》对学生作业作出规定。品德与生活、语文、数学、科学每课时一次作业，课本练习须完成 80%以上，中高年级布置家庭作业不得超过一小时。三至六年级作文每期不少于 8 篇，重点批改不少于 4 篇，鼓励学生写周记。细致批改作业，量化评分，标明日期，作文详批详改，不搞惩罚性作业。

2.考试。清朝末期，学生考试主要以期末考试为主。民国时期，分入学、期末、毕业三种考试制度，初级小学入学口试简单数字概念，期末考试确定学生升留级，初小毕业考试作为升入高小标准，高小毕业考试作为毕业发放毕业证书标准。中华人民共和国成立后，1950—1953 年，实行期中、期末考试。1954—1963 年，除每期 2 次考试外，小学升初中考试采取集中到县考试方法。1964—1966 年，减少考试，只进行期末考试。1967—1969 年，取消考试制度。1970—1977 年，学校虽然每期组织一次考试，但不以考试结果作为升学标准。小学升初中实行免试入学。1978 年起，学校恢复考试制度，实行按分数升学。实行小学升初中统一考试，各学校除期中、期末考试之外，有单元考试、月考试、升学模拟考试等。一些学校片面追求高分数，处于应试教育阶段。2000 年，推行素质教育，学校考试相对减少。

2002 年，根据《教育部关于积极推进中小学评价与考试制度改革的通知》精神，全县取消小学升初中统考，实行小学升初中免试就近入学。

(四)教学评价

2003 年，县教育局制定《泸溪县中小学教育质量效益评价方案》，推行教育质量效益评价。小学教育质量效益评价标准和分值设置如下：

1.项目及权重设置。教育质量(80 分)，分为小学毕业检测语文直升及格率、小学毕业检测数学直升及格率、小学毕业检测“三合一(思品、社会、自然)”直升及格率、全能竞赛总均分 4 项，每项分值 20 分。教育效益(20 分)，分为在校学生万分率、六年直升参考率 2 项，每项分值 10 分。

2.各项指标导向意图及计算公式。小学毕业检测语文、数学、“三合一”直升合格率主要检测小学毕业各科及格面，鼓励各校注重课堂教学质量，整体推进毕业生水平。计算公式为：语文、数学、“三合一”直升及格率 = 本届毕业生一年级注册数 ÷ 语文、数学、三合一检测及格总人数 ×100%。全能竞赛总均分主要检测各校优生状况，鼓励各校重视优生培养。计算公式为：全能竞赛总均分 = 全能竞赛规定人数 ÷ 各校参加全能竞赛成绩总和。在校学生万分率主要检测各乡镇学校基础教育发展状况，鼓励乡镇提高初等教育规模效益。计算公式为：在校学生万分率 = 上年底乡镇人口总数 ÷ 当年秋季乡镇小学在校学生总数 ×100%。六年直升参考率主要检测小学六年巩固程度，控制小学阶段留级、辍学、排斥差生。计算公式为：六年直升参考率 = 本届毕业生一年级注册数 ÷ 毕业检测总人数 ×100%。有多所独立小学的乡镇万分率以乡镇为单位计算，百分率以校为单位计算。参考人数大于本届毕业生一年级注册数时，则按参考人数计算。

3.奖励与表彰。坚持物质奖励与精神奖励相结合，个人奖励与单位奖励相结合，奖励与年终考核相结合。奖励项目设置：按照评价方案计算实得分60%计入学校目标管理，依照本方案计算前10名为一类，后10名为三类，其他为二类，按类记分进入中小学校长任职情况年度考核方案。学校年终评优指标按照质量效益评价结果分配，对于成绩突出教师将给予物质和精神奖励。

4.处罚与控制手段。小学年巩固率低于95%，小学毕业检测语文、数学、“三合一”其中一科直升合格率低于60%，且居全县倒数1～3名，学校负责人当年不能评优；小学毕业检测语文、数学、思品、社会、自然以班为单位及格率低于70%，且居全县后20名者，所教学科教师当年不能评优。

2004年起，县教育局每年在教育经费预算中列出一定数量奖励经费，年底组织开展教育质量效益评价，实施奖惩。2012年2月，县教育局修订《泸溪县2012年中小学教育质量效益评价方案》，确定小学教育质量效益评价办法。在小学教育质量项目及权重设置上，小学五、六年级全能竞赛总均分分别设置10分，小学六年级期末考试总均分设40分，小学六年级期末考试总均分合格率设35分，加设评价时抽考5分，总分按100分设置。在奖励项目设置上，设质量效益先进单位奖：九年一贯制学校按中学得分与小学得分之和除以2为单位得分，其他学校按初中或小学评价方案计算得分为单位得分；白沙小学、武溪小学、明德小学3所学校取前2名，九年一贯制和独立小学分别取前3名。按照评价方案计算实得分40%计入学校目标管理；按照实得分20%计入校长考核方案。规定独立小学辍学率超过2%、九年制学校小学辍学率超过2%实施“一票否决”。

2016年3月，县教育和体育局再次修订《泸溪县2016年中小学教育质量效益评价方案》，小学教育质量效益评价上，对项目分值设置进行调整，五、六年级全能竞赛总均分调整为15分，六年级期末测试总均分调整为30分，六年级期末测试科平合格率分值调整为20分，设置质量监控测试总均分分值20分，评价总分值、各项指标导向及计算公式不变，变抽查为质量监控测试，测试年级为小学二、三、四、五年级，二年级测试科目为语文和数学，三、四、五年级为语文、数学、科学、思品与社会。六年级期末测试和质量监控测试结果作为农村教师岗位津贴发放重要依据，作为质量监控测试奖罚条件。质量效益进步奖以州县质量效益评价排序为依据，小学、初中、高中三类学校中分别选取1名进步最快学校授予“质量效益进步奖”。设全能竞赛团体奖，依据总均分按小学、初中分别取前6名，分别奖励3000元、2500元、2000元、1800元、1600元、1400元。设质量监控测试奖，依据测试年级总均分全县排序，片村小取前6名，分别奖励5000元、4000元、3500元、3000元、2500元、2000元；中心小学和初中各取前6名，分别奖励3000元、2500元、2000元、1800元、1600元、1400元。设任课教师奖，小学六年级期末测试，按学校类别（白沙小学、明德小学、思源实验学校小学为一类，其他为二类)单科班平(注册数)取前五名(城镇类学校按全县班级排名前五名),分别奖励1000元、800元、600元、500元、400元。明确管控与处罚措施,小学质量监测和毕业测试按学科班平排序,二年级后25名、三至六年级后15名,且班平不及格、校平低于县平者,扣发其教师年度岗位津贴。扣发标准为,后5名扣发教师岗位津贴片村小学教师4800元,中心小学教师2400元;后6~15名,扣发教师岗位津贴片村小学教师3600元,中心小学教师1800元;后17~25名,扣发教师岗位津贴片村小学教师2400元,中心小学教师1200元。

三、教学方法与教学改革

清末,学校教学内容主要是四书五经及国文等课程,作业布置与批改未脱离旧教学模式,作业仍是读温书、背温书、写毛笔字、联句、断句、出对、作诗等内容,且在课堂完成。其教学方法多为书院教学模式,承袭句读串讲教法,不重视教材讲授要求。民国初期,课程设置变动频繁,新式教学方法传入,教师教学方法出现多样性,既有承袭句读串讲式教学方法,也有借用西方教育新式教法。抗日战争时期,部分外地学校和文化团体迁入境内。新的教学方式被武溪、浦市地区学校借鉴,在县内学校形成教学方法改革。期间,出现了"启发式""自学辅导式""讨论法"等新教学方法,出现"新授课""复习课""考试课"等教课类型。

中华人民共和国成立后, 1950—1951年,各学校沿用民国时期教学方法,但强调启发式教学,废除"填鸭式""注入式"教学方法。1952年,根据《小学暂行规程(草案)》要求,教师根据教材内容备课写教案。武溪镇中心小学各科目教案做到有目的要求、重点难点、教学过程、课时分配、教具准备、作业布置、教学小结,其经验在全县推广。1953至1957年,各学校教学方法改革,照搬苏联凯洛夫"五个环节"教学法。1958年至1960年,进行教学改革,打破"课堂教学是传授知识主要途径"传统模式,实施以年级为单位高速度、高质量"双高课"。出现随意删改教材,教学内容和教学程序不配套现象。

1961年,县教育科对教学内容作出相应调整,停开"双高课"。1962年,各学校教学恢复正常秩序,学校围绕完成教学教育双重任务,鼓励教师钻研教材,认真备课,改革教法。经常组织公开课、观摩课,对讲座法、讲读法、演示法、欣赏法等不同教法进行探讨。1965年,根据上级减轻学生负担指示精神,各学校在教学中对教材实行"砍、补、换、合",实行精讲多练,改革和创新教法。1966年至1976年,根据毛泽东主席"五七"指示精神,全县小学学制缩短,实行五年制,在教学中开展学工、学农、学军实践活动。

1978年,全县学校恢复教学秩序,改革创新教学方法。从1982年开始至1988年,全县各小学语文、数学等各科教学引入各种新教学方法,探索课堂教学最佳结构,使教学活动具有寓知识于乐趣之中,寓思想于活动之中,彰显学生乐学、勤学、善学、善思特色。1989年,在此基础上继续进行教学改革,将课堂教学结构改革为"定向—自学—讲义—演练"五步导学式,将"满堂灌""注入式"教学法改为发展学生智力、培养能力"启拓式""开放式"新型教学法。

1990年，各小学语文、数学等各科教学引入各种新教学方法。语文有“拼音识字，提前读写”教学法、“归类识字”教学法、“发现法”“一点突破法”“逆推法”“自学辅导法”“尝试教学法”“整体教学法”“六因素单元教学法”“引读法”“讨论法”等。算术有“尝试教学法”“游戏引进法”“启发式教学法”“自学辅导法”等。常识课有“讨论法”“实验分析法”“自学研讨法”等教学法。1992年，教育部颁布九年义务教育全日制小学各科教学大纲。县教育局组织开展新大纲、新教材、新方法培训。1993年，小学一年级开始实施九年义务教育大纲。1995年，实施国家教委颁发义务教育课程方案，使用义务教育教材，开展目标教学、注音识字、提前读写尝试教学。

2001年，执行教育部《基础教育课程改革纲要(试行)》。县教育局在组织教师参加省、州教育部门培训同时，组织县内各校新理念、新课程、新技术和教师职业道德培训，开展新教材大练兵活动和教育信息技术培训。2002年，全县学校推行基础教育课程改革实验，率先在全州首创基本技能课，开展校本教研活动，国家级教研课题立项4个，省级课题立项2个。“尝试教学法”“快速作文法”“基本技能课”“强化主体意识、推进素质教育实验”四项优秀教研成果在全县推广。武溪小学电化教改实验获教育部“九五”电教课题合格奖，浦市中心完小农艺教育获湖南省教研成果三等奖。白沙小学、浦市中心完小被评为全国尝试教学法先进单位，泸溪县被评为尝试教学法“全国推广先进县”。2003年，根据教育部《关于在中小学加强写字教学的若干意见的通知》，加强学生写字教学，让学生养成良好写字习惯，提高学生基本素质。2004年，县教育局部署各学校根据新课程标准，开齐课程，开足课时，实施新课程。部分学校开设乡土教材课程。2005年，实行《基础教育课程改革纲要(试行)》课程标准和教材，普遍实施教师过教材关考试。2006年，全县深化课程改革，义务教育学校落实国家、地方、学校三级课程，开展校本教研活动，推行义务教育考试与评价制度改革。开展名教师、骨干教师评选活动，组织教师职业道德演讲团到各个学校巡回演讲。

2011年，全县各小学加强素质教育，坚持德育为先，对全体学生进行社会主义核心价值观体系、廉洁诚信、文化艺术、文明习惯养成和心理健康五项教育。2015年，注重打造泸溪教育特色品牌，参与全国优秀教育工作案例创建工作。6月26～27日，教育部在江苏省泰州市召开全国义务教育改革发展现场经验交流会。泸溪县《推进三个均衡发展，办好人民满意教育》获全国义务教育均衡发展优秀工作案例。是年，开展“一师一优课、一课一名师”活动，全县有1530名教师参赛，晒课1946节，有29节优质课入选湖南省优质课。是年，在白沙小学挂牌设立小学语文杨元国名师工作室。

2016年，县教育局制定《泸溪县中小学教育质量效益评价方案》，教育教学质量评价权重占学校目标管理评价总分60%，将日常随机检测结果按一定比例纳入中小学教育质量效益评价方案之中。实施标准化组考，小学阶段质量检测、全能竞赛等考务管理，考场设置按照标准化考室设置，小学质量检测、全能竞赛巡视员由教导主任担任，主副监考均由外校教师担任。春季二年级语文片村小科平 81.30 分，中心完小 83.60 分，数学片村小 79.80 分，中心完小 84.20 分；三年级语文片村小 73.50 分，中心完小 75.90 分，数学片村小 65.10 分，中心完小 70.60 分，全县教学质量长期保持全州领先地位。开展“一校一品”特色学校创建活动，推进民族舞蹈、民族音乐、民族技艺、民族体育传统文化进校园活动。梁家潭学校、潭溪小学和八什坪学校“苗族数纱”“苗族跳香舞”，武溪小学“踏虎凿花”，泸溪二中“菊花石雕”，白沙小学“陶瓷制作”，明德小学“粮食字画”，浦市一小“傩面具”、思源学校“辰河高腔”成为全县特色教育亮点。思源实验学校学生排演辰河高腔《赶潘》剧目在湖南卫视播出。是年，在明德小学设立小学数学周建生名师工作室。

2017 年，贯彻执行湖南省《关于进一步规范普通中小学办学行为的规定》精神，制定《泸溪县 2017 年教育教学管理考核细则》，对全县中小学校及教师教学计划、课堂教学、学生作业、课后辅导等教学常规作出明确规定。规范各学校教学用书和教辅、义务教育阶段“家养家教”、落实课程计划、学生行为规范、禁止体罚学生等教学行为。落实课程计划，开齐、开足、开好课程，推进小学英语课程开设和评价，落实三级课程改革制度，地方课程、校本课程全部进入课堂。规范学校管理，打造“规范 + 亮点”农村学校和“规范 + 特色”城镇学校，学生管理、教师管理、寝室管理、班级管理、校园文化建设等走向规范化。

第四节　第二课堂

清末时期，各学校课外活动统称课外文娱、社团、宣传活动。民国初期，学校文娱活动有踢毽子、跳绳、拈落子、打球、旅游、下棋等项目。民国 26—34 年(1937—1945)，抗战时期，各学校开展抗日救国宣传活动，组织歌唱队、戏剧组、演讲组、漫画组等在校内外开展宣传活动。武溪、浦市、兴隆场等地学校每逢赶场日，组织师生在墟场演出宣传，教唱抗日歌曲，开展抗日救国演讲活动。民国 35 年(1946)后，各学校课外活动转入校内，围绕课堂教学开展泥塑、折纸、剪花、游戏、春秋远足野外及演讲、作文比赛等活动，对学生身心健康，开阔视野起到一定作用。

中华人民共和国成立后，学校恢复教学秩序。1950—1954 年，城镇小学组织文艺宣传队，在课余时间组织学生配合反霸土改、剿匪镇反、抗美援朝等各个时期中心工作组织文艺演出，开展社会宣传活动。1955 年，教育部颁发《关于小学课外活动的规定》，建立学校以教学为中心正常秩序，纠正学校过多社会活动，将课外活动引入培养学生能力，发展学生智力轨道。各学校按规定安排课外活动。在课外活动时间内，有计划地组织学生参加文体和劳动等活动。1958 年后，学校课外活动按照“大办农业、大办粮食”“大炼钢铁”号召，以劳动课为主。1966—1976 年，学校课外活动以政治活动为主，开展军事训练、军事拉练等活动。1982

年，县教育局将学校课外活动确定为“第二课堂”，各学校将两种课堂活动相结合，建立各种兴趣小组开展活动。1997 年，白沙小学开辟陶艺教学，设陶艺室。1999 年，31 位学生陶艺作品参加华南少儿陶艺作品大赛，其中 18 件作品被收藏。2000 年，被州教育局确定为“学校陶艺教学实验学校”。2001 年起，全县各中心完小按照“每天锻炼 1 小时”要求，实施“体育大课间”活动项目，形成各学校课间活动特色。2002 年起，全县各个学校结合教学实际，以“一校一品”“特色大课间”、开设特色课程为主要内容，办好“第二课堂”。2003 年，根据州教育局部署，组织全县中小学校开展“三独（独唱、独奏、独舞）”活动，每年举办一次比赛，全县中心完小和独立小学均组队参赛。2009 年，明德小学在美术教学中试行粮食字画教学，建立粮食字画兴趣班，有学员 30 人。2012 年，武溪小学组织开展“民俗文化进校园”活动，组织 2000 名师生传承苗族跳香舞艺术。2014 年，粮食字画兴趣班创作字画 40 幅，参加全县首届科技创新作品展，入选作品全部获奖。2015 年，白沙小学成为全国第一批足球示范校，在三至六年级开设足球课程，指定专门体育教师进行指导，每天放学后强化集训一个小时。思源实验学校探索学校教育与非物质文化遗产保护和传承有机结合方式，将传统戏曲、传统工艺、传统舞蹈、传统体育中辰河高腔、踏虎凿花、跳香舞、踩高跷、滚铁环等“非遗”传承项目融入日常教学中，通过开设专业课程、课间操教学等方式，长期邀请邓七枝、向敏谦、杨桂军等代表性传承人给学生授课。2016 年，被省文化厅授予“湖南省非物质文化遗产传承学校”。梁家潭学校依托本地苗族民俗文化底蕴深厚特点，在学校开展“民俗文化进校园”活动，在全体师生中传承苗族八合鼓、苗族跳香舞、苗族民歌等非物质文化遗产项目。

第五章　中学教育

第一节　起始与发展

一、民国时期中学教育

民国20年(1931),泸溪县创办县立乡村师范学校,校址设县城西郊省心楼,县府任命石光泽为校长。第一期招录具有高小文化程度38名学生就读。民国22年(1933),由于教育经费短缺,县立简易乡村师范停办。

抗日战争时期,外地6所中学为避战乱先后迁至武溪、浦市两镇办学,县内始有中学教育。

(一)外地内迁泸溪中学

省立第四中学。民国27年(1938)秋,省立第四中学(省立常德中学)迁入县城武溪镇。在县城西郊观音阁山麓修建简易校舍。省立四中分普通和师范两科。普通科初中设6个班,高中设3个班,学生420人。师范科设3个年级6个班,学生390名。学校校舍是木柱、竹壁、茅顶,办学条件简陋,教学设备不全,生活十分艰苦。校内通道裱装一副楹联:"虽是竹篱茅舍,也能入室升堂。"横批"竹篱茅舍风光好"。老师居所挂有一副楹联:"崇山峻岭环秀气,春风时雨育英才",体现了师生高尚情操。民国31年(1942),常德中学改名省立第四中学,校长向玉阶,教导主任马文义,训育主任覃正统。民国34年(1945),抗战胜利后,省立四中迁回常德原址办学。省立四中在泸溪办学七年,为本地培育百余名中学生,填补了泸溪县中等学校空白。

湖南省省立高等农业学校。湖南省省立高等农业学校(简称省高级农校)创立于1906年,是一所历史悠久中等职业学校。民国27年(1938),湖南省立高级农校由长沙市岳麓山迁至浦市镇,借上庵(解放后设县办农场)为校舍办学。校长孙介凡,后辞职,韩林凤代理校长。学校设农林科、畜牧畜医科、经济科、生物科等学科。民国28年(1939),除随校迁来学生外,在浦市地区招收本地学生就读,时有学生300名。民国35年(1946)冬,学校奉令迁往澧县津市办学,更名"省立第四职业学校"。省立高等农业学校在浦市办学七年,开设农、林、蚕

科7个班，医牧4个班，农林经济各1个班，毕业学生260人。

辰郡联合中学。辰郡中学创办于清光绪二十九年(1903)，民国初改为湖南第八联合县立初级中学，由沅陵、泸溪、辰溪、溆浦四县联合设立，校址设沅陵县。民国27年(1938)，迁往溆浦县桥底乡办学。民国28年(1939)迁至浦市镇，借古龙潭中庵为校址办学。黄尊三、张介仁、王悠然、杨胜蔚、姚建献先后担任学校校长。浦市办学期间，学校设6个初中班，在校学生200名。民国34年(1945)，始设高中一班。民国35年(1946)，辰郡中学迁回沅陵县原校址继续办学，是沅陵县一中前身。

江苏失学青年工读服务团。民国27年(1938)7月，江苏失学青年工读服务团由江苏省迁到浦市，借沅江东岸江东寺为校址办学。工读服务团设初中、高中班，有学生320人。学校属半工半读性质，上海人卢叔昂担任校长。工读服务团服务处负责编写墙报，为民众提供战时国际动态、国内抗日救亡等信息。墟场日，工读服务团主任张翼在浦市镇犁头嘴摆一长凳，向群众宣传抗日救亡道理。民国28年(1939)10月，因办学经费匮乏解散。

中央陆军军官学校长沙分校。中央陆军军官学校长沙分校创办于民国27(1938)年4月，校址在长沙市南门外书院坪省立长沙高级中学校内。7月，分校副主任唐仲勋根据张治中指示，派员到湘西及湘桂铁路沿线落实校址，最后选址泸溪县。12月，长沙分校校本部及军官第二大队先后迁至县城武溪镇。校部设天主堂(老县城楠木洲县公安局原址)，学员和学兵驻张家祠堂(老县城楠木洲上冯家巷内)和红庙(老县城县医院原址)，教职员及家属租赁民宅。分校教学内容设有三民主义、中国历史、中国地理、东亚各国历史、抗战地理、政法知识等。军事训练有制式教育、射击、劈刺器械操、战斗演习等各项内容，每天在公共体育场出操演练。民国28年(1939)2月，第九战区司令部中将高参杜建时到泸溪接掌学校。4月底，军官第二大队毕业，举行毕业典礼，每个学员、学兵颁发毕业证书、毕业证章和一柄短佩剑，学员回原部任职，投入抗日战争。5月，湖南省干部教育委员会将长沙分校与湖南省地方行政干部学校合并，改组为湖南省干部训练团。6月，湖南省干部训练团迁至耒阳小水铺。1938年12月至1939年6月，长沙分校在泸溪共办3期培训班，培训学员3200人。

国立第九战时中学。国立第九战时中学于民国31年(1942)从邵阳县祝家塘迁至浦市镇。校长朱锡紫，教导主任周维持，庶务肖大元，学校教员60人，学生1000人。学校设五部：校本部设陕西会馆，高中部、职业部设浦溪村几座古庙内，师范部设姚家祠堂，初中部设江东寺。学生多系难民子女，亦有浦市地区学生在校就读。学校由国民政府教育部拨款，给学生以适当救济。民国34年(1945)12月，迁离浦市。战时九中办学规模大，教学方法先进，对泸溪教育产生重大影响。

表5—1　　抗战时期迁至泸溪县外地学校及文化团体统计表

学校(机关)名称	迁入时间	地址	迁出时间	备注
湖南省立高级农校	1938 年	浦市上庵	1945 年	迁往津市,改名省第四职业学校
常德中学(省立四中)	1938 年秋	县城西省心楼下观音阁	1945 年	1942 年 2 月更名为省立四中
江苏失学青年工读服务团	1938 年 7 月	浦市对河江东寺	1939 年 10 月解散	
中央军校长沙分校	1938 年 12 月	武溪镇	1939 年 5 月	与省行政干部学校合并,组建湖南干部训练团。迁至耒阳县
省行政干部学校	1938 年 8 月	武溪镇	1939 年 5 月	与长沙分校合并组建湖南干部训练团。迁至耒阳
中华平民教育促进会	1938 年	武溪镇	1938 年	
中华职业教育社	1938 年 7 月	浦市江东寺	1941 年	
教育部社教工作团第六施教队	1938 年	武溪镇	1938 年	
军委会战干团	1938 年	武溪镇	不详	
国民党通讯兵团第一团、四团	1939 年	浦市后街	不详	
辰郡中学	1939 年	浦市中庵	1946 年	迁回沅陵县
国立第九战时中学	1942 年	浦市	1945 年	迁回邵阳

(二)县内自办中学

建湘中学（兴华中学）　省立高级农校迁至浦市镇期间，学校教员赵世虹于民国 27 年(1938)8 月开办“建湘补习中学”,校址设观音阁,赵世虹任校长,第二学期改名为“建湘中学”。后更名为兴华中学,赵世虹担任校长,聘请国民革命军第十军军长李玉堂为名誉校长,方先觉为董事长,浦市警察所所长肖僧为董事,时有学生 240 人。1943 年,开设高中班。民国 34 年(1945),抗日战争胜利后该校迁往长沙。

简易师范暨附设初中部　民国 34 年(1945),教育厅同意泸溪简易师范学校开办附设初中部。第一期招收新生 41 名,这是泸溪县自办中学之始。秋季,县府将战时常德四中泸溪校舍拨给县简易师范学校作为教室。校长黄尊三用魏体字写“泸溪县简易师范暨附设初中部”校牌，教员杨君可谱写校歌。先后担任县简师及附中部校长有黄尊三、王国玉，教导主任有石晋衔、杨君可等。是年，下学期起，县简师附中课程按三年制标准设置，原定四年所有必修科目课程在三年内修完。民国 37 年(1948)7 月，县简师附中初一班 55 名学生毕业。秋季，简易师范学校暨附设初中部设 6 个初中班，学生 300 名，教职员工 20 名。民国 38 年(1949)3 月，县简师附设初中部停课。6 月，校长召集部分教员借福音堂作教室，为初中部三班 16 名学生补课，历经月余补课结束。

私立志仁中学。民国 35 年(1946)，浦市富商姚少安、姚稚安兄弟捐 200 亩田产作办学基金，利用梓童阁(今浦市医院内)殿堂作为校舍，以其父姚志仁之名创办湖南私立志仁中学。姚稚安任董事长，聘李运基为校长，教员有张仲山、黄待时、张楚屏、印福痴、黄大英、聂在政、张先庚等。是年秋季，招收初一班新生 60 名。民国 36 年(1947)，招收初中新生两个班。民国 37 年(1948)，志仁中学设有五个初中班。民国 38 年(1949)3 月，因“湘西事变”，志仁中学被迫停课。

二、中华人民共和国成立后中学教育

(一)恢复时期(1949—1957年)

1949 年 11 月 18 日，泸溪县人民政府成立，设立民教科。接管简易乡村师范学校暨附设初中部后“维持现状，立即开学”。鉴于简易师范校舍、设备、师资不足等问题，沅陵专区决定停办简易师范班，只开办初中班。1950 年 3 月，县立简易乡村师范学校暨附设初中部改名为县立初级中学，第一期招收初中一年级新生 19 人。县人民政府任命文体嵩任校长，张永恺任教导主任。教职员工中除属于国民党军警匪特人员和自动离职外，按照“团结、教育、改造”政策，留用 17 人。1951 年，遵照省人民政府学校招生“对于工农子弟年龄、学历尺度可以放宽”指示，开展 2 次劝学运动。9 月，县长赵志钧兼任县立初级中学校长，粟显仁为副校长主持工作。二区政府接管私立志仁中学，浦市工商联合会主任雷家兴为董事长，曾文尧为学校负责人，学校迁至浦市下湾中庵原辰郡中学校址，更名浦市群力中学。10 月，县立初级中学学生胡正理等 6 人报名参军(胡正理在参加抗美援朝作战中，英勇牺牲)。1952 年，泸溪县划入湘西苗族自治区管辖。1953 年，省教育厅统一全省中等学校校名，县立初级中学更名泸溪县第一初级中学，群力中学更名泸溪县第二初级中学。1954 年，遵照湘西苗族自治区人民政府“1954 年寒假初高中应届毕业生一般皆应提前一期毕业，即于 1954 年暑假毕业”指示，泸溪一中提前毕业一个班，计 58 名学生。1955 年，泸溪第二初级中学迁至吉首县，改为吉首县初级中学。二中 4 个班 194 名学生转入泸溪一中就读。1957 年秋，浦市中心学校高小部在原二中学校开设初中班，招收初中学生 55 人，配备教师 2 人，许德先负责初中部工作，刘家鼎任教导主任。1957 年，全县有第一初级中学和浦市高等小学附属初中部两所中学。

(二)发展时期(1958—1976年)

1958年3月,泸溪第一初级中学始设高中班,招收初中毕业学生46人。秋季,浦市高等小学附属初中部分离,恢复泸溪县第二初级中学,设6个初中班,学生332人,校长游传贵,教导主任熊海涛,教师15人。在浦市镇、浦阳公社、石榴坪公社兰村兴办3所民办中学9个班,招收学生471名。10月,各中学为参加生产劳动支援工农业"跃进",课堂教学减少,部分完全停课。1959年,县教育科在潭溪、兴隆场、合水3所完全小学附设5个初中班,招收学生276名。是年,全县有中学教职员工100人,在校中学生1903人,分别是1949年3倍和18.40倍。次年,潭溪、兴隆场、合水、达岚、白羊溪、梁家潭、小章等公社7所中心完小先后开设9个初中班,专任教师18人,在校初中学生482人。

1960年,中共中央提出国民经济实行"调整、巩固、充实、提高"方针。省教育厅将普通中学规模压缩到1958年上半年水平,撤销一批在"大跃进"中所办中学及完小附设初中班,动员在校初中年满17周岁超龄生回乡参加农业生产。县教育科根据全县教育事业发展计划,压缩部分小学,中学继续保持原状。1961年,县委按照州委要求,动员中学学生342人回乡参加农业生产。部分农村初级中学肄业班学生改为半年制,学生有半年时间参加农业生产劳动。是年,全县有中学8所。1963年,中共中央发出《关于讨论试行全日制中小学工作条例(草案)及对当前中小学教育工作几个问题的指示》。县教育科将中学规模作出相应调整,全县8所中学调整为5所,停办达岚、白羊溪、小章3所完全小学附设初中班。全县减少在校初中学生1664名。为提高教育质量,确定重点办好全日制中学,将普通中学(含附中)划分为三类:第一类泸溪一中,第二类泸溪二中;第三类为各公社完小附设初中班。三类学校中,一、二类列为县重点中学,其他为公社重点学校。

1964年,县人民委员会印发《发展农业中学的办法(草案)》,指出"我县今后除办好现有全日制中小学校之外,重要发展不脱离劳动生产的半工半读学校(又称半农半读学校),以进一步培养既能体力劳动,又能从事脑力劳动,使德、智、体都能得到健康发展。"是年,除原办达岚农业中学本期招收新生一班70名外,武溪镇、潭溪公社、浦市镇新发展农业中学各一所。到1965年,全县中学发展到16所,其中全日制普通中学5所,农业中学11所,共设20个班,专任教师33人,在校学生946人。累计初中毕业学生2895人,高中毕业学生210人。

1966年5月7日,毛泽东主席发出"学生也是这样,以学为主,兼学别样,即不但学文,也要学工、学农、学军,也要批判资产阶级。学制要缩短,教育要革命"指示("五七指示")。10月,全县中学生外出串联开展教育革命,学校停课。1967年,中共中央、中央文化革命小组发出"复课闹革命"指令,各中学学生相继返校复课。1968年,贯彻落实"五七"指示精神,派工人宣传队、贫下中农宣传队进驻各学校,实行政治建校,加强学校管理。1969年,贯彻上级"把公办中学下放到公社、大队来办和教师回原籍教学""读初中不出大队,读高中不出公社"指示,县属中学分别下放到所在社镇管理。所有公社全部兴办中学,人口多、地域相对集中大队学校(片完全小学)设立初中班。上堡、小章、永兴场等公社完全小学增设高中班。1974 年,对学校进行整顿,取消大队一级学校初中班。1975 年至 1976 年,城镇中学走出校门,到农村办分校,到工厂实行厂校合一,泸溪一中在上堡公社上寨大队覃家庄生产队开设分校,部分公社恢复高中班。至 1977 年,全县有高中学校 11 所,初中学校 55 所,在校学生 10408 人。

(三)调整、改革时期(1978—2000年)

1978 年,根据"调整、改革、整顿、提高"方针,全县普通中学教育进入调整、改革时期。1979 年,根据上级"初中实行巩固、提高,高中进行调整提高"指示精神,县委对学校布局作出调整,将下放社镇中学收归县教育局管理,公社中学停止招收高中班。大队片完小附设初中班合并到公社中学,不再附设初中班。是年,撤销潭溪中学(时称泸溪五中)高中部,上堡中心完小初中部分离,新建泸溪县第五中学。调整后,全县 11 所高中学校减少到 5 所,分别是一中(设武溪镇)、二中(设浦市镇)、三中(设兴隆场公社)、四中(设合水公社)、五中(设上堡公社)。

1980 年,落实教育部"充实加强小学,调整提高初中,调整改革高中,大力发展职业教育,努力办好重点中学"办学方针,县政府调整改革中学教育布局,确定每个公社只保留一所中学(含中心完小附设初中班)。武溪完全小学附设初中部撤销,并入泸溪一中。至 1982 年,全县有普通中学 8 所,其中完全中学 4 所,初级中学 4 所。公社(镇)中心完全小学附设初中班 11 所。初中在校学生 4615 人,高中在校学生 1161 人。

1983 年,根据中共中央和国务院《关于加强和改革农村学校教育若干问题的通知》,对中等教育结构实行改革,在普通中学增设职业技术课。浦阳中心完小附中从中心完小分离,设立浦阳中学。1984 年,根据中共中央《关于进一步深化中学教育结构体制改革,建立职业技术教育与普通教育并行教育体系》精神,泸溪县第四中学改为农业职业中学。是年,公社改为乡镇,增设踏虎乡,在踏虎乡中心完小设附中。泸溪五中撤销高中部,在校高中学生并入县一中,成为独立初中学校。1985 年,中共中央发出《关于教育体制改革的决定》,推行九年制义务教育,调整中等教育结构,发展职业技术教育。县委、县政府提出"1990 年普及初等教育,1998 年前普及九年制义务教育,办好现有中学。"是年,第四中学停办高中教育,泸溪二中因浦市化工总厂污染择址新建校舍。全县时有完全中学 3 所,初中 5 所,附设初中 11 所,在校中学生 8139 人。1986 年,全县撤销 2 所附设初中,统一更名为九年一贯制学校。全县时有完全中学 3 所,初中 6 所,九年一贯制学校 9 所,教职工 370 人,在校中学生 7283 人。1986 年秋,18 名离退休教师在县城武溪镇北正街创办一所职工学校(又称文化补习学校),初设 2 门实用技术专业课,学制一年。设高中部 2 个班,招生学生 100 人,后增设初中 1 个班。1987 年 3 月,浦市镇以民筹公助方式创立民族自力中学。1988 年 9 月,石榴坪乡兰村群众自发办学,成立民族中学。1989 年,全县有初中 8 所(含民办初中),九年一贯制学校 9

所，教职工427人，学生7122人。1991年7月，2所民办中学停办。12月，民族自力中学改为浦市农业广播电视学校，由县农村办公室农业广播电视学校管理。1992年，县职工学校(文化补习学校)招生高中54个班级1350人，初中8个班级300人。高中毕业51个班级1300人，初中毕业8个班级300人，参加高考升入大专和本科250人，年底停办。是年，全县有完全中学3所，初中6所，九年一贯制学校9所，教职工494人，学生6298人。石榴坪乡九年一贯制学校初中教育教学质量上升到全县第一，初中毕业考取中专28人(统招统分)，被州教委授予"教学常规管理规范化学校"。1993年，小章民族中学经省人民政府批准为民族寄宿制中学，学校有教职工19人，学生285人。中国空间技术研究院生物实验中心首席科学家、教授、博士生导师谢申猛毕业于该校高中部。是年，教育部在湘西州召开全国农村教育改革研讨会，二中成为与会人员参观现场。该校"一校三教(职业教育、成人教育、扫盲教育)"办学体制被誉为民族教育"湘西模式"。1994年，全县有一中、二中、三中3所完全中学，有四中、五中、浦市、达岚、小章、潭溪6所初中学校，有李家田、洗溪、梁家潭、八什坪、白羊溪、永兴场、解放岩、石榴坪、长坪等9所九年一贯制学校。四中、五中、石榴坪学校和潭溪中学被省教委授予"中小学实验室建设达标学校"，泸溪县率先成为全州初中实验教学普及县。1996年，泸溪一中整体搬迁至白沙新城，县第五中学由上堡九家杨迁至一中原校舍。永兴场九年一贯制学校初中部分离，设永兴场中学。是年，县教育局在全县初中学校推行"合格教育"改革，全年初中综合验收名列全州第一名。县二中初中部实施"222"教学方法(每天20分钟普通话、20分钟练字、20分钟读书)，开展素质教育。教师秦红所带班级参加初三毕业会考，全班54人，升学54人，升学率100%，合格率100%，优秀率90%。1998年，县二中被授予"湖南省中学实践教育活动先进单位"。至2000年，全县有完全中学3所，即县一中、二中、三中，独立初中7所，九年一贯制学校8所。教职工897人，学生13762人。

(四)巩固提高时期(2001—2018年)

2001年，县委、县政府根据上级部署，成立以县长为组长、常务副县长和分管副县长为副组长，教育局、人事局、财政局、建设局、国土局等8个部门负责人为成员的调整学校布局和教师工作领导小组，确定县教育局负责日常工作。统一规划布点，整体规划学校用地，统一筹措资金，把城镇中小学校列为基础设施建设重点，每个乡镇建设一所九年制寄宿制学校或一所寄宿制初中。2002年，加强农村中学建设、推进教育均衡发展，对城镇中学教育进行调整布局，扩建一中、二中、五中校舍及教学楼，增加教学班级。中国石化集团无偿援助泸溪县教育扶贫资金605万元，援建白沙石化中学(泸溪一中初中部)。2003年9月，国务院发布《关于进一步加强农村教育工作的决定》，教育部制订《国家西部地区"两基"攻坚计划(2004—2007年)》，提出实现西部地区基本普及九年义务教育、基本扫除青壮年文盲("两基")目标。县政府采取优先保证学校建设用地、优先保证教师编制、优先保证教育经费、优先解决教育困难"四优先"措施，推进九年制义务教育发展。2004年，乡镇中心完小附中全面改成九年制义务教育学校。2006 年，第五中学增设高中班，恢复高中教育。第三中学撤销高中部，成为农村独立初中学校。2010 年，李家田学校撤并，停办初中教学。2012 年，县委、县政府选址白沙杨柳溪开发区，由县人民政府出资、株洲市人民政府和香港言爱基金会捐资新建九年一贯寄宿制学校(白沙第三小学)。2013 年，石化中学从一中分离，更名白沙中学，成为独立初中学校，泸溪一中成为高中教育学校。2014 年 9 月，第三小学建成开学，更名泸溪县思源实验学校。是年，撤销浦市中学，学生整体转入泸溪二中就读。

2015 年 12 月，全县乡镇行政区划调整，梁家潭、八什坪两乡整体并入洗溪镇，两乡在校中小学生向武溪城区学校流动，农村在校学生锐减。2016 年，县教体局根据乡村中学生进入武溪、浦市地区学校就读人数逐年增多实际情况，对武溪、浦市两镇中学进行扩建教室、调剂教室、增设班级等措施，加强中学学校建设，使更多农村学生进入武、浦两地城区中学就读。

2017 年秋季，八什坪中心完小停办初中班。全县有泸溪县第一中学、泸溪县第二中学、泸溪县第三中学、泸溪县第四中学、泸溪县第五中学、白沙中学、达岚中学、永兴场中学、小章民族中学、潭溪中学、思源实验学校、解放岩学校、白羊溪学校、洗溪学校、梁家潭学校、踏虎学校、石榴坪学校、长坪学校 18 所中学。其中高级中学一所，完全中学 2 所，属独立中学 7 所，九年一贯制学校 8 所。

附：部分年段普通中学一览表

表5—2　　泸溪县1958年普通中学一览表

学校名称	类别	学制	校址	负责人姓名	班数		其中毕业班数		在校学生数		其中毕业生		教职员工数		创办年月
					初中	高中	初中	高中	初中	高中	初中	高中	总数	其中教员	
教育部门办	5所				25	2	4		1335	97	159		82	54	
第一中学	县办	全	武溪	高天章	11	2	3	2	582	97	117		41	25	1943.8
第二初级中学	县办	全	浦市	游传贵	9		1		477		42		30	18	1957.8
潭溪附中班	县办	全	潭溪	谭子辅	2				110				5	5	1958.8
合水附中班	县办	全	合水	文振球	1				56				2	2	1958.8
兴隆场附中班	县办	全	兴隆场	杨毓英	2				110				4	4	1959.9
人民公社办	3所				9		2		471		64		78	13	
浦市民办中学	社办	全	浦市	杨良其	4				239				7	6	1958.8
浦阳民办中学	社办	半	青草	刘开华	3		1		132		24		7	5	1958.8
石榴坪民办中学	社办	半	兰村	李金贵	2		1		100		40		4	2	1958.8
合　计	8所				34	2	6		1806	97	223		100	67	

表5—3

1964 年泸溪县普通中学一览表

学校名称	校　址	负责人	班数		一年级新生数		在校学生数		教职工数	
			初中	高中	初中	高中	初中	高中	总数	其中教员
合计			20	3	302	43	759	114	80	54
泸溪一中	武溪	吴天球	6	3	100	43	283	114	36	25
泸溪二中	浦市	游传贵	7		104		258		22	14
兴隆场附中	兴隆场	张忠岳	3		47		98		11	7
合水附中	合水	罗嗣先	3		51		105		9	6
潭溪附中	潭溪	覃如录	1				15		2	2

表5—4

1982 年泸溪县中等学校一览表

校名	校址	创办时间	学校规模			学校领导	
			班数	学生数	教师	姓名	职务
泸溪一中	城西	1944 年	20	1056	78	夏荣芳、吴天球	支书、校长
泸溪二中	入云山	1952 年	12	644	59	张民化	校长
泸溪三中	兴隆场	1959 年	13	624	47	杨秀涛	支书 校长
泸溪四中	合水	1959 年	8	427	32	张再聪	校长
泸溪五中	上堡车站	1979 年	13	623	47	游传贵	校长
达岚初级中学	达岚	1972 年	6	271	22	刘朝银	副校长

表5—5 续表

校名	校址	创办时间	学校规模			学校领导	
			班数	学生数	教师	姓名	职务
小章民族中学	小章	1968 年	4	205	15	谭子槐	校长
潭溪初级中学	潭溪	1959 年	5	199	18	杨秀国	副校长
洗溪完小附中	洗溪	1969 年	3	151	5	周民贵	副校长
李家田附中	李家田	1968 年	2	87	6	覃国富	副校长
浦阳附中	浦市	1968 年	4	229	13	石长远	校长
长坪附中	长坪	1978 年	5	267	15	谭文廉	副校长
石榴坪附中	石榴坪	1968 年	3	135	14	龚湘杰	校长
永兴场附中	永兴场	1969 年	4	173	5	梁宋成	副校长
解放岩附中	解放岩	1969 年	3	146	10	吉隆泽	校长
白羊溪附中	白羊溪	1968 年	3	157	10	杨秀旗	副校长
梁家潭附中	梁家潭	1968 年	3	123	8	石开云	校长
八什坪附中	八什坪	1968 年	4	151	10	张自珠	校长
浦阳附中	浦市	1968 年	2	105	4	谢历亮	副校长

表5—6

1949—1982年全县中学学生数统计表

年份	在校学生		年份	在校学生	
	学生总数	其中高中		学生总数	其中高中
1949	103		1966	1016	110
1950	239		1967		
1951	394		1968	2210	
1952	414		1969	1962	115
1953	641		1970	2937	225
1954	585		1971	3499	867
1955	502		1972	4764	1541
1956	630		1973	3890	1935
1957	630		1974	3858	1363
1958	879	46	1975	5196	1348
1959	1903	97	1976	7838	1666
1960	2429	191	1977	10408	2648
1961	765	146	1978	9539	2362
1962	720	134	1979	8256	1959
1963	703	112	1980	7889	991
1964	873	114	1981	5966	837
1965	987	109	1982	5776	1161

表5—7　泸溪县1987—2000年初中教育一览表　单位:所、人

年份	学校数(所)			招生数	毕业生数	在校学生	其中女生数	教职工数	
	完全中学	初级中学	附设初中					总数	专任教师
1987	3	6	9	1917	1621	6134	2552	373	316
1988	3	6	9	2880	1680	6583	2853	370	313
1989	3	6	9	2540	1303	7122	3120	427	370
1990	3	6	9	2765	1592	7862	3450	430	381
1991	3	6	9	2609	1562	7652	3229	484	427
1992	3	6	9	2415	1641	6698	2894	494	437
1993	3	6	9	2415	1667	7187	2848	493	436
1994	3	6	9	2760	1608	6946	2569	528	471
1995	3	6	9	3204	1745	7616	2631	558	501
1996	3	7	8	3404	1867	8608	3052	609	551
1997	3	7	8	3670	2285	9520	3683	668	611
1998	3	7	8	3684	2612	9624	3758	670	613
1999	3	7	8	3814	2905	10854	4589	715	958
2000	3	7	8	5146	3008	12265	5893	797	740

表5—8　　泸溪县1987—2000年高中教育统计表　　单位:所、人

年份	学校数	招生数	毕业生数	在校学生数	其中女生数	专任教师数
1987	3	380	398	1438	327	93
1988	3	507	450	1527	338	101
1989	3	483	401	1587	369	106
1990	3	599	489	1632	452	104
1991	3	527	434	1618	441	121
1992	3	567	411	1569	499	113
1993	3	486	403	1309	408	109
1994	3	437	438	1209	399	107
1995	3	335	395	1042	359	100
1996	3	360	357	965	306	103
1997	3	411	323	915	329	89
1998	3	463	322	1053	396	93
1999	3	509	246	1208	444	94
2000	3	614	309	1477	596	106

表5—9　　2013年秋季全县中学在校学生人数、班数情况一览表

单位名称	初中合计		初一		初二		初三		高中合计		高一		高二		高三	
	人数	班数	班数	人数	班数	人数	班数	人数	人数	班数	人数	班数	人数	班数	人数	班数
合计	10718	224	67	3699	87	3573	70	3446	5845	94	2124	32	1862	31	1860	31
泸溪一中									3423	50	1178	17	1107	16	1138	17
白沙中学	3114	47	16	1094	16	1046	15	974								
二中	1078	17	6	411	5	319	6	348	1546	26	598	9	490	9	458	8
三中	437	9	3	151	3	157	3	129								
四中	643	12	4	238	4	191	4	214								
五中	976	21	7	322	7	346	7	308	877	18	348	6	265	6	264	6
浦市中学	305	8	2	73	3	120	3	112								
达岚中学	478	10	3	161	3	156	4	161								
小章民族中学	398	8	3	129	3	159	2	110								
潭溪中学	586	13	4	175	4	198	5	213								
永兴场中学	430	9	3	157	3	131	3	142								

续表1　　2013年秋季全县中学在校学生人数、班数情况一览表

单位名称	初中合计		初一		初二		初三		高中合计		高一		高二		高三	
	人数	班数	班数	人数	班数	人数	班数	人数	人数	班数	人数	班数	人数	班数	人数	班数
洗溪学校	247	7	2	76	2	81	3	90								
长坪学校	241	6	2	94	2	72	2	75								
石榴坪学校	427	9	3	137	3	150	3	140								
解放岩学校	479	8	3	202	22	135	3	142								
白羊溪学校	323	6	2	112	2	123	2	88								
八什坪学校	85	3	1	22	1	34	1	29								
梁家潭学校	215	5	1	64	2	73	2	78								
踏虎学校	256	6	2	81	2	82	2	93								

说明：表中所列学校为九年一贯制学校

表5—10　2015 年秋季泸溪县中学学生人数一览表

序号	类别	学校	合计	初中				高中			
				合计	一年级	二年级	三年级	合计	一年级	二年级	三年级
1	高级中学	泸溪一中	3279					3279	1076	1076	1107
2	完中	泸溪二中	2765	1343	482	441	420	1422	485	478	459
3		泸溪五中	1819	881	267	314	300	938	370	326	242
4	独立初中	泸溪三中	397	397	154	123	120				
5		泸溪四中	521	521	172	152	197				
6		白沙中学	2960	2960	923	939	1098				
7		达岚中学	409	409	128	156	125				
8		永兴场中学	405	405	132	149	124				
9		小章中学	323	323	97	128	98				
10		潭溪中学	474	474	154	181	139				
11	九年一贯制学校	思源实验学校	565	291	274		565				
12		长坪学校	206	53	77	76	206				
13		石榴坪学校	357	110	130	117	357				
14		踏虎学校	236	87	83	66	236				
15		白羊溪学校	308	90	121	97	308				
16		洗溪学校	170	53	60	57	170				
17		解放岩学校	450	136	138	176	450				
18		梁家潭学校	147	48	44	55	147				
19		八什坪学校	66	25	22	19	66				
合计			15857	10218	3402	3532	3284	5639	1931	1900	1808

泸溪县2017年中学教育一览表

单位:所、人

学校	高级中学	完全中学	初级中学	九年一贯制	在校学生	开设班数	教职工数	
							总数	专任教师
泸溪一中	1				3337	50	237	219
泸溪二中		1			2645	46	181	157
泸溪三中			1		382	9	44	42
泸溪四中			1		450	15	72	58
泸溪五中		1			1780	41	160	145
白沙中学			1		2926	57	213	201
达岚中学			1		376	8	37	34
永兴场中学			1		361	10	36	31
小章民族中学			1		353	8	33	28
潭溪中学			1		415	8	50	48
思源实验学校				1	1538	43	109	105
解放岩学校				1	367	14	33	31
白羊溪学校				1	240	5	16	16
洗溪学校				1	154	4	49	45
梁家潭学校				1	108	3	46	44
踏虎学校				1	206	5	47	45
石榴坪学校				1	274	6	27	25
长坪学校				1	131	3	69	63
合计	1	2	7	8	9697	345	1459	1337

说明:表中九年一贯制学校教师数含小学教师

第二节　初中教学

一、学制

民国时期泸溪简易师范学校暨附设初中部和私立志仁中学，按照国民政府教育部有关规定，初中学制均为三年。

中华人民共和国成立后，1949 年 11 月，泸溪简易师范学校暨附设初中部恢复教学，沿用三年学制。1951 年 10 月，政务院公布《关于改革学制的决定》。普通中学分为初级中学和高级中学两个阶段，修业年限为 5 年或 6 年(初中 3 年，高中 2～3 年)。县立初级中学和群力中学采用 3 年制。1957 年，泸溪县第一初级中学和第二初级中学执行 3 年学制。1958 年，泸溪一中设立高中部，学制采用 2 年制。1960 年 4 月，省委召开地州市县文教书记和宣传部长会议，将全省中学“三三制”改为 5 年制，小学 6 年改为 5 年制，实行“十年一贯制”。泸溪一中确定为全州教学改革试点学校，初中一年级 4 个班作为五年一贯制教学试点。1962 年，贯彻“逐步改革学制，做好试验”方针，全日制中学修学年限学制承袭“三三制”，泸溪一中五年一贯制教学试点即行停止。1969 年，根据毛泽东主席“五七”指示，中学学制改为四年制，即初中、高中各两年。1980 年 1 月，教育部发布《学制改革初步方案》《全日制中学暂行工作条例》，提出中学教育实行三三分段 6 年制。从 1981 年秋起，泸溪县初、高中招收一年级新生时恢复“三三”学制，以往在校年级逐步向 3 年制过渡。1984 年，中学教育全部实行“三三制”沿袭至今。

二、课程

(一)民国时期课程设置

民国 20 年(1931)，县立简易乡村师范学校教学科目为公民、体育、卫生、国文、英语、算学、植物、动物、化学、物理、历史、地理、劳作、图画、音乐。每周教学 34—35 小时，在校自习 13～14 小时。民国 25 年(1936)，教育部公布《修订中学课程标准》，减少教学时数，修改劳作课程，确定职业科目地位与时数，取消自习时数规定。民国 26 年(1937)，外地避战迁入泸溪县的六所中学，课程设置是：国文、公民、数学、化学、物理、体育、音乐等。每天上午 3 节课，下午 2 节课，设有早晚自习和课外活动。民国 29 年(1940)，国民政府颁布《修正中学规程》，对初中开设课程进行调整和规范。突出政治教育，以党义、公民、社会、国语等为公共必修课。民国 34 年(1945)，县立简易师范学校暨附设初中部开设课程有公民、国文、数学、英语、历史、地理、物理、化学、童子军、美术、音乐、体育、劳作 13 门课程。民国 35 年(1946)，浦市私立志仁中学亦设置上述 13 门课程。

表5—11　　民国29年(1940)初中课程设置一览表

课程	初一年级		初二年级		初三年级	
	一学期	二学期	一学期	二学期	一学期	二学期
国　文	6	6	5	5	5	5
数　学	3	3	4	4	4	4
物　理					3	3
化　学			3	3	3	3
历　史	2	2	2	2	2	2
地　理	2	2	4	4	4	4
英　语	4	4	1	1	1	1
公　民	1	1	2	2	2	2
体　育	2	2	2	2	2	2
音　乐	2	2	2	2	2	2
劳　作	2	2	2	2	2	2
美　术	2	2	2	2	2	2
童子军	2	2	2	2	2	2
每周时数	32	32	32	32	32	32

(二)中华人民共和国成立后课程设置

1950年9月,泸溪县立初级中学按照教育部《中学暂行教学计划(草案)》规定设置课程。1951年3月,教育部召开全国中等教育工作会议,通过《中学暂行规程》及中学政治等7个学科课程标准草案。10月,政务院颁布《关于改革学制的决定》,将民国时期公民课改为政治常识课。县立初级中学和浦市群力中学按照《中学暂行规程》规定实施教学计划。1951年,国文改为语文,政治常识每周2课时,数学改为6课时,英语改为5课时,增设劳动课,每周2课时,美术改为1课时,取消劳作课。1952年,政务院颁布《中华人民共和国学校系统图》,教育部发布《中学暂行规程》。县内2所中学按照规定调整教学课程,每周(6天)上课32小时,课外作业13小时,学生会会议2小时,课余活动5小时,个人自由活动15小时,睡眠66小时20分(7天)规定实施教学。秋季,采用教育部统编全套课本教材,改春秋两季始业为秋季始业。1953年,教育部颁布中小学教学大纲(草案),学习苏联教学模式,中学教学设置语文、数学、物理、化学、生物等主要学科。

1954年,县内2所中学教学课程实行一科分为几科教学模式,语文分为文学和汉语;数学分为代数、平面几何、解析几何、三角;生物分为动物、植物、人体解剖生理学、达尔文主义基础;历史分为中国古代文史、近代史,世界古代史、近代史;地理分中国经济地理、自然地理,世界经济地理、自然地理等。加开制图学等课,停开英语课,开设俄语课。1956年,恢复外语课教学,以俄语为主。语文课分设汉语与文学两科。1958年,汉语与文学两科合并,增设农业生产知识课。春季,泸溪一中开办高中班,执行1956年教育部规定课程,组织高中教学。9月,中共中央、国务院颁布《关于教育工作的指示》,提出"教育必须为无产阶级政治服务,教育必须同生产劳动相结合"方针,各级各类学校把生产劳动列为学校正式课程。"劳动人民知识化,知识分子劳动化"成为这个时期教育宗旨。全民大炼钢铁缩短学制,中小学课程以"教育与生产劳动相结合"为原则展开。1960年,泸溪一中初中一年级向五年一贯制过度。

1961年,各学校恢复"三三"学制。1963年,县内各中学按照教育厅全日制中学新教学计划开设课程。其中,政治课按年级分别设置《道德品质教育》《社会发展简史》《中国革命和建设》《政治常识》《经济常识》《辩证唯物主义常识》,时事政治教育列入政治课内容,占政治课课时四分之一。每周课时总数36节,教学授课时数22~24课时,每周1节早自习,2节晚自习。每天活动总时数(含下课10分钟,课间操20分钟,课外活动1课时)不超过9课时。每天睡眠时间9小时,每学期放一周农忙假,每年师生累计参加生产劳动一个月。1964年,省教育厅颁发《1964~1965年度全日制中小学暂行教学计划》,对中学课程进行调整。泸溪县初中教学课程设置按计划执行。

1966—1968年,各中学师生参加政治运动,没有明确的课程计划。1969年秋,根据"教育要革命,学制要缩短,课程要精简"指示。全县中学学制改为"二二"分段制,即初中、高中各2年。中学教学课程取消历史、地理和美术课,政治课与语文课合并为政文课,理化生课合并为工农常识课。每天课外活动时间或晚自习前上音乐课,教唱革命歌曲,体育课改称军体课。新设"三机一泵"、农药、测量、农村会计、红医等课程。

1972年,省教育厅颁布《试行中小学教学计划》,改秋季开学为春季开学,对课程设置进行调整。全年教学52周,其中学文34周左右。寒暑假、农忙假10周左右,学生在校活动每天为6小时,寄宿生7小时。时年泸溪一中开设课程有政治、语文、数学、物理、化学、英语、军体、劳动等。1973—1977年,县内各中学执行《试行中小学教学计划》,参照泸溪一中课程设置,结合各自实际设置教学课程。

1977年,恢复高考制度,中学教学走向正常化。1978年,教育部颁布《全日制中小学教学计划(试行草案)》和《全日制十年制学校中小学各科教学大纲(试行草案)》,各学校始用年级新教材。1980年,县内中学恢复"三三"分段学制,即初中、高中各三年。1984年,省教委颁发《全日制6年制重点中学教学计划》(试行草案),中学各科教学安排进行调整。

1985年,贯彻落实《中共中央关于教育体制改革的决定》,全县推行九年制义务教育,普及初中阶段普通教育,加强教育管理。各学校根据省教育厅中学教学计划,结合学校实际制定教学计划,设置课程。1987年,国家教委公布《义务教育全日制小学、初级中学教学计划》,

学制确定为“六三”制，调整课程设置，取消选修课，增加课外活动，增大学校对课程决定权。1989 年 9 月，县内各中学执行《湖南省全日制普通中学教学计划》，初中教学时间 40 周（上课 36 周，复习考试 4 周），假期（寒暑假、节日）10～11 周，机动时间 1～2 周。

1993 年，贯彻执行教育部《九年义务教育全日制小学、初级中学课程方案（试行）》。将教学计划改为课程计划，把全部课程分为学科类和活动类，编写地方课程，改变仅有必修课程单一课程结构。1994 年，执行教育部颁发 24 个学科教学大纲，按照大纲组织教学。1998 年，落实教育部《面向 21 世纪教育振兴行动计划》，改革教育内容和教学方法，推行新的评价制度，开展教师培训，启动新课程实验。

2001 年，贯彻落实教育部《义务教育课程设置实验方案》，实施新课程标准。中小学课程设置以学生培养为目标，课程设置原则为均衡设置、课程综合性、课程选择性。

2002 年，按照省教育厅《关于印发〈湖南省义务教育课程（实验）计划〉的通知》《湖南省农村普通初中试行“绿色证书”教育的实施意见》《关于印发〈湖南省义务教育地方课程设置方案（试行）〉的通知》等文件精神。全县各中小学对基础教育新课程实验有关工作进行调整和部署，开展基础教育新课程实验。2003 年，湘西州教育局制定《湘西自治州中小学教学常规》，要求各学校开齐开足课程。是年下学期起，在全县中学和中心学校按照新课程标准组织教学工作，开设地方课程。在农村普通初中开设现代农业技术课，试行“绿色证书”教育制度，让学生掌握农业基础知识和基本技能。学生在毕业时能够同时获取毕业证书和“绿色证书”，既为学生升学奠定基础，又为从事农业生产、经营管理创造条件，适应教育为经济建设和社会发展服务需要和学生发展需要。“绿色证书”教育以湖南大学出版社编写初中“绿色证书”教育通用教学资料《现代农业基础知识》作为教学主要教材。

2005 年，全县中小学全面实施新课改。初中阶段设置分科与综合相结合课程，包括思想品德、语文、数学、外语、物理、化学、生物、历史、地理、体育与健康、音乐、美术以及综合实践活动，倡导学校创造条件开设选修课程。改变过去教学过程设置以教师讲授、灌输，学生死记硬背知识为主教学模式，追求学生德、智、体全面发展，实现学生素质教育目标。

2006—2012 年，县教育局要求各学校全面推进素质教育，围绕学生综合素养培养，完善活动教学和实验教学体系；建设学段有机衔接课程层次结构，推进教学方式深度变革。初中阶段教学实行综合性课程与学科课程并重，加强阅读、科技、审美、体育、生命教育及社会实践教育，增强与生活实践密切相关实验教学。

2013 年，县教育局下发文件，规范中小学课程课时，要求各学校“开齐课程、开足课时”，通过课程表给教师下达教师课时工作量。确定初中教师周课时量为：数学、语文、英语任教 2 个班或周课时不少于 13 节；物理、化学任教 3 个班或周课时不少于 12 节；政治、历史任教 7 个班或周课时不少于 14 节；地理、生物任教 7 个班或周课时不少于 14 节；音乐任教 8 个班或周课时不少于 16 节；体育任教 7 个班或周课时不少于 14 节；美术、计算机周课时不少于

18 节。班主任周课时不少于 12 节。中学校长、党支部书记周课时不少于 2 节，副校长周课时不少于 4 节，中层干部周课时不少于 6 节、每学期听课不少于 20 节。对跨年级、跨学科教学可减少 1—2 课时。

2017 年，全县各中学执行教育部《中小学综合实践活动课程指导纲要》。将综合实践活动课列入义务教育和普通高中课程方案必修课程，与学科课程并列设置。初中综合实践活动课时，平均每周不少于 2 课时。

附：各年段中学课程设置一览表

表5—12　　1950 年县立初级中学课程设置及每周教学时数一览表　　单位：课时

学年	国文	政治常识	数学	英语	物理	化学	生物	历史	地理	卫生	音乐	体育	美术	劳作	周时数
一年级	6	3	5	2			3	2	2	1	1	1	1	1	28
二年级	6	3	5	2		4	1	2	2		1	1	1	1	29
三年级	6	3	5	2	4			2	2		1	1	1	1	28

表5—13　　1953 年泸溪县初中各科教学课时安排一览表　　单位：课时

学年	语文	数学	物理	化学	植物	动物	地理	政治常识	英语	体育	美术	音乐	每周时数	每周自习
第一学年	8	6			3		3	3	1	3	2	1	31	
第二学年	7	5		4		3	2	3	1	3	2	1	32	
第三学年	7	5	2	2		3	2	3	1	3	2	1	32	

表5—14　　1960年初中开设课程及教学计划一览表　　单位:年级、课时

科目	一年级		二年级		三年级	
	计划	执行	计划	执行	计划	执行
政治	2	2	2	2	2	2
语文	7	7	7	7	5	5
英语	4	4	4	4	4	4
数学	6	6	6	6	6	6
物理					5	5
化学					3	3
生物	2	2	2	2		
历史			4	2		
地理	3	2		2		
体育	2	2	2	2	2	2
唱歌	1	1				
图画	1					
每周教学时数	27	25	27	27	27	27
自习	21	21	23	23	23	
生产劳动	6～8	8	6～8	8	8	
时事政策	8	8	8	8	8	

表5—15　　1975年泸溪县初中课程计划一览表　　单位:课时

学　科	一年级		二年级	
	上期	下期	上期	下期
政　治	8	8	7	7
语　文	6	6	5	5
数　学	5	5	5	5
物　理	1	1	2	2
化　学	1	1	2	2
农业基础知识	2	2	2	2
历　史	1	2	2	2
地　理	1	1	1	1
卫　生	1	1	1	1
外　语	1	1	2	2
军　体	2	2	2	2
文　艺	1	1	1	1
每周上课时数	30	32	32	32

表5—16　　1989年初中每周课程安排和教学计划一览表　　单位:课时

<table>
<tr><th colspan="2">科目</th><th>一年级</th><th>二年级</th><th>三年级</th><th>总时数</th></tr>
<tr><td rowspan="15">课
程</td><td>政　治</td><td>2</td><td>2</td><td>2</td><td>348</td></tr>
<tr><td>语　文</td><td>6</td><td>6</td><td>6</td><td>1000</td></tr>
<tr><td>数　学</td><td>5</td><td>6</td><td>6</td><td>1026</td></tr>
<tr><td>外　语</td><td>5</td><td>5</td><td>5</td><td>932</td></tr>
<tr><td>物　理</td><td></td><td>2</td><td>3</td><td>500</td></tr>
<tr><td>化　学</td><td></td><td></td><td>3</td><td>372</td></tr>
<tr><td>历　史</td><td>3</td><td>2</td><td></td><td>266</td></tr>
<tr><td>地　理</td><td>3</td><td>2</td><td></td><td>234</td></tr>
<tr><td>生　物</td><td>2</td><td>2</td><td></td><td>234</td></tr>
<tr><td>生理卫生</td><td></td><td></td><td>2</td><td>64</td></tr>
<tr><td>体　育</td><td>2</td><td>0</td><td>9</td><td>384</td></tr>
<tr><td>音　乐</td><td>1</td><td>1</td><td>1</td><td>100</td></tr>
<tr><td>美　术</td><td>1</td><td>1</td><td>1</td><td>100</td></tr>
<tr><td>劳动技术</td><td>2</td><td>1</td><td>1</td><td>320</td></tr>
<tr><td>选修课</td><td></td><td></td><td></td><td>240</td></tr>
<tr><td colspan="2">每周总课时</td><td>32</td><td>32</td><td>32</td><td>5874</td></tr>
<tr><td colspan="2">时事、政策教育</td><td>2</td><td>2</td><td>2</td><td>384</td></tr>
<tr><td colspan="2">班、团活动</td><td>9</td><td>2</td><td>2</td><td>384</td></tr>
<tr><td colspan="2">科技、学科活动</td><td>2</td><td>2</td><td>2</td><td>384</td></tr>
<tr><td colspan="2">课外体育活动</td><td>9</td><td>2</td><td>2</td><td>384</td></tr>
<tr><td colspan="2">每周在校活动课时</td><td>40</td><td>40</td><td>40</td><td>7410</td></tr>
<tr><td colspan="2">社会实践活动</td><td colspan="3">每学年一周</td><td></td></tr>
</table>

表5—17　　2001年初中义务教育课程设置表

	一年级	二年级	三年级	课时比例
课程门类	思想品德	思想品德	思想品德	7%
	历史与社会(或选用历史、地理)			4%
	科学(或选用生物、物理、化学)			9%
	语文	语文	语文	22%
	数学	数学	数学	15%
	外语	外语	外语	8%
	体育与健康	体育与健康	体育与健康	10%
	艺术　(或选择:音乐、美术)			9%
	综合实践活动			16%
	地方与学校课程			
周总课时数	34	34	34	102
学年总课时	1190	1190	1122	3502

表5—18　　2005年初中每周课程设置一览表(单位:课时)

课程			一年级	二年级	三年级
国家课程	思想品德		2	2	2
	语　文		5	5	5
	数　学		5	5	4
	科学(或选生物、物理、化学)		4	4	4
	生　物		2	2	
	物　理			2	3
	化　学				3
	历史与社会(或选历史、地理)		3	3	3
	历　史		2	2	2
	地　理		2	2	
	外　语		4	4	4
	体育与健康		2	2	2
	艺术(或选音乐、美术)		2	2	2
	音　乐		1	1	1
	美　术		1	1	1
	综合实践活动	信息技术教育	1	1	1
		研究性学习	1	1	1
		社区服务与社会实践	每周各一节(可集中安排,也可分散安排)		
		劳动与技术教育			
地方课程		开设两门课程	1	1	1
学校课程		学校自主开发或选用	1	1	1
周总课时数(节)			34	34	34

表5—19

泸溪县2013年初中课程课时安排一览表

课程	七	八	九
思想品德	2	2	2
语文	6	6	6
数学	6	6	6
外语	6	6	6
历史	2	2	3
地理	2	2	
信息技术	1	1	1
物理		3	3
化学			3
生物	2	2	
体育	2	2	2
音乐	1	0.5	0.5
美术	1	0.5	0.5
周学科课时	31	33	33
班团队会	1	1	1
周活动课时	1	1	1
写字	1	1	1
艺术活动	1		
心理健康	1		
周活动课时	3	1	1
合计	35	35	35

表5—20

泸溪县2017年初中每周课程课时安排一览表

课程	七	八	九
道德与法治(思想品德)	4	3	3
语文	7	7	7
数学	7	7	6
英语	6	6	6
历史	4	3	3
地理	3	3	
信息技术	1	1	1
物理		3	5
化学			5
生物	3	4	
生命健康	1		1
体育	2	2	2
音乐	1	1	1
美术	1	1	1
实践	1	1	1
诵读	1	1	1
研究	1	1	1
书法	1		
劳动技能	1	1	1
阅读	1	1	1
周活动课时			
合计	46	46	46

第三节　高中教学

一、学制

1958年8月，泸溪一中始设高中班，招收高一学生一个班，学制3年。1968年，国家教育实行“十年一贯制”，初中、高中学制各2年，初中学生不经考试即可就读高中，全县初中学校相继开设高中班。生源按行政区域划分，就近就读高中学校。分别是：泸溪一中招收武溪镇、上堡、梁家潭、八什坪、李家田5个社镇初中毕业学生；泸溪二中招收浦市镇、浦阳、长坪公社3个社镇初中毕业生；泸溪三中招收兴隆场、永兴场、小章、解放岩4个公社初中毕业学生；泸溪四中招收合水、达岚、石榴坪3个公社初中毕业学生；泸溪五中招收潭溪、洗溪、白羊溪3个公社初中毕业学生。1975年，部分公社所属中心完小附中开办高中班。1978年，撤销泸溪五中(潭溪)高中部，上堡中心完小附设初中部分离，选址新建泸溪县第五中学。1980年秋季，高中恢复3年制学制。1984年，第五中学撤销高中部，在校高中学生转入泸溪一中就读。1986年，第四中学改为农业职业中学，停办普通高中教育。2006年，泸溪三中停办高中教学班。2006年，泸溪五中恢复高中教育，设立高中部。2013年，石化中学从泸溪一中分离，设立独立初中学校。泸溪一中成为全县唯一一所独立完全高级中学。

二、教学计划

1958年，泸溪一中制定学期高中教学计划，教师制定课时计划。课时计划包括教学内容、教学目的和要求、教学步骤三大项，教学步骤包括组织教学、复习旧课、讲授新课、巩固新课、布置作业5个环节。这种课堂教学结构形式沿用到20世纪60年代中期。1967—1976年期间，各高中学校(高中班)虽有课时计划，但常因政治活动和劳动课打断。1977年，教学秩序走向正常，各学校恢复教学计划。1987年，县教育局要求各中学加强教学计划制定工作，严格按照教学计划实施教学工作。各高中学校每年根据学校工作计划，制定学校学期教务工作计划，各教研组、年级备课组、任课教师分别制定教学工作计划。

2000—2017年，实行新课程改革，各学校按照新课程标准，制定教学计划。在制定学校工作计划中，对教学工作进行安排，提出要求。教导处、教研组、年级组均制定各项教学计划，班主任和任课教师制定教学计划和课时计划。教导处指导全校教学工作，内容包括教学指导思想、教学目标、教研活动及主要措施。教研组教学计划由各教研组制定，对教学、教研、教学改革做出具体安排。各年级备课组和任课教师根据教学大纲、教材内容、学生学习情况和学期教学时间制定计划，对教材章节内容教学课时分配，确定教学检查方法，实施阶段教学。教师个人教学计划着重计划本班提高教学质量目标、措施以及教学研究课题或教改实验项目等。课时计划由任课教师根据集体备课研究结果制定，涉及教学目的及要求、重点与难点、方法和步骤、作业布置等。教学方法因班级和教学实际由各任课教师确定，教学目的及教学重点必须达到教学大纲统一要求，教学步骤与作业布置基本一致，以讲授基础知识和基础训练、培养学生基本技能、提升学生智能为主。

三、课程

1958 年，泸溪一中高中教学使用全国高中统一课程设置表，主要有政治、语文、数学、俄语、物理、化学、历史、地理、生物、卫生、体育、音乐、美术、劳动 14 门课程。1963 年，泸溪一中根据教育部《中小学教学计划(草案)》，在高三年级设置选修课。1966—1976 年，教育处于特殊时期，原有课程设置弃用，学校自行设置课程，以政治教育为主。

1970 年，贯彻落实“教育为无产阶级服务，与劳动生产相结合”方针，各学校将劳动生产作为每周必修课程，学校组织临时集体劳动，每周星期六下午为劳动课，在学农基地讲授农业生产知识，参加生产劳动。1972 年，学校劳动生产课程稍有减少。1974 年下半年，再次将学生参加生产劳动设为必修课。1975—1976 年，有的学校每周安排劳动课一整天。泸溪一中覃家庄分校在农忙时节，安排一个星期劳动生产。1977 年，恢复高考后，中学课程设置逐步走向规范。

1980 年，根据教育部《中学学制改革初步方案》，全县中学恢复“三三”分段六年学制，初中、高中各三年。普通高中课程改革从单科教学内容改革逐步发展到整体课程改革。1982 年，高中教学执行教育部《全日制六年制重点中学教学计划》，高中二年级开设选修课，将劳动技术教育列入课程，形成高中文理分科办学模式。1988 年，高中课程设置正式实行文理分科，高一年级具有义务教育后教育性质，必修课较多，开设适量选修课和课外活动，高二年级起分为文科班、理科班。1989 年，县内各中学实施《湖南省全日制普通中学教学计划》。全年教学时间 52 周，其中高中教学时间 40 周(上课 36 周，复习考试 4 周)，假期(寒暑假、节日)10—11 周，机动时间 1～2 周。高中三年级第二学期举行毕业考试，复习时间适当增加，上课时间相应减少。每节课授课时间为 45 分钟，作息时间根据季节变化相应调整。

1991 年，执行国家教委《现行普通高中教学计划调整意见》，对中学教学计划中高中部分课程设置进行调整。政治、语文、数学、体育和劳动技术五科均为必修课，单课性选修课在高一年级和二年级开设，分科性选修安排在高三阶段。1997 年，执行国家教委《全日制普通高级中学课程计划(试验)》，调整普通高中课程结构，高中课程由学科类课程和活动类课程组成。普通高中学科类课程分为必修、限定选修和任意选修三种方式。2001 年，教育部下发《全日制普通高级中学课程计划(试验修订稿)》，打破课程单一结构，在必修课中增加“综合实践活动”课程，实行一纲多本教材多样化教学方法。课程内容关注学生全面发展经验，素质教育逐步走进课堂。

2000—2002年，全县高中学校课程安排按国家教委规定开齐开足全部课程。根据经济社会发展需要，各年级均开设微机课，在课外活动时间组织开展课外活动(第二课堂)，高中逐渐增加选修课内容。2003年，执行教育部《普通高中课程改革》。全县高中课程设置语言与文学、数学、人文与社会、科学、体育与健康、艺术、综合实践活动、技术8个学习领域，设置语文、数学、外语、政治、历史、地理、物理、化学、生物、音乐、美术、体育与健康、技术等15个科目，课程内容及课程标准体现时代性、基础性和选择性。2004年秋季起，高中教学逐步推行学分制。高中三年学生可获得约180个学分，毕业学分最低要求为144个学分，其中必修学分116个学分。高中阶段选修学分共有两部分，第一部分是根据学生兴趣和个性发展在各学科课程中按不同层次或类别设置选修模块。第二部分是各学校根据本地经济文化发展和学校办学特色开设校本课程。高中一年级主要设置必修课程，从高二起逐步增设选修课程。2007年，普通高中起始年级学生实行学分制度。

2010年，省教育厅下发《湖南省普通高中课程方案(实验)》。高中课程设置语言与文学、数学、人文与社会、科学、技术、艺术、体育与健康和综合实践活动8个学习领域。包括语文、数学、外语、思想政治、历史、地理、物理、化学、生物、艺术、体育与健康、技术等科目。新增技术、艺术科目，艺术与音乐、美术并行设置。普通高中课程由必修和选修两部分构成，通过学分描述学生课程修习状况。

2016—2017年，全县高中教学以课堂教学为重点，加强教研组、备课组建设，细化教学常规，实施素质教育，继续抓好教学管理，规范备课、上课、作业批改、课后辅导、单元验收、学科竞赛等教学过程。县教体局教科所每学期对教师备课教案按年级抽查2次。各学校认真抓好高一、高二教学工作，每月组织一次成绩测试，掌握学生学习动向，适时调整教学计划。做好高三参加高考各项工作，每半个月进行一次高考测试，加强学科考试训练。

附：部分年份课程设置及授课时间一览表

表5—21　1964年高中课程设置及授课时间一览表　单位：课时

年级	政治	语文	外语	数学	物理	化学	生物	生产知识	历史	地理	体育	音乐	美术	周总时	周自习
一年级	2	6	5	6	4	3		2			2			31	12
二年级	2	6	4	6	3	2	2	2	2		2			29	12
三年级	2	6	4	4	5	3		2			2			28	12

表5—22 1973年高中每周课程计划一览表 单位:课时

学科	一年级		二年级	
	上期	下期	上期	下期
政治	8	8	8	8
语文	5	5	5	5
数学	4	4	4	4
物理、化学	3	3	3	3
农业基础知识(劳动)	2	2	2	2
历史	2	2	2	
地理	1	1	1	1
卫生	1	1	1	1
外语	2	2	2	2
军体	2	2	2	2
文艺	1	1	1	1
每周上课时数	30	30	30	30

表5—23 1980年高中教学所设课程一览表 单位:课时

分段		政治	语文	数学	外语	物理	化学	生物	历史	地理	体育	音乐	美术	劳动技术
一年级	上期	2	6	6	6	3	3		2	3	2			1
	下期	2	6	6	6	3	3		2	3	2			1
二年级	上期	2	6	6	6	3	3	3		3	2			1
	下期	2	6	6	6	3	3	3		3	2			1
三年级	上期	3	6	6	6	5	4	3	5	5	2			
	下期	3	6	6	6	5	4	3	5	5	2			

表5—24　　20世纪90年代高中教学课程计划一览表　　单位:课时

科目	一年级	二年级		三年级	
		文科	理科	文科	理科
政治	2	2	2	5	2
语文	5	5	5	5	5
数学	5	5	5	5	5
物理	4	4	4		5
化学	4	4	3		5
英语	5	5	5	5	5
生物	4	4	4		
历史	2	2	2	5	
地理	2				
体育	2	2	2	2	2
团队活动	1	1	1	1	1
健康教育	1	1	1	1	1
课外活动	2	2	2	2	2
周授课时数	35	33	32	29	30

表5—25　　2010年高中课程设置一览表

<table>
<tr><th>学习领域</th><th>科　　目</th><th>必修学分
(共116学分)</th><th>选修学分一</th><th>选修学分二</th></tr>
<tr><td rowspan="2">语言与文学</td><td>语　　文</td><td>10</td><td rowspan="16">根据社会对人才多样化的需求,适应学生不同潜能和发展的需要,在共同必修的基础上,各科课程标准分类别、分层次设置若干选修模块,供学生选择</td><td rowspan="16">学校根据当地社会、经济、科技、文化发展的需要和学生的兴趣,开设若干选修模块,供学生选择</td></tr>
<tr><td>外　　语</td><td>10</td></tr>
<tr><td>数　　学</td><td>数　　学</td><td>10</td></tr>
<tr><td rowspan="3">人文与社会</td><td>思想政治</td><td>8</td></tr>
<tr><td>历　　史</td><td>6</td></tr>
<tr><td>地　　理</td><td>6</td></tr>
<tr><td rowspan="3">科　　学</td><td>物　　理</td><td>6</td></tr>
<tr><td>化　　学</td><td>6</td></tr>
<tr><td>生　　物</td><td>6</td></tr>
<tr><td>技　　术</td><td>技术(含信息技术和通用技术)</td><td>8</td></tr>
<tr><td>艺　　术</td><td>艺术或音乐、美术</td><td>6</td></tr>
<tr><td>体育与健康</td><td>体育与健康</td><td>11</td></tr>
<tr><td rowspan="3">综合实践活　　动</td><td>研究性学习活动</td><td>15</td></tr>
<tr><td>社区服务</td><td>2</td></tr>
<tr><td>社会实践</td><td>6</td></tr>
</table>

表5—26　　2017年泸溪一中每周课程计划一览表　　单位:课时

年级	语文	数学	外语	物理	化学	生物	政治	历史	地理	体育	微机	艺术	每周总计
一年级	5	6	5	3	3	2	2	2	2	2	1	1	42
晚自习		4		2	2	1	1	1	1				
二年级理科	5	6	5	4	4	4	1	1	1	1	1	1	52
晚自习	1	4	1	2	2	2	2	2	2				
二年级文科	5	6	5	1	1	1	4	4	4	1	1	1	52
晚自习	1	4	1	2	2	2	2	2	2				
三年级理科	6	7	6	5	5	5							46
晚自习	1	4	1	2	2	2							
三年级文科	6	7	6				5	5	5				46
晚自习	1	4	1				2	2	2				
三年级体育班	6	7	6	4	4	4				4			49
晚自习	1	4	3	2	2	2							
三年级艺术班	6	6	6				4	5	5			3	47
晚自习	1	2	1				2	2	2			2	

第四节　教学管理与教学研究

一、教学常规管理

(一)教学组织机构

民国时期,泸溪县中学教学按照国民政府教育部教学管理规定,设置教导处,教学常规由教导处或教务处组织安排。

中华人民共和国成立初期,县内中学沿袭民国时期教学管理方式。1958年,根据州教育局教学常规规定,县教育科始用全县统一教学常规管理方式。1970年～1980年,全县中学教育不断扩大,全县高中学校教学没有统一规定。1986年,《中华人民共和国义务教育法》颁布,规定"学校和教师按照确定的教育教学内容和课程设置开展教育教学活动,保证达到国家规定的基本质量要求。""国家鼓励学校和教师采用启发式教育等教育教学方法,提高教育教学质量。"全县教学常规管理,逐步走向规范化。1995年,《中华人民共和国教育法》颁布后,县内各中学实施教学管理,按照教学常规规定组织教学。2010年,县教育局根据《湘西自治州中小学教学常规》，制定泸溪县中小学教学常规实施办法。在教学组织机构上规定：学校建立以教学工作为中心管理体制，校长是学校教学工作第一责任人，乡镇中心完小及以上学校安排分管教学工作副校长。中学设立教务处和教科室，规模较大学校设立教研组、年级组、备课组等机构。2015 年，全县教育机构改革，各学校教务处、教导处统一称为教导处。

1.教导处。泸溪县 1931 年设立的简易乡村师范学校、1938 年外地迁入境内的 6 所中学及新办建湘中学（兴华中学）、简易师范学校附设初中部和私立志仁中学均设教导处（教务处），配教导主任 1 名，管理学校教学事务。

中华人民共和国成立后，教学组织机构逐步完善。1949 年 10 月 22 日，县立简易师范暨附设初中部恢复教学，沿用原有教学组织机构，由教导处负责教务工作，隶属校长领导。1950 年 3 月，县立简易乡村师范暨附设初中部改名泸溪县立初级中学，设教导处，配教导主任 1 人，副教导主任 1 人。1951 年，志仁中学更名为浦市群力中学，配备教导主任 1 人，隶属学校董事会领导。20 世纪 50—60 年代，全县各中学均设教导处，负责管理教学，执行教学计划，贯彻教学大纲，组织教学改革。1966—1969 年，学校成立“教育革命领导小组”，撤销教导处，改为教改组。1970 年后，各学校恢复教导处。1985 年，德育工作从教导处分离，设政教处，负责学校德育教学。是年，泸溪一中、二中改教导处为教务处，其余中学和九年制学校仍设教导处。2015 年，教育局和体育局合并成立教育和体育局。12 月 31 日，县政府办公室印发《泸溪县教育和体育局主要职责内设机构和人员编制规定》，明确独立高中、完全中学、独立初中、九年一贯制学校教学管理机构设置，统一设置教导处。泸溪第一中学、第二中学、第五中学、泸溪思源实验学校设教导处主任 1 名，副主任 2 名；泸溪第三中学、第四中学、白沙中学、达岚中学、永兴场中学、小章民族中学、潭溪中学及其他九年一贯制学校设教导处主任、副主任各 1 名。

2.教科室。1998 年起，县内各中学根据教学需要设立教科室。学校教科室由 5—7 人组成，设正、副主任各 1 人，科研员 2～3 人，科研员由学校具有较强研究能力和组织管理能力特级教师或学科带头人兼任。

3.教学研究组。教研组是学校教学工作基层组织，是教学指挥系统重要组成部分。教研组隶属教导处管理，其成员由各学科负责人组成。1951 年，县立初级中学始设教学研究组，分语文、社会科学、自然科学、艺术四个组。1953 年，强调“教研组是学校基层组织中核心，是教学改革关键”。第一、第二初级中学逐步建立和完善教研组建制。1957 年，泸溪一中数学从自然科学组分离，设立数学教研组；将社会科学组更名为政治史地教研组；自然科学教研组更名为理化生物教研组；艺术组更名为体育艺术教研组。第二中学重新设立后，设立语文、数学、政治史地、理化生物四个教研组。1962 年，泸溪一中将外语从语文组分离，设立外语教研组。全校时有语文、数学、外语、理化生物、政治史地、体育艺术 6 个教研组。1966 年 9 月，县内各中学撤销教学研究组。1970 年后，逐步恢复教研组，并加设工农常识、军体艺教研组。

1972年，泸溪一中、二中、设政治语文、数学、外语、工农常识、军体5个教研组。三中、四中、五中设政治语文、数学、工农常识、军体4个教研组。1978年，县内5所中学分别设立语文、政治史地、理化生物、体育艺术4个教研组。1980年后，县内4所高中学校相继设立政治、语文、数学、外语、物理、化学生物、历史地理、体育卫生艺术教研组。此后，各学校根据教学和课程设置情况，适时调整教研组机构设置，充实教研组力量，推进教学改革。

2017年，泸溪一中设立语文、数学、英语、政治、历史、地理、物理、化学、生物、体育、艺术、信息网络中心等12个教研组；泸溪二中设立语文、数学、外语、政治、历史、地理、物理、化学、生物、体育、艺术、信息技术等12个教研组。其他中学根据所设学科均设置相应教研组。

4.备课组。1978年，泸溪一中在语文、数学、外语等教研组分年级设置备课组。备课组任务是：组织教师制定学科本年级教学计划，统一调整教学进度；组织教师钻研教材，集体备课，制定单元教学计划；组织本年级公开课和课外活动；完成教研组交办工作事项。1980年，县内各中学均设立年级备课组。

2001—2017年，县内各中学根据教学内容和教学实践，各年级学科都设立备课组。泸溪一中在集体备课中坚持备教学理念、备教学重点难点、备作业设计、备学习方式“四备”。泸溪五中集体备课坚持时间、地点、内容、主题、参加人、主持人“六落实”。各独立中学加强集体备课管理，坚持定集体备课周期、定集体备课流程、定主备辅备人职责、定集体备课考核评价制度“四定”。

5.年级组。1992年，泸溪一中于始设年级组。此后，各中学根据学校管理实际，均设置年级组。年级组由同年级班主任和任课教师集体组成，其任务是了解同年级学生德、智、体发展情况，沟通班主任与班主任、班主任与任课教师间关系，提高教学质量。年级组长负责本年级教学、思想政治、体育卫生、课外活动、生产劳动活动组织安排，评价活动效果，是学校规章制度具体实施和学校年级横向管理决策管理者。

（二）教学管理

1951年，县立初级中学规定每周召开一次会议，学习业务，研究教学工作，要求任课教师拟定学科教学计划，编写教学提纲，学校对教学工作实行计划管理。1953年，县教育科提出学校以教学为中心，教师把主要精力放在教学和提高教学质量上。学生主要任务是学好文化知识，学校尽量减少参与社会活动。泸溪第一初级中学制定教研组工作职责，各学科布置课外作业。校领导定期到教研组现场办公，指导教学教研工作。建立听课和检查制度，校长、教导主任每周到班级听课3节，教研组每周1次检查教学计划执行情况，教师互相检查学生作业3次，教导处每周对全校教学情况普查2次，校长、教导主任每学期2次检查各学科教学和学生学习情况。1955年，贯彻教育部《关于减轻中小学生过重负担的指示》，对学校教学管理作出规定，减少课外作业和晚自习时间，取消阶段考试。1958年，强调学生参加工农业生产，学校教学管理秩序处于无序状态。1961年，教学管理恢复正常。1962年，落实集体备课制度，根据学生学习实际情况，制定教学计划，选择最佳方法开展教学活动。泸溪一中、二中教导处定期召开教研组组长会议研究教学工作。1966—1976年，教育工作处于特殊时期，教导处、教研组被取消。1977年，恢复高考制度，学校教学管理相应得到恢复。1979年，教育工作重点转移到以教学和提高教学质量为主。县教育局对全县教学秩序进行整顿，恢复正常课程，开展教研活动，在高中毕业班实行快慢分班教学。

1982年，根据教育部《关于当前中小学教育几个问题的通知》文件精神，全县各学校教学指导思想突出教学工作面向全体、对学生德智体美全面发展“两个全面”。在教学管理上，实现从重知识教育向知识能力、重书本教育向教学育人、重课堂教学向课内课外教学“三个转变”。1983年，根据省州关于加强教学管理部署和要求，县教育局在全县学校组织开展教育教学大讨论活动。提出“在提高升学率的同时不能放弃德育和体育，不能只注重尖子学生培养放弃多数学生教育，不能只抓毕业班教学忽视其他班级教学”要求。1985年5月，中共中央发布《关于教育体制改革的决定》，提出教育必须为社会主义建设服务，社会主义建设必须依靠教育，必须面向现代化，面向世界，面向未来。全县各中学相继制定《教学工作基本要求》《教学管理暂行办法》《教学管理实施细则》等教学管理制度。9月，县教育局设立教研室，负责全县教学研究工作，督导教学管理。

1991年，县教育局制定教学常规管理实施细则，在全县学校推行教学常规管理。各学校对教学管理制度进行修订完善。泸溪一中提出“依规管校、依法治校、从严治教，提高质量、突出特点，办出特色”教学常规管理指导思想，形成《泸溪一中教学常规具体要求》《关于加强教研组建设的意见》《备课五项制度》《作业制度的调整》等制度。泸溪二中、三中、四中以及各独立中学，根据学校实际完善教学常规管理制度。至2000年，全县中学教学管理基本走向规范化。

2003—2004年，各学校贯彻实施《湘西自治州中小学教学常规（试行）》。县教育局改教研室为教育科学研究所。2005—2007年，各中学制定和完善教学管理制度，促进教学规范化建设。泸溪二中制定《教学常规管理制度》，对上课常规、自习常规、教学常规（教学计划、备课、上课、作业、实验、辅导、第二课堂活动、成绩考核、教学质量分析、教师业务学习）作业规格作出详细规定。2008年，各学校根据县教育局《泸溪县教学常规管理实施细则》，全面推行教学常规管理，并制定实施细则或办法。

2010年，县教育局完善《泸溪县教学常规管理实施细则》，要求各学校每学年初制定年度教学工作计划。每学期教务处、教科室（教研组、年级组、备课组）等机构及任课教师按年度教学计划制定学期工作计划，教务处、教科室对教师各个教学环节进行检查并作出评价和记录。教师严格按课表上课，不得随意缺课、调课和停课，不得占用学生休息时间安排集体补课或上新课，严禁突击教学或提前结束课程，每学期结束时，教务处、教科室（教研组、年级组、备课组）等机构和任课教师写好教学工作总结。学年结束时，学校写好教学工作总结。加强教学档案管理，教学机构管理人员填写和保管好各类教学档案，做到有案备查。从2012年起，各学校根据实际制定常规管理实施细则或办法。泸溪五中《教学常规细则》规定四个方面内容：教师教学管理上，每学期初制定教学计划，教师教学课程须有相应教案，中级职称以上教师须有微型课题；班主任管理学期初制定工作计划，期末写出工作总结。班会突出主题内容，每周一次；年级组管理，学期初制定年级组工作计划，期末作出工作总结；备课组管理上，实行集体备课制度，集体备课活动每两周一次，组织组内教研活动。教导处期初制定学校教学计划下发到年级组、教研组实施，执行课程标准，开齐开足开好各门课程。每学期组织两次教案及作业批改情况检查，作出评价与记录，并及时反馈信息。严格学籍管理，组织开展兴趣特长教学，落实课外活动计划，组织学生各类竞赛活动。教科室期初制定工作计划上交并下发到教研组、年级组组织实施，期末作出工作总结。

2015年，泸溪一中制定教学常规管理方案，明确期中期末考试、教学常规检查、教学调查、年终考核、绩效考核、招生、开学准备工作等常规工作。2016年，县教体局制定《关于进一步强化四项主要教学常规工作的管理规定》，对全县各个学校主要教学常规工作提出明确要求。在常规要求上，从备课、上课、作业布置与批改、听课四个方面进行了具体详细规定，各学校和教学教研机构必须按要求组织实施。在教学管理上，强化四项主要教学常规工作主体责任，将全体教师落实四项主要教学常规工作情况与年度绩效考核挂钩，与职称晋升挂钩。学校每期在教案本、听课本封面上统一标注时间加盖教导处或教科室公章，每周对教师上课情况进行巡查，每月25号前对教师备课、听课和作业布置与批改情况进行全面检查，写出检查总结，在教师例会上进行情况通报。县教科所履行强化四项主要教学常规工作督查责任，对不落实四项主要教学常规管理工作的学校，督促当事教师进行整改，追究负责该项工作校领导责任。全县学校教学常规管理工作走上规范化轨道，形成教学管理长效机制。

二、教学改革和教学研究

(一)教学大纲

1955年开始，教育部陆续颁布各学科教学大纲，县内中学按照教学大纲组织教学。1960年，省教育厅颁布中学语文、数学教学大纲。县教育科组织召开校长、教导主任会议，集中学习教育大纲。各学校组织教师以省教育厅新编教学大纲为依据，编写过渡教材用于学校教学。1962年，停止试行中学五年一贯制学制，恢复原各学科教学大纲。1978年，教育部对教学大纲作出调整，制定《全日制十年制学校中小学各科教学大纲(试行草案)》。县教育局召开全县学校校长会议，贯彻落实新教学大纲。1986年，教育部重新制定全日制中学各科教学大纲，各中学按照教学大纲统一教学要求、统一教学目的、统一教学课时，教学走向规范化。1993年，各学校贯彻执行教育改革和发展纲要，在教学实践中，克服以学生分数和升学率衡量学校教学成效片面观点，应试教育向提高学生整体素质转变。

2001年，教育部颁发《基础教育课程改革纲要(试行)》等一系列政策文件，新课程标准替代沿用40年教学大纲，学校教学由应试教育向素质教育转变。2002年起，全县各学校贯彻执行新课程标准。在教学目的上，将教学重心定位于学生发展，把方法和习惯等非智力因素纳入教学目标。在教材适用上，加强新课标学习，使教师尽快掌握课程标准，采用贴近学生实践教法，设计有创意、有新意教案。在教学过程中，控制单向授课时间，注意掌握学生学习态度，多让学生独立思考，通过动手实践、相互合作、尝试探索等手段，使不同层次学生感受到成功喜悦。在教学评价上，从关注教师教的情况转变为更多地关注学生学的情况，从关注学生学习结果转变为更多地关注学生学习过程，关注在学习过程中思维、情感、态度等因素和谐发展。

(二)教改教研

1937年，抗日战争期间，沦陷区中学迁入县内办学后，外地教师带来新的教学方法。县立简易师范学校暨附设初中部、浦市志仁中学组织教师学习新教法，制定教学计划，按照课程安排实施教学。

中华人民共和国成立后，在各个历史时期，各中学根据党和国家教育方针政策，不断进行教学改革。1950—1952年，各中学从教学思想体系到教学方法革故鼎新，改变脱离社会、关门讲经说法"书院式"注入式教学方法。学校制定教学计划和课时安排，要求教师教课遵守教学计划和课时表，写出教学笔记，制定教学方案。1953年，县内2所中学按照苏联模式教学，强调教学直观性。1956年，县教育科要求各学校教学遵照教学大纲，要求教师备课，编制教学计划，撰写教学总结，坚持以大纲为"纲"，取消阶段性考试。1957年，县教育科成立普通话推广委员会，提倡各学科在教学中推广普通话教学。1958年，在"大办农业"运动中，学校师生停课一个月参加生产劳动，认为"只有通过劳动"才能"打破旧教学框子"。1959年，对课程进行调整，减少音乐、美术、体育授课时间，采取半天劳动，半天上课教学方式。

1961年，贯彻落实《中小学工作条例(草案)》精神，纠正劳动过头等非教学活动过多、教学时间相对减少、老师主要精力不能用于教学、学生学习时间得不到保证等偏象，建立教学为主正常教学秩序，教师每周有六分之五时间用于教学。1962年，州文教局向全州中学倡导推广泸溪一中语文教学经验。1963年，废除注入式，采用启发式教学，开展教学研究活动，规定每期结束时教师必须撰写一篇教学经验总结。是年，二中语文教师刘支亮受邀参加全省语文教学经验交流会，并作经验介绍。

1970年，各中学进驻工人宣传队或贫下中农宣传队管理学校，参与教学管理，决定教学方式方法。1973年，各独立中学建立健全教学教研制度。州革命委员会在泸溪召开全州教学改革现场会，推介泸溪一中教学改革经验。1974年，学校教学面向农村需要，把学习农业知识放在主要位置上，各学科教学从学生毕业后上山下乡参加农业生产出发，对教学方法、教学内容以及学制教学改革，各中学把课堂搬到田间地头。1977—1979年，各学校全面恢复正常课程、课表和教学研究活动，学习新编教学大纲和教材，教学工作转向以教学为中心，以课堂教学为主，突出“双基”教育，加强综合训练。

1980年，提出“向45分钟要质量”口号，教师专心教学，学生用心学习。1983年，全县学校实施著名教育家邱学华教授创立的尝试教学法，“学生能尝试，尝试能成功，成功能创新”。1984年，恢复中学六年制学制后，学校按新教学大纲、新教材设置课程和教学。高中开设快慢班、尖子班、补习班，使用不同教材和复习参考资料，安排不同进度，教授不同内容，布置不同作业，实行“分槽喂养”。是年，电化教学引入课堂教学。1985年，学习贯彻《中共中央关于教育体制改革的决定》，结合教学实践端正教学思想观念，以培养开拓性创造性人才为指导思想，正确处理德育与智育、课内与课外、“双基”与能力、普及与提高、教学与学习五个关系，实现课堂知识性向思维性、学生被动型学习向主动性学习、封闭式教学向开放性教学三个转变。1986年起，在教学领域主要抓教学方法和教学手段改革。教学方法上实行多类课型结构，改变呆板单一化课堂教学。

2001年，实行新课程改革。县教育局贯彻落实教育部《基础教育课程改革纲要(试行)》精神，在全县各学校推行新课改工作。2002年，全县中学围绕“提高课堂教学质量”主题，建立课题研究，开展教学研讨活动，组织课题教学评估，探索学生主动参与、主动学习新型课堂教学模式。高中以高考“3+x”(3即语文、数学、英语，x为历史、地理、政治、物理、化学、生物6门课综合)改革精神为指导，突出对学生创新精神和实践能力培养。2003年，县教育局制定《推进基础教育课程改革实施方案》，建立以校为本教学研究和教师培训等制度，组织开展全县课程改革专题活动。2005年，各中学按照“学校有特色，教师有专长，学生有特长”作为办学追求目标，实施有效教学、减轻学生课业负担。2006年，全县高中教学执行改革后课程，以“语文+数学+外语+文科综合/理科综合”为主体，统一必修与选修考试内容，将学业水平考试和学生综合素质评价作为高校招生录取标准。2007—2008年，各学校在实施教改中，做好起始年级、课堂效率、课堂教学模式、听评课制度、教师总结教育教学经验、撰写教学教研论文、选好配强教研组长、落实“因材施教”策略等方面工作。2009年，把课堂教学及有效训练作为教学管理重要环节，实施“课改工程”“校本工程”，改进教学管理，提高教学质量。

2010年10月，县教育局启动首届中小学学科带头人评选工作，成立领导班子和专家考评组，明确评选条件和标准。学科带头人每两年评选一次，任期两年，每月享受政府300元特殊津贴。学科带头人实行动态管理和年度考核制，考核不合格者，取消资格及相关待遇。2011年4月，经专家评审，全县首批41名教师当选中小学学科带头人。10月，全县14名中小学教师被评为州级学科带头人，其中中学学科带头人6名。2012年，在县教师进修学校创建名师工作室，55名州县级学科带头人入选。2013年，各学校全面推行“学生能尝试，尝试能成功，成功能创新”尝试教学法。泸溪一中教师李华忠创建高中语文“比较(求同比较、求异比较、相似比较)教学法”，泸溪县第二中学教师汪衡香作文(议论文)“三步(定型、美化、飞跃）教学法”在全县推介。中国教育学会研究发展中心尝试教学理论研究会将泸溪县确定为“全国尝试教学示范实验区”。　2014年，推行联片校区教研活动，确定白沙中学、二中、四中、五中为联片校区学校牵头，每期开展1—2次活动。是年，再次被评为尝试教学湖南省唯一“全国示范实验区”。2015年5月，首次设立白沙中学初中语文李玲名师工作室、泸溪一中高中数学莫顺清名师工作室。

2016年，县教体局制定“学校教研及教学常规检查考评办法”“学校教研及教学常规检查工作考核评分表”和“泸溪县中小学教师教学业务竞赛学生学科竞赛奖励方案”，实施学校教研及教学常规考评。确定泸溪一中《民族地区中学化学有效教学研究与实践》《高中物理实验教学与学生创新能力的培养研究》《高中历史课堂有效教学研究》，白沙中学《初中物理实验教学中培养学生创新能力的研究》《物理课堂教学的设问研究》等6个课题。

至2017年，全县中学11个省级课题全部结题，中学学校教育科研论文获省奖21篇。8个微型课题结题，45个微课、12个课件获州奖。全县有高中语文李永宏、高中数学莫顺清、初中语文李玲、初中数学王相评、中学艺术姜海军5所名师工作室。

第五节　第二课堂

中华人民共和国成立后，县立初级中学开始设置课外活动，促进学生多方面发展。1951年，为配合土改、反霸、剿匪等政治运动，各学校成立文艺宣传队开展校内外社会宣传活动。学生会在街头巷尾出黑板报、墙报，办专刊，制作广播宣传党的方针政策，报道剿匪、抗美援朝，动员群众交公粮卖余粮、爱国捐献、购买公债等。1953年，泸溪一中成立音乐舞蹈戏剧小组，校内举办各种节日晚会、毕业晚会等活动，在街头演出文艺节目，开展社会宣传活动。1955年，课外活动由校外转入校内，围绕课堂开展。泸溪一中按学科建立课外活动小组，绿风文学社有社员77名，主要活动是定期出版墙报《绿风周刊》，1957年出刊19期，刊载各类作品351篇。气象小组每天坚持天气观测记录预报，准确率在80%以上。植物小组栽培番茄、马铃薯、玉米、棉花、甘蔗、红薯等作物，进行果木嫁接，棉花移植与整枝试验获得高产。历史小组配合教学绘制历史挂图10多幅，组织学生阅读《三国演义》《水浒》等小说以及各种历史人物小册子，教唱《满江红》《木兰诗》《吊屈原》等歌曲，与语文组联合举办“屈原纪念晚会”，语文教师作“伟大的爱国诗人屈原”专题讲座，既学到历史知识，又受到爱国主义教育。1958年至1963年，开展教育革命和教学改革，师生劳动生产时间多，课外活动减少。1964年秋季起，各中学配合政治运动，开展写“三史（家史、村史、社史）”，请“三老（老工人、老贫农、老军人）”到校作报告，组织观看革命戏剧电影。1966年至1970年，各学校“以学为主，兼学别样”，学军、学工、学农，打破课堂教学与课外活动界限，二者相互结合。1971年，学校教学秩序得到恢复，学校课外活动再度兴起。泸溪一中、二中各学科均组建课外小组，建立学校业余文艺宣传队。1972 年，泸溪一中高中部学生自发成立雏鹰文学社，编印《雏鹰展翅》诗歌散文集，其中《飞机播种到山村》一诗被编入湖南师范大学 1975 年《中学生作文选》。1978 年，泸溪一中语文教研组接管雏鹰文学社，成为全校性课外文学社团。1980—2000 年，各中学以“三个面向”为课外活动指南，正式定名为第二课堂，纳入学校素质教育环节。

2003 年，全县学校组织开展“三独（独唱、独奏、独舞）”活动，每年举办一次比赛。2009—2014 年，各学校因地制宜，开展多种形式第二课堂活动。泸溪四中在学校附近废弃荒地上开垦 2 亩菜地，均分给全校 15 个班级。科任教师和学生利用中午、放学闲暇时间或劳动实践课，种植时令蔬菜，按市场价出售给学校食堂，经济收入由班级管理，用于奖优帮困和开展班级活动开支。解放岩学校诗词小组更名为泸溪诗词楹联学会解放岩分会。把诗词进校园活动作为素质教育和第二课堂活动重要部分，发展学校特色和学生特长，形成特色传统文化教育。全校师生有近千件作品在《中华诗词月刊》《中国百诗百联大赛精选》《中华诗词人物年鉴》《湖南诗词》《武陵诗风》《湘西诗词》等诗刊上发表。泸溪一中借鉴湖南师大附中课外活动经验，开展各类活动，如跑操、拔河、篮球、书法课等活动。

2015 年，各中学围绕“争创教育品牌”活动，将第二课堂纳入德育教学内容，突出学生素质教育，丰富学校校园文化内涵，创建学校特色，实现学校、教师与学生共同发展。是年，泸溪代表队参加全州中小学生独唱、独奏、独舞比赛，包揽小学组、初中组、高中组总分第一名，连续七年在全州“三独”比赛中荣获团体总分第一名，5 名学生代表湘西州参加湖南省中小学生“三独”比赛。

2017 年，县教体局制定第二课堂活动管理办法，规范第二课堂活动管理。全县各学校第二课堂活动实行“六定”：定内容，各学校结合本校实际，统一安排，依据教师特长与学生特点确定活动小组名称及内容。定学生，各年级学生在班主任指导下选择参加一项活动，确定人员，落实人数。定时间，学校各个活动小组，每周组织学生按时参加活动，保证辅导教师辅导时间。定地点，学校各有关部门负责协调活动小组活动场所。定指导教师，指导教师结合特长发挥优势，辅导一个小组课外活动，在一个学年里不变。定目标，辅导教师根据辅导项目及特点确定辅导目标，学期结束，汇报辅导成果，学校按目标管理进行考核评估。

是年，在全县十五届中小学生“三独”比赛中，泸溪一中获高中组团体总分第一。高中组一等奖 74 人中，泸溪一中占 46 人，分别为独唱 12 人、独奏 6 人、独舞 6 人、美术素描 15 人，美术色彩 2 人，书法 5 人。

第六节　作业与考试

一、作业

民国时期，泸溪县简易师范学校暨附设初中部和志仁中学国文课作业有背诵课文、作文、习字、写日记或周记；数理化等课每教授一节或一章后，按章节习题布置作业。教师批改勾对错写批语，按甲、乙、丙、丁四等评定等次。

中华人民共和国成立后，1950 年至 1952 年，县立初级中学有作文和数学 2 项作业。1953 年，学校对作业作出具体规定与要求，教导处制订作业时间及分配表，统一公布执行。课内作业在教师指导下完成，课外作业由值日生在规定时间内送交科任教师批阅。非因公、因事、因病请假者不得迟交缺交作业，作业不合要求者，教师不予批阅，限时重做。逢单周教导处检查作业，将结果公布于众，作业优劣名单送交科任教师和班主任。学校根据教学要求及学生实际水平决定作业深度，各科作业有评分，有评语，有讲评。1954 年，各学科除课堂作业外布置课外作业，语文课除作文外，有大字、小字、日记、周记等。1955 年，学校课程增多，课堂作业与课外作业布置相应增多，学生负担加重。1956 年，调整课外作业数量，减轻学生作业负担。1958—1960 年，劳动时间增多，学生作业数量稍有减少。1961 年，要求学生按时完成作业，严格质量标准。教导处不定期抽查，在教学工作会上通报检查情况。1962—1965 年，各中学健全各科作业制度，布置适当作业，教师精批细改，举行各科优秀作业展览。1966—1970 年，取消学校课外作业。1971—1976 年，语文、数学科目布置少量课外作业。1977—1984 年，学校加强作业管理，除完成课堂作业外，重点对语文、数学、外语三门课程布置课外作业。规定每天课外作业高中 2 个小时，初中 1.5 个小时，组织集体批改，学生互相批改作业活动。1985—1994 年，出现片面追求升学率倾向，学生作业布置过多，初中每天作业 3 小时，高中 4 小时。每年寒暑假学生必须按规定完成假期作业，开学注册验查方可入学。1995 年，实施教学改革，加强教学科学管理，对作业时间实行宏观控制，规定每天课外作业量高中不超过 2 小时，初中不超过 1.5 小时。

2000 年，国家推行课程改革，把开发学生潜能、提高学生素质作为基础教育根本目的和最终任务。各学校在推进新课程改革进程中，注重升学率，教学中存在"题海战术""填鸭式"传统方式，学生作业负担过重。2004 年，县教育局对学生作业种类、作业要求和课外作业总量做出具体规定。要求教师逐题批阅作业，采取百分制评价，作出标记，标出批阅日期。学校要及时发放作业，各科作业在该学科下一堂课之前完成批改并发还给学生。至 2015 年，各学校根据新课程改革要求和学科特点及教材内容，做到课内作业与课后作业相结合，口头作业与书面作业相结合，课后书面作业批改中针对不同学生情况给予不同批改处理。除教师全批全改外，师生互动共同批改方式运用较多，让学生尝试体验作业成功喜悦。

2016 年，县教体局为进一步减轻学生负担，在《关于进一步强化四项主要教学常规工作的管理规定》中对学生作业作出规定。作业布置：初高中语文小字（不含高中）练习一课一次，大字一周一次（不含高中），周记一周一次，作文每学期不少于 8 篇，教师详批 4 篇。思想品德、英语、历史、地理课每课有练习，数学、物理、化学、生物课每节有练习，美术每周不少于一次练习。初中年级每天各学科书面作业总量不超过 1.5 小时，高中每天不超过 2 小时。

作业批改：教师应逐题批阅，作出标记按100分制评价，标出批阅日期，发现作业中错误应指出或更正。作业批改形式以教师批改为主，也可以有选择地指导学生相互批改，教师对学生批改作业情况进行检查和点评。2017年，各学校贯彻落实教体局作业管理规定，进一步健全和完善学生作业管理制度，学生作业实现合理化，走向规范化。

二、考试

（一）学校考试

民国时期，泸溪简易师范暨附设初中部和志仁中学考试制度分为月考试、期终考试、学年考试、毕业考试四种。月考试占学期总分30%，期终考试占学期总分40%，平常作业分占30%。学年考试与学年度第二学期期考结合进行，以全学年学习内容命题。毕业考试单独举行，上级教育部门派员临场监考。考试采用百分制计分，60分为及格。

中华人民共和国成立初期，中学考试制度略有变动。1953年，取消月考试，改为期中考试，每学期举行一次。为检查学生对知识掌握程度，经常进行随堂考试或单元考试。学年考试以每个学年度第二学期期考为准。考试内容为上学期知识占40%，下学期知识占60%。学校考试由教师命题，全县统一考试由县教育科统一命题，统一时间考试，统一阅卷评分，统一公布名次。1960年，学生成绩以分数为标准，作为升留级依据。1962年，语文和外语考试增加口试，笔试和口试平均分数为口试成绩。1963年，学校规模扩大，同年级班次增多，考试命题由各年级学科任课教师共同商定，年级小组共同阅卷。1966—1970年，考试方式改闭卷考试为开卷考试，考试内容由考教材改为考实际操作和简单应用，考试场所由课堂改课堂外，主考人员由教师改为由农村基层干部、农民、学生、教师组成考试小组主考。1971—1973年，学校恢复闭卷考试。1974年，沿袭开卷考试方法。1977年，教学秩序恢复正常，学校恢复考试常规。1979—1980年，各学校实行单元考试、期中考试、期末考试3种闭卷考试方法，期中考试每学期举行一次，单元测验限于语、数、外、理、化5科，每学期每科最多举行两次测验，以学年度第二学期期考为学年考试。学生学期总成绩评定为期末考试占40％，期中考试占30％，平日成绩占30％。学年成绩为上下两期总成绩平均数。单元测验由年级备课小组或任课教师命题，高、初中毕业考试由上级教育部门命题。

1981—1984年，全县推行标准型试题，试题内容客观题多于主观题，判断选择题分量加重。1985年起，高考文科中考试语文、政治、外语、数学、历史、地理6门课程，理科考语文、外语、数学、物理、化学、生物、政治7门课程。

1990年，县教育委员会贯彻国家教委《关于在普通高中实行毕业会考制度的意见》，组织全县统一考试，采用省教育厅统一命题语文、数学、外语、物理、化学、生物、历史、地理、政治9门课试卷。纠正片面追求升学率现象，扭转理科考生不学历史地理，文科考生不学物理化学现象，劳动技能课和实验课有所加强。1993—1999年，实行普通高中会考制度。高中二年级考试科目有政治、语文、数学、英语、物理、化学、生物、历史、地理9门，考查科目有物理、化学生物实验和劳动技术操作。

2000年，执行国家教委《关于普通高中毕业会考制度改革的意见》，以推进素质教育为宗旨，建立学生多方面能力发展评价体系，加强对学生实验能力和实践能力考试考查。高中文化科目会考方式分考试、考查两种，采用“3+3+4”形式，即语文、数学、外语3门作为必考科目，其余科目中考生可任选3门作为考试科目，其他4门课作为考查科目（笔试）。2002—2004年，贯彻《教育部关于积极推进中小学评价与考试制度改革的通知》，推行初中毕业会考制度，毕业考试实行学业考试、综合素质评价两项内容。2005—2013年，按照湖南省《关于基础教育课程改革实验区初中毕业考试与普通高中招生制度改革的实施意见》，全县初中毕业生实行学业考试、综合实践活动两项。学业考试科目为语文、数学、外语、思想品德、科学、物理、化学、生物、地理、历史与社会、历史、体育与健康。综合实践活动、科技活动、艺术以及英语口语交际和科学实验操作考查。

2014年，落实教育部《关于普通高中学业水平考试的实施意见》。组织语文、数学、外语、思想政治、历史、地理、物理、化学、生物等科目考试和艺术（或音乐、美术）、体育与健康、通用技术、信息技术考试。根据普通高中课程方案和课程标准规定及要求确定考试内容，进行相关科目实验操作、外语听力和口语考试。至此，实施24年的会考制度被学业水平考试取代。各中学统筹确定每个年级学生参加考试科目数量，高一年级2个科目，高二、高三年级各6个科目，每年学期结束时组织一次全县性学业水平考试。

2015—2017年，实行初中毕业学业实践能力考试，考试对象为在籍初二、初三学生。考试科目设置初三物理、化学实验操作，初二生物实验操作、信息技术。将初中毕业学业实践能力考试成绩作为颁发初中毕业证书成绩依据，分值计入学生毕业升学总分。

（二）招生考试

1.中招。民国34年（1945），泸溪简易师范附中实行春秋两季始业。每年招生2次，每次1个班，由学校自行出题组织考试。1946年，浦市志仁中学通过简易考试，招收初中新生。

中华人民共和国成立后，1950—1951年，县立初级中学招生沿用简易师范附中招生办法。1952年，遵照省人民政府规定，县内2所中学改为秋季招生，每年招生一次。命题、考试阅卷、录取由学校自行决定制作试卷。1954年起，国家统一招生考试制度，由州教育科组织命题、考试、阅卷，按照考生所报考志愿统一分配学校就学。1960年，初中升学考试由县教育科统一组织。1967年起，中学招生取消考试，实行推荐制，按学校所在地区就近入学就读。期间，从农村初中直接推荐一些学生到州民族师范学校就读，培养农村小学教师。1972年，实行“上山下乡”。初中学生毕业后一律下乡，通过2年劳动锻炼后逐级推荐升入高中就读。1978年起，各学校自行命题考试及阅卷，按照考试分数择优录取。

1980年，小学毕业生升初中考试由县教育局组织，统一命题，统一考试，统一阅卷。各学校按照考试填报志愿择优录取。初中毕业生升高中，由州教育局统一命题，由县教育局统一组织考试、阅卷及录取。初中升高中实行按乡镇划分，就近入学。1985年，县教育局成立招生办公室，统一对全县考试工作组织协调。1986年，贯彻《义务教育法》，小学毕业考试和升初中考试一并进行，学生全部就近入学。初中升学考试采取毕业考试和升学考试相结合方法，考试科目有政治、语文、数学、物理、化学、英语6门。县招生办公室根据州教育局中专、中师招生计划和县教育局普通高中招生计划，统一组织报名、考试、体检、录取。中招办法规定：中专、中师不得兼报，中师招生计划定向分配到乡镇。往届生可以在学校重新就读，与应届毕业生一样参加中招考试录取。

1990年，全县初中招生实施免试就近入学制度。中招改革，往届生不得报考中专、中师，只能报考普通高中或职业高中，中师招生定向计划划入全县统考统招。1992年，中招加试体育科目，体育满分为60分。体育考试不及格，重点中学及中等专业学校不得录取。1994年，取消高中学校招生按乡镇区域录取办法，改为全县按高中学校划分考试录取分数线方法，按分数线统一分配。中招考试加试英语听力测试，测试时间15分钟，分值10分。1995年，实行初中三年级毕业生考前体检制度，组织医生到校为学生体检。为保证优秀生源，全县初中升学考试实行统考，划分录取分数线。高中学校按县教育局划定分数线录取高中一年级新生。1996年起，县教育局规定，高中学校可以招收择校生，适当收取择校费。每个学校择校生控制在招生总数20%以内。

2000年起，取消全县义务教育阶段初中升学统考，实行免试就近入学，学生成绩不排队，不公布。2002年，根据教育部《关于积极推进中小学评价与考试制度改革的通知》精神，全县初中毕业升学考试实行学业水平考试和综合素质评价相结合的办法，考试和评价结果作为升入高中依据。2005年，执行省教育厅《关于基础教育课程改革实验区初中毕业考试与普通高中招生制度改革的实施意见》，改革初中毕业考试与普通高中招生制度。初中毕业生实行学业考试和综合素质评价相结合的办法，毕业考试科目为语文、数学、外语、思想品德、物理、化学、生物、历史、地理、体育等。综合实践活动、科技活动、艺术以及英语口语和物理、化学、生物实验操作组织考查，考查结果纳入初中毕业生综合素质评价。普通高中招生坚持学生自愿、综合衡量、择优录取原则，学业考试成绩和综合素质评价结果作为普通高中招生主要依据。学业考试成绩和综合素质评价结果按照差额投档原则，分批录取。

2009—2015年，县教育局按照《湘西自治州初中毕业学业考试改革方案(试行)》和《湘西自治州初中毕业学业考试考务工作细则(修订)》规定，制定初中毕业学业考试方案，组织笔试和实践能力考试。笔试科目考点实行合校设置，本校教师不得监考本校学生。每个考点县教育局派出2名驻点巡视员，实施全程监督检查。实践能力考试执行《湘西自治州初中毕业学业实践能力考试考务工作细则》和《湘西自治州初中毕业升学体育考试方案》，考试成绩当场公示。考试使用州教育局统一制定试卷，县教育局统一组织集中评卷。学业考试九科总分低于540分、实践能力考试科目不及格学生，可补考一次。

高中招生工作按照《关于进一步规范义务教育和高中阶段学校招生工作的通知》要求，由县教育局组织实施。招生对象为具有学籍并参加州初中毕业学业统考初三应届毕业生。在县内完成义务教育并持有居住证流动人口子女享有升入普通高中学习权利。普通高中招生计划分为普通生、择校生两大类，其中普通生计划包含定向生和特长生计划。

择校生录取实行限人数、限分数、限钱数“三限”政策：示范性普通高中择校生招生数控制在当年本校招生计划数20%以内，一般普通高中不得招收择校生；择校生录取分数线最大降幅控制在该校普通生录取分数线10%以内，且初三毕业学业笔试科目成绩达到科平及格以上要求；择校生收费标准严格执行省物价局等有关部门文件规定。普通高中招生考试与初中毕业学业考试实行“两考合一”。初中毕业生综合素质评价具备普通高中录取资格条件是：五个维度均达到C级以上并达到毕业要求，具备普通高中录取资格；五个维度均达到C级以上且任意2个维度达到B级以上，具备州级示范性普通高中录取资格；五个维度达到C级以上且任意2个维度达到A级，具备省级示范性普通高中录取资格。初中毕业学业考试科目与分值为语文、数学、英语各为120分，物理、化学、思想品德、历史、地理、生物各为100分，实践能力考试60分、体育考试50分，升学成绩总分1070分。

2016—2017年，县政府每年发布《泸溪县普通高中招生工作实施方案》，下达泸溪一中、二中、五中三所高中学校招生名额。招生对象为具有泸溪县学籍并参加湘西自治州初中毕业学业统考初三应届毕业生和在县内接受义务教育持有居住证流动人口子女。普通高中招生使用“湘西自治州普通高中招生管理系统”进行录取操作。各普通高中学校在招生录取时按照初中毕业学业考试成绩、综合素质评价结果、各类奖励性加分等情况择优录取。不录取初三年级七科毕业学业考试笔试成绩低于420分的考生，不招收择校生。泸溪一中、泸溪二中作为州级示范性普通高中面向全县按考生第二批次志愿择优录取；泸溪五中作为一般普通高中面向全县按考生第三批次志愿择优录取。艺术、体育特长生招生人数控制在学校当年招生计划总数8%以内。按计划录取特长生抛档分数线控制在该校抛档分数线下120分以内。全县普通高中招生按州级示范性普通高中、一般普通高中两个批次依次录取。2017年，按照《湖南省深化考试招生制度改革实施方案》。中招执行小学升初中免试就近入学。

2.高招。1958年以前，泸溪初中毕业生主要在沅陵县中学就读高中，参加所在学校高考。1958年，泸溪一中始办高中班。1961年，泸溪一中始有高中学生毕业。是年，参加高考学生38人，被高等院校录取13人。至1965年，累计164名学生参加高考，录取44人。

1972年，省革命委员会规定高校招生走群众路线，采取逐级推荐评议、政治审查、文化考试、体检和招生学校复审办法，从下乡或回乡知青中招收工农兵大学生到各大专院校深造。1974年，推行朝阳农学院办学经验，实行“社来社去”（学生从哪个公社上大学，毕业后就分回到哪个公社）制度。“群众推荐，领导批准”高校招生办法一直实施到1976年。1977年9

月，恢复高校招生制度，实行全省统一考试。1978 年起，实行全国统一招生考试。1979 年，教育部规定，全国统一高考时间为每年 7 月 7—9 日。

1981 年起，高中毕业生参加高考实行预选，学校按学生毕业考试成绩择优预选，学生通过预选才有资格参加统一高考。1993 年，实行普通高中会考制度。学生通过毕业会考合格才能毕业，且获得参加全国统一高考资格。高中三年级考试科目有语文、数学、英语 3 门，同时进行物理、化学生物实验考查和劳动技术操作考查。1996—1999 年，高中教学数学文理分科，实行“3+2”考试制度。语文、数学、英语 3 门课必考，文科加政治、历史科目考试，理科加试物理、化学科目。

2000 年起，高考实行“3+X”模式，考试总分 750 分。2002 年，高考科目设置为“3+ 文科综合 / 理科综合”，其中“3”指语文、数学、外语，为考生必考科目。数学实行文理分卷考试，外语听力成绩满分 30 分计入总分。文科综合指政治、历史、地理综合，理科综合指物理、化学、生物综合。语文、数学、外语各科试卷分值设置均为 150 分，文科综合、理科综合试卷分值设置均为 300 分，总分 750 分。2003 年，教育部决定高考时间提前一个月，时间固定在每年 6 月 7—8 日。全县高考按照　“3+X”模式参加全国统一考试，一直沿袭至今。

从恢复高考制度起，县委、县政府每年高考前组织召开高考工作会议，对全县高考工作进行安排部署。2016 年起，在成立高考工作领导小组的同时，由县政府办、县委组织部、县保密局、县公安局、县交通局、县食药工质局、县电力局组成高考工作组，明确相关职能部门工作职责，签订责任状。做好高考期间交通、食品、保卫等安全工作；加强部门协调、内外联动，营造良好高考周边环境；选优配强工作人员，建立健全应急处置机制，在后勤保障、道路交通、食品安全、考点建设等方面为考生提供良好考试环境。县教体局组织高中学校开展“诚实高考，诚信参考”主题教育活动。把考风考纪宣传与学生德育工作相结合，精心组织考试环节，严格考试程序，教育引导全体考生诚实高考，诚信做人参考，杜绝违规、违纪和舞弊现象发生。全县考生牢固树立“遵纪光荣，违纪可耻”理念，在高考中取得优异成绩。

2016 年，全县高考参考 1686 人，本科上线 898 人，其中一本上线 188 人，二本以上上线 559 人。重点本科中 600 分以上考生 22 人。

2017 年，全县参加高考 1659 人，本科上线 791 人，其中一本上线 159 人，二本上线 340 人，三本上线 292 人。重点本科中 600 分以上 28 人。本科上线率、本科上线万人比连续 13 年居全州第一。泸溪一中被空军招飞局确定为空军招收飞行学员优质生源基地。

2018 年 5 月 23 日，县招考委员会召开高考安全工作会议，县教体、交通、电信、卫计等教育招生考试成员单位和相关职能部门负责人签署高考组考工作责任状，为高考保驾护航。全县参加高考人数 1454 人。至 9 月 5 日，本科上线 842 人，上线率 58%，再破泸溪高考历史纪录。其中文化生本科上线 715 人，专业生本科上线 127 人。6 名考生分别被北京大学、清华大学录取。

表5—27　　泸溪一中1961—1965年高考录取一览表

年份	参考数	录取人数				升学率
		合计	重点	本科	大专	
1961	38	13		9	4	34.2
1962	24	2		2		8.4
1963	26	11	2	8	1	42.3
1964	46	12	1	10	1	26.1
1965	30	6	3	3		20
合计	164	44	6	32	6	26.8

表5—28　　泸溪县1977—2001年高考录取一览表

年份	参考人数	录数人数					录取率(%)	备注:考取清华大学、北京大学学生
		小计	重点	本科	专科	中专		
1977	2600	105			29	76		
1978	2709	230			38	192		张林波考取北京大学
1979	1500	132			32	100		
1980	343	135			39	96		
1981	347	156			56	100		
1982	220	125			39	86		
1983								未统计
1984								未统计
1985								未统计
1986	475	267					56.2	陈安安考取清华大学,杨昌军考取北京大学
1987	398	182					45.7	符朝晖考取北京大学
1988	471	184	12	23	89	60	39	向芳考取北京大学
1989	401	152	4	16	68	64	37.9	
1990	706	178	12	31	81	54	25.2	邓元考取清华大学,龙飞考取北京大学

续表

年份	参考人数	录数人数					录取率(%)	备注:考取清华大学、北京大学学生
		小计	重点	本科	专科	中专		
1991	434	200					46.08	姚丽萍考取北京大学
1992	411	146					35.52	
1993	464	168					36.21	
1994	575	209	6	31	153	19	36.35	朱武考取北京大学
1995	514	192	13	40	131	8	31.3	彭志国考取清华大学
1996	551	179	8	24	133	14	32.4	
1997	444	188	8	22	149	9	42.3	
1998	277	157	7	12	134	4	56.6	杨勇波考取清华大学
1999	309	189	11	31	145	2	61	
2000	331	25	17	79	161		72	
2001	374	318	35	85	198		85	虢应华考取清华大学

表5—29 泸溪县2002—2018年高考录取情况一览表

年份	参考数	录取人数				备注
		合计	重点	本科	专科	
2002	531	503	39	59	405	
2003	761	564	55	167	342	龚军、郑世卿考取清华大学
2004	964	811	39	254	518	邓晓云考取北京大学
2005	1245	950	77	268	605	
2006	1368	904	71	322	511	杨世伟考取清华大学,徐慧辉考取北京大学
2007	1551	908	59	340	509	张磊夫考取北京大学
2008	1534	1107	84	350	673	向宏志考取清华大学,胡佳考取北京大学

续表　　泸溪县2002—2018年高考录取情况一览表

年份	参考数	录取人数				备注
		合计	重点	本科	专科	
2009	1704	1261	94	396	771	
2010	1579	1381		668	713	李鑫考取清华大学
2011	1634	1438		752	686	黄豆、王奥林、莫芃考取清华大学
2012	1707	1430		757	673	杨彪考取清华大学，向伟民考取北京大学
2013	1822	1550		606	944	
2014	2044	1804		826	978	胡孟夏、黄露莹考取北京大学，石鑫、杨海龙考取清华大学
2015	1932	1660		731	929	
2016	1686	1645	188	559	898	李映辉考取清华大学，钟会民考取北京大学
2017	1659	1451	159	340	952	杨淇漳、贺梦凡考取清华大学，杨帅、杨一铭考取北京大学
2018	1454	1412	241	601	570	李沅霖、黄　灿、唐云衫考取清华大学，王佳曦、覃雨蓉、刘文浩考取北京大学

第六章　职业教育

第一节　历史轨迹

一、民国时期职业教育

民国 26 年(1937)前,泸溪县没有开设职业教育。抗日战争爆发后,民国 27 年(1938)9 月,湖南省立高等农业学校迁到浦市,借用上方寺(后为浦市农场)建校办学,泸溪县始有职业教育。学校开设农林科、畜牧畜医科、经济科、生物科等学科,利用周边农民田土和养殖开展教学实习活动。抗日战争胜利后,民国 35 年(1946)冬,学校奉令迁往澧县津市办学,更名"省立第四职业学校"。

湖南省立高等农业学校在浦市办学 7 年之久,共有农林蚕科、医牧、农林经济等 13 个班 260 名学生毕业。对促进农业发展起到一定作用,也为泸溪县以后创办职业学校提供借鉴经验。

二、中华人民共和国成立后职业教育

(一)农(林)业中学

1957 年,县委、县人民委员会在发展全日制教育、扫盲教育同时,根据农村发展和农业生产技术需要,开始创办农业中学。9 月,浦阳青草高级社借用民舍创办半日制农业中学,招收具有初级小学文化程度学生 50 名,配备教师 2 人,开设政治、数学、农业知识课程。农闲时学校开课,农忙季节学校停课,学生回家参加生产劳动,办学经费本着"谁办学,谁出钱"原则,由乡社自行筹集。

1958 年 1 月,毛泽东主席在审阅《工作方法六十条(草案)》时,加注批语"办农村需要的中学,中学里面增加一点农业课程" "应当增加一些地方乡土教材"。4 月,中共中央在批转江苏省委《关于民办农业中学问题的报告》中指出,农业中学性质是"对青少年实施农业就业训练的半耕半读中等学校。对学生进行一定政治思想教育、文化教育和农业生产技能训练,为农村培养和输送有社会主义觉悟、有文化科学知识劳动后备力量"。农业中学办学目标是"把学生培养成为有社会主义和共产主义觉悟、相当初中文化程度并具备农业及其他

基本生产知识和技能劳动者”“把培养新人和研究推广当地急用新技术结合起来，为社队培养初级农业技术人员”。全国普遍实施“两种教育制度(全日制和半工半读)”，农业中学由此萌芽。是年，泸溪县落实“两种教育制度”指示精神，在全县掀起开办农业中学热潮。至年底，18 个公社开办农(林)业中学 19 所，在校学生 946 人，教职员 27 人。1959—1963 年，国民经济处于困难时期，全县贯彻落实“调整、巩固、充实、提高”八字方针，各公社农(林)业中学相继停办。

1964 年，随着国民经济恢复和发展，武溪、上堡、洗溪、达岚、潭溪 5 个社镇农(林)中学恢复教学。武溪镇农业中学设高、初中各 1 个班，达岚公社农(林)业中学设初中班 3 个，其他农(林)业中学各设 1 个班。5 所学校在校学生 197 人，教职工 30 人。至 1965 年，全县 18 个公社恢复农林业中学 16 所，开设 20 个班，在校学生 632 人，教职员工 33 人。1966—1969 年，取消“两种教育制度”，全县农(林)业中学再度停办。

1970 年，全县恢复农林中学 10 所，开设 22 个班，在校学生 780 人，教职员工 42 人。教学以文化课为主，每周安排一天劳动课。学生毕业后，根据本人意愿，按就学行政区域推荐到一中、二中、三中、四中继续高中教育。1978 年，全县农林中学全部停办，在校学生分流到公社中心完小附设初中班，教师就地划入中心完小教学。至此，农林中学结束历史使命。泸溪县农林中学在 20 年教学中，为各社镇培养一批农、林业技术和管理人才，为发展职业教育奠定了基础。

(二)泸溪一中附设卫生学校

1963 年 5 月，泸溪一中创办附设卫生学校，属于半工半读性质。9 月，学校开学，招收学生一个班 40 人，学制一年。1964 年 7 月，泸溪一中附设卫生学校学生毕业，学校停办。

(三)“五七”大学

1975 年 8 月，县委根据上级部署，创办“五七”大学。设师范、医学、林业、农业、畜牧等 5 所分校，招收学生 210 名，配备教职工 46 人，学制 2 年。学生来源于上山下乡知识青年和农村回乡知识青年中高中毕业者。招录办法是将学生名额分到社镇和知青场，各大队、场推荐，社镇党委审查，县教育局组织简单文化考试即可入学。1976 年，“五七大学”增设农业机械、水电 2 所分校，招收学生 94 名。1977 年、1978 年两届 304 名学生相继毕业，师范专业学生由县教育局分配到乡镇中学任教，其他专业学生毕业后有的担任社队农业、林业、畜医等技术工作，有的担任基层干部。1979 年，“五七大学” 停办。

(四)农业职业中学

1983 年 8 月，经县人民政府批准，县教育局主管，农业、林业、畜牧、水电、农机 5 个单位联办，在第四中学(合水公社)设泸溪县农业职业中学，从事高中职业技术教育。招收农作、畜牧两个高中专业班 110 名学生。县农业职业中学坚持文化、专业“双业”并举，聘请相关专业专家定期到校教学，提高教学质量。1984 年，除县农业职中外，有的学校开设职业班。1985

年，泸溪农业职业中学文化、专业课在全州农业职业中学统考中考试成绩位居榜首。畜牧专业班学生廖浩振毕业后在踏虎乡及周边乡镇等地行医，熟练技艺和认真态度受到农民赞许。至1986年，县农业职业中学发展到4个班，在校学生176人，教职员工13人，开设农作、畜牧2个专业4个班。1988年，学校迁到县城继续办学，更名泸溪县第一职业中学。

（五）湖南省机械工业中等专业学校泸溪县分校

1988年3月，县政府与湖南省机械工业学校协商联合创办湖南省机械工业学校泸溪分校。分校属普通中专性质，学制四年，教学目的是解决湘西州机械工业人才困难。学校开设机械制造和企业管理2个专业，面向全州办学，定向招生，定向培养，定向分配。8月，学校在州内招收参加全省统考合格应届初中毕业生90人，其中，泸溪县45名，州内其他县45名。9月1日，学校正式开学。1990年7月，机械制造和企业管理2个班学生完成1年半学习任务后到省机械工业学校继续1年半学习。1992年7月，2个班学生完成4年学习任务，经毕业考试获得中专毕业证书。毕业生返回原籍由当地政府分配工作。1989年，湖南省机械工业学校泸溪分校停办。

（六）职业技术学校及职业技术班

1988年8月，县农业职业中学由合水镇迁至县城武溪镇。在专业设置上，开设工民建专业、乡村医师专业等6个班。1989年，更名泸溪县职业技术中等专业学校，在校学生185人，教职工16人。是年，全县职业技术学校增加到3所，其中达岚中学和永兴场附中增设农业职业班，学制由3年制初中改为“3+1”学制。是年，全县初中毕业生报考职业技术学校353人，县职业技术学校在校学生增加到419人。1990年，全县1592名初中毕业生中有518人报考职业技术学校和职业技术班。1991年，两所“3+1”学制农村中学恢复三年制初中。全县职业技术教育仅存县职业技术中等专业学校，在校学生数163人。

1993年，泸溪二中创建“一校三教（一个学校实行基础教育、职业教育、成人教育）”“三教合一（在教学中，三种教育合并授课）”新办学体制。4月，成立职业技术教育部。5月，教育部在吉首召开全国农村教育改革研讨会，泸溪二中介绍职教办学新体制经验。全国26个省份80名专家学者和领导等与会人员专程到二中考察职业技术教育，对该校工艺美术厂联合中国美协会员、踏虎凿花艺人黄靠天及弟子开发制作凿花珍品和菊花石雕作品给予高度评价。7月，在北京举办全国职业技术学校校办企业产品展销会上，该校工艺班学员邓吉发雕刻一方标价1.2万元人民币菊花石砚，得到国家教委职教司领导题词赞赏。是年，法国巴黎东方博物馆馆长班•巴诺先生、香港记者等众多专家学者慕名到二中参观采访，在海内外新闻媒体刊载传播。1994年10月，县二中职教部2件菊花石雕精品被北京国子监永久收藏。从1987起至1994年，县二中职业教育创收30万元，培养工艺美术人才46名，为农村输送种、养技术能人68名，吸收221名高考落榜生进入职教学习，毕业后全部就业。1997年，泸溪二中被确定为全州重点中学，主要从事基础教育，职教部并入泸溪县第一职业中学。

表6—1　　1965年泸溪县部分农(林)中学办学情况一览表

校名	班数	学生	教师	课程设置	教学与劳动时间安排	生产基地	学生来源	校舍
武溪农林中学	高初各一个班	高中13人 初中43人	9	政治、语文、三解、化学、土壤、气象、植物、农知	不放寒暑假，春节放10天。每天上课四节，其余时间劳动，雨雪天学习	田12亩 地70亩	招生	利用旧庙宇
洗溪农业中学	初中1个班	19人	5	政治、语文、代数、簿记、珠算、物理、农知	每周8节，其余劳动	地30亩	由各大队保送	借用小学校舍与民房
潭溪农林中学	初中1个班	35人	8	政治、语文、代数、簿记、珠算、算术	每周上课20节，其余劳动	田4亩 地50亩	招生	借用附中校舍
上堡农林中学	初中1个班	35人	8	政治、语文、代数 簿记、珠算、算术	不放寒暑假，每10天上课7天，劳动3天	田32亩 地20亩	公社内各大队保送	借用附小学校舍与民房
达岚农林中学	初中3个班	57人	5	政治、语文、代数、簿记、珠算、物理、农知	不放寒假，只春节放假10天，每天上课4节，其余劳动，雪雨天整日学习	田20亩 地8亩	招生	借用附中校舍

表6—2

泸溪县职业中学办学情况一览表

年份	学校数	招生数	毕业学生数	在校学生数	其中:女生	教职工数
1988	1	185		185	83	16
1989	3	158	28	419	121	23
1990	1	108	149	178	98	10
1991	1	112	151	163	51	9
1992	1	73	51	170	42	11
1993	2	123	77	236	97	22
1994	2	217	87	359	144	62
1995	2	174	155	316	102	55
1996	2	149	111	253	134	57
1997	1	186	56	286	118	47
1998	1	232	26	321	145	42
1999	1	170	58	300	163	48
2000	1	100	69	289	161	48
2001	1	112	53	302	158	52
2002	1	110	46	312	153	53
2003	1	135	64	328	187	55
2004	1	156	98	386	192	58
2005	1	182	121	392	193	58
2006	1	234	142	456	207	59
2007	1	254	153	506	227	61
2008	1	305	201	528	278	65
2009	1	462	234	890	324	68
2010	1	467	302	957	342	68
2011	1	510	412	1070	328	71
2012	1	414	456	968	364	73
2013	1	512	483	1069	402	84
2014	1	506	387	1106	406	92
2015	1	465	486	1204	476	104
2016	1	640	465	1480	548	111
2017	1	769	438	1760	679	119

说明:以上“在校学生数”不含短训班和与其他部门开办教学班人数

第二节　办学形式与教学管理

一、办学形式

（一）政府统筹

从1957年浦阳乡青草高级社开办全县第一所农业中学开始至1978年，泸溪县职业技术教育办学体制主要有社（乡）办、学校办两种体制，以各公社开办为主。初期，校舍多为借用民房或废弃庙宇祠堂作为教室。为满足职业发展需要，各社（乡）选址新建学校，建筑占地及实习基地由学校所在地社队无偿划拨。学校建设形式有两种：一种是公社向各大队筹集砖瓦、木材等建筑材料，抽调各大队泥瓦匠、石匠、木匠等技术人才修建学校，公社补助生活费，误工由所在生产队记工分。一种是学校利用勤工俭学资金和上级补助组织师生自行平整校址，准备材料，砖瓦匠和木工指导修建学校。1978年，以公社为主办学形式结束，以县教育局办学为主。1984年，县政府成立职业教育领导小组，制定全县职业教育规划。除县办农业职业中学外，各学校根据实际，开办农业技术教学班。

2002年，根据《国务院关于大力推进职业教育改革与发展的决定》，县农业职业中学“坚持政府统筹、教育为主、社会参与”管理体制，学校逐步走上规范化。2003年起，实施国务院扶贫办贫困劳动力培训助学金政策，对中职学历职业教育、劳动力转移培训、创业培训、农业实用技术培训、政策业务培训进行资助，重点将贫困家庭子女职业中学教育纳入计划予以资助。帮助贫困地区青壮年农民解决在就业创业中实际困难，达到发展生产、增加收入，促进贫困地区经济发展。2006年，贯彻落实国务院《关于大力发展职业教育的决定》。按照“政府主导、教育为主，部门配合、依靠企业、社会参与”原则，进一步转变职业教育办学理念，坚持“以服务为宗旨、以就业为导向”职业教育办学方针，从传统升学导向向就业导向转变。与企业紧密联系，开展订单培养，建立毕业生就业和创业服务体系。

2016年，县第一职业中学被确定为省级示范性中等职业学校。学校面向市场需求，对接产业发展，建设校内实训基地和校外实训基地，重点建设面向先进制造业、现代服务业、新兴产业精品专业，同步开设民族艺术、民间工艺、旅游服务等具有民族特点特色专业。实施“一家一”职教工程，引导“两后生”、青年农民、城乡劳动者等接受职业技能教育，对建档立卡贫困家庭学生就读职校免费教育。完善“学校＋企业，专业＋车间”教学培养模式，落实企业接收职校学生顶岗实习制度，开展“订单式”培养。

（二）部门协调

1983年起，县教育局联合县农业局、林业局、畜牧局、水电局、农机局5个单位在县第四中学联办泸溪县农业职业中学，教学设备添置由联办单位出资解决。1988年8月，县农业职业中学搬迁到县城武溪镇，教育局与县财贸委员会、卫生局、建设委员会、移民办等部门实行联合办学。县建设委员会在职业中学开办工民建专业，培养一批有文化、懂技术、会操作建筑人才，充实县建筑业队伍。县移民办根据移民企业就业需要，在学校开设化工班，为就业移民子女进行岗位培训。县卫生局与学校联合开设乡村医士专业班，改变农村卫生院人员结构。县财贸委员会开设财务会计专业班。联办单位与职业中学签订办学协议。确定办学指导思想，培养目标、招生对象、办学形式、经费保障、毕业生待遇及就业等条款。为加强乡村医士专业培训，卫生局确定县人民医院一名副院长兼管乡村医士专业班行政管理工作，安排具有主治医生以上职称医师授课，并向学校无偿提供价值 4 万元教学仪器。县建设委员会派出工程师教授建筑专业课，提供学生实习所需仪器，将施工工地作为教学实习课堂，为建筑专业班学生实习期间每人发放生活费补助 105 元。

（三）学校管理

1987 年，全县有职业教育学校 1 所，职业教育班 14 个，在校学生 568 名，专任教师 27 人，兼职教师 12 名。在学校管理上，制定教师岗位职责、学生守则、校训、学校安全等学校管理制度，确定办学方向，注重教学创新，彰显办学特色。

2001 年，县第一职业中学搬迁到白沙后，成立德育处、学校综合治理办公室。除课堂德育教学外，设置普法教育、国防教育、安全教育、禁毒教育等课程，得到上级教育部门充分肯定。2006 年，学校走上与高等院校、知名企业集团联合办学道路。

至 2017 年，先后与 21 家高校和企业联合办学，采取 “订单式培养” 模式为企业培养紧缺人才。学校坚持“德育为首、成人为先、育人为本”德育理念，建立健全全员参与、全程管理、全方位渗透“三全”德育工作体系，培养学生守时、守纪、守信“三守”品性和会做人、会做事、会理财“三会”能力，形成“三守三会”德育工作品牌。

二、教学管理

职业学校教学分为文化课和专业知识课两类，以专业技术课为主。1957—1958 年，全县社（乡）所开办农业中学大部分学制是半农半读性质，教学缺乏系统性。1975 年，开办“五七大学”，由于缺乏教育师资人才，教学方法沿用高中教学理念和方法，未能按照高等教育教学大纲实施教学。1983 年后，职业技术教育由县教育局管理，遵循教育部制定教学大纲制定教学计划，教材采用教育部统一编写教材。至 1993 年，全县有 1 所职业中学、1 个职教部、2 个农业专业班，实行文化课和专业课各占 50%教学方法，学制均为三年。1994 年，全县职业教育仅县职业中学一所学校。教学方式实行全面改革，专业课教学课时上升到 60%。2001 年后，县职业中学实行“2+1”教学模式。第一、二学年在校本部学习专业基础理论和基本技能，专业课程由联办单位选派专业技术人员来校任教，第三学年到联办单位顶岗实习，实现专业技能与岗位需求无缝对接。

2013 年，学校加强专业调整布局和特色专业体系建设，新开设汽车检测与维修、软件技术及两个对口高考专业，专业设置由原来 5 个增加到 9 个。2015 年，学生参加全省职业院校技能大赛获二等奖 1 人、三等奖 3 人，获奖等级、人数居全州第一。学生参加全省职业能力水平考试参考率、合格率均为100%,职业技能资格等级证考试通过率86%。

第三节　泸溪县第一职业中学

一、概况

1983年8月,县教育局及农业局、畜牧局、水电局、农机局联合在第四中学开办县农业职业中学。开设农业种植、经济作物、畜牧3个专业,分设3个班,学制3年,每班招收初中毕业学生50名,时任校长张再聪。

1988年,农业职业中学迁移到县教师进修学校内办学,称为泸溪县第一职业中学,李大国任校长。

1988年9月,借用泸溪五中教室与县建委、县移民办联合开办工业民用建筑班,招收应届初中毕业生40名。1989年9月,开设第二班,招收新生35名。三年修业期满颁发中等职业学校毕业证书。同期,与县人民医院联合开办乡村医士班,招收学生90名,课堂设县人民医院内。按照湖南省中等职业技术学校规定开设课程,学制三年。学生通过2年文化和专业课学习和1年实习,毕业前参加全州职业中学统考成绩合格,颁发中等专业学校毕业证书。70名学生通过统一招录分配到乡镇卫生院和乡镇计划生育办工作,20名学生进入县医院工作。1990年9月,开办化工班,学制2年,招收具有初中文化工人54人,修业期满,颁发职业高中毕业证书。学员由县硫酸厂、电石厂、造纸厂安排就业。1991年,与县劳动服务公司开办一年期技术培训班,培训人数110人,结业后学员安排在水电公司、州磷矿等单位就业。1992年,与县铝厂开办短训班,培训工人100人。9月,与县财贸办联合开办财会中专班,第一班招收初中毕业生50名。1993年9月,续办第二班,招收初中毕业生45人。通过3年学习,两届财会中专班95名学生参加全州统考,成绩合格。除3名学生参加高考,被湖南省财会专科学校录取,进入高校深造外,其余87名学生被县财贸部门所属单位录用。至1995年,县职中探索与用人单位联合办学发展职业教育经验,办学方式得到州教育局肯定和推介。

1996年,第一职业中学成立县军事预备役学校,由县全民国防教育委员会倡办,归口县教育局管理,属于军事职业技术中学,学制两年。首期招收学员150人,学习期满经考核合格,由县职业中学发放高中毕业文凭,每年新兵征集优先录取该校学生。1997年,泸溪二中职教部并入县职业中学,教学办班范围扩大,设有幼师、计算机、财会、电工共4个专业6个班,在校学生674人,教职工36人。1998年,从各中学初中毕业中招收新生232人,招生数位居全州职业学校前列。是年,县职中学校占地面积5.42公顷,实习基地1.70公顷,建筑面积1.14万平方米。开设农村家庭经营、幼师、家电维修、军事预备役等7个长线专业班和农村基层干部培训、农村实用技术培训等5个专业短训班。1999年,学校在白沙新城开始实施校舍搬迁建设。荣获全州职业教育学校二等奖,湖南省人民政府确定泸溪县职业中学为全省示范性职业技术学校。

从县职业中学迁至武溪镇办学至1999年，为全县农村培养科技致富带头人1208名，为企事业单位培养专业技术、管理和营销人才1135名，为部队输送新兵172名，为地方培养预备役军人177名，训练民兵462人次，培养输送121名合格幼儿教师，技术型务工人员795名，为外埠培养懂技术善经营个体工商户226名。

2000年，白沙新校区工程建设竣工，职中迁至新址办学，学校占地面积8公顷，投入建设资金560万元，新建教学楼、职工宿舍楼、学生宿舍楼、办公室各1栋，建筑面积18637平方米。是年，学校发展到8个教学班，在校学生289人，教职员工48人。2001年起，走“上挂、横联、下辐射”，“长短结合、灵活多样”办学之路，坚持“重职业技能具有就业活力、重学习智能具有高考实力、重综合素质拥有发展潜力”培养目标，形成以高中阶段职业教育为主，兼顾各类职业培训和科技服务“三位一体”办学模式，成为多层次多专业综合性中等职业技术学校，毕业生就业率95%以上。至2013年，县职中办学理念得到社会认可和好评，为全县职业教育和经济社会发展做出了积极贡献。2014年，校长杨秀国被评为全国职业教育先进工作者。

至2017年，泸溪县第一职业中学成为全县唯一一所集职业教育、职业培训和科技服务“三位一体”综合性公办全日制中等职业学校。设置网页美术设计、计算机平面设计、电子商务、汽车检测与维修等9个专业，开发化工分析、种植养殖、电子技术、民间传统工艺等30多个培训项目，在校生1807人，在职教职工119人。校长王维红。

二、教学教研

（一）教学管理机构

1988年，农业职业中学迁到武溪镇办学后，设教导处和总务处。2000年，迁至白沙新址后，根据高考和专业需要，增设专业教研组。2001年，设高考专业教研组。2005年，设幼师专业教研组。2006年，设网页专业教研组。2008年，设计算机平面设计专业教研组、电子专业教研组。2009年，根据县教育局要求，招生工作从教导处分离，设招生办。学生思想政治教育工作从教导处分离，设政教处。2012年，设商务专业教研组。2015年，设汽车修理专业教研组。至2017年，学校设教导处、政教处、招生办、高考专业教研组、各专业组等机构。

（二）办学模式

1988年，学校迁移到县城办学后，根据职业教育实际和社会需要，探索了联合办学模式，即“2+1”联合办学培养模式。学校加强与行业、企业合作，实施“订单式”培养，学生第一、二学年在校本部学习文化课、专业基础理论和基本技能，专业核心课程由联办单位选派工程技术人员到校任教。学生第三学年到联办单位顶岗实习，实现专业技能与岗位需求无缝对接。2007年起，实施校校合作、校企合作、订单培养办学模式。招生录取坚持“面向人人”原则，除招收参加统一考试初中毕业生外，对高中退学选择就读职业中学生实行免试入学，扩大对口高考职业班招生计划。1990—2000年，设置建筑、财会、计算机、幼师、电工5个专业，学制三年，教学以文化理论课为主，专业课为辅。2001年起，实施普通高中教育，根据对口高考设置种植养殖、计算机专业。按照就业方向设置数控模具、航空服务、学前教育三个专业，学制 3 年，以文化理论为主。2007 年起，组成专业规划小组，与企业接头会谈，抓住企业需求多、就业机会多、就业岗位多特点设置专业课程。2007—2016 年，学校按照对口高考和就业两大类设置专业。就业类有学前教育、网页设计、平面设计、电子商务、汽修、电子电器专业，对口高考类有计算机、医药卫生、电工专业。

2017 年，实行人才订单式培养，与数十家省内外用人单位实施校企战略合作无缝对接。电子商务二班 97 个作品被企业采用，公司拨付项目补助 7000 元。结合县情对柑橘、油茶、铁骨猪、玻璃椒等八大特色产业，培养专业人才。以“职教 + 专业合作社”模式，开展农村实用技能人才培训，对 1821 名青年农民、城乡劳动者免费培训。为 20 个专业合作社培训电商人才，帮助 13 个贫困村建立特色农产品电商网店。

（三）教学方法

建校以来，探索校内专职教师和校外兼职教师相结合、校内文化知识课、专业基础理论和校外实践、实习相结合教学方法。至 2009 年，形成“三多三到三为”（ 三多即多时空入学、多层次毕业、多平台就业；三到即办学到工厂、培训到企业、送教到农村；三为即为企业服务、为行业培养、为产业助力）教学方法。2010 年起，推进特色专业体系建设，构建对接创意设计、商贸服务、电子信息、现代农业等行业产业特色专业教学体系。把学生就业率、对口就业率、职业稳定率、岗位晋升率、学生满意度、企业满意度、平均工资水平七项检验指标作为评估学校办学水平主要标准。推行每月一次专业技能检测、每期一次学科竞赛、每期一次技能抽考、每年一次技能大赛、每年一次技能展演学生专业技能“五个一”评价制度，构建以学生综合职业能力作为评价教师教学质量指标体系，形成特色教学质量监控和评价模式，提高人才培养质量。

2016 年，职中学生参加湖南省职业院校技能大赛获奖项 42 人次，网页专业毕业生在长沙、广州、深圳等地形成品牌。2017 年 12 月 28 日，学校举办第一届“网页新星杯”设计大赛总决赛，200 学生参加初赛，提交参赛设计作品 236 件，杨金宝网页设计方案获一等奖，向艳、杨莎分获第二、三名。

（四）教学研究

2006 年起，学校重视教学研究工作。在常规听评课基础上，发挥中高级教师和骨干教师教学示范作用，坚持“以老带新、以能带新”，帮助青年教师提高业务能力。开展由骨干教师为主力优质创新课评比活动，组织青年教师参加校内外各种教改活动、教学技能演练和业务竞赛活动，选派专业教师参加全省职业技能大赛。定期召开学生座谈会、家长会，建立师德师风评价机制，帮助教师改进教学方法，提高教学水平。

2011 年起，实施教学教研帮扶计划，成立帮扶领导小组，制定帮扶工作近期和长期目标，指派经验丰富教师与新进教师组成师徒结对，在人才培养、班级管理、学科课堂教学教学目标、教学内容、教学方法和教学效果等方面进行共同探索。各专业学科主任负责班级管理帮扶工作，检查登记受帮扶班主任落实情况。各专业学科带头人督促检查教学帮扶措施落实情况，检查登记帮扶教师备课、听课、评课等情况，及时总结帮扶效果。学校制定帮扶奖惩措施，学期结束时，组织考核评比，对优秀指导教师给予奖励。

表6—3 泸溪职中部分年份教研成果一览表

序号	课题名称	编号	主持人	立项单位	立项时间
1	网页设计课程体系、教学内容和教学方法改革的研究与实践	ZJZA2009028	刘勇	湖南省教育厅	2009—05
2	研究和探索中职学生行为规范养成教育	HXDY—3181	杨秀国	中国职业教育学会	2009—06
3	中等职业学校学生综合职业能力培养的研究	1136	杨自丹	省职业教育学会	2011—09
4	中职学校与动漫企业合作建设动漫人才培训基地	ZJB2012140	邓家文	湖南省教育厅	2012—12
5	电力技术课程教学方法研究与探讨	ZJB2012141	米芳	湖南省教育厅	2012—12
6	平面设计专业创业教育探索与实践		彭建平	湖南省教育厅	2013—05
7	实践性教学评价体系研究		李慧明	湖南省教育厅	2013—05
8	以创新创业为导向的中职生就业心理指导研究	ZJZB2016264	张红娟	湖南省教育厅	2017—04
9	中职院校基于工学结合的创新人才培养模式探究	ZJZB2016259	宋霞	湖南省教育厅	2017—04
10	中等职业学校网页美术设计专业实训课程高效教学模式探索与实践	ZJZB2016263	李华规	湖南省教育厅	2017—04

三、德育

2001年起，学校确立“一年级成人、二年级成功、三年级成才”德育目标，制定年级递进具体德育要求，培养学生自治、自律意识。坚持“育人先育德、育德品为本”理念，通过“明理—动情—导行—励志”，培养品德高尚、心智健全、技能过硬、关系协调“合格+特长”技能型人才。2009年，政教处从教导处分设，主管师生思想政治工作。开展以“创新务实、彰显活力”为主题校园开放日活动，开展“感恩教育”主题活动。至2017年，学校形成情感文化、校园文化、活动文化、管理文化、和谐文化、企业文化“六个文化育人体系”，形成守时、守纪、守信，会做人、会做事、会理财“三守三会”德育特色，构建“文化育人、行为养成、观念渗透、活动促进”德育工作体系。学校连续30年无安全事故，无学生违法犯罪，无家长投诉，学生到课率到99%，操行评定合格率100%，优秀率85%。

四、教师培训

1988—2002年，教师培训主要参加县教育局培训班，学校每个暑期集中一段时间组织全体教师学习职业教学技能。2003—2007年，为提高职业教育教学水平，学校组织和选派教师参加州、省职业教育师资培训。2008年，选派教师到计划输送毕业生就业的外地大中型企业跟班学习。至2010年，累计选派教师参加省以上职业教育机构培训13人，选派专业教师下企业一线挂职锻炼跟班学习轮训40人次。2015年，学校选送24名教师参加省级、国家级职业教育骨干教师培训和学生就业对口企业实践，选聘6名行业技术骨干担任实践教学兼职教师。2016年，选送2名教师参加省级职业教育骨干教师培训，2名教师进入对口就业企业实践。2017年，选派3位教师参加国培计划培训，12名教师参加省培计划培训，其中7人参培教师获“优秀学员”称号。选送电子、幼师、网页、平面、商务专业12名教师外出考察和企业实践实习。

至2017年，学校累计选送273人次参加省、国家师资培训和进入企业实践，30名教师获得中级以上职业资格证书，培养州级学科带头人1名，县级学科带头人1名，校级专业带头人9名，骨干教师20名。

五、学校管理

（一）日常管理

1988年学校迁到县城办学后，建立校领导、中层干部、班主任三级值班制度，推行任课教师、全体教职工全员参与教育管理制度。在教师和教学管理方面，建立教学质量管理体系，构建校教学质量领导小组、教导处和专业教研组组成教学质量管理网络，负责学校教学质量过程决策、实施、监控与评价。建立教学质量监控运行体系，完善企业参与教学督导、教学检查、教学评价、听课、学生信息员反馈、学生评价教学、学情通报等制度，对教学质量进行系统监控。建立教学质量评价体系，制定《泸溪职中专业组教学效益评价方案》《泸溪职中教师教学质量评价方案》对各教学环节进行质量跟踪与评估。规范教科研运行体系，从学校、教研组、教师教学“三个层面”开展教科研活动。在班主任和教育管理方面，对班主任实施班级管理评估制度和工作考评制度。

(二)综合治理

2001年起，学校成立综治办，承担学校综合治理工作任务，组织实施学校综合治理工作。安全管理方面，坚持“谁主管、谁负责”原则，落实教师“一岗双责制”。相继建立《安全工作管理制度》等18项制度，制定《突发公共安全事件应急预案》等7个应急预案。法制教育方面，学校设立普法工作小组，开展“法律进校园”活动。在政治课中加授禁毒、反邪教知识教学内容，与禁毒办、反邪办和学生家庭联动，课堂教育与家庭教育、社会教育有机结合。食品卫生管理方面，制定和完善食品卫生安全制度，加强对食堂卫生管理，确保学生用餐卫生和安全。学校及周边整治方面，开展创建“平安校园”活动，建立和完善校园欺凌预防及处理制度措施，建立校园欺凌事件应急处置预案。

(三)救助管理

2003年起，实施贫困劳动力培训助学金政策，建立健全职业教育资助体系，对未考入大中专院校高中、初中毕业生贫困家庭子女在职业中学接受中等职业教育纳入救助计划。在校一、二年级学生每年享受国家中职助学金1500元，农村“两生(未考入大、中专院校高中、初中毕业生)”对象每年享受“雨露计划”救助金1200元，家庭经济困难学生每年减免学费2400元。2008年，提高补助标准，每人每年助学金标准提高到2000元。2013年，学校出资对贫困学生实行救助，孤儿学生杂费全免，单亲家庭子女杂费减免一半，特殊困难家庭子女依照具体情况减免杂费，一个家庭有2名以上子女在校就读的一次性减免800元，对品学兼优学生给予不同等级奖学金奖励。

至2017年，累计发放国家中等职业学校助学金1234.46万元，资助学生14275人次；18885人次学生享受国家免除学费1724.64万元；累计发放“雨露计划”救助金192.18万元，资助学生1415人次；累计发放校内助学金68万元，资助学生903人次。

(四)实习管理

2003年起，学校探索校企双主体育人机制，实行工学结合人才培养模式，学生参加实习期间，由实习单位支付生活费。2007年起，每年组织三年级学生到生产服务一线参加顶岗实习。建立学生实习信息通报制度，定期将实习情况向学校、实习单位和学生家长通报。2008年，实行学生每年参加3个月带薪实习实训，月工资在2000元以上，降低职业教育成本，实现“零学费”入学。2008至2009年，1740名学生参加工学结合顶岗实习，获工资收入843万元。

2010年，顶岗实习学生640人次，获收入410万元。2011年，组织学生到东莞市爱銘电子和惠州市比亚迪公司参加实习社会实践活动学生865人次，总工资580万元，学生3个月人均总工资6705元，最高工资收入7867元。2012年，组织学生到东莞市三和盛公司参加实习社会实践活动学生660人，总工资485万元，学生3个月人均总工资7345元，最高工资收入8570元。

表6—4 泸溪职中2013—2017年顶岗实习情况一览表

年度	实习人数	就业人数	就业率%	对口就业率%	实行工资	
					最高工资(元/月)	平均工资(元/月)
2013	336	331	98.5	96	6000	2786
2014	396	388	98	97.1	5000	2820
2015	336	330	98.2	98.5	6000	2702
2016	366	364	99.4	98.9	6000	3358
2017	262	262	100%	98	5000	3200

六、学校建设

(一)校舍建设

1988年,学校从合水镇迁至县城办学,借用县进修学校一间办公室和一间教室,面积53平方米。1994年始建校舍,至1998年12月,新建教学楼和实习基地。1999年,在白沙新校址筹建新校舍。

2000年,新建教学楼、职工宿舍楼、学生宿舍楼、办公楼各一栋。2002年,学校列入县级职业教育基础设施建设国家专项建设计划,办学条件逐步改善。2004年,投入资金250万元,新建第二教学楼,建筑面积2500平方米。2005年,投入资金130万元,新建学生宿舍楼面积1700平方米。2008年,投入资金140万元,新建第一实训楼,建筑面积1200平方米。2012年,投入资金240万元,新建第二实训楼,建筑面积1100平方米;投入资金210万元,新建男生公寓,面积1500平方米。

2015年,投入资金340万元,新建第三教学楼,面积2100平方米;投入资金510万元,新建实训综合楼,面积2700平方米。2004年至2015年,累计投入建设资金2010万元,校舍建筑面积1.28万平方米。

(二)附属设施

2015年,投入资金53万元,实施第一教学楼、厕所装修改造工程;投入资金38万元,建设标准篮球场3个;投入资金80万元,新建汽车检测与维修专业实习实训基地;投入资金32万元,更新和升级16间理实一体化技能教室。建设"班班通"工程,所有班级全部开通信息化教学。2017年,投入资金149.30万元用于教育基础设施维护及建设,其中,投入54万元改造学校公厕。投入15万元完成平面实训室场地建设,投入9万元实施校园内停车场及地面硬化工程,投入5万元对围墙进行加高,对零星分散设施进行维修,投入49万元建设多功能室,投入15万元装修第二会议室、党团活动室及教师食堂,投入2.30万元安装食堂、办公空调及平面实训室电力专线。

（三）设备添置

2008 年，投入资金 56 万元，添置数控模具及学前教育专业实训设备。2011 年，投入资金 240 万元，添置电子电器专业实训设备。2012 年，投入资金 22 万元，添置教学仪器设备。2016 年，投入资金 75 万元，添置网页设计、平面设计及电子商务专业实训设备。2017 年，投入资金 273 万元，用于改善教学、生活及办公条件。

七、学校活动

踏虎凿花和辰河高腔是泸溪县国家级非物质文化遗产。2011 年，学校组织开展“民俗文化进校园”活动，将踏虎凿花传统工艺和辰河高腔传统戏剧引入校园。9 月，投入资金 10 万元，设立踏虎凿花工作室，购置教学设备开设踏虎凿花专业。踏虎凿花专业班和踏虎凿花手工艺爱好者 300 人参加为期两年专业学习。

2015 年 10 月，学校开发“互联网 +”，依托电子商务专业与县内多家专业合作社联手，成立电子商务服务中心，营销泸溪特色产品。12 月，学校被州委、州政府确定为全州经济工作推进会参观现场，学校向与会人员专题介绍发展现代职业教育经验，湖南卫视新闻联播以“大数据时代泸溪农产品如何打响品牌之战”进行报道。

2016 年 5 月，学校举办“弘扬工匠精神•助力县域经济”职业教育活动周暨学生技能展演活动。学生在现场展示拆装汽车发动机、淘宝美工、摄影及图像处理、踏虎凿花等技能，表演爵士舞和“古韵浦市模拟导游”，朗诵“笃信好学，志存高远”等诗歌，演唱“今日苗山歌最多”等歌曲，分享已就业同学创业就业故事。是年，学校与阿里巴巴教育科技有限公司签订“百城千校”跨境电商人才培育计划。2017 年，开设泸溪县非物质文化遗产传承班，学生 38 名，学制 3 年。

八、教学成效

2008 年至 2011 年，学校培训各类职业技术 3.60 万人次；农村实用技术培训和科技服务 10 万人次。在校学生在历次考试、测试中计算机、英语等级考试合格率 98%，普通话测试合格率 95%，专业技能考试合格率 95%。学生参加各级各类竞赛获国家级奖励 3 人，省级奖励 23 人，州级奖励 52 人。期间，杨梅、谭移萍同学代表州职业教育系统参加省技能大赛分获一、二等奖。2011 年，田晶、杨兰枝同学代表州职业教育系统参加省技能大赛分获二、三等奖。学校毕业生就业率保持在 98%以上，对口就业率 95%以上。

2015 年，实施教育扶贫工程。三年时间资助贫困家庭学生 549 人，安置贫困学生就业 700 人。带动 1000 多户贫困家庭脱贫致富。完成职业技术培训 1048 人，其中，“雨露计划”培训 148 人，新型职业农民电子商务培训 100 人，农村实用技术培训 800 人。2016 年，学生参加省级技能大赛获二等奖 2 人；参加中等职业学校“文明风采”大赛，获国家级奖励 3 人，省级奖励 12 人；参加湖南省黄炎培职业教育奖创业规划大赛获二等奖。教师参加湖南省职业院校信息化大赛获二等奖 1 人，三等奖 5 人。2017 年，参加中等职业学校“文明风采”大赛，获国家级奖励7人,省级奖励16人。教师参加湖南省职业院校信息化大赛获二等奖1人,三等奖2人。

2007年至2017年职中培训统计一览表

表6—5

年度	农村劳动力转移培训	技能型人才培训	继续教育与下岗职工再就业培训	农村实用技术培训	合计
2007	311	341	182	1977	2811
2008	1726	725	498	6075	9024
2009	1856	1908	428	5484	9676
2010	904	1895	400	5650	8849
2011	1560	750	2350	4508	9168
2012	710	720	54	6607	8091
2013	536	340	200	2000	3076
2014	1250	470	—	40	1760
2015	148	100	—	800	1048
2016	—	6	40	1000	1046
2017	123	62	50	—	235
合计	9124	7317	4202	34141	54784

九、所获荣誉

2007年,入围湖南省示范性县级职教中心建设项目,连续三年通过省级年度检查验收,是湘西州首个实施省职业教育"十一五"重点建设项目单位。

2008年,被评为湖南省中等职业学校德育先进单位。

2009年,《网页设计课程体系、教学内容和教学方法改革的研究与实践》课题获省教育厅重点立项支持。

2012年,获教育部全国"文明风采"大赛优秀组织奖,被教育部认定为中央财政支持实训基地。2014年,获湖南省教育信息化试点学校。

2015年,被评定为湖南省示范性(特色)中等职业学校,确认为湖南省中等职业学校教师信息化应用能力提高培训网络研修基地。

2016年,承担4个湖南省职业院校教学改革研究项目通过验收。

2017年,湖南省职业教育名师空间课堂项目《淘宝美工》通过验收。

附:泸溪县职业中学部分毕业生成功人士一览表

表6—6 泸溪县职业中学部分毕业生成功人士一览表

序号	专业	姓名	性别	毕业年份	工作单位	工作岗位	家庭住址	工资待遇
1	学前教育	覃丽雪	女	2007	东莞飞舞吧培训中心	舞蹈教师	梁家潭村覃家寨	年薪 24 万
2	学前教育	向碧燕	女	2007	东莞舞之翼艺术中心	舞蹈教师	合水塘冲村	年薪 20 万
3	网页设计	杨兰芝	女	2010	湖南鼎川建筑设计公司	董事长、股东	解放岩乡利略村	创业
4	网页设计	周海芳	女	2010	长沙雅玛信息技术有限公司	设计总监股东	浦市镇马王溪村	创业
5	学前教育	李智	女	2010	深圳艺飞文化艺术培训中心	舞蹈教师	达岚镇五德村	年薪 12 万
6	网页设计	向玉萍	女	2011	湖南鼎川建筑设计公司	总经理、股东	合水镇横坡村 1 组	创业
7	平面设计	符东东	男	2013	浙江杭州自主开店	董事长、股东	洗溪镇洞头寨村二组	年薪 12 万
8	航空服务	杨红敏	女	2005	深圳某珠宝股份有限公司	培训经理	合水镇晒州田村二组	年薪 30 万
9	平面设计	杨杰	男	2011	深圳市博加广告	设计总监	浦市镇银井冲村五组	年薪 20 万
10	学前教育	姚丽群	女	2013	东莞 007 国际健身俱乐部	舞蹈教师	浦市镇毛家滩村一组	年薪 26 万
11	网页设计	李 洁	女	2014	深圳市大有德佑科技有限公司	网页设计	达岚镇龙溪口村三组	年薪 12 万
12	网页设计	罗泽	男	2014	温州市稳网科技有限公司	网页设计	解放岩都蛮村	年薪 15 万
13	电子电器	龚左和	男	2016	浙江荣彪镀膜厂	厂长	石榴坪牛角冲村	年薪 12 万

第七章　成人教育和师范教育

第一节　成人教育

一、民众教育

光绪二十二年(1896)，知县施启宇捐俸在县城武溪镇城东、西关，北区苗寨龙背山，西区河溪(1914 年划入乾城县)，南区浦市各设义学一所。此为泸溪县成人教育开端。

民国 19 年(1930)，县府提倡开展识字运动。民国 24 年(1935)，将县通俗讲演所改为民众教育馆，下设教导组，专事民众教育工作。民国 25 年(1936)，由县民众教育馆主办，在县立第一小学开设贫民夜校，设 2 个班，每班学员 15 名，帮助民众识字，学员主要源于县城及附近村寨。

民国 26 年(1937)，全县每区设立民众学校 1 所，分别设于武溪镇城郊岩龙头村、浦市镇、南三区合水、西一区潭溪。共有学生 88 人，教职员 4 人。民众学校不收学费，费用源于县府拨款和向地方绅士募化筹集，教学采用国民政府教育部编辑审定教材。是年，湖南省举办民众教育人员训练班，泸溪县派教育科科员石晋衔赴省受训两月。回县后，被县府委任为民众教育馆馆长。是年，抗日战争爆发后，外地一些文化教育团体陆续进入湘西地区开展各种社会活动。迁入泸溪有平民教育创始者晏阳初的中华平民教育促进会、黄炎培领导的中华职业教育社、国民政府教育部社教工作团第六施教队、战区中小学教师第九服务团、军委战干团、江苏失学青年工读服务团、湖南省干部行政学校、中央军校长沙分校等社会文化教育团体。晏阳初率领中华平民教育促进会在泸溪出版平民报，协助县府制定民众教育计划，创建图书室，培训全县小学教师和城区甲长，开展民众教育。这些社会教育团体组织在泸溪兴办“中正民校”30 余所，泸溪民众教育名列湘西地区之冠。

民国 28 年 (1939)12 月，县府成立社会教育推行委员会，负责社会教育。民国 30 年(1941)，县府将失学民众补习教育与义务教育合并，民众学校并入乡、保国民学校。民国 37 年(1948)，县府制定“普及失学民众识字教育实施计划”，分期实施民众识字教育。全县进入民众学校识字 13610 人，占 17%。

二、农民教育

中华人民共和国成立后，民众教育改为农民教育，又称扫盲教育。泸溪县自1950—2004年，根据各个时期形势发展，以创办夜校、冬学、农民业余学校、耕读小学、政治文化夜校、农民文化技术学校为载体，开展扫盲教育工作。

（一）夜校

1950年春，贯彻全国第一次工农教育会议关于“开展识字运动，逐步减少文盲”精神，全县开始建立和发展工农业余教育。3月，在武溪、浦市两镇各开办工农夜校1所。5月，全县农村创办农民夜校8所，有学员178人，由乡小教师兼任教学工作。6月，武溪、浦市两镇和五个区共开办工农业余夜校13所，学员266人，学员年龄最大45岁，最小7岁。12月，县政府成立扫除文盲委员会，下设办公室，与教育科合署办公，县长赵志均兼任主任。至年底，全县有夜校16所，学员978人。

（二）冬学

1950年10月25日，县人民政府部署全县扫盲教育，重点抓好冬学。1951年3月，县政府落实《关于开展农民业余教育的指示》，利用冬季农闲时期开办短期识字学校，发展冬学。12月，全县5区2镇85个乡共办冬学41所249班，学员8687人，占全县农业人口7.5%。1952年，区、乡成立工农业余教育委员会，配置业余教育专干。5月，全县18所农民夜校和冬学转入常年民校，有学生2095人。期间，县教育科对群师进行培训，提高教学能力。1953年寒假期间，全县中小学教师和初中高小学生到农村夜校和冬学，开展“一人教学百字”活动。

（三）农民业余学校

1953年12月，县政府成立县扫除文盲委员会。夜校、冬学统一称为速成识字教学扫盲班，全县6个区全部推行速成识字法，实行集中办班。1954年，县政府推广天门溪乡农民业余教育经验。1955年，将常年民校和冬学转为农民业余学校。全县农民业余学校发展到464所，学员16089人。1956年，县教育科指导浦阳乡新堡、中塘两村建立群师培训传授站，培训群师167名。7月，召开全县扫盲积极分子表彰大会，表彰42名优秀群师、10名优秀学员和6个先进单位。至年底，全县17420名农民参加业余学校学习，占青壮年文盲半文盲总数46%。红土溪乡五星高级农业社133名文盲社员通过1年学习，有56人能记工分，该社屋场坪业余学校为生产队培养37名记工员。1958年，县委召开教育大会，对全县扫盲工作进行部署。8月，湘西州扫盲委员会对永兴场乡扫盲教育检查验收，全乡有1686人达到脱盲标准，占青壮年总数86.4%，成为全县第一个“无盲乡”，群师唐伏湘被评为全国社会主义建设积极分子。1959年，县委确定红旗人民公社（后改为上堡公社）为扫盲重点单位，开展争创扫盲“红旗公社”活动。小章公社组织96%青壮年参加农民业余学校学习，被评为全省“扫盲红旗公社”。至1960年初，全县累计扫除文盲1.83万人，有业余小学88所，扫盲班662个，学员1.97万人。1960年下半年，因自然灾害，国民经济出现严重困难，扫盲工作停止。

1962年，经济形势好转，全县逐步恢复农村扫盲教育。12月，全县恢复和健全社镇扫盲组织机构，社镇配置业余教育专干11人。1963—1969年，全县规范扫盲教育工作，确定在大队学校内开办业余学校，做到有教室、有桌凳、有黑板、有书本、有作业本“五有”。1970年，农村业余教育工作停止。

（四）耕读小学

1964年 8月，县教育科在潭溪公社土麻寨大队试办一所耕读小学。10月，李家田公社在9个大队办耕读小学10所，入学学生79人。1965年，全县农村大队、生产队创办耕读小学924所，在校学生11641人，为全日制小学生总数71.7%。李家田公社和潭溪镇土麻寨创办耕读小学经验在全州推介。1966年，耕读小学转为全日制小学，教师转为民办教师。

（五）政治文化夜校

1971年，县委在全县各个大队举办政治夜校，实行学习政治和学习文化相结合。1972年，政治夜校改为政治文化夜校，恢复识字课，开展扫盲活动。1973年，县委设立扫盲教育工作领导小组，利用政治文化夜校开展扫盲教育。进入夜校对象是未进过学校和初小一、二年级失学青少年，以学习文化课为主。由此，政治文化夜校变为扫盲夜校。1974—1976年，全县参加政治文化夜校扫盲学习达到3.20万人。

1977年，州委确定泸溪县为第一批青少年脱盲县。全县利用政治文化夜校再次开展扫盲运动。1978年，县委成立工农教育委员会，在每个社镇配备1名工农教育专干，开展创建“青少年无盲县”活动。政治文化夜校发展到1849所，参加扫盲教育61268人。1979年，泸溪县成为全州第一个为“青少年无文盲县”。1980年，泸溪县被评为全省“基本扫除青少年文盲单位”，小章公社获全省“基本扫除青少年文盲先进集体”。

（六）农民文化技术学校

1981年，全县改革业余教育，把单纯扫盲识字教育转向为以学政治、文化、技术“三结合”文化技术教育。全县办农民技术学校5所，学员197人，大队办农民技术夜校6所，学员241人。1982年，全县社办业余农业技术学校18所，学员910人；大队办农业技术夜校154所，学员657人。县教育局、县业余教育办、合水公社被评为全州扫除“两盲”工作先进单位。1983年，贯彻中共中央、国务院《关于加强和改革农村学校教育若干问题的通知》，把没有读过或没有读完小学的15岁以下少年儿童动员到学校继续读书，完成小学主要课程，防止产生新文盲。至1985年，全县18个乡镇均办有农民文化技术学校，共设115个班，参加学习学员3174人。

1990年，全县村级农民文化技术学校216所，学员7408人。乡镇农民文化技术学校19所143个班，学员9249人。1993年，加强农民文化技术学校管理。浦市镇牛角湾村农民技术学校立足发展经济、科技致富，村民人均纯收入突破2000元，全村83户中54户年均收入超过万元。被国家教委授予“全国先进农民文化技术学校”。

1995年，全县开展“扫除青壮年文盲”工作，成立扫除文盲工作协调领导小组。确定农民文化技术学校学员以学习文化为主，开展农村青壮年扫盲教育，农民文化技术学校又变成扫盲学校。1996年，全县农民文化技术学校发展到250所，学员增加到3.53万人，其中村级农民文化技术学校231所，学员2.56万人。浦市镇农校和兴隆场镇农校被省教委授予“省农民文化技术学校”荣誉称号。1997年，全县青壮年扫盲教育经省政府扫盲评估验收团评估验收合格，获湖南省“基本扫除青壮年文盲合格县”。1998年，全县有乡镇农民技术学校19所、村级农民技术学校226所，教学班388个，学员15390人，教师410人。其中扫盲巩固提高班222个，学员1646人。1999年，全县乡村两级农民文化技术学校241所，毕业学员29620人，在校学员27880人，兼职教师348人。其中，扫盲提高班80个，学员2499人。

2000年，县政府开展创建全国“基本扫除青壮年文盲合格县”活动，在加强农业技术教育同时，利用农民文化技术学校开展扫盲提高工作，巩固提高脱盲成果。乡村两级农民文化技术学校488所，毕业人数58205人，在校学员56085人，兼职教师400人。其中扫盲提高班172个，在校学员3740人。2001年，全县19个乡镇232个村建立农民文化技术学校，培训实用技术2万人，青壮年扫盲巩固率96%。

2004年，贯彻落实《西部地区“两基”攻坚计划》，在加强普及九年制义务教育同时，继续开展扫盲青壮年提高工作。全县乡村两级农民文化技术学校488所，在校学员57180人。其中扫盲提高班145个，在校学员2647人。业余小学班150个，学员6073人。2004年12月，经教育部评估验收和审查认定合格。2005年1月，国家教育委员会以教督〔2005〕1号文件，确认泸溪县为全国第十一批“基本普及九年义务教育、基本扫除青壮年文盲县”，在全州率先实现“两基”目标。

泸溪县扫盲教育历时54年，经历了6种办学方式，实现了全县脱盲目标任务，完成了扫盲工作历史使命。

附：泸溪县部分年份农民业余教育发展情况一览表

表7—1 泸溪县部分年份农民业余教育发展情况一览表

年别	学校数(所)					在学校员数(人)					教职工数(人)				
	计	业余中学	业余小学	扫盲	农技	计	业余中学	业余小学	扫盲	农技	计	业余中学	业余小学	扫盲	农技
1950	41			41		3024			3024		98			98	
1951	202			202		8687			8687		382			382	
1952	202			202		8687			8687		445			445	
1953	30			30		1064			1064		42			42	
1954	149			149		8890			8890		690			690	
1955	465		3	462		15917		97	15820		784		5	779	
1956	341		4	337		7408		159	7250		557		9	548	
1957	284			287		5857			5857		284			284	
1958	1568		7	1561		36117		93	38024		1577		10	1561	
1959	995			994		28200			36024		995			995	
1960	750		88	662		19729		2306	17423		853		91	762	
1964	174	19	46	109		3147	380		1744		215		68	128	

续表1

年份	学校数(所)					在学校员数(人)					教职工数(人)				
	合计	业余中学	业余小学	扫盲	农技	合计	业余中学	业余小学	扫盲	农技	合计	业余中学	业余小学	扫盲	农技
1965	1027	8	924	95		12711	135		935		1039		9	92	
1966	※					628			628		※				
1970	568	14	554			6883	221	6662			592	7	585		
1971	556		556			6353		6353			568		568		
1972	558			558		3464			3464		612			612	
1973	315	6		309		20261	382		19879		324	15		309	
1974	820	8		812		30995	210		30785		1184	16		1168	
1975	598	10		588		13764	293		13471		649	19		630	
1976	452			452		6198			6198		522			522	
1977	1128			1128		15900			15900		1265			1265	
1978	893	7		886		9937	240		9697		932	14		918	
1979	738	1		737		8503	18		8485		859	2		857	
1980	321	3	270	46	2	4538	124	3627	737		320	4		40	
1981	71		45	18	8	1069		531	521						
1982	49		12	26	11	1504		837	363						

续表2

年份	学校数(所)					在学校员数(人)					教职工数(人)				
	合计	业余中学	业余小学	扫盲	农技	合计	业余中学	业余小学	扫盲	农技	合计	业余中学	业余小学	扫盲	农技
1983	113				113	3174				3174	20				20
1985	224				224	5845				5845	20				20
1990	549		157	157	235	47305		2706	28942	15657	20				20
1996	250				250	25609				25609	38				38
1997	467			222	245	17036			1646	15390	771			361	410
1999	321			80	241	30379			2499	27880	548			200	348
2000	955		450	172	488	82898		23073	3740	56085	1040		320	320	400
2003			150	145	488			6073	2647	57180	816		176	228	412

三、干部职工文化教育

1950年5月，县人民政府在武溪、浦市两镇各设职工业余学校1所。两校共设5个班，学员89人，其中43人不识字，编为初级班；26人具有高小肄业文化程度，编为中级班；20人具有高小毕业或初中肄业程度，编为高级班。7月，职工业余学校停办。1952年9月，恢复武、浦两镇职工业余学校。至年底，2所职工业余学校发展到8个班，学员224人。

1953年，职工业余文化补习推行“速成识字法”。1955年，县委组织部和县教育科联合举办乡干部脱产扫盲班。1956年，武、浦两镇兴办干部业余学校2所，设8个班，学员283人，专职教师2人。1957年，全县干部文化业余学校发展到4所10个班，学员322人。1958年，业余学校改为“红专”学校，全县创办红专学校12所，参加学习干部2820人。1959年，全县有职工业余文化补习学校7所，参加扫盲班学习职工437人，参加高小班学习514人，参加初中班学习24人。县教育科举办厂矿业余教师培训班，培训业余教师50人。

1960年，工业厂矿、交通、财贸等部门开办职工业余学校28所，入学职工2100名，占应入学职工95%。1963—1965年，停止干部职工文化学习。1968年，根据“五七”指示精神，县委创办“五七”干校，将干部分批分期安排至干校学军、学工、学农。

1975年9月，县工交、财贸系统兴办“七二一”工人大学，设置与本行专业相关基础课程。1976年7月停课，1978年，县 “七二一”工人大学撤销。

1981年，撤销县“五七”干校，恢复县委党校，开展干部轮训工作。1982年，全县开办职工学校或文化补习班5个，学员218人。1985年，全县2325名职工参加文化、业务补课。1986年后，干部职工文化学习转入成人学历教育。

第二节　师范教育

民国20年(1931)，泸溪创办县立乡村师范(初级师范)学校，校址在县城西郊省心楼(原一中校园内)，县府聘胡光仙为校长，教职员工7人。第一期初级一班，招录年龄16岁以上具有高小文化程度学生38名，学制两年，为农村小学培养师资力量。开设课程有党义、国文、算术、历史、地理、博物、理化、农业、美术、劳作、音乐、体育等。此外，设教育学、心理学两门专业课，学生免缴学杂费。是年秋，学校因故停办。民国21年(1932)春，县府聘杨人隽任校长，乡村师范学校复课，除原在校就读学生外，招收部分新生入学。民国22年(1933)，34名首批学生毕业，分配到各乡村小学任教。年底，因办学经费短缺，乡村师范学校停办。

民国31年(1942)，县长刘武敏与县教育科科长杨成寅等商议，在县城创办简易师范学校，选县城孔子庙(文庙)废址为校址，学校定名为“泸溪县简易师范学校”(简称泸溪简师)。11月，县府拨款修建校舍。民国33年(1944)2月，县府委黄尊三为校长。3月，招收新生1个班50名，正式上课，学制四年。开设公民、体育、童子军、生理卫生、国文、算术、历史、地理、植物、动物、化学、物理、军事训练(女生另授军事救护)、农工艺、美术、音乐、地方自治、教育概论、教育心理、教材教法、教育行政管理等课程。12月,教员杨君可为简师创作了校歌:“台山高,武水深,辉金蕴玉,嘴华含英,作育之责不让人。泸溪简师,任务非轻,学修习游,努力敷所行。筚路蓝缕,不辞辛勤,发扬光大,不惜担承。合十三万之民众,播十九里以芳声。群策群力,蔚起人文。”

民国33年(1944)秋季,招收简师第2班,学生50名。民国34年(1945)8月,省教育厅批准在简师附设初中部,学校全称为“泸溪县简易师范学校暨附设初中部”。学校移设于省立四中原址,校长黄尊三用魏体书“泸溪县简易师范学校暨附设初中部”校牌。招收初一班新生50名,此为泸溪县自办普通中学开端。民国35年(1946),泸溪简师附中部再招初中新生一个班。

民国36年(1947),简师创办附属小学一所,主事龚继舜。是年,简师一班31名学生毕业,学校停招简师生,只招收初中学生。民国37年(1948)6月,简师二班33名学生毕业,两班64名学生分往各乡镇担任小学教员。是年,简师有师三、师四2个师范班,6个初中班,在校学生400名,教职员30名,是学校创办以来鼎盛时期。

民国38年(1949)3月2日,湘西发生“三二事变”,社会秩序混乱,学校宣布延期开学,已报到学生遣散回家。11月,泸溪县城解放,县人民政府接管学校,简师复课。12月,沅陵行署决定停招师范班。

1950年,沅陵行署决定,撤销泸溪县立简易师范学校,更名为县立初级中学(今泸溪一中前身)。将简师第三、第四两班学生转入省立第九师范学校(今吉首大学师范学院前身),部分简师学生进入初中班。泸溪简易师范学校从1944年创立到1950年停办7年时间,开办师范班4个班,毕业学生64名。为泸溪县发展乡村教育提供了人才支撑。

第三节　泸溪县教师进修学校(教师发展中心)

一、沿革

1979年,县教育局在局内设立泸溪县教师函授站,开展教师培训工作。1980年12月,县教师函授站改为泸溪县教师进修学校。1981年1月,县教师进修学校确定为副科级独立法人资格事业单位,配全额事业编制11人,张继成任校长。3月,在县第一中学校园内修建办公及教学楼房一栋,建筑面积700平方米。1983年1月,县教师进修学校升格为正科级独立法人资格事业单位。1985年,在上堡乡车站村唐家排组新校址修建教学楼和教师宿舍楼各一栋,面积3300平方米。1986年春,学校迁入新校址,时有教职员工24人。

1992年,教职工增加到34人,校园面积扩大到7504平方米,建筑面积4203.46平方米。1998年,县政府在白沙新城文教小区划拨土地13306.65平方米,作为进修学校新校址。学校动工修建教师宿舍1栋和9间办公用房平房,建筑面积1918平方米。1999年7月,学校由武溪老城迁至新校址办公。

2005 年，县委、县政府为扩建城区小学，将明德小学建在学校规划区内，原有土地权属归明德小学所有，两校资源整合共享。进修学校新建教学楼、综合楼各 1 栋。2010 年 9 月，县教师进修学校设立电大工作站。10 月 17 日，湘西自治州民族广播电视大学泸溪工作站挂牌成立，采用与县教师进修学校“一套人马，两块牌子” 办学方式，成为泸溪县教育历史上第一个正规高等教育机构。是年，招生首届学员 27 名，开设行政管理、汉语言文学两个专科专业。

2016 年 6 月，县教师进修学校更名为泸溪县教师发展中心，为正科级全额拨款事业单位，隶属县教育和体育局管理。至 2017 年，教师发展中心内设党支部、工会、办公室、总务处、继续教育部、电大招生办、电大教务处 7 个职能机构。有教职员工 34 人，其中具有高级专业技术职称教师 14 人，中级专业技术职称教师 13 人，初级专业技术职称教师 7 人。主任孙远林。

二、教学

(一)教师培训

从 1979 年设立县教师函授站至 1985 年，培训在职小学教师 230 人。1986—1988 年，采取函授和离职培训形式，先后开办在职教师培训、中师初师文化补习、初中外语教师培训 3 种类型培训班，共计培训和补习 204 人，组织协调全县教师以及国家公职人员自学考试工作。1989 年，被省教育委员会授予“全省自学考试先进单位”。

1993 年，组织实施教师专业合格培训和学历培训。全县 125 名中小学教师参加培训，合格率 100%。全县每年按教师总数 3%比例到教师脱产班进修，小学教师学历合格率由 1987 年 67.8%提高到 89.1%，中学教师学历合格率由 54.1%提高到 89.2%。举办中小学校行政干部培训班 3 期，学员 94 人。1994 年，在永兴场乡等 5 所农村学校开办小学一级教师继续教育培训班 5 期，参培教师 630 人，合格率 98%。1996 年，开展教师基本功培训和新进教师上岗培训，参加基本功培训教师 1326 人次，86 名新参加教师队伍大中专毕业生参加上岗前教学基本功培训，合格率 95%。1997 年，组织全县中小学教师普通话培训。1998 年，开展全县中小学教师基本功综合素质培训。1999 年，开展教师信息技术培训和中小学教师普通话培训。2000 年，国家实施“跨世纪素质教育工程”和“跨世纪园丁工程”，对中小学教师师德师风、综合素质、教学研究培训提出新要求。至 2001 年，学校累计举办教师基本功综合素质培训班 1120 人。2002 年，设专科班 2 个，招收学员 92 人。开展岗位培训 498 人，结业 273 人。至 2005 年，教师信息技术培训 1880 人，500 人获信息技术等级合格证。举办中小学教师师德师风建设培训 2 期 4 个班，培训教师 240 人。开办各学科骨干教师培训班 3 期 3 个班，培训教师 180 人。开办中小学校长县内岗位培训 2 期 2 个班、外出学习提高培训 1 期 1 个班，参训校长 94 人。开办农村片村级小学音、体、美教师基础培训 1 期 3 个班，培训教师 107 人。开办农村片完全小学和村级小学语文、数学科课件制作全员培训 4 期 8 个班，培训教师 416 人。2007—2009 年，输送 51 名中小学校长参加教育部“中西部万名农村寄宿制学校校长国家级远程专题培训”高级研修班跟班学习。

2010年，县政府在学校设立泸溪县中小学教师国家级培训项目实施工作办公室。全年分6批开展中小学教师职业道德远程研修、教师教育技术能力远程研修、心理健康教育远程研修、新进教师适岗远程研修、教师“有效教学，高效课堂”远程研修、教师新课标全员远程研修等继续教育远程培训。远程研修参加教师累计2195人，合格2113人，合格率96.3%。2011年，组织10名中小学教师参加“国培”置换脱产研修，23名教师参加集中学习培训，198名教师参加国培网上远程研修，2231名教师参加省“十一五”教师专业成长行动计划工程。举办农村片村小中老年教师培训班、农村片完全小学及村小学负责人培训班、农村片完全小学及村小学中青年教师培训班、初中数理化骨干教师培训班3个班、中小学优秀班主任培训班和音乐美术教师培训班、中小学教师信息技术高级培训班等9个班，参训教师累计1106人。组织初中语文、数学、英语和小学语文、数学学科骨干教师分赴达岚和梁家潭学校开展“送教下乡”培训，参训教师180人。开展中小学教师普通话培训与水平等级测试，培训和测试教师141人。举办中小学教师非学历远程教育培训班，培训教师340人。

2012年，完成434名“国培计划”和58名“省培计划”参训学员信息采集和学习管理，参训率、合格率均为100%。全县义务教育阶段1579名教师分3批参加培训。组织中小学教师600人参加省中小学教师继续教育指导中心专家在武陵山片区（泸溪县）开展“送培上门”培训活动，现场培训教师260名。举办中小学校心理健康教师培训班、思想品德教师培训班、班主任提高研修班、教师素养大赛等，培训教师332人次。分3期对全县950名公务员进行普通话培训与测试。

2013年，选送9名初中骨干教师、13名小学骨干教师到北京参加中国教师教育视频网“第六届名师论坛暨义务教育新课程标准解读会”培训学习。选派22名中小学骨干教师到湖南师大附中星城实验中学、长沙岳麓区第一小学课堂观摩和跟班学习。全县义务教育教师新课标培训参训教师1600人，合格率100%；高中教师新课标培训365人，合格率100%。组织教师参加“国培”计划学习400人，“省培”计划学习36人，参加省“教师专业成长行动计划工程”教师2600人。组织289名中小学教师参加湘西州中小学教师“我的专业成长故事”视频演讲比赛，15名教师荣获一等奖。组织5名教师参加演讲大赛，1人荣获一等奖。开展“送教下乡”活动，现场培训教师200人。举办中小学校长高级研修班1期，培训校长和教育管理干部42人。开办信息技术高级班1期，培训教师91人，合格90人。以开展名师引领、成长足音、智慧荟萃、成果展示、结伴同行“五个一”活动为载体，培训精英教师80人。

2014年，组织29名中小学骨干教师赴上海参加“高效课堂教学”培训。委托湖南大学对33名中小学骨干校长开展“理念提升现场观摩阶段”培训，聘请著名专家学者进行专题讲座，参训校长与长沙市5所名校校长进行交流学习，实地参观考察湖大附小和长沙周南中学。施国培短期集中培训和脱产置换培训168人，省培网上远程培训192人，“省培计划”农村片村小骨干教师培训9人，参加省“教师专业成长行动计划工程”教师2734人，参训率、合格率均为100%。举办全县师训专干和中小学校学分管理员培训班、中小学校师德师风建设培训班、非学历远程教育补训办班常规培训9期13个班，累计培训教师1017人。

2015年，推进名师工程，创建高中数学、初中语文和小学数学3个名师工作室；成立泸溪县名师（培训者）研修省发展中心C210—工作坊，是全州第一个省级示范性名师工作坊。在山东师大举办教育行政管理干部高级研修班，全县中小学校长、县幼儿园园长、县教育局和教师进修学校教师教育与教师培训管理人员39人参加研修学习。组织1698人次教师参加国培、省培、州培培训学习，组织名师工作室成员和骨干教师赴潭溪中学、小学及解放岩学校开展“送教下乡”，现场培训教师200人。举办小学班主任及少先队辅导员培训班、计算机辅助普通话水平等级测试、名师工作室建设指导与培训班，培训456人次。开展五年制定向师范生集中培训和才艺展示活动及中学音乐、体育优质课展演观摩活动，创建“书香校园、引领专业”阅读活动，参培教师1706人次。举办州、县学科带头人结对暨交流年会，培训教师170人。选派12名优秀教师参加全国中小学信息技术教育论坛培训学习，选送白沙中学教师代表湘西州参加湖南省“中国汉字听写大赛”，获省二等奖。

2016年3月，选送2名教师参加第五届全国教师培训机构发展研讨会暨教师培训课程开发专题研修班。4月，国培项目县成功报批，培训团队教师53人先后参加脱产研修培训学习、“影子教师”跟岗实践学习及总结提升培训班。5月，选送2名教师参加“国（省）培”培训管理者高级研修班，选送1名教师参加陈大伟观课议课高级研修班。组织12人次到乡村学校开展调研讲座、听课评课活动，现场指导培训中小学教师。9月，选送1名培训骨干参加湖南省“送教下乡”培训现场会，创建第二批名师工作室高中语文、小学语文各1个，初中数学工作坊1个，名师工作室（坊）成（学）员涵盖中小学教师102人。实施国培项目送教下乡培训，参培教师涉及3个学段6个学科、15所中小学校幼儿园，分3个乡镇确定5所片区校为培训基地，分6个阶段开展送教活动，培训教师400人次。开办中小学（幼儿园）中青年后备干部培训班、计算机辅助普通话水平等级测试培训班、名师工作室首席专家及成员培训班、特岗和非师范教师及新进教师培训班，参训教师444人。组织2193名教师（包括民办幼儿园教师）参加省“十三五”教师专业成长行动计划工程培训。

2017年，分期分批选派42名学校管理者及优秀教师，参加教育部和省教育厅举办的10期培训班。组织中小学优秀教师赴踏虎、小章中小学开展初中英语、政治、历史和小学语文、数学学科“送教下乡”培训活动，现场培训教师147名。举办“适应新常态，甘为领路人”主题提高培训班，聘请湘西州培训专家学者和县内名师为150名中小学班主任授课培训。委托长沙市教育学院在长沙举办“名师工作室专题高级研修班”，培训全县名师工作室成员50人。开办“中小学（幼儿园）后备干部培训班、新进教师培训班、国培项目管理团队研修班等县内常规培训班，培训教育管理及教学人员658人。组织1396人参加国培、省培项目远程培训在线网上学习，国培项目县“送教下乡”参培教师370人，省“十三五”教师专业成长行动计划工程参培教师2364人。

（二）专业班

教师进修学校建立初期，学校先后开设二年制成人中师脱产进修班3期6个班和一年制英语教师进修班3期3个班，培训学员371人。1989年，配合职业中学开办成人中师专业班和职业中专班。至1992年，学校配合县职业中学开设5个专业班，设二年制成人中师班1个，二年制职业高中财会班2个，三年制职业中专财会班3个、医师班1个、建筑班1个和畜牧班1个，累计招生18个班798人，毕业学员687人。

2000年，学校与湖南师范大学联办现代远程教育班1个，开设高等数学、现代汉语、教育学、心理学、现代教育理论等21门课程。2004年，与吉首大学政法学院联办三年制本科法律专业班1个、经济法班2个，开设司法文书、经济法学等23门课程。与吉首大学中文系联办三年制本科现代教育技术班2个，开设西方文学、现代教育技术、教育技术学研究方法等26门课程。与吉首大学信息科学与工程学院联办三年制本科信息管理与信息系统班1个，开设政治经济学、管理学原理、市场营销等30门课程。与吉首大学师范学院联办三年制专科初等教育班1个、初等教育免试班1个，开设教育学、高等数学、班主任工作等20门课程。与吉首大学继续教育学院联办三年制专科成人经济管理班4个，开设经济数学、计算机应用基础、经济管理学原理等21门课程。

2005—2008年，与湖南理工职业技术学院和湖南工业职工大学联办二年制短线专科层次经济管理专业班4个，开设现代企业管理、财务管理、应用文写作等25门课程。历年联合办学开班17个，累计招生学员872人，毕业819人。

（三）电大教学

2010年，学校设立电大工作站，在湘西自治州民族广播电视大学直接领导下独立开展招生和教学工作。

1.*学历教育*。2010年秋季，新招专科层次各类社会学员27人，设有汉语言文学专业班和行政管理专业班。至2017年，工作站累计设汉语言文学、法学、学前教育、小学教育、金融学等专科层次11个专业；设数学、法学、英语、计算机应用科学、金融学、行政管理、土木工程等本科层次13个专业，专本科共设置课程353门，累计招收学员958人（专科学员501人，本科学员457人），专本科毕业58个班，毕业学员727名，其中专科461人、本科毕业266人。

2.*干部教育培训*。2015年初，县委组织部在电大工作站设立湘西州干部教育培训网络学院泸溪县分院，委托工作站具体负责全县干部在线学习日常管理考核评价等工作。至2017年底，全县参学单位84个，学员1700人，覆盖全县副科级以上单位，参学学员合格率均为100%。干部教育培训连续3年获州干部教育网络学院“干部在线教育工作先进单位”。

3.*行政执法人员资格电子化考试*。2016年，县电大工作站提供考试设备技术和标准电子考试场地，配合县政府法制办举办全县行政执法人员资格电子化考试。全县897名行政执法人员参考，合格人数400人，合格率45%。2017年，参考人员653人，合格人数376人，合格率57.5%，合格率高于全省平均水平。

表7—2　　泸溪县电大工作站历年招生及毕业生人数一览表

入学年月	专科				本科			
	招生总数	其中女生	毕业生数	毕业时间	招生总数	其中女生	毕业生数	毕业时间
2010.9	27	8	26	2013—01				
2011.3	52	17	52	2013—07	27	6	27	2013.7
2011.9	75	48	75	2014—01	50	22	50	2014.1
2012.3	52	22	52	2014—07	21	9	21	2014.7
2012.9	44	20	44	2015—01	38	16	38	2015.1
2013.3	43	17	43	2015—07	47	19	47	2015.7
2013.9	44	22	42	2016—01	26	6	26	2016.1
2014.3	33	12	32	2016—07	40	13	39	2016.7
2014.9	14	4	14	2017—01	17	4	17	2017.1
2015.3	16	10	16	2017—07	19	4	19	2017.7
2015.9	10	3	9	2018—01	24	4	24	2018.1
2016.3	33	8			7	1		
2016.9	13	7			18	6		
2017.3	24	9			28	11		
2017.9	84	33			14	5		

（四）教学方法及教学研究

20 世纪 80—90 年代，学校根据受训教师实际情况，结合教材和教学实际研究教学方法。2000 年，教师培训重在促使教师创新教学方法，更新教学手段，打造高效课堂，为更多教师研究教学提供展示平台。2010 年，学校实施“国培计划”中，加强教学方法改进，开展教学研究。

1.坚持名师引领。2010 年，全县评选学科带人，确定每 3 年评选一次。2015 年，创建名师工作室，确定每 3 年评选 1 个名师工作室。至 2017 年，全县拥有正高级教师 1 名、湖南省特级教师 4 名、州级学科带头人 10 人、县级学科带头人 41 人。州级名师工作室 1 个、县级名师工作室 7 个。

2.组织送教下乡。2010 年起，每年开展 2 次“送教下乡”培训，组织优秀教师到乡村学校开展问题诊断、示范教学、说课引领、交流研讨、专题讲座，指导乡村学校开展校本研修，促进乡村学校开展校本研修常态化，提升教师专业素质。

3.开展教研教改。2011 年，全县教师参加各类国培计划 7550 人次。2016 年申报“国培计划项目县”成功后，连续 2 年开展“国培计划”项目县送教下乡培训工作。创立示范教学“六步法”、研课磨课“三研三磨”等教学教研方法，为中小学校校本研修示范做样，提高中小学教师校本教研能力。

4.开展课题研究。2011年初，开展“民族落后地区区域教师队伍建设”课题研究。年底，课题研究结题。2012年，组织全县中小学校进行“实施教师专业成长工程，推进县域教育均衡发展”课题研究。同时，向省中小学教师继续教育指导中心申报“中小学教师专业成长与继续教育关系研究”课题。2013年4月，完成省教育学会和省继教中心《中小学教师专业成长与县域教育均衡发展的关系研究》和《中小学教师专业成长与继续教育的关系研究》两项课题申报。2015年，向省教师发展中心和省教育学会提交立项课题结题相关资料，2项省立项课题结题。

2016—2017年，开展有关教师专业成长课题研究调研、资料整理和课题申报准备工作，对课题进行评审。

5.创新电大教学方法。电大工作站利用网络教育技术手段，采取面授导教、网上教学实践、毕业论文指导等方法，开展课程教学模式改革，促进教师与学生之间互动与交流，培养学生网上学习能力。

三、教研成果

2008年，学校申报《校自为本、梯级推进、培研结合、内外互动—适合民族贫困地区教师新课程培训策略与有效模式》课题，被评为全国教育科学“十五”教育部规划课题。《新课程师资培训策略与有效模式研究与实验》 课题研究获湖南省教育学会课题结题成果一等奖。2009年，申报《农村中小学心理健康教育有效途径与方法的实验研究》课题，确定为全国教育科学“十一五”规划教育部重点课题。2011年，《有效推进区域教师专业发展》课题在湖南省教师培训机构管理委员会第八届年会上获得一等奖。2012年4月，申报《中小学教师专业成长与县域教育均衡发展关系研究》课题，获湖南省教育学会“十三五”课题研究成果一等奖。10月，申报《中小学教师专业成长与继续教育关系研究》课题，2015年获湖南省中小学教师发展中心课题研究成果评比二等奖。

泸溪县教师进修学校(教师发展中心)创立38年，累计完成学历提升教育5000人次，中小学教师新课标远程教育3300人次，中小学教师综合素质教育3800人次，非学历远程教育2850人次，中小学骨干教师及学科带头人培训700人次，计算机初、高级和普通话等级培训3200人次，中小学班主任培训1500人次，校长及中青年教育后备干部培训400人次。参加“教师专业成长行动计划工程”网上研培10046人次，参加国培、省培项目学习5679人次。省、州、县三级培训机构组织专家团队开展“送教下乡”活动17次，培训教师2139人次，各学科带头人参加国家级培训192人。培训机构培训管理者参加国家级、省级提升研修78人次。电大工作站累计招生学员958人，其中专科501人，本科457人。连续12年被评为湘西州教师培训机构目标管理一等奖，连续8年被评为湘西州电大系统目标管理优秀工作站。

第八章　德　育

第一节　清代至民国时期学校德育

一、机构设置

清光绪三十一年(1905),实施新式教育,泸溪县2所高等小学堂实行教导合一教学体制。学生德育教学由堂长提出内容及要求,教师在授课中向学生灌输。民国14年(1925),设级任教师,利用早、晚会进行训话。民国27年(1938),改级任制为导师制,德育课列入导师(班主任)教学职责。民国31年(1942),析教导处分设教务处和训育处。抗战期间,中共地下党员殷廷禄组织进步人士在县城第一小学成立"抗日救亡宣传队",浦市县立第二小学成立"抗日救国会",在学校对学生进行爱国主义教育。民国36年(1947),简易师范学校暨附设初中部增设训育处,配备班训育员、班级任导师,这种德育教学体制一直延续到中华人民共和国成立。

二、教育内容

(一)启蒙教育

明清时期,县内私塾启蒙教育实施"童蒙养正",其内容主要是尊孔。清末,私塾启蒙教育以爱护儿童为出发点,实施"爱养"。

(二)信仰教育

泸溪自有学校起,信仰教育一直以"忠君""尊孔"为主旨。清末,规定以"天地君亲师"为信仰教育纲要。民国时期,国民政府教育部制定新民国课程表,规定从孝悌、信实、恭敬、勤俭等方面培养学生。民国19年(1930),各学校根据《中华民国教育宗旨及其实施方针》,开设"三民主义"课程,教育目标是陶冶学生"忠孝仁爱,信义和平"国民道德精神。民国21年(1932),县立高等小学及县立乡村师范学校相继开设党义课程。民国34年(1945),抗日战争胜利后,在党义课程中加入崇拜美国等教育内容。

(三)伦理教育

明清时期,县内学院、私塾伦理教育以"忠孝"教育为主。清光绪二十九年(1903),南溪书院和观澜书院改为官立高等小学堂后,设立修身课程,对学生进行父子、夫妇、兄弟、朋友、君臣“五伦”和父慈子孝、夫唱妇随、兄友弟恭、长惠幼序、朋谊友信、君教臣忠等“十义”伦理教育。强调“五伦”为“人伦之首，九族之次”，“此十义，人所同也”。潭溪土麻寨蔡先生创立私塾正馆中设“天地君亲师”牌位，每天组织学生叩拜，然后正式开课。至民国，伦理教育以清代伦理为基础，夹杂西方“博爱”等内容。民国19年(1930)，县立高等小学伦理教育课程主要由经典阅读组成。读物包含从《孝经》到“四书”各种经典。朱熹《小学》、刘宗周《人谱》《礼记》内容被用作行为规范指南，学生理解“四书”后开始研读“五经”。民国26年(1937)，县内各学校包括迁入外地中学将“忠孝仁爱义礼廉耻”作为伦理校训。

(四)品德教育

清代，县内私塾和学院均以“仁义”品德教育为核心，向学生灌输孝、悌、忠、信“四维”和忠、孝、仁、爱、信、义、和、平“八德”。清光绪三十年(1904)，颁布《奏定学堂章程》，规定“忠君、尊孔、尚公、尚实”，反映“中学为体、西学为用”思想。县内13所初级小学将“三尚”作为学生品德教育基本内容，灌输崇尚公共政治，崇尚武力，崇尚实用知识。浦市官立高等小学堂将“仁爱、廉耻、忠勇”作为道德教育具体内容。

民国28年(1939)，第三次全国教育会议提出将礼义廉耻“四维”列为学校共同校训，忠、孝、仁、爱、信、义、和、平“八德”作为学生信守准则。县内各学校按此标准对学生进行品德教育。这种教育方法延续到中华人民共和国成立自行废止。

第二节　中华人民共和国成立后学校德育

一、机构设置

1949年11月至1950年5月，县人民政府和各区政府相继废除旧的学校训育制度，撤销训育处、童子军等机构，解散训育员。改班级任导师为班主任，建立新型思想政治教育机构。1950年6月，县立初级中学设立教导处。1952年秋，各区中心小学和2所中学建立共青团和中国少年先锋队组织。1953年，第一区、第二区中心小学制定《学校班主任思想品德教育工作制度》。对学生进行爱祖国、爱人民、爱劳动、爱科学、爱社会主义“五爱”教育，指导少先队(团支部)、班委会工作；联系课任教师、学生家长共同教育学生。1954年，这种思想品德教育制度在全县中心小学推开。1957年，各中学、城镇小学、乡中心完全小学相继建立党支部，设立以党支部任组长，校长、教导处、班主任为成员思想政治教育工作领导小组。构建领导小组与工会、共青团、学生会、少先队相互配合的学校思想教育工作网络。1968年，各中学、城镇小学、公社中心完全小学相继成立学校革命委员会。县革命委员会组织工人宣传队进驻城镇学校，贫下中农宣传队进驻农村学校，学生思想政治教育工作由校革委与工宣队或贫宣队负责。这些机构既是学校行政管理机构，也是学校思想政治教育机构。

1973年，各中学、城镇小学、公社中心完全小学恢复党、团和少先队组织。1977年，撤销学校革命委员会，设立校委会，恢复1966年前思想政治教育工作机构。

1985 年，全县中学实行教导分开，设立政治教育处。1988 年，思想政治教育工作实行校长负责，发挥党支部核心作用，确定一名副校长主管思想政治教育工作。

1994 年 8 月，根据中共中央《关于进一步加强和改进学校德育工作的若干意见》，各学校设立家长委员会（家长学校），通过家长委员会、家长学校、家长接待日等形式与学生家长建立经常联系制度，吸收家长参加德育教育过程。

2000 年，中学政教处改为德育处。各中学成立团委或团总支部，以班为单位建立团支部或团小组，初高中学生团员达到青年学生总数 30%。小学以学区为单位设立少先队大队部，以班为单位设立少先队中队，以班小组设立小队。2006 年，县教育局成立关心下一代工作协会，各学校及片完小组建关心下一代工作小组。构建学校、家庭、社会"三位一体"德育网络。2010 年，关心下一代工作协会更名为关心下一代工作委员会。2015 年、2017 年，两次对县教育局关工委机构进行调整充实加强。

二、课程与教材

中华人民共和国成立后，改公民（党义）课为政治课。1952 年，县立初级中学和各区中心学校高年级讲授"时事政策"。初中三年级增设中国革命常识。1953 年，各区中心学校高年级设政治课，初中政治课以《社会发展简史》《中国革命读本》为教材。1955 年，根据政务院文件精神，初中政治课加授《中华人民共和国宪法》。1957 年，初中一年级、二年级政治课改为青少年修养，初中三年级为政治常识。1958 年，泸溪一中开始招收高中新生，高中一年级政治课讲授社会主义和共产主义知识。

1963 年，初中一年级讲授"道德品质教育"，初中二年级讲授"社会发展简史"，初中三年级讲授"中国革命和中国共产党"。高中一年级讲授"阶级和阶级斗争基础知识"，高中二、三年级讲授"辩证唯物主义常识"，初、高中各年级政治课每周均为 2 课时。1964 年，高中政治课讲授《毛泽东著作选读》乙种本和《辩证唯物主义常识》。1966—1971 年，学校政治课以学习毛主席著作和《人民日报》、《解放军报》、《红旗》杂志社论等为主要内容。

1972 年，政治课使用省编统编《政治》教材，高中政治课加授社会发展史。1977 年，初中 1—3 年级政治课为青少年修养、政治常识、社会发展简史；高中年级为政治经济学和辩证唯物主义常识。

1981 年，统一使用省编政治课教材，小学开设思想品德，初中一年级开设青少年修养，初中二年级开设法律常识，初中三年级开设社会发展史，高中开设政治经济学和辩证唯物主义常识。1988 年，实施中学生德育评定制度，中学生操行等级分为优秀、良好、及格、不及格 4 个等级。1989 年，按照《中学德育大纲（试行）》要求，实施德育教学。1991 年秋，将中学思想政治课由每周 2 课时改为 3 课时，高中在时事政策教育时进行人口教育。1992 年秋季起，使用全国统一编写思想政治课教材。1995 年，中学政治课执行国家教委《中学教育大纲》。

2000 年，把法纪教育纳入课堂教学，做到教学有计划，学生有教材，任课有教师，课时有保障，考试有成绩。2001 年，贯彻教育部《九年义务教育小学思想品德课和初中思想政治课课程标准(修订)》精神。改进教学方法,增强教育针对性,加强实践教学,发挥学生主体作用,突出创新精神与实践能力培养。是年,高中学生军事训练纳入社会实践课,法制教育列为学生必修课。2006 年,把社会主义荣辱观引入课堂。2007 年,初中政治课统一改为思想品德课。

2016 年,教育部下发《关于加强和改进中小学品德课教学工作的意见》,小学 1~2 年级设品德与生活课,小学 3—6 年级设品德与社会课。初中设思想品德课,高中设思想政治课。把品德课综合表现作为学生评优、入队、入团和入党考察重要内容。

三、思想政治教育

1950 年起,学生思想政治教育列入学校德育课外活动重要内容,通过组织学生参加社会实践活动、主题班会、报告会、团队日、校园舆论宣传、家长会、师生谈心、表彰先进等多种形式,开展道德品质、爱国主义、革命传统、劳动实践、树立楷模、社会家庭等方面教育。

(一)道德品质教育

中华人民共和国成立后,学校以共产主义道德品质教育为核心,树立共产主义崇高品德。1952 年,县立初级中学政治思想教育以"发展学生为祖国效忠,为人民服务思想,养成爱祖国、爱人民、爱劳动、爱科学、爱护公共财物"为主要内容。从 1953 年起,开学第一周将学习《学生守则》定为入学教育周。1957 年,各学校开展宣传毛泽东主席"我们的教育方针应该使受教育者在德育、智育、体育几方面都得到发展,成为有社会主义觉悟、有文化的劳动者"指示活动。

1963 年,响应毛泽东主席发出"向雷锋同志学习"号召,学校开展以学雷锋,做好人好事,助人为乐思想品德教育。1964—1976 年,对学生进行以阶级教育为中心社会主义教育和反对帝国主义、反对现代修正主义教育,对毕业班加强升学与回乡务农两种思想准备教育。

1982 年 3 月 5 日为"学习雷锋纪念日"。全县各学校开展以讲文明、讲礼貌、讲卫生、讲秩序、讲道德,心灵美、语言美、行为美、环境美为主要内容 "五讲四美"活动。1992 年,对青少年进行近代史、现代史及国情教育 "两史一情"教育活动。1999 年,各学校相继组建学校礼仪队,组织学生为革命烈士祭扫陵墓,到敬老院义务服务。

2002 年,县教育局制定《泸溪县中小学关于升降国旗的有关规定》,重大活动及节庆日举行升国旗仪式。2005 年,把开学第一周作为行为规范周,第一个月为行为规范月。2008 年,汶川大地震发生后,全县学校发动学生为汶川受灾学校和学生捐款 12 万元。

2014 年,落实《未成年人思想道德建设纲要》,以培育和践行社会主义核心价值观为核心,拓展德育工作新载体,创建州级德育示范校 1 所,县级德育示范校 2 所,评选省级三好学生 2 人,州级三好学生 27 人,州级优秀干部 8 人,"孝心少年"28 人,学生操行评定合格率 99.9%,思想品德考核合格率 100%。2015 年,创建州级德育示范校 1 所,开展"少年向上真善美"活动。县教育局被国家教育部评为第十八届全国青少年五好小公民"少年向上真善美伴我行"主题教育活动先进集体。

2016年，根据教育部《关于加强和改进中小学品德课教学工作的意见》，开展社会主义核心价值观教育活动。2017年，县教体局贯彻落实教育部《中小学德育工作指南》。引导学生把握富强、民主、文明、和谐价值目标，理解自由、平等、公正、法治价值取向，遵守爱国、敬业、诚信、友善价值准则，将社会主义核心价值观内化于心、外化于行。

（二）爱国主义教育

1950年，全县学校进行“抗美援朝，保家卫国”爱国主义和国际主义教育。县立初级中学捐献人民币20万元（旧币），第11班女学生利用课余时间养鸭、做鞋，获得收入全部捐献。130名师生参加和平签名。2所中学106人报名参军和报考军校。泸溪一中初6班学生胡正理参加志愿军赴朝作战，在老秃山战役中壮烈牺牲，是泸溪县在新中国成立后为国捐躯第一位烈士，学校将其事迹写成爱国主义教材。1956年，潭溪兄弟山完全小学教师张声祥作词、校长张经勇作曲，创作湘西自治州在共和国成立后第一首校歌《兄弟山之歌》。在爱国主义教育中进行爱校教育。歌词是“兄弟山高，峒河水长，松树青青，花儿遍地香。在这美丽的小山岗上，苗土家汉族欢聚一堂。啊！兄弟山，兄弟山！我们亲爱的母校，民族的摇篮，在您的怀抱里，我们幸福成长，学校锻炼团结如钢！啊！兄弟山！兄弟山！为您而骄傲，为您而歌唱！我们永远歌唱！”1962年西疆保卫战、1972年北疆保卫战、1979年南疆保卫战爆发后，全县各中小学先后举办各个时期保卫战图片展览，举办反霸权主义、扩张主义时事讲座，结合政治历史课讲授中国疆域史、揭露国外敌对势力侵略、瓜分、割占祖国领土罪行。城区中小学邀请县人民武装部领导到校作捍卫祖国神圣领土英雄事迹报告，组织观看保卫战新闻纪录片，声援中国人民解放军指战员保家卫国。1979年10月，组织县城中学生参加和听取南疆保卫战一等功臣刘身小爱介绍参加战斗英雄事迹报告。

1983年，全县各中小学开展以宣传祖国新面貌和建设成就为中心爱国主义教育月活动。1993年起，在全县中小学开展青少年爱国主义读书教育活动。1997年，香港回归祖国，各学校开展国防知识和知香港、爱香港、爱祖国为宗旨知识竞赛。2005年，结合《公民道德实施纲要》宣传活动月，开展“做诚信人，办诚实事”读书活动。2006年后，全县各学校每年开展一次爱国主义读书教育活动。2015年，县教育局组织全县学校开展“少年向上，真善美伴我行”主题教育活动。

2017年，落实教育部《中小学德育工作指南》，完善中小学德育工作长效机制。进行中国近现代史、特色社会主义、中国梦和时事政策教育，开展升旗唱国歌，向国旗敬礼、国旗下宣誓、国旗下讲话等活动。

（三）革命传统教育

1952年起，革命传统教育列入学校政治课校外活动内容。20世纪50至70年代，采取请老干部、老军人到校讲述跟随红军参加革命、创建革命根据地、二万五千里长征等革命故事和参加抗美援朝保家卫国及南下解放全中国、剿匪反霸、建立人民政权、实行土地改革、走集体化道路奋斗历史。请老工人、老农民进行新旧社会对比以及社会主义建设成就。进入

21 世纪，将革命烈士墓、烈士公园作进行革命传统教育基地。每年组织学生在“清明”节、“烈士纪念日”进行祭扫活动，激发学生勤奋好学，继承和发扬革命优良传统。组织学生观看革命传统和爱国主义电影。

2014 年，小学低年级开展启蒙教育，培养热爱中华优秀传统文化感情。小学高年级开展认知教育，引导学生感受中华优秀传统文化丰富多彩。初中阶段以增强理解力为重点，引导学生认识文化传统和基本国情。高中阶段以增强理性认识为重点，引导学生感悟精神内涵，增强对中华优秀传统文化自信心。2016 年，县教体局联合县国防教育办公室组织开展红色电影进校园活动，《惊沙》等 3 部红色电影免费在全县 33 所重点学校放映。

(四)劳动教育

1953 年，县立初级中学规定每个星期日加班劳动半天，组织全校学生参加修建操场义务劳动。1955 年，组织学生参观农业生产合作社，进行社会主义前途教育。1958 年起，全县学校开展勤工俭学活动。1959 年，各学校正式将劳动课纳入课程计划。小学高年级和初中每周 6 个小时，高中每周 8 个小时。1961 年，一中、二中通过劳动课基本实现蔬菜自给。1966 年 5 月，贯彻落实“五七”指示，各学校实行学工、学农与教学、勤工俭学相结合。

1970 年，全县开展“农业学大寨”运动。泸溪一中学农基地恢复到 3.33 公顷，双季稻亩产达到 300 千克，年收稻谷 4 吨。各学校组织学生开展复收桐茶、烧炭等勤工俭学活动，各农业中学自己动手修建校舍。1976 年，实施教育为“农业学大寨”服务，发展校办工厂、农场。全县中学均办有学农基地，一中、二中办有学工工厂，泸溪一中学农基地被县农业局定为水稻良种繁育基地。1978 年，恢复正常教学秩序，学校劳动课减至每周 2 课时。1990 年，全县学校停止劳动教育课程。1998 年，贯彻落实教育部《关于加强普通中学劳动技术教育管理的若干意见》，把劳动技术教育纳入学校教育计划。

2000 年后，贯彻落实《中共中央国务院关于深化教育改革全面推进素质教育的决定》精神，对学校劳动教育模式进行改革，义务教育阶段三到九年级在综合实践活动中开设劳动与技术教育课，高中阶段开设通用技术课。在德育、语文、历史等学科教学中培养劳动观念和态度，在物理、化学、生物等学科教学中培养动手操作、劳动技能和职业技能。2002 年，加强学生生产劳动和实践教育，规定学生参加社会实践活动时间为：普通高中和职业中学学生每学年不少于 30 天；初中学生每学年不少于 20 天；小学三年级以上学生每学年不少于 10 天。2003 年起，将校外劳动纳入学校教育工作计划，规定小学、初中、高中每个学段安排一定时间农业生产、工业体验、商业和服务业实习等劳动实践活动。

2016 年，贯彻落实教育部、共青团中央、全国少工委《关于加强中小学劳动教育的意见》精神，县教体局制定学校劳动教育实施意见，构建学校内外联动，家长和社会各界有效参与劳动教育体系。2017 年，向学生灌输节约粮食概念，组织学生走进田间体验农耕生活，体会农民劳作辛苦，自觉养成节约粮食、爱惜粮食好习惯。

（五）楷模教育

1952年起，学校以“身体好、学习好、工作好”作为学生思想政治教育标准，开展评选“三好学生” “五好班级”活动。以此树立学生学习楷模，引领学生勤奋好学，积极向上精神。1980年，全县各学校恢复评选“三好学生”活动。各学校按班级推选3名符合“三好”条件学生，参加全校评选。各学校每年开展2次评选活动，每2年由县教育局组织向州、省选送参评“三好学生”和先进班级。1985年起，县教育局落实省教育厅关于学生升学加分条件文件精神，对获得“三好”学生升学时实行加分，高中年级获省级“三好学生”参加高考录取时加15分。2006年，改省级“三好学生”和“优秀学生干部”等考生加分为在同等分数条件下优先获得录取资格。2007年，全县各学校继续将评选先进作为德育工作重要措施，发挥楷模引领作用。结合“三好学生” “先进班级”评选活动，开展明礼、明理、诚信、守纪、节约“五星学生”和优秀班干部评选活动。2010年，全县中学对获得省级“优秀学生”参加高考考生实行加分，列入高考总成绩。2015年，取消省级“优秀学生”参加高考录取加分条件。是年起，各学校仍以评选“三好学生” “先进班级”作为德育工作措施之一，创造学校良好学习环境，激励学生健康向上。

（六）社会（家庭）教育

1955年起，县城学校设立家长委员会，建立家长学校。农村学校实施学生家庭走访制度，建立学校和家庭教育网络。2004年，各学校对涉及重大事项和学生思想政治教育，定期召开学生家长会，形成学校、家庭、社会三结合的学生思想政治教育体制。2006年起，家长工作列入学校常规建设，校长担任家长学校校长，聘请社会知名人士和家长代表以及学校骨干教师为成员，建立健全《家长委员会章程》《家长学校班主任职责》《家长学校教师守则》《家长学校学员守则》《家长学校家庭教育培训制度》等各项规章制度。2011年，贯彻落实省教育厅《关于创建湖南省家庭教育示范县市区的意见》，县教育局部署在全县学校组织开展创建活动。2014年，明德小学获湖南“省级示范家长学校”称号。2017年，全县共有家长学校30所，其中州以上示范家长学校11所。

四、考核评估

2010年起，实行德育工作考核评估。县教育局研究制订德育教学评估考核标准。通过考核评估，从思想性、科学性、实效性等方面全面分析和改进德育教学工作。改进学生学业成绩评价。从学生课堂表现、参观考查和实践体验等方面全面考查学生品德情况，采取实践考查、谈话、学生作品分析、书面考试、成长记录等多种方式，综合评价学生学业成绩，品德课综合表现作为学生评优、入队、入团和入党考查内容。

第三节　班主任工作

一、职位配置

清末，泸溪2所新式学堂均采用“班级授课制”，每学级设主任教员，监护学生学习和日常生活，每天早上主持朝会仪式，进行伦理道德教育。民国元年(1912)，武溪浦市高等小学堂改称学校，推行班级学生教育制度。民国4年(1915)起，在各小学每学级设级任教师1人，对本班学生履行管教、道德培养、生活指导责任。民国22年(1933)，县立乡村师范学校实行级任制。民国27年(1938)，外地迁入县内各中学改级任制为导师制，负责班级组织教育工作教师称任导师。级任教师、级任导师相当于现行班主任。

中华人民共和国成立后，1950年，改级任导师为班主任，实行班主任制度。在已接管5所中小学各个班级中配置班主任1人。1952年，推行教师责任制，中学和中心学校各个班级均配备班主任。班主任由校长在教师中选配。班主任制度一直延续至今。

二、工作职责

班主任职责虽在历史长河中历经不断演变，但教育学生、管理班级、社会实践、联系家长依然是其主要职责任务。

(一)思想品德教育

20世纪50—70年代，除学校政治课教学和学校统一举行德育活动外，班主任结合各个时期政治及社会发展形势，将形势教育、政治教育放在学生思想品德教育首位。主要教育内容有爱国主义、集体主义、共产主义教育，开展学雷锋、读革命书籍、“五爱”教育活动，使学生思想跟上时代发展步伐。80—90年代，将“三热爱”“五讲四美”引入班级思想品德教育，组织学生开展“雷锋纪念日”等活动，使学生从小树立正确人生观。通过组织学习学生守则，规范学生行为。进入21世纪，学生思想品德教育结合新时期德育教学工作，在班级中引入社会主义核心价值观教育和理想信念教育。通过开展学习、劳动、游戏、生活等活动，运用各种教育途径和方法开展思想品德教育。

(二)班级管理

1950年起，班主任在班级管理中以督促学生读书学习为重点，教育学生掌握科学文化基础知识，营造学习氛围。将责任心强，品学兼优，有较强组织能力和活动能力学生选拔为班干部，注意使用各类特色学生，发挥他们协助班主任管理班级作用和树立带头学习模范。1995年起，根据留守儿童增多状况，在班级设立关爱留守儿童小组，动员家庭条件较好学生为留守儿童学生捐款捐物，组织留守儿童参加相关关爱活动。加强常规管理，根据各阶段学生心理生理变化情况，注意抓好学生日常行为习惯养成教育。通过召开班会、个别谈心等形式，加强“问题学生”教育，让学生在反省中受教育，约束自己，培养自己良好行为习惯。2005年起，注重素质教育，注意班级学生学业成绩平衡发展，建立学生间相互交流学习制度，建立兴趣小组，开展“1+1”活动，帮助提高差生，达到共同进步。在班级中开展“我为班级增光彩”“如何面对竞争”“良好习惯养成”等主题活动，弘扬集体主义精神。注重组织学生参加与其他班级间联谊竞赛和学校举办的集体活动。2015年起，推行教育精准脱贫工作。班主任除了平时教育管理学生外，承担贫困学生资助工作。开展建档立卡户学生资助、特殊群体关爱、寄宿生生活补助和中小学教辅减免等资助对象调查摸底造册和资金发放工作。

（三）社会实践活动

1950—1990年，各学级班主任根据学生特点和教育教学需要，组织学生参加社会宣传、学工学农、军事训练、科学技术等社会活动，增长学生社会阅历。20世纪90年年代，学校教学出现应试教育偏向，学生参加社会实践活动减少。进入21世纪，应试教育转向素质教育。各级班主任按照县教育局和学校部署，定期组织学生参加学农基地劳动，参加科学发明、各类文明创建等社会实践活动。

（四）家长联系制度

20世纪50年代初，全县建立班主任家访制度。规定教师每周须进行2次上门家访。至80年代，班主任对本班学生家访必须做到：学生缺课必访、学生有病必访、学生之间出现纠纷必访、学生发生意外必访、学生有突出进步必访“五必访”。对个别特殊学生定期家访，向家长反馈学生在校情况，对家庭教育提出指导建议。进入90年代后，由于班额扩大和应试教育偏向，教师工作量增加，升学压力加重，教师已经没有精力经常家访，在一定程度上影响了学校、家庭教育合力发挥。21世纪，随着学校—家庭—社会“三位一体”教育网络的构建，催生家访制度复苏。学校重视家长委员会作用，建立了家长学校，每学期召开家长会议3次以上。2010年后，班主任建立班级家长QQ群、微信群，通过现代网络途径和家长无缝对接。由此，传统入户家访模式逐渐淡出。

三、培训考核

1980年前，各学校建立班主任培训制度。在学校内通过每周学校教师会议实行以会代训。1982年，全县各学校班主任统一使用班主任工作手册制度，用于记载全班每个学生学业成绩及操行情况。1990年，实施中小学班主任统一集中培训制度，利用假期组织班主任培训。此后，班主任集中培训形成制度化。

2007年5月，全县32所中小学校106名班主任集中培训7天。2008年，县教育局决定，建立班主任考核制度，每两年进行一次中小学班主任基本考核。是年，组织选拔40名班主任参加州、省集中培训。2009年，县教育局落实班主任职业发展、职务晋升、参与学校管理、待遇保障、表彰奖励等政策。2010年，各学校相继制定班级目标管理绩效考核和奖励办法。2012年，全县5名优秀中小学班主任教师参加州中小学班主任技能高级研修班培训。2015年，县教体局创建班主任名师工作室，依托名师工作室定期开展班主任培训。2017年，组织全县150名中小学校班主任进行4天集中培训，培养和提升班主任工作能力。

四、落实待遇

(一)政治待遇

20世纪50—70年代，县教育科制定和完善优秀班主任评选办法。每年定期开展优秀班主任评选工作。成绩突出的班主任被评为各级教育工作先进个人，有的班主任走上学校领导岗位。1978年，恢复正常教学秩序后，班主任工作受到重视。除每年开展一次优秀班主任评选表彰活动外，将成绩突出者向上级推荐。1981年11月，浦市第一小学教师李家英被评为“全国优秀班主任”。1983年，县教育局在全县开展评选“优秀班主任”活动，评选中小学优秀班主任48人。1985年，在全县教师节庆祝大会上，县政府表彰中小学优秀班主任55人。此后，每年教师节，均表彰奖励一批优秀班主任。

(二)经济待遇

1980年12月，县教育局、财政局、劳动局联合行文《关于在我县中小学教师中试行班主任津贴的通知》，从1979年11月1日起，发放班主任津贴。1988年，制定班主任工作职责，规定班主任由学校校长任免。是年，班主任津贴标准在1979年基础上增加一倍。2009年，班主任津贴纳入绩效工资管理。每月补助提高到小学300元、中学400元。2016年，进一步提高乡村教师班主任津贴，并纳入县财政预算，学校在奖励性绩效工资分配中按班主任实际工作量向班主任倾斜。

第四节　党史国史国防及禁毒教育

一、党史国史教育

1956年，中国共产党历史教育列为中学政治课内容，国史教育列入历史课内容，小学语文教科书编入毛泽东等无产阶级革命家故事，自然教科书列入国家地理和历史教育内容。1960年，高中政治课列入社会发展史内容，主要讲授中国共产党历史，历史课中以中国历史为主要内容。1966—1976年，以政治教育为主要内容，学生通过政治课对党史国史进行了解。邀请老军人、老工人、老贫农到校进行革命传统教育，对学生实行家史、村史、阶级史“三史”教育，组织师生举行祭奠革命烈士等传统教育活动。1977—1990年，各中学通过政治课、历史课教学对学生进行中共党史、中国革命史、中国现代史教育。1991年后，一段时期在应试教育中，党史国史教育内容相对减少。2000年，实施素质教育，党史国史教育得到恢复，各学校结合政治课及“七一”“十一”重大节庆日，对学生进行党史国史教育。

2013年，县教育局在全县学校开展“学党史、国史”主题教育活动，成立活动领导小组，明确由教育关工委负责组织实施。各学校把党史、国史教育列入学校德育工作计划，把党史国史教育活动融入到校园文化建设中。2014年，县教育局联合县关工委组织“五老”到城区各中小学巡回开展党史国史教育专题报告，引导师生把国家梦、民族梦转化为自己理想梦。各学校把党史国史教育融入德育教学中，开展听一个故事、读一本书、看一场电影、唱一首红歌，做一件好事、写一篇体会“七个一”活动。2015年，在校园文化墙设置党史国史、法律法规、传统文化、社会公德教育等内容，每学期开展一次党史国史宣讲教育活动。在日常教育教学活动中，把历史课设定为党史国史教育主体学科，其他学科在日常教学中渗透党史国史内容。4月，县教育局、县人武部、团县委组织干部职工、泸溪二中青少年学生到浦市镇烈士陵园进行“缅怀革命先烈、践行强军使命”革命传统主题教育。“七一”前夕，各中学组织党史国史知识竞赛活动。9月，新学期开学后，各学校每周举行升国旗活动，确定一个党史国史教育主题，学校负责人轮流宣讲。

2016—2017年，党史国史教育与社会主义核心价值观教育有机结合，结合中国共产党建党95周年、红军长征胜利80周年纪念活动，抓好党史国史教育。在小学一、二年级开展“识党旗、认党徽”讲述革命小故事等活动；在三、四年级开展“明党史、知党情”革命歌曲比赛、红色格言征集等活动；在五、六年级和初中、高中年级开展“感党恩、跟党走”报告会、主题班会等活动。开展好每月制作一期专题板报、每月开展一次专题手抄报比赛，每月举办一次专题班会、每学期举行一次专题征文“四个一”活动。2016年3月25日，县教体局发出《关于组织开展清明祭英烈活动的通知》，要求各学校除常规祭奠方式之外，开展“网上祭先烈”活动。4月1日，白沙小学组织3000多名学生利用学校计算机网络教室，登录中国文明网“网上祭先烈”网页，开展“网上祭先烈”活动。2017年9月，县教体局按照湘西州委宣传部《关于开展湘西自治州“人防杯”党史国史军史知识竞赛的通知》，开展党史国史军史教育进课堂、进校园活动，组织初高中学生参加党史国史军史知识竞赛活动。

二、国防教育

20世纪50—90年代中期，学校国防教育除课堂教学外，主要在“学工学农学军”活动中进行国防教育。1996年，县人民武装部设立国防教育办公室，县教育局抽调2名工作人员到办公室工作，重点在城区学校组织开展国防教育工作。2002年，县教育局将国防教育列入工作计划，配合县国防教育办公室协调调度全县学校国防教育。2003—2005年，学校国防教育主要结合军事训练进行。2006—2007年，学校国防教育工作按照《中共中央关于改进和加强青少年思想道德建设若干意见》和国防教育法要求，在新生入学军事训练中，对军事训练和国防理论教育进行安排。在课堂教学中，除教师结合学科教学讲授国防知识外，定期邀请县国防教育办公室工作人员到校讲授国防知识。2008年，县人武部和县教育局在高级中学每个年级选择1名教师作为国防教育辅导员，把国防教育纳入学校年度教学计划。2009年9

月,县一中、二中、五中、职中等学校邀请县武装部领导和国防教育办公室人员分别到校讲授国防教育课。2010 年7月,县职中等中学开展暑期新生军训活动。2011—2012年,县教育局要求各学校贯彻落实《中华人民共和国国防教育法》,加强国防理论教育,学习国防地理,学习军体技能,建立健全学校国防教育工作机制。2012年,组织全县中学生参加全州国防教育征文比赛活动,获一等奖1个,三等奖9个。2013—2014年,将国防教育纳入"阳光体育运动"内容。各学校在"阳光体育运动"活动中,把国防教育课渗透到体育课教学。

2015年,结合"国防教育月"活动,各学校开展每学期召开1次国防教育主题校会、1个月国防教育校园广播、各班出1期国防教育板报、召开1堂国防教育主题班会、参加1次国防教育军事知识讲座、组织高中新生进行一次军事训练"六个一"活动。高中学校做好符合征兵条件应届高中学生登记,秋季征兵工作中宣传动员在校适龄青年报名参军。一中、二中、五中等学校以军训为载体开展纪律法制教育,高一年级新生军训纳入学校课程体系,实行学分制管理。

2016年,县教体局确定艺体股负责教育系统国防教育,将国防教育与学校德育教育、教学活动有机结合。2017年,县教体局制定国防教育工作计划,对各学段开展教研工作进行部署。小学阶段以国防常识教育为主,重点是爱党、爱国、爱军的"三热爱"教育,培养学生爱军尚武情操。初中阶段以国防知识教育为主,重点是国防精神、国防历史教育。高中阶段以国防理论传授和军事实践为主,进行基本国防理论教育,初步掌握国防构成、国防建设方面知识;学习国防法、兵役法、国防教育法、全民国防教育大纲等有关国防法规;学习了解当前国防军事形势、现代军事科学和武器装备发展状况;学习基本军体活动技能,开展军事训练,增强学生献身国防、报效祖国责任感。各学校在国防教育形式和方法进行探索,坚持经常教育与集中教育,重点教育与普及教育,理论教育与行为教育相结合。课堂教育抓住各学科教育内容与国防教育内容结合点,挖掘教材中爱国主义和国防观念方面教育素材。发挥少先队、学生会、共青团组织及班(组)作用,开展升旗唱国歌、知识竞赛、学雷锋做好事等活动。按照国防教育系列内容,依据专门教材,分专题对学生进行专门教育,帮助学生系统连贯地接受国防教育,强化学生国防观念和国防意识。以军事训练为载体,使学生在军训亲身感受中接受国防教育。结合有关节日、纪念日和重大活动,组织学生参与多种多样宣传纪念活动,接受国防精神教育。思源实验学校将国防教育与校园环境建设、学生习惯养成教育、兴趣小组活动、班队活动相结合,与社会实践相结合,开辟校园国防教育阵地,形成国防教育特色,被教育部评为"国防教育特色学校"。

三、禁毒教育

1952—1955年,县政府开展禁止贩卖和吸食鸦片(禁烟毒)运动,县第一、第二初级中学对学生实行禁烟毒宣传教育。组织学生参加全县禁烟毒宣传活动,教师带领美术学生到乡镇、街道书写标语和绘制禁烟宣传画，配合开展禁烟毒运动。

2003—2005 年，泸溪县开展“无毒县”创建工作。县教育局按照教育部《中小学生毒品预防专题教育大纲》要求，将白沙、武溪、浦市三镇中小学作为青少年学生毒品预防教育重点学校。2006 年起，将禁毒教育纳入学生法制宣传教育课内容之一。泸溪一中、二中、白沙小学、武溪小学、浦市中心完小定期邀请县禁毒办、派出所、司法所工作人员到校举办讲座。2007 年 5 月，县教育局组织青年师生 300 人配合县禁毒办、团县委、县妇联等部门举行集会，开展“珍惜生命，远离毒品”禁毒签名活动。在县城主要街道游行宣传，向社会公众发放毒品预防宣传资料。各学校在“6•26”禁毒日期间，邀请法制副校长到校讲课，对学生进行毒品预防教育。在课堂教学中，将毒品预防知识内容列入法制（思想品德）课。2008 年 6 月，县教育局组织二中 500 名学生配合县禁毒委组织“不让毒品进校园”集体宣誓签名活动。

2010 年 6 月，县教育局配合县公安局禁毒大队在一中、二中、五中、职中等学校举办禁毒知识讲座，组织参观禁毒教育图片展、观看禁毒影视资料，对青少年学生进行禁毒教育宣传，近万名参加活动学生集中宣誓“拒绝毒品，阳光生活”。2011 年，毒品预防教育作为学校德育、综治安全、预防未成年人违法犯罪工作重要内容，纳入学校目标管理和校长绩效考核，制定宣传教育计划。县教育局将青少年校外活动中心一楼转给县禁毒办作为全县禁毒教育基地。2012 年，教育系统开展禁毒教育“十个一”活动，即聘好一名法制副校长，上好一堂教育课程，开好一次主题班会，办好一期黑板报（宣传栏），观看一部宣传片，阅读一篇相关文章，办好一份手抄报，举办一次主题竞赛，参观一次教育基地，创建一批示范学校。各学校在县禁毒办帮助下，制作禁毒教育课件，通过“班班通”多媒体教学系统进行禁毒宣传教育。

2013—2014 年，县教育局联合县禁毒办组织城区各学校学生分期分批参观禁毒教育基地。230 名中小学德育教师开展全省网上禁毒师资培训工作，获省禁毒委颁发结业证书。2016 年，在各学校创建毒品预防教育示范基地，全县 85% 中学、10% 小学创建成“毒品教育示范学校”。8 月，泸溪一中、二中、五中在高一学生集中军训期间，联合县禁毒办对 2000 名新生开展禁毒教育。9 月，县教体局成立县青少年禁毒知识竞赛活动办公室，举办禁毒方针政策、禁毒法律法规、禁毒历史、毒品知识、毒品危害、防毒技巧、毒情形势、国际禁毒公约以及青少年毒品预防教育“6•27”工程知识竞赛活动。

2017 年，教育体育系统充实加强学校禁毒领导小组。聘请 32 名法制兼职副校长，在小学五六年级、初高中起始年级分别开设每学期 4 课时、6 课时和 4 课时毒品预防专题教育课，做到教学计划、大纲、教材、课时、师资“五落实”，中小学毒品预防教育课程开设率达到 100%。8 月，对 118 名新进教师进行上岗前禁毒教育知识培训。

经过多年努力，泸溪县教育系统禁毒宣传教育形成常态化，教育系统师生无一例涉毒事件，县教体局 5 次被评为湘西州禁毒工作先进单位，白沙中学、明德小学等 5 所学校被评为州级毒品预防活动示范学校。

第九章　体育·卫生·艺术

第一节　体育

1951年，县立初级中学(泸溪一中)设立艺术教育研究组，负责体育、音乐、美术教学研究。其他学校配备体育教师。1957年，泸溪第一初级中学艺术组改为体育艺术教研组。是年，县教育科、县体委在武溪小学试办综合性青少年业余体育学校。1970年，各中学设体艺教研组，实行体育、音乐、美术综合教学研究。1990年，根据《学校体育工作条例》，重点中学分设体育教研组和艺术教研组。

2007年10月，根据中共中央　国务院《关于加强青少年体育增强青少年体质的意见》精神，县教育局和各中学成立体育工作领导小组，全县各个中学相继设立体育教研组或艺术体育教研组。2015年，加强对县业余体育学校领导，由县教体局群众体育股直接管理。

一、体育教学

民国初期，兴办新式学堂，学校始设体育课和童子军训练，开展操步伐，排队列，拍皮球，做游戏等活动。民国10年(1921)，县立第一、第二小学购置乒乓球、篮球等体育用具，体育课及课外活动组织学生练习。民国22年(1933)，各级学校体育列为必修科。抗战期间，外地6所中学迁到武溪和浦市地区，因陋就简修建篮球、排球、足球场、跳高、跳远、高低杠、单杠等体育设施。民国37年(1948)，县立简易师范学校暨附设初中部及志仁中学每周上体育课3小时。

中华人民共和国成立后，加强学校体育工作。1950年，县立初级中学体育课每周行课2节，其他学校为每周一节课。1952年，根据毛泽东主席"发展体育运动，增强人民体质"指示，各个学校均开设体育课，配备专职体育教师，设立体育教研组。1958—1959年，开展教学改革，师生参加生产劳动，多以劳动代替体育课。1960—1962年，三年自然灾害，体育课停开。1963年，恢复体育课教学。1966—1970年，体育课改为军事训练课，各学校每期开展一次行军拉练活动。

1971年，体育课列入教学课程计划。1977年，全县学校体育课全面恢复。1982年，教育部修订《国家体育锻炼标准》，体育课成绩评定分学期体育成绩和规定考查项目成绩两项。1987年，全县中小学体育教学内容分为理论和实践两个部分，学校体育课步入正常化。1990

年，学校体育课以《学校体育工作条例》为指导，提高学生体育素养，开发学生体育潜质。

2000年，实施体育课程改革，开展"三操"（早操、课间操、眼保健操）"一活动"（课外体育活动）。体育科目测试纳入初中毕业生综合素质和重点高中招生录取内容。2002年，泸溪一中、二中开设体育教学实验班，从应届初中毕业生中招收学生80名。2005年，县教育局制订学校体育课程实施计划，义务教育阶段体育课占总课时10%～11%。2007年5月，实施初中毕业升学体育考试，逐步加大体育成绩在学生综合素质评价成绩分值。2008年起，高中招生考试科目中体育科目提高到50分。

2017年，贯彻教育部《学生体质健康监测评价办法》《中小学校体育工作评估办法》《学校体育工作年度报告办法》精神，深化全县学生综合素质评价、学业水平测试和考试制度改革，完善学校体育工作评价机制，制定实施细则，规范学校体育教学改革。全县累计有1280名体育特长高中毕业生被高等院校录取。

二、体育场地建设

明清时，县府在县城楠木洲修建教场坪，占地面积2公顷，作为武科童生和驻军操练之地。民国11年（1922），县立第一小学利用教场坪修建操场，设篮球、排球场各一处，县立第二小学建有一处简易操场。民国27年（1938），省立四中（省立常德中学）迁来县城武溪镇，学校修建足球场、排球场各1个，篮球场2个，配备爬杆、跳高、跳远、单杠双杠等体育设施。省立高级农校、辰郡中学、国立第九战时中学、兴华中学等均建有简易操场。民国33年（1944），县立简易师范学校修建操场，面积3000平方米。民国34年（1945），县民教馆在城区东门头设有篮球、排球场和浪桥、天桥、单双杠等体育设施。民国35 年（1946），浦市私立志仁中学修建简易操场。

中华人民共和国成立后，学校体育场地建设得到快速发展。1951年，浦市群力中学迁至原辰郡中学校址，使用原校操场，面积2000平方米。1953年，县政府将第一初级中学东侧一块稻田划拨该校修建运动场，面积1.33公顷。1955年，县体育场由县体育运动委员会管理，各中小学均建有砂土结构操场。1960年，泸溪一中将稻田恢复为操场。1962年，县体育场改称为广场，改砂土场地为混凝土场地，县内篮球比赛活动均在此举行。1967年，全县学校开展"学工学农学军"，部分操场改建为农田。1968年，泸溪一中动员师生开挖学校后坡辟为运动场。经过2年努力，建成面积6000平方米操场，修建100米直道和300米环形跑道6条，设有篮球、排球场各4个，配备乒乓球桌、跳高、跳远等体育设施。泸溪二中、三中、四中、五中（潭溪中学）均建有操场，配备篮球场、乒乓球桌、跳高、跳远等设施。武溪镇小学、浦市一小建有小型体育场，配备篮球场4个。1983年，泸溪一中将山坡操场再降3米，面积扩大到9000平方米。

1985年，县体育场修建旱地滑冰场一处，设置灯光篮球场2个，面积625平方米，设60米跑道一条，面积400平方米。1986年，泸溪二中新建校舍，修建体育场面积5000平方米。

全县在扶贫建校、希望工程、寄宿制学校建设中将学校操场建设作为建校首选条件，各学校运动场面积均在500平方米以上。1996年后，对移民搬迁学校和新建学校划拨建设用地时留足体育场地。

2005年，县政府将投资3000万元、总面积26713平方米运动场交付泸溪一中管理。2007年起，实施学校体育场地换代更新工程。全县33所重点学校操场全部改建塑胶跑道，农村小学操场全部实现混凝土硬化。2013年，县财政投入资金900万元，修建泸溪一中标准塑胶田径场，面积21994平方米，内设100米直线跑道，8道400米环形跑道，足球场8882平方米。设有杠铃练习区、肋木架区、投掷区、跳高区、跳远区、记时台等设施。思源实验学校开辟操场占地面积20010平方米。2014年，泸溪一中投资70万元，重建5个高标准篮球场。2016年8月，县政府投资1亿元，建设全民健身中心，2017年8月竣工。健身中心占地面积20005平方米，建筑面积7178.79平方米，内设篮球、羽毛球、体操等体育运动场地，观众席位4780个，是一座由县教育和体育局管理的集运动健身、群众活动、专场演出、会议会务、竞赛活动多功能综合性体育场所。9月8日，县委、县政府举行全民健身中心开馆仪式暨湖南省青少年举重培训基地挂牌仪式。当晚7时，CBA浙江广厦队和美国职业明星队在县全民健身中心举行中美国际男篮对抗赛。至2017年，全县重点学校体育场地完成更新换代，村级小学体育活动场所设施建设实现规范化。

三、体育活动

（一）课外体育活动

1951年，全县各学校组织学生每天开展体育活动1个小时。1954年，学校每周2节体育课，每天做早操和课间操，每周2次班级课外体育活动。1958年后，全县中学和中心完小寄宿生增多，早操活动以广播体操为主。1975年，各学校按照《国家体育锻炼标准》，进一步加强学校课外体育锻炼活动。坚持早操、课间操、眼保健操“三操”，每周课外体育活动2个课时。

1982年，规定学校体育活动课时为：小学1～2年级每周4课时，小学3～6年级及初中每周3课时，高中每周2课时。1992年，课外体育活动采取集中与分散相结合，规定与自愿相结合，班级与个人相结合形式，在教师指导下班干部或小组长带领开展体育活动。1996年，全县所有学校每周上2节体育课，每天做课间操1次、眼保健操2次，寄宿生做早间广播体操。2000年，全县学校推行“大课间”体育活动。2007年，各个学校改进和创新阳光体育大课间活动方式方法。中小学大课间内容包含体操、舞蹈、身体素质练习、趣味游戏、特色活动、球类活动等六大类。2011年，各学校开好早操、课间操、眼保健操和体育课“三操一课”，每天开展一小时体育活动。2012年，体育教学及课外活动时间调整为：大课间30分钟、体育课40或45分钟、课外体育活动及眼保健操时间70分钟。至2017年，全县各级学校 “三操两活动一课”形成经常化、制度化、规范化。

（二）体育达标活动

1959 年，全县各中学及小学高年级学生“劳卫制”体育锻炼在全州学校排第一。1964 年，“劳卫制”改称《青少年体育锻炼标准》，学校按标准组织开展体育达标活动。1975 年，县教育局将体育达标项目设为短跑及往返跑、跳绳及长跑、跳高跳远、投掷垒球或实心球、爬杆及引体向上五类，确定及格、良好、优秀三个等级。1982 年，全县学校采取课内课外相结合，按标准进行体育锻炼。

1990 年，贯彻执行国家体委《国家体育锻炼标准施行办法》，细化学校体育达标活动指标。至 2000 年，全县学生体育锻炼达标率年均 94.60%。2004 年，执行教育部《学生体质健康标准》，体育达标改为体育测试。2005 年后，各学校每年组织一次学生体质健康测试评价，按评定等级记入“国家学生体质健康标准登记卡”。

2013 年，县教育局规定中小学体育达标指标为：学生体质健康测试，城镇和农村学校分别达到 100%和 90%。年底经检测验收，城镇中小学体质健康测试全部达标，农村中小学体质健康测试达标 95%。2014 年，县教育局每学年对全县义务教育学段学校学生进行 2 次抽查认定，将每学期测评结果向全县各学校通报，列为学校年度综合考核内容之一。

2016 年，县教体局成立学生体质健康标准测试工作领导小组，拟定测试计划。各学校在测试中加强安全教育，做好学生体质健康总结，做好学生健康档案和材料汇总整理工作。

（三）学校运动会

民国 30 年（1941），县民教馆在县城北门外小学操场举办全县第一次学生运动会。民国 31 年（1942），省立四中举行球类、田径等体育比赛活动。民国 32 年（1943），省第九行政督察区在泸溪省立四中举办湘西地区中学生运动会。

中华人民共和国成立后，学校体育运动会受到重视，各学校定期举办体育运动会。1951 年 11 月，县立初级中学举办第一届体育运动会，设篮排球、乒乓球、拔河、跳高、跳远、赛跑、三级跳远等比赛项目，全校 199 名学生有 194 人参加各项比赛活动。此为解放后湘西地区学校最早的学校运动会。1960 年，学校体育运动会停办。1971 年，全县 5 所中学和各公社中心完小恢复学校运动会。6 月 1 日至 3 日，县教育局、县体委联合举办全县第一届中小学田径运动会。1974 年 10 月 1 日至 6 日，县体委、县教育局联合举行全县第一届中小学生运动会。1977 年 4 月 25 日至 28 日，在县城广场举办中学生篮球运动会。6 月 1 日，县教育局举办全县“六一”运动会。1978 年后，全县各学校每年秋季举行一次体育运动会。至 2014 年，县教育局已举办了 25 届全县中小学体育运动会。

2016 年 4 月 27 日，湘西州第十五届中小学生田径运动会在泸溪一中举办。2017 年 10 月 25 日至 28 日，县教体局举办全县第 26 届中小学生田径运动会，全县中小学 26 支代表队 320 名运动员参加项目比赛。2018 年 4 月 25—28 日，县教育和体育局承办湘西州第十六届中小学生田径运动会。全州 15 个代表团 837 名运动员参加 124 个项目比赛，决出 372 块奖牌，69 人次打破 32 项纪录。

改革开放40年来，泸溪县教育局遵循“强健学生体魄、促进全面发展”宗旨，促进中小学生德、智、体、美全面发展。全县专职体育教师175人，教师学历达标率100%，学生体质健康达标合格率达到98%。泸溪县学校体育代表队在湘西州历届男女篮球赛中多次荣获第一名，田径运动会保持全州前三名成绩。选拔学生参加州省相关体育专业训练，为国家体育队输送了一批人才。

2015年8月12日，泸溪四中教师黄金霞与队友一起在鄂尔多斯全国第十届少数民族传统体育运动会上荣获陀螺比赛女子组团体亚军。2016年，向上级运动队输送优秀运动员24名，其中省举重中心1名、州体校8名、州举重中心15名。9月24日，泸溪籍运动员向华波在全国举重高水平人才基地锦标赛上夺得抓举、挺举、总成绩3枚金牌。2017年，白沙小学李嘉璇、唐嘉家2名学生入选省女子足球队。9月，湖南省青少年举重培训基地落户泸溪县。

附:泸溪县知名教练员和运动员名录

李小平，浦市镇人。在达岚乡里读小学时酷爱体育，被县体校周明星老师看中，转到武溪小学就读，而后进入泸溪一中读书。在读书时进行举重训练，16岁进入州体校。1981年7月，李小平在全省少年举重赛上夺得75公斤级 1 枚金牌和 1 枚银牌。1982年，在省五运会上囊括75公斤级3块金牌。尔后，被送入省体工队集训。1982年，参军入伍，选入侦察连并担任班长。1985年10月，李小平服役期满退伍，回到州体校担任举重教练。先后带出周继红、龙玉玲、杨霞、刘华勇等一批举重健将。

刘华勇，兴隆场镇人。1997年进入省举重队，2002年入选国家队。2001年，获全国第九届运动会举重第三名。2003年，获全国第五届城市运动会男子举重69公斤级冠军。是年6月，在墨西哥埃莫西约第二十九届世界青年男子暨第八届世界青年女子举重锦标赛，刘华勇夺得69公斤级挺举冠军。

唐健，出生于1995年6月，兴隆场镇人。2006年，由泸溪县第三中学(兴隆场)进入州体校训练。2007年，进入省举重运动管理中心，成为省举重队年纪最小运动员。是年，唐健获湖南省运动会冠军、第十三届广东省运动会少年组男子67公斤级冠军。2010年9月，在省运会男子举重丙组62公斤级比赛中，以抓举123公斤、挺举155公斤和总成绩278公斤获得三枚金牌。2011年5月，在秘鲁首都利马举行第2届世界青少年举重锦标赛中，获抓举第一名、挺举和总成绩第2名。8月，在吉首举行全国少年举重分龄赛中，唐健首次参加全国举重分龄赛，以抓举140公斤、挺举160公斤、总成绩300公斤成绩包揽16岁组77公斤级抓举、挺举、总成绩三块金牌。2015年6月，在江西新余举行全国青年举重锦标赛上，唐健获抓举148公斤第三名，挺举185公斤第一名，以总成绩333公斤排名第一。而后，在河北省保定市参加全国男子举重冠军赛，唐健代表湖南省参赛，夺得77公斤级冠军。2016年11月15日，唐健在墨西哥梅里达市第五届世界大学生举重比赛中，在男子77公斤级比赛中以绝对实力夺得抓举、挺举、总成绩3块金牌。

糜弘，1994年出生，兴隆场镇人。从小短跑天赋异禀，后以体育特长生身份招录到泸溪一中体育实验班就读，开始田径运动生涯。2016年6月7日，全国短跑、跨栏、跳跃项群赛第一站比赛，糜弘夺得男子100米和200米双料冠军。6月18日，全国田径冠军赛暨大奖总决赛，糜弘以10秒40获得男子100米冠军。2017年2月23日，全国室内田径锦标赛第二站南京站，糜弘以6秒63获得男子60米决赛冠军。4月11日，在全国田径大奖赛第二站郑州站，糜弘以10秒29成绩获得男子100米冠军。4月27日晚，在浙江省嘉兴市2017年亚洲田径大奖赛第二站比赛，糜弘以10秒37成绩获得男子100米项目冠军。

瞿海滨，1992年出生，武溪镇人。小学就读武溪镇小学，刘俊龙是其体育启蒙教师。2004年，瞿海滨进入湖南省体育运动学校，在教练任文成麾下开始攀岩训练。2009年，在山西省长治市国际野外自然崖壁攀岩比赛中，瞿海滨获得第一个属于中国人野外攀岩世界冠军。2013年1月，一天内完成3条之前未完成5.14级别线路，创造中国野外攀岩记录，被称为“中国耐力之王”。2014年1月，在24小时之内完成四条5.14级别线路，刷新中国野外攀岩新纪录，被称为“中国自然岩壁之王”。2017年8月，在第十三届全运会“壁虎王杯”攀岩决赛上，瞿海滨以40分一举拿下男子难度赛冠军。17年职业生涯，瞿海滨获得20多次全国冠军，媒体称为“炫臂王”。

第二节 卫 生

一、卫生教学

民国20年(1931)，县立简易乡村师范学校开设生理卫生课程。民国30年(1941)后，县内兴华中学、县立简易师范暨附设初中部、私立志仁中学相继开设生理卫生课程。民国34年(1945)，泸溪县第一、第二小学始设卫生课。

中华人民共和国成立后，1951年，县立初级中学成立保健委员会，将健康教育列入学校教学计划。1953年，县第一、第二初级中学和区中心小学设立保健委员会，将卫生健康教育列入教学内容。20世纪60—70年代，学校卫生健康教育课与体育课相结合，在每周体育课中教授卫生保健课。1979年，各学校卫生健康课结合思想品德课进行。初中三年级开设生理卫生课程，每周1课时。1985年，全县各中学开设生理卫生课，实施课堂教学和宣传教育相结合。1990年，健康教育课程正式列入九年义务教育课程计划，卫生课改为健康教育课。1992年，贯彻落实国家教委《中小学生健康教育基本要求》，全县学校分段实施健康教育课程。

1995年,全县学校实施生长发育、良好行为和生活习惯养成、儿童常见病预防、预防意外伤害、膳食与营养等健康知识教育。1998年,各学校编制教学计划,每周保证健康教育0.5课时。

2001年,执行新课程标准。开设"体育与健康"课程,中学阶段设置心理健康教育地方选修课。2002年,小学在心理健康教育上实施低年级、中高年级分段教学。2003年起,学校心理健康教育课程采取科普讲座、团体心理辅导和卫生活动课三种形式进行。2008年,实施健康行为与生活方式、疾病预防、心理健康、生长发育与青春期保健、安全应急与避险五项健康教育。白沙城区中小学健康教育开课率100%。

2010年,学校健康教育从小学5—6年级开始,增加提高网络安全防范意识等内容;初中阶段增加预防毒品和艾滋病知识;高中阶段帮助学生认识婚前性行为对身心健康危害,树立健康文明性道德观念。

2016年,各学校开设心理咨询课,对学生进行心理辅导。2017年,各学校健康教育课教学做到课时、教材、教师、考核"四落实"。每周安排1课时开展健康教育讲座。

二、卫生管理

(一)管理机构

1951年,县内各所中学率先成立保健委员会,负责学校健康教育计划实施。1954年,泸溪一中设立医务室,配备1名专职校医。1955年,各区中心学校成立保健委员会,对学生实施健康教育。1958年,县内8所中学(包括附中)和公社学区根据爱国卫生运动实际,设立爱国卫生运动委员会。1966—1969年,爱国卫生运动委员会停止工作。1970年,泸溪一中、二中等学校恢复或设立医务室,配备专职校医。农村中学和中心完小与当地卫生院联系,确定联校医务人员。1979年,学校恢复爱国卫生委员会。各中学和武溪、浦市、兴隆场等小学设立卫生室,配备专职或兼职医务人员。1980年后,学校爱国委员会更名为爱国卫生领导小组。

2013年,开展城乡环境卫生同建同治工作,各学校成立爱国卫生运动及预防疾病活动工作领导小组。2016年,根据"美丽湘西"建设部署,各学校设立"美丽校园"创建工作小组,开展美丽校园创建工作。

(二)管理制度

1950年起,各学校建立校园卫生管理制度。至2017年,经过历次修订完善,形成一套较为完整管理机制。在校园管理制度上,完善校园规划,教学区、生活区、运动区布局合理,做到净化、绿化和美化校园环境,校园周边无有毒、有害和污染环境生产经营活动,无电子游戏机营业点、歌舞厅等营业性娱乐场所,200米内无网吧。在环境卫生管理制度上,学校环境卫生采取"一周一大扫,一日三小扫"措施,开展清洁卫生活动。在学生宿舍管理制度上,实行责任制,选出舍长对本宿舍清洁卫生负管理责任,排出卫生值班表,安排每天清洁卫生工作，督促检查值日生进行责任范围保洁工作，保持宿舍整洁卫生。

(三)爱国卫生运动

1952年起，全县各学校定期开展清扫垃圾污泥，扑灭苍蝇、蚊子，喷洒农药杀灭跳蚤、虱子、绝灭臭虫等群众性爱国卫生运动。1958年，根据中共中央、国务院《关于除四害讲卫生的指示》，学校开展除"四害(老鼠、麻雀、苍蝇及蚊子)"运动。20世纪60—80年代，学校将开展清洁卫生活动列为日常爱国卫生行动，对清洁卫生实行定地区、定班次、定时间、定标准"四定"，开展清洁卫生活动。泸溪一中被省爱国卫生运动委员会评为"湖南省文明卫生先进单位"。1981—1988年，在全县学校组织开展讲文明、讲礼貌、讲卫生、讲秩序、讲道德，心灵美、语言美、行为美、环境美"五讲四美"活动。1989年起，每年4月各学校组织开展"爱国卫生月"活动。

2008年起，配合创建"国家卫生县城""国家文明县城"活动，县城学校组织千名五年级以上学生志愿者，参加县城环境卫生保洁和交通安全"小卫士"活动。2013年，全县开展城乡环境卫生同建同治工作，组织开展城乡同建同治"小手牵大手，共建美丽泸溪"活动。2016—2017年，全县学校组织开展"美丽校园"建设活动。

(四)疾病预防

1952年，贯彻执行"预防为主，健康第一" 卫生工作方针。各学校开展卫生教育，建立学生卫生档案，预防近视眼、砂眼、寄生虫病、脊柱弯曲、鼻病、流感等常见病和多发病。1953年，全县学校配合县卫生部门为学生注射预防针、种牛痘，预防天花、霍乱等流行病。此后，每年进行麻疹、流行性脑膜炎等常见性疾病预防活动。1964年起，全县重点学校开展防治近视眼工作。各中学和武溪、浦市两镇小学坚持每天2次眼保健操。同时，定期在学校开展流行病防治工作。20世纪70年代至80年代，各学校联合县卫生部门对学生进行呋喃西林稀释液喷喉、室内外用枫香球、艾叶熏烟等措施，预防流行性脑膜炎。1982年，县委为改善泸溪二中师生卫生健康状况，将学校整体搬迁。投入资金180万元，修建新校舍。1987年起，各学校相继建立"学生常见病防治登记卡""学生体质健康卡""学生体检卡""学生卫生检查卡""学生视力检查卡""学生预防接种卡""学生重大疾病防治登记卡""学生传染病登记卡""学生就诊登记卡""学生病假登记卡""学生因病缺课登记卡""学生因病休学及死亡登记卡""驱蛔用药登记卡"等卡片档案。1992年后，学校配合卫生防疫部门定期对中小学生开展健康检查。

2001年，重点开展麻疹、风疹、腮腺炎、流感预防和甲型肝炎联合疫苗接种工作。2003年，预防和控制非典型肺炎。县教育局成立预防与控制非典型肺炎领导小组，开展防控"非典"工作。各学校落实预防非典型肺炎措施，对师生开展晨检和就诊登记，对缺课缺勤师生登记，查明原因。2006年，加强春季流行病和传染病预防工作，落实晨检和发病上报制度，定期对学生进行健康监测。2007年起，每年秋季开学，组织开展一次学校卫生防疫。2013年，全县学校在禽流感防治中采取预防措施，消除疾病发生与传播隐患。2014年，开展学校手足口病防控工作督查，各学校加强预防工作，落实防控措施。2016年，各学校落实疾病预防措施，加强学校环境卫生治理，统一提供学生饮水，加强食堂食品卫生管理。2017年，开展学校安全及传染病防控专项督查，重点督查传染病防控制度落实和食品及饮用水安全情况。

（五）食堂卫生管理

1958年起，各中学和公社学区兴办寄宿制学生食堂，学校食堂管理由总务处负责。20世纪60年代至90年代中期，按照卫生部发布《中小学卫生工作暂行规定（草案）》规定，各学校对炊事员定期进行健康检查，组织学习卫生知识，预防肠道传染病和食物中毒。建立和完善食堂卫生管理制度，实行学校炊事员持健康证上岗。1996年后，随着学校教学需要，城区学校和乡镇中心完小相继建立学生食堂，食堂卫生管理成为学校后勤工作重点。

2000年，根据《中华人民共和国食品安全法》《餐饮服务食品安全操作规范》规定，落实学校食堂食品卫生安全管理工作责任人制度，确定总务处全面负责学校食堂食品卫生安全管理工作。对从业人员进行体检，合格后发放健康证，准许上岗从业。至2006年，县财政累计投资5000万元，建成34所农村寄宿制学校。县教育局每年春秋两季组织督查组到全县中小学校、幼儿园进行食品卫生检查，排查安全隐患。2008年，县教育局制定《泸溪县中小学校、幼儿园食品卫生安全管理工作规定》，将食品卫生安全管理工作列为学校管理工作评估考核重要指标之一。2009年，全县34所寄宿制学校成立后勤安全管理工作领导小组，实行目标管理责任制，层层签订食品卫生安全责任书，定期检查考核，落实奖惩。

2010年，学校食堂卫生安全管理工作上升到县政府工作决策层面，每年组织相关部门联合开展2次以上联合执法行动。7月，县教育局成立专项整治行动工作小组，在全县34所寄宿制学校开展为期一个月食堂专项整治行动。2011年5月，由县综治委牵头，组织县教育局、卫生局、工商局、文化局等9个部门，对武溪、白沙两地中小学校周边饮食安全进行综合执法检查，责令规范经营行为21家，限期整改11家。8月，县教育局联合县食品药品监督管理局举办中小学食品安全培训班，培训各学校食堂负责人、食品安全管理员。2012年3月，对城区学校周边餐饮服务单位及托幼机构食堂开展集中整治行动。重点检查学校周边餐饮服务单位及托幼机构食堂餐饮服务许可证、从业人员健康合格证、餐具用前消毒、食品储存、三防设施、进货索证索票制度等问题。2013年，省政府将泸溪县列为义务教育学生营养改善工作试点县。县人民政府制定《农村义务教育学生营养改善计划工作实施方案》，确定在5年内落实财政资金3800万元改善学校食堂，将学生食堂打造成放心营养餐供应基地。

2014年，县教育局联合相关部门开展学校及周边食品卫生安全检查。检查学校周边餐饮单位54家，下达监督意见书47份，整改通知书7份，没收过期变质食品原料20千克，进一步消除了校园周边食品安全隐患。泸溪一中学生食堂被评为省级“学校餐饮服务食品安全示范食堂”。2015年，32所重点学校均设立学生商店，实行封闭式管理。各学校开展“放心食堂”“放心超市”创建活动。

2016 年 3 月 1 日，县教体局发出《关于加强学校食品安全工作紧急通知》。全面排查学校食品安全隐患，对存在问题及时整改，建立学校食品安全事故应急处置预案。将校门 50 米以内食品经营摊点、流动性占道经营饮食摊点和小食品货摊食品销售及卫生，校内食堂和商店卫生列入整治重点，每学期开展 2 次专项行动。全年检查各学校周边餐饮店、食品店 341 家，没收流动食品摊点 51 个，没收劣质食品 54 千克。对 6 所学校食堂下发整改通知书。

2017 年 9 月，县教体局召开学校后勤管理暨食品安全培训会，进一步完善各项管理制度，落实应急处理预案，做到食品安全工作“防患于未然”。12 月，县人民政府召开第 23 次常务会议，研究学校传染病防控事宜。把学校传染病防控工作作为县人民政府重点工作来抓，成立专项工作组，明确工作人员，所需经费列入财政预算。

第三节 艺 术

一、艺术教学

清光绪三十年(1904)，实施新式教育，学校始教唱歌曲。此为学校艺术教学开端。宣统二年(1910)，县内 2 所高等小学堂和浦市四所蒙养小学堂设唱歌课。民国 20 年(1931)，县立乡村师范学校开设美术、音乐、体育等课程。民国 26 年(1937)，外地迁入县内 6 所中学，在教学计划中将体育、音乐课列入常规教学内容。这些学校除艺术教学外，结合抗战形势需要，编排文艺节目在街道宣传演出。民国 33 年(1944)，县简易师范学校暨附设初中部开设美术、音乐、体育课程，学校谱写校歌。民国 35 年(1946)，浦市志仁中学亦设置上述课程，每周安排教学时间 2 课时。

中华人民共和国成立后，1951 年，全县中学和区乡中心小学将美术、音乐课列入教学计划，中学每周教学一课时，小学每周教学 2 课时。1953—1957 年，学校艺术教学主要讲授美术和音乐基础知识，组织学生描绘时代发展形势漫画、素描，教唱革命歌曲，歌颂社会主义革命和建设新成就。1958—1960 年，全县学校因参加劳动生产停开艺术课。1962 年，恢复艺术课程，小学开设音乐、图画课，中学开设音乐、美术课。1968—1977 年，将艺术课改为军体课，音乐和美术教学在课外活动时间进行。1978 年，再度恢复艺术课，中学均设立体育艺术教研组，从事艺术教学和研究。1990 年，全县学校把艺术教育作为中小学生必修课，配备专职艺术课教师，按规定开设音乐、美术课程。1994 年，学校艺术美育列入期末或毕业考试科目。1995 年起，全县学校每天安排 20 分钟练字，10 分钟歌曲名曲欣赏，每周 1 幅名画欣赏，每学期举办一次学生艺术作品展示活动。2003 年，使用全国统一教材，小学、中学艺术课程列入期末考查和毕业考核科目。2008 年，学校艺术教育以提高教育教学质量为中心，把社会主义核心价值体系融入艺术教育活动之中。

2012年，全县中小学实施体育艺术“2+1”项目，围绕“大学校校校有特色，小学校开齐开足体艺课程，力争创特色”体艺工作目标，开展艺术教育。2014年，县教育局探索和创新学校艺术教育，选送28名艺术骨干教师到州以上艺术教育培训机构参加培训。2016年，按照教育部《关于推进学校艺术教育发展的若干意见》，小学艺术课教学课时总量保持总课时9%，初中教学课时达到总课时20%，高中艺术类必修课程6个学分。学校建立学生艺术社团和兴趣小组，定期举办艺术节，继续推进体育艺术“2+1”项目，以班级为基础，开展合唱、校园集体舞等活动，实现学生在校期间能够参加至少一项艺术活动，培养一两项艺术爱好。实施中小学生艺术素质评价制度，艺术素质测评纳入学生综合素质评价体系及学校教育质量评估体系，测评结果记入学生成长档案，作为综合评价学生发展状况内容以及学生中考和高考录取参考依据。

至2017年，泸溪县累计有240名艺术特长生被全国各高等院校录取，邓粤、谢文婷等一批优秀特长生脱颖而出。浦市中心完小教师王水莲先后荣获全国“艺术教育先进个人”、国家级“优秀园丁奖”、全国“优秀实验教师”等荣誉称号。

二、特色教学

2006年，全县各学校在艺术教育上实施创新措施，注重发挥艺术教育特点，创办特色教学。2007年，州教育委员会、湖南美术出版社、湖南省现代美术教育研究所选择白沙小学为美术教改实验龙头学校。学校选聘有专长中青年专职美术教师任教，组织教师到长沙、上海等地学校参加学习培训，开设陶艺美术课。2008年，学校修建陶艺坊，内设制作区、作品展览区、铸烧区、上釉区。学生制作陶艺、绘画作品在国家级、省级、州级比赛中有400多人(件)获奖，4件学生作品被中国美术馆收藏，3件学生陶艺作品作为范品编入小学美术教材。中央电视台国际频道、中国教育电视台、湖南卫视等多家新闻媒体先后进行报道。学校先后荣获“湖南省第四届中小学幼儿园艺术节先进单位”“湖南省美术教育研究成果奖”，定为“湖南省现代美术教育实验基地”“湖南省现代教育技术实验学校”“湖南省学校陶艺教学实验学校”。

2009年，县教育局提出全县中小学精铸以“围绕中心、求同存异、多元共生、一校一品”多彩教育文化品牌。明德小学坚持走特色办学之路，引进民俗文化进校园，弘扬和传承泸溪民族文化。学校美术教学中试行粮食字画教学，将粮食字画教学进入美术教学课堂，学校辟出场地修建粮食字画工作室，创作具有民族特色粮食字画作品。2010年，在全县中小学实施“民族文化进课堂”活动，在校园开设民族文化课程，讲解和传授非遗等民族文化知识。将泸溪县传统戏曲辰河高腔、传统工艺踏虎凿花、传统舞蹈跳香舞等非遗传承项目融入日常教学中。泸溪职中、泸溪二中、白沙中学、武溪小学、明德小学、踏虎学校、浦市中心完小、梁家潭学校等13所中小学开办非遗项目课程，学习踏虎凿花、苗族跳香、辰河高腔、苗族八合鼓、苗族山歌等民族民间技艺、民族歌舞、民族文化。2012年，武溪小学将跳香舞作为一门新课程引进校园，聘请民俗专家到校对教师进行跳香舞培训。2013年，各学校根据自身特点开展民族文化进校园活动，将非遗传承项目融入全县各学校特色教学中。思源实验学校开设非遗项目传承班，每周安排4节课时，分班对学生进行培训。2014年，思源实验学校开办全县首个辰河高腔"娃娃班"。第一职业中学设立"踏虎凿花"工作室，传承踏虎凿花技艺。2016年，思源实验学校、第一职业中学成为首批湖南省非物质文化遗产传承学校。2017年，梁家潭学校将本地苗族八合鼓、苗族民歌、苗族跳香舞等非遗项目融入艺术教学中。明德小学校本教材编委会编撰《粮食字画艺术》。

三、艺术活动

（一）组建文艺宣传队

1950年，县立初级中学恢复教学，学校设立音乐舞蹈戏剧小组。配合剿匪、土地改革等工作需要编排文艺节目演出，开展宣传活动。1951年，学校组织师生编排歌剧《血泪仇》，除在县城公开演出外，配合县少数民族慰问团到梁家潭、八什坪等边远乡村演出。1952年，县立初级中学编排歌剧《白毛女》，在县城和上堡乡演出5场。群力中学和各区中心学校组建文艺宣传队，在墟场演出。1960年，全县8所中学和各公社中心完小组建业余文艺宣传队，文艺演出遍布乡村。20世纪70—90年代，各学校业余文艺宣传队活动以校内为主，配合各个时期县委、县政府工作中心开展宣传活动。同时，选送优秀节目参加全州中小学文艺调演。进入21世纪，各学校业余文艺宣传队以特长生为主，参加各级教育部门举办的各项表演和比赛活动。

（二）开展艺术活动

自1977年起，县教育局每3年举办一次全县中小学文艺会演，不定期举办中小学生书法美术展示活动，推进学校艺术教育。

"三独"比赛。"三独"比赛即独唱、独奏、独舞三个不同类别单项比赛。2002年，县教育局以"愉快学习，幸福学习，健康成长，全面发展"教育理念为指引，每年举办一届"三独"比赛活动。至2010年，"三独"比赛活动形成学校艺术类比赛常规活动。2011年9月，在参加全州第八届中小学生独唱、独奏、独舞比赛暨湖南省第二届少儿才艺大赛湘西选拔赛中，62名参赛选手有31人获一等奖，21人获二等奖，10人获三等奖，并以252分高分获全州团体总分第一名。2012年，在湖南省中学生"三独"比赛中，泸溪一中高三学生张世杰在独唱中荣获一等奖，杨雅倩荣获二等奖。

2013年9月，全州第十届中小学生"三独"比赛在泸溪县举办。泸溪县获小学组、初中组、高中组总分一等奖、参赛队团体总分一等奖和优秀组织奖。2014年，全州第十一届中小学生“三独”比赛中，泸溪县代表队获全州“三独”比赛第一名，包揽小学组、初中组、高中组小组总分第一名，39 人荣获一等奖，5 名学生代表自治州参加湖南省“三独”比赛。

2016 年 10 月 26 日—30 日，湘西州举办第十三届中小学生独唱、独奏、独舞比赛中，泸溪代表队选派 42 人参加小学、初中、高中组独唱、独奏和独舞比赛，获团体总分一等奖，21 人获得一等奖。小章小学郭启璐演唱《说唱脸谱》获小学组独唱第一名，白沙中学宋雨蝶独唱《为了谁》获得初中组比赛最高分。泸溪县在全州中小学生“三独”比赛中连续第八年夺冠。

2017 年 9 月，县教体局在白沙小学举办全县第十五届中小学生幼儿独唱独奏独舞暨现场书画大赛。36 所学校、公民办幼儿园 859 名参赛选手有 283 人获一等奖，283 人获二等奖，279 人获三等奖；评选团体一等奖 15 个，二等奖 16 个，三等奖 5 个。10 月 28 日，泸溪一中学生胡紫雨参加全省“三独”比赛，舞蹈表演《点绛唇》获高中组独舞一等奖。

学校艺术节　2003 年，为推进学校艺术教育改革和发展，县教育局决定每 2 年举办一次全县中小学幼儿园艺术节，以此选拔优秀节目和选手参加州、省中小学艺术节比赛。至 2009 年，全县共集中举办四届中小学、幼儿园艺术节。2011 年起，分武溪、浦市、兴隆场三个片区举办比赛，赛区优秀节目参加全县艺术节公演。2012 年 7 月 20 日，在湘西自治州第二届中学生艺术展演活动中，泸溪代表团选送 8 个节目参赛，5 个节目获得一等奖，2 个节目获二等奖，1 个节目获三等奖。其中，泸溪一中表演唱《数蛤蟆》、舞蹈《万泉河水》，白沙小学舞蹈《凿花蝶舞》3 个节目代表湘西州参加全省中小学生艺术节展演。2013 年后，各学校定期举办艺术节，丰富校园文化，提高学生综合素质。

2016 年，县教体局秉持“以艺厚德、以艺砺志、以艺育能”理念，注重学生艺体特长培养，落实艺体课程计划，开展“三独”暨书画大赛、艺体大课间、民族文化进校园等艺体活动，促进学生智育与美育协调全面发展。是年，为加强义务教育阶段音美学科测试工作，制定义务教育学段音乐和美术测试评价标准。对音乐美术各学段测试评价内容及评价建议方式进行明确。

2017 年 11 月，县教体局在白沙小学舞蹈室举办首届中小学音乐教师舞蹈技巧培训班。全县中小学校专业舞蹈教师、音乐教师 40 人参加培训，聘请湖南省舞蹈音乐专业教师进行专业指导。进一步提升全县艺体教师专业素质和教学水平，推动艺术教育创新发展。

第十章　教师

第一节　教师队伍

一、民国及以前教师队伍

泸溪私塾教育随唐代建县后而得到发展，塾师多为秀才（生员）出身者。宋庆历五年（1045），县令范南伯动用府银在县城内修建学宫，招录城内开蒙子弟入学，聘请2名塾师到学宫教学。庆历七年（1047），县府在建官学同时，鼓励士大夫、富商设立私塾，塾师来源于辰州府和县内私塾成业者。南宋绍兴十九年（1149），江西安福进士王庭珪流放到泸溪，时任郡令筹资在武口洲修建东洲书院，延请王庭珪教授生徒。至清光绪三十年（1904），县内有私塾、书院、学宫、义学47所，教师均源于本地科举考试取得功名者。在官学、书院任教者一般为举人、拔贡；在义学、私塾任教者普遍为举人、拔贡、廪生、增生、附生，童生。据《泸溪县志》乾隆二十年（1775）版载，清代书院山长、教习和义学教师计有87名。其中，贡生文景安任南溪书院山长达十年之久，拨贡张云榻、张昆翼父子先后任观澜书院山长，李陟公等廪生在县城及周边乡村义学开馆授徒。清代中期，在科场获廪、增、附生功名者设馆授徒，形成塾师队伍。至清光绪三十年（1904）创办新学时，全县有蒙师、塾师337人，主要来源于廪生、增生、贡生等生员和失意官绅。在辰州府所辖4县中私塾队伍排名仅次于沅陵县。

清光绪三十年（1904），始行新式教育。县令程寿保将南溪书院改为武溪官立高等小学堂，改浦市观澜书院为浦市官立高等小学堂。2所高等小学堂教师仍是经过科举考试获得廪生、增生、贡生等生员。至光绪三十三年（1907年），全县书院、义学和私塾转变为初等小学堂13所，私塾65所，计有塾师（蒙师）145名。

民国10年（1921），全县有国民学校29所，教员52人；高等小学5所，教员21人；私塾87所，塾师91人，教师总数164人。国民学校教师主要源自湖南省立第一、二师范、常德师范速成科、西路师范等校毕业生，塾师以清代科举生员为主体。民国11年（1922），武溪、浦市2所官立高等小学堂更名为县立第一小学和县立第二小学，开设班级扩大到13个。各区乡国民小学更名为国民学校，教师需求量增多。至民国20年（1931），除私塾塾师外，全县有小学教师100人。是年，县府创办县立乡村师范（初级师范）学校。招录各乡镇年龄在16岁以上具有高小文化程度者，为农村小学培养师资力量。民国22年(1933)，乡村师范学校34名学生毕业，分配到各乡村小学任教。民国26年(1937)，全县有小学教师102人，源于乡村简易师范和辰郡中学毕业生。民国27年(1938)，沦陷区学校先后进入境内武溪、浦市地区办学，境内增加中小学校10所，全县教师人数增至160名，其中中学教师48名。民国30年(1941)，全县本地小学和流亡境内中小学教师达到290人。民国31年(1942)，县长刘武敏发起创建县立简易师范学校。民国33年(1944)，县立简易师范学校建成开学，聘任7名教师。民国34年(1945)，流亡泸溪学校陆续迁回原地，教师人数随之减少。是年，全县有小学教师162人，师范教师7人。9月，县立简易师范学校开办附设初中部，录用教职员工20名。民国35 年(1946)，浦市富商姚少安、姚稚安创办志仁中学，聘任7名教员。民国37年(1948)6月，县立简易师范学校64名学生毕业，分配到各乡镇小学担任教员。

至民国38年(1949)，全县有各类教师229名，其中，中学教师36名，小学教师63人，塾师130人。

二、中华人民共和国成立后教师队伍

(一)公办教师

1949年11月，县人民政府成立后，接管全县公私立学校。对学校教师队伍进行清理整顿，除有严重历史问题不宜担任教师外，共留用教师111人，其中小学教师75人，中学教师36人。1950年起，县人民政府5次调查登记失业知识分子，将大部分对象吸收为教师，从社会上吸收部分有文化退伍军人，经县教育科短期培训后，分配到各学校担任教师。1953年，泸溪第一初级中学和第二初级中学试行民办教师制度，从社会吸收15名民办教师，全县教师发展到383人。1956年，全县学校教师486人。教师主要来自吉首民族师范学校、永顺民族师范学校、湖南师范学院毕业生。1957年，农村学校发展迅速，全县有中学2所，小学369所，在校学生2.21万人，有中学教师40人，小学教师441人。1960年，全县学校从民办代课教师中选拔品学兼优者转为正式教师。1962年，全县教师627人，其中专任教师568人。教师主要来源于各级大中专院校毕业生分配，部分是从高中毕业生招收。1969年，扩大农村小学办学范围，教师多由民办教师任课。1971年，部分下放农村公办教师陆续回到教学岗位。根据省州人事部门关于自然减员教师名额可补充招录教师规定，从有高中以上文化程度学生中招收新教师98名。1972年，全县公办教师恢复和发展到819人，其中小学教师472人，中学教师347人。1976年，小学教师增至508人，其中专任教师490人。1978年，根据国务院关于“教职员工退休或病退者可优先安排一个子女”文件精神，部分教职员工办理退休或病退，其子女顶替父母进入教师队伍。

1981年起，全县公办教师来源有三个渠道：每年教师自然减员指标用于从民办教师中招录公办教师；恢复高考后国家统招统分大中专师范学院(学校)毕业生；历次运动被错误处理教师落实政策重新安排工作。1982年，129名被错误处理教师全部回到教师队伍。1985年，全县有中学教师498人，小学公办教师728人。1987年，教师来源主要是大中专师范学院毕业生，全县教师增至1281人。1988年，县教育委员会制定《关于加强农村学校师资队伍建设的决定》，每年确定一定名额，将农村中学初中毕业生成绩优异者输送到吉首民师等师范院校定向培养，毕业后充实到农村小学任教。是年，全县完成落实政策工作，县委对在历次运动中被错误处理160名教师全部平反，收回进教师队伍。同时，将一批老教师子女按政策规定顶班进教师队伍。

1990年，按照统招统分大中专毕业生和选用优秀民办教师两个渠道充实教师队伍。至1991年，全县中小学教师通过学历教育，中学教师学历合格率74.4%；小学教师学历合格率88.5%，位居全州前列。1994年，全县有中学教师697人，小学教师1084人。1996年，除一本大学本科生外，各师范学院大中专毕业生不再包分配。由县教育局、县人事局按照教师招录计划组织统一考试选拔，参考人员须是获得教师资格证毕业生，经过笔试、面试、体检合格后按计划数招录进教师队伍。白沙镇、武溪镇城区学校教师进入实行招聘制，从农村中小学教师中选拔。1998年，浦市化工总厂子弟学校停办，教师分流到浦市地区学校安置。1999年，教师队伍发展到2459人，其中，中学教师857人，小学教师1602人。

2000年，教师招录遵循"逢进必考"政策。每年7月，按照教师招录计划组织统一考试录取。是年，全县中学教师发展到964人，小学教师1668人。中学教师中初中专任教师740人，学历合格率97.8%，比1987年提高43.7%。高中专任教师106人，学历合格率96.2%，比1987年提高37.7%。小学教师中专任教师1593人，学历合格率98.2%，比1987年提高30.4%，教师整体素质普遍提高。2001—2006年，平均每年新招录教师40人，对紧缺岗位采取资格审查加面试方式从重点大学引进人才。期间，新建明德小学、石化中学。为保证教师师资能力，对进入这些学校教师实行选聘制，即公开报名，资格审查、统一考试，统一试教、择优选聘，并形成制度化。2007年，根据省教育厅、州教育局关于实施农村小学教师定向培养专项计划精神，启动五年制专科层次农村小学教师公费定向培养，动员初中学生中成绩优异者报考吉首大学师范学院就读五年专科，每年公费定向培养师范生40人左右，补充偏远农村小学教师师资。2009年，实施特岗教师招聘考试制度，招聘高校毕业生到农村义务教育阶段学校任教。2010年，面向社会公开招聘50名特岗教师到农村中小学任教，其中初中教师44名，小学教师6名，招聘学校17所，占全县中小学校55%，招聘信息技术、音乐、体育、美术等短缺学科教师22名，占招聘教师44%。

2011年，县政府成立泸溪县农村小学教师定向培养专项计划工作领导小组，制定农村小学教师公费定向培养专项计划，吉首大学师范学院在泸溪招收小学教师公费定向培养生12名，学生毕业后按协议到本县乡镇以下农村小学服务5年以上。2012年，全县公开招考泸溪县籍中小学教师40名。从是年起，教师补充有公开招录、引进紧缺人才、特设岗位、公费师范生定向培养四个渠道。

2015年，泸溪一中等4所中学公开引进年龄在30周岁以下急需紧缺人才21名。引进人员实行聘用制。其他学校公开招聘中小学教师47名。是年，全县中小学教师发展到

2972 人,其中乡村教师 1901 人。

2016 年,县政府制定《泸溪县乡村教师支持计划(2016—2020 年)实施细则》和《关于进一步推进教育事业优先发展的决定》,明确乡村教师补充渠道:每年完成公费定向培养师范生 40 名以上;实施"定校引进""定岗招聘"计划。每年公开招聘教师(含特岗教师)和引进紧缺专业技术人员不少于 100 人。规定从 2017 年起,引进教育部直属师范高校免费师范毕业生,县政府奖励 10 万元安家费,分 5 年支付。引进国家 985、211 工程示范高校毕业生,政府奖励 5 万元安家费, 分 3 年发放。2017 年 1 月, 引进教育部直属师范毕业生和国家"985""211"工程大学本科毕业生 142 名,引进教紧缺专业人才 9 人。

至 2017 年,全县在职教师 2938 人,其中,小学教师 1377 人,初中教师 916 人,高中教师 445 人,职业中学教师 71 人,教师发展中心教师 25 人,县民族幼儿园 24 人,其他 74 人。

(二)民办教师

民办教师是中小学中不列入国家事业编制的教学人员,产生于 20 世纪 50 年代。民办教师由学校或大队提名,公社审查批准,报县教育局备案确认,生活待遇除享受所在生产队同等劳动力工分报酬外,国家按月发给现金补贴,民办教师一般具有初中以上文化程度,除少数在农村初中任教外,绝大部分在农村小学任教。

1952 年,泸溪一中、二中从社会吸收 15 名民办教师,次年转为公办教师。1956 年,全县小学教师中有民办教师 6 人。1957 年,全县实行民办教师制度,民办教师达到 235 人,占小学教师总数 34.8%。1962 年,对民办教师进行清理整顿,小学民办教师减至 74 人,占小学教师总数 14.6%。至 1966 年,全县小学民办教师减至 173 人。1968 年,农村小学增多,民办教师增至 417 人,占小学教师总数 60.7%,首次超过公办教师。1969 年,全县小学办到自然村一级,小学民办教师多达 975 人,占小学教师总数 79.7%。1970 年,经过调整学校布局,农村小学民办教师减至 373 人,农村中学民办教师增至 30 人。至 1979 年,全县有小学民办教师 877 人,中学民办教师从 1977 年 128 人减至 74 人。

1980 年,县教育局鼓励民办教师参加高考进入大专院校继续教育,一部分民办教师通过考试升入大专院校, 一部分民办教师被选送到湘西州民族师范学校民办教师班学习 2 年,毕业转为公办教师回到原学校任教。1982 年,小学民办教师减少到 638 人。 1983—1985 年,农村小学根据需要,从高中毕业生中选拔民办教师。至 1986 年,全县小学教师中民办教师 642 人,占总数 48.2%。是年,全县停止配备民办教师。

1991 年,全县小学民办教师 496 人,占总数 34.6%,均为专任教师。学历合格 439 人,合格率 88.5%。1994 年,全县小学教师发展到 1419 人,其中民办教师 335 人。1999 年,全县最后一批 97 名小学民办教师经考核合格全部转为公办教师,延续 42 年的民办教师职业成为历史。

(三)幼儿教师

1957 年,县教育科在武溪镇始办幼儿园,招录公办幼儿教师 3 名,泸溪始有幼儿教师。

是年，全县20个乡建立托儿所376所，配备保教员820人。1958年，全县幼儿教育机构301所，保教员628人，其中公办幼儿教师4人。保教员主要来源于幼儿园所在大队青年女社员，文化层次多为小学文化，有的属于半文盲，劳动报酬采取生产队记工分方式参加年终收益分配。1959年，许多大队停办幼儿园，保教员减至287人，其中公办幼儿教师5人。

1960年，国民经济处于困难时期，全县托儿所全部停办，幼儿园减少。1973年，仅有县幼儿园1所，幼儿教师6人。1976年，幼儿园发展到171所，幼儿教师205人，其中公办教师10人，民办幼儿园教师均具有初中以上文化女青年。1982年，幼儿园数量再度下滑，全县5所幼儿园，幼儿教师30人，其中公办教师10人。1985年，全县有幼儿园6所，农村小学学前班58个，幼儿教师196人，其中学前班教师121人。1987—1989年，农村学前班发展到片完全小学。全县有幼儿园6所，学前班86个，幼儿教师110人，除县幼儿园教师属于公办教师外，其余均为代课教师。

1992年，全县有幼儿教师172人，其中学前班教师102人。1994年，全县幼儿教育进入发展时期，民办幼儿园增多。全县有幼儿园59所，学前班111个，幼儿教师180人。1999年，县职业中学幼师班120名毕业生分配到农村学前班任教。实行幼儿教师资格证制度，从业者须持证上岗。

2000年，全县城镇幼儿园4所，学前班116个，幼儿教师156人，学历合格148人，占总数95%，专业合格152人，占总数98%，持证上岗145人。2007年，白沙、武溪、浦市地区创办民办幼儿园，大中专幼师专业毕业生和经过幼师专业培训学生相继进入民办幼儿园任教，2011年，全县幼儿园发展到34所，其中民办幼儿园33所，幼儿教师190人。2014年，幼儿教师发展到235人。

至2017年，全县公民办幼儿园发展到47所，幼师495人，其中，县幼儿园公办教师24人。幼师学历合格98%，专业合格98%，持证率95%。

第二节　师资培训

一、教师培训

清光绪三十二年（1906），改县儒学为劝学所，主管全县教育和教师管理工作，定期对高等小学堂教员进行培训，以适应新式教育课程教学。清宣统二年（1910），对私塾进行改良，组织塾师集中培训，促使塾师接受近代小学教学方式。

民国时期，教师培训工作由劝学所（教育局、教育科）主管。民国11年（1922），全县对私塾进行改良，县劝学所对全县塾师集中培训，培训内容为新式教育、课程设置、教学方法等，然后举行考试，及格者准其设馆授徒，不及格者禁止从事教学。民国20年（1931），创办县简易乡村师范学校培养小学教师。民国22年（1933），全县开办短期义校14所，县教育科设专职义校教员，对义校教员集中培训。民国26年（1937）8月，组织全县102名教师利用假期集中业务培训，经过考试进行分类，确定 57 人为合格教师，18 人定为代用教师，27 人为暂代用教师。民国 27 年(1938)，迁入县内办学的教育部社会教育工作团第六施教队和教育部战区中小学教师第九服务团，在县城开办教师培训班，帮助县府培训全县乡保小学教师。民国 30 年(1941)，举办第一届国民教师师资假期训练班，196 名教师参加培训。

民国 35 年(1946)，国民教育师资假期训练班更名为国民教育短期训练班，培训内容分为精神训练与教学业务训导两大类。民国 37 年(1948)，推行失学民众识字计划，对民众识字班教员进行统一培训。从第一届国民教师师资假期训练班至民国 38 年(1949)，共举办教师培训班 8 次，累计培训中小学教师 1640 人次。

中华人民共和国成立后，1950 年，县教育科对经过清理整顿后的教师进行培训，考试合格后上岗任教。1952 年 7 月，县教育科组织 275 名小学教师学习培训速成识字教学方法。11 月，培训群师(农村扫盲教师，下同)194 人次。1956 年，全县中小学发展到 154 所，县教育科利用假期培训中小学教师 486 人次。在推进农民业余教育工作中，县教育科指导浦阳乡建立群师培训传授站，定期培训群师，每期举行 2 次示范课，1 次观摩课，全乡培训群师 167 名。1957 年起，县教育科每年定期集中培训骨干教师和中心完小假期集中培训民办教师，形成制度化。1962 年，开展扫盲教育，组织 4 名业余教育骨干教师培训社镇扫盲专干 18 人。1964 年，根据耕读小学师资文化水平，县教育科培训耕读小学教员 230 人次。1979 年，设立县教师函授站，负责教师培训工作。

1981 年，县教师函授站更名为县教师进修学校，专事师资培训工作。1982 年，对全县公民办中小学专任教师教学能力进行考核，公办教师能胜任教学占 21%，基本胜任教学占 43%，教学有困难占 32%，不胜任教学占 4%。民办教师中能胜任教学占 16.4%，基本胜任教学占 44.9%，教学有困难占 32.7%，不胜任教学者占 6%。县教育局对不胜任高中教学教师调任初中教学，不适宜初中教学调小学任教，不适应教学工作调出教师队伍，不胜任教学工作民办教师予以辞退。至 1985 年，县进修学校培训在职小学教师 230 人次。1986—1988 年，进修学校实施在职教师培训、中师初师文化补习、初中外语教师培训，参加学习教师 204 人次。1989 年，对民办教师分期分批安排到州、县两级进修学院(校)培训，经考试合格转为公办教师。

1994 年至 1996 年，全县举办师资培训班 56 期，培训教师 1235 人次。开办小学教师继续教育培训班 14 期，培训小学教师 1110 人次。输送小学教师到县进修学校或州、省师范学校(学院)、吉首大学脱产进修学习 630 人次。1997 年，试行全县中小学教师普通话培训工作。1998 年，启动中学教师继续教育、中小学教师信息技术和普通话培训。至 1999 年，全县 523 名初中教师参加继续教育培训，其中合格 502 人，合格率 96%。举办信息技术培训班 6 期，培训 45 周岁以下教师 1818 人。2000 年，加强中小学骨干教师、名校长、名教师培养工作。全县 2619 名教师参加教师综合素质培训，其中培养小学国家级骨干教师 1 名、省级骨干教师 2 名，培养中学省级骨干教师 3 名，选派 8 名校级领导到外地挂职锻炼。

2001 年，根据基础教育新课程改革要求，实施教师基本功综合素质培训，培训教师

1120人。2002年，在进修学校开办在职教师学历提高教育，设脱产专科班和函授班各1个，招收函授学员51人，脱产学员41人，开展教师岗位培训4次498人。2003年，在教师中开展信息技术培训。至2004年，教师信息技术培训1880人。2005年，在进修学校开办学科骨干教师培训班，培训骨干教师180人。开办农村小学音、体、美教师基础培训，培训教师107人。开办农村小学语文、数学科课件制作全员培训长短班，培训教师416人。2006年起，教师培训转为继续教育，实施中小学教师非学历远程继续教育培训。至2009年，全县1260名教师参加继续教育培训，小学、初中、高中教师合格率分别达98.7%、98.3%、90.5%。

2010年，实施中小学教师国家级培训计划(简称"国培计划")。分批开展中小学教师职业道德远程研修、教师教育技术能力远程研修、心理健康教育远程研修、新进教师适岗远程研修、教师"有效教学，高效课堂"远程研修、教师新课标全员远程研修等继续教育远程培训。

2011年，实施中小学教师专业成长行动计划。选送33名中小学教师参加"国培"置换脱产研修和国培短期集中学习，198名教师参加国培网上远程研修，2231名教师参加省教师专业成长行动计划。举办各类培训班9期，培训教师1106人。

2012年，落实湖南省"国培计划(2012)"武陵山片区"送培上门"活动，成立"送培上门"工作领导小组和专家指导小组。全县485名初中小学教师参加教学观摩活动。全年累计参加"国培计划""省培计划"、义务教育阶段教师新课程标准培训3263人次。

2013年，选送初中和小学骨干教师22人参加北京中国教师教育视频网组织"第六届名师论坛暨义务教育新课程标准解读会"学习。选派22名中小学骨干教师到湖南师大附中星城实验中学、长沙岳麓区第一小学课堂观摩和跟班学习。全年累计培训教师2772人次，参加省"教师专业成长行动计划工程"2600人次。

2014年6月，县教育局组织暑期培训。培训项目及参加培训人数为中小学教师信息技术高级培训50人；中小学校心理健康教师培训100人；中小学校教导主任培训50人；计算机辅助普通话水平等级测试培训120人；中小学教师教育技术能力培训600人；"送教送培下乡"现场培训教师100人；中小学学科带头人师徒结伴同行研讨交流培训150人。举办学校中层干部上岗任职培训82人次，农村教师业务能力提升培训5332人次，组织28名学科带头人到全县薄弱学校开展教学指导，现场培训教师1236人次，免费组织教师继续教育培训4173人次，中小学教师师德师风建设培训55人次，普通话培训与机测169人次，村小全科型教师培训52人次，教师读书交流分享活动以赛带训2600人次，教师读书体会说讲比赛带训132人次。参加国培、省培和州培计划766人次。2015年，制定国培计划远程培训实施方案。全年培训各类教师2821人次，开展"送教下乡""送培上门"20次，现场培训教师1460人次。

2016年，县政府制定《泸溪县乡村教师支持计划(2016—2020年)实施细则》，提出乡村教师能力素质具体措施。启动实施"泸溪县94个贫困村教师全员集中培训计划"，五年内分期培训贫困村教师150人，依托国培计划、省培计划、州培计划、县培计划，每年培训乡村教师不少于500人；每年培训乡村学校骨干教师不少于60人，建立县级名师工作室10个，名师工作室学员中乡村教师所占比例不低于30%；加强乡村学校薄弱学科师资培训，采取顶岗置换、网络研修、送教下乡、专家指导、校本研修等形式，增强培训针对性和实效性；建立乡村教师专业发展支持服务体系，启动实施“十三五中小学（幼儿园）教师专业成长行动计划”，提升乡村教师现代教育技术应用能力。全年实施国培、省培、州培、县培、校培“五级”联动培训，培训教师4671人次，组织教师2193人次（包括民办幼儿园教师）参加省“十三五”教师专业成长行动计划培训，参训率、合格率均100%。

2017年，以湖南省第二批“国培计划项目县”为契机，开展毕业新进受聘教师培训、中青年骨干教师、学校管理者培训分层全员培训，从中遴选一批具有发展潜力培养对象组建领军团队，为全员培训和校本培训奠定师资基础。全年送教下乡培训370人；网络研修计划培训745人。组织150名中小学班主任和名师工作室团队专题研修培训；集中52名学校后备干部参加教体系统青年后备干部培训；培训中小学（幼儿园）新进教师120人。邀请学科专家和骨干教师在武溪、浦市、白沙、兴隆场四个片区开展集中研修培训活动，全县32所重点学校和18所幼儿园685名学员参加，举行41堂示范课和3次民族文化传承交流课。组织学科专家、名师工作室首席名师、学科带头人及国培项目县培训团队教师以二中、五中、武溪小学、浦市小学、武溪小学幼儿园为片区基地校，集中乡镇学校6个学科370名中小学、幼儿园教师参加研修活动。全年累计培训教师2466人次，组织2364名教师参加省“十三五”教师专业成长行动计划工程培训。

至2017年，教体系统由名师工作室队伍、州县学科带头人队伍、项目县送教下乡培训团队组建而成的教育“领军一代”初步成型，成员涵盖全县11个乡镇40所中小学及幼儿园，为教师专业提升发挥示范引领辐射作用。

二、校长培训

清光绪三十年（1904），南溪书院、观澜书院改为高等小学堂后，县府奉辰州府指令，输送吴永勋、陈大诰2名堂长参加辰州府高等小学堂堂长培训，接受新式教育教学管理方法。民国时期，由劝学所负责校长培训工作。民国26年（1937）8月，县教育科对20名学校负责人进行专题培训。民国27年（1938），县府联系战时内迁的教育部社会教育工作团第六施教队和教育部战区中小学教师第九服务团，对各学校校长进行培训。民国30年（1941），全县乡保小学发展到83所，县教育科每年利用假期对学校校长进行培训。

1949年11月，县人民政府接管各级学校，对中小学负责人进行清理整顿，对留用和新任校长集中到县进行集训，开展政治思想教育。1955年，泸溪一中和武溪小学校长参加州教育局中小学校长培训班培训1个月。1956—1957年，县教育科每年利用寒暑假期组织中学、中心完小校长集中培训。1958年，县教育科实行分级培训制度，中学、中心完全小学和独立小学校长由县教育科负责，分寒暑假 2 个假期集中到县培训，每次 15 天。村级小学负责人由公社中心完小负责培训。

1968—1978 年，校长培训采取以会代训方式为主，培训内容以政治教育为主。1980 年，利用函授站定期对校长开展培训。1981 年，将中小学校长培训列入全县教师培训计划，由县进修学校负责培训。1981 年至 1990 年，累计培训校长队伍 24 期 675 人次，选送 42 名校长参加州以上教育部门中小学校长培训班。1991 至 1995 年，县进修学校举办中小学校行政管理干部培训班 14 期，参训人员 294 人次，其中 86 名参训人员通过培训后从事学校行政管理工作。1996 年全县中小学校长实施在岗位培训基础上进行提高培训。至 1999 年，累计举办中小学校长培训班 21 期，参训人员 184 人次。

2000 年起，明确校长培训以提高组织实施素质教育能力和水平为重点，重点培训思想品德修养、现代教育理论和实践、学校管理理论和实践、现代教育技术等方面知识。至 2006 年，全县开办中小学校长县内岗位培训 13 期，外出参加学习提高培训 5 期，参训校长 434 人次。2007—2010 年，累计输送 54 名中小学校长参加教育部"中西部万名农村寄宿制学校校长国家级远程专题培训"高级研修班跟班学习。县内岗位培训 6 期，参训人员 160 人次。2011 年，校长培训扩展到农村片完全小学及村小学负责人。全年分 3 批举办农村片完全小学及村委会所在地村小负责人培训班，培训人数 150 人。2013—2014 年，举办中小学校长高级研修班 1 期，培训校长和教育管理干部 42 人。组织 33 名中小学骨干校长赴长沙学习观摩。与长郡中学、周南中学、湖大附中、湖大附小等 5 所名校校长交流学习。选送 18 名中小学骨干校长参加全州"教育部—中国电信中小学校长信息技术应用能力提升项目"远程培训，培训时间 50 天。2015 年，全县校长培训采取"走出去"方式进行。39 人参加山东师范大学举办教育行政管理干部高级研修班研修学习。

2017 年 11 月，组织 6 名乡村初中学校校长参加全州"国培计划"乡村初中校长培训，促进教育扶贫，推动义务教育均衡发展。培训期间到对口援助的山东省济南市 10 所学校进行跟岗学习，现场观摩学习教学改革、课程改革、教学管理、财务管理。

第三节 教师待遇

一、社会地位

（一）清代及以前教师地位

清代及以前，教师与"天地君亲"同列。老百姓家中堂屋安置神龛时，其牌位为"天地君亲师"，同享香火敬奉。南宋名士王庭珪被贬泸溪时，辰州府尹、泸溪郡令慕其名节和才华，待其为上宾。明清时期，尊师重教，在政治与经济上给予山长教谕优厚待遇。其出巡视学讲学，县府和当地民众以轿马迎送。编修县志时，在志书中对书院山长、教习、教谕、训导等都撰写有传。民间崇敬教师，凡有科举及第，乡里士绅备厚礼谢师。书院、义学开馆散馆，民众设席招待先生。逢端午、中秋、春节等重大节日，在馆读书生童及家长携带礼品向师拜节。村寨红白喜事无不敬请先生莅临，地位与寨老、族长同等。

（二）民国时期教师地位

民国时期，县内教师社会地位和政治待遇随学校性质、教师社会阶层、政治背景而异。武溪、浦市城镇学校教师社会地位高于乡保学校教师和私塾塾师。抗日战争时期，迁入境内中小学校教师社会和政治地位相应比其他学校教师高，本地官员、民间绅士及民众敬重有加，本地土著武装亦不敢骚扰。民国后期，尽管教师社会地位和政治待遇殊异，但民间对教师一视同仁，尊敬师长形成社会风气。

（三）中华人民共和国成立后教师地位

中华人民共和国成立后，教师称谓统一称为人民教师，社会政治地位和经济待遇发生重大变化。尽管期间一段时期教师社会地位和政治待遇有过起伏曲折历程，但尊师重教成为党和政府及人民群众共识，被誉为“人类灵魂工程师”。

1.参政议政。1952年，湘西苗族自治区召开首届人民代表大会，泸溪县有2名教师被选为人大代表参加会议。1954—2017年，全县经历12届党代会、17届人民代表大会、9届政协委员会，每届都有教师被选为各级党代表、人民代表和政协委员。县委、县政府召开教育发展座谈会，除学校领导之外，邀请部分教师参加会议，共商全县教育发展大事。

2.选拔人才。建国初期至1956年，抽调部分中小学教师到乡村开展宣传教育活动，参加政治活动和社会主义建设事业。1957年，少数教师因言语或因“历史问题”受到不公正对待，下放农村“劳动改造”。但大部分教师通过参加政治和社会活动得到锻炼，部分教师进入社镇或县直机关单位工作，有的进入各级领导班子。

1979年，县委贯彻落实知识分子政策，平反冤假错案。至1982年，129名被错误处理教师回归教师队伍。1984年，全县中学教师五级、小学教师三级或从教15年以上31名教师的家属子女108人由农村户口转为非农业户口，享受城镇居民待遇。1985年，又有38名教师家属子女“农转非”。至1988年，在历次运动中被错误处理教师全部平反，回到教师队伍，对已故者家属按政策规定标准予以补偿。

1990—1993年，为稳定教师队伍，县教育局规定县直各机关单位、乡镇抽调校领导或教师离开教学岗位到机关工作须征得同意批准。1996年起，行政机关缺编实行“凡进必考”，县教育局准许教师参加全县行政机关公务员招考，为全县教师队伍常规流动搭建平台。1997年起，一批教师陆续通过公务员招考进入县直机关单位和乡镇工作。1998年，根据国务院《关于解决民办教师问题的通知》，县教育局对全县最后一批民办教师进行考核，合格后全部转为公办教师。

2008年起，县委、县政府深化用人制度改革，每2年安排一定数量职位参加全县统一公开选拔领导干部考试。一批教师通过参加公开选拔进入县直机关单位或乡镇领导班子。至2017年，全县累计有134名教师通过招考或挂职等形式进入公务员队伍，其中57人进入县直单位和乡镇领导班子。

3.尊师重教。1954年，州政府召开第一次模范教师代表大会，全县4名模范教师代表出席会议。1958年，欧溪小学教师吴永东出席湖南省第三次先进生产者会议，被评为全省教育系统先进生产者。1960年4月，合水公社晒州田民校教师杨桂莲、泸溪县二中教师张民化被评为全省教育先进工作者。5月，白羊溪公社密灯大队群师唐伏湘出席全国文教群英会，被评为全国业余教育先进个人。至1965年，全县共计有150人次优秀教育工作者受到各级表彰奖励。1966—1977年，开展教育革命等活动，停止教师表彰奖励工作。1978—1983年，恢复优秀教育工作者评选活动，有60余人次优秀教育工作者受到州、县表彰。浦阳公社中心完小教师李家英被评为“全国模范班主任”。1985年，国家建立教师节。县委、县政府召开首个教师节庆祝会，对20名优秀教师进行表彰奖励。全县乡镇召开学区庆祝教师节会议，表彰农村优秀教师。此后，每年教师节对优秀教师表彰，乡镇和部分县直机关单位组成慰问组，对农村学校教师进行慰问。1987年，上堡学区覃家庄小学教师杨东生被省委授予 “全省优秀共产党员”“全国优秀共产党员”称号，出席全国先进党支部、优秀共产党员经验交流会。1989年，杨东生和武溪小学教师吉中兰被评为“全国优秀教师”。1991年9月，泸溪一中校长吴天球被评为“全国优秀教师”。1993年9月，浦市第二小学校长康伯温被评为“全国优秀教师”。1996年，泸溪二中校长刘本忠被评为“全国优秀教师”。

2000年，县一中高级教师杨桂权被省人民政府授予中学特级教师荣誉称号，并每月享受省人民政府特殊津贴，是县内唯一获此荣誉教师。2001年，洗溪学校教师杨彩云被评为“湖南省中小学教师师德标兵”。2004年，县委、县政府实施“科教兴县”战略，优先发展教育事业。9月，泸溪一中教师石杰被评为“全国优秀教师”。2006年起，实施教育强县战略，重视教育发展成为各级党委、政府共识。从是年起，县政府每年安排资金30万元奖励教育教学做出突出贡献优秀教师、优秀教育工作者。每年表彰奖励优秀教育工作者、优秀教师100余名。2008年10月，石杰被评为全省中学特级教师，县职业中学校长杨秀国被评为“全国职业教育先进工作者”。2009年起，每年全县召开一次教育工作会议，对教育先进单位、高考先进单位和优秀教育工作者、优秀教师进行表彰奖励。

2011年，县委、县政府举行第27个教师节表彰大会，表彰奖励优秀教师、优秀班主任、先进教育工作者，奖励金额120万元，奖励资金额度开全州先河。2012年，县教育局局长徐朝洪被评为全国“两基工作先进个人”，是全省唯一获此殊荣者。2013年，白羊溪学校报木坨村小教师杨润生被评为 “湖南省中小学师德师风标兵”。2014年，解放岩乡学区牛场小学教师杨万莲荣获全国“民族团结进步模范个人”，泸溪一中教师莫顺清荣获全省特级教师。

2015年9月9日，县委、县政府举行第31个教师节座谈会，表彰奖励122名优秀教师，全县“最美教师”每人奖励3000元，“最美教师”提名奖、优秀教师、优秀班主任、优秀教育工作者、高考工作先进个人每人奖励2000元。

2016年9月9日，召开全县教育发展大会，表彰奖励全县“最美教师”、高考先进个人、优秀教师及重教先进个人141人和2个高考先进单位、3个重教乡镇、3个重教部门，发放奖金330万元。2017年9月8日，县委、县政府召开教育脱贫攻坚暨教师节表彰大会。表彰奖励55名优秀教师、35名优秀班主任、10名优秀教育工作者、6个重教乡镇和部门、3个高考工作先进单位、14名重教先进个人、55名高考工作先进个人，发放奖金560万元。12月，泸溪一中教师杨圣群被评为全省特级教师。

至2017年，全县累计有12名教师被评为全国优秀教师或先进工作者，评为省级特级教师或省级先进个人17人。

二、教师经济待遇

（一）清代至民国时期教师经济待遇

清乾隆年间（1736—1796），县府任命书院山长每年由朝廷支付廪银40两，由县令或山长本人赴布政司所属粮钱储库（藩库）请示批准后领取。义学及学宫馆师束修（酬金）每年由省公费银两内发给廪饩银16两。塾师待遇不等，在东馆和士绅所开办私塾待遇较优，由塾师本人设馆收入因学生多少及其家境贫寒而异，一般每生每月缴米3～5升（每升约1.25千克），食油0.5千克，有的学生则送蔬菜抵学费。苗区村寨私塾塾师则采取每天轮流到学生家餐食方法，以此糊口度日。

光绪二十五年（1899），官立初等小学堂教员分正副定工资，正教员每月发放6串铜钱，副教员4串。

民国初年，学校实行等级工资制，改为3类14级，差距拉大到5—15倍。民国6年（1917）2月，教育部公布《小学教员工资级别表》，规定小学校长及正教员月薪为60元，专科正教员为40元，助教员20元，县府因财政拮据未执行此标准。民国30年（1941），县府以法币代替银圆。因战乱时期，通货膨胀，小学教员实际收入下降。

民国37年（1948），对教师工资作出调整，小学高年级教师月薪35.60元（金圆券），低年级教师月薪13.20元。小学高年级教师月薪只够买回大米6斗（合75千克）、食盐0.5千克、食油1千克，低年级教师所得更少。民国38年（1949），学校教职员按工薪标准改为发稻谷或大米。

（二）中华人民共和国成立后教师经济待遇

1.公办教师工资待遇。1949年11月至1951年4月，全县教师薪酬实行供给制，以供给大米为准。1951年5月，实行工资分制。1954年，全县中小学按教职工总数15%扩面，提升工资级别。1956 年 9 月，教师工资进行改革，全县小学教师月平均工资 36 元（新人民币，下同），中学教师平均工资 51.80 元。

1960 年，调整中小学教师工资，小学教师月工资增至 39.43 元。1971 年，对少数工龄长、工资低教职工提升工资级别。

1977 年，全州少数教龄长、工资低教职工提升工资级别，调整原则相当于国家机关 18 级以下干部的教职员工按 40%面升级。对 1971 年底前月工资为 29.50 元和 1966 年底以前参加工作月工资为 34 元教职工每人调 1 级。

1981 年 10 月，全县教师工资普调，每人调升 1 级，对少数教学工作成绩显著骨干教职员提升 2 级。全县中小学教师 900 人升 1 级，80 人升 2 级，教职工人平月工资 49 元。1985 年，全县工资改革，实行结构工资制，教师工资由基础工资、职务工资、工龄津贴、奖励工资四部分组成，全县中小学教职员工人平月工资由改革前 50 元增加到 58.50 元。1986 年，全县中小学教师工资人均月工资达到 60 元，同时还有物价补贴、少数民族地区补贴、班主任津贴、奖金和一定福利待遇。1989 年，将教师工资待遇中教师级别职务工资改为专业技术职称职务工资，划分为副高级专业技术职务（中学高级）、中级专业技术职务（中学一级、小学高级）、初级专业技术职务（中学二级、小学一级和小学二级）。工资待遇按专业技术职称套改，教师工资有较大幅度提高。1994 年，全县机关、事业单位实行新一轮工资制度改革，根据《教师法》"教师工资要略高于当地公务员 10%"规定，在工资改革时纳入教师工资之内，教师工资普遍高于其他机关单位工作人员。1997 年，工资调整，人均月增资 30 元。1999 年，再次进行工资调整，全县教师月增资 125 元以上。到 2000 年，全县中小学教职员工人平月工资为 600 元（未含津贴奖金、岗位津贴），较 1986 年提高 9 倍。2010 年 1 月起，实施绩效工资，农村和边远地区教师享受山区补贴。

2.民办教师经济待遇。1957—1982 年，农村集体化时期，全县民办教师实行双重管理，行政上由生产大队管理，业务上由学区管理。经济待遇采取以所在生产队记工分，参加生产队收益分配，其收益分配标准与当地大队干部同等，县教育局补助初为每月 3 元。至 1982 年提高到 15 元。1982 年，实行农业生产责任制后，民办教师参加责任田分配，利用教学闲时帮助家庭生产。其补助除政府补助外，乡镇人民政府在农民上交提留费中列出民办教师补助项目，各村统一收取后上交乡镇经管站管理，由各学区统一领取发放，每年补助 360 元。以后，随着经济发展逐步增加。至 1999 年最后一批民办教师转入公办教师时，人均年综合补助金额达到 1500 元。

3.农村小学教师生活补助。2009 年，县委、县政府实施教育强县战略，推进城乡师资均衡发展。实施农村小学教师生活补助制度，农村小学教师每人每月发放生活补助 300 元。2010 年，提高到每月 600 元，农村中心完小和农村初中学校教师每人每月补助 200 元。县教育局从全县教师绩效工资统筹中每月奖励村小教师 200 元、奖励中心完小（乡镇中学）教师

100元。2011年2月，县委、县政府将农村小学教师生活补助提高到每人每月1200元，农村中心完小、初中教师生活补助提高到每人每月400元。村小教师每月生活补助达到1400元，全年补助16800元；中心完小（含农村初中）教师每月生活补助500元，全年补助6000元。2013年，扩大农村教师生活补助实施范围，将武溪镇、浦市镇地区教师全部纳入农村教师生活补助享受对象，每人每月补助300元。全年补助乡镇中学、乡镇中心完小教师1671人，村小教师502人，补贴资金1846万元。

第四节　教师管理

一、人事管理

（一）明清及民国时期教师管理。明清时期，书院、学宫、义学教师由县府教谕、训导在本地举贡生员中遴选，经过考试合格后"敦聘充任"。清末，县内2所高等小学堂堂长由劝学所长提名，经知县批准，报辰州府备案后委任。教师由堂长遴选聘用，报劝学所备案。民国16年(1927)，学校教师由校长聘任，校长发给教师聘书，实行检定制。民国19年(1930)，县教育科每年对教师进行检定，实行合格、代用、暂行三类分类登记；实行考核鉴定，民国23年(1934)，实行中小学教员每学年考核鉴定制度，根据考核鉴定条款决定奖惩。民国24年(1935)，对全县295名教员考核鉴定，甲等5人，乙等32人，丙等227人，丁等17人，戌等12人，已等2人。

民国31年(1942)，县督学主持对全县小学教员集中考核。74名教员考核结果为：列乙等并传令嘉奖6人，列丙等不奖不罚47人，列丁等予以申诫15人，列戊等予以记过2人，列已等责令停职4人。这种年度考核制度一直运用到中华人民共和国成立。

（二）中华人民共和国成立后教师管理

1.编制管理。20世纪50年代，教师实行编制管理制度。全县小学教师编制按30名学生配备1名教师，中学教师按每班配备2名教师核定编制。60年代，高中教职工按每班配备3.6人、初中教职工按每班配3.2人，小学教职工按每班配1.3人核定编制。70年代，中学教师与学生比例1∶21.6，小学教师与学生比例1∶20.2。80—90年代，调整中小学教师编制。高中以每班平均45名学生为标准，配备4名教职工，其中教师2.3人；城镇初中以每班平均45名学生标准，配备教职工3.7人，其中教师2.5人。农村初中以每班平均40名学生标准配备教职工3.5人。城镇小学和中心完小以每班平均45名学生标准配备教职工2.2人，农村小学以每班平均30名学生标准配教职工1.4人，边远山区学校以每班平均20名学生标准配教职工1.4人。

2001年，根据中小学教职工编制标准规定，按照高中1∶13、城镇初中1∶16、农村初中

1∶18、城镇小学1∶21、农村小学1∶23标准配备教职工。2009年，全县中小学教职工编制在县编办核定范围内进行调剂，互补余缺。2014年起，全县教师编制核定标准为：高中教职工与学生比为1∶12.5，初中为1∶13.5，小学为1∶19。

2.分配管理。1950年，县政府对学校教职员工实行统一管理，中学和重点小学行政领导干部由县政府任免，其他学校行政领导由教育科任免，教职员由教育科及人事科分配派遣。1952年起，全县学校教职员统由县政府人事科和文教科分配和派遣，师范院校毕业原则上分配到教育工作岗位，各学校无条件接受国家分配毕业生或政府派遣其他人员。1955—1966年，全县师范院校毕业生由县人事科与教育科共同分配，改行调动须在教学岗位5年以上。

1967—1979年，教师管理没有明确规定，教师调动改行现象较多。1980年，恢复"因照顾家庭关系需要改行调动须在教学岗位5年以上"规定。教师改行需交纳改行费，按毕业学校收费交纳改行金，且改行面不得超过3%。1987年，学校教职工评定职称，统一实行职称聘任制，颁发聘任证书。1988—1995年，师范学院（学校）毕业生由县人事局和教育局统一分配，民办教师转为公办教师后，原则上分配原学校教学。1996年后，除本科以上学历毕业生外，实行"逢进必考"制度。考试录用者原则上分配在农村小学任教，教学满3年才能调动。2004年，参加西部志愿者计划支教教师支教期满经过考试录用进教师队伍者，分配到原支教学校或其他农村小学，按照规定在农村学校服务满3年方能调到乡镇中心完小或城镇学校。2007年起，根据省州规定，农村小学教师定向培养毕业生须在农村小学服务满5年才能调动。

3.教师职称管理。1987年，全县开始实施中小学教师职称改革，实行中小学教师职务聘任制。1989年，完成教师职称评定。从1991年起，教师考核和职称评聘工作每年进行一次。至2017年，全县共有2729人获技术职称，其中正高1人，副高级职称466人，一级职称1402人，二级职称860人。

4.教师资格管理。1997年起，全县招录教师时考生须持教师资格证报考。2002年6月，首次开展认定教师资格工作。教师资格分为幼儿教师、小学教师、初级中学教师、高级中学教师、中等专业技术学校（含职业高中）教师资格五类。2004年，规定学校专任教师须持有教师资格证方能上岗任教，凡从外地调入或招录教师必须有教师资格证，每年开展一次教师资格认证工作。

2014年，实行教师资格定期注册。中小学教师资格定期注册5年一个周期，定期注册不合格或逾期不注册的人员，不得从事教育教学工作。

5.调动管理。1958年起，中小学教师实行分级管理。中学教师调动由州教育局审批决定，小学教师调动由县教育科（局）决定。1985年起，县教育局根据上级教育行政部门规定，全县中小学校教师和教育事业编制人员归口管理，实行统一调配。

2012年起，进一步规范人事管理工作，严格教职工异动程序。学校教师外派、借用和借调，须书面报教育局批准同意。公办教师向州内民办学校流动时，由本人向所在学校提交书面申请，学校签署意见并报县教育局审核同意后，可以参加民办学校招聘。教师调动，教育系统内人员调动工作每年暑假研究一次。每年对学校教师编制实行审核调整，超编学校除特殊需要外不得调入教师。人员调动本着个人服从组织原则，教职工首次调动后3年内不得自行提出调动。教师辞职，教职工不愿从事教育工作要求辞职，本人提前3个月提交书面辞职报告，经所在学校签署意见并报县教育局审核同意后，到教育局与县人社局办理相关辞职手续。

6.请假管理。20世纪50—80年代，教职工请病假和事假审批权限主要由各学校自行规定，超过一个月以上病事假报县教育主管部门备案。1987年，教师职称改革后，县教育局对教职工病事假作出统一规定。此后，教育管理部门根据实际情况对教师请假制度进行修改和调整。2012年，县教育局制定教职工请假管理细则，对病假、事假、婚假、丧假按照政策规定和教育教学实际制定细则，作出具体规定。教师请假期间法定假日连续计算，不扣除法定假期时间。

7.考核管理。明清时期，书院、义学及高等小学堂教师考核没有形成制度。山长(堂长)对教学成绩突出者根据学校经费情况给予一些奖励。民国时期，开始实施教师考核制度。民国22年(1933)，按照教育部《教育部奖状规程》规定，开始组织教师考核工作。每年8月组织一次考核，考核内容有教学业绩、教学技能、教师品行等内容，考核结果与教师使用和薪酬晋级挂钩。民国28年(1939)，参照内迁学校教师考核方法和经验，将考核扩大到保(村)国民学校。考核等级分为甲乙丙丁戊己6等。民国38年(1949)，停止教师考核工作。

中华人民共和国成立后，1956年起，教师考核列入全县干部职工年度考核，将考核与考评情况记入个人档案，作为奖惩和晋升职务依据。1988年，教师职称改革后，考核分为年度考核和教师职称评审两种方式。年度考核纳入全县干部职工岗位责任制考核范围，职称考核在教师单独中进行。2009年，实行绩效考核，考核设置为百分制。

2013年，完善教职工年度考核工作。各学校制定教职工年度实绩量化、细化考核方案。2016年，县教体局进一步完善全县教职工考核工作。将评先评优指标向农村学校倾斜，农村学校年度教职工评先评优指标占教体系统评先指标80%。

二、校长管理

(一)任职及考核

明清时期，县内学院、学宫、义学山长、馆师由县府延请。民国初年，小学校长由地方士绅商议后向劝学所推荐，县府批准任命，报省教育厅备案。民国25年(1936)，县立简易师范学校暨附设初中部、志仁中学校长报省政府批准任命；浦市、武溪2所中心学校校长由县教育科提名，报请县政府任命；区乡中心国民学校及保国民小学校长由区公所推荐，报县教育科批准。

中华人民共和国成立后，1950年，县立初级中学校长由县政府任命，群力中学校长由二区政府委任，中心小学和农村小学校长分别由区乡选拔任命。1956年，全县中小学每校配备校长和教导主任各1人。学校班数在12个班以上增设副校长及副教导主任各1人。1958年后，学校实行党组织负责制，校长在党支部书记领导下管理学校。1968—1980年，学校取消校长职位设置，成立校革命委员会，由革命委员会主任行使校长职责。1981年，恢复校长职位设置。1984年，对各学校校长进行调整，按学历、思想、能力、年龄四个标准选任20名新任校长。

1990年，启动全县中小学校长培训工作。1993年起，规定新任校长取得岗位培训合格证书才能持证上岗，校长培训制度形成常规性工作机制。

2000年起，实行校长任职考核制度，对校长实行单独考核。2002年，核定中小学领导职数，普通中学规模在12个班以下配备校级领导2人，13个班以上配备校级领导3人；完全小学规模在12个班以下配备校级领导2人，13个班以上配备校级领导3人；农村初级小学或片完全小学、教学点指定1名教师负责，乡镇中心学校增配校级领导1人。2008年起，提拔任用学校领导注重年轻化、知识化、专业化结构，每年新提拔任用学校领导20人左右，其中一线专任教师占60%。2009年起，县教育局强化考核激励机制，对全县32所中小学（含职业中学、县幼儿园）校长队伍实行专项考核，考核分为优秀、合格、不合格3个等次，优秀校长进行表彰奖励，不合格校长就地免职。2011年，采取学校民主推荐、教育局综合考察方式选拔任用校长。

2015—2017年，县教体局改进中小学校长任职情况年度实绩考核办法。成立校长任职情况年度实绩考核领导小组。考核内容分为基本素质、学校管理、工作业绩、勤政廉洁、民主测评5项。全县中小学校长年度绩效考核分为：城镇小学，农村小学，独立高中和完全中学，独立初中，九年一贯制学校，其他教育机构六个类别。考核等次分为：优秀等次，合格等次，合格以下等次。合格以下等次根据实际情况分为约谈和就地免职两种情形。

（二）交流

2016年，县教体局制定《泸溪县义务教育学校校长教师交流轮岗工作实施方案》，推行学校校长聘任、交流、轮岗制，规定校长每届聘期不超过5年。交流对象为义务教育阶段公办学校正副校长，凡男55周岁、女50周岁以下正副校长在同一所学校连续任职满两届后均应交流。如有特殊情况不能交流者报县教体局核准，且聘任期不得超过三届，校长每次交流期限不得少于5年。加强与长沙市、株洲市等教育发达地区联系衔接，每年选派6名农村中小学校长到这些地区名校交流挂职学习。至2017年，全县有中小学校长17人轮岗交流。

三、支教和轮岗交流

1995年，县教育局决定城镇学校对偏远农村学校开展支教、送教、帮教活动。至2000年，全县共派出支教教师1200人次。

2003年，实施大学生志愿服务西部计划，按照公开招募、自愿报名、组织选拔、集中派遣的方式，每年招募一定数量普通高等学校应届毕业生到西部贫困县乡镇从事为期1—2年教育、卫生、农技、扶贫及青年中心建设和管理等方面志愿服务工作。2006年，启动城镇学校对口扶持农村薄弱学校支教工作。支教学校派出教师承担受援学校教育教学工作任务。2007年，晋升专业技术职务，优先解决符合条件支教人员。春季，白沙、武溪、浦市10所城镇中小学派出104名教师，对口支持10所农村学校。秋季，制定泸溪县新一轮对口支教工作。城区11所学校，派出100名教师到农村10所薄弱学校支教，期限为一学年。2008—2010年，开展城镇学校与农村薄弱学校捆绑式对口支教工作，每年指定8所城镇学校派出52名教师，对口支教10所农村学校。

2014年，将对口支教学校延伸到州内相关学校。从8所城镇中小学抽调32名教师，对口支教县内11所农村学校，明德小学抽调1名教师派往龙山县乡镇学校支教。2015年8月，开展城镇学校与农村薄弱学校捆绑式对口支教和选派“三区”支教教师。确定5所中小学为对口支教学校，派出30名教师支教9所学校。泸溪五中、白沙小学各派出1名教师对口支教龙山县2所乡镇学校。

2016年，实行教师交流轮岗制度。交流轮岗区域是城乡学校之间、乡镇中心小学与村片完全小学和教学点之间、乡镇学校之间。交流对象为义务教育阶段公办学校在编在岗教师。重点推进骨干教师交流。男50周岁、女45周岁以下且在同一所学校连续任教9年以上教师均为交流对象。每学年教师交流比例不低于符合交流条件教师总数10%，其中骨干教师交流应不低于交流总数20%，交流期限3年。城区教师交流到农村学校任教，交流期满经考核合格者根据实际情况统筹安排回城区学校任教。是年，白沙小学、白沙中学等城镇优质中小学与教育教学质量相对落后偏远山区薄弱学校结对，建立多层次、多领域“一对一”帮扶机制，实行结队校人、财、物、事捆绑式管理，提高农村学校管理水平。强化名师工作室对乡村教师业务指导交流，全县8个名师工作室首席名师、名师成员与乡村学校教师结成“一对一”或“一对X”帮扶对子，促进综合素质提升和专业成长。每年选派100名业务骨干教师到片村小锻炼，提升乡村教育教学质量。至2017年，全县轮岗交流教师2000人次，67名农村教师成长为名师工作室成员。

四、师德建设

明清时期，泸溪学宫、书院把“博学、审问、慎思、明辨、笃行”作为教师道德规范，强调

“德以好学为极”“欲明人者必须先自明”。民国时期，根据国民政府相关规定，将三民主义纳入师德建设内容。民国 27 年(1938)，县教育科定期邀请战时内迁的省立四中、辰郡中学名师到武溪中心国民学校和浦市区立第一初级小学进行教师职业道德教育讲课，传授现代师德师风建设方法和经验。

中华人民共和国成立后，1952 年，全县学校每周利用 2 个晚上组织教师学习政治理论，指导师德建设。1966—1976 年，师德建设主要方式是政治教育。1981 年，全县开展“五讲四美三热爱”活动，各学校组织师生开展“文明礼貌月”活动。1987 年，县教育局制定《关于开展师德教育的意见》，对全体教师提出“教书育人，做新时代人民教师”要求。至 1992 年，通过评选优秀教师、三好学生等活动，推进教师爱岗敬业，树立良好职业道德。

1993 年，教师职业道德建设列入思想政治教育计划，在教育系统开展“致力于集体，奉献于事业”为主题师德教育活动。1995 年，在全体教师中组织开展“爱岗敬业、为人师表、严谨笃学”师德教育活动。1997 年，开展“爱国守法、爱岗敬业、关爱学生、教书育人、为人师表、终身学习”活动。1998—2000 年，把师德教育纳入教师培训课程之中。

2001 年，县教育局将《中小学教师职业道德规范》纳入《公民道德建设实施纲要》学习教育活动。制定具体措施，启动学校教育活动。2007 年，县教育系统开展为期 70 天“爱岗敬业、乐于奉献、教书育人、廉洁从政、为人师表”师德师风教育活动，建立中小学教师职业道德档案。

2011 年，县教育局每年确定一个师德主题教育活动，加强教师职业道德修养，提高教师责任意识和敬业意识。2012 年，全县在教师队伍开展“树三品、献三爱、创三优”活动。结合学习教育开展有偿家教家养行为整治，制定教育系统干部作风建设“十五不准”。2013 年，全县教育系统开展“强师德、提师智、练师能”活动。白羊溪乡村小教师杨润生获湖南省师德师风标兵荣誉称号。

2015 年，开展“厚德精业、崇教敬业”活动。围绕“有教无类、因材施教、终身学习、人人成才”中国教育梦，培育有理想信念、有道德情操、有扎实学识、有仁爱之心“四有”教师。全县表彰 122 名优秀教师、优秀教育工作者。2016 年，在全县教体系统开展“修德正身、强责提能”主题教育、“寻找泸溪最美教师”“两学一做”学习教育活动。全县评选“最美教师”10 名，在第 32 个教师节对“最美教师”进行表彰，优秀事迹刻成光碟在全县巡回宣讲。

2017 年，县教体局制定《关于在全县教体系统深入开展“修德铸魂，遵规正行”师德师风主题教育活动实施方案》，召开动员大会。举办“道德讲堂”，以身边事感动教育身边人，强化教师爱岗敬业精神，激励教师提高师德培养，学生敬重老师，家长信任老师，社会尊重老师，形成尊师重教浓厚氛围。是年，小章黄泥冲小学教师符海鸥被评为湖南最可爱乡村教师。

表10—1

泸溪县2017年中小学教师基本信息一览表

学校	核定编制数	实有人数	男	女	党员	学历情况				职称级情况						年龄情况						特岗教师
						研究生	本科	专科	中专中师	正高	副高	一级	二级	未定	技术工人	35岁以下	36/40	41/45	46/50	51/55	56以上	
总计	2848	2938	1526	1412	632	23	1592	1091	222	1	466	1402	860	180	14	1047	419	501	418	446	107	153
小学	1582	1377	653	724	246		371	795	208		121	739	435	79	5	438	206	206	171	281	75	75
初中	1083	916	494	422	190	7	700	200	4		155	385	298	67	5	403	140	170	127	64	12	75
高中		445	259	186	100	14	409	17	3	1	134	181	100	28	3	176	51	91	77	48	2	2
职中	71	77	46	31	20	2	65	10			24	33	16	4		24	12	17	11	12	1	1
其他	112	123	74	49	76		47	69	7		32	64	11	2	1	6	10	17	32	41	17	

表10—2

泸溪县省级特级教师一览表

姓　名	性别	出生年月	学历	所学专业	专业技术职务及取得时间	所在单位	现任教学科	特级教师评审通过时间
杨桂全	男	1946.9	本科	数学	中学高级 1993 年	泸溪县第一中学	已退休	2000 年 1 月
石　杰	男	1964.12	本科	历史	中学高级 1999 年 8 月	泸溪县第一中学	历史	2008 年 10 月
莫顺清	男	1966.10	本科	数学	中学高级 2003 年 8 月	泸溪县第一中学	数学	2014 年 12 月
杨圣群	男	1971.3	本科	化学	中学高级 1999 年 9 月	泸溪县第一中学	化学	2017 年 12 月

表10—3　**泸溪县中小学学科名师工作室组成人员一览表**

名别	首席名师	成员	学员
小学语文名师工作室	周建生	王丽娟 刘顺子 陈利英 胡芳萍 杨芳 张卫芳	杨彭 覃生枝 张水 石亚丽 王颖 向红燕 王蓉 张显华 杨颖 杨艳华 张舒曼 武长珠 覃高伟 刘英 梅和丹 杨慧君 杨梦潇 田燕 张华玉 张晏沅
小学数学名师工作室	杨元国	张林芳 张爱莲 毛元群 李春慧 刘清	向蓉 邹卫华 符红燕 向静 曾珠 牛绍仙 杨慧玲 吴秋风 曹丽琴 杨珍霞 谭玉艳 田院军 黄明忠 叶楠星 邓红燕 刘瑶 杨双 陈本军
初中语文名师工作室	李玲	唐秀玉 杨远国 杨通久 李德家 姚松林 戴君	邓峰 文元园 龙潇婷 陈宏芳 张慧 曹丽华 周红芳 陈牡兰 刘杜鹃 石敏 杨丽芬 梅艳霞 张庆菊
初中数学名师工作室	王相评	刘第伟 周泽明 钱明熔 莫小平 李有菊	刘卫红 邓文月 包佳 田继富 杨旺 刘光海 邓峰 向琴 谭贵贤 李清波 吴小方 张金果 黄丽燕 吴文波
高中语文名师工作室	李永宏	李华忠 杨国平 杨关法 贺兴梅 汪衡香	杨英姿 刘小银 吴梦平 张金沙 田林红 姚芳 杨桃竹 杨捷 张明欢 谭丽芝 谭瑶
高中数学名师工作室	莫顺清	龚斌 刘刚生 张昌能 向云 向祖文 李长伟 石易 唐国兴	张作玮 毛晓璇 梅玉松 田慧蓉 宋泽忠 徐朝水 邓正南 邓德志 戴丹 石淑云 唐霞燕 覃选恒
中学艺术名师工作室	姜海军	刘娟 颜海明 戚臣 田芬 谭红 尹明	文迪 李建鹏 覃湘海 李拥军 杜玉英 杨艳 米立 刘玲 张姣 杨宏燕 张金金 李慧敏
学前教育名师工作室	杨敏	周元 李清 朱德明 林艳 龚喜爱	肖语轩 李蜜 王雪娜

表10—4　泸溪县州级中小学学科带头人一览表

序号	姓名	性别	所在单位	现专业技术职务	学科
1	杨　敏	女	泸溪县民族幼儿园	小学高级教师	语言
2	谭迟凤	女	泸溪县白沙小学	小学高级教师	语文
3	杨元国	男	泸溪县白沙小学	小学高级教师	数学
4	王水莲	女	泸溪县浦市中心小学	小学高级教师	音乐
5	李华君	男	泸溪县教科所	中学高级教师	物理
6	莫顺清	男	泸溪县第一中学	中学高级教师	数学
7	孙维泽	女	泸溪县第一中学	中学高级教师	政治
8	谭子书	男	泸溪县第一中学	中学一级教师	地理
9	杨圣群	男	泸溪县第一中学	中学高级教师	化学
10	唐复清	男	泸溪县第一中学	中学一级教师	体育

表10—5 泸溪县级中小学学科带头人一览表

序号	姓 名	性别	学历	所学专业	专业技术职务及取得时间	所在单位	申报学段	申报学科	从事教育教学工作年限
1	李 玲	男	本科	语文	中学一级 2004 年 8 月	泸溪一中	高中	语文	13
2	刘刚生	男	本科	数学	中学高级 2007 年 8 月	泸溪一中	高中	数学	21
3	贺方卫	男	本科	数学	中学高级 2007 年 9 月	泸溪一中	高中	数学	16
4	龚 斌	男	本科	数学	中学一级 2002 年 8 月	泸溪一中	高中	数学	15
5	文启敦	男	本科	英语	中学高级 2006 年 8 月	泸溪一中	高中	英语	22
6	杨俊华	男	本科	物理	中学高级 2006 年 8 月	泸溪一中	高中	物理	20
7	王和平	男	本科	物理	中学高级 2004 年 8 月	泸溪一中	高中	物理	20
8	杨建喜	男	本科	物理	中学高级 2008 年 8 月	泸溪一中	高中	物理	17
9	杨圣群	男	本科	化学	中学高级 2007 年 8 月	泸溪一中	高中	化学	17
10	石兴包	男	本科	生物	中学高级 2009 年 8 月	泸溪一中	高中	生物	23
11	向远德	男	本科	生物	中学一级 2003 年 8 月	泸溪一中	高中	生物	17
12	米泽全	男	本科	地理	中学高级 2008 年 8 月	泸溪一中	高中	地理	21
13	冯云顺	男	本科	历史	中学一级 2005 年 8 月	泸溪一中	高中	历史	20
14	梁玉湘	男	本科	体育	中学高级 2008 年 8 月	泸溪一中	高中	体育	21

续表1

序号	姓 名	性别	学历	所学专业	专业技术职务及取得时间	所在单位	申报学段	申报学科	从事教育教学工作年限
15	张世军	男	本科	美术	中学一级 2006 年 9 月	泸溪一中	高中	美术	14
16	杨宏清	男	本科	化学	中学高级教师	泸溪一中	高中	化学	18
17	彭翠兰	女	本科	政治	中学高级 2001 年 8 月	泸溪一中	高中	政治	29
18	李永生	男	本科	语文	中学一级 2008 年 8 月	泸溪一中	初中	语文	19
19	杨寒菊	女	本科	语文	中学一级 2005 年 8 月	泸溪一中	初中	语文	15
20	刘弟伟	男	本科	数学	中学高级 2007 年 8 月	泸溪一中	初中	数学	22
21	杨海浪	女	本科	数学	中学一级 2007 年 8 月	泸溪一中	初中	数学	11
22	李绍庆	男	本科	数学	中学一级 2005 年 8 月	洗溪学校	初中	数学	12
23	田应贵	男	本科	数学	中高 2005 年 8 月	泸溪一中	初中	数学	20
24	李胜军	男	大专	初等教育	小高 2003 年 8 月	白沙小学	小学	数学	25
25	田昌海	男	大专	中文教育	小高 1997 年 7 月	白沙小学	小学	数学	26
26	邓兴秀	女	大专	小学教育	小高 2001 年 7 月	白沙小学	小学	数学	19
27	杨元国	男	大专	法律	小高 2000 年 7 月	明德小学	小学	数学	21
28	杨芳芳	女	大专	小学教育	小高 2006 年 8 月	明德小学	小学	数学	15

续表2

序号	姓 名	性别	学历	所学专业	专业技术职务及取得时间	所在单位	申报学段	申报学科	从事教育教学工作年限
29	王丽华	女	大专	初等教育	小高 2008 年 8 月	长坪学校	小学	数学	19
30	向建春	男	大专	中文教育	小高 2005 年 8 月	合水小学	小学	数学	14
31	刘小玉	女	大专	中文教育	小一 2001 年 8 月	武溪小学	小学	数学	14
32	李 黎	女	大专	初等教育	小高 2000 年 7 月	白沙小学	小学	语文	24
33	吉灵桃	女	本科	汉语言文学	小高 2008 年 7 月	白沙小学	小学	语文	17
34	杨 萍	女	大专	中文教育	小高 2009 年 8 月	明德小学	小学	语文	9
35	张卫芳	女	本科	汉语言文学	小一 2004 年 8 月	明德小学	小学	语文	11
36	刘柏英	女	大专	初等教育	小高 2004 年 8 月	石榴坪小学	小学	语文	16
37	彭顺仕	女	大专	中文教育	小高 2007 年 8 月	武溪小学	小学	语文	14
38	张世全	男	大专	初等教育	小高 2004 年 8 月	武溪小学	小学	语文	18
39	王丽娟	女	大专	初等教育	小一 2005 年 8 月	浦市中心完小	小学	语文	5
40	朱德明	女	大专	语言	小高 2002 年 8 月	县幼儿园	幼儿	语言	20
41	杨宏生	男	大专	教育行政管理	中学高级 2003 年 8 月	县教科所	小学	数学	30

表10—6　**泸溪县全国优秀教师、先进工作者一览表**

姓　名	性别	出生年月	政治面貌	职务	所在学校	优秀教师	先进工作者
李家英	女			教师	浦市第一小学		1981 年 11 月全国优秀班主任
杨东生	男	1939 年 12 月	中共党员	校长	上堡乡覃家庄小学	1989 年	
吉中兰	女	1938 年 12 月	中共党员	教师	武溪小学	1989 年	
吴天球	男	1931 年	中共党员	校长	泸溪县第一中学	1991 年	
康伯温	男	1933 年	中共党员	校长	浦市第二小学	1993 年	
刘本忠	男	1937 年 8 月	中共党员	校长	泸溪县第二中学	1996 年	
石　杰	男	1964 年 12 月		教师	泸溪县第一中学	2004 年	2009 年，全国优秀班主任
唐伏湘	男	1931 年 12 月	中共党员	扫盲教师	永兴场乡密灯村		1960 年全国文教先进工作者
文小平	男	1958 年 6 月	中共党员	财务专干	县教育局		1994 年全国第三产业普查先进工作者
徐朝洪	男	1956 年 8 月	中共党员	教育局局长	泸溪县教育局		2012 年全国“两基”先进个人
杨秀国	男	1959 年 8 月	中共党员	校长	泸溪县职业中学		2013 年全国职业教育先进工作者
杨万莲	女	1964 年 9 月		教师	解放岩乡牛场小学		2014 年全国民族团结进步模范个人

表10—7 泸溪县教育系统荣获省级荣誉称号人员一览表

姓　名	性别	出生年月	政治面貌	职务	所在学校	类别	授予时间
吴永东	男			教师	八什坪学校	教育先进工作者(劳动模范)	1958 年
张民化	男	1936 年 12 月	中共党员	校长	泸溪二中	教育先进工作者(劳动模范)	1960 年 7 月
杨桂莲	女	1938 年 1 月	中共党员	教师	合水学校	教育先进工作者(劳动模范)	1960 年 4 月
康茂清	女	1955 年 12 月		教师	浦市中心完小	优秀教师	1989 年 9 月
符兴明	男	1958 年 3 月	中共党员	党委书记	县教体局	湖南省民族团结进步先进个人	1991 年 2 月
张金松	男	1959 年 5 月	中共党员	教导主任	武溪小学	优秀教师	1991 年 9 月
张民印	男	1953 年 11 月	中共党员	支部书记	小章小学	优秀教师	1992 年 9 月
莫军卫	女	1970 年 11 月	中共党员	副园长	泸溪民族幼儿园	优秀教师	1993 年 9 月
王顺海	男	1962 年 8 月	中共党员	支部书记	武溪小学	优秀教师	1993 年 9 月
张银宝	男	1949 年 4 月	中共党员	教师	解放岩学校	优秀教师	1995 年、2006 年两次
李金兰	女	1963 年 3 月		教师	白沙小学	优秀教师	1995 年 9 月
张小英	女	1963 年 9 月		教师	白沙小学	优秀教师	1995 年 9 月
石长松	男	1971 年 7 月		教师	洗溪学校	优秀教师	1995 年 9 月
杨德松	男	1963 年 3 月	中共党员	教师	洗溪学校	优秀教师	1998 年 8 月
龚五松	男	1959 年 1 月		教师	踏虎学校	湖南省农村教师突出贡献奖	2003 年 9 月
杨志祥	男	1969 年 10 月	中共党员	校长	思源实验学校	优秀教师	2012 年 8 月
符海鸥	女	1981 年 2 月		教师	小章黄泥冲小学	湖南省最可爱的乡村教师	2017 年

第十一章　教育综合治理

第一节　学校综合治理

一、机构沿革

泸溪县自宋庆历五年(1045)设立学宫起至中华民国初期,各类学校主要由学宫(书院、私塾、高等小学堂)负责人对在校学生进行防火、防殴等简单安全教育管理。民国10年(1921),县立第一小学和县立第二小学,始设训导处,负责教学管理和安全管理。民国26年(1937),陆续迁到境内办学的外地中小学,除教导处负责学校安全管理之外,确定1～2名教师专门管理学校及学生安全,制定比较完整管理制度。民国33年(1944),县立简易师范学校暨附设初中部和浦市志仁中学,安全管理由教导处负责,配备1名教师主管,级任教师配合安全管理。

1950年,各级人民政府接管学校,学校安全管理纳入学校管理重要内容,校长既抓教学管理,又抓学校安全管理。各独立中学、独立小学和乡镇中心学校配备1—2名学校安全管理教师,明确班主任对学生安全管理负责。1973年,县教育局配备安全保卫专干,统筹全县学校安全管理。一中、二中、武溪小学、浦市一小等中小学,按要求配备保卫专干。1992年,县教育局内设保卫股,配备工作人员2人。规模较大学校设立保卫室,隶属政教处管理。2000年,保卫股更名为学校安全管理股。2003年3月,并入基础教育股。2008年,教育系统社会治安综合治理工作领导小组更名社会治安综合治理委员会,设立学校及周边综合治理工作专项组。2011年8月,恢复学校安全管理股,与学校及周边综合治理专项组办公室合署办公。

2016年3月,县教育和体育局合并,成立教体系统校园及周边社会治安综合治理工作领导小组,由教体局局长任组长,下设办公室,配备办公室主任、副主任及综治专干。

二、安全管理

(一)学生安全教育

1950年,县、区、乡各类学校在教学中加强校园安全管理,对学生进行安全教育。1958年,学生参加劳动生产时间增多,各学校把安全教育重点放在劳动实践活动中,对学生灌输劳动必须注意的安全知识。1962年,学校安全教育列入课堂教学,由任课教师或班主任对学生进行安全教育。20世纪60年代中后期,开展“教育革命”,学校安全管理有所放松。1970年恢复正常教学,学校军事训练和劳动课程多,安全教育主要是在军体课、劳动课时对学生进行安全知识方面教育。1980—1995年,学校安全教育工作再次提到学校教学主要议事日程,在班级管理和教学中对学生进行安全教育,提高学生自我保护能力。

1996年起,在全县中小学生中开展“安全教育日”活动。2000—2005年,县教育局要求各学校按照新课程标准,将学生安全教育正式列入教学计划。安全教育内容包括交通安全、社会安全、意外伤害、用电安全等方面预防与措施,在教案编写、教学模式、教材内容等方面做出具体规定。2006—2010年,各学校将学生安全知识教育扩展到交通、食品、消防、防盗、用电、网络、劳动、实验、体育运动、公共场所、自然灾害等方面。针对学生安全教育方面知识特点,有针对性科学选择教学内容,安全教育课与德育等课程同等安排,保证课堂教学时数。

2012—2016年,各学校相继制定安全教育教学计划。确定教学目标,编制安全教育课程,列入学校教学计划。利用班班通课件,对课间安全、交通安全、饮食安全、财产安全、行为习惯安全、防火灾防触电、防侵害等方面知识进行宣传,上好“开学安全第一课”,建立稳定长效安全法制教育机制。利用每年全国中小学生“安全教育日”、全国“安全生产月”等活动,开展安全宣传教育活动。

2017年3月27日,全县3万名师生参加全国第22个“安全教育日”活动。浦市中心完小组织3000多名学生通过主题班会、观看安全教育专题片、开展安全知识讲座等形式,开展系列安全教育活动。白沙小学组织3500名学生开展应急疏散演练活动。各中小学校利用电子宣传栏、安全标语、黑板报等载体,开展安全教育活动。

(二)校园安全管理

中华人民共和国成立初期,根据剿匪反霸时局,学校安全管理重点在防匪和防破坏事故方面,维持学校安全秩序。1952年,重点学校配备学校安全管理人员。1956年起,学校安全管理工作转为防盗、防火和预防劳动安全事故。1980年,学校安全管理以防溺水、防交通事故、防食物中毒、防踩踏、防火灾为重点,开展多形式安全知识教育活动,增强师生安全防范意识和应急避险能力。

1990年,各学校落实学校安全保卫工作制度,确定专人负责安全保卫工作,逐步完善学校安全保卫工作机制。1996年,全国确立中小学生安全教育日活动,各学校定期开展安全教育活动动员会。定期开展预防暴力犯罪、重大火灾、突发公共卫生事件、交通安全教育。1999年,全县32所重点学校均设立安全保卫小组。

2000年,32所重点学校建立门卫制度,实行封闭式管理,配备门卫人员加强学校安全保卫。白沙城区、浦市街区、武溪街区各学校为学生配备胸卡校牌,加强进出校门检查。2002年5月,各学校开展安全教育整治月活动,建立防交通事故,防火灾,防食物中毒,防煤气中毒,防触电,防下河洗澡,防户外活动安全事故,防试验课、劳动课和体育课安全事故,防施工区安全事故,防危房住人“十防”制度,落实师生安全管理“八不准”。2003年,在预防“非典”型肺炎传染病期间，成立全县教育系统安全工作领导小组。各学校实行 24 小时值班制度，确保教育稳定和师生安全。2004 年，各学校利用多种形式，开展防雷、防汛、防火、防地震等安全知识、技能宣传教育和应急演练。2005 年，全县学校以“增强交通安全意识，提高自我保护能力”为主题开展第十个全国中小学生安全教育日活动，组织学生观看交通安全录像片、举办交通安全讲座，对全体师生进行交通安全教育。2007 年，学校安全管理延伸到片完全小学和村小学，重点开展防溺水和交通安全事故教育。2009—2010 年，每年开展春秋两季校园安全教育活动，将宣传教育与排查整改学校安全隐患有机结合。2011 年，全县中小学、幼儿园上课时间全部实行封闭管理。全年开展安全知识专题讲座 213 次，安全应急演练 65 次。

2013 年，重点加强校园及周边治安、校舍、交通、消防、饮食卫生、校内管理等六个方面安全教育。县气象局、教育局组成防雷检测小组对全县 32 所中小学防雷设施进行拉网式检查和检测，对存在安全隐患学校下达限期整改通知书。是年，县教育局制定教育系统重大突发性安全事故应急总体预案，各学校相应地制定安全管理应急预案。2014—2015 年，各学校在完善人防、物防同时，在校园安装电子监控系统，落实技防措施。各重点学校全部完成电子监控系统安装任务。

2016 年，学校安全管理工作上升到全县社会治安综合治理工作层面，县政府成立学生安全工作领导小组，县人民政府副县长任组长，由县校园及周边治安综合治理专项组统一调度学校安全工作。以校舍、学校交通、消防、食品卫生、校内管理、在建工程施工安全为重点，开展 2 次全县性校园及周边安全检查行动。县政府督查室、县整治办先后 6 次对乡镇和成员单位落实情况进行督查，发出督查通报 4 期，对督查中发现 16 个问题责令整改。9 月，县教育督导室组织全县中小学、幼儿园上好“开学第一课”活动。各学校利用开学典礼、主题班会、收看电视等形式对学生进行饮食安全、交通安全、疾病预防等安全知识教育。

2017 年，县教体局联合县消防大队等部门对全县各幼儿园消防安全工作开展情况进行督查。对全县 32 所幼儿园存在消防安全隐患进行督促整改，督促 24 所幼儿园办理消防行政许可证，现场督促各幼儿园配备配齐灭火器、应急灯、疏散指示标志、安全出口标志等常规消防设施器材。8 月，学校视频监控资源整合接入全县“天网”平台。9 月，各学校结合“开学安全教育第一课”，开展交通安全法制讲座。联合相关部门开展幼儿园安全检查，推进幼儿园安全工作规范化、制度化和长效化建设。全年化解涉校矛盾纠纷 27 起，整改安全隐患 162 个。全县学校安装校车电子眼 37 个，中小学（幼儿园）平安监控系统进入县公安局“天网”项目。

三、校园及周边环境综合治理

1999 年，县委、县政府发布《关于加强社会治安综合治理的意见》，推行综合治理“一票否决制”，县教育局、一中列为县综治委目标管理对象。2001 年，目标管理对象扩大到职业中学、白沙小学。2003 年，县综治委将学校综治列入县教育局安全管理内容，在县教育局设置学校及周边综治工作领导小组办公室。2005 年，县社会治安综合治理委员会将全县学校及周边治安综合治理工作纳入目标管理，对县教育局和乡镇实行双重考核。2007 年，开展学校周边环境集中整治。全县取缔校门口流动摊点 87 个，规范固定摊店 114 户。联合乡镇综治办、派出所、文化站对学校附近 22 家网吧和游戏室进行清查，对 5 家违规经营网吧进行处罚。2009 年，开展以“查隐患、抓整改、重落实、保安全”为主要内容的整治学校及周边治安秩序专项行动。

2010 年，学校及周边综治工作上升到县委、县政府综治维稳工作层面，成立县社会治安综合治理委员会学校及周边综合治理专项组。工作范围由单纯治安管理拓展到安全防范、周边环境、食品卫生、校园平安创建等各个方面。规定各乡镇和相关部门以环境整治为主要任务，每年组织开展春秋季 2 次环境整治专项行动。全年排查和整改全县学校安全隐患 471 处，取缔违反规定网吧及游戏厅 11 个，取缔校门流动摊点 34 个，查处涉校案件 7 件，查获涉案人员 5 人。27 所重点学校落实门卫制度，组建安全防范巡防队 27 支。2011 年 5 月，联合相关部门对武溪、白沙两地中小学校周边饮食安全和网吧管理进行综合执法检查。取缔违规摊点 11 个，取缔网吧 1 所。9 月，县委、县政府召开“五区”（城区、景区、矿区、重点工程区、校区）整治推进会议，县教育局负责组织实施全县校区整治专项行动工作。至 12 月，全县校区整治开展集中整治校园周边环境行动 4 次，检查校园周边网吧经营场所 18 家，书店书摊 11 家，对 3 家违规接纳未成年人上网网吧业主责令停止违规经营行为，排查整改校园安全隐患 123 处。2013 年，对全县校园周边 200 米范围外网吧、娱乐场所和出版物市场进行集中整治，对校园周边流动书摊、流动音像制品经营摊点进行取缔。检查网吧经营场所 180 家（次），书店、书摊 30 家（次），音像制品经营店 45 家（次），对 5 家违规接纳未成人上网网吧业主现场责令停止违规经营行为，作出罚款决定。查缴盗版音像制品 325 张，盗版书刊 207 本。

2014 年，推进“平安校园”创建，县教育局成立教育系统网吧整治工作领导小组。通过网吧整治行动，取缔学校周边电子游戏室、台球室、无照摊贩等 17 个，收缴低俗色情书籍 12 册。2015 年 6 月，县委、县政府部署开展校园及周边治安综合治理集中整治专项行动。重点整治学校及周边社会治安隐患、学校周边文化市场环境、学校及周边饮食卫生环境、校园及周边交通安全隐患、学校应急处置及消防安全隐患。开展集中整治统一行动 3 次，突击整治 26 次，暗访督查 8 次，发放倡议书 2 万份，播放 80 场次防溺水警示片和交通安全警示片，悬挂 60 幅宣传横幅，发放《致家长的一封信》4 万封，开展“开学安全第一课”300 场次。查处涉校违法犯罪案件 7 件，查获涉案人员 9 人。排查整治和消除安全隐患 130 处，下达整改通知书 32 份，整治占道经营餐饮店 32 家，收缴流动摊点 84 个，检查网吧 277 家，停业整顿网吧 19 家，检查车辆 1720 台次，查扣非法接送学生车辆 21 台。检查学校食堂 30 家，检查各类经营门店及个体工商户261户，责令改正15户。投入资金50万元，为各学校配备安全防护装备，添置安全设备。设置安全出口标识509个，一键式报警器31套。

2016年，将全县学校实现无重特大人身伤亡事故，无重特大学校饮水、食物中毒事故，无重大消防安全责任事故等“十无”作为全县学校综治工作工作目标，完善日常管理制度，落实管理责任。其间，发放宣传资料15000份，接受群众咨询3300人次。检查网吧经营场所160家(次)，对违规接纳未成年人上网行为3家网吧经营业主立案调查。同时，县教体局成立道路交通安全大排查大管控大整治工作领导小组，组织相关成员单位进行联合执法，严厉打击非法接送学生车辆。检查校车53台次，查处各类交通违法行为21起，整改校车安全隐患3处。投入专项资金为32所中小学校及幼儿园安装电子监控系统，对校园内外情况实时监控。

2017年，校园及周边综合治理突出治安环境、文化环境、交通环境、校车管理、食品卫生、教学环境6项治理。组织开展全县学校及周边治安综合治理集中整治专项行动。重点打击侵害师生人身、财产安全各类违法犯罪行为，落实“护学岗”制度；整治校园及周边地区非法和违规经营出租房和网吧、电子游戏厅、录像厅、歌舞厅、麻将馆等娱乐场所和音像书刊点、不洁饮食摊点；禁止在校门外侧50米内摆摊设点、占道经营、车辆乱停乱放、随意张贴悬挂各类标牌等。加强学校周边交通安全管理，整治“黑校车”“黑出租”揽客营运及校车安全等问题。

至2017年，全县校园及周边环境综合治理工作形成长效工作机制。创建省级文明安全校园4所，州级文明安全校园12所，县级文明安全校园15所。

第二节　法制宣传教育

1987年，根据全县“一五”普法工作要求，县教育局成立法制宣传教育领导小组。1996年，成立教育系统普法依法治理工作领导小组，设立普法依法治理办公室。全县重点学校在教导处或政教处设立普法办，配备普法专干。2006年，县教育局设立法规股，承担教育系统普法依法治理工作。

全县教育系统法制宣传教育工作经历“一五”至“六五”普法历程，2016年，进入“七五”普法时期。在历次普法活动中，教师和在校学生都列入普法重点对象。

“一五”普法期间，县教育局组织泸溪一中、武溪小学500名教师和学生参加全县普法启动仪式。采取集中学习、专题辅导等形式组织教师学习“十法一条例”。在思想品德课教学中对学生进行普法教育，重点学习治安管理处罚条例。与县普法办联合举办《中华人民共和国义务教育法》骨干培训班，组织教师家属中个体工商户参加税法考试。组织2530名教师和中学生参加全省“三湘普法杯”法律知识竞赛。

“二五”普法期间，全县教育系统普法学习形式和内容除宪法外，重点组织学习教师法、教育法等涉及教育法律法规，学生以学习刑法、治安管理处罚条例为主。教师普法教育方式以集中讲课宣传和自学相结合，学生普法方式则以课堂教学为主，在德育课程中加授法律法规知识。县普法办将泸溪一中、二中、武溪小学作为普法工作重点学校，组织法律工作者定期到校讲授法律法规知识。

“三五”普法期间，将学校法制教育列入德育教育范畴，确定教师和在校中学生为普法重点对象，建立“学校—学生—家庭”三位一体法制教育网络。教职工普法以法制培训班为载体，通过集中辅导、专题讲座等形式组织教师学习宪法和教育法律基础知识。学生普法以课堂教学为主阵地，开展课堂法制教育课程。中学二年级以上按国家课程计划开设法律常识课，初中一年级以下每周开设一节法制教育课。2000 年起，开展青少年法制宣传周活动。期间，全县学校组织开展学校法制宣传教育活动 210 场次，师生受教育面 100%。

“四五”普法期间，重点学习宪法修正案、教育法、教师法、未成年人保护法、预防未成年人犯罪法等法律法规。2002 年，为 32 所重点学校配备兼职法制副校长 35 人。五年中，组织师生参加全县性普法教育活动 15 场次，开展学校普法教育活动 270 场次，教职工法律考试合格率 95%，学生受教育面 100%。

“五五”普法期间，以法制宣传月、法制宣传周、法制宣传日三大活动为载体，开展“法律进校园”活动，学校每学期不少于 12 个课时法制教育课程。确定泸溪一中、白沙小学、浦市中心完小等 5 所作为依法治校示范点。2010 年泸溪第二中学、白沙小学、武溪小学为全县首批法治校园创建示范学校暨“青少年法制教育基地”。五年中，开辟法制宣传阵地 296 个，法制讲座 157 次，法制宣传橱窗 456 期，法制副校长上法制宣讲课 750 课时。

“六五”普法期间，以“法律进校园”活动为载体，开展普法宣传“月、周、日”活动，推进依法治校。五年中，制作法制宣传教育展板 350 块，发放宣传单 31 万份，有奖答题 6 万条，办法制宣传栏 580 期，办校报 600 期，举办法制教育图片展 180 场，收到法律知识征文 1960 份，组织演讲赛 46 场次。

“七五”普法期间，以创建“法治学校”为载体，推进学校法治宣传教育工作。每年组织教职工集中学法用法 4 次，实行法制宣传学习与教职工年终考核挂钩制度。学生普法教育每期上好 2 节法制教育课。利用青少年普法宣传周开展征文、漫画、知识抢答赛等活动，推进法律进校园活动。2017 年，各学校举办和组织师生参加“法律进学校”、“世界禁毒日”、“青少年法制宣传周”、“11·9”消防宣传日、“全国法制宣传日”等活动 7 场次，举办教师法制知识专题讲座 34 场次，邀请法制副校长到校讲课 74 场次，举办学生法制知识竞赛或征文比赛活动 32 场次。教师年度学法考法合格率 100%。

第三节　依法行政

一、行政执法依据

2005年前，教育行政执法工作先后由保卫股、学校安全股负责实施。2006年，设立法规股，负责教育系统依法行政和行政执法工作。2016年，根据县政府法制办公室要求，县教体局修订完善公布教育行政执法依据。

表11—1　泸溪县教育行政执法依据目录

类别	序号	名　称	制定机关	生效时间
法律	1	中华人民共和国教育法	全国人大	1995年9月1日
	2	中华人民共和国义务教育法	全国人大	1986年7月1日
	3	中华人民共和国职业教育法	全国人大	1996年9月1日
	4	中华人民共和国教师法	全国人大	1994年1月1日
	5	中华人民共和国学位条例	全国人大常委会	1981年1月1日
	6	中华人民共和国民办教育促进法	全国人大常委会	2003年9月1日
	7	中华人民共和国未成年人保护法	全国人大常委会	1992年1月1日
行政法规	1	扫除文盲工作条例	国务院	1993年8月1日
	2	教学成果奖励条例	国务院	1994年3月14日
	3	国务院关于修改《征收教育附加的暂行规定》的决定	国务院	1990年6月7日
	4	残疾人教育条例	国务院	1994年8月23日
	5	教师资格条例	国务院	1995年12月12日
	6	中华人民共和国中外合作办学条例	国务院	2003年9月1日
	7	中华人民共和国民办教育促进法实施条例	国务院	2004年4月1日
	8	禁止使用童工规定	国务院	1991年4月15日
	9	国务院决定对确需保留的行政审批项目设定行政许可的目录	国务院	2004年7月1日

续表

类别	序号	名 称	制定机关	生效时间
部门规章	1	学校卫生工作条例	国家教委、卫生部	1990年6月4日
	2	中华人民共和国义务教育法实施细则	国家教委	1992年3月14日
	3	幼儿园管理条例	国家教委	1990年2月1日
	4	学校体育工作条例	国家教委、体委	1990年3月12日
	5	教育督导暂行规定	国家教委	1991年4月26日
	6	教育行政处罚暂行实施办法	国家教委	1998年3月6日
	7	《教师资格条例》实施办法	教育部	2000年9月23日
	8	普通话水平测试管理规定	教育部	2003年6月15日
	9	教育系统内部审计工作规定	教育部	2004年6月1日
	10	国家教育考试违规处理办法	教育部	2004年5月19日
	11	实施教育行政许可若干规定	教育部	2005年6月1日
	12	幼儿园工作规程	国家教委	1996年6月1日
	13	小学管理规程	国家教委	1996年3月9日
	14	中小学教师继续教育规定	教育部	1999年9月13日
	15	中小学校长培训规定	教育部	1999年12月30日

二、依法行政

2008年，成立15人组成的教育行政执法队。全局有执法主体1个，具体行政执法权1项，行政许可3项，行政处罚13项。至2010年，受理侵害学校合法权益案件14件，依法处理14件；开展学校收费检查8次，整改教育收费不合理问题16个，清退不合理收费金额3.21万元。

2011年，把依法行政工作纳入对各职能科室工作考核内容，组织相关人员参加法律知识和行政执法培训，实行持证上岗。对全县31所中小学、幼儿园收费进行督查和检查，规范教育收费。2012年，推行学校依法行政报告制度。全年受理教育行政案件2件，检查学生收费2次，规范收费行为6件，整改不合理收费7件，清退不合理收费1.30万元。2013年，加强教育执法队伍建设，建立监督检查工作机制和各项执法工作制度，联合有关部门查处乱招学、乱招生、乱收费等违法行为。按照《中华人民共和国行政处罚法》《中华人民共和国行政许可法》等规定，建立健全行政处罚、行政许可、行政检查、行政征收等行政执法和其他行政管理中回避、公开、告知、听证、说明理由等各项行政程序制度。联合相关单位组成联合检查组，对全县中小学收费工作进行督查。各学校落实收费公示制度，对交费程序、项目和金额进行公示。

2014年，开展创建依法行政示范单位活动。进一步规范学校收费管理，农村义务教育阶段学校取消校服费、试卷费。学生自愿订餐或到食堂缴费处自愿充值刷卡开餐，伙食标准按照县物价部门规定执行。教辅资料在省、州教辅资料目录范围内，按照“泸溪县中小学教辅准入目录”代购，统一归口县新华书店发行。严禁教师向学生宣传、推销审定教辅材料以外教辅资料。全年对中小学教育收费进行检查，清退违规收费4.20万元，对8个违规单位进行通报批评，对相关责任人进行处理。开展教育法律法规、规章和依法行政宣传4次，受理信访事项14件，受理民间办学行政许可11件，群众投诉处理率100%。

2015年，继续推进教育政务公开。实行规范性文件统一审核制度，完善公众参与、专家论证、风险评估、合法性审查、集体讨论决定确定为重大行政决策法定程序，建立机关内部重大决策合法性审查机制。推进行政事项决策公开、执行公开、管理公开、服务公开、结果公开。每学期对学校收费、课程开发、体罚和变相体罚学生、违规收费补课、家教家养、安全工作等进行检查。全年，办结教育信访事项6件，检查27家民办教育机构，其中，责令停办1家，对11个办学单位存在问题的进行通报，限期整改。

2016年，县教育和体育系统转变管理职能，推进依法行政和依法治教。对教育精准扶贫、教育公共政策、教育重大建设项目、教育公共资源配置信息向社会公开，制定教育精准扶贫决策风险评估制度。组织专(兼)职督学对各学校开展规范办学行为等事项开展督查，对收费进行专项检查。全年，配合相关部门查处雇用童工、强迫子女退学等违法事件4件，受理民办幼儿园、民办学校设立、教师资格认定等行政许可事项17项。

2017年，完善《泸溪县教育局行政执法监督检查和评议制度》《行政执法公示制度》《行政执法监督检查制度》。健全重大行政决策公开制度，制定《泸溪县教育和体育局“三重一大”集体决策制度》，实施教育均衡发展、中小学布局调整等重大决策广泛听取意见，保证行政决策依法、合法、科学、规范。组织行政执法人员学习教育法、义务教育法、教师法、民办教育促进法、教师资格条例等教育专业法律法规。开展行政许可法、行政处罚法、行政诉讼法和行政执法知识培训，规范行政执法行为。规范教师资格认定、民办学校办学审批、幼儿园审批等行政许可事项及其他行政执法行为。调整教师资格认定工作领导小组，制订教师资格认定审批制度和教师资格试教说课制度，按照教师资格证办理程序和相应教师资格证条件审批办理教师资格证。检查各校(园)春、秋季开学教育收费项目、收费标准，收费依据社会公示制度，落实社会监督措施。全年，开展教育收费执法检查4次，纠正不公开收费标准等违规行为21件；办结教育信访问题9件，受理民办教育、教师资格认证事项2项。

第十二章　教育经费

第一节　经费来源

一、政府拨款

(一)1949年以前教育经费

北宋庆历五年(1045),县令范南伯利用库银在城内修建学宫。南宋绍兴十九年(1149),卢溪郡令动用库银在武口洲修建东洲书院。元至大元年(1308),县府拨钱5400贯,大米80石,作为修建学宫费用。至顺四年(1333),县尹刘时懋拨"官地十七亩,归于学宫,岁收其租税,以备祭养"。清康熙年间,县府每年拨银20两,作为兴办义学经费。乾隆十五年(1750),县府支付教谕、训导及门子俸银145.12两。道光年间,南溪书院经费来源于缴纳钱粮中提取"附加钱粮"和学田租谷等收入。书院有学田68.20亩,年租谷110石,店房8间出租,收取租金,这些钱粮用于书院办学费用。嘉庆时,浦阳书院(观澜书院)经费来自屯防项下专拨租谷。清末,泸溪办学经费来源于书院110亩田租和城内几间店铺租金,学款由书院首士管理。

民国4年(1915),学校财务均归县地方财产保管处管理收支。民国14年(1925),县府增加学捐内容,扩大教育经费来源,除原有学堂田租息金外,教育经费有田亩税赋附加、屠宰税裁留、烟酒税附加,桐油税附加等。区教育经费有水碾捐、染房捐等学捐项目。民国20年(1931),全县教育经费支出12490元,占全县财政总支出21.4%。民国24年(1935),全县教育经费县级收入10366元,区级收入2124元。民国27年(1938),湘西发生抗日革屯运动,泸溪县获分屯租谷3190石,作为地方教育事业费用。加上县财政拨款2.42万元,教育经费收支基本平衡。民国30年(1941),县财政支付教育经费4.54万元,占全县财政支出总数26.6%。民国33年(1944),县府拨款98235元,作为县立简易师范学校教育经费。同时,拨付学校员工补助费、教职员公粮及学生食米。民国34年(1945),县府将原乡村师范学校所置200亩学田150石租谷悉数拨给简易师范学校。民国35年(1946)9月1日,县府决定,中心学校高级部教员薪补列入县级财政开支。是年,县财政支付教育经费1797.74万元(法币),占全县财政支出5%,因法币贬值,社会动乱,教育经费入不敷出。

民国时期，县府教育经费远不能满足教育事业发展需要。《泸溪县财政志》载：教育经费“年年上升，年年短缺，年年叫苦，年年要依靠省和中央补助”。民国37年（1948），县府遵奉省令，将公教人员待遇改发实物。县级中学教师每人每月支谷二石，乡中心学校高级部每人每月支谷一石四斗，保学校按每月支谷八斗。该制度至民国38年（1949）废止，改由乡保自行筹措。乡保学校经费支出主要靠乡保教育经费筹募委员会筹集，按月支给各学校。规定每保最低筹集稻谷30石，以20石作国民学校基金，10石作中心学校基金，其余未设国民学校之保所筹稻谷悉数拨充给该乡镇中心国民学校。

私立学校经费由校董事会负责筹集，志仁中学由于姚氏兄弟家业大资金足，办学经费比较丰裕。军政部第二被服厂员工子弟学校经费列入员工福利费中开支。豫章小学经费仅有江西会馆少数房租，故每年需要县府给予一定补贴。

表12—1　　民国21年（1932）泸溪县学田统计一览表

田产户名	所在地	学田面积	年收租额（石）
南溪书院	和安乡第八保下都	23亩3分3厘	38.57
	和安乡第八保浦萝寨	7亩7分7厘	13.59
	义安乡十一保戴家寨	20亩6分	36.28
三圣宫	孝安乡十保坪冲	6亩4分	11.92
义学	武溪镇七保天门溪	5分	1.6
乡区教育	孝安乡四保官寨	2亩5分	12.4
浦市吾南文社	仁安乡第一保岩龙头	20亩8分	36.55
	仁安乡第九保岩门溪	2亩1分5厘	3.6
合计		84亩05厘	145.51

（二）1950年后教育经费

中华人民共和国成立后，随着国民经济和教育事业发展，教育经费逐年增加。教育经费来源于财政预算经费和专项经费两个方面。

1. 财政预算经费。1950年，教育经费列入县财政预算安排。1951年，县政府从粮库拨大米134吨作为全县教育经费。第一个五年计划期间（1953—1957年），全县文教卫费支出187.37万元，年均支出37万元，占总支出43%。其中，学校建设和扫盲工作经费支出占教育支出42%。1965年，全县教育经费支出40.91万元。至1982年，教育经费增加到180万元。1985年，增加到271万元。1993年，教育拨款由1986年330.30万元增至1048万元，增加3.2倍。

进入21世纪，国家把教育事业放在优先发展战略位置，财政对教育经费投入大幅度增长。2001年，教育经费预算3850万元。到2010年，增长至1.89亿元。2013—2015年，教育经费预算分别达到3.26亿元、3.44亿元和4.47亿元。2016年，全县教育经费支出4.68亿元，是2000年17倍，占全县财政预算支出21%。

表12—2　　1952～1982年全县教育经费统计表

单位：元

年份	上级下拨教育经费数	教育经费支出决算数	年份	上级下拨教育经费数	教育经费支出决算数
1952	22616	—	1968	381597	381597
1953	10380	181665	1969	404509	404509
1954	29234	—	1970	390896	380896
1955	38624	216032	1971	570462	570462
1956	21731	219930	1972	590000	589994
1957	244000	242896	1973	661000	661000
1958	252400	249022	1974	691174	691174
1959	301638	276176	1975	736644	736644
1960	376573	383015	1976	803371	803371
1961	326855	327801	1977	847314	851942
1962	303155	303155	1978	995767.95	995768
1963	287016	287016	1979	1022541	1022541
1964	391839	391839	1980	1612950	1612950
1965	409194	409194	1981	1503380	—
1966	451767	451087	1982	1862555	1801087
1967	472065	471264			

表12—3

泸溪县1999—2016年教育经费统计表

年度	全县财政预算支出	国家财政性教育经费(万元)					财政补助支出明细(万元)								
		其中					支出合计	其中							
		预算经费	占全县预算比例(%)	附加小计	教育附加	地方教育附加		高中	初中	小学	职中	成教	其他支出	教师培训	公用经费
1999	8419	3341	39	216	63	153	3341	288	883	1768	54	36	312	35	0
2000	9131	2656	29	150	33	117	2656	313	603	1376	35	25	304	37	0
2001	10505	3850	36.6	296	39	257	3850	500	637	1949	46	33	685	45	0
2002	14838	5701	38.4	50	50	0	5701	1028	1055	3110	85	63	360	105	0
2003	16333	4834	29.6	50	50	0	4834	956	726	2350	332	50	420	109	0
2004	21044	6394	30.4	145	145	0	6394	1071	1180	3393	84	58	608	157	0
2005	26590	7729	29.1	174	174	0	7729	1598	1565	3927	207	69	363	157	0
2006	35221	8783	24.9	243	243	0	8783	1639	1758	4543	173	81	589	161	1157
2007	44157	11070	25	382	382	0	11070	798	2571	4672	234	70	2725	163	1163
2008	58109	13902	23.9	643	643	0	13902	1595	3878	5242	305	163	2719	167	1537
2009	89740	15584	17.4	786	636	150	15584	1597	4317	6170	316	152	3032	172	1785
2010	101828	18934	18.6	907	817	90	18934	1858	5617	7343	310	154	3652	180	2136
2011	131853	26367	20	978	587	391	26367	2205	7176	12553	416	239	3778	212	2550
2012	133934	40966	30.6	920	675	245	40966	2785	9078	18005	648	251	10199	263	2382
2013	166023	32563	19.6	993	993	0	32563	8898	6790	13002	1019	307	2547	278	2278
2014	197435	34398	17.4	719	448	271	34398	4925	9406	15721	1131	390	2825	476	2845
2015	234086	44708	19.1	677	371	306	44708	11234	11626	17766	727	321	3034	232	2916
2016	250219	46833	18.7	650	650	0	46833	7025	14008	21482	1326	433	2559	276	3100
合计	1549465	328613	21.2	8979	6999	1980	328613	50313	82874	144372	7448	2895	40711	3225	23849

2.专项经费。专项经费主要记述民办教师补助和少数民族教育事业费两项。

(1)民办教师补助。20世纪60年代,民办教师劳动报酬主要由学校所在地大队和生产队以记工分方式参加收益分配,享受所在生产队同等劳动力经济待遇。1967年,国家规定给予民办教师一定补助,最初每月每人补助3元,以后陆续提高。补助经费纳入县财政预算,在教育经费中单列专项经费。1981年,县财政支付全县民办中小学教师补助费17.37万元。1986年,县财政支付全县民办中小学教师补助费17.16万元。1996年,县财政预算民办教师补助21.63万元。1999年,全县民办教师通过培训学习全部转为公办教师,民办教师补助终止。

(2)少数民族教育事业费。20世纪80年代,国家财政每年单列民族教育事业费,扶持少数民族地区教育事业发展。1982年,上级财政拨付泸溪县少数民族教育事业费2万元。此后,少数民族教育事业费逐年增加。至1990年,全县少数民族教育事业费80万元。2016年,上级扶持泸溪县少数民族教育事业费增至650万元。

二、自筹经费

(一)明清及民国时期

私塾及私立学堂办学皆为社会民众自筹经费。民国20年(1931),县府向城里绅士和社会各界筹集经费,购置学田200亩,创办县立乡村师范学校。民间亦有热心助学民众慷慨解囊,捐资兴学。民国25年(1936),城区商户许兰皋捐资543元6角支持县府办学,获湖南省政府"捐资兴学"五等奖。武溪镇第八保乡民张宜钰捐法币1000元,修整保国民小学校舍。忠安乡(即上堡)杨人贤等绅士将广福寺白泥田处19丘水田捐出,作为乡中心国民小学基金。期间,全县以保为单位,每保乡民筹集稻谷30石(每石约60千克),20石为国民学校基金,10石为中心小学基金。

(二)中华人民共和国成立后

1949年12月,县教育科对学校款产、学田进行清理登记。设立教育基金,教育基金年收租谷2059石。各区中心小学相继设立教育基金, 一区年收租谷29石, 二区年收租谷100石,三区有学田1.6亩,年收租米35千克,四区年收租谷129石,五区年收租谷162石。四区孝安乡(今梁家潭、八什坪区域)三保国民小学有学田48丘,年收租谷16石。私立志仁中学有稻田261.58亩,年收租谷390石;豫章小学有店房62间,基地16块,学田99丘,面积476.37亩,年收租米1483石。

1951年,实行土地改革,全县学校田产全部没收,分给无地或少地贫困农民。县教育基金注销恒产,取消学校学田,教育经费由地方粮库开支,公杂费从学生缴纳学杂费中开支。是年,县粮库拨付134吨大米作为教育经费。12月,省政府推行"乡学乡办,村学村办"办学模式。县政府发动群众筹办学校,全县群众共筹集大米60吨,用于学校建设。1953年,除民办中学、幼儿园仍然有群众集资外,其他学校办学经费全部改由国家核拨,社会团体、城乡民众不再集资。20世纪60—70年代，农村中小学校下放到社镇管理，修建学校以群众自筹资金为主，民办教师报酬以记工分形式参加生产队核算分配。1979年，全县发动群众筹集资金改善办学条件，普及小学五年制义务教育，筹集资金方式有社(镇)筹集、大队筹集、学生家长筹集及鼓励个人捐资等形式。

1982年起，全县农村实行联产承包责任制，乡镇学校和村级学校办学经费以教育费附加之名列入农民上交提留之中，教育费附加标准为上年农村人均纯收入1.5%，由各乡镇统一从农户收取，资金用于民办教师报酬和乡村学校建设。是年，全县共筹集教育经费30.60万元。1988—1990年，全县自筹教育经费分别为13.83万元、39.30万元、 40.90万元。

2002年，全国农村税费改革，取消农村"三提(公积金、公益金、管理费)五统"(教育费附加、计划生育费、民兵训练费、民政优抚费、民办交通费)，教育自筹资金仅剩学校勤工俭学一项。2006年，取消农业税后，农村义务教育所需经费全部由财政负担。在国家加大教育投入同时，县委、县政府采取措施，鼓励县直相关单位、社会组织和个人筹措资金支持教育事业发展，全县中小学校基础设施建设日趋完善。2006—2014年，全县社会组织和个人累计筹措教育资金3324万元，用于建校和改善办学条件。

三、教育收费

(一)民国及以前教育收费

宋代至清朝时期，书院、义学等旧式教育免收学费，只有私塾收取学费。民国初期，县府始办小学教育，开始收取学费。民国20年(1931)，县府创办乡村师范学校，免交学杂费，生活费自理。民国33—35年(1944—1946)，县立简易师范学校每生每学期交学杂费8700元(金圆券)，交大米6斗(每斗约12.5千克)，初中部学生免交学杂费，生活费自理。民国38年(1949)，县立学校经费由政府补助，私立学校经费有田租和房地租收入，并向学生征收书籍费及俸米。是年，通货膨胀，货币贬值，学校征费部分以收稻谷实物为主。

(二)中华人民共和国成立后教育收费

1950年，全县学校经费来源及收费沿用政府补助、地方自筹、向学生征收俸米三种形式。征收俸米规定初级小学生最高不超过6斗，高级小学生最高不超过8斗。1951年，普及小学义务教育。实行"村校村办，乡校乡办"，农村小学学生除收部分书籍课本等费外，不征收学费，中学收费标准执行省人民政府统一规定标准。

1953年秋，省政府规定"普遍轻收，个别减免"学校收费原则，在小学开始征收学费和杂费，以解决和弥补小学教育经费不足。小学每年每期收费标准为0.50—1元，杂费每人每期0.50～1.50元，少数民族小学免收学费杂费，特困学生实行减免或不收学费，减免名额按学生总数25%～30%比例执行。同时，根据省政府中学征费标准，学校对中学生免收公杂、图书、卫生费。

1955年,学费和杂费合并为学杂费,执行全省统一征费标准。1956—1965年,教育收费按照全省统一标准收取,收费标准低,以保障学生能够入学完成学业。

1966—1969年,中小学收费标准无统一规定,学校收费各行其是。1970年,恢复教学秩序后,全县教育收费恢复统一标准。1979年,湖南省统一中小学收费标准。全县根据本地实际情况制定中小学学费收费标准。征收部分:城镇小学一至三年级每生每学期征收1.70元,四至六年级每生每学期征收2.20元;城镇中学初中每生每学期征收3元,高中每生每学期征收4元。农村小学一至三年级每生每学期征收1.20元,四至六年级每生每学期征收1.50元;农村中学初中每生每学期征收2元,高中每生每学期征收3元。代收部分只限于学生需要由学校预收课本费、作业本费、电费(灯油费)、复习资料费、体育费,其中体育费按全省统一规定每生每学期中学0.50元,小学0.30元。这种收费标准一直执行到1986年。1987年,执行县物价局核定中小学收费标准。寄宿生每期加收工友费1元,水电费3元。1988年2月,调整中小学学杂费收费标准,规定乡镇学校均按农村标准执行,代收部分中各项收费由学校标准收取后包干使用,不再向学生办理结算手续。1989年,中小学毕业班每生每期收取一定油印资料费;住读学生每期加收工友费1元,水电费3元,学生住校搭中餐每生交搭餐管理费1元;学校无电源不收取电费。按实际需要一次性收取学生手册和毕业证工本费、防疫注射费、体检费、校徽费和初、高中档案费。

1990—2000年,教育收费随着经济发展和居民收入增加而进行过几次调整,教育收费逐年增长。同时,出现乱收费等现象。2001年,对学校收费标准作出明确规定,要求各学校严格执行省、州规定标准,对违规收费学校和个人进行查处。

2006年起,根据新修订《中华人民共和国义务教育法》规定,义务教育阶段免收学杂费。2012年,湘西州《关于进一步规范全州中小学教育收费行为的若干意见》文件规定,加强教育收费监督管理,规范教育收费秩序,维护学生和群众合法权利。对规范中小学教辅材料征订发行使用管理、中小学校食堂伙食费使用管理、中小学校服务性收费和代收费、违规补课收费等作出具体规定。县政府每年定期开展2次治理教育乱收费行动,对教育乱收费学校进行查处。

2016年,县教体局按照省物价局、省教育厅《关于2016年规范中小学教育收费管理有关事项的通知》,对中小学教育收费作出统一规定:农村义务教育学校可向自愿在校就餐学生收取伙食费,按规定代收作业本费和教辅材料费。普通高中学校除可收取上述费用外,按规定收取学费、课本费和新生入学体检费。普通高中学费标准分省级示范性高中和其他高中两个档次,分别为每生每期1000元、800元,中小学和幼儿园对收费项目必须进行立牌公示,接受社会监督。

附:泸溪县部分年度学杂费收费标准一览表

表12—4　　1955年泸溪县中小学收费标准一览表　　单位:元

项目		中学				小学						
		高中		初中		城镇			农村			寄宿(加收)
		寄宿	通学	寄宿	通学	高年级	中年级	低年级	高年级	中年级	低年级	
征收部分	学杂费	4	4	2.5	2.5	1.5	1.0	1.0	1.2	0.7	0.7	
代收部分	伙食费	3.5		3.5								2.5
	课本费	1.8	1.8	1.8	1.8	1.5—2	1—1.5	0.5—1	1.5—2	1—1.5	0.5—1	
	电(灯油)费	1.5		1.5								
	体育费	0.8	0.8	0.8	0.8	0.3	0.1	0.1	0.3	0.1	0.1	
	学生会费	0.1	0.1	0.1	0.1							

表12—5　　1989年泸溪县中小学学杂费收费标准一览表　　单位:元

年级	征收部分			代收部分							合计	
	学费	杂费		合计	讲义	仪器实验	文体卫生	水费	电费	班费报刊费	县城	农村
		县城	农村									
初小		4	3.5	6.5	1	1	1.5	1	1	1	10.5	10
高小		5	4	7	1.5	1	1.5	1	1	1	12	11
初中		7	6	12	2.5	2	2.5	2	1.5	1.5	19	18
高中	20	8	7	15	3.5	3	3	2	1.5	2	43	42

表12—6 泸溪县义务教育2005年秋收费标准 单位:元/每生/每期

类别	项目	一费制部分	寄宿费	信息技术教育费	搭餐费（对接受服务学生）
小学	标准	96	70	25	
初中	标准	156	90	25	25
高中		800	120		
说明:信息技术费只向农村完小5年级(含)以上学生收取;班费每生每期4元,影票费每生每期农村3元、城镇4元。高中计外招生学费6000元,其他收费同等					

表12—7 2016年泸溪县义务教育阶段教辅材料和作业本代收费一览表 单位:元

年级		教辅材料	价格	作业本
小学	一年级			7
	二年级			7
	三年级	同步 实践 评价课程基础训练;品德与社会、语文、数学、英语、科学、寒假生活	70	10
	四年级	同步 实践 评价课程基础训练;品德与社会、语文、数学、英语、科学、寒假生活	70	10
	五年级	同步 实践 评价课程基础训练;品德与社会、语文、数学、英语、科学、寒假生活	70	10
	六年级	同步 实践 评价课程基础训练;品德与社会、语文、数学、英语、科学、寒假生活	70	10
初中	七年级	1.学法大视野:道德与法治、语文、数学、英语、历史、生物。2.同步‘实践’评价—课程基础训练、地理、创新学习、寒假作业合订版本、历史填充图册、地理填充图册	100	15
	八年级	1.学法大视野:道德与法治、语文、数学、英语、历史、生物(上下册)、物理。2.同步‘实践’评价—课程基础训练 地理(上下册)、精彩寒假 语文、数学、英语分科。3.历史地图册、历史填充图册、地理填充图册	150	15
	九年级	1.学法大视野:思想品德(上下册)、语文(上下册)、数学(上下册)、英语(上下册)、历史(上下册)、物理(上下册)、化学(上下册)。2.精彩寒假语文、数学、英语分科,其他合订。3.历史地图册、历史填充图册、新目标英语同步听力磁带九年级(上)	220.52	15

表12—8 泸溪县2016年普通高级中学收费标准一览表 单位:元

项目	一年级	二年级	三年级
学费	800	800	800
课本费	465.5	(文)282.51、(理)317.82	
教辅材料费	200	(文)284.21、(理)344.06	(文)405、(理)407
作业本费	25	25	25
校服费	200		
住宿费	男160 女230	男160 女230	男160 女230

表12—9 2016年泸溪县职业中学收费标准一览表 单位:元

项目	一年级	二年级	三年级	备　注
学费	国家减免	国家减免	国家减免	全体学生
课本费	按实收取	按实收取	按实收取	全体学生
教辅材料费	0	0	0	全体学生
作业本费	0	0	0	全体学生
住宿费	300	300	300	全体学生
军训及服装费	100	0	0	一年级
上机费	450	450	450	计算机就业专业
	200	200	200	非计算机就业专业

四、教育基金

2013年9月,经湖南省民政厅批准成立泸溪县教育基金会,设理事会和监事会,制定《泸溪县教育基金会章程》,资金来源于每年全县师生捐款、全县干部职工捐款、县财政投入三个渠道。成立时募集资金20万元。2014年以来,基金会强化措施,拓展基金筹资渠道。聚焦教育扶贫,开展奖教奖学、助教助学、扶贫帮困活动。

2017年6月28日,湘西州教育基金会第一次研讨会在泸溪召开。会议对泸溪县依法依规办会、发展壮大基金、突出服务、狠抓管理工作经验给予肯定。局长谭子好介绍了局党组支持教育基金会开展工作和改革发展教育基金事业具体做法与经验。

至2017年,教育基金总额达到750万元。县教育基金会每年派出工作人员到各个乡镇村寨与特困教师、学生面对面进行帮扶,累计帮扶特困师生1400人次。由县基金会制作选送的电视专题片《记泸溪县最美乡村教师符海鸥》，获“湖南省教育公益好新闻奖”一等奖。除县教育基金会助教助学、扶贫帮困外，一些社会基金会如盛氏女儿基金会、湖南宋祖英助学基金会、湘西州青少年发展基金会等爱心助学基金会在泸溪县开展助学活动。湖南宋祖英助学基金会以泸溪一中、二中、五中高中优秀学生和常年扎根农村学校优秀教师为重点资助对象。至 2017 年，累计在泸溪发放助学金 80 万元，资助贫困高中优秀学生 700 多人考上大学。

五、政府助学金

中华人民共和国成立前，县立简易师范学校暨附设初中部、志仁中学每年在经费预算中列支一定数额助学金，帮助家庭贫困且品学兼优学生解决生活费。义学学校免交学杂费。

中华人民共和国成立后，1951 年，县政府建立人民助学金制度，对在校读书贫困学生进行一定物质或资金补助。1952 年，县政府规定对家庭出身于工人、贫下中农学生实行助学金补助。全县在校享受人民助学金学生 1626 人，占在校学生人数 50.4%。补助标准分为四类：每人每月分别补助大米 36 千克、25 千克、18 千克、9 千克。从 20 世纪 50 年代起，县政府将助学金列入教育经费预算中予以保障。1977 年，全县助学金支出 27052 元，受助学生 140 人。1986 年起，贯彻落实《中华人民共和国义务教育法》，县政府加大教育投入，助学金在教育经费预算中逐年增长。

2000 年起，除政府助学金、少数民族助学金外，希望工程、中石化等一批爱心助学民间组织、单位、企业以及爱心人士在县内各学校实施助学活动，帮助贫困家庭学生和品学兼优学生完成学业。2004 年，县委、县政府批准设立泸溪县中小学救助受援捐赠中心，是全省最早成立学生资助机构县市之一。负责全县学生资助、助学贷款办理发放，对助学捐赠实行统一归口管理。2008 年 11 月，更名为泸溪县学生资助管理中心。县学生资助管理中心（中小学救助受援捐赠中心）成立后，坚持以完善贫困学生就读保障体系为基础，以健全对贫困学生的长效帮扶机制为主线，发挥资助工作社会效益，确保每个孩子不因家庭经济困难而失学为总目标，开展各项学生资助工作。2010 年，全县中小学学生国家资助通过国库集中支付，直接拨打到学生本人银行卡。2011 年，寄宿生补助标准从小学 750 元、初中 1000 元提高到小学 1000 元、初中 1250 元（年 / 人）。2012 年，中职免学费从人均 2000 元提高到 2400 元（年 / 人）。2014 年，生源地贷款额度从 6000 元提高到大学生 8000 元、研究生 12000 元（年 / 人）。2015 年，高中学生国家助学金、中职学生国家助学金标准从人平 1500 元提高到 2000 元（年 / 人）。

2016 年，按照《泸溪县教育脱贫攻坚“十三五”规划》和《泸溪县精准脱贫“十项工程”单项工程实施细则》，以“不让一个学生因家庭经济困难失学”为目标，以做好建档立卡家庭经济困难学生资助、完善国家助学贷款管理、落实各项资助政策为重点，落实学前教育资助、义务教育“两免一补（免杂费、免书本费、逐步补助寄宿生生活费）”、普通高中“两免一助（免学费、免住宿费，补助生活费）”、中职“一免一助（免学费、发放国家助学金）”和“雨露计划”、贫困大学生资助政策，构建“政府主导、教育主管、部门配合、社会参与”，覆盖从农村到城镇、从学前教育到大学教育全方位贫困学生资助体系。在资助措施上，第一，落实国家各项资助政策。按照资助管理办法，做好学前幼儿入园补助，义务教育阶段贫困寄宿生生活费补助，普通高中免学费、免教科书费和国家助学金，中等职业教育国家助学金和免学费指标分配、评审、审核工作。高中阶段学校提取和足额使用校内资助，按照非义务教育阶段学校“3%—5%”标准实施，落实大学生到贫困地区基层就业学费补偿制度。第二，做好资助全覆盖工作。对全县 10709 名建档立卡贫困家庭子女实行学前至高中阶段 15 年免费教育，学前保教费每生每年免除 1500 元，高中每生每年减免学杂费 1600 元。对建档立卡贫困家庭子女按学前、小学、中学、中职四个阶段每生每年分别给予不低于 1000 元、1500 元、2000 元、2500 元生活补助。对当年考入大学建档立卡贫困家庭及城乡低保户子女给予本科不低于 5000 元、专科不低于 3000 元一次性资助，优先办理生源地信用助学贷款。三是做好贫困家庭大学生救助工作。提前在高三毕业学生中进行摸底登记，安排专人走访调查核实，外引内联，开通多渠道救助。安排专人负责办理、简化程序、人性化服务，确保无一名高中毕业生因为家庭贫困而失学。四是推进生源地信用助学贷款工作。开展贷款政策宣传和需求摸底工作，实行办理助学贷款“一站式标准化服务”。

2017 年，在严格执行政策基础上，将城乡孤儿全部纳入资助范围。2013—2017 年，全县发放各类资助金 13153 万元，惠及学生 421081 人次；办理生源地贷款 5317.82 万元，惠及学生 7354 人次。

表12—10 **泸溪县学生资助项目汇总一览表** 单位:万元、人次

年度		义务教育阶段			中职		大学生救助		生源地贷款		县政府助学金		社会捐助		少数民族助学金	
		人次	免教科书	生活补助	人次	助学金	人次	金额	人次	金额	人次	金额	人次	金额	人次	金额
2003	小学															
	初中	3295	27													
2004	小学	15275	133	5.15												
	初中	10283		15.75												
	合计	28853	133	23.9												
2005	小学	12289	175										155			
	初中	6764		40									81	16.17		
	高中	5											42			
	大学						73	27.2								
	合计	19058	175	40			73	27.2					278	16.17		
2006	小学	16613	191										215		1953	35.27
	初中												149	28.99		
	高中												117			
	大学						82	33.5								
	合计	16631	191				82	33.5					481	28.99	1953	35.27
2007	小学	12504	157													
	初中	6939		59.70									2122	44.90		
	高中	62														
	中职				597	44.78										
	大学						75	38								
	合计	19505	157	59.70	597	44.78	75	38					2122	44.90		

续表1

年份		义务教育阶段			高中		中职			大学生救助		生源地贷款		县政府助学金		社会捐助		少数民族助学金	
		人次	免教科书	生活补助	人次	生活	人次	助学金	免学费	人次	金额	人次	金额	人次	金额	人次	金额	人次	金额
2008	小学	66022	571	515												400	45		
	初中	41332														483			
	高中	298																	
	中职						874	65.55											
	大学									116	35.9								
	合计	107652	571	515			874	65.55		116	35.9					883	85		
2009	小学	58262	222	368										11				1000	40
	初中	32624	312											17	15			1000	
	高中													206		988	94		
	中职						794	40.2	25.8										
	大学									247	56.7	32	18.9						
	合计	90886	534	368			794	40.2	25.8	247	56.7	32	18.9	234	15	988	94	2000	40
2010	小学	54390	149	404										30		80		1000	40
	初中	30819	296											40		59		1000	
	高中				1040.	78								150	15	662	103		
	中职						1152	60.53	37.4										
	大学									335	80.7	56	33.6	40		22			
	合计	84754	491	404	1040	78	1152	60.53	37.4	335	80.7	56	33.6	260	15	823	103	2000	40
2011	小学	52027	173	526												50		1000	40
	初中	31665	273											160		50		1000	
	高中				1040	156									15	700	128		
	中职						1169	66.40	34										
	大学									420	89.6	424	252.	60		30			
	合计	83692	449	526	1040	156	1169	66.40	34	420	89.6	424	252.	220	15	830	128	2000	40

续表2

年份		学前教育		义务教育阶段			高中助学金		中职			大学生救助		生源地贷款		县政府助学金		社会捐助		少数民族助学金	
		人次	生活	万人次	免书费	生活补助	人次	生活补助	人次	助学金	免学费	人次	金额	人次	金额	人次	金额	人次	金额	人次	金额
2012	学前	767	38																		
	小学			4.94	429	161												162	6.6	1000	40
	初中			2.95		346										200	15	137	5.7	1000	
	高中						2082	156										851	99		
	中职								1736	68	89										
	大学											586	198	844	504						
	合计	767	38	7.89	429	507	2082	156	1736	68	89	586	198	844	504	200	15	1150	112	2000	40
2013年春	学前	848	42																		
	小学			2.46	186	118												464	64		
	初中			1.44		189	1142											139	9.5		
	高中							86										12	0.8		
	中职								1077	33	65										
	大学																				
	合计	848	42	3.90	186	307	1142	86	1077	33	65					775	16	615	74		
2013年秋	学前	848	42																		
	小学			2.45	85	118												67	56		
	初中			1.42	139	187												11	15		
	高中						1142	86										613	98		
	中职								1233	39	75										
	大学											573	213	1121	670						
	合计	848	42	3.87	224	305	1142	86	1233	39	75	573	213	1121	670	775	16	691	169		
春秋合计		1696	84	7.78	410	613	2284	171	2310	72	140	573	213	1121	670	775	16	1306	169		40

续表3

年份		学前教育		义务教育阶段			高中助学金		中职			大学生救助		生源地贷款		县政府助学金		社会捐助	
		人次	生活补助	万人次	免教科书	生活补助	人次	生活补助	人次	助学金	免学费	人次	金额	人次	金额	人次	金额	人次	金额
2014年春	学前	700	35																
	小学			2.30	83	73												9	31
	初中			1.27	101	120												4	13
	高中						1144	85.8											
	中职								982	33	65								
	大学																	12	29
	计	700	35	3.57	183	193	1144	85.8	982	33	65					310	15.5	25	73
2014年秋	学前	1388	69.4																
	小学			2.21	92	112												1999	99
	初中			1.33	131	165												1128	56
	高中						1715	129										405	73
	中职								1305	41	91								
	大学											677	259	1422	955				
	计	1388	69.4	3.53	223	277	1715	129	1305	41	91	677	259	1422	955	310	15.5	3532	228
	合计	2088	104.4	7.11	406	470	2859	214	2287	74	155	677	259	1422	955	310	15.5	3557	301
2015年春	学前	802	40.1																
	小学			2.21	90	111													
	初中			1.28	96	164													
	高中						1715	172											
	中职								1177	48	83								
	大学																		
	合计	802	40.1	3.49	185	275	1715	172	1177	48	83							1784	90

续表4

年度		学前教育			义务教育阶段			高中助学金			中职			大学生救助		生源地贷款		县政府助学金		社会捐助	
		人次	免学费	生活补助	万人次	免教科书	生活补助	人次	免学费	生活补助	人次	助学金	免学费	人次	金额	人次	金额	人次	金额	人次	金额
2015年秋	学前	1007		50																	
	小学				2.31	79	144														
	初中				1.44	121	267											314	16		
	高中							1589		159											
	中职										1695	74	115								
	大学													692	296	1531	1130				
	计	1007		50	3.77	199	410	1589		159	1695	74	115	692	296	1531	1130	314	16	1913	114
合计		1809		90	7.25	384	686	3304		330	2872	122	198	692	296	1531	1130	314	16	3697	205
2016年春	学前	3898	146	97																	
	小学				2.46	78	326														
	初中				1.15	90	143														
	高中							1210	48	61											
	中职										1534	66	105								
	大学																				
	计	3898	146	97	3.61	168	469	1210	48	61	1534	66	105								
2016年秋	学前	3904	103	155																	
	小学				0.96	372	390														
	初中				0.43	220	230														
	高中							3310	122	88											
	中职										2249	98	153								
	大学													711	294	1640	1269			3846	299
	计	3904	103	155	1.39	592	620	3310	122	88	2249	98	153	711	294	1640	1269				
	春秋	7802	250	253	5.	760	1089	4520	170	148	3783	163	258	711	294	1640	1269			3846	299

续表5

年度		学前教育			义务教育阶段			高中助学金			中职			大学生救助		生源地贷款		县政府助学金		社会捐助	
		人次	免学费	生活补助	人次	免教科书	生活补助	人次	免学费	生活补助	人次	助学金	免学费	人次	金额	人次	金额	人次	金额	人次	金额
2017年春	学前	5184	194	130																	
	小学				2.60	80	397														
	初中				1.20	87	227														
	高中							3493	110	104											
	中职										2045	88	140								
	大学																				
	合计	5184	194	130	3.79	167	624	3493	110	104	2045	88	140								
2017年秋	学前																				
	小学																				
	初中																				
	高中																				
	中职																				
	大学																				
	合计																				
春秋合计		5184	194	1130	3.79	167	624	3493	110	104	2045	88	140								

说明：1. 从2010年开始，泸溪县所有国家资助都通过国库集中支付，直接打到学生本人的银行卡上。2. 从2011年秋，寄宿生补助小学750元，初中1000元提高到小学1000元，初中1250元(年／人)。3. 2012年秋，中职免学费从人均2000元提高到2400元。(年／人)，2014年秋三年级全部免除学费，2015年春中职国家助学金提标到2000元／人。4. 从2014年起，生源地贷款额度从6000元提高到大学生8000元、研究生12000元(年／人)。5. 从2015年春季起，高中国家助学金、中职国家助学金提标，从人平1500元提高到2000元(年／人)

第二节　勤工俭学和营养改善计划

一、勤工俭学

20世纪50年代初期，全县各级学校组织学生参加劳动建校和勤工俭学活动。1958年，学校把劳动正式列入课表，规定师生每周参加2至4节劳动课，组织学生炼钢铁、种试验田、办工厂，参加建校劳动。是年，泸溪县第一中学设立"三勤"委员会。1961年，改称生产办公室。学校从最初学农为主，发展到校办工厂、养殖业、服务加工业多样化。至1963年，泸溪一中开荒100亩，收割粟米15吨；种蔬菜20亩，实现蔬菜和猪肉自给。1974年，全县学校有校办工厂17个，农场27.70亩，其他耕地面积267亩，总收入2.34万元。1978年，全县勤工俭学收入3.10万元。

1980年，全县勤工俭学调整生产结构，创建勤工俭学"百千万"工程试点。小章中小学种植油桐林100株，泸溪二中建成千株梨园，解放岩中心学校建成万株松杉林场。各个学校每年秋季组织师生开展复收桐茶，采集树种、药材等勤工俭学活动。全县勤工俭学收入达到4.33万元，为改善办学条件提供一定资金补充。1981年，全县勤工俭学收入为9.68万元。1985年，县教育局成立勤工俭学管理站，负责全县各学校勤工俭学工作。1986年，各学校设立勤工俭学领导小组，配备教师负责组织学校勤工俭学工作。泸溪一中开发蜜橘园11亩、椪柑园15亩，开挖鱼塘2亩养鱼，修建猪场一个，养猪百余头，开设学校综合商店1个，米粉加工厂1个。1987年，泸溪一中被评为"湖南省勤工俭学先进单位"。1988年，学校勤工俭学纯收入达到21000元，被评为全州"勤工俭学先进单位"。

1990年，为加强农业生产实习基地建设。由县政府办牵头相关单位组成18人工作队到乡镇，为各学校解决学农基地1200亩，并办理产权手续档案。5月，县教育局创办县民族教育印刷厂，解决教师子女就业岗位28个，年产值120万元。10月，浦市学区筹建年产量300吨泸溪教育造纸厂，为浦市学区教师子女提供就业岗位32个，年产值40万元。是年，泸溪县参加全省中小学勤工俭学成果展，县二中李维杰　"天女散花"菊花石雕等作品评为一等奖。

1992年，县教委组建校办企业公司，后改名为教育基建队。同期，相继创办水泥预制构件场、建材综合门市部、浦市二小粉笔厂、潭溪中学玻璃丝厂、泸溪二中菊花石雕作坊等校办工厂，其他学校利用学农基地开展勤工俭学活动。1993年，全县勤工俭学收入达到93.25万元，被省教委评为"农村中小学勤工俭学基地面积达标县"和"农村中小学勤工俭学基地建设先进单位"。1995年，利用县城搬迁之机，县教育局投入多年创收积累150万元，建设集餐饮、住宿、会议、娱乐为一体的教育服务接待站，后更名"金沙山庄"。投资50万元，将教育印刷厂搬迁到白沙新城继续经营业务。1998 年,县教育局注册成立教育服务公司,由勤工俭学管理站管理,年经营收入 120 万元。1999 年,各学校结合实际组织师生开展各类勤工俭学活动。二中、达岚学校、浦市镇中心学校分别被评为全州"勤工俭学工作先进单位"。

2000 年,全县勤工俭学收入达到 128 万元,县勤管站获全州"勤工俭学目标管理先进单位"。2001—2007 年,县勤工俭学管理站连续 6 年获全州"勤工俭学目标管理先进单位",2004 年,获得"湖南省勤工俭学校办产业管理工作先进单位"。

2009 年,坚持贯彻教育与生产劳动相结合方针,坚持"大力发展校办农业,稳定发展校办工业,重点发展校办第三产业"。二中开发菊花石雕工艺产品,县职业中学开设"踏虎凿花"课程,达岚中学组织师生在生产基地参加生产劳动,年产椪柑 10 吨。2010 年起,实行农村义务教育学生营养餐计划,全县停止勤工俭学活动。

二、农村义务教育学生营养改善计划

2011 年 10 月,根据《国务院办公厅关于实施农村义务教育学生营养改善计划的意见》精神,湖南省将泸溪县列为义务教育学生营养改善工作试点县。2012 年 2 月 23 日,县人民政府制定"农村义务教育学生营养改善计划工作实施方案",计划在 5 年内落实财政资金 3800 万元改善学校食堂。5 月 21 日,全县 171 所学校 27670 名学生全部吃上"放心"餐,一袋热牛奶、一个熟鸡蛋、一根火腿肠和一个面包成为全县农村学校学生营养餐饮食标准。2013 年,各校改造学校食堂,加强营养餐安全管理。制定学生营养餐食品安全事故应急预案,开展食品安全教育活动。县教育局联合相关职能部门组成联合督查组,3 次到农村中小学校对学生营养餐质量实施情况进行检查。2014 年,各学校以学生营养餐管理为重点,在抓好中心完小以上学校食堂集中供餐管理基础上,推进村、片小伙食供餐和托餐工作。建立健全管理制度,规范食品采购渠道,做好食品采购台账。规范学生饮水安全。全县累计投入 2000 万元用于农村中小学校食堂改善,168 所实施学生营养餐学校完成食堂新建或改造任务。

2015 年,县教育局报请县编办将勤工俭学管理站更名为学校后勤管理服务中心,重点负责全县农村学校营养餐计划管理工作。制定《泸溪县农村义务教育阶段村、片小及教学点学生营养餐托餐管理实施办法》,确定中心完小(学区)主要实行食堂供餐,由学校自主经营,统一管理,封闭运营;对暂不具备开办食堂但交通相对方便学校由学校向餐饮企业配送供餐;条件不好、交通不便学校实行"托餐"方式,由农户、餐馆等按要求供餐。规定校长或学校管理人员轮流陪餐,餐费自理。并确定 30%农村中小学校作为学生营养状况监测点,每年进行监测评估。

第三节　教育脱贫

2016 年，根据国家《教育脱贫攻坚“十三五”规划》《湘西自治州教育发展脱贫工程实施方案》，县委、县政府下发《泸溪县精准脱贫“十项工程”单项工程实施细则》，构建覆盖全县贫困村和所有建档立卡贫困家庭学生教育发展帮扶机制，对建档立卡贫困家庭适龄儿童少年全员实行学前至高中阶段 15 年免费教育。成立教育脱贫领导小组，在县教体局设立教育脱贫领导小组办公室，教体局局长兼任办公室主任。县教体局制定《泸溪县教育发展脱贫工程实施细则》，强化教育优先地位，突出精准建设、精准帮扶、精准管理、精准监督，加快推进教育脱贫步伐。是年起，县教育脱贫领导小组办公室开展教育脱贫工作。

一、精准建设

围绕促进教育公平，聚焦满足基本需要，破解优质教育资源供给不足难题，让城乡学生就近入学，优质受教。

（一）坚持规划先行，调优教育布局

把城乡学校建设纳入新型城镇化建设总体规划，按照“因地制宜、资源集约、均衡高效”原则优化城乡学校布局，实施“四大工程”，形成教育布局新格局。投入资金 2743 万元推进白沙小学、白沙中学、思源实验学校、泸溪二中等 4 所城镇学校扩容提质，新增学位 930 个。在思源实验学校开设特教班一个。

（二）坚持效益为本，改善办学条件

推进农村学校标准化工程，投入资金 4691 万元建设农村学校合格校 15 所，改造农村学校校舍面积 3.2 万平方米，添置学生生活、教学等器材 3000 套（件），完成农村学校校舍改造 13043 平方米。

（三）坚持一体共享，均衡资源配置

顺应城乡一体化发展进程，实行人、财、物优质教育资源向基层倾斜政策，消除城乡“二元”结构壁垒。推进城乡教育信息化工程，投资 2000 万元建设“三通两平台”，实施“十百千万工程”和“网络共享教室”建设，采取企业建设、政府租赁、学校使用模式，完成城乡“三通两平台”硬件设备及泸溪教育城域网建设。乡镇以上学校宽带入网率达 100%，“班班通”使用率 100%，优质教育资源实现城乡全覆盖。推行教师“县管校聘”改革，完善城乡教师补充、调配机制，实施农村教师补助制度，解决“有编不补”和“缺编难进”问题，完善教师补充机制。2016 年，通过特岗招聘、定向培养、公开招考方式补充专任教师 154 名。

二、精准帮扶

围绕打造城乡义务教育均衡发展“升级版”，建立健全教育“三农”（农村学校、农村教师、农村学生）“一对一”结对精准帮扶机制，加快城乡教育发展联盟共同体建设。

（一）突出“一校一策”，强化薄弱学校结对帮扶

推行城镇优质学校与农村薄弱学校结对帮扶，突出以优带弱，以强扶弱，解决农村薄弱学校管理理念不新、师资不强、信息不畅等问题，逐步缩小城乡差距。

（二）突出“一师一计”，强化农村教师结对帮扶

推进教师素质提升工程，以县教师发展中心为依托，实施“国培、省培、州培”等教师全员轮训。创建3个名师工作室，以名师工作室为引领，发挥名师传帮带教作用，开展“送教下乡”“送研进校”“送培上门活动”，提升农村教师专业素质。全年组织教师培训4671人次，完成州教体局确定的校长交流6人和教师交流200人任务。

（三）突出“一生一档”，强化留守学生结对帮扶

实施“关爱工程”，按政策要求建档立卡贫困学生资助全覆盖。建立贫困学生数据库，实施贫困学生动态管理，积极拓展资助渠道，提高对单亲、孤儿、因灾致贫家庭学生资助标准，确保不让一个学生因贫困而失学。突出感情交流和生活关爱，加强“学困生”思想开导、心理疏导和学生辅导，确保不让学生因厌学而失学。

2017年，通过再次精准识别，建立全县学前、小学、中学、职教建档立卡户学生档册。资助711名贫困大学新生助学金293.50万元；办理生源地信用助学贷款1640人，贷款金额1269.23万元。发放学前至高中春秋两期学生资助款1993.34万元，惠及贫困学生19993人次；落实中职助学金168万元，惠及学生1680人次，落实中职免学费资金258万元，惠及学生2150人次。对全县高中建档立卡户贫困学生秋季入学开设绿色通道，直接免除学费，不再先交后补。

三、精准管理

（一）坚持德育为首，提升育人质量。

贯彻落实党的教育方针，把促进学生健康快乐成长成才作为教育工作出发点和落脚点，整合各类资源将德育工作贯穿于教育工作全过程，渗透到教育教学各环节，落实到全体教师，做到全员育人、全程育人、全面育人和全心育人。

（二）实施精细管理，提升教学质量

改革教育管理评价机制，突出实施以素质教育为基础质量评价和以推进改革创新为重点特色评价，修订完善《学校教育质量效益评价方案》《学校目标管理考核方案》等系列指导性文件，推进教育教学精细化管理。改革教育激励机制，采取“由学校提供一套工作住房、政府奖励安家费”措施，引进高学历人才进入高中学校从事教学工作。2016年，县政府发放高考奖励经费500万元，义务教育质量巩固提升，高中教育质量领跑全州。

（三）推进“两个加快”，促进协调发展

围绕创建国家级示范职教中心，持续加大职业教育投入，做好普高职教分流，实施精准招录，扩大办学规模，围绕创新创业深化特色专业体系建设，继续实施校企合作、产教融合机制。2017年，县直相关单位培训农村实用技术人才6944人次，职教毕业生对口就业率95%。实施“第二期学前教育三年行动计划”，坚持办公主导，民办并举办园体制，新建2所公办幼儿园，新建扩建22所乡村幼儿园，认定4所普惠性幼儿园，逐步形成以公办园和普惠性民办园为主体学前教育服务体系。

四、精准监督

创新“全面覆盖、全员参与、全程督导、全面考核”工作思路，狠抓教育发展脱贫监督执纪问责，以“零容忍”态度严肃查处教育不正之风和教育腐败问题，以“精准监督”护航“精准扶贫”。（一）细化责任分解。按照教育发展脱贫实施细则和考核管理办法，将目标分解到年限、任务细化到项目、责任捆绑到人员，推行“三联三帮”（联校帮管、联师帮教、联生帮学）联系服务农村基层制度和“四包”责任制（局领导包乡镇、机关干部包学校、学校领导包村寨、教师包学生）。建立部门联席会议制度，研究解决教育发展脱贫工作中存在困难和问题。（二）严格督查考核。建立月例会工作制度，在教体系统内对教育发展脱贫工作实行“一月一部署、一月一督查、一月一通报”，对督查中发现工作不得力、措施不到位，不能按时完成阶段性目标任务的给予通报批评。（三）落实问责追责。围绕有偿家教家养、教育乱收费、学生营养餐管理薄弱领域制定《泸溪县教育和体育局精准扶贫和“雁过拔毛”式腐败问题专项整治工作方案》，开展“教育发展脱贫工作”专项监督和“雁过拔毛”“纠‘四风’治陋习”治理教育乱收费。2016年，查处教育系统违纪违规案件8件，行政处分8人，通报批评12人。

至2017年，全县小学、初中、高中入学率分别达到100%、99.4%、99.1%，全县没有一名学生因贫困而失学。小学毕业生升初中比例100%，初中毕业学业水平考试科目合格率91%。

表12—11　　2017年泸溪县教育发展脱贫工程考核表

项目	工作任务	工作进度	考核分值	责任单位
教育发展脱贫工程(牵头单位县教体局)	学前三年毛入园率达80%，建档立卡户等贫困家庭子女就读率达100%、义务教育阶段巩固率达97%、高中阶段教育毛入率达88%、三类残疾儿童入学率达85%	1—4月完成控辍保生摸底工作、未完成扣10分	20	县教体局、县财政局、县扶贫办、县妇联、县残联
		5月份完成控辍保生表册整理，未完成扣5分		
		6—7月计算结果，指标低1个百分点扣1分		
		8—9月份摸底，未完成扣10分		
		10—11月统计结果，未完成扣5分		
		12月做好统计工作，指标低1个百分点扣1分		
	建档立卡户子女初中毕业生就读中职学校比例42%，中职毕业生就业率达95%	1—4月完成控辍保生表册整理，未完成扣2分	10	县教体局、县财政局、县扶贫办
		5月任务分解到乡镇，未完成扣5分		
		6—7月摸底，查资料，无表册扣5分		
		8—9月核实，指标低1个百分点扣1分		
		10—11月统计结果，抽查错漏1人扣1分		
	对建档立卡户贫困对象子女在州内按学前教育、小学、中学、职业教育四个阶段每生全年分别给予生活补助1000元、1500元、2000元、2500元，对所有建档立卡贫困家庭考取本科、专科的大学新生分别发放5000元、3000元的一次性资助	1—4月摸底，未完成扣2分	40	县教体局、县财政局、县扶贫办
		5月完成春季生活补助发放工作，抽查错漏1人扣1分		
		6—7月完善生活补助发放表册，未完成扣10分		
		8—10月完成秋季摸底工作，未完成扣10分		
		11月完成秋季生活补助发放工作，抽查错漏1人扣1分		

续表

项目	工作任务	工作进度	考核分值	责任单位
	新建山村幼儿园30所，改扩建幼儿园8所，认定普惠性幼儿园4所	1-4月调研摸底、查会议记录、方案及相关表册资料，缺一项扣1分	20	县教体局、县财政局、县扶贫办
		5月完成任务50%，少1个百分点扣0.5分		
		6-7月完成任务60%，少1个百分点扣0.5分		
		8-9月完成任务80%，少1个百分点扣0.5分		
		10-11月完成任务100%，少1个百分点扣0.5分		
		12月验收总结		
	新建及改扩建城镇学校2所、新增学位600个、改造农村学校面积18000平方米	1-4月调研摸底，查会议记录、方案及相关表册资料，缺一项扣1分	10	县教体局、县财政局、县扶贫办
		5月完成任务50%，任务少1个百分点扣0.5分		
		6-7月完成任务60%，任务少1个百分点扣0.5分		
		8-9月完成全部任务，验收总结，查资料、看现场，未完成任务的扣5分		
教育发展脱贫工程（牵头单位县教体局）	完成特岗招聘15名以上，公费培养农村教师20名以上，培训教师600人次	1-4月完成摸底工作，查会议记录、方案及相关表册资料，缺一项扣0.5分	40	县教体局、县财政局、县人社局、县编办
		5月做好招聘计划、无招聘计划扣5分		
		6-7月招聘申报工作，无申报文件的扣5分		
		8-9月全面完成任务，教师招聘少1人扣2分		
		10-11月完成总结工作，查资料，未完成任务的扣5分		

第十三章　基础设施建设

第一节　校舍建设

一、1949年前校舍建设

据《泸溪县志》记载，宋庆历中县府修学宫，有木屋三间。元至大三年(1310)，县尹王柔克重建学宫，设大成殿，讲诵堂、东西庑(堂下周围走廊或廊屋)、庖房(即厨房)等。明万历二年(1574)，新建学宫，计有先师庙、明伦堂、乡贤祠、公廨私署。其规模"可与郡学比"。清雍正十年(1732)，知县张宏烈重修学宫，建棂星门，砌泮池，粉饰一新。

民国时期，泸溪县中小学校舍破旧，办学条件十分简陋。乡中心学校、保国民小学大多没有专门校舍，借用民房或庙宇、祠堂上课居多。民国31年(1942)，县府下拨维修款3372元，修整县城小学课桌、黑板、门窗及添置少量办公物品。民国34(1945)年，简易师范学校暨附设初中部占地面积12亩，但校舍建筑面积仅1200平方米。学校有木质房屋13间，只有2间瓦房，面积不足70平方米，其余皆是竹篱茅舍，四周亦用竹木围成篱笆墙。省立四中迁走后，学校迁到原址办学，只有7间"木质竹壁"教室。

民国35年(1946)，省府督学罗增美在视察泸溪教育报告书中写道:"泸溪所有校舍设备殊多简陋，亟待充实，方适教学"。

二、1950年后校舍建设

(一)群众筹资建校

中华人民共和国成立后，1950年，县人民政府把发展教育事业放在重要位置来抓，在经济困难情况下动员全县人民群众，出工献料修建学校。1951年，实行"乡学乡办，村学村办"，全县群众筹集大米6万千克，其中，第一初级小学(武溪)筹集5100千克，第二初级小学(浦市)2500千克，其他学校均筹集到近千斤大米，用于校舍建设，全县中小学得到维修。至20世纪60年代中期，全县持续开展群众筹资建校活动，社镇办学、大队办学取得成效，全县每个社镇和大队均新建了学校。消除了借用民居上课现象。

1966年至1978年，全县农村中小学下放到社镇管理，学校建设以各生产队、大队自筹资金为主。独立中学、各公社中心完小校舍条件得以改善，各大队均建有独立校舍。1979 年，县委、县政府贯彻全国教育工作会议精神，发动各个部门单位、社镇筹集建校资金，发动农民群众投工投劳建设学校，改善办学条件，普及小学五年制义务教育。筹集资金方式有社镇筹集、大队筹集、学生家长筹集及个人捐资等。

1980 年，在各乡镇自筹经费同时，县财政下拨学校建设配套基建款 39.71 万元，新建和维修 298 所中小学，校舍总面积增至 84558 平方米。1982 年，社镇筹集资金 13.84 万元，大队筹集资金 10.51 万元，学生家长筹集资金 3.31 万元，学校勤工俭学资金 2.94 万元，共计 30.60 万元用于校舍建设。为调动学校基本建设积极性，县革命委员会实行建校资金“节约提成奖”办法，全县新建校舍 7188 平方米。1985 年，县财政下拨学校基建维修款 54.62 万元维修和新建校舍，中小学校建筑面积达 11.66 万平方米。城镇中小学校建有 3～6 层教学大楼和教师宿舍，乡村中小学均有砖木结构校舍，浦阳、长坪、达岚、兴隆场、小章、潭溪等学校新建 2—3 层教学楼。1986 年，学校基础设施建设实行国家财政拨款和地方自筹相结合办法解决，全县中小学均得到维修和新建。

（二）扶贫建校

1987 年，县委、县政府部署在全县开展大规模扶贫建校活动。县直各部门各单位、各乡镇发动干部职工和农民群众为学校建设捐资献料、投工投劳，县财政 3 次下拨建校经费 100 万元用于校舍维修和危房改造。两年扶贫建校中，全县新建和维修校舍 1.66 万平方米。至 1990 年，各乡镇群众支持建校资金 94032 元，义务投工 11000 个，全县 298 所中小学校舍得全面维修和建设，中小学基本实现校校无危房、班班有教室、学生人人有课桌椅“一无两有”，办学条件得到改善。

（三）民族寄宿制学校工程建设

1989 年，启动“民族寄宿制学校工程”，全县乡镇新建校舍 4002 平方米，中小学校舍面积增至 54.81 万平方米。

（四）世界银行贷款项目建校

1992 年，全县中小学校舍建设列入世界银行贷款援建项目，获援建贷款 113 万美元，县财政配套建设资金人民币 928 万元，新建、扩建、维修校舍 2.18 万平方米。

（五）希望工程建校

1994 年，全县实施“希望工程”援建学校工程。至 2004 年，累计投入建设资金 1167.94 万元，全县 21 所中心学校、100 所片完全小学获援建项目资金支持，新建校舍面积 26656 平方米。

（六）义教工程建设

1997 年，启动义教工程建设。全县开工建设 10 所骨干寄宿制初中学校。2000 年，县财政下拨校舍危改资金 23 万元，对农村校舍危房进行改造，学校危房面积由 1994 年 1.8%下降到0.67%。全县中小学校舍建筑面积达到113.04万平方米，其中校舍面积24.67万平方米，改扩建校舍面积1.66万平方米。

2001年，筹措学校建设资金948万元，义务投工12500个，新建和扩建校舍面积1.66万平方米，改造校舍危房面积2023平方米。2002至2003年，投入建校资金2000万元，完成学校基建项目20个，新增校舍面积1.76万平方米，全县生均校舍面积4.40平方米，初中生均达到6.30平方米。

（七）农村寄宿制学校建设和日元贷款工程项目建设

2004年，争取农村寄宿制学校建设工程投资670万元，危房改造投入210万元，其他建设项目资金314万元，实施新建、扩建项目59个，建筑面积2.50万平方米。利用日元贷款人民币860万元，加上县立配套资金，在二中实施推山平地，建设科技楼、图书馆、学生宿舍各1栋。在浦市中学修建综合楼、学生宿舍各1栋。2005年，投入学校建设资金2686万元，其中财政转移支付中小学危房改造资金1683万元，实施10所学校危房改造，改造总面积1.34万平方米，新建校舍18栋，面积4.78万平方米。

（八）教师公转房建设和合格学校建设

2007年，启动农村中小学教师公转房教师和合格学校建设。全县教育基建投资1577万元，其中8个公转房建设项目投资854万元，建筑面积1.35万平方米。13个合格学校建设项目投资723万元，新增校舍面积1.34万平方米，维修改造校舍面积3581平方米。中小学生均校舍面积分别为7.85平方米和4.56平方米。2009年，投资282万元，对9所学校进行维修建设，面积1.14万平方米。2011年，教育基本建设投资1599万元，建安工程投入1143万元，其他资金投入579.50万元，完成校舍建筑面积5.21万平方米，新开工面积9988平方米，教学及辅助用房2990平方米，生活用房5389平方米，其他用房4.38万平方米。2012年，全县教育基本建设投资1223.50万元，落实省为民办实事项目校（园）2所，备案项目校7所，完成建设项目60个。投资1169万元，实施15所学校校安工程及基础设施建设项目。投资310万元，建设第一职业中学实训工场和学生宿舍楼项目，面积3335平方米。

（九）义务教育薄弱学校改造计划项目建设

2014年，启动义务教育薄弱学校改造项目。投资320万元，完成合格化片完全小学建设11所，建筑面积6530平方米。投入资金2074万元，建设学校14个项目。投入资金960万元，实施薄弱高中学校改造，建设面积6000平方米。投入资金1275万元，实施校舍安全工程，建设项目校7所，教师周转房45套。投入资金1000万元，建设6所中心幼儿园，建筑面积7560平方米。投入资金4320万元，建设思源实验学校。2015年，教育基本建设投资7488.80万元（其中中央投资6964.70万元、地方投资492.10万元、社会捐赠33万元），实施建安工程4222.90万元，设备购置20万元，其他3246.90万元。本年全县学校施工建筑面积11.86万平方米，新开工2.32万平方米，教学及辅助用房17048平方米，生活用房

11880 平方米,其他用房 89638 平方米,新增固定资产价值 4789.80 万元。

(十)体育设施建设

2015 年,争取建设项目资金 2200 万元,建设县全民健身中心。县全民健身活动中心为综合性多功能体育馆,占地面积 1 万平方米,建筑面积 8236 平方米。结构为三层全封闭式框架钢网构造,屋盖最高点高度为 24 米,馆内设有篮球场,羽毛球场、乒乓球场、排球场、体育健身广场、体操、举重、武术等配套设施,可容纳观众固定席位为 3580 席,另设 738 个活动座位。场地可以满足室内比赛、大型文艺演出、集会、展览等要求。启动武陵山区域发展与扶贫攻坚试点体育项目,利用体育彩票公益金在 5 个乡镇行政村新建全民健身设施。至 2016 年,对武溪镇社区健身器材改造升级,添置 100 件公共服务保障工程 5+1 和 10+1 健身器材。

(十一)城镇班额均衡化工程建设

2015 年,争取资金 2551 万元,实施城镇班额均衡化工程建设。全县城镇中小学新生班额控制在小学 45 人、初中 50 人、高中 55 人,城镇学校“大班额”问题得到化解。投资 4000 万元,实施农村学校标准化建设,建成农村标准化学校 8 所、为民办实事合格学校 2 所。2016 年,投入资金 2743.21 万元,继续实施城镇班额均衡化工程建设,完成白沙小学、白沙中学、思源实验学校 3 所学校运动场建设;建成泸溪二中教学楼和学生宿舍楼;筹建武溪第二小学,新增城镇学位 950 个。投入资金 4491.23 万元,改造农村学校校舍 32907 平方米及购置配套设施设备。投入资金 785.60 万元,建设村级小学合格学校 15 所、幼儿园 2 所。争取中央教育项目资金 1000 万元,建设教师周转宿舍 45 套,改善教师住宿条件。

(十二)义务教育学校标准化建设

2015 年,投资 1510 万元,建设项目校 8 所,建设教学及教辅用房 1650 平方米,生活用房 2500 平方米,运动场所及附属设施 22200 平方米,添置生活设备 1600 台件套,安保设备 100 台件套,教学设备 280 台件套,教学实验仪器 3200 台件套,体美教学用具 660 台件套,图书 21000 册。2016 年,投资 2995 万元,建设项目校 7 所,建设教学及教辅用房 5000 平方米,生活用房 2000 平方米,运动场所及附属设施 33200 平方米,添置生活设备 2850 台件套,安保设备 165 台件套,教学设备 400 台件套,教学实验仪器 5500 台件套,音体美教学用具 1500 台件套,图书 35000 册。

2017 年,投资 1802 万元,建设项目校 6 个,修建教学及教辅用房 5500 平方米,生活用房 600 平方米,运动场所及附属设施 28000 平方米,添置生活设备 1100 台件套,安保设备 70 台(套)。

附:部分年份全县中小学校舍建设统计一览表

表13—1　　1980 年全县中小学校舍面积统计表　　单位:平方米

学校	教学用房	教工宿舍	学生宿舍	合　计
小学	40313.59	8456.8	194	48964.39
中学	20669.4	9604.7	5319.61	35593.71
合计	60982.99	18061.5	5513.61	84558.10

表13—2　　1981 年至1982年群众自筹建校资金统计一览表　　单位:元

单位	公社自筹	大队或单位自筹	学生家长自筹	勤工俭学用于建校	自筹资金用途
上堡		4525	2062	2657	新建教室 5 间,厕所 3 间,维修课桌 300 套
洗溪		49020	999	1100	新建教室 784 平方米,宿舍 196 平方米
李家田		1640	1109	568	购砖 2 万块,购置课桌 29 套
浦阳		2644	2350	890	维修校舍,添置设备
长坪	13000	15000	1596	9700	维修校舍,搬迁危房
达岚		5800	1742	5800	添置饮水设备
石榴坪	2000	400	700	1500	维修课桌、门窗、砌岩坎
合水		13300	900	5000	新建一栋教学楼
永兴场	2009		663	240	修教师宿舍
兴隆场		850	1450	500	砌码头、维修课桌等
解放岩	2400	12000	810	350	架设水管、修建宿舍
小章		12072	1370	127	建教室 300 平方米,新制篮球架 2 套
白羊溪		222	1394	1387	维修校舍课桌
潭溪	2000	1189	1089	1426	维修校舍课桌,添置课桌椅
梁家潭		7300	700	560	维修教室、围墙

续表

单位	公社自筹	大队或单位自筹	学生家长自筹	勤工俭学用于建校	自筹资金用途
八什坪		920	985	2630	修水泥球场、课桌354套
武溪镇		7000	4000	540	修教室二间，办公室一间，宿舍八户
浦市镇		2518	1800	189	搬迁民房，建教室
一中			2421	1917	砌水沟、打水泥地面
二中			1845		做仪器架10个，课桌55套
三中			1461	1950	修操坪
四中			1197	1623	维修课桌
五中			1443	195	维修教室、厕所
合计	138409	105100	33086	29390	

说明：以上资金包括献工献料折合金额

表13—3　　1994年全县中小学校舍建设统计一览表　　单位：平方米

学校	学校占地面积	校舍建筑面积	教学用房				行政办公房		生活用房				校舍总面积中	
			合计	其中			合计	其中教师办公室	合计	其中			危险房屋面积	当年新增面积教室
				教室	实验室	图书馆				学生宿舍	教工宿舍	教工住宅		
普通中学	282857	75701	26236	20245	3347	1799	5918	3401	43547	12098	22775	6586	2751	2461
职业中学	7590	6837	2205	2013	124	68	325	325	4307	855	1136	2316		
小　学	446184	135707	75021	69400	1852	499	5499	4766	55187	5530	32889	5968	10291	2011
幼儿园	1946	1465	1011	1011			150	136	304	169	120			
合　计	738577	219710	104473	92669	5323	2366	11145	8628	103345	18652	56920	14870	13042	4472

表13—4　　**2000年全县中小学校舍建设统计表**　　单位:平方米

学校	学校占地面积	校舍建筑面积	教学用房				行政办公房		生活用房				校舍总面积中	
			合计	其中			合计	其中教师办公室	合计	其中			危险房屋面积	当年新增面积教室
				教室	实验室	图书馆				学生宿舍	教工宿舍	教工住宅		
普通中学	542584	89915	31169	20591	2999	1147	3652	1235	55094	16440	24276	8630	50	4780
职业中学	12673	3356	1102	832	216	54	144	54	2110	660	370	1080		
小　学	565903	150418	85791	78479	3939	2579	.5499	5109	5928	8963	32732	14486	1578	1978
幼儿园	8881	3022	940	940			122	172	1,960	80	65			
合　计	1130041	246711	100842	100482	7154	3780	9417	6470	65092	26143	57443	24196	1628	6758

表13—5　　**2006—2016年全县自筹建校资金统计一览表**

年份	金额(万元)	年份	金额(万元)
2006	1019	2012	60
2007	556	2013	15
2008	310	2014	1000
2009	204	2015	
2010	60	2016	
2011			
合计	3324		

表13—6　　2006—2016年中小学校舍建设投资一览表

年份	投资金额(万元)			建筑面积(平方米)
	合计	其中		
		县本级投资	自筹部分	
2006	1957	637	1019	36163
2007	1547	31	556	26671
2008	1028	146	310	13333
2009	1683.50	913.5	204	99753
2010	1599	877	60	50105
2011	1722.50	1216.5	0	52138
2012	2860	396	60	2850
2013	5998.70	0	15	139835
2014	10102	1346	1000	128389
2015	82	0	0	2500
2016	3942.50	464	0	65162
合计	32522.20	6027	3224	616899

表13—7　2017年泸溪县"底线要求"达标学校建设统计表

序号	"20条底线"要求	达标学校(所)		未达标学校(所)	
		合计	其中:教学点	合计	其中:教学点
1	消除D级危房。新建校舍抗震设防类别不低于重点设防类,满足综合防灾要求	172	137		
2	多层校舍建筑每幢不少于2部楼梯,楼梯坡度不大于30度,护栏坚固	172	137		
3	教室和宿舍内外墙面平整,无明显尖锐突出物体,室内无裸露电线	172	137		
4	教学用房室内采光良好,照明设施完善,光线充足	172	137		
5	学生1人1桌椅(凳)	172	137		
6	按国家标准配置满足教学要求黑板	172	137		
7	设置旗台、旗杆,按要求升国旗	172	137		
8	具备适合学生特点的体育活动场地和设施设备,有利于开展具有当地特色的体育活动	172	137		
9	因地制宜设置满足校园安全需要的围墙或围栏	172	137		
10	新增图书为正版图书,配备复本量应视学校规模和图书使用频率合理确定	172	137		
11	有可供开展多媒体教学的教室	172	137		
12	学生宿舍不设在地下室或半地下室	172			
13	寄宿学生每人1个床位,消除"大通铺"现象	172			
14	寄宿制学校或供餐学校具备食品制作或加热条件	172			
15	配备开水供应设施设备	172	137		
16	有条件的地方,新建校舍一般设置水冲式厕所。厕位够用,按1∶3设置男女蹲位。旱厕应按学校专门无害化卫生厕所设置	172	137		
17	除特别干旱地区外,寄宿制学校应设置淋浴设施	172			
18	配置消防和应急照明设备,设置疏散标志	172	137		
19	在校门、宿舍等关键部位安装摄像头和报警装置。宿舍区配备急救箱	172	137		
20	消除66人以上超大班额	172			
	合计	172	137		

表13—8

2017年全县中小学校舍面积统计表

单位：平方米

序号	学校名称	占地面积	建筑面积	教学用房
1	一中	233330	57763.60	14734.67
2	二中	138829.67	23277.82	11203.78
3	泸溪三中	21362.29	9246.64	3512.42
4	泸溪四中	18839.22	6348.07	2910
5	泸溪县第五中学	63878	19269.39	11510.13
6	白沙中学	46332.02	21444.95	11817.38
7	职中	66700	12800	
8	潭溪中学	17296	6393	2007
9	小章民族中学	25560	6097	2428
10	永兴场中学	8384.62	4101.29	1600.81
11	达岚中学	13220	4597	1535
12	白沙小学	118295.66	19694.5	12217.9
13	明德小学	13717	8486	6486
14	思源实验学校	72036	22884	22884
15	武溪小学	33306.29	13884	16566.65
16	武溪二小	17869	13300	7390
17	洗溪学校	18613.66	9558.26	4212.69

续表

序号	学校名称	占地面积	建筑面积	教学用房
18	梁家潭学校	24600	9503	5553
19	八什坪学校	24847.5	8728	3418
20	潭溪中心完小	30418.11	12060.8	5481.91
21	白羊溪学校	15856	7420.11	4753
22	小章中心完小	18640.98	9469.91	4087.82
23	永兴场中心完小	19624	7618	4677
24	解放岩学校	30828	10196	5809
25	兴隆场中心完小	27328.78	9391.38	5589.17
26	合水中心完小	32169.23	11377.02	7432.04
27	踏虎学校	22664	9447	6179
28	石榴坪学校	33708.02	12577.98	11495
29	达岚中心完小	18746	9832	5183
30	长坪学校	19828	8763	7813
31	浦市中心完小	100006.28	22360	
32	泸溪县民族幼儿园	8792	4680.13	1899.97

第二节　学校搬迁及建设

1982年至2000年，由于工厂污染和国家兴建五强溪电站，先后有泸溪第二中学、第一中学、第一职业中学、民族幼儿园等教学单位整体搬迁，并新建白沙小学。2006年起，城区人口增加和学生增多，相继新建白沙中学、明德小学、思源实验学校、武溪第二小学。

一、学校搬迁

(一)泸溪二中

泸溪二中校舍原址在浦市镇古龙潭。1976—1977年，浦市化工总厂在紧靠学校东西两端先后建成普钙、硫酸两个车间。车间废气和噪音给学校带来环境污染，师生身心健康受到严重影响。1982年，县委、县政府决定将学校整体搬迁，选择在泡子冲新建学校校舍。1985年12月，新校区建设竣工。1986年3月，学校整体搬迁到新校区。1987年后，陆续投资160万元进行学校建设。2010年，投入资金140万元改造校门;投入资金230万元建设休闲广场;筹措资金80万元，新建4个标准篮球场。2011年，投入310万元，修建2栋建筑面积3800平方米教师保障房。2015年，投资700万元，建设高中部教学楼。2012年，投入资金350万元，新建和改造学生食堂2600平方米。2016年，投资896万元，实施400米标准田径运动场及附属工程建设。2017年，投资627万元，建成3183平方米高中教学楼;投资433万元，建成2977平方米学生宿舍楼。

至2017年，校园占地面积13.88万平方米，建筑面积2.30万平方米，绿化面积5.90万平方米。学校设有微机室2个，语音室1个，多媒体教室2个，实验室8个，仪器室、准备室各6个，音乐室3个，美术室3个，劳技室1个，图书室2个，阅览室4个，电子阅览室1个，会议室2个，大型多功能学术报告厅1个，53间教室配备多媒体，电脑总数303台。

(二)泸溪一中

1996年，泸溪一中搬迁至白沙新城校址。利用移民搬迁资金和株洲市政府援建资金，修建2栋教学楼，3栋教职工宿舍，1栋学生宿舍，1个田径运动场，2个简易篮球场和简易砖木结构食堂。1998年，增建5个篮球场，整修田径场。2000年，在松林坡破土动工扩建校区。至2001年，建成株洲第三教学楼和方文标科技楼以及2栋教职工宿舍。2003年，松林坡新校区建设完工，建成2栋教学楼，1栋办公楼，5个篮球场。2004年春，初中部迁至新校区上课。校区因中国石化集团捐资援建，命名石化中学。2004年，相继建成2栋男生公寓，1栋女生公寓。学生食堂、学校图书馆、多媒体(阶梯)教室、初中部综合楼竣工投入使用，新建2栋教职工宿舍。2011—2013年，相继建成第4栋教学楼、2栋廉租房、1栋男生公寓和塑胶田径场运动(含足球场)。2016年，建成电子阅览室1个，灯光球场5个。投资1500万元，开工建设建筑面积5000平方米综合楼。2017年，学校占地面积23.33万平方米，建筑面积5.78万平方米，其中教学用房 1.47 万平方米，绿化面积 15.80 万平方米，绿化覆盖率 68%。有教学大楼 4 栋，方文标科技楼 1 栋，图书馆及办公楼 1 栋，男女学生公寓 4 栋，学生多功能餐饮中心 1 栋，教师宿舍 9 栋。配有理化生实验室 8 间，美术室、音乐室、舞蹈室 10 间。有多媒体教室、语音室、计算机室、电子备课室、电子监控室、录播室等 85 间。仪器电教装备值 755.19 万元，图书藏量 52895 册，固定资产总值 6119.88 万元。

(三)县民族幼儿园

1993 年，县民族幼儿园在白沙城区选址筹建新园区，修建教学楼、教师宿舍楼各 1 栋，新建娱乐城 1 个，户外滑梯 2 个。1995 年 11 月，幼儿园搬迁至白沙沅江社区怡馨小区星苗路 13 号新校区。2015 年至 2016 年，投入资金 600 万元新建综合楼 1 栋，维修老教学楼，改建大门、围墙，户外运动场，添置大型户外玩具、幼儿多功能厅、幼儿区角活动材料。至 2017 年，园区占地面积 8791 平方米，建筑面积 4680.13 平方米，建有教学楼、综合楼、宿舍楼、幼儿娱乐城，配备安全监控装置、智能广播系统、局域网络系统、交互式电子白板、电子钢琴及大中型玩具 40 件，固定资产总值 803.46 万元。

(四)县教师进修学校

1998 年，县委、政府在白沙新城富康路 166 台地划拨土地 1.33 公顷作为学校新校址。是年，动工修建教师宿舍 1 栋和 9 间办公平房 1 栋，建筑面积 1918 平方米。1999 年 7 月，学校由武溪老城迁到新址办公。2005 年，学校规划区内新建明德小学，原有土地权属归明德小学所有，两校资源整合共享，学校新建教学楼、综合楼各 1 栋。

(五)县教育局机关

1996 年 5 月，投入资金 1000 万元，建成宿舍楼 2 栋，建筑面积 5300 平方米；投入资金 210 万元修建办公楼一栋，建筑面积 1100 平方米。县教育局机关从武溪老城搬迁至白沙新城区。2015 年，撤除原 2 层办公楼，新建 6 层办公楼一栋，投入资金 780 万元，建筑面积 5000 平方米。

(六)泸溪县第一职业中学

1999 年，县职中在白沙镇选择新校址修建校舍。2000 年，新建教学楼、职工宿舍楼、学生宿舍楼和学校办公楼各 1 栋。学校从武溪老城区迁至白沙新城区。2004 年 3 月，投入资金 250 万元，新建第二教学楼，建筑面积 2500 平方米。2005 年，投入资金 130 万元，新建学生宿舍楼 1 栋，建筑面积 1700 平方米。2008 年，投入 140 万元，新建 1200 平方米第一实训楼。2010 年，累计投入资金 710 万元，新增校舍建筑面积 5400 平方米。2012 年 9 月，投入 240 万元，新建第二实训楼，建筑面积 1100 平方米；投入 210 万元，新建男生公寓一栋，面积 1500 平方米。2015 年 10 月，投入 340 万元，新建第三教学楼，面积 2100 平方米；投入 510 万元，新建实训综合楼一栋，面积 2700 平方米。至 2017 年，累计投入建设资金 2010 万元，学校占地面积 6.67 万平方米，建筑面积 1.28 万平方米。

二、新建学校

（一）白沙小学

1993年，利用移民搬迁资金，动工建设学校。1995年7月，建成教学楼、自然科学楼各1栋和能容纳40户教师居住宿舍楼2栋。2000年，教职员工集资32万元，修建幼儿园教室7间，建筑面积500平方米。2004年7月，教职工集资202万元，动工修建1栋2层2400平方米“放心食堂”，可容纳2000名师生就餐。至2017年，学校建设教学楼5栋，教师宿舍2栋，学生食堂1栋，建筑面积1.87万平方米，固定资产总值2259.66万元。

（二）明德小学

2005年，县委、县政府将位于县城教科文卫小区县教师进修学校13717平方米地块划出，创办明德小学。2006年，修建第1栋教学楼，修建学校图书室280平方米，建设篮球场2个，铺设塑胶跑道200米。2009年，投资80万元修建学生食堂。2010年，投入40万元建设校园文化设施。2013年，在教学楼后面修建会议室、粮食字画室，建筑面积420平方米。至2017年，累计投入资金1200万元，校舍建筑面积6486平方米，固定资产总值3000万元。

（三）白沙中学

白沙中学原属于泸溪一中初中部。2013年，初中部从泸溪一中剥离，成为独立全日制初级中学。4月，投资405.69万元，建设教师公租房。12月，投资46.79万元，修建学校停车场。2014年5月，投资654万元，修建师生食堂。6月，投资345.18万元，修建新教学楼。2015年1月，投资41.72万元，修建一鸣亭和学校后花园；投资46万元，新建运动场工程、硅PU篮球场、排球场。7月，投资740.57万元，修建新教学楼和多功能教室。2016年6月，投资139万元，采购添置食堂餐饮设备。2017年7月，投资70万元，实施校园路面“白改黑”。至2017年12月，累计投入建设资金2451.20万元，学校占地面积4.63万平方米，建筑面积2.14万平方米。

（四）思源实验学校

2013年10月19日，泸溪县思源实验学校项目工程开工建设。2014年9月10日，学校建设竣工投入使用。至2017年，校园占地总面积7.20万平方米，累计投入建设资金3亿元，建筑面积2.29万平方米。教学及辅助用房面积5169平方米，其中教室2850平方米，实验室564平方米，图书室1406平方米，微机室214平方米，语音室135平方米。行政办公用房面积877平方米，其中教师办公室面积376平方米。生活用房面积1.19万平方米，其中学生宿舍7040平方米，食堂900平方米，厕所900平方米，其他附属生活用房3098平方米。其他校舍用房面积4900平方米。学校绿化总面积8705平方米，运动场地面积6751平方米。

（五）武溪镇第二小学

武溪镇第二小学前身是五里洲小学，为均衡教育资源配置学校。2016年，投入资金6000万元进行全面改建扩建，更名为武溪镇第二小学。学校占地面积17868平方米，建筑面积13300平方米，其中教学楼面积7390平方米，辅助用房面积5910平方米，田径运动场面积4686平方米，绿化面积3297平方米。建筑主体结构部分共五层，采用全封闭式框架结构，建成后有教室40间，功能室10间，教师办公室20间，可容纳师生2000人，改建扩建项目于2016年2月动工。2017年9月，学校竣工开学。

第三节　图书仪电

一、图书

明清时期，泸溪县域内5个书院均有藏书，主要有木刻版《四书》《五经》《诸子》《春秋》《左传》《国语》及二十四史等古典书籍。

民国时期，县立初级中学购置有《中学生文库》《万有文库》《湖南地方志》等千余册图书，供在校师生阅读。民国38年(1949)春，湘西“三二”事变后，地方势力趁乱占领县城，县立中学图书资料大部分被损毁，学校仅存图书300余册。

1950年，学校购置图书成为恢复教学重要内容。20世纪50—60年代，县教育科每年从教育事业经费中划拨出一定数额专项资金为学校购买图书资料。70—80年代，除县财政安排经费外，州教育局(科)每年拨付一部分专项经费支持各县学校购置图书仪器。同时，各学校开展多种形式勤工俭学活动，用部分所得收入购买图书资料，学校图书资料数量均有增加。1989年，泸溪第一中学图书馆藏书达到4万册。1991年，该校增加购买教育教学类为主书刊2400册。

1992年，全县中小学新增图书6万册，中学生均图书15.80册，小学生均图书3册。至1994年，全县中小学图书馆建筑总面积2366平方米，其中普通中学图书室1799平方米，职业中学图书室68平方米，小学图书室499平方米。

进入21世纪，全县各中小学继续加强图书室建设，学校藏书增加。至2000年，新添置图书7万册，中小学图书室建筑面积达到3780平方米，拥有仪器43487台(件)，音乐、体育、卫生等设备设施与图书报刊等达到国家办学水平要求。2001年，全县中小学图书室藏书增至39万册。

2015年，县教育局把普及学校图书室建设作为提升中小学教育质量基础工程。成立领导小组，制定实施方案，完善考核、激励、保障机制，推进全县中小学图书馆建设和图书资料添置。

2016年，县教体局投入资金300万元，实施全县中小学图书馆(室)软硬件建设，各学校每年从教育经费中安排部分资金用于购置图书资料，争取社会和各界人士捐助图书资料。同时，做好校内外图书资源统筹工作，使县图书馆及“农家书屋”图书资源为中小学生利用。

2017年，全县中小学增加图书1.50万册，全县高中、职中生均图书30册，初中生均25册，中心小学生均25册，村级小学生均5册，建有中小学学校图书室38间，面积4626平方米。

二、仪器电教

20 世纪 50 年代初，全县中小学开始配置教学仪器。1972 年，教学仪器工作由县教育局办公室兼管，中小学校教学仪器安排专职或兼职人员管理。

（一）概述

1978 年 3 月，成立泸溪县仪器电教站，属县教育局辖属全额事业单位，定编 2 人。至 2017 年，编制 20 名，实际在岗人数 5 人。1978—1993 年，县教育局每年安排资金添置配套教学仪器电教装备。1994 年，泸溪县被评为全省“教育教学仪器电教示范试验教学县”，浦市镇被评为湘西州　“普及实验教学乡镇”。2002 年，县教育局被评为全省“现代教育技术先进单位”。2013—2014 年，全县教育“一网通”纳入局域网管理，白沙中学和白沙小学装备电子书包。

2015 年起，县教育局（教育和体育局）围绕仪电发展重点工作，推进城乡教育信息化建设，抓好实验教学常规管理。

1. 城乡教育信息化建设。是年，启动城乡教育信息化建设项目，按照“自建自管、适度超前”原则，建成全州唯一统一进出口城域网模式。2016 年，“三通两平台”系列建设项目通过省州专家验收。县职中通过省教育信息化试点校验收，石榴坪学校投资 14 万元新建计算机教室 1 间，明德小学和合水中心完小通过申报，成为“省教育信息化试点校”和“省网络对接校”。

2. 利用信息化开展教师培训。根据教育信息化项目建设进程，分批组织教师进行“三通两平台”各项目岗前管理与应用培训，提高对设备性能甄别、基本操作和常见故障排除能力。组织考务人员实施初中毕业实践能力考试考前培训，选派“一师一优课”管理人员参加省培，推荐 6 名幼师参加全州中小学教育信息技术应用能力提升工程学前教育骨干教师培训。2016 年，举办教师教育技术能力提升工程培训 8 期，培训教师 601 人。5 月，组织 84 名考务人员对初二、初三年级 6551 名学生进行生物、信息技术、物理、化学四科实践能力考试。初中三年级学生考试合格率 100%，信息技术优秀率 82%；初二参考学生信息技术合格率 100%，优秀率 78%，考试成绩名列全州前茅。

3. 普及网络建设。全县 34 所重点学校全部接入宽带网络，其中中心完小 10 所，九年一贯制学校 9 所，独立中学 10 所，片完全小学 5 所。城镇学校出口带宽 100M，农村学校出口带宽 50M，乡镇中心以上学校 WiFi 网络全覆盖。乡镇中心完小以上学校多媒体“班班通”普及率和班级终端普及率均为 100%。优质教学资源应用专任教师参与率和学科覆盖率为 100%，学科应用率 90%。全县装备计算机教室 50 间，电子备课室 34 间，中心多媒体教室 30 间。依托湖南基础教育资源网进行网络学习空间建设，教师空间实名注册数 2793 人，注册率为 100%。

4. 利用信息化开展“一师一优课、一课一名师”活动。

（二）设备添置

自 1951 年起，各学校逐年配置教学仪器电化装备。中小学教学仪器、电化教学装备购置及配套形式主要有财政拨款购置、自筹资金添置、上级配套添置 3 种形式。

1. 财政拨款。20 世纪 50 年代初，全县中小学始配置教学仪器，资金来源于国家和省教育主管部门下拨。1951—1959 年，省教育厅每年直接给泸溪县重点中小学拨付一定资金购置教学仪器。1960 年，省教育厅统一管理教学仪器经费，将指标分配到州、县，县再分配到重点学校。1960—1979 年，州教育局将省拨教学仪器经费按各县人口比例分配到县，县教育局根据学校教学需要购买仪器，具体分配到各个学校。仅 1973—1980 年，省州教育部门累计下拨泸溪县仪电仪器购置费 7.91 万元。1980 年起，上级加大扶持力度，帮助中小学添置教学设备。至 1990 年，累计下拨仪电仪器购置费 27.94 万元。1991 年后，仍然沿袭教育局核发，学校根据教学需要购买方法添置仪电仪器。2006 年，仪电经费改为信息技术经费。省里按小学为 50 元 / 生•年，初中为 80 元 / 生•年标准核拨中小学信息技术经费。2008 年开始，县教育局采用“集中采购、统筹装备”办法，有计划地集中装备到各学校。

2. 自筹经费。20 世纪 70—80 年代，在上级拨付经费支持学校购置教学仪器仪电同时，全县重点中小学自筹经费购置仪电装备，建设仪器室、实验室“两室”。自筹经费主要渠道有三条：按规定向学生收取一定数额实验费；学校每年从勤工俭学收入中提取一部分资金购置仪器；社会捐资购置仪器。1988 年，省教育厅对教学仪器经费配发进行改革，实行“奖筹结合，以筹为主，择优奖励，适当补助”方法措施，仪器经费向实验教学倾斜。县内其他学校购置仪器电教设备主要是自筹资金解决。1988 年至 1990 年，全县各学校累计筹集教学仪电经费 9.40 万元，教学仪器设备基本上满足教学需要。20 世纪 90 年代至 2006 年 3 月，将仪电经费纳入中小学生收费标准，按小、初、高学生人均 10 元、12 元、20 元标准收取，其中 80%统一上解到教育局，然后拨给仪电站统一使用，另外 20%的部分留给学校自行购买耗材，或用于实验室维护，易损仪器设备添置。每所初中一至两个实验室，所有学校配备足量仪器室，危险化药品专室以及保证实验所需仪器和药品，保证实验室设施建设。2006 年 9 月，实行义务教育阶段免除学杂费后，学校停止仪电仪器收费。

3. 配套发展。1991 年，国家把仪器电教装备列入学校基础设施重要内容，县教育局每年从教育经费中安排一定额度资金，用于购置和配套学校教学仪电装备。1992 年，全县学校添置教学仪器 43422 台(件)。1993 年，县一中经过配套建设，物理教学仪器达到 2132 台(件)，价值 45800 元；电教仪器 47 台(件)，价值 18000 元；化学仪器及药品价值 11000 元；生物仪器标本 1937 件，价值 18041.60 元。1994 年，全县中小学教学实验室面积达到 5323 平方米，其中，普通中学 3347 平方米，职业中学 124 平方米，小学 1852 平方米，全县中小学演示实验开出率达到 100%，在全州率先普及实验教学。

进入 21 世纪后，全县教学仪电装备得到快速发展。2000 年，全县新添置仪器 43487 台(件)。中小学实验室面积达到 7154 平方米，其中，普通中学 2999 平方米；职业中学 216 平方米；小学 3939 平方米。2001 年，投入资金 160.40 万元，用于添置学校电教仪器装备，中心完小实现“三机一幕”，信息技术教育覆盖率 30%。2002 年至 2003 年，中小学分组实验分别为 15 组、24 组。中心完小校均配置电脑 21.3 台，初中校均 34 台。2004 年，县财政投入资金

258 万元，中小学配套投资 105 万元，装备光盘播放点 12 个，卫星接收点 83 个，计算机室 9 个。2005 年，27 所重点学校连接互联网，装备远程教学网站（点）65 个。2007 年，开通农村远程教育网，中小学覆盖率 85%，信息化办学条件跃入全州先进行列。

2014 年，泸溪县被确立为全省教育信息化建设试点县，教育信息化基础设施建设提速。全年投入资金 80 万元，为合格学校采购仪器仪电装备。投资 100 万元，为 5 所学校装备智能广播系统，11 所学校配套"班班通"终端装备 133 套。投资 600 万元，新建思源实验学校电子备课室、电脑室、"班班通"、智能广播系统、多功能报告厅、实验室和仪器室等功能教室。全县中心学校以上 10 兆宽带网络全覆盖，县职业中学成功申报省教育信息化试点单位。全县教师实名注册湖南基础教育资源网 2846 人，开通网络空间 2433 人，网络空间应用率 85.5%。2015 年，县教育局建设中心机房，连接各中小学校、二级机构、其他相关教育机构高标准教育城域网。投资 2000 万元，推进城乡教育信息化"三通两平台"建设，为 29 所中心以上学校装备智能广播系统，为 37 个教学点配备 42 吋网络电视。新建白沙中学、白沙小学录播教室各一间，计算机教室装备网络 50 间，电子备课室 34 间，中心多媒体教室 30 间。实现中小学校多媒体设备安装和宽带接入，覆盖全县在职教师 2970 人，中小学生 37806 人，实现教学、管理、服务全覆盖。利用智能直播系统建设"专递课堂""名师课堂"，实现网络中点播、直播、存贮。利用网络视频开展网络教学和教研，实现优势学校和薄弱学校实时互动课堂教学，区域优质资源产品共享共建。以"湖南基础教育资源网"为依托，选配信息化教学专任教师，全县优质教学资源应用专任教师参与率达到 100%，学科覆盖率达到 100%，应用率达到 90%。组织教师参加全州物理、生物、化学实验操作创新大赛，白沙中学教师叶大为获全省初中物理教师实验技能一等奖。2016 年，投入资金 760 万元，实施 29 所中心学校"三通两平台"硬件设备及县教体局城域网建设，通过省州专家现场验收合格。城镇、农村学校班均出口宽带分别为 100M、50M。中心以上学校"班班通"普及率 100%，班级终端普及率 100%。启动省级教育信息化试点项目 1 个，"十百千万工程"项目 3 个，建设"网络共享教室"2 个，教师信息技术应用能力培训 540 人。乡镇中心完小以上学校全部纳入县教育城域网，实现统一管理，资源共享。依托"湖南基础教育资源网"进行网络学习空间建设，教师实名注册率 100%，全县教师人均上传下载教育资源 20 次，优质教育资源应用专任教师参与率 100%，学科覆盖率 100%，学科应用率 90%以上。

2017 年，继续推进省级教育信息化"三通两平台"试点县建设。投资 600 万元，建设教学实验室 5 间，配备仪器实验设备 17500 套（件），音体美教学用具 460 套（件）。中小学装备实验室 55 个，计算机教室 50 间，计算机 2834 台，电子备课室 34 间，中心多媒体教室 30 间，仪电装备总值 3800.24 万元。信息技术在学校管理、教育教学、教研教改等领域全部应用，全县教育系统仪器仪电教学进入信息化新时代。

附：泸溪县教育系统相关年份图书馆（室）和仪器仪电一览表

表13—9　2017年泸溪县中小学校图书馆(室)建设一览表　单位:平方米、万册、套

序号	学校	图书室(间)	面积(平方米)	图书数(万册)	其中									阅览室(间)	阅览室面积(平方米)	桌椅(套)	图书管理员
					小学图书	小学生数	生均册数	初中图书	初中生数	生均册数	高中图书	高中生数	生均册数				
1	泸溪一中	3	518	5.29							5.29	3237	16.3	2	313	168	陈 浩
2	泸溪二中	2	280	5.68				1.25	1250	10	4.43	1392	31.8	3	260	256	孙润清
3	泸溪五中	6	1108	1.71				0.79	793	10	0.91	1033	8.8	3	328		张胜贵
4	泸溪三中	1	54	1.24				1.24	381	32.6				1	54	16	杨晗伶
5	泸溪四中	1	54	1.30				1.30	450	28.8				0	0		张喜兰
6	白沙中学	0	0	0.41				0.41	2858	1.4				0	0		无
7	达岚中学	1	84	0.93				0.93	370	25.2				1	84	32	刘爱民
8	永兴场中学	1	18	0.88				0.88	369	23.7				1	54		陈世辉
9	小章民族中学	1	54	1.20				1.20	346	37.5				1	54	40	李作聪
10	潭溪中学	1	54	1.23				1.23	427	28.8							唐 飞
11	思源实验学校	3	1406	6	3.50	1172	29.8	2.50	803	31.1				3	1406	430	文玉桃

续表1

序号	学校	图书室(间)	面积(平方米)	图书数(万册)	其中									阅览室	阅览室面积(平方米)	阅览室桌椅(套)	图书管理员
					小学图书	小学生数	生均册数	初中图书	初中生数	生均册数	高中图书	高中生数	生均册数				
12	长坪学校			1.20	0.60	217	27.6	0.60	164	36.5							张小华
13	石榴坪学校	1	15	1.20	0.60	384	15.6	0.60	322	28.6							蒋建平
14	踏虎学校	1	18	2	1	377	26.5	1	219	45.6							
15	白羊溪学校	1	54	0.48	0.23	455	5	0.25	265	9.4							周积祥
16	洗溪学校	1	54	2.60	1.80	365	49.3	0.81	142	56.7				1	84	20	张冬芳
17	解放岩学校	1	120	2.89	1.30	325	39.8	1.60	361	44.3							戴卫华
18	梁家潭学校	1	54	0.70	0.40	168	23.8	0.30	116	25.8				1	54	56	杨安庭
19	八什坪学校	1	54	1.64	1	102	98	0.64	48	133				1	54	20	唐显礼
20	白沙小学	1	60	5.13	5.13	3310	15.5							1	200	50	杨聪莲
21	明德小学	1	40	2.84	2.84	1927	14.7							1	60	50	张华丽
22	武溪小学	1	60	1.57	1.57	1716	9.1							1	60	30	戴忠玲

续表2

序号	学校	图书室(间)	面积(平方米)	图书数(万册)	其中									阅览室间	阅览室面积(平方米)	桌椅(套)	图书管理员
					小学图书	小学生数	生均册数	初中图书	初中生数	生均册数	高中图书	高中生数	高中生均				
23	浦市学区	2	150	10.85	10.85	2414	44.9							2	150	50	张芸珍
24	达岚学区	1	54	1.12	1.12	537	20.8										张孝许
25	合水学区	1	54	1.82	1.82	908	20										谭付得
26	兴隆场学区	1	54	2.13	2.13	1062	20							1	54	10	邓祖瑞
27	永兴场学区	1	56	1.13	1.13	633	17.8										吴忠泽
28	小章学区	1	45	0.89	0.89	462	19.3										覃高伟
29	潭溪学区	1	54	1.75	1.75	635	27.5							2	120	10	杨梦容
合计		38	4626	67.81	39.65	17169	23.1	17.53	9684	18.1	10.63	5662	18.8	26	3359	1238	

表13—10　　2015 年班班通设备(短焦投影机+电子白板类)采购分配一览表

序号	内容名称	单位	职中	五中	武溪小学	合计
1	短焦投影机	台	26	8	3	37
2	电子白板	台	26	8	3	37
3	壁挂式一体化多媒体教学机	台	26	8	3	37
4	推拉式绿板	套	26	8	3	37
5	投影支架	个	26	8	3	37
6	无线键鼠套装	套	26	8	3	37
7	资源服务器	台	1			1
8	楼层交换机(24 口)	台	2	1		3
9	服务器机柜	个	1			1
10	信息终端盒	个	10			10
11	光模块	个	4	2		6
12	交换机箱	个	2	1		3
13	UPS 电源	台	1			1
14	网线	批	1	1	1	3
15	光纤	批	1	1	1	3
16	线材及配件	批	1	1	1	3
17	管理制度牌	块	26	8	3	37

续表

序号	内容名称	单位	明德小学	白沙小学	白沙中学	合计
18	超短焦投影机	台	31	16	20	67
19	电子白板	台	31	16	20	67
20	壁挂式一体化多媒体教学机	台	31	16	20	67
21	推拉式绿板	套	31	16	20	67
22	投影支架	个	31	16	20	67
23	无线键鼠套装	套	31	16	20	67
24	资源服务器	台	1			1
25	楼层交换机(24口)	台	3	1	1	5
26	服务器机柜	个	1			1
27	信息终端盒	个	15			15
28	光模块	个	6	2	2	10
29	交换机箱	个	3	1	1	5
30	UPS 电源	台	1			1
31	网线	批	1	1	1	3
32	光纤	批	1	1	1	3
33	线材及配件	批	1	1	1	3
34	管理制度牌	块	31	16	20	67

表13—11　　2015 年班班通设备(智能交互平板类)采购分配表

序号	内容名称	单位	白羊溪学校	解放岩学校	永兴场中学	小章小学	小章中学	石榴坪学校	永兴场小学	黄泥冲村小	合计
1	65 寸智能交互平板	台	16	15	9	10	9	18	13	6	96
2	视频展示台	台	16	15	9	10	9	18	13	6	96
3	推拉式绿板	套	16	15	9	10	9	18	13	6	96
4	资源服务器	台	1	1	1	1	1	1	1	1	8
5	楼层交换机(24 口)	台	2	2	2	2	2	2	2	1	15
6	服务器机柜	个	1	1	1	1	1	1	1	1	8
7	信息终端盒	个	15	13	12	13	16	15	12	1	97
8	光模块	个	4	4	4	4	4	4	4	2	30
9	交换机箱	个	2	2	2	2	2	2	2		14
10	UPS 电源	台	1	1	1	1	1	1	1	1	8
11	网线		一批	一批	一批	一批	一批	一批	一批	一批	
12	水晶头		一批	一批	一批	一批	一批	一批	一批	一批	
13	光纤		一批	一批	一批	一批	一批	一批	一批	一批	
14	线材及配件		一批	一批	一批	一批	一批	一批	一批	一批	
15	管理制度牌	块	16	15	9	10	9	18	13	6	96

表13—12 2017年泸溪县中小学教学仪电装备一览表

学校名称	仪器设备值(元)	计算机台数(台)	实验室		学校名称	仪器设备值(元)	计算机台数(台)	实验室	
			小学	初级中学				小学	初级中学
界世冲教学点	20002				麻垅教学点	2612			
白沙小学	2376894	198	1		庄尚教学点	2352			
红土溪小学	15000	2			清水垅教学点	3262			
明德小学	1154106	147	1		毛茂田教学点	1263			
浦市中心完小	2805454.25	139	1		茅冲口教学点	281			
浦市二小	837992	42			白头溪教学点	1258			
浦溪教学点	31232.15				甘田坪教学点	30213			
青草教学点	30000.95				德堡教学点	32105			
银井冲教学点	2000.1				武堰教学点	102541			
新堡教学点	2000.01				都里坪教学点	30814			
高山坪教学点	2000.01				五里坪教学点	21234			
五果溜教学点	30000				岩坡教学点	20142			
麻溪口教学点	2000.01				烂泥田教学点	10312			
高桥教学点	2000.01				彭总管教学点	16521			
都岐教学点	2000.01				罩子坪教学点	10201	1		
田家溪教学点	2000.01				横坡教学点	12285	1		
板寨教学点	2000.01				新桥教学点	527			
小麻教学点	2000.01				木龙教学点	6785			
徐家岭教学点	2000.01				中龙山教学点	188			
马王溪小学	123562	18			溪洲教学点	325			

续表1

学校名称	仪器设备值(元)	计算机台数(台)	实验室		学校名称	仪器设备值(元)	计算机台数(台)	实验室	
			小学	初级中学				小学	初级中学
蓄鱼塘教学点	215				六里教学点	6320			
塘冲教学点	362				且己教学点	14454			
阳重教学点	300				盘古岩教学点	8564			
晒州田小学	55681	8			下都教学点	7242			
登云寨教学点	2951				小陂流教学点	3838			
麻铺教学点	3152				楠木冲教学点	7574			
马龙口教学点	2514				小能溪教学点	12357			
南洪溪教学点	1154				新寨坪教学点	16827			
五里洲小学	3689	6			松柏潭教学点	9271			
岩头山教学点	5000.01	1			兴隆寨教学点	5681			
李家田教学点	2000.01				红岩教学点	10345			
黑竹坳教学点	2000.01				茶林溪教学点	2000.01			
辛女溪教学点	10032				岩门教学点	8320			
大陂流教学点	15454				夕阳田教学点	2343			
都用教学点	3438				麻坪教学点	3893			
岩屋口教学点	2429				桃子坳教学点	4569			
覃木阳教学点	3564	1			千丘田教学点	7856			
潮地教学点	6727				猫儿岩教学点	5541			
车头教学点	45500	17			邓家坪教学点	5256.98			
六一教学点	4500				能滩教学点	4637.28			

续表2

学校名称	仪器设备值(元)	计算机台数(台)	实验室		学校名称	仪器设备值(元)	计算机台数(台)	实验室	
			小学	初级中学				小学	初级中学
里岩教学点	4345.79				塘坪教学点	3000			
屋场坪教学点	5658.27				洞上教学点	2000			
三冲坪教学点	226853				能溪河教学点	3000			
密灯教学点	16535				人头坳教学点	20003			
木坨教学点	12535				红桥教学点	20201			
呈田教学点	35621				板桥教学点	10001			
溪头教学点	36523				报木坨教学点	3425			
黄泥冲小学	145200	14			胡田教学点	9834			
白泥塘教学点	2000				大塘坳教学点	30002.75	1		
瓦槽教学点	2000				大坪教学点	17253.5			
兰村小学	400025	15	1		牛场教学点	15000	1		
芒田教学点	50021				茨冲教学点	20045	1		
民力教学点	20019				淹水龙教学点	25			
碧溪教学点	20008				油麻寨教学点	15715			
麻溪教学点	6321				水卡教学点	27354	1		
马王溪教学点	3215				利略教学点	13940.83	1		
排口教学点	8523				都蛮小学	81702	10		
云上教学点	3214				己用教学点	25300.75	2		
周家寨教学点	3521				芭蕉坪小学	32108	1		
桥坡教学点	2000				鸡子潭教学点	5032			

续表3

学校名称	仪器设备值(元)	计算机台数(台)	实验室		学校名称	仪器设备值(元)	计算机台数(台)	实验室	
			小学	初级中学				小学	初级中学
岩寨教学点	17805				布条坪教学点	3105			
欧溪教学点	2121				三角潭教学点	2550			
杜家寨教学点	1501				大西龙教学点	3000			
塘食溪教学点	252				烟竹坪教学点	8750			
李什坪教学点	556				峒头寨教学点	4536.72			
桌子潭教学点	5627.5				四路溪教学点	11254.38	1		
五村教学点	356				望天堂教学点	3562.82			
大村潭教学点	2560				灯油坪教学点	10835			
池塘教学点	821				万金山教学点	22574.32	1		
龙背山教学点	234				中塘教学点	1567			
桃坨教学点	621				梯溪坪教学点	556			
兴隆场中心完小	1600000	70	1		都岚山教学点	12456			
合水镇中心完小	681351	62			桐油坪教学点	13158.5			
武溪小学	1042613	80	1		牛角冲教学点	10021			
达岚镇中心小学	418000	50	1		马入田教学点	5672			
潭溪镇中心完小	402654	60	1		双溪教学点	5431			
永兴场中心完小	677107	45			泸溪三中	1100000	76		5
小章乡中心完小	533418	78	1		泸溪四中	701305	65		2
顺家田教学点	193600	35			达岚中学	145269	47		2
宋家寨教学点	4523.86				潭溪中学	1041000	97		3

续表4

学校名称	仪器设备值(元)	计算机台数(台)	实验室		学校名称	仪器设备值(元)	计算机台数(台)	实验室	
			小学	初级中学				小学	初级中学
永兴场中学	140297	70		1	泸溪一中	7551900			
小章乡民族中学	230283	79		2					
白沙中学	3501535.5	260		4					
长坪学校	643688	40		4					
踏虎学校	725017	85		2					
洗溪学校	1364537	71		1					
石榴坪学校	595634	80							
白羊溪学校	663421	101							
解放岩学校	968564	71		3					
梁家潭学校	300000	45		2					
八什坪学校	210484	69		2					
思源实验学校	6000000	151	1	3					
泸溪二中	3421500	117		6					
泸溪五中	1119000	200		3					
合计	38002382.33	2834	10	45					

第十四章　教育行政

第一节　历史沿革

一、民国及以前教育管理机构

(一)县级教育管理机构

北宋庆历五年(1045),泸溪县始创学宫,设教谕署。元代和明朝初期,县设儒学,配教谕1人、训导2人。明万历十一年(1583),知县吴一本将教谕署移至学宫。教谕属七品朝廷命官,管理辖区教育事务,掌管文庙祭祀,训导所属生员。

清代,教谕署仍设于学宫,又称学署,俗称"学师衙门"。教谕署设教谕和训导,教谕为正职,训导为副职,俗称学官。清光绪二十五年(1899),推行教育改制,县府改学署为劝学所。劝学所设所长、奉祀员、视学员、教育会长各1人及学区学董若干人。共同职责为:秉承地方长官办理学务,兼任视学,行使学务执行之责和监督之权;主持文庙每年春秋祭祀活动;督促各高等小学堂加强读经课,考查所属学校对奉行新制教学工作;指导所附设教育会从事研究发展教育事项。光绪三十二年(1906),县劝学所设总董1人,由县视学兼任,版牍1人。宣统三年(1911),劝学所总董改称为劝学所长。

民国16年(1927),废劝学所,改设教育局,配局长1人,辖管全县教育事务。县府设督学1人,督促考察各乡镇兴学及教学各项事宜。设产款经理1人,负责学校学款和校产管理事项。民国26年(1937),县教育局改为教育科,属县府四科之一,迁入县府内办公。民国38年(1949),县教育科设科长1人,科员兼秘书1人,督学1人,另设县行政督导员1人,协助督学工作。教育科长由县长遴选3人,呈省教育厅后从中核定1人,由省府发文委任。教育科长不随县长更迭,县府不得调任他职。如有重大过失需免职,经县长呈报省教育厅转省府核准。科长秉承县长之令,办理全县教育行政及支配全县教育经费,签请任免县各级公立学校及其他文化机关主管人员。教育科所辖义教、民教两个委员会改为国民教育委员会,设委员7人,由县府委任。委员中推选常委3人,下设干事及文书,管辖各乡镇文化股。

(二)基层教育管理机构。清光绪二十四年(1898)维新变法后,县以下基层政权按都、图、里等行政组织机构设置，以都划设学区，设学务委员会，委派劝学员 1 人，负责学区内劝学，讲习教育，推广学校，管理学区教育行政事务。

民国 11 年(1922)，废除学董制，改为学务主任委员会制。县下设区乡行政机构，按区分设学区，每个学区设劝学员 1 名，每乡设劝学董事 1 名，负责宣传办理学务。民国 16 年(1927)，推行新学制与地方自治制，废除劝学所设立教育局，以区划设学区，各学区由县教育局选任 1 人为学区教育委员，办理乡学区教育事务。

民国 20—27 年(1931—1938)，相继取消学区划分制度和实施裁区并乡，区乡教育委员亦被撤销，成立联席委员制。

民国 29 年(1940)4 月，建立政教一体制。每个乡、保由乡、保长管理域内教育事务，兼任乡、保小学校长之职。在乡镇公所设文化股专管教育，文化股长由乡中心小学校长兼任。民国 31 年(1942)，乡文化(教育)股设主任，保设文化(教育)干事，负责域内办学事宜。民国 33—35 年(1944—1946)，乡镇紧缩编制，设干事 3～4 人，干事兼管文教工作，撤销乡专职文化(教育)主任。

表14—1　　民国时期泸溪县教育行政机构一览表

名称	地址	负责人	职务	任职时间
劝学所	文庙	吴永勋	所长	1916.10—1926.12
教育局	节孝祠	杨大受	局长	1927.1—1927.10
	县城民房	李成龙	局长	1927.10—1928.10
	省心楼	胡光仙	局长	1928.12—1929.5
		李成龙	局长	1929.6—1930.12
		王国玉	局长	1931.1—1936.5
		石光标	局长	1936.6—1937.6
教育科	县政府	石光标	科长	1937.7—1938.12
		叶　昆	科长	1939.1—1938.8
		石光标	科长	1939.9—1943.8
		杨成寅	科长	1948.9—1945.10
		石光标	科长	1945.11
		杨成寅	科长	1945.12—1948.12
		李维聪	科长	1949.1—1949.9

二、中华人民共和国成立后基层教育管理机构

中华人民共和国成立后，县政府重新组建区、乡行政机构，区、乡教育机构亦随之相应组建设置。20 世纪 50 年代初期，每个乡设民教委员或文教委员 1 人，管理乡村教育事宜。1952 年，县政府在教育科设立扫盲办公室。1953 年，全县 6 区 2 镇各设文教助理 1 名。1958 年，成立人民公社，以公社（镇）设教育专干 1 名。1968 年，公社（镇）教育专干作为县革命委员会教育组派出代表，分别管理社镇中、小学教育行政工作，并分别兼任县属中学、公社中心完小校长。同时，在公社设立业余教育或扫盲教育办公室，配备专干，管理农民扫盲教育。1977 年，社镇教育机构调整，按社镇设置学区，设学区主任，代替原来社镇教育专干。学区主任不再兼任县属中学、公社中学、公社中心完小校长职务，公社仍设业余教育专干。同时，县政府简政放权，将设在社镇县属中学下放由所在公社管理，公社中心小学下放到所在公社管理，村级学校下放到所在地大队管理。社镇两级成立教育管理委员会，社镇主要领导、中学和中心完小负责人为管理委员会成员，负责辖区学校管理，筹集办学经费等教育行政事务。20 世纪 80 年代，全县乡（公社）镇教育行政管理机构随时代发展进行过多次调整变更。90 年代，所有学校统一归口县教育局管理，乡镇不再设教育专干，确定 1 名副乡镇长分管教育工作。进入 21 世纪后，城镇化建设速度加快，教育资源整合重组，教育行政管理机构调整改革，逐步建立符合泸溪实际、适应现代教育发展行政管理体系。

第二节　泸溪县教育和体育局

一、机构沿革

1949 年 12 月，县政府设民教科，负责管理全县民政和教育管理工作。1950 年 8 月，民教科分开，分设民政科、教育科。1951 年 9 月，教育科更名为文教科。1956 年 3 月，县人民委员会将县文教科分设为县文化科、县教育科。1966 年 7 月 22 日，县人民委员会将县文化科与县教育科再次合并成县文教科。

1968 年，成立县革命委员会，在县革命委员会政工组下设立文教卫组，组长由军代表担任，配备 1 名副组长，主管教育行政管理工作。1969 年 12 月，县革命委员会撤销文教卫组，成立教卫组。1971 年 1 月，撤销教卫组，成立县革命委员会教育组。1973 年，撤销教育组，成立县革命委员会教育局。1977 年，更名为泸溪县教育局。1981 年 3 月，设立县文教卫办公室，属政府工作部门序列。1984 年，撤销文教卫办公室，恢复县教育局。1986 年，撤销县教育局，成立泸溪县教育委员会。1995 年 2 月，再次更名泸溪县教育局。1996 年，县教育局随县城搬迁，由武溪老城区搬迁至白沙新城区。

2015年11月，县政府机构改革，撤销县教育局、县体育局，合并组建泸溪县教育和体育局（简称教体局，下同）。县人民政府办公室以泸政办发〔2015〕46号文件，印发《关于印发＜泸溪县教育和体育局主要职责内设机构和人员编制规定＞的通知》。明确县教体局机关内设办公室、基础教育股（挂学前教育股牌子）、职业教育和成人教育股（挂民办教育股牌子）、群众体育股、体卫艺股（挂青少年体育和竞赛训练股牌子）、学校安全管理股（挂校车管理办公室牌子）、政策法规股（挂教育阳光服务办公室牌子）、人事股（挂就业办公室、语言委员会办公室牌子）、计划财务股、审计股、教育督导室、教育和体育工会11个股室。直属事业单位有县招生考试中心（挂高中教学指导办公室牌子）、县教育科学研究所、县仪器电教站（加挂信息中心牌子）、学校后勤管理服务中心（加挂营养办牌子）、县青少年学生校外活动中心、县学生资助管理中心、县教育会计核算中心等7个。归口管理单位有县教师发展中心（挂湘西自治州民族广播电视大学泸溪县工作站牌子）、县第一职业中学、县民族幼儿园、县少儿业余体育学校（挂体育休闲牌子）、县全民健身服务中心（为教体局所属副科级事业单位）。管理全县29所重点中小学校，核定全额拨款事业编制2777名。

二、工作职责

2015年11月，县政府办下发《关于印发＜泸溪县教育和体育局主要职责内设机构和人员编制规定＞的通知》，对县教育和体育局工作职能进行调整：整合原县教育局、县体育局职责；行政审批事项承接省、州下放行政审批事项，取消省、州政府公布取消行政审批事项。划入职责：将原县人民政府教育督导职责划入县教育和体育局；将县语言文字工作委员会办公室职责划入县教育和体育局。增加职责：指导各级各类学校精神文明建设工作。

县教体局主要职责是：(1)全面贯彻执行党和国家的教育和体育方针、政策及法律法规，研究拟订全县教育和体育事业发展规划，并指导、协调和监督实施。(2)负责全县基础教育、职业教育、成人教育、民办教育、学前教育、特殊教育和体育工作统筹规划及协调管理。指导和管理全县各级各类学校教育教学工作，深化教育教学改革，开展校本培训和校本教研工作，提高教育教学质量，提供全县经济、社会、文化持续发展人才保障。(3)依法依规管理本部门各项教育和体育经费，拟订筹措教育和体育经费、教育和体育拨款、教育和体育基建投资的计划、方案；统筹规划并组织实施全县学校校园建设计划、方案和工程项目；监督全县教育和体育经费的投入与使用情况；管理和使用好国内外政府及组织对全县教育和体育的援助资金和贷款；指导并管理资助大中小学校经济困难学生工作。(4)主管全县教师（教练）工作。组织实施全县各级各类学校编制标准，规划管理学校教师和学校班子队伍建设工作；依法履行中小学教师资格认定、招聘录用、职务评聘、培养培训、调配交流、劳资关系、档案管理和考核奖惩等管理职能；负责全县语言文字工作；协同有关部门做好大中专毕业生就业指导服务工作。(5)统筹规划全县青少年体育、群众体育、少数民族传统体育、竞技体育发展；负责推行全民健身计划，监督实施《国家体育锻炼标准》，推动国民体质监测和社会体育工作队伍建设；指导协调体育训练、体育竞赛、竞技体育项目设置，组织重大体育竞赛活动，承办或参加全国、全省、全州综合性运动会及单项体育竞赛，指导优秀运动员队伍建设，协调制定运动员社会保障和优秀运动员奖励政策；组织开展体育科研工作；负责组织、协调、监督体育运动中的反兴奋剂工作；培育体育产业，发展体育经济，负责体育彩票发行管理工作。(6)规划并指导全县各级各类学校体育、卫生、艺术及德育、法制、国防、禁毒教育和学校安全维稳工作以及实施学生营养改善计划。(7)统筹管理各类学历教育考试、招生工作；负责中小学学籍和幼儿园园籍管理工作；统筹管理中小学和幼儿园教材、配套用书、教辅资料和音像制品、图书及现代教育技术工作。(8)按照党组织隶属关系，规划并指导直属单位党建、宣传、统战和群团工作；负责直管单位领导和班子成员考察任用；协助县委组织部考察管理直属科级单位领导班子和领导干部。(9)加强教育和体育执法，规范教育和体育市场。依法审查管理民办教育和体育经营活动及经营场所；按有关规定负责全县各类教育和体育机构的设置，更名、撤销与调整审批、报批工作。(10)指导全县教育和体育系统纪检监察工作。(11)承担县人民政府教育督导实施工作，组织指导全县体育督查工作。负责全县各类学校教育教学督导评估。(12)负责全县教育和体育基本信息统计、分析和发布工作。(13)贯彻国家有关涉外方针政策，开展国际间及与香港、澳门特别行政区及台湾地区教育和体育合作与交流，承担上级主管部门交给外事任务。(14)承办县委、县人民政府和上级教育和体育主管部门交办其他工作。

三、历任负责人

(一)泸溪县人民政府民教科(1949.12—1950.8)

1949年12月，县政府设民教科，指定黄维智为临时负责人。1950年4月，郭天锡任民教科副科长主持工作。

(二)泸溪县人民政府教育科(1950.8—1951.9)

1950年8月，县民教科分设为县民政科与县教育科。1950年11月，鲁岳岩任副科长主持工作。

(三)泸溪县人民委员会文教科

副科长：鲁岳岩(1951.9—1956.3，主持工作)，第二副科长：石邦本(1953.5—1955.4)，副科长：鲁焕(1955.4任职)。

(四)泸溪县人民委员会教育科

科长：杨应酬(1956.9—1961.7)，副科长：鲁岳岩(1956.9—1957.2)，鲁焕(1956.9—1960.2)，张继成(1960.2.代副科长，1960.12任副科长)。

(五)泸溪县人民委员会文教科

科长:杨应酬(1961.7—1967.5),副科长:张继成、刘良林。

(六)泸溪县革命委员会文教卫组

组长:张光祥(兼),副组长:赵名贵、沈意瑞。

(七)泸溪县革命委员会教卫组

组长:张光祥,副组长:沈意瑞、刘良林。

(八)泸溪县革命委员会教育组

组长:刘良林,副组长:王远明。

(九)泸溪县革命委员会教育局

局长:熊谟元(1975.9—1981.3),副局长:王远明(1973.1—1975.9.主持工作),李望珍(女,1976.8—1983.12)。

(十)泸溪县人民政府文教卫办公室

主任:熊谟元(1981.3—1983.12),副主任:武岗(1981.3—1983.12)。

(十一)泸溪县教育局

局长:熊谟元,副局长:李望珍、谭子刚。

(十二)泸溪县教育委员会

主任:李望珍(副县长兼,1986.6—1987.10);李万永(副县长兼,1987.11—1988.2);郑年贞(1988.2—1991.3);杨秀涛(1991.3—1995.2)。副主任:杨秀涛(1987.11—1988.2)、粟登桓(1987.11—1995.2)、郑年贞(1987.11—1988.2)、姚本许(1987.11—1988.2)、杨俊(1988.2—1995.2)、徐朝洪(1991.3—1995.2)。

(十三)泸溪县教育局

局长:杨俊(1995.2—2000.2)、包太洋(2000.2—2002.2)、徐朝洪(2002.2—2012.12)、龚佳平(2012.12—2015.11)。副局长:徐朝洪(1995.2—2002.2)、粟登桓(1995.2—2000.2)、杨天毛(1998.5—2009.8)、向生平(土家族,2000.1—2007.12)、符兴明(2000.2—20015.11)、石海林(女,2004.6—2012.11)、张绍平(2005.2—2015.11)、向子权(2011.9—2015.11)。

(十四)泸溪县教育和体育局

局长:谭子好(2015.12任职),副局长:龚佳平(2015.12—2017.6)、符兴明(2015.11—2017.2)、张绍平(2015.11—2017.2)、胡建中(2015.12任职)、向子权(2015.12任职)。

第三节　内设机构

1952年,县教育科设扫盲办,冯特摸为办公室负责人。1957年,县教育科内设教研室,由张经勇等3名教师任教研员。1959年，设函授辅导站，由文体浩负责全县小学教师、初师函授教育工作。1972年，县革命委员会教育组内设教育革命辅导站，田帮才为负责人。1981年3月，县教育局下设办公室、普教股、业教股、人事股、电教室。1986年5月县教育委员会内设办公室、人事股、普教股、职教股、成教股、计财股、招生办、仪电站、教研室、基建队、教育工会。2001年12月，县教育局机关设有办公室、人事股、监察室、普教股、职教股、成教股、计财股、招生办、仪电站、教研室、基建队、教育工会、电视台、勤管站、审计室、督导室、"普九"办公室、保卫股18个股室。

2015年12月，县教育和体育局机关内设14个股室、7个直属事业单位，5个归口管理单位，辖29所中小学。

一、内设机构

(一)办公室

1. 工作职责。综合协调局机关重要政务、事务，负责局长办公会等重要会议组织安排并督办；组织安排机关政治学习；负责新闻宣传、文秘、档案、保密、信访、信息、机关财务等工作；统筹协调教育信息化工作负责本系统门户网站建设；统筹协调中小学图书装备及教育报刊发行工作；负责机关管理、后勤服务、治安保卫和文明创建工作；负责机关计划生育工作；负责宣传贯彻落实党的教育方针政策和国家教育法律法规，贯彻落实县委、县政府和县教育局工作部署；负责《教育之窗》栏目录制编辑，对全县教育系统重大工作、重要会议和重要活动进行宣传报道。

2. 主要工作。2015年起，县教育和体育局办公室履行综合协调职能作用，推进工作开展。(1)强化管理。在办文和制度建设上，根据县委政府和局领导要求，拟写《进一步推进教育优先发展的决定》，并形成县委县政府文件。制定《泸溪县教育和体育局机关优质服务"七个一"规定》，修订《泸溪县教育和体育局机关管理细则》《泸溪县教育和体育局机关股室考评奖惩方案》《泸溪县教育和体育局机关干部职工绩效考核实施方案》等管理制度，加强机关管理，规范办公室行为，发挥办公室公职人员在机关工作中带头作用、表率作用和协调作用，塑造文明、勤政、廉洁、务实机关形象。在办会办文上，规范办文程序，实行文件四层签批制，提高文件质量。制订会议制度，设定会议级别、次数，确定召开会议权限、申报审批程序，控制和压缩会期。修订经费管理制度，规范财务审批程序，专项经费使用实行"一事一议、一事一批、一事一结"预算审批制，物品采购实行书面报告审批制度，出差报告单审批制等。在全局工作安排与督查上，实行一月一预安，一月一小结，一月一督查，规范工作要求，做到会议有纪要，督查有通报，检查有反馈。规范出勤考核，实行股室长负责、定期督查通报制和去向登记告知制。(2)做好服务。办公室工作人员加强学习，定期深入学校开展调研，及时了解、掌握教育发展新动向、新经验，撰写综合汇报材料30多篇，典型经验材料25篇，其中20

篇调研经验在泸溪工作、泸溪改革简报、精准脱贫简报、团结报上刊发。承办了泸溪教育发展大会、泸溪教育现场调度会，协办了全州中小学生运动会，主办了教育和体育系统道德讲堂等大小活动会议30多次。做好综合接待，相继接待了教育部根在基层调研、教育部中职调研、责任区督学迎国检、省教育厅民族教育调研等十多次。教育部以泸溪县为调研题材在《教师》杂志上发表了《乡村教师支持计划调研报告》，推介了泸溪经验。(3)搞好宣传。牵头组织寻访组开展寻找"泸溪最美教师"活动，历时半年，寻找评选出10名泸溪最美教师，在教师节全县教育发展大会上进行表彰，并将10名泸溪最美教师优秀事迹编撰成《身边的榜样》单行本发行。拍摄了优秀教师视频专辑，在湖南日报、团结报、科教新报推出了泸溪最美教师系列报道。(4)培育学校通讯员队伍，组织参加省州通讯员培训。每年组织一次通讯员培训班，请团结报社和州教体局专家上课辅导，组织教体系统通讯员到学校开展现场采写活动，加强教体宣传工作。(5)综合协调。吃透上情，把握意图，搞好纵向协调，融洽上下级关系，做到上令下行，上情下达，上下紧密配合，步调一致。务实合作，真诚沟通，注重横向协调，使各业务部门之间形成工作合力。倾听基层和群众声音，忠实反映基层和群众意见，做好基层教师、群众接访和便民服务工作。强化机关管理，推进机关文明创建工作，按规定安排好节假日值守，确保机关安全管理到位。

(二)基础教育股

1. 工作职责。指导全县普通高中教育、义务教育、学前教育、特殊教育工作；制定基础教育管理性文件、评价标准并组织实施；归口管理普通高中设置(变更)、审批和报批，负责省州各类示范校、示范园建设和评审报批认定工作；负责中小学学籍和幼儿园园籍管理；统筹管理中小学和幼儿园教材、配套用书及现代教育技术工作；管理和指导中小学德育、校外教育；指导课程资源建设，推进基础教育课程改革；制定基础教育阶段学校招生政策，指导义务教育阶段学校、幼儿园招生工作，统筹管理普通高中学校招生工作，制定普通高中学校保送生政策并组织实施；组织普通初中、高中学业水平考试；制定中小学学科竞赛活动计划并组织实施；指导全县教育综合改革，推进义务教育均衡发展。

2. 主要工作。1981年，教育局内设普通教育股。2005年，更名为基础教育股。1986年起，普通教育股贯彻执行《中华人民共和国义务教育法》，按照县政府部署和教育局要求，在全县实施普及九年制义务教育。通过16年努力，于2002年通过国家验收，成为全省"普及九年制义务教育合格县"。2003年起，改进基础教育工作方式，实施全县义务教育均衡发展工作。

(三)职业教育与成人教育股

1. 工作职责。统筹管理全县中等职业教育和成人文化技术教育工作；负责县属中等职业学校管理体制改革及布局调整；负责县属中等职业学校机构设置、调整、更名的审核工作；负责中等职业学校教材建设及学历、学籍管理工作；指导职业和成人教育教学改革；指导职业和成人教育学校德育工作；协调指导全县教育综合改革及成人文化技术教育工作；

参与职业学校和成入教育学校设置、调整和教师队伍建设工作；统筹管理和指导全县终身教育、社区教育和学习型社会建设；负责成人教育学历认证工作；负责全县民办教育机构统筹规划、综合协调、宏观管理和年度办学情况评估等工作；做好教育行政部门内外部协调，促进全县民办教育事业健康发展；负责受理《中华人民共和国民办教育促进法》规定教育机构报备案、核准、审批有关事宜；协同有关部门对民办教育机构定期进行办学方向、办学条件、学校管理、招生广告（简章）、教学质量及学历证书、名称、财产、财务等方面监督检查。

2. 主要工作。2003 年 8 月，县教育局分设职业教育股和成人教育股。2015 年 12 月，两股室合并，设立职业教育与成人教育股。2005 年 3 月，组建县职业教育中心。通过实施职业技术教育，接受职业教育学生人数逐年增多，毕业就业逐年提高，职业教育吸引力逐年增强，提升了职业教育社会认可度。2010 年起，根据市场需要设置专业，形成网页美术设计为龙头，以计算机平面设计和电子商务为支撑特色专业群。专业人才培养对口就业率 95%。2012 年，县职业教育中心被确定为“湖南省示范性县级职教中心”。

（四）群众体育股

1. 工作职责。负责全县体育宣传工作，掌握全县体育工作动态，进行调查研究；拟定全县群众体育发展规划，推动全民健身战略计划；贯彻执行国家有关健身娱乐、竞赛表演、训练服务、技术信息等政策，推动农村体育、城镇体育、民族体育、伤残人体育、社会体育发展；组织全县重大群体表演与竞赛，挖掘、整理、提高民间传统体育；研究制定全县业余训练及体育后备人才培养规划，选拔和组织我县运动员参加州级比赛；监督《国家体育锻炼标准》实施；负责全县性体育社团资格审查；研究拟定全县体育产业规划和政策，指导、协调全县体育产业发展；研究拟定体育健身娱乐、竞赛表演、训练服务、技术信息等体育经济、经营活动及体育彩票发行管理。

2. 主要工作。2015 年 11 月，县教体局设立群众体育股。群众体育股负责制定《泸溪县全民健身实施计划（2016—2020 年）》，开展三级社体指导员培训，培训三级社会体育指导员 31 人。投入资金 3000 万元，建设县工人体育馆建设，添置了 100 余件公共服务保障工程”“5+1”和“10+1”健身器材，对县城白沙沿江风光带健身器材进行维修。为乡镇全民健身设施安装公共服务保障工程“5+1”健身路径器材 17 套，“10+1”健身器材 15 套，“12+1”健身器材 3 套，23 套地埋式太阳能篮球架，建设 7 个文体小广场。举办了 2 届庆“三八”趣味运动会，5 届夏季篮球联赛，2 届干部职工气排球赛，5 届大众运动会。组织指导各社会团体及各单位开展全民健身活动，举办了重阳节中老年门球赛和广场健身操比赛，钓鱼、象棋比赛，冬泳和自行车周边县市邀请赛以及住建系统“建设杯”第一届男子篮球赛。组队参加湘西州在龙山举办的州运会，承办了湘西州第十五届中小学生田径运动会和湘西州第二届中小学生足球联赛。体育彩票销售站点发展到 13 个，2016 年，彩票销售首次突破 1000 万元，全县体育产业从业人员 100 多人，经营场地面积 500 多平方米。

（五）体卫艺股

1. 工作职责。指导管理全县竞技体育、体育科学研究工作；拟订全县竞技体育和体育科学研究发展规划；确定全县体育竞赛项目设置与重点项目布局；指导管理全县竞技体育训练、竞赛、运动队伍建设；负责申报、承办在本县举办全国、全省或全州性竞技体育竞赛活动；负责全县运动员技术等级和裁判员等级管理工作；拟订全县青少年体育工作发展规划；指导监督青少年体育锻炼标准实施；指导业余体校、体育传统项目学校、体育后备人才基地、青少年体育俱乐部建设；承担青少年运动员注册、管理及业余体校教练员岗位培训；负责全县运动会和全县中小学生运动会组织与管理；指导全县学校体育、卫生健康和艺术教育工作，制定执行有关体育、卫生、艺术教育指导性文件；指导协调学校体育和卫生艺术教育等交流活动；指导监督青少年体育锻炼标准实施；指导学校食品卫生、饮水卫生、疾病防控工作；指导并协调学校国防教育和学生军训工作；协助相关部门组织落实有关体育、艺术特长生、保送生政策。

2. 主要工作。2010 年，县教育局设体育卫生艺术教育股。2016 年，更名为泸溪县教育和体育局体育卫生和艺术教育股。自机构设立以来，按照全局总体工作部署，认真履行职责，开展体艺卫各项活动。主要有：每年举办 1 次中小学生独唱独奏独舞比赛，开展初三学生毕业体育考试，对学生体质健康水平进行测试和上报，对学校环境卫生、食品安全和疾病防控进行督促检查。每 2 年举办 1 次中小学生田径运动会和篮球、足球、乒乓球赛，每 3 年举办 1 次中小学生艺术节。

（六）学校安全管理股

1. 工作职责。负责各学校安全工作管理、检查和指导工作，督促各学校落实安全维稳措施；掌握各中小学、幼儿园安全工作状况，制定安全工作考核目标，建立健全安全管理制度；负责收集教育安全维稳信息和制定安全工作预案，承办不稳定因素督办工作，参与处置本系统重大突发事件；组织开展安全工作宣传和教育活动，协助有关部门做好校园及周边环境综合治理工作；负责校车安全管理有关工作，会同有关部门建立校车安全管理工作协调机制；建立安全工作责任制和事故责任追究制，及时消除安全隐患，指导学校妥善处理安全事故；负责对学校安全事故进行调查处理，协调相关职能部门共同做好学校安全管理工作。

2. 主要工作。1992 年 7 月，设立保卫股。2003 年 3 月，并入基教股。2011 年 8 月，设学校安全管理股。学校安全管理股设立以来，把安全工作视为学校生命线，建立健全各项制度并督促落实。各学校配备了安保“八件套”、消防“三件套”、交通设施等物防设施，配齐安保人员，校园监控视频全部开通实现全覆盖无死角，接入公安局“天网”平台。将安全教育纳入各学校教学内容，以“安全教育第一课”、全国中小学生安全教育日、安全生产月、安全法制教育月、“5•12”防灾减灾日、“6•26”禁毒日、“11•9”消防日、“12•2”交通安全日等为契机，以防溺水、防交通事故、防食物中毒、防踩踏、防火灾等为重点，利用电子显示屏、宣传橱窗、广播等媒介，开展安全知识教育活动，增强师生安全防范意识和应急避险能力。会同公安、消防、卫生、安监等部门加强对学校开展以防自然灾害、暴力犯罪、重大火灾、突发公共卫生事件、校车事故为重点应急演练指导。开展预防溺水宣传教育活动，普及防溺水安全知识。对学生经常开展交通安全教育，让学生了解基本交通安全常识，自觉遵守交通规则。加强学校消防安全日常监管，明确学生宿舍、实验室、图书室、食堂餐厅等防火重点部位消防安全责任人，定期开展火灾隐患排查整治，定期开展消防应急疏散演练，增强师生消防应急处置能力。通过专题讲座、心理咨询和创办心理健康专栏等形式开展心理健康教育，推动心理健康教育工作常态化。2017 年，全县共创建省级文明安全校园 4 所，州级文明安全校园 12 所，县级文明安全校园 15 所。申报省级平安校园建设先进县。

（七）政策法规股

1. 工作职责。负责全县教育和体育改革及发展重大问题进行政策调研，组织开展法制宣传教育工作，负责教育和体育地方性规范文件合法性审查；协调、指导全县教育和体育行政执法、执法监督，承办本级教育和体育行政复议、行政诉讼工作；负责行政审批业务指导和监督工作，按照有关法规政策和程序办理行政许可项目和行政审批事项；负责协助处理涉及行政审批法律纠纷，承担信息和对外宣传工作；做好本局行政许可和行政审批事项协调办理、资料收集、整理、保管和微机录入；负责本局行使行政权力督促检查，保障正确行使权力，出现权力责任及时向上级组织报告；负责全县教育阳光服务平台建设统一管理与推进，统筹做好各级教育阳光服务实体平台和网络平台建设综合协调、业务指导、督促检查等工作；负责制定教育阳光服务平台建设有关规章制度、管理办法并组织实施；负责向来电、来信、来访群众提供办事指南、政策咨询、信息公开、投诉受理、舆情回应等具体服务，并及时对有关服务事项进行督办；负责定期收集整理有关数据，分析群众反映强烈有关问题，并提供给领导决策机构参考。

2. 主要工作。2006 年，县教育局设立政策法规股。股室设立以来，贯彻落实《中共中央、国务院关于进一步加强和改进未成年人思想道德建设的若干意见》和《关于加强青少年学生法制教育的若干意见》精神，结合县教育改革和发展实际，采取措施提高教体系统干部职工和广大师生员工法律意识，推进依法治校、依法治教。立足主渠道，利用课堂教学，加强青少年法制宣传和法制教育。坚持青少年法制宣传教育与道德、公民素质、青少年权益维护、学校教育与部门教育相结合，加强合作，发挥法制副校长在法制宣传教育中作用。

（八）人事股

1. 工作职责。负责局机关、二级机构、各级各类学校和归口管理单位干部人事、机构编制等有关工作；组织落实岗位设置、劳动工资和收入分配有关政策规定；负责人员招聘录用、考核奖惩和调配交流、档案管理工作；负责教职工思想政治工作及本系统中层以上干部培养、考察和任免工作；负责全县校长教师队伍统筹管理；负责按政策规定的相关人员安置工作；

负责教育基金会工作；负责本系统关心下一代工作；负责全县高校毕业生就业指导服务工作；组织实施国家急需、应予保证的高等学校毕业生指令性调配计划；负责全县教育和体育系统离退休人员管理、服务工作；规划、指导全县各级各类学校教师队伍建设工作，按有关规定组织教师资格制度、教师聘任制度、教师职务制度实施；负责各级各类学校学科带头人和青年骨干教师评审、考核、管理工作；负责特级教师推荐、考核、申报工作；负责中小学教师培养统筹规划和专项培养计划组织实施，负责教育和体育系统教师、中小学校长、幼儿园园长和其他管理人员业务培训工作；归口管理和指导全县师范教育及教师发展工作；负责全县语言文字和推广普通话工作；指导文字规范化建设；推行语言文字信息处理标准。

2. 主要工作。1972 年，县教育局内设人事股。2015 年 12 月，更名为县教体局人事股。人事股设立后，履行职责，尽职尽责开展工作。(1)加强教师队伍建设。整合优质资源，创新教师培训服务体系，健全教师管理制度，建立教师发展保障机制，开展继续教育公修课培训工作，分类分层组织教师全员培训，拓展骨干教师培训途径和方式，提高骨干培训效果。健全学前教育师资准入制度、注册登记制度，依法落实学前教育教师地位和待遇，建立幼儿园园长、教师培训体系。对农村、基层教师在评奖评优、职称评定、福利工资等方面给予政策倾斜。鼓励教师(校长)接受高一层次学历教育，鼓励教师根据专业发展需要报考大学在职学历教育。建立名师工作室，完善名师选拔和培养，加快骨干教师、学科带头人和名师培养，使其发挥模范带头和辐射作用。(2)合理配置城乡师资。按照教育均衡发展要求，倡导和鼓励城镇青年教师到农村学校短期支教，优化师资队伍结构，促进优质教师资源在城乡学校和不同学段间均衡配置。鼓励优秀校长和骨干教师到农村学校和薄弱学校任职任教。开展教师队伍建设对口交流与帮扶工作，对骨干教师的传、帮、带作用发挥情况进行考评，鼓励学科带头人、骨干教师、特级教师在普通和薄弱学校建立联系点，定期前往讲学、示教。(3)加强校长队伍建设。推进校长负责制，扩大校长在学校内部管理自主权。完善中小学校长考核制度，使考核工作更加规范化、制度化。(4)加强人事制度建设。按照国家、省、州关于事业单位岗位设置管理有关文件精神，建立健全事业单位岗位设置相关制度，做到科学设岗、明确要求分类设置，把握比例，加强管理，推进事业单位岗位设置工作开展。完善教师绩效考核办法，建立绩效评价机制，鼓励教师提高学业水平，发挥分配制度在资源配置中调节作用。完善教师专业职务评聘机制，组织做好各个系列教师专业技术资格评审工作，规范评审程序，按照条件和工作程序做好教师资格认定工作。加强教职工队伍日常管理，制定《泸溪县教职工人事管理暂行规定》，严格执行请销假和教职工考勤定期公示制度，并定期检查抽查，预防在编不在岗现象。

(九)计划财务股

1. 工作职责。负责拟定全县教育和体育事业发展规划；指导全县中小学和体育场馆布局调整；负责组织实施全县农村义务教育经费保障机制改革工作；负责本级教育和体育经费预决算有关编制工作；会同有关部门管理中央、省和县本级教育和体育专款、各种外资和国内捐赠款；参与拟定全县教育和体育经费筹措和管理政策、法规；统计并监控全县教育和体育经费投入和执行情况；负责全县教育和体育基本信息统计、分析、发布和事业发展监测；协同有关部门制订和规范各级各类学校收费标准；拟定基建投资计划，指导全县学校和体育场馆基本建设工作，具体组织和实施中小学校基本建设项目；协同有关部门组织实施政府采购；负责各级各类学校国有资产管理并监督资本运营；指导协调学校后勤社会化改革工作；管理教育服务产业经营和学校后勤服务工作；负责有关税务、财务检查等协调工作；指导并协调资助大中专院校经济困难学生和助学贷款工作；指导全县教育和体育系统审计工作，履行对教育和体育内部审计职能，对各级各类学校（单位）财务收支活动进行例行审计，对法人代表进行离任审计，对其基建、维修工程、产业经营进行专项审计；对全县教育和体育系统财务收支及有关经济活动中重大事项进行审计调查；培训内部审计人员。

2. 主要工作。计财股设立于1978年。2015年12月，改称教育和体育局计财股。计划财务工作围绕“财务收支、项目管理、争资立项、事业统计”总体要求开展。(1)加强财务管理。按“两上两下”预算要求科学编制年度预算，规范支出核算，落实公用经费使用不准用于人员经费、不准用于学校基本建设、不准用于偿还债务“三不准”。足额拨付村小学校及教学点经费，实行分校核算和使用。严控“三公”经费支出，把支出数控制在财政预算数内。指导学校合理编制预算，精心安排布置各报账单位经费年度决算，做到科学有据，实事求是反映本单位财务状况。加强财务收支监管，规范政府采购行为，坚持事前、事中、事后监督制度。加强财务人员业务指导和培训，会同人事股、审计股、后管中心联合举办全县教体系统财务管理人员培训班，加强会计出纳管理，明确其工作职责，实行动态监管和年度考评，工程建设项目要求学校做好台账，纳入单位年度目标考核范围。(2)实施项目建设。加强项目库建设，注重调查研究，积累收集各种数据，注意规划设计整体性、前瞻性和科学性。按要求准时上报入库各种项目，为立项争资打下基础。加强项目管理，规范项目招投标程序，会同县招标办等相关部门按政策要求对参加投标企业资质、技术能力、人员素质等方面进行审查，执行招投标程序，确保招投标工作“公开、公正、公平”。做好教育基础项目建设前期预算，中期监督管理，严格质量要求，竣工后决算和审计。(3)加强经费和事业统计工作。及时下拨各种专项经费，监督经费支出，对民生支出项目资金实行跟踪管理，动态掌握资金收支情况，及时收集整理统计上报。并利用“互联网十监督”　公开财务信息。做好年度事业报表统计工作，培训学校事业统计员，做到数据不漏报、不重报、不瞒报、不虚报，对学校教学用房、体育场地、校舍面积等重新逐一核实。(4)抓好联系点学校工作。协调做好联系点合水中小学具体工作，定期到校协助指导开学工作，从保生、收费、安全等相关管理工作进行督查，帮助解决具体困难。定期到片村小了解基本情况，发现问题，及时纠正。

(十)教育督导室

1. 工作职责。承担县人民政府教育督导委员会办公室具体工作；负责对全县教育法律法规和教育决策部署贯彻执行情况进行督导检查；组织开展对本级政府及相关职能部门履行教育职责情况督导检查及重大教育专项督导；组织开展对全县各级各类学校工作监督、检查、评估和指导；组织、指导全县体育督查工作。

2. 主要工作。1994 年，县教育局设立督导室。2015 年 12 月，更名为县教育和体育局督导室。2017 年，全县配备专职督学 8 人，兼职督学 38 人。教育督导室设立以来，按照"按类设区、导督并重、专兼覆盖、综合推进"督导模式，推进责任督学挂牌督导工作，促进教育持续健康发展。泸溪县先后荣获"湖南省省级督学责任区建设优秀示范县""湖南省中小学校责任督学挂牌督导创新县""国家责任督学挂牌督导创新县"。泸溪县责任督学挂牌督导模式被国家教育行政学院作为经典案例编入全国教育督导培训教材和湖南人民出版《督学责任区概论》。

(十一)工会

1. 工作职责。负责全县教育和体育系统工会工作，参与涉及教职工利益的政策、措施制定和重大问题决策，代表和维护教职工合法权益；指导基层工会加强民主管理和民主监督，及时处理来信来访，维护教职工队伍稳定；组织教职工开展各种活动，关心困难教职工；协助党政组织做好劳模和先进工作者推荐、评比、表彰、管理工作；加强自身改革和建设，开展工会干部培训工作；负责工会经费管理，加强财务审计和监督，管理本级工会财产和所属事业单位工会财产。

2. 主要工作。教育工会成立于 1952 年，全称为中国教育工会泸溪县委员会。县教育局与县体育局合并后，成立县教育和体育工会。有基层工会 33 个，会员 3000 人。2012 年，县教育工会被评为"湖南省先进工会组织"。2013 年，被评为"全省双联和困难职工帮扶先进单位"。(1)加强师德教育。围绕"办人民满意教育"目标，开展"厚德精业、崇教敬业"等系列主题教育活动，激励教师爱岗敬业。加强教职工思想政治教育，适时组织开展政治理论学习，增强政治理论知识功底和教学业务能力，开展各类教学科研竞赛和业务比武，促进教师专业素质提升。(2)推进教育发展。结合教职工思想和工作实际，开展"学习型组织、知识型职工"创建活动，组织教师开展各种形式教学竞赛，开展师能大练兵活动，组织"同题研讨""同课异讲"活动，提升教学水平。全县高考本科上线率万人比连续 11 年居全州第一，初中学业水平考试合格率、小学毕业生总分合格率处于全州领先水平。在全州中小学生"三独"比赛中，连续 8 年蝉联全州冠军，参加全州中小学艺术展演 5 个节目获州一等奖，2 个节目代表全州赴省参赛。(3)维护教职工权益。推进民主决策，制定《关于加强学校民主管理建设的几点意见》，明确工会在学校管理中参与权、知情权和监督权。依据《湖南省学校教职工代表大会工作规程》和《学校教职工代表大会规定》，完善《泸溪县学校教代会考核评估办法》，对每个学校教代会工作进行评估考核。推进校务公开，成立县、校两级校务公开领导小组，搞好民主管理和民主监督，对各校实施校务公开进行考核。每年评议一次学校行政领导，测评结果与学校领导的奖惩任免挂钩。(4)为教工排忧解难。参加县总工会和州教育工会帮扶工作，教职工互助会入会率 100%，大病医疗互助保障活动参加面 96%。每年对因病受灾教职工发放互助金 20 余万元，受惠教师 300 多人。(5)开展活动。在全县中小学、幼儿园开展“模范教职工之家”达标升级活动，已有一批学校通过检查验收成为合格县、州“模范职工之家”。在各基层学校工会组织开展活动基础上，组织全县性各项活动，相继举办教职工“赞歌献给党”歌咏大赛、全县教职工第七届男子篮球赛、首届教职工女子气排球赛等活动。

(十二)学前教育股

学前教育股设立于 2016 年 8 月。其工作职责：贯彻执行党和国家有关学前教育方针、法律法规和发展学前教育政策，结合本县实际制定相应实施办法；统筹管理全县公办、民办学前教育机构，组织实施普及学前三年教育，扩大优质教育资源，推进全县学前教育优质均衡发展；指导各级各类幼儿园保育和教育工作，规范办园行为，加强师资队伍建设；完善幼儿园审批注册、年检年审制度，做好幼儿园设立、变更和终止审批备案管理工作；协调物价、财政部门规范收费标准，会同有关部门联合治理乱办班、乱收费等不良违规行为。

(十三)审计股

1987 年 2 月至 1998 年 3 月，审计股与纪检监察室合署办公。1998 年 3 月，从纪检监察室分离，设立审计股，工作人员中有 3 人获内部审计资格。工作职能是：负责对本级教育经费预算决算执行情况及本级财务收支、国有资产、基本建设、干部经济责任审计和监督；组织全县学校财务内部审计工作，制订有关学校财务审计制度及规定，指导学校建立健全财务制度，审计并监督本级和各学校财务制度执行情况及教育收费情况；向局领导提供有关风险管理、内部控制和治理程序等方面独立评价和建议；负责全县教育系统审计人员培训工作。内部审计主要任务是：预算执行审计、经济责任审计、专项资金审计、财务收支审计、民生资金审计。股室设立以来，制定和完善了内部审计工作制度，保证教育资金有效使用，促进教育事业发展，先后 16 次荣获州、县审计机关先进集体。

(十四)监察室

1991 年 2 月，设立教育局监察室，时任负责人唐子和。2016 年，更名为县教育和体育局监察室。

1. 工作职责。监督检查教体局任命人员贯彻执行党的路线、方针、政策、决议和国家法律、法规、决定、命令的情况；负责检查教育系统领导干部、工作人员违纪案件，检查教育系统重大违纪案件；调查教育系统工作人员违反国家法律法规及违反党纪政纪行为；协助局党委抓好教育系统党风廉政建设和领导干部廉洁自律工作，开展党风党纪政风政纪教育，抓好有关制度建设；负责教育系统行风建设及领导干部经济责任审计工作，纠正教育系统不正之风；受理教育系统党组织、党员和监察对象违反党纪政纪问题揭发检举和控告；受理受处理教职工不服党纪政纪处分申诉；负责局机关政务公开、行政权力公开、机关效能建设工作，指导学校开展校务公开、办事公开工作；负责治理教育乱收费工作；协调相关科室做好教育系统信访稳定工作。

2. 主要工作。坚持标本兼治、综合治理、惩防并举、注重预防方针，加强监督检查，突出查办案件警示教育效果。2011 年至 2016 年，教育局（教体局）连续 6 年被评为全县党风廉政建设先进单位。局监察室从 2009 年至 2017 年，连续 9 年获全州教育系统纪检监察工作一等奖。⑴落实“两个责任”。两个责任即局党组履行党风廉政建设主体责任和纪检监察室负责监督责任。局党组每年专题研究党风廉政建设 4 次，坚持把贯彻落实党风廉政建设和反腐败工作与教育业务工作同部署、同落实、同检查，支持纪检监察室履职、监督执纪。领导班子成员根据工作分工对职责范围内党风廉政建设负领导责任。各股室和各学校根据职能划分，将党风廉政建设责任融入业务管理之中，形成抓工作必须抓勤政、抓业务必须抓廉政、抓管理必须抓纪律、抓队伍必须抓作风格局。⑵抓廉政宣传教育。组织党员、干部学习准则和条例，对党员干部作风、纪律问题做到早发现、早提醒、早纠正、早查处，实施新任领导干部任职前廉政谈话和廉政培训制度，开展“党纪法规在我心中”警示教育、法律法规教育、观看警示教育片和社会主义核心价值观等主题教育。⑶监督执纪。定期开展学校财务审计检查，对校长任期经济责任和离任经济责任实行专项审计，监管学校食堂商店财务。结合全县“作风建设两个全覆盖”活动，开展作风建设专项督查整治活动，对干部上班纪律及学校领导、教师在岗情况进行监督和明察暗访检查，对会风会纪、人情宴请、“三公”经费、重点项目等进行专项检查，对违犯作风建设问题实行“一案三查”，既追究当事人责任，又追究校长、股室长责任。⑷开展专项整治。加强对教育系统开展“纠‘四风’、治陋习”专项治理活动进行监督，坚持工作推进和监督检查同步进行，把监督检查贯穿于专项治理活动始终，严肃查处顶风违纪行为，以问责追责推动专项整治工作开展。加强对精准扶贫专项监督和“雁过拔毛”式腐败问题专项整治监督，对项目建设、惠农补贴资金、精准扶贫资金等专项资金管理使用情况开展专项监督和整治，重点查处和纠正超标准超范围收费、虚报冒领截留学生资助等教育民生资金、违规办班、有偿补课、教师收受礼品礼金等问题。整治教育乱收费行为，重点整治义务教育阶段乱收费、教辅材料过多过滥以及其他一些服务性收费和代收费问题，进一步规范学校、教师收费行为，联合县物价、减负、财政、纪委等部门开展教育收费专项督查活动，发现问题责成学校限时整改，并及时开展跟踪复查。

（十五）老年教育服务管理中心

2017 年 12 月 18 日，根据县委老年教育领导小组部署和工作需要，县教体局设立老年服务管理中心。职责任务是，贯彻《关于进一步加强和改进离退休干部工作的意见》和各级党委、政府关于加强老年教育工作部署，统管全县离退休干部教育工作，推进全县离退休干部老有所学、老有所为、老有所乐。坚持政府办学与社会办学相结合方式，整合县、乡镇、村三级老年教育网络资源，实行全员覆盖教育方式。老年教育服务管理中心有学员624人，聘请专(兼)职教师24名，与县委老干部局老年大学联合办学，开设养生、书法、诗词楹联、乐器、电脑、舞蹈、太极、门球8个专业13个班。

2017年县教育和体育局内设机构及负责人名录

办公室主任：莫伯芳，基础教育股股长：谢永良，职业与成人教育股股长：付朝华，群众体育股股长：杨建华，体卫艺股股长：邓良英，学校安全股股长：张千聪，政策法规股股长：陈湘波，人事股股长：吴务生，计划财务股股长：陈仕国，教育督导室主任：张贤彪，教育和体育工会主席：周隆发，审计股股长：李长发，监察室主任：杨再兴，学前教育股股长：杨明忠，老年教育服务管理中心主任：王毅。

第四节　直属事业单位

一、县招生考试中心

1977年至1985年，全县招生工作由教育局临时组织人员负责管理。1985年5月，县教育委员会内设招生办。2008年1月，更名为招生考试中心。2015年11月，县招生考试中心同时加挂高中教学指导办公室牌子，核定为公益一类副科级事业单位，核定全额拨款事业编制4名，核定领导职数主任1名，副主任1名。

工作职责：负责全县普通中等学校、普通高等学校、成人高等学校招生考试工作和高等自学考试工作；负责高中学业水平考试和教师资格认定考试工作；负责高中教学管理与指导工作；负责高中教学质量检测与分析；负责高考信息收集与传递。

二、县教育科学研究所

1957年，县政府教育科设立教研室，由张经勇等3名教师任教研员。2004年，设立教研所，主管全县中小学教研工作。2015年12月，更名为县教育科学研究所，为公益一类股级事业单位，核定全额拨款事业编制14名，配所长1名，副所长2名。

工作职责：负责学科教学研究指导，组织开展全县教育改革发展重大问题研究，为提高教育教学质量和办学水平提供理论支持与方法指导；统一管理和组织实施全县教师论文评审、学科教学竞赛活动、教育课题研究，教学质量监测与评价等工作；创新教育科研工作方式，构建传播教育网络信息及学术交流的有效平台，负责优秀教育科研成果推广应用；负责引领全县教师围绕教育改革和发展重大问题进行联合攻关，配合做好培育学科教学名师。

三、县仪器电教站

1978年3月，设立县仪器电教站，核定全额事业编制2人。2017年，编制为15人，实际在编人数5人,配站长1名,副站长2名。

工作职责:制定和实施全县教育信息化发展规划;按照上级政策及标准为义务教育阶段学校配备教育装备,负责实验教学和信息技术教学管理及考试;负责电教设备管理员、实验教师以及教师信息技术应用能力提升工程培训工作;对全县教育装备管理使用进行监督指导。

四、县学校后勤管理服务中心

泸溪县勤工俭学管理站设立于1985年,负责全县中小学校勤工俭学指导和管理工作。2015年,更名为泸溪县学校后勤管理服务中心,核定全额事业编制3名,配主任1名,副主任1名。

主要职责:负责学校后勤管理服务工作;负责农村义务教育学校学生营养改善计划实施和管理工作;负责素质教育校外场所建设与农村学校学生劳动实践场所建设工作;负责中小学校勤工俭学活动与校办企业改革发展工作;负责学校教学、生活等必备物质的保障工作;负责校园风险预防与转移工作。

五、县青少年学生校外活动中心

县青少年学生校外活动中心设立于2004年,核定全额事业编制5名,配主任1名,副主任1名。2005年10月,青少年学生校外活动中心开工建设。2006年5月工程竣工,占地面积1391平方米,建筑面积1689.08平方米。

主要职责:制定全县青少年学生校外活动规划,统筹协调全县青少年学生校外活动;利用校外活动场所对青少年学生进行思想政治教育、品德教育、纪律教育、科普教育、艺术教育、体育教育,培养广大青少年学生创新精神和实践能力,全面推进素质教育;搞好县青少年学生校外活动中心场地建设和管理工作,为青少年学生校外活动提供活动场所及相关服务;组织开展各种兴趣活动及周末之旅、夏(冬)令营等活动,举办有特色培训班和竞技活动;完成教体局交办的其他事项。

六、县学生资助管理中心

泸溪县学生资助管理中心设立于2004年12月,成立时机构名称为“泸溪县中小学救助受援捐赠中心”, 核定全额事业编制2名,是全省最早成立资助机构县之一。2008年11月,更名为泸溪县学生资助管理中心,有专职工作人员5名,具体负责全县学生的各类资助和日常管理工作,配主任1名,副主任1名。

主要职责:负责全县中等职业学校国家助学金审批、发放和管理;负责全县高校学生助学贷款工作管理,高校“绿色通道”工作落实情况督促与检查;负责全县中小学贫困学生资助工作,发动组织和接受社会各界捐赠,开展贫困生救助,协调指导全县中小学开展勤工助学活动；协同有关职能部门落实全县中小学助学金、“两免一补”经费，并参与对经费使用情况进行监督。

七、县全民健身服务中心

泸溪县全民健身中心设立于2015年3月，是县教育和体育局辖副科级事业单位，核定全额拨款事业编制3名，核定领导职数主任1名。

工作职责：贯彻执行上级有关全民健身服务工作方针政策，研究拟订全民健身服务工作规划、措施并组织实施；负责所属公共体育场馆和设施管理和维护以及向社会免费、低收费开放工作，为公众开展体育健身活动提供服务；组织开展群众性体育竞赛，协助组织参加州以上群众性体育竞赛；宣传全民健身政策、法规，普及推广体育健身科普知识，开展健身指导咨询，指导各类人群开展健身活动；举办各类体育运动健身知识和技能培训，承担全县体育行业职业培训任务；承办县委、县政府和县教体局交办其他事项。

全民健身中心成立后，每年组织举办3月“三八”妇女节、8月“全民健身日”、夏季机关单位篮球联赛、9月老年重阳节等群众体育活动，通过这些活动使全县7至75岁年龄段人口，参加活动人数比例达到73.8%。组织参加州、省、全国竞赛运动会，取得国家级赛事金牌3枚、省级金牌13枚、州级金牌68枚。发展城乡体育，至2017年，全县组建各类健身协会(队)78个。

表14—2　　泸溪县教育局直属事业单位一览表

单位名称	负责人姓名	任职时间	备注
招考中心	张昭铭	1985—1994.12	
	李代文	1995.1—1999.7	
	周隆发	1999.8—2004.12	
	翟强	2005.1任职	
教育科学研究所	杨万荣	1985.9—2003.12	
	杨伟华	2004.1—2014.1	
	李成刚	2014.2任职	
仪器电教站	文元久	1978.3—1983.3	
	覃万安	1983.3—1992.3	
	章发礼	1992.3—2016.9	
	廖浩成	2016.9—2017.9	
	覃自杰	2017.9任职	

单位名称	负责人姓名	任职时间	备注
后勤管理服务中心	唐大名	1985.8—1994.7	
	黄爱荣	1994.8—1998.8	
	张英郎	1998.9—2009.6	
	李华山	2009.7—2016.7	
	吴朝逢	2016.8 任职	
学生资助管理中心	邓良英	2004.12—2016.8	
	宋兰珍	2016.8 任职	
青少年学生校外活动中心	李华炳	2005.9—2010.8	
	梅光发	2010.9—2014.8	
	陈湘波	2014.9—2016.8	
	李书清	2016.9 任职	
全民健身中心	孙东海	2015.3 任职	

第五节　归口管理单位

一、县教师发展中心(加挂湘西自治州民族广播电视大学泸溪县工作站牌子)

为正科级全额拨款事业单位,核定全额拨款事业编制 23 名,核定领导职数:主任 1 名;副主任 2 名,纪检(监察)负责人 1 名。

二、县第一职业中学

编制 70 名,周转编 1 名,配校长 1 名、副校长 2 名。

三、县民族幼儿园

编制 24 名,配园长 1 名、副园长 2 名。

四、县少儿业余体育学校(挂体育休闲中心牌子)

公益一类事业单位,核定全额拨款事业编制 3 名,配校长 1 名,业务主任 1 名。

五、全县 29 所重点中小学校

核定全额拨款事业编制 2777 名,编制实行动态管理。

第六节　党组织建设

一、党组

1986 年 5 月 14 日,县委、县政府以泸发(86)18 号文件通知,撤销县教育局,设立县教育委员会。1987年5月1日，县委以泸发干(87)34号文件批准成立县教委党组。1994年11月，县委、县政府行文撤销县教育委员会，恢复设立县教育局。1995年3月，县委批准成立县教育局党组。2015年12月，县教育局与体育局合并，设立教育和体育局党组。

(一).中共泸溪县教育委员会党组(1987—1991.3)

党组书记:杨秀涛　(1987.11—1988.2)，　郑年贞(1988.2—1991.3)。

党组成员：粟登桓（1987.11—1988.2)，郑年贞　（1987.11—1988.2)，明继耀(1987.11—1991.3)，唐子和　(1987.11—1991.3)，杨俊(苗族，1988.2—1991.3)。

(二).　中共泸溪县教育局党组

党组书记　：杨秀涛（1991.3—1998.8)，(1998.8—2000.2缺)，包太洋(2000.2—2002.1)，徐朝洪(2002.1—2012.12)，龚佳平(2012.12—2015.11)

党组副书记:杨俊(1998.8—2000.2)，徐朝洪(2000.2—2002.1)。

党组成员：粟登桓（1991.3—2000.2)，杨俊（1991.3—1998.8)，蔡德锐(1991.3—1998.8)，明继耀(1991.3—1998.8)，唐子和(1991.3—1998.8)，徐朝洪(1991.3—2000.2)，杨天毛(1991.3—2009.9)，符兴明(2000.2—2015.11)，张绍平(2005.4—2015.2.11)，谢文毅(2002.1—2007.7)，周隆发(2006.4—2015.11)，向子权(2012.10—2015.11)，姚本桂(2007.5—2015.11)。

(三).中共泸溪县教育和体育局党组

党组书记:谭子好(2015.12任职　)

党组成员:龚佳平(2015.12—2017.6)，胡建中(2015.12任职)，符兴明(2015.12—2017.6)，张绍平(2015.12—2017.6)，向子权(2015.12任职)，周隆发(2015.12—2017.2)，姚本桂(2015.12—2016.12)，左华(2017.2任职　)

二、党委

(一)组织沿革

2011年2月19日，中共泸溪县委以泸发(2011)22号文件，批准设立中国共产党泸溪县教育局委员会，符兴明任党委书记，明确党委书记职务确定为正科级实职级别。管辖县直学校及二级机构党支部9个，分别是教师进修学校、县一中、县民族幼儿园、白沙小学、明德小学、县职业中学、县青少年校外活动中心、局机关和局老干支部，时有党员325人。12月6日，中共泸溪县委组织部下发泸组函(2011)2号文件，明确县直机关事业单位基层党委隶属关系，县教育局党委归属县直属机关工作委员会管辖，由直属机关工委负责指导做好基层党组织归并及党员组织关系接转工作，相关档案和电子信息由基层党委接收。

2013年5月，县委决定将“中国共产党泸溪县教育局委员会”更名为“中国共产党泸溪县教育局机关委员会”。11月，县一中初中部剥离，单独设立白沙中学，经报县直属机关工作委员会同意建立白沙中学党支部。是年，党委辖党支部10个，党员332人，当年新发展党员5人。2015年5月，思源实验学校建立党支部。党委辖属支部11个，党员386人，当年新发展党员1人。2016年8月，县委组织部下发泸组函(2016)5号"关于调整部分单位党组织隶属关系的函"，将县体育局党支部从县政府机关党委转入县教育局机关党委。至此，县教育局机关党委下辖党支部12个，有党员409人，当年新发展党员4人。

2017年5月，由于机构合并，教育局机关党委更名为中共泸溪县教育和体育局直属机关委员会，换届选举产生新的党委班子，谭子好任书记，向子权任副书记。机关党委下设11个党支部，党员424人。即教体局机关党支部(党员70人)、局机关老干党支部(党员41人)、第一中学党支部(党员95人)、白沙中学党支部(党员34人)、白沙小学党支部(党员33人)、明德小学党支部(党员22人)、第一职业中学党支部(党员38人)、思源实验学校党支部(党员34人)、教师发展中心党支部(党员24人)、青少年活动中心党支部(党员11人)、民族幼儿园党支部(党员22人)。

(二)主要工作

2012年，重点抓好基层组织及党员队伍的思想建设、组织建设、作风建设和群团工作，开展"争先创优"活动。被县委评为全县争先创优活动"先进基层党组织"。2013年，开展"创建学习型党组织"活动。按照县委要求，教育局机关党委组织教育系统党员干部学理论、学业务，开展创建学习型党组织活动。被省委建设学习型党组织工作领导小组办公室和省委宣传部评为"湖南省创建学习型党组织先进单位"。2014年，在开展群众路线教育活动中，联系实际、转变工作作风，多次受到省、州检查组表扬，被评为"群众路线教育实践活动先进单位"。2015年，组织开展基本队伍、基本阵地、基本载体、基本制度、基本保障"五个基本建设"。在党员队伍中开展增强政治意识、宗旨意识、责任意识、法制意识和廉洁意识"五种意识"活动，落实支部书记抓党建责任制、辖区单位在职党员报到制、"联建共创"创新"三项机制"，创建平安、文明、同心、幸福和党建示范社区。4月10日，全州基层党建工作会议在泸溪召开，县教育局机关党委向与会代表介绍"围绕党建抓教育，抓好党建促发展"经验。

2016年，坚持党建引领、问题导向、领导带头、学用结合，组织开展"两学一做"主题教育活动。被州委评为"全州先进基层党组织"，被湖南省教工委授予"先进基层党组织"等称号。2017年，机关党委组织全体党员学习宣传、贯彻落实党的十九大和习近平总书记系列讲话精神，以办好人民满意教育为目标，创建"学习型、创新型、服务型"党组织，发挥党组织战斗堡垒作用和党员示范引领作用，推动全县教体事业持续健康发展。

(三)负责人名录

1. 县教育局党委。书记：符兴明(2011.2—2013.5)

2. 县教育局机关党委。书记：符兴明(2013.6—2017.4)，副书记：莫海霞(2013.6—2017.4)。委员：付朝华(2013.6—2017.4)，杨李蓉(2013.6—2017.4)，胡正勇(2013.6—2017.4)，印春华(2013.6—2017.4)，包荣长(2013.6—2017.4)。

3. 县教育和体育局机关党委。书记：谭子好(2017.5任职)，副书记：向子权(2017.5任职)，委员：廖浩成(2017.5任职)，杨喜燕(2017.5任职)，李书清(2017.5任职)，康碧爱(2017.5任职)，张庭华(2017.5任职)。

三、纪检组

(一)机构沿革

教育局纪检组设立于2000年。2015年12月,更名为教育和体育局纪检组,与局监察室合署办公。2017年11月,撤销局纪检组,改由县纪委监委派驻县教体局纪检组。

(二)工作情况

县教育局纪检组成立后,围绕"办好人民满意教育"目标,聚焦主责主业,强化监督责任落实,推进教育系统党风廉政建设和反腐败斗争,助推全县教育事业持续健康发展。

1.抓好责任落实。按照"党委负主体责任,纪委负监督责任"工作要求,细化责任分解,完善廉责体系。制定《泸溪县教育局领导班子成员党风廉政建设责任分解意见》和《泸溪县教育系统党风廉政建设和反腐败工作目标管理考核评分细则》,按照"责任清单",明确"两个责任"具体内容和责任边界,将工作按考核指标细化到分管领导、各股室和各学校,与全县33个基层学校和局内21个内设股室及二级机构层层签订党风廉政建设责任书和教育收费治理工作目标管理责任书,实现责任落实与工作推进全程覆盖。成立党风廉政建设工作领导小组,定期研究党风廉政建设工作推进中存在困难和问题。及时向上级纪委、局党组汇报工作,确保党风廉政建设各项工作落到实处。

2.突出政风行风建设。严格执行中央八项、省委九条、州委七条和县委"六个一律",开展纠"四风"、正行风活动。严格执行"三重一大"集体研究决定决策制度,对重大事项坚持做到集体讨论、民主集中、科学决策,要求每个班子成员定期及时报告个人重大事项。县教育局制定《泸溪县教育局党组落实"三重一大"集体决策制度实施办法》《泸溪县教育局机关管理细则》《泸溪县中小学校财务管理工作考核方案》等规章制度,对 "三公"经费使用、公务用车等方面规范权力运行。抓好对学生资助、营养改善计划等各项教育惠民政策监督,规定惠民资金发放在5个工作日内向纪检监察室备案。实施教师资格认定、教师招聘、教辅材料发行等关键环节监督,抓好对各类招生、考试工作监督,继续执行招考"阳光工程",规范招考秩序。加强对教育系统职称评审和各类评先评优活动监督,确保评审结果客观公正。针对教育系统线长面广人员众多特点,制定《泸溪县教育系统开展作风建设"两个全覆盖"督查工作方案》,由局领导带队,对局机关和各个学校落实作风建设情况每月进行一次督查,对局机关21个股室作风建设专项督查。深化重点岗位和薄弱领域排查,加强对学生资助、营养改善计划、教师招聘等群众反响强烈领域开展督查。按照标本兼治、重在预防方针,突出"四早"要求,逐一制定防范措施、构建预警机制,有效化解风险。2016年,制定《泸溪县教育和体育局精准扶贫专项监督和"雁过拔毛"式腐败问题专项整治工作方案》,重点查处和纠正影响精准扶贫进程和发生损害群众利益、群众反映强烈不正之风和腐败问题。突出教育违规收费专项治理,落实教育收费重点监控制度。对省、州教育收费检查中发现严重问题的学校或股室实行重点监控。在县纪委指导下对各学校食堂财务管理混乱问题进行查处,杜绝学校私设"小金库"问题,规范学校食堂财务管理。开展"三资"清理,查明教育系统资产总额 4.69 亿元，其中固定资产 3.26 亿元，在建工程 0.73 亿元；查明教育系统“三资”情况存在土地权属不清、资产处置手续不全 2 个主要问题。开展“两违”专项整治监督问责工作，在对教育系统“两违”清理整治基础上，对学校违法用地行为涉及相关责任人进行责任查究。

3. 聚焦主业。聚焦主业，深化职能转变，对权责管理事项进行清理，回归主业、抓牢主责，种好“责任田”。突出主责，加强纪律审查和问责，把精力回归到问责上，加大纪律审查力度，坚持把纪律挺在前面，坚持从严执纪。加强对信访举报案件督查，落实领导接待日制度，畅通民意诉求表达渠道。

4. 突出宣传警示教育。抓实法纪教育，围绕“党纪法规宣传年”活动目标，组织干部职工及各中小学校长观看《党纪法规在我心中》廉政警示教育活动片，邀请县委党校讲师到机关举办《弘扬法治精神准确理解依法治国》专题讲座，增强干部教师法纪意识。坚持“正面教育、反面警示”原则，开展“以身边事教育警示身边人”活动 34 场次，加强“两节”期间警示提醒，借助短信平台发送廉政短信。建立经常性谈话制度，对股室负责人和校长任前进行廉政谈话，提醒新任领导把握好手中权力。对有倾向性、苗头性问题干部、教师进行提醒谈话，做到早提醒、早防范，抓细抓早。对有轻微违纪行为干部、教师进行诫勉谈话，指出问题，督促整改。推进廉政文化进机关、进校园着力增强机关廉政氛围，在机关楼梯间制作廉政文化和社会主义核心价值观宣传牌 50 余块，安装廉政屏保 90 多个，创办廉政文化基地建设 2 个。加强风险点排查防控，按岗位对每个股室可能产生风险点进行排查，针对风险点制定防范措施，构建预警机制。编印《泸溪县教育局廉政制度建设》收集整理各项规章制度 60 余项。

5. 加强队伍建设。各学校聘任了一批纪检监察员，补充阳光服务中心 2 名干部作为兼职纪检监察人员。进一步明确中小学纪检监察制度，由副校级领导兼任纪检监察室主任，聘任中小学纪检监察专干 31 人并落实相应职务津贴。学校纪检监察员工作职责主要负责监督学校贯彻执行党的方针政策，遵守国家法律法规、本校教育收费、教职工落实作风建设规定情况以及学校班子落实“三重一大”集体决策执行情况。定期组织教育系统各级纪检监察人员业务知识培训，提高专业知识水平和办案能力。局党组高度重视纪检监察队伍建设，根据工作实际需要，在工作经费、公务用车上予以保障，落实纪检监察人员办案津贴，保证纪检监察工作有效开展。

（三）历任纪检组长

谢文毅（2000.2—2002.1），向海燕（女，2002.1—2010.6），杨喜燕（女，2010.6—2017.11）。

四、党支部

1987 年，县教育局建立党支部。2017 年 2 月 24 日，县教体局成立机关党支部。党支部按照党章要求履行党组织职责，开展党建工作。

（一）理论学习

按照建设学习型机关总体要求，把加强学习放在突出位置，组织开展机关学习，引导局机关党员干部树立终身学习理念。突出学习重点，改进学习方法，注重学习效果，强化对理论学习督促检查和落实。围绕教育“四大工程”、课堂教学改革、校园文化建设、教育精准扶贫、职业教育和学前教育、城乡学校“结队支教”等开展调查研究，写出有内容、有分析、有对策调研报告，为局党委提供决策依据。

（二）服务中心

围绕教育和体育中心工作，局机关党支部发挥政治优势和组织优势，以党建推动干事创业 、“创先争优”，推进各项业务工作。按照中共中央《关于推进“两学一做”学习教育常态化制度化的意见》，把“两学一做”纳入“三会一课”等基本制度，融入日常党建工作中。

（三）作风建设

加强局机关思想作风、工作作风、学风和生活作风建设，局机关党员干部到学校、到教师、到学生中，倾听意见建议，了解思想动态，有针对性地满足学校、教师、学生愿望和要求。改进服务态度，提高服务水平，为学校、教师、学生提供优质服务。

（四）素质教育

贯彻落实局党组、局机关直属党委党建工作要求，研究和探索新时期基层党建工作思路、举措和途径，夯实基层党建工作基础。加强局机关廉政文化建设，营造讲政治、讲学习、讲正气氛围，建设一支敢担当、能担当、善担当党员队伍。严格党的组织生活制度，提供学习教育，增强党组织和党员素质

（五）发挥作用

树立群众利益无小事观念，推进党务公开，决策重大事项或作出重要决议、决定前征求群众意见和建议，制定政策措施体现群众利益。发挥党员干部表率作用，党支部班子在工作中解放思想，主动作为，敢抓善管，加强党员管理教育，推动机关党建与教育和体育中心工作有机结合，把局机关党建各项工作任务落到实处。支部班子成员坚持民主集中制，加强道德修养，培养高尚情操，带头遵守《廉政准则》。通过有效发挥党员先锋模范作用，引导广大党员干部统一思想、凝聚共识，形成干事创业合力。

2017 年县教体局机关党支部班子成员：支部书记向子权，支部副书记莫伯芳，组织委员王丽华，宣传委员袁绍仁，纪检委员尚立勇。

第七节　教育督导

一、机构

明清时期，县设儒学（教谕署），由训导担任视学，监督办理学务，定期巡察乡村学堂。民国时期，改视学为督学，在劝学所内设训导，负责督学工作。

中华人民共和国成立后，教育督导工作由各级党委、政府实施。1994 年，根据《教育督导

暂行规定》，县教育局将教育督导工作从基础教育股分离，设教育督导室。1999年，县人民政府设立政府教育督导室，配备政府督学1人，工作人员2人，代表县政府行使教育督导职能。2012年，根据《中华人民共和国教育督导条例》规定，在全县各中小学实施责任督学挂牌督导工作。

2014年，聘任专职责任督学，组建专职督学队伍，按照"按类设区、导督并重、专兼覆盖、综合推进"工作模式，在全县公开选聘从事同类学校管理和教学优秀人员担任专职督学。设立三级督导员，开展教育督导。将全县所有学校按高中、独立初中、独立小学（中心完小）、九年一贯制、学前教育分成五大类，分设五个督学责任区。2015年，根据国务院教育督导委员会《中小学校责任督学挂牌督导办法》规定，成立县人民政府教育督导委员会，设立由分管副县长任组长的中小学责任督学挂牌督导工作领导小组，领导小组办公室设县教育督导室，制定《泸溪县中小学责任督学挂牌督导工作方案》。

责任督学基本职责是：对学校依法依规办学进行监督；对学校管理和教育教学进行指导；受理、核实相关举报和投诉；发现问题并督促学校整改；向教育督导部门报告情况，并向政府有关部门提出意见。同时规定，责任督学有权对学校管理、招生收费、课程开设、教育教学、教师师德、学生学习和课业负担及学校安全卫生、校风、教风、学风等情况进行督导。各级督导员主要任务是：

学校督导员（一级督导）职责：每周一收集学校各处室周工作安排，公布在公示栏；每周对本校进行一次督导，每月对教学点进行一次督导；协助专职督学开展工作，接受专职督学业务培训与指导。

专职督学（二级督导）职责：每名专职督学负责5至6所学校；每月每校保证两天督导时间，每月下校督导时间不少于12天。督学方式为随机听课、查阅资料、列席会议、座谈走访、问卷调查、校园巡视等。

兼职督学、督学办公室人员（三级督导）职责：每月对各校督导员和专职督学开展工作情况进行一次巡查和考核，了解专职督学到校督导相关情况和学校落实督导情况；督促学校对专职督学和学校督导员工作情况进行评价；综合督导工作情况，为局领导提供决策依据；每月对督导情况发出一次通报。

2017年，全县教体系统建立责任督导区5个，选配督导员46名，其中一级督导员30名，二级督导员8名，三级督导员8名。

二、督学

明清时期，为提高书院、义学教师教读能力，县教谕定期召集教师赴学署讲堂听取教官上课。在城区，教谕或训导定期对馆师教课实行督导，对乡村私塾教学进行巡导。知县（县令）每年对全县教育工作开展2次以上巡视。民国时期，配备教育督学1人，将全县10个乡镇划分为2个教育视导区。县教育科长（所长、局长）每期对全县学校开展2次检查，县督学每学期开展专题视导2次，每次视导时间不少于20天。县长每年对全县办学情况进行一次巡视，由县府整理巡视报告呈省教育厅。

中华人民共和国成立后，改变民国时期教育督导方法，教育督导工作由县政府统一管理，确定县教育科（教委、教育局）具体负责实施，在各社镇配备教育专干。1980 年起，教育督学由分管教育工作副县长负责，根据各个时期教育发展重点工作，组织县政府办公室与县教育局每年对全县学校师资配备、教学质量、高考、学校建设、学校教育教学等工作进行专项督查 2 次以上。1989 年，根据省、州部署，县政府办公室与县教育局组成督导检查组，由分管教育副县长带队对各乡镇、各学校普及初等教育工作进行督导检查。1992 年，根据国家教委《关于中小学教育工作两项督导检查的通知》精神，分管副县长牵头，县教育局组成督查组，对中小学德育工作落实有关法规政策情况和小学生课业负担过重问题举行专项督导检查。1993—1995 年，分管副县长牵头，确定县政府办、县教育局、财政局等部门对全县落实扫盲工作“双线承包责任制”及工作开展情况进行督导，推进“青壮年基本无盲县”工作进程。1998 年起，县教育局教育督导室和县政府督学围绕全县“两基”攻坚计划落实情况每年开展 3 次以上督导，推进工作平衡发展。

2001 年起，县教育督导室主任督学联合县教育督导室重点对全县学校执行新课程标准、学校收费等情况实行专项督导，以此措施纠正单纯应试教育偏向，推进学校落实素质教育。2005 年，贯彻落实教育部《关于建立对县级人民政府教育工作进行督导评估制度的意见》，建立健全县政府教育工作督导评估机制，组织开展基础教育“五项内容”督导检查。2006 年，根据上级教育部门关于调整学校布局部署，由县政府教育督导室主任督学牵头，联合县教育局等部门就农村学校布局调整情况进行调查，根据泸溪县实际，得出“不宜强行撤并”结论。形成调查报告提交局党组，为全县学校布局调整提供决策依据。为此，县政府做出“不强行撤并农村小学”正确决策。2009 年，县政府教育督导室联合县委督查室、县政府督查室，就全县贯彻落实县委、县政府《关于建设教育强县的决定》和全县建设教育强县工作会议精神情况开展专项督导。

2011 年起，推行责任督学挂牌督导制度，对全县中小学和幼儿园实现全覆盖监管。制定《泸溪县督学责任区专职督学聘任办法》《泸溪县督学责任区专职督学履职要求》《泸溪县督学责任区专职督学考核制度》等制度，形成督学管理、工作督查、汇报制度、反馈制度、督促整改、创新经验等六个方面督导程序。2015 年，推行“三级联动”督导模式，每所学校聘请 1 名督导员。通过教育督导 QQ 工作群、微信群、泸溪教育督导网等形式开展网络培训，实现教育督导信息互联互通。

2016—2017 年，县教育督导室按照《泸溪县责任督学教育督导条例》要求，采取重点督导、随访督导、按需督导和专项督导 4 项督导措施，对义务教育均衡发展、教育信息化建设、教育管理精细化建设进行专项督查，确保义务教育均衡县验收合格。

至 2017 年，泸溪县教育督导工作荣获全国“尝试教学法推广先进县”、全国“责任督学挂牌督导创新县”、湖南省“全省国培项目县”等荣誉。

第八节　学校行政机构

一、清代及以前时期书院行政机构

宋元明清时期，书院行政机构组织设山长，主管全院学务；党长主管行政事务；斋长主管学规，兼稽出纳；教官管理试务与图书；监院管理生、童常规；学长辅导自学。这种行政管理模式一直延续到清代。清末，推行新式教育，学校行政机构相应调整，书院山长改称监督，简称学监。清光绪三十三年(1907)，改设教务长、庶务长，学监改设为堂长。

二、民国时期中小学行政机构

民国时期，泸溪县中小学校行政机构随国民政府在各个时期教育制度、法令、章程而设置。普遍设校长室、教务处(教导处)、训育处(或训导处)、军训童训部，设校长、教务主任、训育主任、军训与童训主任、事务主任、会计主任等领导职位。师范学校添设实习部，任命实习主任。校长为学校最高行政长官，代表县府贯彻执行教育法规，全权处理校务，行使人事聘雇等权力。教务主任主管学校教务，分配教师所任课程、时数，安排学生考试，管理学生学籍。训育主任管理思想教育，规定须由学校教师中国民党员担任，或者直接由国民党县党部委派。抗日战争胜利后，国民政府加强学校训育工作，军训与童训主任主管中小学生与师范学生军事训练，中学配有军事教官。事务主任主管学校后勤，师范实习部主任负责师范生实习工作，安排实习学校，做好实习鉴定。

三、中华人民共和国成立后中小学校行政机构

中华人民共和国成立后，1950—1965 年，县内各县中、小学校行政机构设立为：中学设校务委员会，下设校长室、教导处、总务处。学校规模在 8 个班次以内设校长、教导主任、总务主任，12 个班次以上设正副校长和正副教导主任，24 个班次以上加设副教导主任 1 人，二部制学校无论班数多少另设副教导主任 1 人。1966 年至 1977 年，中小学等各类学校行政机构改组，成立由学校领导干部、教师、学生、军人、工人、贫宣队代表组成“三结合”革命委员会，下设教导处、总务处、斗批改领导小组等机构。校革命委员会设主任 1 人，副主任 2～3 人，委员若干人。教导处设教导主任与副教导主任，总务处设总务主任与副主任，管理学校校政、教学、财务及斗批改等各项工作。1978 年，撤销学校革命委员会，恢复原行政机构，规模较大中小学校将教导处分设为教务处和政教处。全县中小学行政机构、领导成员设置、配备为：校长与副校长，规模在 18～24 个班之间配的校长 1 人、副校长 1 人、党支部书记 1 人；24 个班次以上配校长 1 人、副校长 2 人、党支部书记 1 人；党支部书记和校长由 1 人兼任的，则设专职党支部副书记 1 人。教务主任与副教务主任，规模在 18—24 个班之间设教务主任与副教务主任各 1 人；24 个班次以上增设副教务主任 1 人；政教主任和总务主任及

副主任设置与教务主任和副教务主任同属。规模较小中小学校不分设政教、总务两处，设教导处，配备教导主任和事务员。

中小学行政领导成员职责：坚持实行民主集中制，加强领导班子建设；加强教师队伍管理，调动广大教师积极性；精通业务，深入教学，领导教学；坚持从实际出发，科学地管理学校。

校长职责：负责学校全部行政工作，贯彻执行党的教育方针和政策，执行上级党委和教育行政部门决议；妥善安排学校行政人员工作以及各个教师教学和教育任务；领导和管理学校教学工作、思想政治、文娱体育卫生、生产劳动、总务工作和师生生活；制定学校工作计划和各项工作制度，按时进行工作检查和总结，保证教学工作正常进行；处理日常行政事务工作。

党支部书记职责：负责学校思想政治和组织建设工作；贯彻执行党的路线方针、政策、上级党委决议和上级教育行政部门部署，保证学校各项工作正常开展；做好党建工作，发挥党组织核心作用和党员先锋模范作用；领导学校共青团和工会组织；做好后勤保卫等工作。教导主任职责：根据学校工作计划，具体领导和检查教师教学；领导教研组工作和班主任工作；检查学生学习质量，调整学生课业负担；领导教务行政工作；组织学生社会活动和生产劳动；指导学生团、队、学生会工作；组织和领导学生操行评定，做好家长工作和社会工作；组织和检查图书仪器等教学设备管理和使用，保证教学工作正常进行。副教导主任协助教导主任工作。

总务主任职责：贯彻为教学服务思想，保证教学设备及时供应，做好教学物资供应工作；管理校产，建立健全物资管理制度，加强对学校房屋、设备、教学仪器管理和修缮，提高学校设备利用率；管理财务，严格执行财政制度，把学校经费用于保证教学；管理生活，办好食堂，改善师生员工居住条件，搞好卫生保健和福利工作；配合教导处具体组织和安排师生生产劳动。

政教主任职责：主要管理学生思想政治教育，实施德育方针，贯彻、落实学生守则，做好学生思想品德考察、评定等。

中小学校行政领导班子成员任职条件是：具有一定政治理论水平和政策水平，有较高政治素质，忠诚党的教育事业，熟悉学校工作，办学指导思想端正，能按教育规律办事，有一定教学工作经验。；具有较强领导才能和组织管理能力，有工作干劲和工作事业心，作风正派，关心群众，善于倾听不同意见，善于团结同志；中学负责人需大专毕业或相当大专以上文化程度、小学具有中专毕业或相当于中师以上文化程度，有一定专业知识，熟悉教育理论；领导成员间结构形成梯队，如校长年龄在 50 岁以上，副校长应配备 50 岁以下和 40 岁左右年轻教师，新提拔正副校长年龄一般在 50 岁以下；学校行政领导干部选拔、任免、考核，按学校级别、干部管理权限进行，从普通中小学干部和教师中选拔，不从其他战线和部门调进不熟悉教育工作、文化程度偏低和不胜任学校领导工作干部。

2015 年 12 月 31 日，县人民政府办公室发出《关于印发＜泸溪县教育和体育局主要职责内设机构和人员编制〉的通知》，对全县中小学校行政管理人员作出具体规定。

1. 独立高中和完全中学。第一中学、第二中学、第五中学 3 所学校各配校长 1 名、副校长 3 名，办公室主任副主任各 1 名，教导处主任 1 名、副主任 2 名，德育处主任 1 名、副主任 2 名，总务处主任副主任各 1 名，教科室主任副主任各 1 名，学生资助管理办公室主任 1 名。

2. 独立初中。第三中学、第四中学、白沙中学、达岚中学、永兴场中学、小章民族中学、潭溪中学 7 所学校领导班子设置标准为：白沙中学配校长 1 名、副校长 2 名，教导处主任副主任各 1 名，教科室主任副主任各 1 名，总务处主任副主任各 1 名。第三中学、第四中学、小章民族中学、潭溪中学、达岚中学、永兴场中学各配校长 1 名、副校长 2 名，教导处主任副主任各 1 名，教科室主任和总务处主任各 1 名。

3. 九年一贯制学校。(1)县思源实验学校，配校长 1 名、副校长 2 名，办公室主任 1 名，教导处主任 1 名、副主任 2 名，教科室主任 1 名、副主任 1 名，总务处主任 1 名、副主任 1 名。(2)长坪、石榴坪、踏虎、解放岩、白羊溪、洗溪、梁家潭、八什坪 8 所学校，各配校长 1 名、副校长 2 名，教导处主任副主任各 1 名，教科室主任 1 名，总务处主任 1 名。

4. 小学。白沙小学、明德小学、武溪小学、浦市中心完全小学、达岚中心完全小学、合水中心完全小学、兴隆场中心完全小学、永兴场完全小学、小章中心完全小学、潭溪中心完全小学 10 所学校，各配校长 1 名、副校长 2 名，教导处主任副主任各 1 名，教科室主任 1 名，总务处主任 1 名。

上述中心完全小学和九年一贯制学校附设公办幼儿园的，配园长 1 名，幼儿数 500 人以上增配副园长 1 名，教科室主任 1 名。

第九节　所获荣誉

1950—2017 年，在 67 年的办学历程中，泸溪县教育工作随着时代发展进步发生巨大变化，特别是在新的历史时期，全县教育事业蓬勃发展，无论是在教育行政管理还是学校建设、教育普及和教育质量等方面都取得显著成绩，教育事业发展速度和教育质量领跑全州，获得各种奖励和荣誉数百项。

表14—3　　泸溪县教育局1991—2016年州级以上各类奖励一览表

序号	获奖名称	颁发单位	颁发时间
1	1990 年度行业工作成绩优良单位	湖南省教育委员会	1991 年 3 月
2	泸溪县教育委员会被评为全省教育人事档案管理工作先进单位	湖南省教育委员会	1991 年 10 月
3	全国农村成人教育先进学校	国家教育委员会	1991 年 11 月
4	1991 年度文明建设先进单位	州委、州人民政府	1991 年
5	湖南省农村中小学勤工俭学基地达标县市	省教委、省国土局	1992 年 5 月
6	1992 年被湖南省人民政府评为“全省民族寄宿制中心小学建设先进县”。	湖南省人民政府	1992 年
7	示范乡镇农校	湖南省教育委员会	1993 年 12 月
8	湖南省中小学实验教学普及合格县	湖南省教育委员会	1994 年
9	教育审计先进单位	湖南省教育委员会	1995 年 4 月
10	1995 年度全州社会治安综合治理先进单位	州委、州人民政府	1996 年 1 月
11	1995 年度教育报刊通讯发行工作成绩优良单位	湖南省教育委员会	1996 年 9 月
12	全省民族寄宿制中心小学建设先进集体	湖南省教委、湖南省民委	1996 年 12 月
13	泸溪县白沙学校考点在 1996 年普通高校招生考试组考工作中成绩突出，被评为优秀考点	湖南省教育委员会	1996 年 12 月
14	泸溪县武溪镇小学考点在 1996 年成人高校招生考试组考工作中成绩突出，被评为优秀考点	湖南省教育委员会	1996 年 12 月

续表1

序号	获奖名称	颁发单位	颁发时间
15	双文明模范单位	州委、州人民政府	1996
16	1996 年全州社会治安综合治理先进单位	州委、州人民政府	1997.1
17	普通高校招生全国统一考试优秀考点	省招生委员会、省教育委员会	1997
18	全国普通高校招生统一考试优秀考点	省教委、省普通高等学校招生委员会	1997
19	普通高等学校招生工作先进单位	省普通高等学校招生委员会、省教委	1998.1
20	湖南省教育系统内部审计先进集体	省教育委员会	1998.3
21	1998 年成人招生考试优秀考点	省教育委员会招生考试中心	1999.2
22	普通高等学校招生全国统一考试优秀考点	省教育委员会招生考试中心	1999.12
23	湖南省电化教育宣传工作先进单位	省教育厅电教办、省电化教育馆	2000.11
24	普及九年义务教育合格县	州人民政府	2000
25	湖南省现代教育技术工作先进单位	省教育厅	2001.4
26	普及九年义务教育扫除青壮年文盲县	省委、省人民政府	2001.9
27	湖南省 2001 年度普通高等学校招生考试优秀考点	省教育考试院	2001
28	授予泸溪县巩固提高普及义务教育先进县	省人民政府	2004.2
29	泸溪县一中考点在 2003 年国家教育统一考试组考工作中成绩突出，被评为优秀考点	省教育考试院	2004.4

续表2

序号	获奖名称	颁发单位	颁发时间
30	全省现代教育技术宣传工作先进集体	湖南省电化教育馆	2004.8
31	全州党内党外人士合作共事先进单位	湘西土家族苗族自治州委	2004.11
32	湖南省勤工俭学校办产业管理工作先进单位	湖南省教育生产装备处	2004.12
33	湖南省教育统计工作先进单位	湖南省教育厅	2005.3
34	泸溪一中考点在2004年国家教育统一考试组考工作中成绩突出，被评为优秀考点	湖南省教育考试院	2005.3
35	2002—2004年全省教育系统内部审计先进单位	湖南省教育厅	2005.4
36	2003—2004年全国教育科学重点研究课题《尝试教学理论研究》全国先进单位	中国教育学会数学教育研究发展中心尝试教学理论研究会	2005
37	全省“十五”期间中小学教育技术装备工作先进单位	湖南省教育生产装备处	2006.12
38	全州农村反邪教警示教育先进单位	州委、州人民政府	2006.12
39	湘西自治州农村寄宿制学校建设一等奖	湘西州人民政府	2006.12
40	泸溪县教育局在2006年度教育考试工作中成绩突出荣获先进单位	湖南省教育考试院	2007.1
41	全州2006年度社会治安综合治理工作先进单位	州委、州人民政府	2007.1
42	全州老龄工作先进单位	州人民政府	2007.5
43	在第十二届全国中小学生绘画、书法作品比赛中荣获组织工作先进集体奖	中华人民共和国教育部艺术教育委员会	2007.6

续表3

序号	获奖名称	颁发单位	颁发时间
44	全省教育信息网络安全管理员特证上岗培训工作先进单位	湖南省教育厅电化教育办公室	2007年8月
45	全省教育系统关心下一代工作先进集体	湖南省教育厅	2007年10月
46	湖南省现代教育宣传工作先进集体	湖南省电化教育馆	2007年10月
47	2007年度全省现代教育技术工作先进单位	湖南省教育厅电化教育办公室 湖南省电化教育馆	2008年1月
48	泸溪县教育局荣获2007年度教育考试工作先进单位	湖南省教育考试院	2008年2月
49	湖南省2007年全国英语等级考试优秀考点	湖南省教育考试院 湖南省教育学会社会考试分会	2008年3月
50	2005-2007年度湖南省教育系统内部审计工作先进单位	湖南省教育厅	2008年5月
51	2007年度教育两项督导评估考核优秀县市	州委、州人民政府	2008年7月
52	泸溪县教研室在全国课程标准《语文》“优秀论文、优秀教案、优秀录像课”中荣获活动组织奖	教育部语言文字应用管理司办公室 教育部语文出版社教学研究中心	2008年10月
53	2008年县市区教育考试工作先进单位	湖南省教育考试院	2009年2月
54	2008年度全国英语等级考试优秀考点	湖南省教育考试院	2009年2月
55	2007-2008全国教育科学重点研究课题《尝试教学理论研究与实践》全国先进单位	全国学习科学学会尝试学习研究会	2009年2月

续表4

序号	获奖名称	颁发单位	颁发时间
56	湘西州泸溪县教育局荣获爱国歌曲大家唱——全国教育系统"祖国万岁"歌咏活动优秀组织奖	教育部	2009年9月
57	湖南省现代教育技术宣传工作先进集体	省电化教育馆	2009年10月
58	泸溪县招生考试办公室荣获湖南省2009年度空军招收飞行学员工作三等奖	省教育考试院空军招飞工作局广州选拔中心	2009年10月
59	全国示范家长学校	全国妇联　教育部	2009年11月
60	全州2009年度防范和处理邪教问题工作先进单位	州委、州人民政府	2009年12月
61	湖南省2009年度学会工作先进单位	湖南省教育学会	2009年12月
62	全省县市区教育技术装备机构建设暨工作目标管理考核先进单位	湖南省教育生产装备处	2010年1月
63	泸溪县教育局在2009年全省教育考试工作考核中，被评为先进单位	湖南省教育考试院	2010年3月
64	湖南省推进义务教育均衡发展工作先进县市区	中共湖南省委 湖南省人民政府	2010年4月
65	泸溪县第一中学在2009年度"全国英语等级考试"工作考核中，被评为优秀考点	湖南省教育考试院 湖南省教育学会社会考试分会	2010年4月
66	泸溪县教育局在"祖国发展我成长"湖南省第五届少年儿童征文绘画比赛中荣获先进单位	共青团湖南省委员会 少先队湖南省工作委员会	2010年7月
67	泸溪县电教站荣获2010年度湖南省现代教育技术宣传工作先进集体	湖南省教育厅电化教育办公室 湖南省电化教育馆	2010年10月
68	湖南省档案工作规范化管理省二级	湖南省档案局	2010年
69	全州2010年度社会治安综合治理先进单位	州委、州人民政府	2010年12月
70	推进教育强州先进县市	州委、州人民政府	2011年2月

续表5

序号	获奖名称	颁发单位	颁发时间
71	庆祝中国共产党成立90周年湘西州"唱支民歌给党听"歌咏比赛特等奖	州委、州人民政府	2011年6月
72	庆祝中国共产党成立90周年湘西州"唱支民歌给党听"歌咏比赛组织奖	州委、州人民政府	2011年6月
73	湖南省2011年度学会工作先进	湖南省教育学会	2011年12月
74	湘西自治州第五次民族团结进步表彰大会先进集体	州委、州人民政府	2011年12月
75	湖南省2011年度学会工作先进单位	湖南省教育学会	2011年12月
76	第一届湖南省中小学优质教育资源征集活动最佳组织奖	湖南省电化教育馆 湖南省基础教育资源中心	2011年12月
77	湘西自治州第五次民族团结进步表彰大会先进集体	州委、州人民政府	2011年12月
78	全国示范实验区	中国教育学会数学教育研究发展中心、尝试教学理论研究会	2012年4月
79	2012年度湖南省民族地区教育强县工作先进县(文件)	湖南省教育厅	2012年10月
80	2012年度湖南省现代教育技术宣传工作先进集体	湖南省教育厅电化教育办公室 湖南省电化教育馆	2012年10月
81	第九届全国中等职业学校"文明风采"竞赛泸溪县第一职业中学优秀组织奖	全国中等职业学校"文明风采"竞赛组委会	2012年11月
82	湖南省教育发展研究观测基地	湖南省教育科学研究院	2012年12月
83	湖南省教育工会建会60周年先进工会组织	湖南省教育工会	2012年12月
84	湖南省"双联"和困难职工帮扶工作先进单位	湖南省"双联"和困难职工帮扶工作领导小组	2013年1月

续表6

序号	获奖名称	颁发单位	颁发时间
85	全州2012年度社会管理综合治理先进单位	中共湘西自治州委 湘西自治州人民政府	2013年1月
86	2012年度湖南省勤工俭学工作先进集体	湖南省教育厅	2013年1月
87	湖南省学生资助工作先进单位	湖南省教育厅	2013年6月
88	全国青少年五好小公民“复兴中华，从我做起”主题教育活动先进集体	教育部关心下一代工作委员会	2013年7月
89	全省社会管理综合治理先进集体2009-2012	湖南省人力资源和社会保障厅 湖南省综治委	2013年9月
90	全州2013年度社会管理综合治理先进单位	州委、州人民政府	2014年1月
91	县级人民政府教育工作优秀单位	湖南省委办公厅、湖南省人民政府办公厅	2014年2月
92	2013年度湖南省市州教育工作创新（特色）项目湘西州泸溪县推进城乡师资力量均衡发展	湖南省教育厅	2014年2月
93	泸溪县教育局电教仪器站：第三届湖南省基础教育资源网进校园活动先进单位	湖南省教育厅电化教育办公室	2014年2月
94	全国尝试教育示范实验区	中国教育学会数学教育研究发中心 尝试教学理论研究会	2014年7月
95	全国示范实验区	中国教育学会数学教育研究发展中心 尝试教学理论研究会	2014年7月
96	2014年省级督学责任区建设优秀示范点	湖南省教育督导委员会办公室	2015年2月
97	教育阳光服务优秀单位	湖南省教育厅	2015年5月

续表7

序号	获奖名称	颁发单位	颁发时间
98	全国义务教育均衡发展优秀工作案例（教基一司函[2015]56 号）	教育部基础教育司	2015.6
99	第十八届全国青少年五好小公民“少年向上 真善美伴我行”主题教育活动先进集体	教育部关心下一代工作委员会 教育部关工会全国青少年“五好小公民”主题教育活动组委会	2015.7
100	全民健康生活方式行动健康单位（湘健行动办〔2015〕3 号）	湖南省全民健康生活方式行动领导小组	2015.11
101	全民健康生活方式行动健康食堂（湘健行动办〔2015〕3 号）	湖南省全民健康生活方式行动领导小组	2015.11
102	全国示范实验区	中国教育学会数学教育研究发展中心尝试教学理论研究会	2016
103	全民健康生活方式行动健康食堂	湖南省全民健康生活方式行动领导小组	2016
104	第三十七届湖南省青少年科技创新大赛优秀组织奖	湖南省科学技术协会、湖南省教育厅、湖南省科学技术厅、湖南省环境保护厅、共青团湖南省委员会、湖南省自然科学基金委员会	2016.4
105	湖南省关心下一代工作先进集体	湖南省关心下一代工作委员会	2016.6
106	全州先进基层党组织	中共湘西自治州委员会	2016.6
107	先进基层党组织	中共湖南省委教育工委	2016.7
108	湖南省青少年五好小公民“老师您好 我的好老师”主题教育活动优秀组织奖	湖南省教育厅关心下一代工作委员会	2016.8

第十五章　学　校

第一节　示范性高级中学

一、泸溪县第一中学

(一)沿革

民国32年(1943)11月1日,县府成立简易师范学校筹备委员会。县长刘武敏任主任委员,聘黄尊三、胡子诚等为委员。选址县城中心原孔庙废址,县府财政拨款修建教室、宿舍、办公楼等设施。民国33年(1944)3月开学,招收第一班学生50名,确定以每年11月1日为校庆日。民国34年(1945),简易师范学校开办附设初中部,名称“泸溪县立简易师范学校暨附设初中部”。9月,初中部一班入学新生41人,泸溪县始办中学,黄尊三任校长。12月,学校移设到原常德四中校址。民国36年(1947)停招师范生,只办初中部,实行春秋两季招生。

中华人民共和国成立后,1949年12月,县政府接管学校。时有2个师范班,学生12人;5个初中班,学生54人,教职员工22人。1950年3月,学校更名为县立初级中学,正式复课并招收初九班新生19人,师范生则转入省立第九师范学校(今吉大师院)。1953年,县立初级中学更名为泸溪县第一初级中学。1955年9月,因县第二初级中学迁至吉首,原二中4个班194名学生转入县第一初级中学就读。

1958年9月,实施高中教学,招收高一班学生46人,更名为泸溪县第一中学,高天章任校长。1963—1988年,学校附设一年制半工半读卫生学校、覃家庄分校、湖南省机械工业学校泸溪分校。先后将武溪小学附设初中部、县第五中学高中部并入泸溪一中,这一时期吴天球先后三次任一中校长职务,任职时间16年。

至1993年建校五十周年,学校由1950年时累计9个初中班300名学生发展到有27个教学班1600名学生完全中学。1996年,因属五强溪电站淹没区,学校随县城搬迁至白沙城区。

2013年,高初中分设。高中部在原址办学,使用泸溪县第一中学校名。初中部由于建校时由中石化公司援建,故名石化中学,分设后更名为白沙中学。泸溪一中成为州级示范独立高中学校。

2017年,学校设办公室、教导处、政教处、总务处、教科室、综治办、信息网络中心、资助中心、督导室等机构。教科室下设语文、数学、英语、政治、物理、化学、生物、历史、地理、艺术、体育等教研组。开设54个教学班级,在校学生3337人。教职工253名,其中特级教师3人,正高级教师2人,高级教师 68人,一级教师113人,国家级骨干教师6人,省级骨干教师13 人,州级学科带头人18人,县级学科带头人 20 人。有高中语文李永宏、高中数学莫顺清2个名师工作室。校长:杨启军。

(二)教学管理

1.学制。民国33年(1944年),县立简易师范学校学制设4年。民国34年(1945),县立简易师范学校附设初中部学制3年。1950—1958年,泸溪县第一初级中学学制沿袭3年制。1958年,开设高中教学后,学制为"三三"制,即初中、高中各3年。1960年,曾将初中一年级4个班作为五年一贯制试点,即初中3年,高中2年。1962年恢复三三制。1968—1977年,根据"学制要缩短,教育要革命"精神,改为"二二"制,即初中高中各2年。1978年,恢复初中三年制。1981年,高中恢复三年制。

2.招生。民国34年(1945),县立简易师范学校附设初中部实行春秋两季招生始业。1954年,实行秋季招生始业,执行国家统一考试制度,学校招生面向全县,从高分到低分录取。1958年,改为县教育科统一安排考试。1968年,改秋季始业为春季始业。初中学生只源于县城武溪镇,高中生源实行按区域招生办法,主要面向武溪、上堡、梁家潭、八什坪、李家田5个社镇,实行免试入学。1978年,招生恢复考试录取制和秋季始业。1985年后,实行中考制度,由县教育局统一组织全县考试,面向全县招生,按分数线从高到低依次录取。

3.课程设置。民国时期,县立简易师范学校附设初中部课程主要有:公民、国文、数学、英语、历史、地理、物理、化学、童子军、美术、音乐、体育、劳作13门课程。1951年,开设语文、政治常识、数学、英语、历史、地理、物理、化学、生物、卫生、音乐、体育12门课程。后增设劳作美术课。1958年,英语改为俄语。1964年,高中课程设置政治、语文、外语、数学、物理、化学、生物、生产知识、历史、地理、体育、音乐、美术13门课程。1968—1972年,取消历史、地理、美术课程,音乐主要教唱革命歌曲,体育以军事训练为主,称为军体课。根据工农业生产需要,开设"三机一泵(拖拉机、电动机、柴油机、水泵)"、农药、农村会计、红医(医学)、数学测量等课程。自编《农村应用文》《农村常用难字》《关于文章分析》《数学基本运算》《农村应用数学》《生产队记账办法》《三机一泵》《优选法简介》《高中化学补充教材》 等48种。1977年,按照教育部统编教学大纲设置课程。1981年,开设课程主要有政治、语文、数学、英语、物理、化学、生物、历史、地理、体育、音乐、美术、劳动等13门课程。1984年,执行省教委《全日制六年制重点中学教学计划》(试行草案),按规定安排各科教学。1988年,高中课程设置实行文理分科,高二起分为文科班、理科班。高中一年级课程主要有:政治、语文、数学、外语、物理、化学、生物、历史、地理、体育、音乐、美术、劳动技术。高中二、三年级根据高考要求，文科教学以政治、语文、数学、外语、历史、地理6门课程为主，理科教学以政治、语文、数学、外语、物理、化学课程为主。1989年9月，初中课程设政治、语文、数学、英语、物理、化学、生物、历史、地理、体育、音乐、美术、微机、书法、健康教育，增加团队活动。

2001—2002年，实施新课程标准，高中课程安排按国家教委规定开齐开足全部课程。各年级均开设微机课，组织开展课外活动(第二课堂)，高中逐渐增加选修课内容。2003年后，高中课程设置语言与文学、数学、人文与社会、科学、体育与健康、艺术、综合实践活动、技术8个学习领域，学习领域为语文、数学、外语、政治、历史、地理、物理、化学、生物、音乐、美术、体育与健康、技术等15个科目。高中一年级设置必修内容，增设选修内容；高三下学期学生保证必要体育、艺术等活动时间，按照兴趣和需要继续修习某些课程进行总复习。

2013年，初中课程设思想品德、语文、数学、外语、历史、地理、信息技术、物理、化学、生物、体育、音乐12门课程，增加综合实践活动。

2016—2017年，高中课程设置主要有语文、数学、外语、物理、化学、生物、政治、历史、地理、体育、计算机、艺术12门课程。高三第一学期进行普通高中学业水平综合考查，笔试科目有通用技术、音乐、美术；综合考查操作科目有信息技术、物理、化学、生物实验及学业水平体育考查。高一第二学期结束进行文理分科，文科高考科目有语文、数学、英语、文综，理科高考科目有语文、数学、英语、理综。

4.教学管理。民国时期，简易师范学校附设初中部没有制定教学计划，教师不写教案。中华人民共和国成立后，1951—1957年，实行教学计划管理，规定任课教师拟定学科教学计划，编写教学提纲。各学科均布置课外作业。建立校长、教导主任听课和检查制度。1958年，学校以学生参加工农业生产为主，教学计划围绕劳动课制定。1962年，恢复制定教学计划，实行教学管理。1968—1976年，以劳动为主。虽每年都有教学计划，但没有得到完全执行。1979年，教育工作重点转移到以教学和提高教学质量为主。对教学秩序进行整顿，教学教研活动按计划进行，高中毕业班开始实行快慢班，分班教学。

1982年，教学管理工作实行知识能力并重、教学育人并重、课内课外教学并重“三个并重”。1985年，根据《关于教育体制改革的决定》，制定《教学工作基本要求》《教学管理暂行办法》《教学管理实施细则》等教学管理制度。1991年，推行教学常规管理，实行“依规管校、依法治校、从严治教，提高质量、突出特点，办出特色”教学管理。通过实践形成《泸溪一中教学常规具体要求》等制度。从1992年起至2000年，教学管理制度经过教学实践不断完善，教学管理走向规范化。2003—2004年，加强各科教研组建设，开展教学研究。2005—2007年，围绕素质教育落实教学常规管理，完善教学管理制度，对上课常规、自习常规、教学常规、作业规格作出详细规定。2008年，推行教学常规管理，重点在备课常规、上课常规上抓落实。

2010年起，每学年由教务处制定年度教学工作计划。教师严格按课表上课，教务处组织各教研组对教师各个教学环节实行定期检查。每学年结束时，学校写好教学工作总结。

2015—2017年，根据高中教学实际制定教学常规管理方案，组织期中期末考试、教学调查、年终考核、绩效考核。在教学常规中，精心设计和优化教学过程，研究备课、上课、作业布置与批改、课外辅导、学习评价五项基本环节，细化常规管理，优化教法，指导学法，研究考法。备课做到备教材、备学生、备教法、备教具和实验、备练习"五备"，课堂教学体现"实、活、生、趣"风格，作业做到有布置有批改。各学科任课教师根据课程标准对学生课堂学习行为实施科学评价。开展各层次教研活动，加强"课堂教学改进计划"研究，重视组内听课和评课，提高课堂教学效率。

5. 教改教研。1952年，学校课程讲授采取理论联系实际方法，使课堂教学与社会政治运动相接轨。1953年，实施"凯洛夫教学法"，按照苏联模式教学，改革传统教学方式。1956年，按照教学大纲制定教学计划。1959年，采取半天劳动半天上课教学方式，调整课程，减少音乐、美术、体育授课时间。1960年，以大跃进精神进行教学改革，在各学科中推行高速度、高质量"双高课"。1961—1962年，减少学生劳动时间，恢复教学计划，按教学大纲和教材组织教学，各学科教学注重基础知识和基本技能"双基"教学。全州推介泸溪一中语文教学加强"双基"经验。1963—1966年，把教学"精讲多练"经验变为"精讲多练，讲练结合"，对学生作业完成时间、单元测试等方面进行精简，减轻学生负担。

1970年，学校进驻工人宣传队参与学校管理。将课程、授课内容及各类课程授课时间比例等进行"改革"，课程分为政治课与社会主义文化课两大类。1973年，学校建立教研、互相听课、定期交流教改经验。12月，州革命委员会在泸溪县召开全州教学改革现场会，泸溪一中在会上交流教学改革经验。1974年下学期起，将一种学制改为普通班、短训班、专业班三种学制。普通班增设农机、农药、红医、会计等课程，开设"三机一泵（柴油机、电动机、拖拉机和水泵）"、电工、车工等一年制短训班，开设农机、农技一年制专业班，次年恢复正常教学。

1980年，教学以教学大纲为指导，学生以大纲复习参加高考。1983年，按新教学大纲、新教材设置课程和教学。在高中开设快慢班、尖子班、补习班，使用不同教材和复习参考资料。1986年起，进行教学改革，推行比武课、示范课、公开课、创优课、汇报课多类型教学。任课教师在教学实践中探索一系列教学方法：政治课有"三疑（设疑、析疑、解疑）教学法""点线面（基本点、知识线、知识面）教学法"；语文课有"三读（粗读、细读、精读）教学法"；数学课有"建疑教学法""四环节教学法"；外语课有"三性（思想性、知识性、趣味性）教学法"；化学教学有"三段（自学、分析、巩固）教学法"；物理有"引导探索教学法"等，其中"三读教学方法"得到州教育局肯定并在全州中学推广。

2001年，贯彻执行教育部《基础教育课程改革纲要（试行）》，推行素质教育。2002年，建立课题研究，开展教学研讨活动。高中结合高考需要实施"3+X"（3即语文、数学、英语，X为历史、地理、政治、物理、化学、生物6门课综合）教学。2005年，按照新课程标准开设综合实践活动课程，实施有效教学。2007—2009年，把课堂教学及有效训练作为教学管理重要环节，实施"课改工程""校本工程"，落实教学工作中心地位，改进教学管理，提高教学质量。2010年，推进"教育强县"工作，学校12名教师被县教育局评为县级学科带头人。2011年，学校建立多媒体教室，实施教学信息化。2012年，加强教学研究工作，推行"学生能尝试，尝试能成功，成功能创新"尝试教学法。李华忠教师创建高中语文"比较(求同比较、求异比较、相似比较)教学法"得到州教育局肯定和推介。2015年，建立泸溪县高中数学莫顺清名师工作室。2017年8月，高中语文首席名师李永宏由县二中调入，设立李永宏名师工作室。

"十一五"和"十二五"期间，一批教研课题在省州立项。化学组杨圣群老师子课题《新课程元素化合物的教学策略及实施案例研究》获国家级立项且结题。语文组课题《现代教育技术与中学作文教学整合的研究》获省级立项且结题并获优胜奖。生物组课题《中学生物学科课堂教学评价研究》获省级立项且结题并获国家级二等奖。物理组杨俊华老师课题《课改背景下中学生物理习题教学设计最优化研究》获州级立项且结题并获州级一等奖。化学组张海芳老师课题《提高理科课堂教学有效性的策略研究》获省级立项且结题。数学组龚斌老师课题《尊重学生个体差异创设中学数学教学情境的研究》获州级立项且结题。政治组孙维泽老师课题《新课标背景下高中政治自主学习课堂教学模式研究》获州级立项且结题。艺术组张时军老师课题《课改背景下农村高中艺体专业生培养的优化研究》获州级立项且结题。化学组杨圣群老师课题《民族地区中学化学有效教学研究与实践》获州级立项。历史组石杰老师课题《高中历史课堂有效教学研究》获州级立项。物理组田云坤老师课题《高中物理实验教学与学生创新能力的培养》获州级立项。地理组罗剑锋老师课题《信息化背景下湘西地区高中地理教学横式变革》获省级立项。数学组莫顺清老师课题《自主合作学习研究》获省级立项。

5.高考。1961年，高中一班38名毕业生参加高考，13名学生被相关高校录取。至1965年，累计164名学生参加高考，录取44名。1977年9月，恢复高校招生考试制度，实行全省统一考试。1978年起，实行全国统一招生考试。1981年起，高中毕业生参加高考实行预选，学校按学生毕业考试成绩择优预选，学生通过预选才有资格参加统一高考。1993年，实行普通高中会考制度。高中三年级考试科目有语文、数学、英语3门，同时进行物理、化学生物实验考查和劳动技术操作考查。1996—1999年，高中教学数学文理分科，实行"3+2"考试制度。语文、数学、英语3门课必考，文科加政治、历史科目考试，理科加试物理、化学科目。

2000年起，高考实行"3+X"模式。"3"为语文、数学、英语，属于必考公共科目，"X"为综合科目。文科综合科目是政治、历史、地理；理科综合科目是物理、化学、生物。3+X考试总分750分。2002年，高考科目设置为"3+文科综合／理科综合"，其中"3"指语文、数学、外语，为每个考生必考科目。数学实行文理分卷考试，外语听力成绩满分30分计入总分。文科综合指政治、历史、地理综合，理科综合指物理、化学、生物综合。2003年，高考时间提前一个月，时间固定在每年6月7—8日。从是年起，高考按照“3+X”模式统一组织。在历次高考中，学校制定和完善备考策略。在教师备考上，高三年级组通过高三教师动员会和每次月考质量分析会，强化高三教师备考方向性、科学性、针对性，组织备考工作。在学生备考上，在高三复习备考中通过班会、广播会等形式，加强学生品德意识、吃苦意识、冲刺意识历练，做好班级常规管理工作。在优生及临界生辅导上，以整个年级文理分科为基础选定培养对象，将尖子生分配到任课教师，实行导师制。加强艺体生培养，每年3月份重点抓艺体生文化成绩，利用课余时间办好辅导班。同时，注重学生心理疏导。

至2018年，学校高考一直占据全州同类学校前3名，有20名考生被清华大学录取，22名考生被北京大学录取，向彦泽等4名考生被空军航空大学录取，邓粤等3名艺术特长生考入中国音乐学院。学校被空军招飞局确定为“空军招飞优质生源基地”。

（三）学校管理

1.德育。1950年起，学校在政治教学上对学生实施马克思主义常识教育、爱国主义教育和国际主义教育、理想教育、道德教育、劳动教育、社会主义教育、法制与纪律教育、身心卫生与个性发展教育，寓教育于《中学生守则》《中学生行为规范》实践。2010年起，开设道德讲堂大课程，开展爱国主义、学雷锋、讲文明、懂礼仪等活动。同时，学校每年都组织开展“缅怀先烈、传承民族精神”活动。2016年，高中恢复思想政治课，每周课时两节。

2.安全管理。20世纪50年代中期至60年代，以校园管理为重点，加强寄宿生寝室和食堂卫生安全管理，适时组织教师和高年级学生干部在重要时段开展夜间巡防。70年代，安全管理以防火防盗防事故“三防”为主要内容，学校设立保卫股，配备专职干部负责。80年代起，将开学第一周作为全校安全教育周，对学生进行安全教育。1994—1996年，武溪地区连续3年遭受特大洪灾袭击。学校在组织师生全力抗洪抢险同时，组建护校队开展校园巡防，保障师生生命财产安全。1996年8月，搬迁到新校址后，针对一段时期学校及周边地区治安环境较差情况，成立护校队，加强与派出所联系，开展校园巡防工作。2000年起，学校成立综治办，把安全工作列入社会治安综合治理范畴。

3.普法教育。1986年5月，学校组织600名学生参加全县“一五”普法启动仪式。“二五”普法初期，普及法律常识正式列入学校政治课内容之一。2001年，学校聘请白沙派出所所长为学校法制副校长，参与学校综治工作，为学校通过法律帮助，对学生定期进行法制教育。至2017年，学校把法制宣传教育作为学校德育工作常规工作，定期开展集中宣传教育活动，每学期组织开展校园法制宣传教育活动。

4.禁毒教育。2003—2005年，在学校开展“不让毒品进校园”活动，将毒品预防教育列入德育教学计划，每期结合思想品德课中法律课程开展教学20课时以上，每年5月法制宣传月、“6•26”禁毒日，组织开展“不让毒品进校园”宣传教育活动。至2017年，学校结合平安创建，开展“无毒校园”创建。将禁毒教育作为学校重点工作开展。

5. 国防教育及党史教育。20 世纪 50—90 年代，结合政治课、历史课教学和每个阶段政治形势开展中国共产党历史和国家历史教育。主要内容有毛泽东、朱德、周恩来等革命家青少年读书走上革命道路故事，革命先烈故事等。学校定期举行报告会，邀请老干部、老军人到校对师生进行革命传统教育。进入 21 世纪，除结合课程教学向学生进行党史国史教育之外，通过组织学生为革命烈士扫墓、邀请“五老”到校举办报告会，对学生进行党史国史和革命传统教育。2005 年起，将国防教育融入课堂，开设国防教育课程。每年 8 月组织高一新生进行为期一周入学军训，向学生讲历史讲传统、讲好中国故事、弘扬中国精神，教育学生知党史、感党恩，树立正确世界观、人生观、价值观。

6. 教育扶贫。2004 年，在以往对少数成绩优秀贫困家庭学生实行减免学费、评定和发放助学金基础上，建立助学机制，对所有贫困家庭生通过“两免一补”、希望工程、爱心助学等方式帮助学生就学。2015 年，学校评审、发放各类奖助学金 7 项，总计奖助 1063 人次，奖助额 124 万元。2016 年，对建档立卡等家庭经济困难学生实施免学杂费及免教科书费，对精准扶贫户学生每期补助生活费 1000 元。评审和发放各类奖学金、助学金 8 项，奖助 1492 人次，奖助额 204.71 万元。2017 年，评审和发放各类奖助学金 14 项，奖助 2813 人次，奖助额 328.20 万元。

（四）学校建设

1945 年冬，学校搬迁到省立四中原校址，只有 10 间简陋校舍。1952 至 1957 年，学校建成砖木结构大礼堂、教学大楼、教室、学生宿舍与教师宿舍等 9 栋建筑，图书两千多册，教学仪器五百多套（件）。1958 年，开设高中教学后，学校建设采取县财政拨一点、学校自筹一点方法筹集建校资金，发动师生投工投劳建设校园。至 1993 年，校园占地面积扩大到 54627.30 平方米，新建校舍 18000 平方米，图书藏量 4 万册，教学仪器设备 4800 套（件）。

1996 年，学校搬迁至白沙新城。修建 2 栋教学楼，3 栋教职工宿舍，1 栋学生宿舍，1 个田径场，2 个简易篮球场和简易砖木结构食堂。1998 年，增建 5 个篮球场，整修田径场。2000 年，学校在松林坡破土动工扩建校区。至 2001 年，建成株洲教学 3 楼和方文标科技楼及 2 栋教职工宿舍。2003 年，松林坡新校区建设完工，建成 2 栋教学楼，1 栋办公楼，5 个篮球场。2004 年春，初中部迁至新校区上课。因是中国石化集团援建，故命名为石化中学。是年，建成 2 栋男生公寓，1 栋女生公寓，学生食堂、学校图书馆、多媒体（阶梯）教室、初中部综合楼竣工投入使用，新建 2 栋教职工宿舍。2011—2013 年，相继建成第 4 栋教学楼、2 栋廉租房、1 栋男生公寓和塑胶田径场（含足球场）。2016 年，建成电子阅览室 1 个，灯光球场 5 个。投资 1500 万元开工建设建筑面积 5000 平方米综合楼。

至 2017 年，学校占地面积 23.33 公顷，建筑总面积 57763.60 平方米，绿化面积 15.80 万平方米，绿化覆盖率 68%。有教学大楼 4 栋（其中株洲市援建 3 栋），方文标科技楼 1 栋，图书馆及办公楼 1 栋，男女生公寓 4 栋，学生多功能餐饮中心 1 栋，教师宿舍 9 栋。配有理化生实验室8间，美术室、音乐室、舞蹈室10间。有多媒体教室、语音室、计算机室、电子备课室、电子监控室、录播室等85间。建有校园网站，微信公众号，定期出版《雏鹰》校报。

（五）所获荣誉

至2017年，学校先后被评为“全国新课程师资培训先进单位”，四次荣获“全国作文教学先进单位”；湖南省“安全文明学校”、湖南省“贯彻《体育工作条例》先进单位”、湖南省“文明卫生单位”、湖南省“平安单位”、湖南省“五四红旗团委”、湖南省“园林式单位”、湖南省“家庭教育先进单位”、湖南省“优秀考点” “湖南省生态文明示范学校”等荣誉称号，多次荣获全州教学质量评价一等奖，先后有一百多名师生获州以上奖励。

表15—1

泸溪一中高考录取分年段统计一览表

年　份	参考数	录 取 人 数					考取清华、北京大学学生情况
		合计	重点	本科	大专	中专	
1961—1965	164	44	6	32	6		
1977—1980		191	6	15	57	113	1978 年张林波考取北京大学
1981—1993	2963	1485	97	280	633	475	1986 年，陈安安考取清华大学，杨昌军考取北京大学。1987 年，符朝晖考取北京大学。1988 年，向芳考取北京大学。1990 年，邓元考取北京大学，龙飞考取清华大学。1991 年，姚丽萍考取北京大学
1994—2000	1864	1041	65	170	769	37	1994 年，朱武考取北京大学。1995 年，彭志国考取清华大学。1998 年，杨勇波考取清华大学
2001—2010	6441	4908	511	1802	2595		2001 年，虢应华考取清华大学。2003 年，龚军、郑世卿考取清华大学。2004 年；邓晓云考取北京大学。2006 年，杨世伟考取清华大学，徐慧辉考取北京大学。2007 年，张磊夫考取北京大学。2008 年，向宏志考取清华大学，胡佳考取北京大学。2010 年，李鑫考取清华大学
2011—2017	6761	5577	1046	2309	2222		2011 年，黄豆、王奥林、莫艽考取清华大学。2012 年，杨彪考取清华大学，向伟民考取北京大学。2014 年，胡孟夏、黄露莹考取北京大学，石鑫、杨海龙考取清华大学。2016 年，李映辉考取清华大学，钟会民考取北京大学。2017 年，杨淇漳、贺梦凡考取清华大学，杨帅、杨一铭考取北京大学。2012-2016 年，杨浩、肖祥煌、邓昊、向彦泽被空军航空大学录取。
2018			196	391			李沅霖、黄灿、唐云衫考取清华大学，王佳曦、覃雨蓉、刘文浩考取北京大学

二、泸溪县第二中学

(一)历史沿革

民国35年(1946),浦市富商姚少安、姚稚安兄弟以梓童阁殿堂作为校舍,创办私立中学,以其父姚志仁命名志仁中学。聘李运基任校长,第一批招收学生50人。民国37年(1948),在校学生230人,教职员工17人。

中华人民共和国成立后,1949年10月,学校复课,全校有6个班67名学生就读。1950年11月,二区人民政府接管学校,更名为浦市群力中学,迁至浦市下湾入云山原辰郡中学校址办学。1953年,群力中学更名为泸溪县第二初级中学,时任校长刘运培。

1954年7月,泸溪二中迁往吉首,设立吉首县初级中学,教职工随迁,4个班194名学生并入泸溪一中。9月,浦市镇在二中原址设浦市高级完全小学,浦市一小、二小5~6年级400名学生转入学校就读。1957年秋,开设初中部,招收初中新生50人。1958年7月,经省教育厅批准恢复泸溪县第二中学,招收初中新生5个班250人,停办小学教育,成为独立初中学校。至1960年,学校初中教学班发展到17个,在校学生870人。1969年3月,学校始办高中班教学,成为完全中学,时任校长张民化。

1976—1977年,浦市化工总厂在学校东西两端先后建成普钙、硫酸两个车间,废气和噪音给学校带来环境污染。1982年,县政府决定将学校整体搬迁,选址在泡子冲新建校舍。1986年3月,学校迁至新址,占地面积17.33公顷。

至2017年,学校设办公室、教导处、德育处、总务处、教科室、信息网络中心等机构。教科室下设语文、数学、英语、政治、物理、化学、生物、历史、地理、艺术、体育、信息技术等教研组。开设教学班50个,在校学生2586人,其中初中教学班25个,学生1079人,高中教学班25个,学生1507人。在职教职员工198人。其中高级教师46人,一级教师80人,湖南省骨干教师4人,州级学科带头人1人,县级学科带头人3人,县名师工作室1个。校长:胡正勇(2013.7—2017.7),杨顺旗(2017.7任职)。

(二)教学管理

1.教学机构。1958年恢复泸溪二中后,学校设教导处,配备教导主任和教导员各1名,负责管理教学工作,实施教学计划,组织教学改革。根据教学需要,设立语文、数学、政治史地、理化生物四个教研组。1980年后,教学恢复正常秩序,设立政治、语文、数学、外语、物理、化学生物、历史地理、体育卫生艺术教研组。1985年,德育工作从教导处分离,设政教处,负责学校德育教学,教导处改为教务处,下辖教科室。2015年,教务处复名教导处,内设教科室,辖各学科教研组,各学科根据需要,相应设立年级组、年级备课组。

2.教学计划。1953年,从学校更名为泸溪县第二初级中学起,学校制定教学计划,教导处每学期编制课程表,班主任按计划落实教学任务。1966—1970年,因"教育革命",教学没有按计划进行。1980年起，教学秩序恢复正常，学校教学逐步走上规范化，每年制定教学计划，按照教学计划实施教学。

3. 课程设置。志仁中学时期，学校开设课程主要有公民、国文、数学（算术、代数、平面几何）、英语、物理、化学、动物、植物、历史、地理、美术、音乐、体育、劳作等课程。1957年，恢复泸溪二中后，课程设语文、数学（代数、平面几何、直角三角函数）、政治常识、物理、化学、生物（动物、植物、生理卫生）、中国地理、中国历史、外语（俄语、英语）、体育、美术、音乐、劳动等13门课程。1968年，开设政治、语文、数学3门课程，每天上午上课四节，下午参加劳动生产劳动。1970年，语文课改为政文课，数学课主要教授土地丈量知识，物理课教授拖拉机、电动机、柴油机、水泵“三机一泵”知识，化学课教授化肥农药制造和使用知识。1976年，恢复原有课程设置，初中开设语文、政治、数学、英语、物理、化学、生物（动物、植物、生理卫生）、中国历史、中国地理、体育、音乐、美术、劳作等13门课程，高中开设语文、政治、数学、英语、物理、化学、生物、世界历史、世界地理、体育、劳作等11门课程。1980年，恢复“三三”学制，教学课程按教育部教学大纲规定设置。1984年，设政治、语文、数学、外语、物理、化学、生物、历史、地理、体育、音乐、美术、生理卫生13门课程。1993年，增加微机课程，生理卫生课改为健康教育课。2001年起，实施新课程标准。课程设置思想品德、语文、数学、科学（或选生物、物理、化学）、生物、物理、化学、历史与社会（或选历史、地理）、历史、地理、外语、体育与健康艺术（或选音乐、美术）、音乐、美术、信息技术教育、社区服务与社会实践、劳动与技术教育。

2015—2017年，初中国家课程设思想品德、语文、数学、外语、生物、物理、化学、历史、地理、体育与健康、音乐、美术，综合实践活动设信息技术教育、研究性学习、社区服务与社会实践、劳动与技术教育，地方课程设开设两门，学校课程自主开发或选用。高中第1—4学段课程设语文、英语、数学、思想政治、历史、地理、物理、化学、生物、信息技术、通用技术、音乐美术、体育，校本课程设心理健康，综合实践活动设研究性学习、社会实践、社区服务。高中第5—10学段课程设语文、英语、数学、政治、历史、地理、物理、化学、生物、信息技术、通用技术、体育、艺术、综合实践。

4. 教学常规管理。1981年起，完善校长负责制和教职工参与学校管理监督机制，对各个环节工作程序进行规范。1985年，编制《泸溪二中章程》，实施校务公开，制定并完善学校各项规章制度，坚持依法治教，依法办学，使学校管理步入规范化、法制化轨道。1991年，学校制定《教学常规管理制度》，教学管理走向规范化。2005年，对《教学常规管理制度》进一步修改。对上课常规、自习常规、教学常规及作业常规作出详细规定。2006年起，教务处、教科室对教师各个教学环节进行定期检查并作出评价和记录，规定每学年结束时学校写好教学工作总结。

2012年，学校贯彻《泸溪县教学常规管理实施细则》，规定各任课教师执行课程标准，开齐开足开好各门课程。2014—2017年，建立健全教学管理制度和教学质量评价体系，在研究教材、备课、课堂教学行为、批改作业、辅导复习考试、成绩评定等方面加强教学管理。教研组长抓教师教学研究，年级主任抓课堂教学督查和班级管理，教科室每周对教师教案、集体备课进行一次检查，对作业布置及批改情况进行抽查，定期召开年级主任、教研组长和备课组长会议，研究和改进教学工作。

5. 教学研究。志仁中学时期，采用辰郡中学等外地中学教法。1950—1952 年，根据社会变革需要，注重政治教育，课程讲授采取理论联系实际方法，课堂教学与社会政治运动相接轨。1953 年，按照苏联模式教学，改革传统教学。1956 年，按照教学大纲制定教学计划。1958 年，在“大办农业”号召下，师生停课参加生产劳动。1959 年，采取半天劳动、半天上课教学方式，对课程进行调整，减少音乐、美术、体育授课时间。1962 年，按教学大纲和教材组织教学，各学科教学注重基础知识和基本技能“双基”教学。语文教学在借鉴一中经验基础上，加强直观形象教学，将抽象意识具象化，教学效果明显.1963 年，语文教师刘支亮受邀参加全省语文教学经验交流会，并作经验介绍。

1970 年，课程分为政治课与社会主义文化课两大类，政治课类有学习毛泽东著作课，“三史(家史、村史、厂史)”课；文化课类有语文、外语、文艺、军体；生化数理课改设为农技、农机、测量课。1977 年，高考科目分为文史和理工两类，文科考试科目为政治、语文、数学、史地，理科科目是政治、语文、数学、理化，报考外语专业加试外语。1979 年，以课堂教学为主，突出“双基”教育，恢复正常课程、课表和教学研究活动，组织教师学习新编教学大纲和教材。

1983 年，开始实施尝试教学法实验。按新教学大纲、新教材设置课程和教学，在高中开设快慢班、尖子班、补习班，使用不同教材和复习参考资料，安排不同进度，教授不同内容，布置不同作业。引进和开展电化教学，改变课堂教学规律，实行录音教学、幻灯教学等教学方法。1984 年，学校组织教研组实验“自学辅导教学法”。1985—1988 年，在教学领域主要抓教学方法和教学手段改革。数学教师谢景发在高 49 班数学中采用“单元式教学法”；语文教师杜良生借鉴外地六课型单元教学法经验，改革语文教学课堂结构；英语教师吴代欢在教学中采用“设疑提问法”进行课堂教学。20 世纪 90 年代，学校提出“以教育科研为杠杆，推进教学改革，提高教育质量”教研思路，教研课题命题以素质教育为出发点和归宿，着重解决教学实践中实际问题。1995 年 12 月，刘本忠、谭子应《改革出成果，一校多功能》论文获省三等奖。1996 年 5 月，《改革出成果，一校多功能》课题获州第四届中小学教育教研成果经验一等奖。2000 年，由谭必刚、秦红撰写的《强化主体意识，推进素质教育》论文获州一等奖。

2001—2004 年，推行素质教育，注重教学研究。运用实验教学和现代化教育技术，建立新型课堂教学模式。2005 年，开设综合实践活动课程，以“学校有特色，教师有专长，学生有特长”为办学追求目标。2007—2009 年，实施“课改工程”“校本工程”，坚持以教学为中心，改进教学管理，提高教学质量。2010 年，申报省“十一五”规划重点课题《民族地区农村中学“动态优化课堂教学”策略研究》，经省教育科学规划办审核，获准立项。

2011年起，将教学研究纳入师德教育之中，开展政治思想、职业道德、遵纪守法、爱岗敬业“四种教育”为主要内容“责任教育”活动。2012—2015年，相继开展“树三品、献三爱、创三优”“强师德、提师智、练师能”“守德练艺、凝能圆梦” “厚德精业、崇教敬业”等主题教育活动。2016年，开展“修德正身、强责提能”活动，建立师德师风承诺制、监督制、考评制。2017年，以“修德铸魂、遵规正行”活动为载体，激励教师争做有理想信念、有道德情操、有扎实学识、有仁爱之心“四有”好教师。致力实现师德师风更优良，教风学风更优化“两个转变”，实现在教师整体素质和师德素养上有提升，在服务社会、服务家长、服务学生上有提升，在树立教师良好形象上有提升，在推进学校各项工作和教育教学质量上有提升。

6.高考。1978年，实行全国统一高考招生考试。1981年起，高考实行预选制度，学生通过预选才获得参考资格。1993—1995年，实行会考制度。高中三年级考试科目有语文、数学、英语3门，同时进行物理、化学、生物实验考查和劳动技术操作考查。1996—1999年，实行“3+2”考试制度。语文、数学、英语3门课必考，文科加试政治、历史，理科加试物理、化学。2000年起，高考实行“3+x”模式，考试总分750分。2002年，高考科目设置为“3+文科综合／理科综合”。2003年，高考时间提前在每年6月7—8日进行。从是年起，按照 “3+x”高考模式。

学校加强高考管理工作。在高三学生高考复习中，督促教师备好课、上好课，落实教学计划。按照“低起点、小步伐、宽领域”教学思路，执行课程计划，实施分层次教学。组织高三教师研究考纲，研究考题，明确高考能力要求。要求高三教师优化课堂，把握重点，讲清难点，突出考点，关注热点。划分学段，精心安排。根据高考规律对各学段进行安排，定期召开高三教师会和学生会，分析形势，明确任务，增强师生取胜高考信心。

(三)学校管理

1.德育。20世纪50至70年代，学校根据全面发展的教育方针，对学生进行爱国主义、集体主义教育和热爱劳动教育。1980年起，政治思想教育内容以贯彻《中学生守则》为主，开展“五讲四美三热爱”活动，加强形势教育，爱国主义教育和法制教育。20世纪90年代，坚持“德育为首、五育并举”，积极开展德育活动和革命传统教育。至2017年，学校形成以校长负责，党支部书记主管，教导主任主抓，专职德育副教导主任专抓德育工作网络。倡导学生自主管理，加强学生思想品德教育、法制教育、国防及党史国史教育、禁毒教育。每周星期一举行升旗仪式和主题班会课，对学生进行热爱祖国、热爱学校、热爱班级等思想教育，培养学生遵纪守法、文明礼貌，做时代新人。

2.综合治理。(1)安全管理。1989年之前，安全工作由教导处统一负责。1998年，成立学校安全工作领导小组，配备专门人员负责校园安全管理工作。2004年起，学校聘请2名保安公司人员看护校门。落实安全和稳定工作责任制，做好安全知识教育，提高学生自救、互救意识和能力。每年举办一次安全知识讲座对学生进行各类专题安全教育，召开一次安全教育主题班会，开辟一个安全教育专栏，举行一次安全防护技能演练。建立健全食品卫生制度，对食堂工作进行随机检查督促与指导，保证食品卫生和师生饮食安全。2015 年，学校落实技防措施，安装了电子监控系统，在校园、教学楼、实验楼等处安装 100 多个摄像头。至 2017 年，先后建立《校园文明规约》《学生一日常规》《寄宿生管理办法》《学生集体外出活动安全管理制度》《保安职责》《门卫若干规定》《突发事件预案》等一系列制度。

(2)创建平安校园。2006 年，学校开展创建"平安校园"活动。坚持"教育为重，预防为主，标本兼治，重点治本"方针，加强校园安全防范，定期对学校各处进行安全大检查。2014 年，制定禁止学生校园内使用手机，禁止吸烟喝酒、打牌赌博，禁止学生谈恋爱，禁止购买校外商贩饭菜，禁止骑摩托车，禁止打架斗殴，禁止下河、下塘洗澡，禁止夜不归宿，禁止爬围墙外出，禁止搭乘三无车辆"十禁"规定，形成长效机制。

3. 助学帮困。2005 年起，学校坚持"以生为本、爱心育人"帮困助学理念，建立困难学生资助制度，按照"不让一个学生因家庭经济困难而失学"承诺，先后争取和利用希望工程、爱心助学、学生助学金、"两免一补"等方式帮助困难学生继续学业。学校每年从学费收入中按比例提取学生资助专项经费，用于资助家庭经济困难学生。2011 年，救助学生 1349 人次，资助总金额 97.75 万元。其中，救助高中贫困生 829 人，救助金额 71.75 万元，救助初中贫困生 520 人，救助金额 26 万元。2012—2015 年，累计救助贫困学生 6253 人次，资助金额 372.07 万元。

2016 年，实施教育精准扶贫，重点对建档立卡贫困户、低保户学生实施教育扶贫。本年度共资助建档立卡学生 1170 人次，发放国家救助 116.24 万元，社会救助金额 23.22 万元，学校救助 15 人次 1.2 万元。2017 年，资助建档立卡学生 958 人次，发放国家救助 154.40 万元，社会救助金额 76.40 万元，学校救助 12 人次 0.96 万元。

(四)学校建设

1. 校舍建设。民国 35 年(1946)，志仁中学设立时，姚少安、姚稚安兄弟以 200 亩田产作为办学基金。中华人民共和国成立后，1951 年，学校使用原辰郡中学所留校舍。1953 年，县人民政府拨款 1.20 万元建成第一栋教学楼，有教室 4 间，办公室 2 间，建筑面积 300 平方米。此后，陆续修建教学楼和师生宿舍，对旧校舍进行改造，至 1986 年 3 月迁出旧校址前，校园占地面积 1.6 公顷，建筑面积 4871 平方米，其中，教室 1230 平方米，仪器室、实验室 216 平方米，图书室 72 平方米，学生宿舍 640 平方米，教职工宿舍 1000 平方米。1986 年，投资 160 万元在泡子冲兴建新校区。

2011 年，投入 310 万元，修建 2 栋教师保障住房，建筑面积 3800 平方米。2015 年，投资 700 万元，新建高中教学楼。至 2017 年，校园占地面积 13.88 万平方米，建筑面积 2.30 万平方米，绿化面积 5.90 万平方米。

2. 基础设施建设。2010 年，投入资金 140 万元改造学校大门；投入资金 230 万建设休闲广场；筹措资金 80 万元，新建 4 个标准篮球场。2012 年，投入资金 350 万元，新建和改造学生食堂2600平方米，解决师生就餐拥挤状况。投入资金65万元实现“班班通”，投入资金150万元，配置实验仪器、音体美等设备及配置电脑50台，建立微机室；投入资金100万元，更新物理实验室、化学实验室和生物实验室设备；2015年，投资110万元，改校园混凝土道路为黑色炒砂路面。2016年，投资896万元，实施400米标准田径运动场及附属工程建设。2017年，投资627万元，建设高中教学楼，面积3183平方米；投资433万元，建成2977平方米学生宿舍楼。

3.教学仪电设备。1953年起，学校始购置图书仪器。到1985年学校图书室藏书7000册，仪电设备能基本满足高、初中理化生各种实验要求。到1989年底，学校教学设备价值18万元。至2017年，学校建有微机室2个，语音室1个，多媒体教室2个，实验室8个，仪器室、准备室各6个，音乐室3个，美术室3个，劳技室1个，图书室2个，阅览室4个，电子阅览室1个，会议室2个，大型多功能学术报告厅1个，53间教室配备多媒体、电脑总数303台，教学设备价值34.215万元。

(五)学校荣誉

学校在办学过程中，贯彻党和国家教育方针政策，在教育教学中取得显著成绩，获得省州县多种奖励和荣誉。

1.省级：1989年，全省勤工俭学先进单位。1990年，湖南省中小学教学仪器设备达标学校、省级文明卫生单位。

1994年，湖南省实验教学普及县验收合格先进单位。1998年，湖南省中学实验教育活动先进单位。1999年，湖南省勤工俭学先进单位。

2004年，省级绿色学校。2005年，湖南省中初等学校勤工俭学先进单位。

2.州级：2002年，全州普通高中教学质量评价一等奖。2004年，全州普通高中教学质量评价二类学校一等奖、湘西自治州基础教育教学研究实验学校。2007年，全州先进基层工会。2008年，湘西自治州学习型学校。2009年，全州安全文明校园。

2010年，全州学校及周边治安综合治理工作先进单位、2008—2010年度教学常规优秀学校。2012年，全州学生资助工作先进单位、全州实验教学工作先进单位、德育工作示范学校、全州信息化资源研发工作先进单位。2013年，全州“园林式单位”。

2014年，湘西自治州教育科学研究院高中教学研究基地。2016年，全州学校后勤服务工作先进单位、民族团结进步示范单位。2017年，第六批湘西自治州示范家长学校。

表15—2　　泸溪二中高考录取统计一览表

年份	录取人数				清华、北京大学录取学生
	合计	重点	本科	大专	
1977—1980	27		5	22	
1981—1990	140	2	35	103	田宏国考取北京大学
1991—2000	284	6	52	226	
2001	81	8	14	59	
2002	138	11	31	96	
2003	103	15	46	42	
2004	219	13	65	141	
2005	258	8	43	207	王英瑛考取清华大学
2006	286	7	86	193	
2007	321	8	107	206	
2008	275	13	66	196	
2009	375	10	124	241	
2010	374	9	154	211	王振南考取清华大学
2011	407	9	197	201	
2012	354	22	90	242	
2013	405	20	65	320	
2014	352	29	76	247	
2015	286	21	113	152	
2016	333	11	111	211	
2017	458	17	135	306	

第二节　完全中学：泸溪县第五中学

一、概况

泸溪县第五中学前身是上堡中心完全小学初中部。1978 年，初中部与小学分离，将潭溪中学（时称泸溪县第五中学）高中部并入，另辟地址建设和创办新的泸溪县第五中学，第一任校长游传贵。

1984 年，第五中学高中部并入泸溪一中，成为一所独立初中学校，1996 年，县一中迁往白沙新城区，五中迁至第一中学原址。2006 年，恢复高中教学。2017 年，有专任教师 200 人，开设初中班级 15 个，初中学生 743 人；开设高中班级 21 个，高中学生 1044 人。学校占地面积 63878 平方米，建筑面积 19269 平方米，是一所县级完全中学。

二、校舍建设

2004 年，投资 68.90 万元，修建男生宿舍楼，建筑面积 1463 平方米。2005 年，投资 179.88 万元，修建行政办公楼、食堂，建筑面积分别为 1633 平方米、1228 平方米。2006 年，投资 132.41 万元，修建高中教学楼，建筑面积 2026 平方米。2007 年，投资 156.37 万元，修建教师周转房，建筑面积 1300 平方米。2009 年，投资 249.26 万元，建成女生宿舍楼，建筑面积 2175 平方米。2014 年，投资 806.35 万元，新建艺术综合楼，建筑面积 6300 平方米。2016 年，投资 676.03 万元，修建塑胶综合运动场、明溪图书馆、棋林，新增校舍面积 7408 平方米。

至 2017 年，学校占地面积 63878 平方米，其中绿化用地面积 29460 平方米，体育运动场面积 21000 平方米。校舍建筑面积 19269 平方米，教学及辅助用房 4167 平方米，其中教室 3724 平方米，实验室 189 平方米，微机室 189 平方米。行政办公用房（教师办公室）1100 平方米。生活用房 6659 平方米，其中教工宿舍（教师周转宿舍）1256 平方米，学生宿舍 3689 平方米，食堂 1228 平方米，厕所 486 平方米。

三、教学规模

2007 年，学校开设班级 36 个，其中初中班 24 个，高中班 12 个。在校学生 1716 人，其中初中学生 1412 人，高中学生 304 人。专任教师 118 人。2008 年，开设班级 42 个，其中初中班 24 个，高中班 18 个；在校学生 1912 人，其中初中学生 1398 人、高中学生 514 人。专任教师 145 人。2011 年，开设班级 41 个，其中初中班 23 个，高中班 18 个；在校学生 1803 人，其中初中学生 1047 人，高中学生 756 人。专任教师 172 人。2014 年，开设班级 39 个，其中初中班级 21 个，高中班级 18 个；在校学生 1870 人，其中初中学生 959 人、高中学生 911 人。专任教师188人。2017年，开设班级36个，其中初中班级15个，高中班级21个；在校学生1787人，其中初中学生743人、高中学生1044人。专任教师200人。

四、图书仪器

2007年，学校图书室521平方米，藏书11500册，计算机150台，教学仪器设备资产值33.3万元。2016年，投资312.98万元，新建明溪图书馆，建筑面积1108平方米，内设电子阅览室和纸质阅览室，座位272个。2017年，明溪图书馆投入使用，馆藏图书59644册，学校有计算机200台，教学仪器设备总值280.95万元，其中实验设备价值83.10万元。

五、勤工俭学

建校以来，学校根据教育主管部门要求，组织全体师生，开展勤工俭学活动。2007年，被评为泸溪县勤工俭学工作先进单位。2013年，被评为全州勤工俭学工作先进单位。

六、扶贫助学

2009年，发放初中贫困寄宿生生活补助金6万元，资助学生160人；发放湖南省普通高中国家助学金1.50万元，资助学生30人；发放少数民族助学金1万元，资助学生49人；发放中国石化助学金4.95万元，资助学生33人；发放彩票公益金助学金2.30万元，资助学生46人；发放宋祖英助学金3000元，资助学生3人；发放李勇助学金3000元，资助学生3人。2010年至2015年，学校共发放初中贫困寄宿生生活补助金和国家助学金160.46万元，救助初中学生2303人次；发放湖南省普通高中国家助学金144.07万元，资助高中学生2184人次；发放贫困大学生助学金3.30万元，资助学生11人次；发放少数民族助学金3万元，资助学生240人次；发放中国石化助学金33.78万元，资助学生205人次，捐赠床上用品500套(件)，价值20万元；发放宋祖英助学金8万元，资助学生70人次；发放政府组织、社会团体和个人资助金109万元，资助学生1191人次。

2016年，实施教育精准扶贫脱贫。发放国家助学金110.06万元。其中，核准初中建档立卡学生327人次，资助金额32.70万元；核准高中建档立卡学生334人次，资助金额52.80万元。高中减免学费307人次，减免金额24.56万元；发放社会助学金27.54万元。获湖南省地勘局、晚安家居、宋祖英基金、华佗论剑奖学金等社会团体和爱心人士捐赠34.43万元，资助学生247人次。中石化联合石化捐赠学生床上用品200套(件)，价值6万元；捐赠钢琴5架，价值6.01万元。发放学校助学金4.12万元，减免校服费10人，金额1500元；减免学费12人，金额9600元；爱心义卖助学金4481.20元，资助38人次，奖励优秀学生80人，金额2.56万元。

七、学校荣誉

学校创办以来，先后获得县以上各种奖励荣誉一百多项。2009年，获湘西州"普通高中教学质量评价一般普通高中组二等奖"。2010年，评为湘西自治州"2008—2010年度教学常规优秀学校"，获湘西州普通高中"两考"质量综合评价二等奖。2011年，获全州"普通高中教学质量综合评价一般普通高中组二等奖"。2012年，进入湖南省教育学会学校心理教育专业委员会理事单位，评为湘西自治州"五好关工委"，获全州"普通高中教学质量综合评价(一般普通高中组)一等奖""全州第二届中小学生艺术展演中学组艺术表演二等奖"。2013年，获湖南省"第八届中小学校园文学大赛优秀组织奖""全州普通高中"两考"质量综合评价(一般普通高中)二等奖"。2014年，确定为湘西州"德育工作示范学校"，评为湘西州"学生资助管理工作先进单位"，获湘西州"普通高中"两考"质量综合评价(一般普通高中)二等奖""湘西州第十四届中小学生田径运动会高中组团体总分第八名"。2015年，获湘西州"第三届中小学生艺术展演活动二等奖"。2016年，确定为"州级语言文字规范示范学校"，评为湘西州"模范教工之家"，获全州"普通高中"两考"质量综合评价(一般普通高中)二等奖""全州普通高中高考专业类考试质量评价二等奖""湘西州首届中小学生建制班合唱比赛二等奖""湘西州第十五届中小学生田径运动会高中组团体总分第八名"。

2017年，校长：王维红(2013—2017)、李建军(2017任职)。

表15—3　　泸溪五中教员职工学历情况一览表　　单位：人

类别	教职工人数	男	女	学历情况				职称情况				
				硕士研究生	本科	专科	高中及以下	副高	一级	二级	未定	技术工人
合计	202	98	104	5	159	36	2	41	87	60	12	2
初中	103	47	56	1	70	30	2	15	55	27	4	2
高中	99	51	48	4	89	6		26	32	33	8	

表15—4　泸溪五中初中基本情况一览表　单位:个、人

年度	开设班级数	在校学生数	教职工	升高中	升师范大专
2007	24	1398	64		
2008	24	1300	80		
2009	23	1195	86		
2010	23	1186	105		
2011	23	1047	105		
2012	22	1035	98		
2013	21	977	111		
2014	21	959	103	201	2
2015	20	881	110	217	1
2016	18	807	104	183	2
2017	15	743	103	179	1

表15—5　泸溪五中高中基本情况一览表　单位:个、人

年度	开设班级	在校学生	教职工	高考情况				
				参考数	上线%	一本	二本	三本
2007	12	514	54					
2008	18	688	65					
2009	18	610	66	190	7.8	1	12	2
2010	18	683	71	189	39.6	5	38	32
2011	18	756	78	211	54	6	69	39
2012	18	823	79	173	57.8	12	60	28
2013	18	890	77	221	34.3	9	35	32
2014	18	911	87	268	23.5	14	44	5
2015	19	983	95	240	39.2	18	61	15
2016	20	1061	99	237	39.6	21	54	19
2017	21	1044	99	271	29.2	10	63	6

表15—6　泸溪五中高考情况一览表　单位:个、人

年　度	一本录取人数	二本录取人数	备　注
2009年	1	12	
2010年	5	36	
2011年	6	69	
2012年	12	60	
2013年	9	35	
2014年	14	44	
2015年	18	61	
2016年	21	54	
2017年	10	63	

第三节　独立初中

一、泸溪县第三中学

泸溪县第三中学创建于1958年，位于兴隆场镇场上，第一任校长罗先。1969年，开设高中教学。1990年高考，全县文科、理科状元均出自三中。2006年，全县教育资源调整，撤销高中部，成为县属独立初中学校。2007年到2009年，连续三届湖南省校园文学大奖赛中，有40多位学生获奖。

2010年，投入600万元建设资金，拆除学校5栋危房，新建5层楼面积1600平方米学生宿舍和拥有60套教师住房廉租房各1栋，按标准配齐各种功能室及设施设备，修建250米标准跑道和三个标准篮球场，体育场地面积5188平方米，校园绿化面积4000平方米。2015年，投资建设可容纳600多人就餐学生食堂，装备理、化、生实验室、图书室、计算机室、功能多媒体室、会议室，各类图书藏量1万册。通过湖南省义务教育合格验收，成为一所标准合格农村独立中学。2016年，被评为湘西州"学习型学校"、湘西州"教学常规先进单位"。2017年，在中考和初二生地会考中，考试成绩名列全县前茅。是年，贯彻落实全县精准扶贫会议精神，根据学校实际，落实教育扶贫工作。实施义务教育阶段"两免一补"政策，对家庭经济困难寄宿生、建档立卡贫困生，给予生活补助。多渠道筹集贫困生、留守儿童、困难儿童救助资金，推进社会力量采取"一对一"方式帮扶贫困学生。做好控辍保学工作，通过参加"万名教师访万家"活动、召开"家长会"等形式与学生家长进行沟通，确保学生全部入学。争取上级资金扶持改善办学条件，为教学班配齐"班班通"教学设施。建立健全精准扶贫档案台账，建立贫困生、留守儿童、困境儿童资料数据库，根据实际情况进行动态管理，发挥各种教育扶贫资源作用，确保教育精准扶贫工作稳步实施。

至2017年，学校占地面积21362.48平方米，建筑面积9246.64平方米，其中，教学用房3512.42平方米。拥有仪器电教装备价值145.60万元，图书藏量12501册，固定资产总值669万元。2006年9月，撤销高中部，成为独立初中学校。2017年，开设教学班级9个，在校学生382人，在编教师44人，其中高级职称6人，本科以上学历39人。校长：陈永国

表15—7　　泸溪县第三中学部分年段基本情况统计表

年度	在校学生		高考升学			教职工（人）	备注
	初中	高中	中专	大专	本科		
1960—1970	60					5	
1971—1980	240	50				40	
1980—1990	350	120				50	
1991—2000	1000	150	20			90	
2001—2010	700	140				80	
2015	400					48	
2017	400					42	

二、泸溪县第四中学

泸溪县第四中学位于合水镇政府所在地，是一所县属独立初中学校。

1958 年，泸溪县政府根据农村教育发展需要，在合水场上村设立农业中学，有教师 2 人。1959 年，撤销农业中学，学校迁至位于合水公社老儿坪村四中校址，建立合水中心完小附属中学，开办初中教学班。时任校长杨育英。1960 年，附中首届招收 3 个初中班。1961 年，第二届招收 2 个初中班，在校初中学生 200 人。1962 年，合水中心完小附中停办，在校 12 名初中学生转入兴隆场中学就读。1963 年，恢复附中办学，招收初中班级一个，学生 40 人。1966 年，更名为东方红中学。1968 年，更名为向阳中学。是年，学制缩短，实行“九年一贯制”，即小学 5 年，初中和高中各为 2 年，当年招收第 6 届初中班，与第 5 届学生合班，两年后同期毕业。

1968 年，合水中心完小附设初中分离，设立合水中学，开办高中教学班，学校成为完全中学。时年，有教师 30 人，首届招收高中一年级 1 个班级，学生 8 名。此后每年招收 1 个高中班，年办学规模为初、高中班共 10 个班级，在校初、高中学生 400 人。这一时期，从外地下放一批高学历教师来校任教，学校师资力量比较雄厚。

1972 年，合水中学更名为泸溪县第四中学，时任校长杨秀涛。1980 年，学校有教职员工 40 人，开设 12 个教学班级，在校初、高中学生 600 人。1981 年，停办高中教学班，成为独立初中学校。1984 年，学校创办农业职业技术教育高中部，更名为泸溪县农业职业中学，是泸溪县第一所农业职业技术教育学校。职业高中设立土肥和畜牧两个专业，县农业局、畜牧局分别调来 2 名专业技术人员任专业课程教师。至 1988 年，有教师 50 人，每年招收职业高中一个班，每班 30 人，共招 5 个班级。初中教学规模逐年扩大。

1989 年，县第一农业职业中学搬迁至上堡乡唐家排村，更名为泸溪县第一职业中学。大部分学生和职高教师调往职业中学学习和从事教学工作，原农中职五班部分学生转为普通高中班就读。泸溪县第四中学再次成为独立初中学校。

1990 年至 1994 年，学校办学规模为初中三个年级，每个年级 4 个班，在校学生 700 人，教职员工 40 人。1995 年至 2005 年，教职员工在 50 人，在校学生人数 900 人。其中办学规模最大年份每个年级开设 5 个教学班，在校学生 1100 人，教职员工 60 人。

2006 年，初中每个年级设 4 个教学班班，在校学生 700 人，在岗教师 50 人。

2008 年至 2016 年，累计投入资金 1000 万元，实施基础设施建设，改善办学条件。其中，投入 56 万元，修建学生食堂。投入 205 万元，新修教学楼一栋。投入 78 万元，装备“三通两平台”每间教室均配备多媒体投影设备。投入 100 万元，对教学功能室进行改造，装备物理、化学、生物仪器室和实验室，音、体、美、劳技、电脑、语音、少年宫等教学功能室。投入 210 万元，对学生宿舍、浴室、运动场和校园围墙进行整理。投入 200 万元，实施校园绿化工程。学校办学条件发生根本性变化。这一时期，学校通过学习国内课改名校经验，结合本校实际情况，在教学实践中确立“学案引路，三环五步”课改模式。课前教师制定导学案，引导学生自学，上课时学生展示自己的学习成果，课后再进行学习反馈，通过三维立体教学，学生思维能力得到提升，实践操作能力得到提高。经过两年探索，学校探索了一条以课程改革为抓手，兴趣课堂为载体，情感教育为支点“幸福教育”之路，将学校打造成学生“幸福王国”。湘西州 50 余所学校先后到校观摩交流，《中国教育报》《湖南教育》《湖南经视》 等多家媒体到校采访和报道学校课改经验。

2017 年，学校占地面积 18839.22 平方米，建筑面积　6348 平方米，其中教学用房 2910 平方米。拥有教学仪器电教装备价值 70.13 万元，图书藏量 13000 册，固定资产总值 948.32 万元。开设初中 3 个年级 9 个教学班，在校学生 500 人，教职员工 40 人。校长：陈伟。

表15—8 泸溪四中部分年段基本情况统计表

年度	在校学习		高孝升学			教职工（人）	备注
	初中	高中	中专	大专	本科		
1960	170					10	
1962	30					6	
1968	300	8				20	
1975	300	300				25	
1977	300	300	1	1		25	
1980	300	100	3	1		25	
1981	300		3			20	中考
1985	270	90	3			30	中考
1990	600		7			35	中考
1991	700		9			38	中考
1996	850		12			40	中考
2000	1100		15			50	中考
2005	900		5	3		48	中考
2010	780			5		59	中考
2017	450			4		47	中考

三、白沙中学

2003年，泸溪一中初中、高中分离。中国石化集团援建初中部校舍建设，校名石化中学。2013年8月，初中部从泸溪一中剥离，成为独立全日制初级中学，更名为白沙中学。

9月，学校有教学楼、科技楼各1栋，5个水泥球场。2014年，学校修建绿色环保校园停车场，新建教师公租房和“一鸣亭”，对教学楼周围进行绿化美化。2015年，新建运动场，面积7954平方米。县教育局在白沙中学建立“泸溪县李玲初中语文名师工作室”，有首席专家、成员及学员20人。2016年1月，建设能容纳3000名师生同时就餐食堂；9月，新教学楼建成投入使用，建筑面积2448平方米。2017年，多功能教室投入使用，建筑面积784平方米。

至2017年，学校占地面积46332平方米，建筑面积21444.95平方米，其中，教学用房11817.38平方米。拥有仪器电教装备总值417.75万元，图书藏量74838册，固定资产总值2424.95万元。教职员工213人。学校开设教学班57个，在校学生2926人。是一所城镇独立初中学校。校长：李玲。

自建校以来，获得多项荣誉。2013年，确定为“湘西自治州教师专业发展示范学校”。2014年，确定全国青少年五好公民“美丽中国　我的中国梦”主题活动示范学校；评为“湖南省第二届优秀生物教研组”。2015年，获“第三届中国汉字听写大会湖南（湘西）赛区选拔赛第一名”“第三届中国汉字听写大会湖南省级选拔赛二等奖”“湘西州第三届中小学生艺术展演活动选送《风雨担架》一等奖”。2016年，获“湘西州实验教学及创新教育工作先进单位”“湘西州“十二五”中小学生教师继续教育工作先进单位”“湖南省青少年国学大赛湘西州赛区复赛三等奖”；湘西州第十三届中小学生独唱、独奏、全州中小学生田径运动会初中组团体总分的第一名、独舞比赛初中组团体总分一等奖。2017年，获湘西州第二届中小学生校园足球联赛初中男子组第一名。

表15—9　**白沙中学在校学生情况统计**　单位：个、人

时间	班级	学生	七年级		八年级		九年级	
			班级数	学生数	班级数	学生数	班级数	学生数
2013年	48	3100	16	1093	16	1040	16	967
2014年	49	3078	16	1022	16	1130	17	926
2015年秋	51	2960	16	1098	17	939	18	923
2016年秋	54	2881	19	1001	18	941	17	939
2017年秋	57	2926	20	983	19	1010	18	933

表15—10　**白沙中学升学情况一览表**

年度	升高中数	升学率%	升中专数	升师范大专	备注
2014	989	90.81		18	毕业学生1089人
2015	925	91.76		12	毕业学生1008人
2016	956	87.63		16	毕业学生1091人
2017	896	96.34		13	毕业学生930人

四、潭溪中学

潭溪中学创办于1950年9月，校址在张家湾老渡口码头右侧，初名潭溪学校，时有学生30多人。因校址狭小，且靠近峒河，是年冬，潭溪区政府筹集资金，群众出工献料，在潭溪张家湾村伢伢坪动工修建3栋木质结构和1栋砖木楼房新校舍。1952年春，学校迁至新址。1953年，学校更名兄弟山民族学校。1953年，时任校长张金勇撰写校歌，青年教师张声祥谱曲。1954年秋，学校始设初中1个班，招收学生20人。1955年，初中部迁至土麻寨村319国道后面山坡团鱼包。时任校长许世清。1958年9月，初中部更名为潭溪林业中学。1963年9月，林业中学再次更名潭溪附属中学。1968年9月，更名为潭溪中学。1971年，兄弟山民族学校与潭溪中学整合，更名潭溪镇中心学校。1972年，全县普遍兴办高中，潭溪中学改名为泸溪县第五中学，始设高班级1个，学生20人。至1977年春，泸溪县第五中学共开办5届高中班。9月，高中部迁至上堡公社罗家坪处，与上堡小学初中部合并，组建一所完全中学，仍沿用泸溪县第五中学校名。

1980年，潭溪中学与小学分开，成为农村独立初中学校。开设初中3个年级，学生50人。1983年，初中班级由原来每个年级1个班，发展为每个年级2个班。全县期末考试，潭溪中学学生数学成绩名列全县初中学校第一名。1985年，在全县中学毕业考试中，潭溪中学成绩排名初中年级第一名。1986年，新建1栋4层教师宿舍楼。当年中考成绩全县第一，其中4人被中等专业学校录取，县一中高中部录取15人。1989年、1993年两年教学成绩排全县前列。1998年，修建1栋3层教学楼。

2000年，学校初中三个年级每个年级设5个教学班，学生总数900人。是建校以来人数最多时期，学校成为普及九年一贯制合格学校。2005年至2006年，新建1栋4层教学楼。2008年，新建高标准学生食堂，建筑面积453.80平方米，改造校园内道路，修建操场和塑胶跑道。

2014年10月，在教学楼原址上，新建设6层48间教师公租房1栋。2015—2016年，整合师资力量，分为语文组、英语组、数学组、音体美政地生4个教研组，为每间教室配备班班通设备。组织教师与学生结对帮扶，开展教育扶贫脱贫。

至2017年，学校占地17296平方米，建筑面积6393平方米。其中教学用房2007平方米。图书室藏书1.31万册，仪器仪电总值1041万元，固定资产总值2181万元。教职员工50人，开设班级9个，学生450人，是一所农村独立初中学校。校长：杨桥刚。

学校先后荣获全国"民族团结进步先进集体"、全国"五四红旗团支部"，湖南省"五四红旗团支部"、湖南省"首届中小学生合唱比赛二等奖"，湘西州"生态文明示范学校"、湘西州"民族团结进步示范学校"。

表15—11　　　　　　　　潭溪中学基本情况统计表

年度	开放班级	在校学生数	教职工数	升中高数	升中专数
1951	1	50	5		
1961	9	328	35		
1975	10	425	35		
1989	9	450	27		
2000	14	980	38		
2005	13	872	40		
2014				48	91
2017	8	415	50	43	

五、小章民族中学

泸溪县小章民族中学位于小章乡政府所在地小章村。1958 年，在公社所在地马儿包山下修建一所九年一贯制学校。建校初期，学校有教室 4 间和简单教师宿舍、食堂等基础设施。第一任校长杨庭发。1958 至 1972 年，初中部开设 3 个班级，学生 158 人，教职工 11 人。1973 年至 1981 年，学校增设高中部，每年开设高中班 1 个，每班学生 30 人，学制 2 年。高中部开设 8 年，办班 8 个。

1982 年，从小章中心完小分离，取名小章民族中学。1983 年后至 1989 年，每年开设 6 个初中教学班级，教师由大专、本科教师任教，教职工稳定在 20 人，年均在校学生 300 人，每年有 15 人升入高中，10 人升入中等专科院校就读。至 1990 年，在校学生 320 人，教职工 25 人。1995 年至 2000 年，启动中小学危房改造工程，学校新建有 16 间教室四层教学楼 1 栋，修建新学生宿舍。投入资金修建 6 层 30 套教师公租房 1 栋。2005 年，有教职员工 39 人，在校学生 728 人，升高中人数 80 人，中等专科学校 4 人。2008 年，被评为“湘西州学习型学校”。此后，随着城镇化建设速度加快，办学规模逐年缩小。

至 2017 年，学校占地面积 25560 平方米，建筑面积 6097 平方米，其中，教学用房 2428 平方米。图书室藏书 13087 册，教学仪器总值 47.10 万元。开设教学班级 7 个，在校学生 353 人，教职工 33 人。校长：邓永前。

表15—12 小章民族中学基本情况统计表

年 度	开设班级	在校学生	教职工数	升高中数	升中专学校数	升师范大专学校数
1951						
1961	3	109	9	23		
1975	4	217	12	31		
1989	6	324	15	11	13	
2000	6	315	27	23	8	
2005	10	724	39	67		1
2017	8	353	33	25		1

六、达岚中学

达岚中学始建于1959年，坐落在达岚坪社区。建校初期，学校名称为达岚农业中学，学校有3间教室和6间学生宿舍。设3个教学班，学制三年，教职工10人，第一任校长杨通联。1960年，生源除本公社外，还有来自于浦市镇和麻阳县临近村庄学生。1966年至1976年，由贫下中农协会负责学校管理工作。1978年，学校恢复正常教学秩序，教学质量、教师素质得到提高。

1980年秋，学校与小学合并，设立学区，实行“六三学制”，即小学六年、初中三年。1982年，中小学分离，校址由岩子岭迁移至刘家坡村下小溪边，更名为达岚中学。1984年秋，达岚中学更名为达岚镇中学。

1991年，修建教师宿舍1栋18套。1995年后，新建1栋12间教室教学楼和1栋40间寝室学生宿舍楼、1栋9间功能室综合楼，配制45台微机，开设计算机教学课程。2007年，新建教师公转房16套。评为“全州中小学就读保障体系建设工作先进单位”。2010年，投入资金70万元，新建运动场。2012年，投入资金260万元，新建综合楼1栋。2010年，评为“全州实验教学先进单位”。2016年，学校装配电子备课室、电脑室、音乐舞蹈室、美术室、理化生实验室、劳技室、图书室、多媒体教室，购置学生课桌椅300套，学生就寝铁床300套。

2017年，学校占地面积13220平方米，建筑面积4597平方米，其中教学用房1535平方米，拥有仪电教学装备总值53万元，图书1.85万册，固定资产总值439.91万元。学校有教职工37人，开设八个班级，学生367人，是一所农村独立初中学校。校长：黄明文

表15—13　　达岚中学基本情况统计表

年　度	开放班级	在校学生	教职工数	升高中数	升中专数	升师范大专学校数
1961	3	120	9			
1975	3	135	16			
1989	6	310	23			
2000	12	720	45			
2005	13	880	47			
2017	8	376	37	49	48	2

七、永兴场中学

永兴场中学位于永兴场墟场，前身是永兴场乡中心完小附设初中部。1995 年，县教育局投资选址在距墟场 1 千米的公路后坎平地新建永兴场中学。学校占地面积 6903 平方米，建筑面积 2769 平方米。1996 年，初中部从永兴场中心完小分离，成为一所独立初中学校。教职员工 16　人，时任校长陈云平。

2000 年起，学校在加强教学管理同时，组织师生开展普及九年制义务教育、控辍保学、勤工俭学、教育脱贫等社会活动。通过这些活动，巩固“普九”成果，“不让一个孩子失学”，陶冶学生情操，改进学校帮扶，促进教育脱贫。2006 年起，加强师资建设。通过开展各种教育活动、学校结对帮扶等措施，提高教师教学能力。同时，对学生定期开展思想品德教育和安全教育。

2010 年起，投资建成 2 栋教学楼和 2 栋学生宿舍楼及附属设施。购置教学仪电仪器，添置图书。

2013 年，学校初三毕业率达到 98%。2014 年中考，全校 128 人参考，一中上线 50 人，二中上线 40 人，五中上线 15 人，民师定向生、幼师定向生上线 5 人。至 2017 年，学校普高上线率和录取率在农村独立初中连续 5 年占据第一名。

至 2017 年，学校占地面积 8384 平方米，建筑面积 4101 平方米。其中，教学用房 1600 平方米。拥有图书藏量 9000 册，教学仪器设备总值 45 万元，固定资产总值 565 万元。学校开设班级 40 个，在校学生 361 人，教职工 36 人。校长：李景斌。

表15—14　　永兴场中学基本情况统计表

年　度	班级	在校学生	教职工数	升高中数	升中专数	升师范大专学校
1996—2000	46	2113	16	670	158	
2001—2010	60	3089	32	846	200	10
2011—2017	40	2300	36	750	546	11

第四节　百年老校

一、武溪小学

(一)历史沿革

武溪小学前身为漁溪书院。清道光三年(1823),知县谭野改名为南溪书院。光绪二十八年(1902),改南溪书院为官立高等小学堂,聘廪生吴永勋为堂长。光绪三十二年(1906),分设为初等小学堂和高等小学堂。民国5年(1916),分为高等小学和县立模范初等国民小学。民国10年(1921),合并为县立第一小学。民国26年(1937),私立崇武实验小学、县立第一女子小学并入,成立武溪镇中心国民小学,成为县城独立小学。

1949年11月,泸溪县人民政府接管学校,武溪镇中心国民小学改名为第一区中心小学,胡光锟任校长。1953年,更名为武溪镇小学。1960年,改为武溪镇人民公社武溪小学。1963年,复名为泸溪县武溪小学。1964年,学校由城中街搬迁至后街长岭山麓下新校址办学。1996年,县城搬迁至白沙镇,学校大部分师生随迁到白沙小学教学和就读,学校仅留下部分教师和武溪镇本地学生。2002年9月,上堡中心完小更名为武溪中心完小。2011年3月,李家田学校并入武溪镇中心完小。2013年,调整学校布局,武溪中心完小整体并入武溪小学。

2017年,学校设党支部、工会、教导处、总务处、教科室。教导处下设少先队大队部、德育处。教科室下设一至六年级语数教研组、科学教研组、品德教研组、社会教研组、音美教研组、体育教研组。开办教学班级35个,在校学生1756人,校办幼儿园一所,在园幼儿500人,辖管顺家田小学1所。教职工163名,其中,中小学高级教师18人,中小学一级教师95人,县学科带头人1人,名师工作室成员2人。校长:谭永强。

表15—15　　武溪小学部分年份基本情况一览表

年度	开设班级	在校学生数	教职工数	小学升初中%
1951	8	349	20	60%
1961	16	806	43	63%
1975	24	2312	84	68%
1986	28	2676	134	85%
2000	30	1721	83	98%
2005	32	1916	97	100%
2017	35	1756	153	100%

(二)教学管理

1. 教学管理机构。1921年，学校始设教导处，负责教学管理和学生管理工作。教导处一直延续到1966年。1968年，学校成立革命委员会，教学管理工作由校革命委员会主抓。1970年，恢复教导处。1991年，教导处下设少先队大队部和德育专干，并设有语文数学2个教研大组。2011年，增设教科室。至2017年，设语文、数学、科学、品社、体育、音乐，美术等教研组。

2. 学制与课程。(1)学制。民国元年(1912)，按照中华民国教育部制定颁布《壬子学制》，初等小学堂学制为4年，高等小学堂学制为3年，小学阶段学制7年。民国11年(1922)，学校由7年制缩短为6年制，实行“四二”分段，即初等小学4年，高等小学2年，一直延续到1949年中华人民共和国成立。1953年，学校试行五年一贯制学制。1955年，恢复6年制学制。1960年，实施教学改革，再次实行五年一贯制。1963年，停止实行五年制，恢复六年制学制。1968年后，根据“学制要缩短”要求，又实行五年一贯制学制。1970年，学校附设初中班，实施初中教学，学制为7年制，其中小学5年，初中2年。1980年，停办初中班，初中班学生转入泸溪一中就读。1983年，学校恢复六年制，统一实行秋季招生始业。

⑵教学计划与课程设置。清末，官立小学堂开设读经、讲经、国文等课程。民国9年(1921)，国文改为国语，取消读经课。民国13年(1924)，高小改革国语课，实行说、读、写并重；初小增设社会、自然课，将原设修身课改为公民课，图画课改为手工课。民国17年(1928)，高小增设三民主义、童子军、卫生等课程。

中华人民共和国成立后，1950年，废除公民课，改为政治常识课，每节课时定为45分钟。1952年，执行教育部《小学教学计划》，开设语文、算术、自然、图画等课程。1955—1965年，执行教育部《全日制小学教学计划(草案)》，增设生产常识课。1966—1970年，学校教学计划一度被打乱，课程根据政治形势需要设置。1971—1978年，恢复正常教学秩序，教学计划由教导处制定。1979年，执行教育部颁发教学计划、教学大纲。设置思想品德、语文、数学、自然、地理、历史、体育、音乐、美术、劳动10门课程，各年级按照学校教学计划实施教学。1989年，执行《湖南省全日制六年制农村小学教学计划》，安排学校教学、教育、生产劳动及课内外、校内外活动。1990—1999年，课程设置小学一至二年级主要是以语文、数学、品德、音乐、美术、体育为主；三至四年级增设自然课；五至六年级增加历史课，其中语文、数学、自然、历史、体育5门课程作为六年级毕业考试主要课程。2000年，实行新课程标准后，一至二年级思想品德改为社会与生活，三至六年级品德改为品德与社会。一至三年级体育课由3节增加到4节，五至六年级由原来2节增加到3节，设置地方课程。大课间由原来20分钟增至30分钟，按新课改要求学生每天在校阳光运动一小时。

3.教学改革与教学研究。1950年起，学校根据教学实践需要，对教学方法进行改革。1951年，采用"启发式"教学，要求教师学习备课，写教案。1953年，学习苏联教学模式，采用组织教学、复习提问、讲授新课、巩固新课、布置作业"五环教学法"。1956年，根据"减轻学生作业负担过重"指示，各科教学进行改革，注重课堂消化，作业布置相应减少，教师对作业，精批细改，面批面改，互批互改，提高作业和教学质量。1961—1966年，进行教学改革，实施公开课、观摩课，探索讲授法、讲读法、演示法等教学方法。1966—1977年，学校教学方法被打乱，教学方法各行其是。1978年，学校教学恢复正常，改革创新教学方法。1980年起，教师教学方法主要以教师讲述，学生听练为主。1995年起，学校致力于课堂教学改革研究，发挥现代技术教育优势，优化课堂教学，变注入式教学为启发式教学。借助多媒体、语音、电脑室等新型教学形式，构建融班级授课、小组学习、个别学习为一体综合型教学形式。1996年，教研课题组主持研究全国教育科学"九五"规划重点课题《义务教育音像教材建设的理论与实践》子课题，《利用教育音像促进素质教育的途径与方法》荣获全国教育科研合格子课题奖，"《富饶的西沙群岛》教学设计方案"荣获全国教育科研成果三等奖。是年，学校被定为全国九年义务教育科研试点学校、自治州仪电教学示范校。1997年，被定为现代技术教育实验试点校。1998年，成为全国尝试教育教学实验研究先进校。至1999年，学校推进教学改革，引入各种新的教学方法。语文课有"拼音识字，提前读写"教学法、"归类识字"教学法等；数学课有"尝试教学法""启发式教学法"等；常识课有"实验分析法"等教学法。

2000年，学校实施教学改革，推行新课程标准，摈弃单纯应试教育观念，实施素质教育。发挥仪电教学作用，视听结合，使学生易学易懂易记。2001年，留守儿童教育和心理问题研究课题《湘西贫困地区留守儿童心理问题的研究》获国家级一等奖。2010年起，根据《湘西自治州中小学教学常规》，制定学校教学常规管理制度。备课形式以个人独立钻研备课为主，在此基础上进行集体备课，由备课组长主持，每次集体备课确定一位教师作中心发言。教师备课写好教案，教案内容包括教学目的要求，重点、小结、作业布置等，教师无教案不得上课。建立教案检查评比制度，每学期检查两次，由教导处负责开展教学检查，记入教师业务档案。要求每个教师须上好每一堂课，向四十分钟要质量，教学面向全体学生。贯彻启发式教学原则，用现代化教学手段，给学生以勤动脑，勤动口，勤动手机会，开发学生思维。课内外作业布置加强“双基”训练，适量布置作业，要求学生按质量按时完成作业。教师认真批改作业，批语多鼓励学生。定期组织听课评课活动，学校行政领导每期听课30节以上，科任教师听课15节以上，教导处、教研组长、年级组长、班主任都应协助做好听课准备工作，听课后组织评课。

至2017年，教师参加各级各类培训1000人次，撰写论文在省级以上刊物发表115篇，州级刊物发表83篇，各级各类获奖论文400多篇。教师参加县、州、省公开课、优质课竞赛，获州级以上一等奖11个课程，9个课题获国家、省、州级奖励。

4. 特色教学。1988年起，开设书法、美术、舞蹈、声乐、器乐、篮球、武术、足球、田径、凿花、毛线粘贴等二十余类特色训练课。2000年，成立田径队，在每年全县中小学运动会上取得优秀成绩。瞿海宾小学时进入校田径队训练，后保送到州体校学习，最终荣获全运会冠军。2002年，学校开办独唱兴趣班，舞蹈兴趣班，书画兴趣班，并派出代表队参加全县教育系统比赛活动。2003—2006年，荣获全县独立小学团体总分二等奖；2007—2008年，连续2年荣获全县独立小学团体总分一等奖。2008年，率先开展民族文化进校园活动，把苗族跳香舞推广到大课间。2014年，在跳香舞基础上揉入摆手舞蹈动作，使大课间内容更丰富。2009—2017年，学校在全县“三独”暨书画比赛中，获得全县独立小学团体总分二等奖。

（三）学校管理

1963年，县教育科确定武溪小学为全县试行《小学工作条例（草案）》重点学校，由县人民委员会直接领导。学校根据实际，制定《武溪小学章程》，明确管理体制、教职工管理、学生管理、教育教学管理、校产及财务管理规定。学校管理主要包括德育教学、安全管理、国防教育、普法教育、学校活动等内容。

1. 德育教学。中华人民共和国成立后，学校实行教导合一体制，德育工作由教导处负责。1951年，学校成立少年先锋队组织，设立大队部。1953年，设立学校党支部。政治课以时事政治和毛泽东著作教学为主，在德育教学中实施劳动教育，每周安排一定时间劳动课。1981—1999年，德育教学以省编国编教材实施教学，课外教育根据各个时期社会发展形势，组织开展“五讲（讲文明、讲礼貌、讲卫生、讲秩序、讲道德）四美（心灵美、语言美、行为美、环境美）三热爱（热爱祖国、热爱社会主义、热爱中国共产党）”活动、“雷锋纪念日”等系列活动。2000年起，学校每学期第一周定为文明礼貌周，组织学生到敬老院慰问孤寡老人，上街清理环境卫生。2004至2011年，连续8年被评为全省“红领巾示范学校”。2012—2014年，连续3年被评为全省“德育工作先进单位”。至2017年，全校学生品德合格率100%，获各种表彰奖励学生累计6000人次，获州、县三好学生和优秀班级干部累计800人。

2. 安全管理。1950年至1970年，注重学生校内安全和学生良好行为习惯。1971年至1990年，注重学生行为习惯和交通安全。1991至2000年，注重学生交通安全和防溺水安全，定期召开主题班会教学教育。对校园周边环境实行承包制度，领导分片管理，每周进行一次检查。2001年起，把安全教育纳入课表，揉进课堂。2006年，成立学校综治工作领导小组，设立综治办，确定专人负责学校综治工作。2014至2017年，以创建“平安校园”为目标，加强校园及周边环境整治，完善学校安全工作长效机制。配备校园保安队伍，加强校园门卫管理，配齐安保器材和设施设备，在学校内重要部位安装视频摄像头。

3. 党史国史教育。20世纪50—90年代，学校在课堂教学中，除讲好教科书中有关老一辈革命家和革命先烈故事之外，结合县情实际，对学生介绍本县革命先烈故事，邀请老军人、老干部讲述革命故事，进行党史国史教育。进入21世纪，学校除结合课程教学向学生进行党史国史教育外，通过组织学生为革命烈士扫墓、邀请老干部、老战士、老教师到校举办报告会，对学生进行党史国史和革命传统教育。

4. 法制教育。1986年，全县启动“一五”普法教育。5月，学校组织全校3年级以上学生参加普法教育启动仪式。1990年，普及法律知识进入学校德育教学计划。在德育处设立普法办公室，在政治课中根据省编法律教材实施教学。1999年，学校聘请武溪派出所所长担任学校法制副校长，配合学校对学生开展法制教育。2000年5月，县依法治县办和教育局将学校作为青少年法制教育宣传现场，召集全县城镇中小学分管法制宣传教育工作副校长暨全县12名法制副校长在学校召开法制教育经验交流会，学校介绍开展青少年法制教育宣传工作经验。2004至2017年，开展禁毒教育，通过实施“不让毒品进校园”等活动，加强在校学生毒品预防教育。

5. 教育扶贫。从2010年起，对贫困学生实施社会救助，年均救助学生30人次，每生每次救助500元，每年社会救助金额在2万元左右。2017年，对建档立卡贫困户学前教育85人实施救助，救助金额1.06万元，义务教育阶段学生救助399人，救助金额2.99万元。同时，与白羊溪学校实施城乡学校结对帮扶活动，派出4名教师到白羊溪学校支教。

（四）学校建设

1. 校舍建设。1962年前，学校在城中街办学时，仅有2栋教室，面积700平方米。1963年，学校搬迁另建，占地12000平方米，修建校舍3栋，建筑面积6000平方米。2003年，投入资金300万元新建2栋教学楼，建筑面积2100平方米；投入资金400万元修建教学综合大楼，建筑面积3047平方米；投入资金220万元修建教师公转房2栋，面积3500平方米；投入200万元改造师生食堂400平方米；维修运动场，铺设塑胶跑道500米，硅PU篮球场2个，硬化绿化校园面积2000平方米。至2017年，学校占地面积29140平方米，建筑面积12624平方米。

2. 仪电设备。2000年，教学仪电设备实行批量添置，至2017年，学校教学设备齐全，馆藏图书4万册，设有音乐室、美术室、劳动技术室、科学实验室、多媒体教室、计算机教室和语音室、留守儿童活动室、少年宫活动室、图书室、多功能报告厅、体育活动室、卫生室、综合档案室等公共用房，总面积5000平方米，教学仪电设备总值130万元。

表15—16　　武溪小学所辖学校基本情况一览表　　单位：平方米、万元、册

学校名称	占地面积	建筑面积	校舍面积	仪电装备价值	图书藏量	固定资产总值
武溪小学	29140	12624	13350	130	40000	1376.07
顺家田小学	4166.29	1260	3216.65	20	8000	238

（五）学校荣誉

1.国家级。2005年，全国教育教学"十五"规划国家重点课题"整体构建学校德育体系深化研究与推广实验"先进学校。2006年，全国教育科学"十五"规划国家重点课题"整体构建学校德育体系深化研究与推广实验"先进实验学校。2012年，第15届全国青少年"五好小公民"主题教育活动示范学校。2013年，全国"雷锋号"示范学校。

2.省级。2005年，全省先进基层工会、全省教育系统反邪教警示教育活动先进单位。2007年，全省模范教职工之家。2008年，湖南省红领巾示范学校。2009年，湖南省"五一"先锋号、湖南省科学发展百强品牌学校。2011年，湖南省文明美德学校。2012年，湖南省安全文明校园。

3.州级。2006年，湘西州学习型学校。2007年，全州教育系统师德师风建设"十佳"基层学校、全州安全文明校园。2008年，全州实验教学工作先进单位。2010年，全州学校卫生工作先进单位。2012年，全州现代教育工作先进单位、全州教师专业成长行动计划示范性学校。2013年，全州"雷锋号"示范学校、湘西州语言文字规范化示范学校。2014年，全州生态文明示范学校、全州民族团结进步示范学校。2015年，湘西州生态文明示范学校。2016年，全州民俗文化传承基地学校、湘西州基础课程改革样板学校、民族团结进步示范学校。

二、浦市中心完全小学

（一）历史沿革

浦市镇中心完全小学由原浦市第一小学、第二小学、浦市学区3所学校合并设立，学校现址设原浦市中学，位于浦市镇新建社区九小区。

浦市第一小学。浦市第一小学前身是创办于清嘉庆十二年(1807)的浦阳书院。嘉庆二十二年(1817)，改名观澜书院，张云楣任山长。清光绪二十九年(1903)，改为官立高等小学堂，陈大浩为堂长。民国元年(1912)，官立高等小学堂易名浦市官立高等小学。民国10年(1921)，改为国民学校。民国14年(1925)，更名县立第二小学。民国35年(1946)，更名为县

立第二中心国民小学。中华人民共和国成立后，1949年，二区政府接管学校。1950年，改为第二区中心小学。1951年，改为浦市第一小学。1952年，改名为浦市镇第一完全小学。1965年，改为浦阳公社完全小学。1984年，改为浦市第一完全小学。1987年，浦阳乡并入浦市镇，学校定名为浦市镇第一中心完全小学。2000年，浦市学区撤销后，更名为浦市镇中心完全小学。

浦市第二小学。浦市第二小学前身是创办于清光绪二十七年(1901)第四蒙养小学堂。民国4年(1915)2月，更名为私立豫章小学。民国26年(1937)，改为区立第一初级小学。民国29年(1940)，豫章、崇德、浦市民众小学并入。民国37年(1948)，复名私立豫章小学。中华人民共和国成立后，1952年9月，县教育科接管学校，更名为浦市镇第二小学。1965年，更名为浦市镇小学。1987年，浦阳乡并入浦市镇，学校更名浦市镇中心完全小学。1998年，浦市化工总厂子弟学校撤销后，初中部由浦市中学接管，小学部由一小、二小接管。2008年，泸溪县民族实验小学撤并至浦市中心完小，学校复名浦市镇第二小学。2010年，李家田学区撤销，李家田村小学及岩头山村小学划入浦市中心完全小学管辖。2014年5月30日，浦市镇中心完全小学迁入原浦市中学校址。7月，原校舍改扩建为浦市镇第一幼儿园。

2017年，学校辖中心完小1所、幼儿园1所、片完全小学1所、村小学6所。开设班级88个，在校在园学生(儿童)4121人，其中，中心完小开设70个教学班，在校学生3282名。教职工216人，其中高级教师23人，中级教师113人，初级教师83人。有国家级优秀教师1人，省级优秀教师3人，州级优秀教师12人，州级音乐学科带头人1人。校长：李代海。

(二)教学管理

1.教学管理机构。1912年，浦市官立高等小学始设训育处。民国27年(1938)，借鉴浦市地区外地迁入学校管理经验，改训育处为教导处。1950年，县立第二中心国民小学改为第二区中心小学后，学校仍设教导处。1952年9月，豫章小学更名为浦市镇第二小学后，学校始设教导处。2006年，设立教科室，负责教师培训和教研工作，并设有低年级语文教研组、低年级数学教研组、高年级语文教研组、高年级数学教研组以及综合教研组。

2.学制与课程。民国时期，浦市镇中心国民小学学制为7年，初级小学4年，高级小学3年。豫章小学学制为10年，初级小学6年，高级小学4年。官立高等小学堂时期，设置国文、算术、格致(物理化学)、修身(忠孝、训导)、历史、地理、手工、体育、音乐等课程。浦市镇中心国民小学和豫章小学时期课程有：语文、算术、物理、化学、历史、地理、图画、体育、音乐等课程。

1950—1955年，实行六年制学制，初级小学4年，高级小学2年，公民课改为政治常识课。1960年，实行五年一贯制学制。1963—1967年，恢复六年制学制，开设语文、算术、历史、地理、自然、生产常识、体育、音乐、图画、手工等课程。1968年后，再次实行五年一贯制学制，春季招生始业，主要课程有政治、语文、算术、自然、生产常识、体育、音乐等。1970年，浦阳公社中心完小附设初中部，小学至初中学制为7年制，其中小学5年，初中2年。1982年，初中部从浦阳公社中心完小分离，设浦阳公社中学。1983年，五年制改为六年制，统一实行秋季始业。1989 年，按照《湖南省全日制六年制农村小学教学计划》，安排教学活动。1999 年，小学三年级始增设英语课。2001 年，增设综合实践活动，信息技术教育、研究性学习、社区服务与社会实践以及劳动与技术教育等。2003 年，设置综合课程：一至二年级设品德与生活课，三至六年级设品德与社会课。2008 年，开设生命与健康常识、科技活动地方课程。2017 年，小学科学课程起始年级调整为一年级，一、二年级每周课时不少于 1 节课，三至六年级课时数保持不变。

3. 教学计划与常规管理。(1) 教学计划。1950 年，由教导处制定教学计划，每节课时限为 45 分钟。1952 年起，执行教育部《小学教学计划》《全日制小学教学计划(草案)》，教导处每期编制学校教学计划和课程表。1955 年起，执行“四二制”教学计划，每周年级平均行课 25 课时。1963 年起，执行《全日制学校教学计划》，各年级每周平均课时为 30 课时。1984 年起，执行《全日制六年制城市小学教学计划》和《全日制六年制农村小学教学计划》，全日制六年制小学上课 34 周。2006 年，教导处负责制定学年教学计划和编制课程表，教科室负责制定学期教学计划，每周平均课时 30 节。 2008 年起，按照教学大纲要求，制定学期教学工作计划，教师按要求制定个人教学计划。(2) 教学常规管理。1952 年起，学校教学建立管理制度规定。至 1966 年，教学管理制度有：教研工作制度、教师备课和作业布置及批改制度、学年学期检查评比制度、各科教学制度等。1978 年，县教育局在浦阳一小试行《泸溪县社(镇)中心小学管理细则》，而后在全县推广。浦阳一小因学风好、教风好、校风好而闻名全州，省电视台以《一所风气好的湘西农村学校》为题，拍摄纪录片。1982 年 11 月，县教育局以浦阳一小学校管理经验为典型，召开全县学校管理现场会议，讨论修改《全县小学管理工作会议纪要》。1983 年，浦市一小制定《小学教学规程》，经过实践，在全县小学推介。1996 年，经州教育督导团评估，晋升为湘西州一级完全小学。州政府、州教委先后 3 次以学校为现场召开全州学校管理现场会、德育工作现场会和教学研究现场会。省电视台 2 次专题报道学校教育成果和管理经验。2013 年起，学校对青年教师提倡使用电子备课，要求格式规范、教学目标明确、教学重点难点突出、教学准备充分、教学过程详细，强调每个课时后及时写好教学反思。教科室组织各学科教研组每月进行一次专项检查，及时反馈检查结果并进行专业化指导，强化教师掌握现代教育技术能力。

4. 教学方法及教学研究。民国初期，普遍承袭句读串讲式教法，民国 37 年(1938)，学校引进外地在浦市地区办学学校教学方法，开始运用启发式、自学辅导式新式教法。中华人民共和国成立后，从 1952 年起，学校按照上级教育部门规定，实施教学改革，教师始写教案、备课。1953 年，实施凯洛夫教学法，举行教学观摩，实行教学检查。1958—1962 年，根据形势需要，打破教学常规，实行“开门办学”。1983 年，恢复六年制学制后，继续推行教学改革和教学研究，探索新的教学方法。1995 年，尹辉等 3 名学生参加全国小学数学奥林匹克竞赛，在团体赛中，夺得二金三银；在个人赛中，尹辉获两枚铜牌，是湘西州首次在全国小学数学奥林匹克竞赛中获奖学生。2000年，实施新课程标准。创建“和谐、善教、合作、求真”教学特色，强化教育教学流程管理，规范教育教学工作。2001年起，制定“以教研促教学，以教研促发展”教研工作目标，开展“以校为本”教育教学研修活动，有计划性组织开展听课评课、集体备课、“同题异教”、外出学习教师汇报课、中心完小教师与片村小教师“一对一”教学换岗活动等，形成“备课、上课、交流、再上课”动态研修模式。在全校开展“作文指导课”竞赛、“尝试教学法”赛课和现代远程教育模式赛课等教学活动。2005年，学校被县教育局定为“泸溪县作文教学实验基地”。 2006年，开展“推门听课”活动，针对授课教师课堂教学情况与授课教师进行交流，检查授课教师作业批改情况，提出教学中亮点及改进意见。2007年，以教研组为单位开展校本教研，开发新课题。

2011年，开展校本研修活动，以“问题及课题”为突破口，各年级语文组、数学组开展“一课多上”教研活动。高年级数学教研组“一课多上”教研课用“尝试教学法”进行教学。2013年，教科室与教导处等部门分工合作，开展青年教师教学比赛活动，通过评比让部分青年教师脱颖而出，评选为“教学能手”。 2014年，以“教研活动”为载体，以教研组为单位，开展“团队研修”专题式科研活动。2015年至2017年，学校以教研组为主体开展教研活动，连续3年开展“团队赛课”活动。每个参赛团队选3名教师组团参加，围绕同一课题一人说课、一人上课、一人评课，各团队先在教研组内进行预赛，再推选出优质课参加学校决赛，按总得分评出奖项。

5.特色教学

(1)艺术教学。学校以艺启德，以艺导学，将每年5月份定为校园艺术月，举办艺术节活动。开展全校性“庆元旦”“庆六一”“庆国庆”等节日文艺会演、歌咏比赛、书画比赛、棋类竞赛等艺术活动。学校合唱队、舞蹈队多次承担全县教育系统、浦市镇“庆七一”“庆八一”“庆国庆”等一系列活动文艺演出。1996年，学校开设舞蹈、音乐、美术等第二课堂兴趣小组，编制独具地方特色校本课程。2007年至2016年，学校在全县中小学幼儿园艺术节、全县“三独”(独唱、独舞、独奏)暨书画大赛中多次获奖。2017年，在全县首届中小学合唱比赛中获一等奖；县十五届中小学“三独”暨书画比赛获二等奖。选派学生参加省“芒果新童星2017少儿春晚”，唐笑同学获“才艺优秀奖”，文艺节目《背水的苗族小姑娘》获“优秀节目奖”。

(2)体育教学。1960年，学校体育课被体力劳动所代替，体育教学处于半停顿状态。1963年，恢复学校体育课。1979年，学生每周参加两课时以上课外体育活动，每天坚持“两操活动”，春秋两季举办全校性体育运动会。1994年，健全体育规章制度，按规定开齐体育课，学生每天有一小时体育锻炼时间。1999年，学校乒乓球队在全县小学生乒乓球比赛中获团体总分第一名。2002年，每天上午第二节课后全校学生做广播体操，每年举办全校广播体操比赛。2007年，开展大课间活动，指导学生学习和表演校园集体舞。2008年，在全县体育教学比赛中，荣获农村组教学比武第一名。至2010年，学校组织体育代表队参加五届县中小学运动会，获得 2 次总分第一名，3 次总分第二名好成绩，学生代表参加州运动会获得 2 金 3 银 2 铜好成绩，获全州小学校园体操比赛一等奖。

2016—2017 年，每学期举行阳光大课间比武活动，为配合民族文化进校园活动，编排具有浦市地方特色大课间集体民族鼓舞，县教体局组织县内学校观摩学习，湖南经视专题报道浦市中心完小大课间鼓舞。

(3)民俗文化进校园。2009 年起，实施民俗文化进校园，挖掘地方民族特色。对耙田、插秧、打谷、纺纱、锯料、打铁等传统劳动形态改编成舞蹈，融入苗族鼓舞中，创编苗族鼓舞大课间操。同时，开设浦市扎故事、辰河高腔、踏虎凿花等非物质文化遗产课程。2013 年，学校建设乡村少年宫，开办踏虎凿花班、诗词楹联班、民族器乐班等 16 个兴趣小组。2014 年，在第一届浦市中元节活动中，组织学生参加舞草龙、花灯等民俗节目表演。2015 年，获"湘西民族文化传承教育研究基地学校"称号。2016 年，在教室、办公室、走廊、墙壁上悬挂《弟子规》《三字经》等图片和文字镜框 180 幅，营造校园民族文化氛围。音乐组教师在原苗族鼓舞基础上，编排出极具学校特色大课间鼓舞。

(三)学校管理

1. 德育教学。浦市国民学校和豫章小学时期，学生思想品德教育主要以课堂教育为主，对学生实施以"忠君尊孔""尊师孝亲""仁义"为主要内容伦理品德教育等。1952 年起，根据各个时期形势发展设置德育课程，先后设置政治课、劳动教育课、思想品德课等课程。开展爱党爱国爱社会主义教育、阶级教育、"五讲四美三热爱"、"雷锋纪念日"等活动。1985 年 7 月 13 日，浦市第二小学年仅 10 岁的三年级学生罗海凤，为抢救溺水儿童光荣牺牲，被共青团湖南省委、省少工委、省教委授予"学英雄小标兵"称号。2010 年起，以"德育为首、张扬个性、面向全体、全面发展"为办学理念，制定"创建学习型学校，打造书香校园"读书计划，在学生中开展评选阅读"小学士""小硕士""小博士"活动。其间，教师论文在县以上发表或获奖 200 篇，学生作文获省以上奖励 300 篇。2012 年，开展"文明礼貌我知晓"主题班会活动，提升学生思想品德修养。2014—2017 年，组织学生观看爱国主义影片，清明节开展祭扫烈士墓缅怀烈士活动，举办"放飞希望"歌咏会、"颂经典古诗文，铸师生之灵魂"朗诵会等活动。

2. 安全管理。1950—1970 年，坚持"安全第一，预防为主，综合治理"原则，提升师生安全防范意识和防范能力，消除校园及周边安全隐患。1971—1990 年，加强安全管理工作，建立保卫、调解、法制教育小组及护校队、巡逻队。1991—2000 年，成立平安校园创建活动领导小组，建立相应保卫、调解、法制教育、后进生转化、环境整治小组。2001—2010 年，制定和完善一整套安全工作制度，实行安全责任制和责任追究制。与各班层层签订责任状，制定班级量化考核制度、"文明班级"评审表彰、校园文明礼仪等制度。2011 年起，成立以校长为组长学校综治工作领导小组，在学校各重点位置安装高清摄像装置，对教学楼、食堂等处安装路灯及"安全通道"标志、应急灯、灭火器和消防栓。

2017年，开展整治校园周边环境，整治和规范学校门前车辆停放、校园周边流动摊点。开展"做自己的首席安全官—平安校园行"主题宣传活动，向师生传授防诈骗、防盗抢、防欺凌、防传销、交通安全、消防安全、反恐防爆、远离"黄赌毒"和避险自救等方面常识和技能。

3.党史国史和国防教育。1953年起，在课堂教学中，把党史国史和国防教育作为一项重要内容，邀请老军人、老干部讲述革命故事。1996年，学校在德育教学中增加国防教育课。在师生中开展"加强国防教育提高国防意识"活动。进入21世纪，除结合课程教学向学生进行党史国史教育之外，组织学生为革命烈士扫墓、邀请老干部、老战士、老教师到校举办报告会，对学生进行党史国史和革命传统教育，培育学生社会主义核心价值观。

4.法制教育。1990年，学校德育处设立普法办公室，在政治课中根据省编法律教材实施教学。1999年，学校聘请浦市司法所所长担任学校法制副校长，配合学校对学生开展法制教育。2000年后，每年9月青少年法制宣传周举办法制讲座，普及法律常识。2004年，开展"不让毒品进校园"等活动，加强在校学生毒品预防教育。2008年，开展"法制伴我成长"主题手抄报比赛活动。2011年，学校向全体学生发出 "争做普法小公民"倡议，各班在班级建立法制宣传角，学校宣传橱窗设立法制知识专栏。2013年12月25日，组织四至六年级学生进行"六五"普法考试。2014年，开展"在法治阳光下健康成长"主题活动。2017年，组织师生开展"预防毒品知识我知道"等活动。

5.教育扶贫。从2002年起，结合"两免一补"政策，为贫困学生购买学习用品、书籍。2007年11月7日，学校举行优秀贫困生表彰会，鼓励学生克服困难，勤奋学习。是年，为支教受援学校达岚中心完小捐赠各类书籍2000册。2012年4月12日，为130名少数民族贫困生发放救助金26000元。2013年12月6日，学校胡婉琴、李睿等5名品学兼优特困学生获得助学基金帮扶。12月7日，中南林业科技大学到浦溪小学开展情系乡村教育爱心捐赠活动，为该校修建图书室。2014年4月23日，学校举行少数民族助学金发放仪式，为70名贫困学生发放2万元助学金。2016年6月1日，携手县邮政局开展"邮雁爱心驿站•心手相牵•快乐六一"关爱留守儿童公益活动，为33个班级赠送生日蛋糕，全校1000多名留守儿童过上快乐"六一"儿童节。2017年，推进教育扶贫工作，在政策、物质、环境、师资等相关方面形成精准扶贫工作机制，注重留守儿童、困难学生、精准扶贫户子女关爱和资助，组织教师给残疾儿童送教上门。

（四）学校建设

1.校舍建设

浦市一小。清代观澜书院创建初期，占地300平方米；校内石径小道迂回环绕，苍松翠柏亭亭玉立，树木花草交相辉映，池塘假山别具一格。民国时期，对学校教室进行扩建，观澜书院古建筑由于年久失修成为危房。1975年，浦市一小扩建操场时拆除书院，留下"官立高等小学堂"校匾这件珍贵文物。2003年3月，在第二期"国家贫困地区义务教育工程"建设中，修建科技楼。2004 年，修建学生宿舍。2005 年 6 月学校“逸夫楼”建成投入使用。2006 年，新建学生食堂以及多媒体教室。

浦市二小。1960 年，在原有基础设施上新建一栋平房教室。1975—1976 年，新增两层砖木结构教学楼。1980 年，新建两层砖混教学楼。1985 年，修建一栋四层教师宿舍楼。1990 年，修建两层办公楼 1 栋。2002 年，维修扩建学生厕所。2001 年，拆除两层砖混教学楼，扩建操场。2002 年，修建一栋四层新教学楼。2007 年，拆除原老宿舍，修建新教职工宿舍楼。2013 年，操场改为塑胶跑道，修建学校食堂。

浦市中心完小。至 2017 年，学校占地 9.17 公顷，建筑面积 29893.55 平方米。拥有教学楼 2 栋，科技楼 1 栋，学生宿舍 1 栋，配有多媒体教室，计算机网络室、语音室、现代远程教育接收站、图书室、音乐室、舞蹈室、美术室、仪器室、实验室共 12 间。

2. 基础设施建设。2004 年以来，投资 215 万元，实施多媒体教室、食堂、校门、厕所改建、运动场整理、校园绿化美化硬化等建设，建筑面积 2283 平方米。通过自筹资金、寻求援助等方式新建 1 个语音室、2 个多媒体室、1 个计算机网络室、2 个远程教育接收站点、一套多功能广播系统。2006 年，添置教学办公设备，改善办学条件，加强校园文化建设。2008 年，学校整修操场，修建塑胶跑道。

3. 仪电装备。2009 年，学校配备数学仪器 66 种 1472 件，科学仪器 179 种 3877 件，信息化资源 199 种 548 件。2012 年，开通学校教室“班班通”37 套。2013 年，增配班班通 8 套。2014 年，为教师办公室配置电脑 125 台。

表15—17　　浦市中心完小所辖学校基本情况一览表　　单位：平方米、万元、册

学校	占地面积	建筑面积	其中：希望工程学校	仪电装备价值	图书藏量	固定资产总值
一小	38840.01	9233.4		157.72	62071	3385.03
二小	10852.12	2078.6		25.99	13000	337.78
浦溪	5489.15	852		3.12	1000	130.92
青草	7157.15	1810.2	1	3	1000	274.53
新堡	5489.15	1426.5	1	0.2	1000	214.18
高山坪	6817.15	300.15	1	0.2	1000	45.22
五果溜	5489.15	615.15		3	1000	95.27
麻溪口	3822.15	2027.15	1	0.2	500	304.27
高桥	2227.15	556.15		0.2	200	83.62
都歧	2554.15	340.15		0.2	200	51.23

续表

学校	占地面积	建筑面积	其中:希望工程学校	仪电装备价值	图书藏量	固定资产总值
徐家岭	350.05	110.15		0.2	100	16.73
岩头山	1358.15	800.15		0.5	500	120.52
李家田	2156.15	340.15		0.2	100	51.22
黑竹坳	700.15	128.15		0.2	100	19.43
板寨	500.15	100.15		0.2	100	15.22
茶林溪	350.15	100.15		0.2	100	15.22
田家溪	350.15	115.15		0.2	100	52.72
银井冲	5489.15	1426.5	1	0.2	500	214.17

(五)幼儿教育

浦市第一幼儿园设在原浦市一小校区内,由原校舍改建而成,改建工程于2014年7月动工,9月投入使用。是年,被评为"湘西州示范性幼儿园"。2015年,参加县第十三届中小学生幼儿独唱独奏独舞及书画大赛获幼儿组团体总分一等奖。2016年,参加县第十四届中小学生幼儿"三独"书画比赛获幼儿园团体总分三等奖,被县教体局评为"学前教育目标管理先进单位"。2017年11月,参加县第三届幼儿园优质课竞赛荣获二等奖。是年,园内有教学楼3栋,投资总金额300万元,开设19个班级,其中大班9个,中班6个,小班4个,在园幼儿839人,教职工68人。

(六)学校荣誉

国家级:2002年,全国中小学教师综合素质培训示范学校。2004年,全国中小学思想道德建设先进单位。2005年,全国德育科研先进单位、全国小学语文教学法研究中心作文教学研究会首批实验学校。2006年,全国中小学信息技术道德教育实验学校。2007年,团队成果《校本研修有效途径与方法研究》被评为全国教育科学"十一五"规划教育部重点课题"有效推进区域老师专业化发展"一等奖。

省级:1987—1988年,少先大队分别被评为全省"优秀少先大队"、全省"红领巾助残先进单位"。2005年,被评为"湖南省红领巾示范学校"。

州级:1987年,全州精神文明先进单位。1988年,全州双文明先进单位。2004年,湘西州基础教育教学研究实验学校。2005年,湘西自治州 "两免一补"助学工作先进单位。2007年,获全州学习型学校。2008年,全州教育系统师德师风建设十佳基层学校、全州安全文明校园。2015年,湘西民族文化传承教育研究基地学校。

第五节 新兴学校

一、白沙小学

(一)概况

白沙小学是泸溪县城搬迁白沙新城新建的一所城镇完全小学。1993 年,动工建设教学楼、自然科学楼各 1 栋,教师宿舍楼 2 栋,1995 年 7 月竣工投入使用。因学校地处白沙城区最高点,从学校可以眺望沅江,故命名望江小学。9 月,学校正式开学,开设一至六年级 18 个教学班,在校学生 985 人,时任校长刘本双。

1997 年,学校实施希望工程建校,望江小学改名为白沙希望小学。1998 年,更名为白沙小学,时任校长李刚松。

2017 年,学校占地面积 112057 平方米,建筑面积 18650 平方米,在编在职教职工 176 人,其中高级教师 8 人,一级教师 113 人。在校学生 3320 人,开设教学班级 55 个,校办幼儿园 1 所,在园幼儿 593 名。校长:包荣长。

(二)教学管理

1. 教学管理机构。学校建校后设立教导处、教科室、学科教研组及年级备课组等教学机构。教导处负责全校教学组织,落实教科研规划和领导工作。教科室负责制定学校科研工作计划,总结教研工作,普及教育科研基础理论知识,提高教师教育科研素质,指导教师申报州级以上课题立项,指导并协助课题组开展各类研讨活动,督促课题组将有关资料及时上传州课题管理平台,做好学校课题研究资料建档归档,制定学校教科研奖励办法,组织全校教师开展教科研成果评审、奖励与交流工作,完成上级教科研机构交办有关工作。

2. 教学常规管理。(1)办学宗旨。确定"质量 + 特色""以人为本,科学发展"办学宗旨,以"让生命创造精彩"为办学目标,以"文明、勤奋、求真、创新"为校训,营造文明守纪,乐学健体优良学风,形成"全面 + 特长、素质 + 个性、规范 + 创新"办学特色。

(2)教学计划。教导处每学年制定教学计划,教科室根据学校教学计划制定学期教研计划,各任课教师根据所教学科制定教学计划;班主任除学生教育管理之外,制定班级教学计划。教科室定期组织教师上公开课、示范课、汇报课、优质课、比武课、微课、网络晒课。每学期校领导和教导处主任定期检查教学计划执行情况,参加听课 30 课时,定期举办教学讲座,指导学科年级组教学工作。

(3)教学方法和教学研究。2012 年前,在低年级语文教学中推行"童话引路""阅读与写作教学"教学法,高年级教学推行"尝试教学法"。2013 年起,推行"三级六块"教研模式。"三级管理"即:一级管理(校级)由校长和党支部书记直接负责;二级管理是教科室教学管理;

三级是教研组管理教学研究，由行政指导人员和教研组长组成。“六块”是指根据教学管理人员自身知识水平和业务能力分别担任语文、数学、科学、品德与社会、体育、艺术等六大学科教学业务指导，做到立足课堂抓教学管理，抓实课堂评价，做好培优辅差强化工作。2016年起推行“三三五”模式构建课堂教学新常态。以“三先三后”（先学后教、先练后讲、先试后导）为抓手，培养学生自主学习能力及习惯；以“五个重视”（重视实物操作、重视学生画图分析能力培养、重视思维过程语言表述、重视学生对课本阅读、重视学生当堂训练）为主线，活跃课堂教学和学习气氛。教研管理实行行政领导分管到年级和班级，每周开展一次小教研，每月开展一次大教研活动，以讲座、集体备课、组内公开课、网络赛优课等方式开展教学研究。结合网上晒课和优课评选，组织教师听课、评课，开展网络教研，形成“人人用资源、课课有案例”教学应用环境。承担重大课题研究，组织课题教研组，确定牵头教师，组织集中研讨，形成课题研究成果上报。

(4)特色教学。一是.陶艺教学。1997年10月，州教委、湖南美术出版社、湖南现代美术教育研究所等五家部门在湘西州实施美术教改实验，确定白沙小学为实验龙头学校。根据实验要求，学校专设陶艺室，开展陶艺教学。通过开展艺术教育，激发学生兴趣爱好，开发学生智力，培养学生动手能力。1998年11月，国家教育部体卫艺术教育司、中央工艺美术学院、中央音乐学院、《中国音乐教育》杂志社、湖南美术出版社、湖南妇女儿童中心等部门领导及专家教授数十人到校，对学校陶艺教学进行考察指导。相关领导和专家参观学校学生美术作品陈列室，对上千件学生陶艺作品给予赞赏和评价，被确定为“湖南省现代美术教育实验基地”。1999年，学校31位学生陶艺作品参加华南少儿陶艺作品大赛，其中18件作品被收藏。2000年，被州教育局确定为“学校陶艺教学实验学校”。2002年，陶艺教学荣获省“九五教育科学研究课题优秀成果三等奖”。2003年，学生作品赴北京“世纪坛”参加教育部艺委会和中国美协主办的“成就未来”艺术作品展览，获“希望奖”，其中6件作品被中国美术馆收藏。学校被确定为国家课程标准美术实验教科书（湘版）实验基地。

二是.艺体教学。体育教学方面，贯彻执行国家体育总局“每天锻炼一小时，幸福生活一辈子”的体育健康理念，打造“一校一品”课间特色，学生每天体育锻炼时间不少于一小时。将“全国第三套小学生广播体操—七彩阳光”、“校园艺术操”、“跑操”及“放松操—中国梦”有机融合，开设球类、棋类、武术、跳绳等传统项目，使学生既得到体育锻炼，又领略民间艺术精髓，成为学校体育运动亮点。2015年，体育课在3—6年级增设足球课程，在每天放学后强化集训一小时，开展年级足球赛、“六一”足球趣味游戏、师生足球赛、师生点球比赛等活动，组建男女足球兴趣小组，学校被授予全国第一批足球示范校。艺术教育方面，通过走出去和请进来带领艺体骨干人员向名校名师取经，丰富教师专业素养，美术类开设有陶艺教学、软笔书法、手工制作等。音乐教学组建声乐、舞蹈、打击乐兴趣社团，做到时间、教师、内容、场地“四落实”。在全州音乐教师教学竞赛中符安静执教《北京喜讯到边寨》获第一名；全县艺体教师教学竞赛杨慧君执教《那达慕之歌》获一等奖；在县“三独”比赛中，学校总分居全县第一名；田李编排群舞《笋儿尖尖》在湘西州第三届中小学生艺术展演活动中获小学组一等奖。

(5)教师素养。1995 年建校起，确定“敬业、奉献、园丁、拼搏、牺牲”五种精神为教师管理主线，以树“名教师”为突破口，从精神气质上培养教师注重文明修养。1999 年，开展教师业务提升的“六个一”学习活动(写一本学习笔记，一本教育日志，一篇教学论文，一份学期工作总结；制作一个 PPT 课件，一个工作美篇)。组织教师参加“国培”“省培”“县培”等各级各类教育培训和教研活动。2013 年，规范教师工作制度，按照教学要求设置教学岗位及其他岗位。促进教育教学发展，五、六年级语数全能竞赛、艺体教学、各年级语数教学成效名列全县前列。2015 年 4 月，承担湖南省“十二五”教育技术课题“网络环境下的集体备课研究”任务，校长包荣长担任课题主持人，田昌海等 10 名专任教师参与课题研究，当年结题。5 月，全县首个小学数学杨元国名师工作室在学校挂牌成立，张林芳、向婵娟、杨宏富成为数学名师工作室成员。是年，在教育部举办“一师一优课，一课一名师”网络“晒课”活动中，符安静、彭英、吴坤玫、向婵娟、李淑兰 5 位教师分别获得音乐、体育、美术、数学和英语州级“晒课”一等奖。

(三)学校管理

1. 德育教学。学校成立以校长为组长的德育领导小组，德育工作实行“两手抓”：一手抓课堂德育教学，一手抓课外德育教育。在课堂教学上，结合思想品德教育课堂教学，整合学校、家庭、社会教育资源，构建德育课程、学科课程、传统文化课程和实践活动课程“四位一体”德育课程格局。在德育课程实施中，落实课程标准，规范课程开设，发挥德育课程在立德树人中统领作用，融入地方优秀民俗文化，突出优秀传统文化教育，促进国家、地方和校本德育课程有机统一。在课外教育上，通过开展国旗下讲话、班队活动课、红领巾广播站、学生广播会等形式，对学生进行思想品德和良好习惯养成教育。通过各种活动熏陶和感染学生，形成良好校风、教风、学风和班风。以“厚德为沃土，让生命创造精彩”为宗旨，以“养正”教育为主线，开展各种类型德育教育活动，加强对学生进行爱国主义、集体主义、社会主义思想教育和道德规范教育。通过厉行节约、“学雷锋月”“安全生产月”“感恩教育月”“六一家校联动”等活动形式，培养学生良好道德品质。

2. 安全管理。自建校起，把安全工作放在学校管理重要位置，坚持“安全第一，预防为主”，加强安全防范工作。1996 年起，在全校学生中实施“十不准”(不准触开关、不准摸风扇、不准爬阳台、不准爬栏杆、不准爬岩坎、不准爬车辆、不准横公路、不准抢鞭炮、不准爬楼顶、不准私自下河洗澡)规定。2000 年，安全工作列入学校及周边综合治理首位。用电子滚动屏、板报、安全宣传展板、校园小广播、晨会、班队会等，宣传安全知识，做到“安全天天讲，安全时时记”。2001 年起，将生命教育渗透在各门学科、各种形式专题教育和课外活动中，举办安全知识讲座，开展安全知识演讲，组织安全疏散演练。2006 年起，开展“平安校园”创建活动。

2015年,落实"一岗双责",落实班主任安全责任追究制,强化校园安全和环境卫生管理。教师李双龙安全教育课《让踩踏远离我们》在全州学校安全教育"精彩一课"竞赛中荣获州级一等奖。2016年,学校开展防校园欺凌专项行动,制定预案,开展专题教育活动,组织学生举办防欺凌专题讲座。2017年,强化校园安全和环境卫生安全管理,各项安全措施保障到位,落实监管措施,实施重点督查。

4. 普法教育。1998年,学校被确定为全县学校普法宣传教育示范单位,将普法教育纳入课堂德育教学内容,适时组织开展学校法制宣传教育集中活动。学校普法教育成效多次受到省州法制宣传教育部门表扬和肯定。2013年5月,全州"五五普法"现场会在泸溪召开,学校作为会议参观现场。2014—2017年,围绕创建省级"法制教育示范学校"目标,抓好师资、教材、场地、墙报、板报五落实,开展禁毒教育,让师生知晓毒品危害。

5. 党史国史及国防教育。按照德育工作计划,每学年不定期组织师生开展党史国史及国防教育活动,每学期上国防教育课不少于4课时,全年不少于8节课,对学生进行国防安全和党史知识教育。2017年,2000名学生及170名教师参加全州"党史国史军史"知识抢答竞赛。

6. 教育扶贫。2015年,开展教育精准扶贫工作,教师每人至少联系2名建档立卡贫困学生和2名留守儿童,对学生进行知识与品德帮扶。结对帮扶永兴场小学,开展"手拉手"活动,不定期在永兴场小学开展送教送培活动。选派音乐、体育、美术及英语学科青年教师每周三下午到红土溪小学指导和帮助教学。2017年,全体教师分别到洗溪镇能滩村及潭溪镇盘古岩村开展精准扶贫,对全村230户贫困户进行走访,向广大村民宣传精准扶贫政策,检查教育精准扶贫政策落实情况,与建档贫困户沟通交流,帮助制定脱贫计划。

(四)学校建设

1. 校舍建设。1995年9月开学时,学校建有教学楼、自然科学楼各1栋,教师宿舍楼2栋。2000年,教职员工筹集资金32万元,修建幼儿教室7间500平方米。2004年7月,投入资金202万元,修建一栋两层2400平方米"放心食堂",可容纳2000名师生同时就餐。至2017年,学校有教学楼5栋,教师宿舍2栋,学生食堂1栋。校舍建筑面积18650平方米。

2. 校园环境和附属设施建设。1995年,学校购买抽水机械设备,将自来水通过提水引进学校,解决饮水难问题。1996年,实施绿化校园。学校召开教职工大会,动员全体教师投入校园绿化,利用双休日、节假日完成挖坑任务。至2017年,向县直机关单位募集校园绿化资金20万元,教师义务投工5万个,挖坑1.45万个,开挖石槽2600米,完成土石方1万立方米,植树2万多株,绿化美化校园主道路600米,绿化带2000米,建花园6个,绿化斜坡5.33公顷。1999年,种植草皮和补植各种树苗。筹资10万元购买整套体育设备。2000年,修建学校码头栏杆和学校四周保坎工程。2001年起,累计投入资金300万元修建运动场、假山、大门、围墙及校园文化墙廊等设施。

3. 教学仪电设备。2000年，各班开通闭路网络电视及广播系统，配置各种仪器价值92.80万元，配备仪器柜56组，图书柜32组，藏书8万余册，配置自建网络“586”计算机78台和多媒体语音设备一套。2004年，学校综合大楼建成，增设办公室、实验室、阅览室、图书室、阶梯式多媒体教室。

表15—18　　白沙小学所辖学校基本情况一览表　　单位：平方米、万元、册

学校名称	占地面积	建筑面积	校舍面积	仪电装备价值	图书藏量	固定资产总值
白沙小学	112057	18650	11427	241.09	70025	2259.66
红土溪小学	4884.21	791.1	604.2	4.84	1600	68.87
红岩小学	921.22	147.6	96.65	1.03	100	32.04
辛女溪小学	433.23	105.8	90.05	1	200	20.01

（五）幼儿教育

2008年6月，投入资金140万元建设白沙希望幼儿园，占地面积5320　平方米，校舍建筑面积2279.65平方米。9月开园，开设班级8个，在园幼儿291人，教职工18人。2017年，有教职工44人，教师学历合格率100%，专任教师持证上岗率100%，设幼儿班级13个，在园幼儿593人。建园以来连续荣获全县“三独及书画”比赛幼儿组团体一等奖。在全县学校艺术节活动中，舞蹈《阳光绿芽儿》《马蹄声声》获县幼儿组别一等奖，获“州示范性幼儿园、县优秀民办幼儿园单位”等荣誉。

（六）学校荣誉

国家级：2002年，全国“精神文明建设工作先进单位”。2004年，全国“尝试教学研究先进单位”。2006年，“国家课程标准美术实验教科书（湘版）实验基地”。2009年，全国“示范性家长学校”。

省级：1996年，湖南省“安全文明小区”。1997年，湖南省“园林式单位”、湖南省“治安模范单位”。1998年，湖南省“文明卫生单位”。1998年，湖南省“绿化学校”。2000年，湖南省“现代美术教育实验基地”。2001年，湖南省“绿色学校”。2013年，湖南省“生态文明示范学校”。2014年，湖南省“健康学校”和湖南省文明交通“四赛两创”活动示范学校。2014年，《凿花蝶舞》节目代表湘西自治州参加全省少年儿童“中国梦·我心中的故事”读书活动故事讲述竞赛获金奖。

州级：1997年，湘西州“军民共建先进单位”。1999年，全州“音乐合格学校”“电化教育示范学校”。2009年，“全州第一届中小学艺术展演活动小学组一等奖”。2012年，全州“五五”普法依法治理工作先进单位。2013年，“湘西州语言文字规范化示范校”“全州体育卫生艺术教育教学工作先进集体”。2014年，“全州校园文化建设示范校”。2016年，“湘西州文明校园”、全州中小学足球联赛小学组第二名，全州第十六届中小学生田径运动会小学组团体

总分第一名。

二、明德小学

(一)概况

2005年,为缓解县城小学教育压力,县委、县政府决定,从县进修学校划出13717平方米地块修建县城第二小学。8月动工修建,2006年8月投入使用,取名明德小学。学校通过招聘考试,从全县小学教师中录用29名教职工,开设1—6年级教学班12个,招收学生600人。时任校长包荣长。

至2017年,学校教职工102人,建有周建生语文名师工作室。开设32个教学班,在校学生1883人。校长:周建生。

表15—19　　明德小学2017年专任教师一览表

教师数	男	女	教师专业结构											
			语文	数学	外语	品德与社会(思想品德)	科学	音乐	美术	体育	信息技术	劳技	生健	其他
102	31	71	33	33	4	5	3	6	7	5	1	2	2	1

(二)教学管理

1.教学管理机构。学校建校后设教导处,配备主任1人,副主任2人,主管教学工作。教科室设教科室主任、副主任、语文、数学教研员各1名,教科室下设语文、数学、综合、音乐、体育五个教研组,语文、数学设低、中、高年级组,配有6名年级组长。年级组下再设备课组,配有12名备课组长。

2.教学常规管理。(1)教学计划与执行。由教导处牵头,各部门和各任课教师按照教学大纲制定本部门和本学科的教学计划,教务员负责收集、检查、存档。按照湖南省义务教育课程(实验)计划设置表开齐开足课程,开设语文、数学、英语、科学、思想品德、生命与健康、音乐、美术、体育、劳技教育、信息技术等课程,设置"粮食艺术""阳光大课间"校本课程。在教学中坚持周一、周三下午20分钟写字,周二、周四下午20分钟阅读"2个20分钟"制度。数学教学上,推崇《数学尝试教学法》。2006至2012年,语文教学推行"三环三部教学法";2013年后,应用初读、精读、品读、赏读"四读教学法"。2014—2015年,制定《明德小学行政领导结对帮扶方案》,学校行政领导落实结对工作,参与分管年级、班级听课、评课、研讨等活动,在新老教师间开展教学结对帮扶,提高教学能力水平,提高教育教学质量。

(2)教学改革与教学研究。成立以校长为组长、副校长为副组长教学研究课题领导小组,制定《泸溪县明德小学教育科研课题管理制度》《泸溪县明德小学课题申报制度》。围绕

“成长学生，成就教师，发展学校，满意社会”科研思路，注重主线化、教研内容主题化、课题研究深入化、专业成长个性化、教师培训系列化、教育资源共享化“六化研究”，通过目标管理，形成“逼”岗位练兵、“引”学习培训、“育”优惠政策、“促”拜师学艺、“帮”共同提高五项教育教研措施，促进教师教科研热情，推进学校教学改革与研究发展。开展粮食字画、大课间活动、凿花、跳香等民族文化传承研究。2008至2010年，申报省教育学会课题《粮食字画融入小学校本课程的开发和研究》和省教育研究者工作协会课题《少数民族文化传承和学校结合的研究》及湘西州“十二五”前期课题《湘西民族民间美术和体育在学校中的传承研究》，实现传承民族文化和教学实践相结合。2011年，申报省“十二五”家庭教育课题《科学家庭教育学习、实践与指导的研究》课题，申报立项湘西州“十二五”课题《信息化条件下高效课堂的构建》和“十二五”省电教课题《多媒体环境下小学中高年级语数课堂教学模式的研究》。2015年，开展“钻石团队”为主题研修活动，制定《泸溪县明德小学教研组评价方案》，通过开展团队研修活动，发挥团队合作智慧，为教师专业水平发展和学校教学质量提供发展平台。以年级组为单位，把语文、数学、综合3个教研组分成7个团队研修小组，开展以“书香满校园，阅读伴成长”教师读书交流分享活动，学校成为全省推行素质教育、课程改革示范基地。2016年，承办全县“国培计划”信息技术应用能力提升工程湘西州小学语文种子教师研修项目。

至2017年，学校获省级课题立项8个，州级课题立项2个，结题课题3个，在研课题7个，编纂《粮食字画艺术》和《阳光体育大课间》校本教材各1本。学校在教研方面先后荣获全国尝试教学示范学校、省中小学教师培训基地学校、省优秀数学教研组、湘西州优秀数学教研组、湘西州优秀教科室、湘西民族文化传承学校，教师获国家、省　、州　、县级奖励累计800多项，教学质量连续四年居全县第一名。

3. 特色教学。(1)粮食艺术。2009年，美术教师刘本发在教学中试行粮食字画教学，将粮食字画与自然花草有机结合，粮食字画教学进入美术教学课堂。学校辟出场地修建粮食字画工作室，以大米、红豆、小米、绿豆、黄豆等粮食作物为原料，以花草树木、兽鸟虫鱼、人物故事、诗词歌赋等为内容，创作出具有民族特色粮食字画作品。2012年，修建粮食艺术教学楼，开设粮食字画兴趣班，每学期招收学生40人。2014年，粮食字画兴趣班创作字画40幅，参加全县首届科技创新作品展，入选作品全部获奖。2016年9月，学校将粮食艺术编撰成校本教材《粮食字画艺术》，设计内容包括植物画、动物画、人物画、山水画、卡通画、脸谱等。人民网、央视、红网、湖南卫视等媒体对粮食字画引入课堂进行多次报道。

(2)特色大课间。2008年，推行阳光体育大课间活动，艺体教研组体育教师张明军、覃彭江、王淑琦将学生自由活动和苗族拳术与第三套少年广播体操进行组合编排，形成学校独特大课间操。大课间操分为自由活动、七彩阳光体操和苗拳武术操三个环节，配合音乐进行表演，时长35分钟。至2017年，省、州内不少学校到校参观大课间活动，得到州县教体局肯定并推介。

4. 艺体教学。2007 年起，重视艺体教育教学，每学期举行一次"艺体教育"主题研讨会。支持艺体教师走出去，参加各种专业培训，不定期举办艺体教师座谈会，邀请艺体教育教学方面专家到校举办知识讲座，组织艺体教师和周边兄弟学校进行教学交流。2010 至 2013 年，组建体训队、合唱队、舞蹈队、书法班等常训队伍，举办冬季运动会、趣味竞技比赛、开展艺体教学比武。2014 年至 2017 年，规范眼保健操和广播体操活动。

5. 学校活动。(1)读书活动。2011 年 4 月，启动"点燃读书热情，书写智慧人生"为主题读书活动。活动分为好书推荐、写读后感和互动交流三个环节进行。2012 年起，以班级制定阅读计划，鼓励"家长陪读，亲子阅读"，让学生养成良好阅读习惯，营造校园书香气息。2015 年，以班级设置图书角，定期开展"爱心献书活动"和"好书换着看"活动，将走廊、过道、楼梯等墙体进行文化规划，从硬件建设体现校园书香物质化。2017 年，图书室藏书 4 万册，生均图书 20 册，开展"书香伴我行"手抄报评比活动，近千名学生参与此项活动，制作手抄报 500 幅，各班在初选后上交 3 至 5 幅优秀作品参与学校评比。

(2)"三独"比赛活动。2011 年起，根据县教育局布置，每年组织开展独唱独舞独奏"三独"活动，确定由学校教科室主任负责，全体音乐老师配合。面向全体学生组织兴趣活动小组，举办全校性艺术活动，指导学生参加州、县级各项艺术比赛并取得优异成绩。2015—2017 年，在校内定期进行"三独"比赛选拔，重点培养优秀选手，参加县、州级比赛，连续 3 年蝉联全县"三独"比赛小学组团体总分第一名。

(三)学校管理

1. 德育教育。成立以校长为组长德育工作领导小组，形成教导处规划，少先队大队牵头，班主任落实 "三位一体"德育工作机制。执行《品德与社会新课程标准》，开展教学研究活动与校本教研，德育教师与其他任课教师共同研究教学方法，改进课堂教学。开学第一个月，组织学生学习《小学生守则》《日常行为规范》。每年 3 月，学雷锋月活动中评选"学雷锋最亮星"。4 月，法制宣传月活动中评选"弯腰行动最亮星"和"学法守纪之星"。5 月，感恩月活动中评选"最美孝心少年"。开展"文明礼仪伴我行争当美德小少年""常怀感恩之心不忘励志而行"等主题教育活动及少先队各项活动，通过浮雕、版画等形式上墙，将励志箴言、人生格言通过个性空间、黑板报、班级名片等形式表现出来，使学生们在活动中潜移默化接受教育，促进良好行为习惯形成。

2. 日常管理。在学校管理上，实施教职工量化管理，将学校各部门及教师各种工作进行量化考评。制定并完善《教师行为八条》《教职工出勤管理制度》《岗位目标考核制度》《优秀班主任考核办法》《财务管理制度》《学生行为"四要五不准"》及学校财务、会计和资产管理等规章制度，建立制度执行监督机制。完善教职工代表大会制度，保障教职工参与学校民主管理和民主监督权利，保证教职工对学校重大事项决策知情权和民主参与权。每年财务收支情况及涉及教职工权益事项，及时向教职工公布；学校招生规定、收费项目与标准等事项，按时向学生、家长和社会公开。建立家长委员会，涉及学生权益重要事项事先听取家长委员会意见，接受监督。学生管理上，组织学生学习各项规章制度。倡导开展“在家讲孝敬、在校讲勤奋、对人讲礼貌、对己讲仪表”系列道德教育活动，形成健康向上道德情操。

3. 学校综治。2007 年，开展学校及周边综合治理工作。2008 年—2010 年，实行校领导、教师、门卫、安保值日制度。设班务日志，记录常规管理情况，设校务日志，记录当天教育教学常规及安全工作情况，及时处理突发事件。结合“平安校园”建设，筹措资金 2 万元在校区安装 7 个电子监控摄像头，实现 24 小时全覆盖。2012 年，在校园重点部位安装防盗门、防护网，配备专职保安，实行进出校门登记制度，保障学生和教职工人身安全及学校财产安全。2015—2016 年，建立应对各类突发事件工作预案，健全学生安全和伤害事故应急处理机制和报告制度，增强预防和处理事故能力。2017 年，结合“安全生产月”活动组织师生开展以“反校园欺凌，建平安校园”为主题专题教育。开展“小手拉大手”活动，提高学生抵御欺凌的自我保护能力，预防校园欺凌事件。

4. 普法教育。在道德与法制课中融入青春期生理、心理卫生、防卫避险和意外伤害自救及犯罪预警能力、临界防卫原则及使用技能训练等方面知识。组织学习《未成年人保护法》《预防未成年人犯罪法》《教育法》《教师法》《治安管理处罚法》及《学生伤害事故处理办法》等法律法规。重视校园法治文化建设，把校园法治文化建设、预防少年儿童违法犯罪工作纳入德育教育和小学生日常行为规范教育治理规划，推进校园法治文化建设。坚持“以人为本、依法治校，构建法治校园”理念，把法治理念贯穿学校管理之中。2017 年，启动“七五普法”，组织开展“法律知识进校园”活动，法制副校长通过校园广播向师生讲授涉校法律知识，使学生们掌握法律知识。

5. 扶贫助学。2009 年，对留守儿童进行调查摸底，对全校 143 名留守儿童建立档案，设立留守儿童之家，免费开通留守儿童热线，56 名教师向校长递交留守儿童帮扶责任卡。2010—2012 年，教师与贫困学生、留守儿童“一帮一”结对子，每位教师确定 1 名帮扶对象。2013—2015 年，联系“三易科技有限公司”等企业对 54 名困难学生按每生 200 元进行救助。每年联系 2 个以上爱心企业对品行兼优、家庭特别困难学生定向性救助；对孤儿及特困学生予以长期救助，减免免除学费、生活费免费发放生活学习用品，每期救助金额 5000 元。2015 年，筹措学生爱心捐款 6000 元，救助特困学生 30 人。为身患重症教师筹措教师爱心捐款 41500 元。2016 年，资助贫困学生 39 人，资助金额 2.80 万元。2017 年，成立学生资助管理工作领导小组，实行一把手亲自抓，分管领导具体抓，制定实施方案，确保学生助学金按政策按时足额准确发放到位。

（四）学校建设

1. 校舍建设。2006 年至 2017 年，校舍建设累计投入资金 1200 万元，校舍建筑面积

6324平方米，设有34个专用教室和实验室、卫生室、图书室、阅览室、美术室、舞蹈室、音乐室、微机室、多媒体教室、广播室、档案室、体育专用教室、书法室以及体育器材库、实验仪器库、乐器库。办公楼设13个办公室。

2. 基础设施建设。2006年，学校操场建设篮球场2个，塑胶跑道长200米。2009年，投资80万元修建学生食堂。2010年，投入40万元建设校园文化。2013年，建设粮食字画室，建筑面积420平方米。

3. 仪电设备。至2017年，学校建有学生计算机室2间，有电脑90台，教师办公电脑台式机60台，笔记本15台。图书室面积280平方米，藏书40308册，教学仪电设备34套，总价值300万元。

（五）学校荣誉

1. 国家级。2007年，全国德育实验先进校。2008年，全国和谐校园。2009年，尝试教学全国示范实验学校。

2. 省级。2010年，湖南省红领巾示范学校。2011年，湖南省安全文明校园。2012年，湖南省教育技术示范学校。2014年，湖南省示范家长学校。2016年，湖南省中小学教师培训基地学校。

3. 州级。2008年，湘西州"小学目标管理先进单位"。2010年，湘西自治州"教学常规优秀学校"。2011年，湘西州"现代教育技术先进单位"。2012年，湘西州"师训工作目标管理先进单位"。2016年，湘西州"三独"竞赛先进单位。

三、思源实验学校

（一）概述

泸溪县思源实验学校前身是"泸溪县白沙第三小学和特殊教育学校"。　是由泸溪县人民政府出资，株洲市人民政府和香港言爱基金会捐资共建九年一贯公办寄宿制学校。2013年10月，开工建设，更名为泸溪思源实验学校。2014年9月，竣工投入使用。学校坚持"教育装备高起点，校园文化高品位，学校管理高层次，教师队伍高素质，课堂教学高效率，全面育人高质量"办学目标。2017年，开设1至9年级43个教学班，在校学生2101人，在职教师138人。校长：杨志祥。

（二）教学管理

1. 教学管理机构。学校设教导处，负责教学管理，下教科室负责年级组、教研组、实验室等工作；成立小学低、高年级语文组、数学组；初中语文组、数学组、英语组、文科组、理科组及艺体组，协助配合教导处、教科室搞好教学、教研等工作；成立小学1～3年级语文、数学教研组，4～6年级语文、数学教研组；初中语文、数学、英语理化生、政史地教研组负责抓好本级教研工作。

2. 教学常规管理。2014 年，推行“降低起点，放慢节奏，夯实基础，分层要求，全面优化”教学策略，推行推门听课制度，开展互相听课，互相评课活动。组织教师参加继续教育、学术交流、学历提高、读书自学等多种培训，开展“一师一优课，一课一名师”活动。在教学研究过程中坚持“问题研究课题化，课题研究校本化”，定期组织校本教研，鼓励教师参与课题研究，撰写教学论文。备课组探索新课程改革，推进大单元备课。2015 年，学校实行教务员协助教育教学管理制度，分年级举行教学教研活动。2016 年，学校对教学常规管理修订完善，形成《泸溪县思源实验学校教学常规管理实施细则》，指导教学实践。

(1) 备课制度。实行集体备课制度，集体备课内容为备课标、备教材、备学法、备教法、备检测。坚持统一教学目标，统一教学内容，统一教学进度，统一作业布置，统一检测试卷“五统一”。集体备课程序是：分年级分学科成立备课组，由备课组长制订学期工作计划，分解备课任务；每个教师根据各自备课任务研读课标教材，参阅相关资料，精心选用例题、习题、测试题，提出备课初案并交同组其他教师；教师课后反思教学工作，总结经验教训，完善备课组教案和自用教案。建立教师教案周查制度，对优秀教案进行全校通报表扬。

(2) 课堂教学。重视教法选择和学法指导，以基础知识为核心，以能力为重点，兼顾情意发展，把德育渗透于教学各个环节。根据学生学习实际及教学过程中动态情况，对预设教学目标进行调整。教师按课表上课，不得随意调课，不准随便缺课，不占用自修课或其他课程上课。学校建立每日巡课制度，校领导经常随堂听课检查，教导处定期普查或不定期抽查，组织集中听课。

(2) 实验教学。每学年或学期编制实验教学计划，根据课程标准和教材规定实验内容安排实验课题，所需仪器、材料、工具，演示实验达到 100%，学生分组实验达到 90%以上。教师课前精心研究实验，明确实验目的要求，确定具体方法、步骤和操作程序，在上课前对实验进行试做。实验完成后，及时检查了解学生实验情况，对实验进行小结，巩固实验效果。

(4) 考试与评价。学校利用考试评价信息资源，发挥考试评价诊断、反馈、导向、激励和促进发展功能，为教师专业化发展和学生全面、生动、活泼、主动发展服务。教学质量检测分单元测试、期中检测、期末检测。教导处命题体现学科教学导向，确定试题难易度。通过监考和评定成绩，进行质量分析，提出改进教学工作具体意见。

(5) 教研与培训。健全以校为本教研制度，以校本研究为载体，开展专家引领、同伴互助、个人反思等形式校本教研活动。每学期组织新进教师进行汇报课、中青年教师优质课、骨干教师和高级教师上示范课，使教师互相切磋，共同提高。发挥名师在教育教学中专业引领作用，骨干教师、学科带头人每学期开设一次面向全校教师教学观摩课、示范课或教学理论讲座，引领教育教学实践。

2017 年，教导处组织年级组长处理教育教学中日常事务，教科室组织教研组长开展教学教研活动。形成学校教学管理“三个领导”特色，使校领导与教师，科室与部门，教师与教师之间分工具体化、责任明细化、管理更加科学化。

3. 特色教学。学校本着“课内打基础、课外求发展、全面加特长”原则，注重学生综合素质培养。每周星期二、星期四下午三点到五点对学生进行以“寻找自信的我”为主题特色兴趣活动课，活动课实现室内与室外、兴趣与特长、技能与娱乐相结合、非遗传承与学校教育、课内阅读与课外阅读、课程开设与活动展示“六个相结合”。针对学生身心特点，创设感恩教育、生活技能赛、班级活动、传统诗文诵读、艺术教育、科技创新等系列特色活动，组建“源梦艺术团”和“源梦民乐团”。定期举办“源梦”艺术节，初步形成文化与艺术并进，体育、美术、音乐、舞蹈、地方特色课程全面实施的素质教育课程体系。

(三)学校管理

1. 德育工作。组建德育工作领导小组，设立校党支部、团委和少年先锋队组织，形成校长—党支部—团委—少先队大队—班主任“五位一体”德育工作网络。课堂德育教学执行《品德与社会新课程标准》，小学一、二年级开设道德与法治课，三年级至六年级开设品德与社会课；初中每周安排 2 节道德与法治课。课外德育教育活动坚持开展每周一次主题班会、每月一次队会、每学期 1—2 次班主任经验交流会、每学期 1 次家长会“四会”外，做好少先队干部选拔培训工作。做好品德差生帮教转化工作，落实结对帮教教师和措施，对重点问题学生“一对一”个别谈心，对后进生、单亲家庭子女建立帮教档案。开展“文明礼仪伴我行活动”“健康安全教育活动”“爱护校园环境签名活动”“班容班貌评比活动”“节约粮食从我做起—光盘行动”“法制教育活动”“留守儿童少年集体过生日活动”及“新团员入团宣誓仪式”等活动，将礼仪、独立、节约三大特色教育落实到学生日常学习生活中。

2. 综合治理。坚持“安全第一，预防为主”，制定《学生日常安全制度》《学校周边安全管理制度》《学校消防安全管理制度》《学校安全教育制度》《学校安全检查制度》《学校安全工作管理制度》《师生外出活动安全管理制度》《大型活动安全管理制度》《车辆安全管理制度》《门卫安全防范工作规范》《门卫室值班制度》《泸溪思源实验学校领导值班管理细则》等各种制度，利用电子滚动屏、板报、安全宣传展示板、校园小广播、国旗下讲话、班队集会等形式，宣传安全知识，做到“安全天天讲，安全时时记”。组织以逃生避险为主题安全学习日活动，开展“防拐骗、敲诈、绑架”知识讲座。举办春季交通安全教育、消防安全教育、防地震演练、防溺水教育、防洪、防地质灾害，秋季交通安全教育、禁毒教育、反邪教教育、防寒取暖教育等安全教育活动，与教师签订《任课教师安全责任书》《班主任安全责任书》《教师安全承诺书》，与学生签订《租房安全协议书》《路途安全协议书》，完善安全各项制度与职责，确保校园平安。

3. 法制与国防教育。通过法制课、法制教育讲座、法制教育宣传等工作，培养学生学法知法、懂法、守法、用法自觉性。聘请校外法制副校长讲解有关法律法规，引导学生结合实际，剖析身边不良现象，增强师生法制观念。把法制教育与学生日常行为规范教育结合起来，自觉遵守《中小学生守则》《中小学生日常行为规范》。组织学生开展法律知识竞赛,召开以法律法规知识为题材主题班队活动,把法制教育具体化、实效化。将国防教育与校园环境建设、学生习惯养成教育、兴趣小组活动、班队活动相结合,在教育经费中安排部分资金,购买国防教育图书、音像等国防教育资料,制作国防教育展板,开展国防教育特色学校创建活动。把军营作为学校开展国防教育实践课堂,与县人武部建立共建关系,定期请共建单位的官兵作国旗下讲话,讲战斗英雄故事,对学生进行队列训练。开设国防教育课程,任课教师在教学中有目的、有内容、有记录上好国防教育课,对学生进行爱国主义和革命英雄主义教育。

4. 校园文化建设。物质文化上,学校依据远景发展规划确立"环境优美、功能齐全、文化浓厚、恬静雅致"环境文化目标,注重硬件功能开发,学校整个廊道文化采用版画、雕刻相结合的手法,融入民族文化特色,充满现代气息,室内廊道文化以蓝色为基调,给人以清新雅致感觉。教学区崇德楼、尚学楼廊道文化以校训"崇德、尚学、求索、创新"为主题,教室里分布各种各样版块,形成每个班级不同人文氛围。校园内外,用高雅文化标语凝聚人心。以办公室文化、教室文化、走廊艺术、文化标语启迪师生心智,注入进取活力。行为文化上,以"对上以敬,对下以慈,对人以和,对事以真"为切入点实施文明礼仪教育,教育师生学会尊重,学会理解,学会善待,学会务实。以"一个故事,一群榜样,一面锦旗"为主题,传承弘扬传统美德,注重学生集体生活良好品德和生活习惯养成教育,形成活泼、愉快、健康、向上文化氛围。在寝室文化建设中,开展"我为新家取个名,我为新家增美丽"等活动,鼓励学生参与寝室布置。寝室卫生做到床铺、地面、桌面、墙面、门窗、抽屉均无垃圾和灰尘"六干净"。在个人卫生方面做到勤洗澡、勤换衣、勤剪指甲、勤洗鞋袜、勤理发"五勤"。书香文化上,以"打造书香校园,点亮幸福人生"为目的,开展课前 10 分钟阅读等"大阅读活动"活动。定期开展"诵读中华诗文,营造书香校园"主题读书征文活动、诗歌朗诵会、主题演讲会,营造"让书香熏染校园,让校园散发诗意,让诗意感染学生,让学生感受真知"书香文化氛围。

(四)学校建设

1. 校舍建设。至 2017 年,校园总面积 72036 平方米,建筑面积 22884 平方米,总投资 3 亿元。整个校园分为南北两区,南区为体育运动区,北区是教学及生活区。教学及辅助用房面积 5169 平方米,其中教室 2850 平方米,实验室 564 平方米,图书室 1406 平方米,微机室 214 平方米,语音室 135 平方米。办公用房 19 间,面积 877 平方米,其中教师办公室面积 376 平方米。生活用房面积 11938 平方米,其中学生宿舍 7040 平方米,食堂 900 平方米,厕所 900 平方米,附属生活用房 3098 平方米,其他用房面积 4900 平方米。绿化总面积 8705 平方米,运动场地面积 6751 平方米。

2. 教学设备配置。配有教师办公桌椅 138 套,电脑 138 台,资料柜 48 个,升降式学生桌椅 2101 套,学生用电脑 114 台,43 间教室全部实现"班班通"。配有物理、化学、生物、自然科学实验室和与其相配套仪器室及标本室,仪电装备总值 296.54 万元,图书藏量 7.20 万册。

（五）幼儿教学

思源幼儿园建于2015年，占地面积10005平方米，投入建设资金77.84万元，建筑面积5996平方米。2016年9月，开园办学，在园教职工39人，其中专职教师33人，开设7个教学班，在园幼儿学生260人。是年，被评为“州级示范性幼儿园”、泸溪县“学前教育目标管理先进单位”。2017年，投入资金187.72万元，完善基础设施建设。在园教职工34人，其中专职教师26人，开设10个教学班，在园幼儿学生384人，在全县第十五届幼儿园书画比赛获团体总分一等奖。

（六）学校荣誉

国家级：2016年，国防教育特色学校。

省级：2015年，湖南省“民族团结进步模范集体”、湖南省“第五届中小学生艺术展演活动小学组校园剧三等奖”。2016年，湖南省“少年君子文化教育示范基地”、全省“传递温情·守护温情·留守儿童之家”、湖南省首批非物质文化遗产传承学校、湖南省中小学优秀文化传承学校。

州级：2015年，湘西民族文化传承教育研究基地学校、湘西州非物质文化遗产进校园示范学校，湘西州实验教学及创新教育工作先进单位。2016年，州级园林式单位、湘西州民族团结进步示范单位，全州信息技术与教育教学深度融合研究基地、州级语言文字规范化示范学校。

四、武溪镇第二小学

武溪镇第二小学前身是五里洲小学。为均衡教育资源配置，2016年，国家投入资金6000万元进行改建扩建，被湘西州人民政府列为全州重点建设项目，学校更名为武溪镇第二小学。学校占地面积17868平方米，建筑面积13300平方米，其中教学楼面积7390平方米，辅助用房面积5910平方米，田径运动场面积4686平方米，绿化面积3297平方米。建筑主体结构部分共五层，采用全封闭式框架结构，建成后有教室40间，功能室10间，教师办公室20间，可容纳师生2000人，学校布局合理、设计新颖、配套完善、功能齐全、是一所环境优美的独立小学。

改建扩建项目于2016年2月动工，2017年7月竣工，秋季办班开学。

第六节　九年一贯制学校

一、长坪学校

长坪小学始建于民国时期，隶属爱安乡(今达岚镇)，校址在马王溪村，时称马王溪农业中学。中华人民共和国成立后，属长坪乡辖区。由于校址变迁和行政区划调整，学校先后更名为长坪学校、长坪公社中学、长坪乡中学、长坪乡中心完全小学、浦市镇长坪完全小学，是一所农村九年一贯制学校。

1949 年 12 月，原马王溪农业中学更名为长坪乡马王溪中心完小。1950 年，学校有 15 位教师，设 3 个初中班，6 个小学班级，学生 400 人，第一任校长曾松波。

1966 年起，改小学六年制为五年制，初中三年制改为两年制。1968 年，学校迁至长坪村西面，设 3 个初中班级、6 个小学班级，在校学生 400，教师 30 名，下辖村小 6 所。1972 年，学校迁至长坪乡政府所在地。20 世纪 70 年代期间，除中心完小开设初中班之外，麻垅、清水垅 2 个片完全小学也开设初中教学。3 所学校设初中班级 8 个，其中中心完小 2 个班，麻垅、清水垅各 3 个班。中心校设小学 5 个班级，有学生 400 人，教师 30 人。这一期间，新建 2 栋平房 8 间教室，校舍中间配房作教师住房，租借一所民房作为教室。1977 年，长坪公社将正在建设的“五七大学”划给中心学校，将原初中部及五、六年级迁至新校址，即现校址。20 世纪 80 年代，学校先后建起 1 栋 3 层 12 间教学楼和 1 栋 2 层 6 间教学楼，设置物理、化学、生物、自然仪器室实验室和电教室。90 年代，学校设初中 3 个年级 9 个班，学生 350 人，小学设 6 个年级 8 个班，学生 400 人。新建教师宿舍楼 2 栋。

进入 21 世纪，国家加大对教育事业投入，实施规范化学校建设工程，学区新建 1 栋 4 层 16 间教室，1 栋 40 套教师宿舍(公租房)和 1 栋 4 层学生宿舍。2000 年，设 6 个初中年级班，小学 6 个年级 8 个班，在校学生 800 人。2005 年，设初中 3 个 6 个班，初中学生 263 人；设 8 个小学班级，小学生 1200 人。2006 年，行政区划调整，长坪乡并入浦市镇，学校更名为浦市镇长坪完全小学，开设小学班和初中班。2009 年至 2016 年，学校开展教育扶贫，共资助在校学生 3105 人次，资助金额 14.38 万元。2011 年，评为全州“安全文明校园”。　2012—2013 年，连续 2 年评为全州“学生资助工作先进单位”。

2017 年，校园占地面积 13678 平方米，建筑面积 5963 平方米，标准球场 2 个。有教职工 69 人，设初中班 3 个 131 人，小学班 6 个 426 人，学前班 5 个 41 人。校长吴建平。

长坪学校扶贫建校、希望工程情况如下：

(一)扶贫建校

茅冲口小学。1998 年，省驻村扶贫工作队投入建校资金 6 万元，修建茅冲口小学教学楼，建筑面积 150 平方米。

清水垅小学。2006 年，省驻村扶贫工作队投入资金 10 万元，新建清水垅小学教学楼，建筑面积 200 平方米。

中堂小学。2004 年，省驻村扶贫工作队投入资金 30 万修建中堂小学教学楼，建筑面积 300 平方米。

白头溪小学。2012 年，县教育局投入扶贫建校资金 30 万元，修建白头溪村小学教学楼 1 栋，建筑面积 250 平方米。

(二)希望小学

马王溪现代投资希望小学。2000 年至 2009 年，共投入建校资金 83.82 万元，其中湖南现代投资公司直接投入 35 万元，修建马王溪希望工程小学。学校占地面积 3300 平方米，建筑面积 870 平方米。

毛茂田希望小学。2008 年，湖南省农业银行驻毛茂田村扶贫工作组投入资金 60 万元，新建毛茂田希望小学校舍和配套设施，校舍建筑面积 300 平方米。

麻垅希望小学。2008 年，省扶贫工作队、州法院驻村工作队投入资金 12 万元，建设麻垅希望小学教学楼，建筑面积 120 平方米。

庄尚合格小学。2014 年，县教育局投入资金 20 万元，建设庄尚村片完全小学教学楼，建筑面积 200 平方米。

表15—20　　长坪学校办学设施情况一览表　　单位:平方米、万元、册

学校名称	占地面积	建筑面积	教学用房	仪器电教总值	图书藏量	固定资产总值
长坪中心完小	13678	5963	5963	45	12000	2000
马王溪现代投资希望小学	3300	1200	500	12	5000	150
白头溪小学	350	250	250	0. 5	200	35
毛茂田希望小学	600	300	150	2	300	65
茅冲口小学	200	150	100	/	/	5
麻垅希望小学	300	200	150	2	200	20
庄尚小学	400	200	200	1	200	22
清水垅小学	400	200	200	0.5	/	12
中堂扶贫小学	600	300	300	5	/	35

表15—21　　　　　　　　长坪学校基本情况统计表

年度	学校数	其中(所)						学生数	教职工数
		初中(班)	中心完小	片完小	小学	延伸点	幼儿园		
1951	5		1		4				
1961	7	3	1		6				
1975	11	6	1	3	7				
1989	11	9	1	1	9				
2000	11	6	1	1	9				
2005	11	6	1	1	9				
2017	6	3	1	1	4			557	63

二、石榴坪学校

石榴坪学校位于石榴坪乡政府所在地，始建于 1950 年，原址在石榴坪场上，利用居民刘本贵木质结构瓦房三间私宅，作为校舍。当年招收一、二年级复式班一个，时任校长张再锦。1951 年，学校从民宅迁至坨里村对面老庵堂。1952 年，乡政府发动群众拆散老庵堂，将建筑材料搬移至坨里村源塆上重新建校，即现校址。1953 年，学校进行扩建、新建 1 栋木柱砖墙教学用房，开设初小一至四年级 4 个教学班。1958 年，学生人数增多，学校再次扩建，开设五、六年级班级，成为全日制完全小学，时任校长阙德斌。1969 年，学校创办初中部，招收初中一年级学生 2 个班，成为九年一贯制学校，时任校长罗一筐。同时，兰村小学办初中班。1978 年，石榴坪公社学校更名为石榴坪学区，管理辖区 11 所大队完小和 4 个延伸点教育教学工作，有兰村、民力、人头坳、红桥、芒田、牛角冲、石榴坪 7 个大队学校开办初中班，全学区有教师 138 人，在校学生 2456 人，是石榴坪乡学校教育发展鼎盛时期。1980 年，中心小学新教学楼建成竣工，建筑面积 1286 平方米。1981 年，修建中学教学楼。建筑面积 1108 平方米。1985 年，修建教师宿舍 24 套，建筑面积 1350 平方米。1987 年，学校更名为石榴坪乡中心完全小学。

1992 年至 1995 年，学校初中毕业生 470 人，升入统招统分中等专业学校 104 人，升高中 314 人，其中州民中 47 人，县一中 167 人，县二中 76 人，职业中专 34 人，学校连续 4 年被评为县目标管理先进单位。四川省阿坝藏族羌族自治区教育考察团到校参观学习，四川日报刊发学校管理先进经验。一度成为泸溪、辰溪、麻阳三县涉边地区农村名校。学校在办学中，组织教师参加社会教育，开展扫盲工作，至 20 世纪 80 年代全乡基本扫除青少年文盲。1992年秋季，学校把幼儿教育列入学校教育工作，开办学前班。1993年，被评为湘西州“教学常规合格学校”。1996年，协助各村办农民技术学校，开展农业技术教育，提高农民文化科技素养。组织勤工俭学，增加学校经费，培养学生道德品质。

2000年，学校通过国家义务教育检查，成为普及九年制合格学校。2004年至2008年，新建2栋学生寝室和学生食堂。至 2015年，累计投入1000万元，用于基础设施建设，新建2栋教师住宿楼，2栋学生宿舍楼，1栋教学大楼，1栋学生食堂楼，1栋廉租房，校建筑面积达到8361平方米。开通校园局域网，装备计算机52台，班班通18套，安装校园监控系统。

至2017年，学校占地面积14000.70平方米，建筑面积8361平方米，开设30个教学班，在校学生879人，教职工67人。校长刘克早。

扶贫建校、希望工程情况如下：

扶贫建校。湘西自治州劳动人事局投入扶贫资金15万元修建芒田村小学综合楼，建筑面积210平方米。

希望工程。湖南真维斯服饰有限责任公司捐资人民币20万元，建设芒田村小学教学楼一栋，建筑面积522平方米。

表15—22　石榴坪中心完小办学设施情况一览表(单位:平方米、万元、册)

学校名称	占地面积	建筑面积	教学用房	仪器电教装备总值	图书藏量	固定资产总值
中心完小	21388	6571.67	5609	110.73	15752	413.02
兰村	5448	2360.31	2240	42.22	4295	206
板桥	342	214	214	1	500	16
碧溪	958	778	778	2	400	28
芒田	2518	1068	1068	5	500	95
民力	1012	126	126	2	300	30
界世冲	340.02	232	232	2	500	23.8
牛角冲	640	428	428	1	500	31
红桥	480	350	350	2	400	38
人头坳	582	450	450	2	400	18

表15—23　　石榴坪乡中心完全小学基本情况统计表

年　度	学校数	其　中(所)					在校学生	教职工数
		中学(班)	中心完小	17	小学	延伸点		
1951	11			49	11		439	
1961	10		1	138	8		1237	
1975	17	7	1	104	8	7	2015	
1986	16	13	1	97	7	6	2505	
2000	15	13	1	92	9	3	2215	
2005	11	12	1	67	8		1952	
2017	10	6	1	1	8		879	

三、踏虎学校

踏虎学校位于合水镇踏虎村。创建于1950年，初名为信安乡小学，校址设于兴隆庵，开设1个班，学生10人，时任校长石泽发。1952年，选择踏虎村作为学校新校址。次年，修建1栋5间教室教学楼，1栋木制5间简易住房。1954年，开设班级5个，学生100人，更名为踏虎学校。

1960年，学校设立初中教学班。修建1栋2层4间中学教学楼和1栋木质2层六间教师住宿楼。1961年9月，开设6个教学班级，在校学生200人。1978年，在校学生600人。1980年，学校初中部停办，初中学生和部分教师并入泸溪县第四中学，学校成为完全小学。1984年，学校另辟新址。1985年，县教育局投资新建3层12间教室和6间办公室教学楼1栋，修建有21套房教师住宿楼1栋。教学班级增加到12个，在校学生700人。1990年至1996年，学校开展扫除青壮年文盲，对农民进行文化技术教育。建立村级农校7所，农校扫盲班有258人脱盲，培训农民3118人次。2001年9月，学校恢复初中教学，开设3个教学班级，招收学生189人。学校新建初中部教学楼1栋；校区规模再次扩大。2002年，被授予国家"尝试教育基地"。2010年，被评为湘西州"学习型学校"。2013年，投入资金245万元，新建中心学校幼儿园。2014年秋季，招收幼儿140名，开设大中小三个幼儿班。2015年，幼儿园新建办公楼1栋，面积100平方米，在园幼儿160人，教职员工9人。

2017年，踏虎学校新老校区总面积14734.5平方米，建筑面积7499平方米，辖村级小学5所，共有教学班27个，在校学生700人，教职工51人。中心幼儿园开设4个教学班级，在园幼儿190人，配备教职员工9人。校长：廖汉有(2014.9—2017.8)，黄鹏(2017.9任职)。

表15—24　　踏虎学校办学设施情况一览表　　单位:平方米、万元、册

学校名称	占地面积	建筑面积	教学用房	仪器电教装备值	图书藏量	固定资产总值
中心学校	14574	7499	4869	97.99	18215	626.84
晒州田学校	2620	982	490	7.5	2564	47.56
登云寨学校	1360	375	310	0.29	560	5.29
麻铺学校	1380	321	280	0.31	50	5.29
南洪溪学校	1330	110	88	0.11	50	10.11
马龙口学校	1400	160	142	0.25	560	10.25

表15—25　　踏虎学校基本情况统计表

年度	学校数	其中(所)						在校学生数	教职工数
		附设中学(班)	中心完小	片完小	小学	延伸点	幼儿园		
1951	2		1		1			17	5
1961	7	1	1		2	3		260	23
1975	13	1	1		5	6		670	43
1986	16		1	2	5	8		760	48
2000	8		1	2	5			820	56
2005	9	1	1	2	5			1200	72
2017	6		1	1	4		1	889	51

表15—26　　踏虎学校升学情况一览表

年度	小学升初中	升学率%	初中升中专	初中定向升师范学院数
1977—1980	180	65%		
1981—1990	700	70%	17	
2001—2010				
1991—2000	1500	71.2%	15	
2001—2010	1800	100%		8
2011—2017	706	100%		7

四、白羊溪学校

学校坐落在白羊溪墟场白鹤山，创办于1952年，租借1栋2层8间木质吊脚楼作为校舍，面积300平方米。设5个教学班级，学生100人，教师6人。学校除承担全日制小学教学任务外，教师晚上到村寨帮助农民读书识字，承担扫除文盲工作任务。时任校长杨玉平。

20世纪60年代初期，学校从租借民居搬迁到白鹤山建校。在白羊溪大队部旧址修建1栋2层砖木结构教学楼，共8间教室，建筑面积300平方米，修建运动场面积500平方米。开设小学一至五年级和初中班，在校学生500人，教职员工10人。60年代末，按照“初中不出大队，高中不出公社”要求，白羊溪公社各大队均办起学校，中心完小开设高中班，麻溪学校开设初中班。一年后，公社中心学校高中并入泸溪第三中学，村级初中班并入中心学校。

20世纪70—80年代，筹集资金修建3栋砖木结构平房，建筑面积800平方米，分别作为办公室、教室和教师宿舍，修建简易师生食堂，在校学生增至800人。其间，中心完小开办学前班，招收学前幼儿20人。1989年，设立马入田、林家冲、打台冲、老寨坪等11所村级小学。期间，学校按照“学习要与生产劳动相结合”要求，一边学习文化一边参加劳动，开展勤工俭学活动，开垦政府划拨的啊是岭、摇竹坪、干洞山等学农基地。20世纪90年代，开展扶贫建校，筹集资金4万元，群众投工捐料修建教学楼1栋，建筑面积400平方米。1993年，湖南长沙友谊集团投资21万元，修建中心完小中学教学楼，建筑面积580平方米。1999年，友谊集团再次投资10万元，修建学生宿舍，建筑面积440平方米，学校一度更名泸溪友谊学校。是年，在校学生人数900人，教职员工26人。90年代末期，国家实施基本扫除青壮年文盲和基本普及九年义务教育，白羊溪乡适龄儿童入学率99%，中小学巩固率97%和99%。至2000年，累计扫除青壮年文盲4000人，完成扫除青壮年文盲任务。是年，全乡在校学生1700人，其中初中每年级开设3个班级，在校中学生510人，学校经过国家“两基”验收，成为“两基”合格学校。

2004年，实施农村寄宿制学校建设项目，投资新建5层楼学生宿舍，建筑面积1050平方米；修建2层楼学生食堂，建筑面积500平方米。同时，购置电脑，添置图书仪器。2012年，投资21万元改建排口学校，面积165平方米。2013年，投资修建学校综合楼，建筑面积2000平方米。配置各种教学实验室及功能室，购置实验仪器设备，添置图书，图书室藏书2.20万册。是年，征地1320平方米，改造操场，铺设塑胶跑道，修建规范体育运动场地。借助“三通两平台”建设项目建设班班通网络，每个班级拥有多媒体现代教学装备。投资16万元，维修改造马入田村小学，面积112平方米。2016年，投资30万元，配置建设用地512平方米，开办学校中心幼儿园，在园幼儿127人。

至2017年，学校占地面积9231平方米，建筑面积6004平方米。教职员工51人，辖10个村级小学，在校学生710人。开设初中教学班级6个，小学教学班级12个，图书室藏书2.2万册。校长高奉升希望工程建校情况。1993年，湖南长沙友谊集团投资21万元，建设白羊溪学校中学部教学楼2层共8间教室，面积580平方米。1996年，县纪委驻白羊溪乡报木坨村工作队筹集资金8万元，建设报木坨清风希望小学。1998年，中国人民银行泸溪县支行驻双溪村工作队筹资5万元，建设双溪希望小学。1999年，友谊集团再次投资10万元，建设学生宿舍，面积440平方米。

表15—27　白羊溪学校办学设施情况一览表　单位：平方米、万元、册

学校名称	占地面积	建筑面积	教学用房	仪器电教装备总值	图书藏量	固定资产总值
中心完小	9231	6004.11	3491	90.65	22871	1646.1
湖田	134	90	90			5.8
报木坨	380	240	180	2.1		22.9
排口	324	152	130	2.4	300	12.8
云上	1000	180	180	3		12.1
马入田	584	122	112	3.5		16.2
周家寨	150	102	90	0.9		19.3
双溪	400	150	135	11.2	200	35.2
麻溪	2580	380	345			80.8
马王溪	1073				300	86.7

表15—28　白羊溪学校基本情况统计表

年度	学校数	其中(所)						在校学生数	教职工数
		附设中学(班)	中心完小	片完小	小学	延伸点	幼儿园		
1952	1		5					110	6
1961	1	3	5	2				500	13
1975	1	3	5	2		9		700	35
1989	1	5	8	2		9	1	800	41
2000	1	8	8	2		9	1	1700	45
2005	1	7	8	2		9	1	1200	47
2017	1	6	12			9	2	710	51

表15—29　学生升学情况一览表

年度	小学升初中	升学率(%)	初中升中专	初中定向升师范学院数
1977—1980	925	32		
1981—1990	1224	72	13	5
1991—2000	1693	92	21	2
2001—2010	1587	95	232	1
2011—2017	1425	100		3

五、解放岩学校

解放岩乡学校位于解放岩乡政府所在地场上村。1946 年，乡公所在水卡村冒洲自然村租用简易木质民房办学，初名泸溪县狗爬岩国民中心学校。1950 年，区人民政府接管学校，学校更名为泸溪县解放岩中心学校。1952 年，迁至场上村，学校规模扩大，学人数增至 200 人。时任校长杨少华。1954 年，新建教室宿舍各 1 栋，学生人数增至 400 人。1959 年，学校开设初中班，筹资新建 1 栋 6 间教室砖混结构平房，在校学生 500 人。1960 年，学校更名为解放岩公社中心完全小学。至 1982 年，学校新建一栋两层砖混结构教学楼。1983 年，学校更名为解放岩乡中心完全小学。新建 1 栋砖混结构集教学、教师住宿于一体综合楼。1985 年，新建 1 栋 2 层 8 间教室砖混结构教学楼，新建操坪和运动场。1989 年，拆除 1954 年修建的木质结构师生宿舍，新建 1 栋 3 层钢混结构教师宿舍。1995 年，普及九年义务教育，扩大学校规模，拆除 1959 年修建的砖混结构平房。2002—2004 年，建成 2 栋钢筋混凝土结构学生宿舍。2004 年，在校学生 1300 人，其中，初中 700 人，小学 600 人，教职员工 60 人。2005 年，学校参加中考学生 118 人，45 人升入高中。2006 年，125 人参加全县中考，53 人升入高中或成为免费师范学生。2007 年，参加中考学生 112 人，63 人升入高中或成为免费师范生。2008 年，内蒙古呼和浩特“蒙牛集团”为全校学生免费赠送一年早餐奶。7 月，湖南省教育电视台到校专访“关爱工程”，制作专题片。2009 年，学校参加中考学生 121 人，75 人升入高中或成为免费师范生。

2010 年 7 月，启动万金山小学维修工程。全校参加中考学生 133 人，94 人上高中录取分数线，加特长生数量，初中升高中首次突破百人大关。2011 年，维修都蛮学校教学楼，新建水卡学校。2012 年，新建都蛮小学教师宿舍楼和学生食堂；新建大塘坳小学教学楼、利略小学教师宿舍和学生食堂；维修茨冲小学和中心完小中学教学楼。2013 年，新建油麻寨学校，维修牛场学校教学楼。出版发行校园诗刊《放歌沱江》。110 名初三毕业学生参加中考，60 人达到高中录取分数线。2014 年，投资 300 万元，修建 2 栋 72 套教师廉租房宿舍，1 栋学生食堂，实施校园硬化、绿化、美化、亮化工程，新建框架结构学校综合楼。2015 年，新建中心完小幼儿园，占地面积 1948.50 平方米，建筑面积 1545.50 平方米，有幼师 8 人，在园幼儿 88 人。

至 2017 年，学校占地面积 17586 平方米，建筑面积 5874 平方米。教职员工 59 人。在校学生 716 人，其中小学 340 人，初中学生 376 人。辖中心完全小学一所、联村片小和教学延伸点 11 所。

校长：杨代付（2014.9—2017.7），李绍辉：（2017.8 任职）

学校先后荣获州以上多项奖励。2006 年，全州　“勤工俭学先进单位”。2007 年，湘西州“安全文明校园”。2009 年，教研课题《和谐德育教育的实验与研究》国家级一等奖，全州“勤工俭学先进单位”。2014 年，湖南省“诗词先进单位”。

希望工程建校情况。2013年，IP3组织捐资15万元，修建己用希望小学教学楼，项目投入建设资金55.60万元，建筑面积263平方米。

表15—30　　解放岩学区基本情况统计表

年度	学校数	其中(所)					在校学生	教职工数
		附设中学(班)	中心完小	片完小	小学	延伸点		
1951	3	无	1	无	2	无	180	12
1961	7	3	1	1	4	1	500	35
1975	10	3	1	3	4	2	600	42
1989	12	6	1	3	4	4	800	63
2000	12	12	1	3	4	4	1800	88
2005	12	12	1	3	4	4	2100	92
2017	12	9	1	1	5	5	1243	84

表15—31　　解放岩学区办学设施情况一览表　　单位:平方米、万元、册

学校名称	占地面积	建筑面积	教学用房	仪器电教装备值	图书藏量	固定资产总值
中心学校	17585	5874	3199	113	28950	709
都蛮小学	3210	1102	545	12	2800	61.45
利略学校	1446	504	296	1.4	850	39
水卡学校	1218	513	363	2.74	1200	67
牛场学校	1137	362	198	1.8	185	38
茨冲学校	568	147	98	2	90	19
己用学校	761	499	263	2.53	1780	64
万山学校	1541	278	210	2.26	350	24
大坪学校	613	163	98	1.73	210	18
大塘坳学校	810	273	198	3	1050	22v
油麻寨学校	976	104	71	1.76	180	26
淹水龙学校	605	216	149	0.1	150	13
四路溪学校	358	161	121	1.15	87	18

六、洗溪学校

洗溪学校位于洗溪镇政府所在地洗溪社区下街2号。1950年创办,设一至四年级4个班,第一任校长邓世贵。1955年,开设小学一至六年级,成为完全小学。

1966年,学校设初级农业中学班。1968年,开设全日制初中部,小学学制缩短为五年,初中学制二年,更名为洗溪学校。20世纪70年代,洗溪学校下辖11个大队完全小学,6个教学延伸点,其中峒头寨小学、宋家寨小学、望天堂小学开办初中教学班。

1981年,初中学制由二年改为三年,撤销村小附设初中班。1982年9月,学校更名为洗溪镇中心完全小学。1984年,新建3层15间教学楼1栋、3层9间教师宿舍楼1栋。1997年,上海市锦南区人民政府投入资金捐建学校锦南楼4层12间教室。

2001年,香港电视广播有限公司主席邵逸夫先生捐建"逸夫楼"4层8间教室。2004年,新建4层8间教学楼1栋、4层52间学生宿舍楼1栋。2005年9月,开设初中15个班级,学生人数826人,小学在校人数1658人,在校学生达到峰值。2006年,县移民局投入资金40万元,建设洞底坪村小教学楼,建筑面积900平方米。2008年,新建5层30间教师公转房1栋,教师住上有厨房和卫生间住房。

2012年,新建教师公租房和可容纳350人同时就餐学生食堂。2014年6月,新建小学教学楼1栋。2013年,中心完小按合格学校标准配备仪器室、生物、物理、化学实验室、音乐室、美术室、体育活动室、计算机室、电子备课室、多媒体室、语音室、录课室、图书室、阅览室。2014年,将原逸夫楼改建成洗溪中心幼儿园。

至2017年,学校占地面积19940平方米,建筑面积9542平方米。拥有电教仪器装备值90.82万元,图书藏量17367册,固定资产总值984.82万元。辖7所村级小学,在校学生710人,中心学校附属幼儿园教学班级4个,幼儿145人;小学教学班级11个,学生361人;初中教学班级4个,学生154人;7所村小共18个教学班级,学生50人,教职员工92人。校长:舒绍辉

学校创办以来,多次获得县以上表彰奖励。1998年,湘西州"民族团结进步先进单位"。2008年,湘西州"学习型学校"。2009年,湘西州"现代教育技术先进单位"。2010年,湘西州"德育示范学校""安全文明校园"。2013年,湘西州"教师专业发展示范学校"。

表15—32　　洗溪学校办学设施情况一览表　　单位:平方米、万元、册

学校名称	占地面积	建筑面积	教学用房	仪器电教装备总值	图书藏量	固定资产总值
中心完小	13320.02	7527.43	2560.66	90.82	17367	984.82
能滩小学	828.05	309	288.45	0.462	400	20.452
望天堂小学	555.24	277.31	252.56	0.36	300	15.862
峒头寨小学	626.26	171.41	150.56	0.45	300	16.78
宋家寨小学	810.03	306.74	256.06	0.45	500	15.78
里岩小学	772.03	340.82	224.05	0.43	400	15.63
邓家坪小学	1702.03	625.55	480.35	0.53	1100	18.56

表15—33　　洗溪学校基本情况统计表

年度	学校数	其中(所)						在校学生	教职工数
		附设中学(班)	中心完小	片完小	小学	延伸点	幼儿园		
1951	1		4					56	1
1961	12		6		11			316	15
1975	12	2	6	7	1	3		612	45
1989	10	6	7	4	5			1536	82
2000	10	10	8	4	5			1650	125
2005	10	15	8	4	5			2250	138
2017	9	4	11		7		1	710	92

表15—34　　洗溪学校升学情况统计表

年度	小学升初中	升学率%	初中升中专	小学定向升师范学院数
1977—1980	100	80%		
1981—1990	650	65%	31	
1991—2000	1232	72%	25	
2001—2010	2210	100%	12	6
2011—2017	510	100%		7

六、梁家潭学校

梁家潭学校创办于1952年，学校初设在布条坪村。1958年，随公社迁至梁家潭墟场团结山，定名梁家潭中心完全小学。首任校长符胜元。1969年，学校开设初中部，升级为九年一贯制学校。

20世纪80—90年代，学校下辖芭蕉坪、桌子潭、红岩排、下湾、桐油坪、茶坪、岩寨、猫子溪、灯油坪、达力寨、二郎坪、布条坪、鸡子潭、拖船坡、椰木溪、烟砣等16所村级学校。后部分村小陆续合并，下湾小学、红岩排小学合并为红岩小学，茶坪小学并入桐油坪小学，猫子溪学校并入岩寨小学，二郎坪小学和达力寨小学并入灯油坪小学，拖船坡并入鸡子潭小学，烟砣小学并入椰木溪小学。先后修建教师宿舍楼、学生教学楼，缓解大班额现象。2001年，中心完全小学通过省政府"普九"验收。2002年，被授予全国教育科学重点课题"整体构建学校德育体系深化研究与推广实验"学校。2003年，实施新课程改革，实行学生自主、合作、交流、探究教学方式。2005年，投资38万元，新建小学教学楼和公共厕所；投资30万元，新建学校食堂面积200平方米；投资100万元，新建中学教学楼和中小学实验综合楼。2006　年，国家实施九年义务教育，学校落实"两免一补"政策，免收学杂费和部分学生教科书费。被评为湘西自治州实验教学工作先进单位。2007年，所有学生免费提供教科书。2009年，建成远程教育室，配备电脑、打印机、电视机等设备，教师开始利用课件及网上资源上课。2013年，投资200万元，建设教师廉租房，改善运动场地。2014年，投资50万修建校内人行天桥。2015年，安装班班通设备、装修图书室和阅览室，配备现代化办公管理设备。通过省级"合格学校"验收。2015年，行政区划调整，梁家潭乡、八什坪乡并入洗溪镇，学校更名为洗溪镇梁家潭完全小学。2016年，投资35万元，修建博雅亭，创建校园文化。

2017年，学校占地面积17803平方米，建筑面积5605平方米，开设10个教学班级，在校学生348人，在职教师46人。校长杨明礼。

扶贫建校、希望工程建校情况：

扶贫建校。2003年，扶贫单位投入资金36万元，建设中心完小第二栋教学楼，建筑面积652平方米。州委组织部投入资金15万元，援建岩寨小学，建筑面积300平方米；州建委投资12万元，援建红岩排小学，建筑面积260平方米。2005年，建整扶贫单位投入资金38万元，修建中心完小第三栋教学楼，建筑面积780平方米。

希望工程。1995年，省青少年基金会捐赠单位投入资金50万元，新建中心完小希望工程教学楼，建筑面积975平方米。2003年，省电力公司投入50万元，修建芭蕉坪片完全小学，建筑面积550平方米。2012年，长沙市芙蓉区投资20万元，援建桐油坪小学，建筑面积350平方米。

表15—35　　梁家潭学校基本情况一览表

年度	所辖学校数	其中(所)						在校学生数	教职工数
		附设中学(班)	中心完小	片完小	小学	延伸点	幼儿园		
1951									
1961	16		1		15			600	42
1975	16	6	1		15			800	60
1989	10	6	1		9			900	75
2000	10	6	1	1	8			1300	83
2005	8	9	1	1	6		2	1900	86
2017	6	3	1	1	5		2	348	46

表15—36　　梁家潭学校办学情况一览表　　单位:平方米、万元、册

学校名称	占地面积	建筑面积	教学用房	仪器电教装备总值	图书藏量	固定资产总值
中心完小	17850	6357	2407	141.23	12000	600
桌子潭小学	300	100	72			
红岩小学	300	150	72			
桐油坪小学	750	600	600			
岩寨小学	800	650	650			
灯油坪小学	300	370	270			
达力寨小学	300	350	300			
布条坪小学	300	240	200			
鸡子潭小学	300	170	120			
榔木溪小学	300	200	150			
芭蕉坪小学	1000	888	888		2200	220

第七节　农村(中心完全)小学、幼儿园

一、达岚中心完全小学

达岚小学始建于1950年,校址在达岚镇岩门古堡寨旁,时称岩门学校,下辖覃木阳、麻坪、潮地3个片完小,时任校长张再腾。20世纪50年代,学校校舍简陋,大部分村小设在民居里。20世纪60年代初,学校迁至达岚坪谢家坡旁,与达岚中学合并,成为九年一贯制学校。70年代,中心完小学校规模扩大,村级小学数量增多,所辖完全小学有农科、六里、潮地、夕阳田、新田、都用、麻坪、车头、五德、冲木、企冲、覃木阳、八一13所村级小学,教学延伸点有岩牛山、麻子冲、瓦子冲、羊都司、护国寨、天堂坡、六一等7个。其间,按照"读初中不出村、读高中不出乡"要求,潮地、覃木阳、麻坪等大队小学开设初中班,达岚农业中学开设高中班。后因师资不足撤销高中班。1980年,普及九年义务教育,开展扫除文盲活动。学校承担扫除农村青壮年文盲任务,开办农民技术学校,普及农业技术知识,全镇农村青壮年全部脱盲。1984年,达岚小学与中学分开,设立达岚镇中心完全小学(学区)。

进入21世纪,学校开展新一轮课程改革,确定"为教师持续发展铺路,为学生健康成长导航"办学思路,以"润育潜质、培养习惯、发展个性、奠基未来"为办学理念。2003年至2010年,学校添置现代化教学设施设备,装备计算机仪器室、图书室、科学实验室、心理咨询室、多功能活动室等。

2014年9月,创办中心完小幼儿园。累计投入资金292.20万元用于幼儿园建设,在园幼儿150名,专业幼儿教师8人。2016年9月,学校教育科研项目,湖南省教育学会"十二五"教育科研规划课题《贫困地区农村小学构建高效课堂的途径与方法研究》成功结题并通过验收。

至2017年,校园占地面积14100平方米。设17个教学班,在校学生812人,其中学前150人;教职工68人,其中幼儿教师8人。校长:黄明文(2013.8—2017.8);符元生(2017.9任职)。学校先后获得湘西州语文赛课一等奖、尝试法理论教学实验校;湖南省第八届中小学校园文学大赛优秀组织奖,全国德育科研先进实验学校。

扶贫建校、希望工程情况:

扶贫建校。1998年,州建设局驻村扶贫工作队援建岩屋口希望小学,建筑面积317平方米。2004年,中石化集团公司捐资修建岩门小学。2006年,由县委组织部驻企冲村扶贫工作队援建夕阳田小学。

希望工程。1993年,怀化铁路集团捐资15万元,县配套资金15万元,援建达岚小学。

1998 年，县计划委员会援建岩屋口希望小学。2004 年，上海高桥船舶厂捐资 100 万元，援建车头小学。

表15—37　　达岚学校办学设施情况一览表　　单位：平方米、万元、册

学校名称	占地面积	建筑面积	教学用房	仪器电教装备总值	图书藏量	固定资产总值
中心完小	6200	4785	1942	46.21	12000	1335.25
都用村小	1602	499	328	0.3438	210	86.4366
岩屋口小学	1357	916	353	0.2429	170	131.3756
覃木阳小学	2700	762	507	0.3564	286	94.3451
车头小学	2000	1150	618	4.55	200	120.34
六一小学	874	210	180	0.45	189	68.54
六里小学	360	210	140	0.632	230	70.6544
岩门小学	1050	186	186	0.832	588	50.7842
夕阳田	321	256	144	0.2343	188	80.8432
麻坪小学	770	465	392	0.3893	207	120.3653
潮地小学	1512	393	393	0.6727	245	166.3486

表15—38　　达岚学校基本情况统计表

年度	学校数	其中						在校学生数	教职工数
		初中班	中心完小	片完小	小学	延伸点	幼儿园		
1951	5	1		4				470	20
1961	5	1		4				590	32
1975	21	1		14		6		1460	98
1989	19		1	6	6	5	1	2160	85
2000	16		1	5	4	5	1	2280	69
2005	13		1	5	4	2	1	2065	72
2017	12		1		4	6	1	812	68

二、合水中心完全小学

合水中心完全小学位于合水镇人民政府所在地。民国21年(1932),信安乡二保人士张毓琳在祖坟山自然村创建“泸溪县第三区第五小学”,张毓琳任校长。1950年3月,区人民政府接管第五小学。合并宗家坨区第六小学、合水场第三民众小学、罩子坪一期二年八级短期义校、上徐家初级小学、木龙义校等5所学校,建立祖坟山完全小学,教职员工30人,在校学生400人,成为全县最大乡村完全小学。时任校长杨毓鹏。1958年9月,学校迁至合水公社所在地合水场上大队,更名合水中心完全小学,为六年制学校,下辖蓄鱼塘、三合、新桥、祖坟山、中龙山、罩子坪、合水、横坡、杨家人、塘冲、木龙、溪州、晒州田、麻铺、沙子坳、马龙口、踏虎、丁云寨18个大队20所学校。是年,学校开办初中班,实施中学教育。

1964年,中学与中心完小分离。1968年至1975年,改小学学制为5年,并开设二年制初中教育。中心完小每年招收初中平行班2个,踏虎、罩子坪、横坡3个片完小每年各招初中班1个。1977年秋季,中心完小创办学前班,招收学前幼儿53人。1978年,中心完小辖属初中班停办。这一时期,学区开展勤工俭学活动。在学校后面花果山建立学农基地20亩,辖属学校也建立学农基地。师生按农事季节种植经济作物或蔬菜,每年创收100元左右。开展小秋收活动,每年采摘油茶油桐季节,学校放7至10天农忙假,按学生年龄大小,班级高低安排不同数量复收任务,学区每年收获茶油3吨左右,创收1.80万元。

1984年,分出踏虎设乡,踏虎小学从合水学区分离建立踏虎学区。期间,社会单位向学校捐赠课桌椅、电视机、图书资料,社会爱心人士为贫困学生资助金31200元。2012年,国家实施扶贫政策,对农村学生进行扶贫资助,建设寄宿制学校。通过为学生提供午餐补助、贫困生救助资金,减免学杂费等措施,使全体在校学生受益,学生巩固率100%。2013年,投入资金400万元,修建中心完小附属幼儿园,园区占地面积2300平方米,建筑面积1200平方米,被评为全州农村示范性幼儿园。2014年,投入资金600万元建私立幼儿园1所。

2015年,永兴场乡呈田村并入合水镇,呈田村小学仍由永兴场学区管理。2016年,杨元国从白沙小学调任合水中心完小校长,杨元国名师工作室挂牌于合水中心完小,工作室设首席名师1人,成员5人,学员18人。

至2017年,合水镇域内学校分别由合水、踏虎、永兴场三个学区管理。合水中心完小占地面积18688.20平方米,建筑面积5694.96平方米,其中教学用房3825.87平方米。拥有仪器电教装备总值79.10万元,图书20439册,固定资产总值1112万元。辖幼儿园1所,村级小学8所,教学延伸点1个,在校学生1443人。教职员工66人。校长:杨元国。

学校先后获得“全国尝试教学实验学校”“湖南省校园文化大赛先进单位、湖南中小学理事单位、国家生本教育实验基地,湘西州课改示范学校等荣誉。

表15—39　　合水中心完小办学设施情况一览表　　单位:平方米、万元、册

学校名称	占地面积	建筑面积	教学用房	仪器电教装备总值	图书藏量	固定资产总值
中心完全小学	18688.2	5694.96	3825.87	79.08	20439	1112
罩子坪小学	2195.1	759.31	512.21	1.02	400	65.04
横坡小学	1842.3	805.52	561.06	1.23	500	20
木龙小学	1942.3	441.04	300.35	0.68	500	25.25
新桥小学	1200.47	520.52	270.3	0.05	200	25.38
溪州小学	1050.11	528.98	303.9	0.03	100	18.04
蓄鱼塘小学	1299.05	296.19	140.15	0.02	120	25.21
塘冲小学	788.2	221.93	123.97	0.01	80	15
阳重小学	443.02	144.83	103	0.03	60	18.08
中龙山小学	420.22	232.58	120.4	0.02	80	30.13
中心幼儿园	2300.26	1731.16	1170.83		2200	40

表15—40　　合水学校基本情况统计表

年度	学校数	其中(所)						学生数	教职工数
		初中(班)	中心完小	片完小	小学	延伸点	幼儿园		
1951	16		1	2	11	2		1180	47
1961	18		1	2	11	4		1817	72
1975	18	7	1	5	10	1		2460	96
1989	19		1	6	11	1		2018	102
2000	11		1	2	6	2		2215	72
2005	11		1		8	2		1985	70
2017	11		1		8	1	1	1443	66

三、兴隆场中心完全小学

兴隆场中心完全小学位于兴隆场镇场上，始建于民国19年(1931)。1950年春，县文教科接管学校。1951年，开设小学班级6个，在校学生210人，在校教职工14人，时任校长谭子辅。20世纪50年代，学校教师在开展全日制教育教学同时，负责开展扫除文盲工作。20世纪60—70年代，兴起办学热潮，兴隆场公社所属各个大队均创办小学，隶属中心学校管理。1978年，投入资金18万元，建设中心完小第一栋教学楼1657平方米。1997年，投入资金45万元，新建教师公转房1栋，建筑面积1020平方米。

2000年，学校开设班级46个，在校学生2518人，有教职员工108人。2002年，投入资金57万元，修建中心完小新教学楼1241平方米。2005年，投入资金469万元，新建综合楼1500平方米。是年，学校开设班级37个，在校学生2109人，教职员工98人。2006年，创办学生食堂。2011年，投入资金252万元，新建教师廉租房2002平方米。投入资金96万元，修建学生宿舍1308平方米。至2016年，中心完小配备标准仪器室、实验室、图书阅览室、计算机语音室、多媒体室、美术室、音乐室、心理咨询室、卫生室等。建立留守儿童之家，引导留守儿童参与社会实践活动。2017年，学校开展教育扶贫，帮扶贫困学生。

至2017年，学校占地面积10557.32平方米，建筑面积6677.53平方米。其中，中心完小教学用房3573平方米。拥有仪器电教装备总值71万元，图书22560册。开办教学班级39个，在校学生　1111人，教职员工71人。校长：陈清锋。

学校先后荣获“全国尝试教学示范学校”“湖南省书香校园学校”“湘西州教学常规管理示范学校”“湘西州校园文化建设示范学校”“湘西州基础教育课程改革样板学校”“湘西州校园文化建设示范学校”等荣誉。

表15—41　　兴隆场学区基本情况一览表

年度	开设班级	在校学生数	教职工数	小学升初中(%)	备注
1951	6	210	14	5%	
1961	12	608	29	20%	
1975	40	1309	65	85%	
1986	44	2402	89	90%	
2000	46	2518	108	95%	
2005	37	2109	98	100%	
2017	39	1111	71	100%	

表15—42　　兴隆场学校办学设施情况一览表　　单位:平方米、万元、册

学校名称	占地面积	建筑面积	教学用房	仪器电教装备总值	图书藏量	固定资产总值
中心完小	10557.32	6677.53	3573.09	70.95	22560	362.55
武堰小学	5627	354.14	253.65	10.25	1200	100.86
都里坪小学	5627	391.95	323.54	3.08	600	14.56
甘田坪小学	765.23	510.92	450.36	3.02	1200	28.64
德保小学	1075.57	482.39	281.36	3.21	1220	18.56
彭总管小学	711.12	180.51	140.23	1.65	40	12.03
都岚山小学	698.12	220.39	120.02	1.25	30	15.69
岩坡小学	940.45	265.37	220.04	2.01	20	24.32
五里坪小学	632.65	116.01	83.65	2.12	20	12.36
烂泥田小学	694.32	192.17	143.23	1.03	40	15.42

四、永兴场中心完全小学

永兴场中心完全小学位于兴隆场镇(原永兴场乡)上广村。创办于 1946 年 1 月,时称永兴场中心学校,校址是上广村富户杨主南天井木屋,殷绍勤任教,学生 41 人。

1950 年春,县教育科接管学校,开设教学班 2 个,在校学生 60 人。时任校长谭子华。1956 年秋,在校学生增至 227 人,开设教学班 5 个,教员增至 6 人,学校升级为完全小学。1956 年,学校所在地设立永兴场乡,学校更改为永兴场乡完全小学,学生数 243 人,开设 5 个班,教职工 7 人。从 1956 年至 1960 年,任课教师 8 人,学生累计数 1116 人。1958 年,始设初中班 1 个,教师 1 人,学生 35 人。1966 年,学区有小学 5 所,教职工 16 人,学生 522 人。大队民办小学 5 所,学生 71 人,教师 5 人;耕读小学 30 所,学生 435 人。1969 年 3 月,学区开设初中部。

1971 年,全学区小学 7 所,学生 578 人,教师 9 人。中学 1 所,学生 98 人,教师 4 人。全民办 4 所,学生 230 人,教师 19 人。耕读小学 43 所,学生 458 人。政治夜校 71 所,学员 4192 人。1973 年 3 月,学区对 10 个大队 76 个生产队 8638 人进行摸底,文盲半文盲 3933 人,其中青壮年文盲半文盲 2163 人。各大队以教师为主体,实施扫盲教育。1976 年,学区有小学 16 所,在校学生 1644 人,幼儿园 23 所,在园幼儿 395 人。中心完小开设高中班。1979 年,停办高中班。

1992 年,教职工 19 人,在校学生 332 人,累计办班 49 个班 2300 人,毕业生学生 2150

人，累计升学人数 1600 人。1996 年附属初中部分离，成为一所完全小学。

2011 年，学区撤校合并集中办学。2014 年春开始，益阳市每年派出 14 位教师到校支教。9 月，学校在学前班基础上创建中心幼儿园。

2016 年，行政区划调整，学校改名为兴隆场镇永兴场中心完全小学。

至 2017 年，学校辖中心完全小学 1 所，三冲坪、密灯、木坨、呈田、溪头 5 个教学点。中心完小占地面积 12596 平方米，建筑面积 5374 平方米。藏书 16499 册，仪电设备总值 55.04 万元。开设教学班级 14 个，在校学生 655 人，教师 38 人。中心幼儿园占地面积 1554 平方米，活动面积 835 平方米，容纳幼儿 200 名。教职工 11 人，开设大中小 4 个班。校长：杨金卫。

表15—43　　永兴场中心完小办学设施情况一览表　　单位：平方米、万元、册

学校名称	占地面积	建筑面积	教学用房	仪器电教装备总值	图书藏量	固定资产总值
中心完小	12596	5374	3112	55	16499	601
三冲坪	2664	893	621	22	5800	187
密灯	765	473	265	1	3000	35
木坨	1607	383	338	1	2600	25
溪头	1092	244	178	3	1800	31
呈田	900	251	163	3	2000	51

表15—44　　永兴场完小基本情况统计表

年度	所辖学校	其中(所)						在校学生	教职工数
		初中班	中心完小	片完小	小学	延伸点	幼儿园		
1951	4				4			120	6
1961	7				6			377	26
1975	10	3	1	7	1	1	6	1542	58
1989	12	4	1	4	4	2	6	1456	64
2000	11		1	2	5	3	5	1639	57
2005	8		1	2	4	1	6	1696	47
2017	6		1		5		4	954	54

五、小章中心完全小学

小章中心完全小学位于小章村场上。1950 年，在小章村知名人士张清栋宅院创办小学，时有学生 25 人。1952 年，迁至富户张清英院内教学。1953 年，再次迁入张清栋宅院教学。学校有教师 3 人，学生 48 人。1954 年，在村中选址另建校舍，即现学校校址。开设一至四年级 4 个班级，时任校长李银衡。1958 年至 1961 年，学校先后建起 1 栋 2 层木质楼房，设一至五年级 5 个教学班，有学生操场、简易篮球场以及木质乒乓球台。小章公社下辖 7 个大队和较大自然村相继办起学校，有黄泥冲、川洞、大章、池良、梓木坪、大西龙、长冲、瓦曹、桥排坡、塘坪、白泥塘、洞上、平布亮、能溪河等 19 所小学及延伸点，各大队均办有幼儿园。中心完小总面积 1200 平方米，有学生 367 人，有教职工 40 人。

1975 年，整顿学校规模，撤并不具备办学条件自然村小学和教学延伸点，村办幼儿园全部停办。是年，学区有 28 个教学班，在校学生 598 人，教职工 29 名。

1989 年，普及小学教育。同时，学校开展扫盲班教学。全乡共有学校 12 所，其中中心完小 1 所，片完小 2 所，村小 5 所，教学延伸点 4 个。学区有教职工 38 人，设 22 个教学班，学生 1281 人，村小及教学延伸点多为复式班，中心完小、黄泥冲小学设学前班。 1998 年，学校实施基本普及九年义务教育、基本扫除青壮年文盲 “两基”教育。2000 年，普及九年义务教育通过验收。学校落实“两免一补”政策。实施危房改造和新建，各个校区均建成砖混教学用房。12 所学校建筑面积 3475 平方米。是年，全乡有教师 46 人，其中正式教师 40 人，代课教师 6 人，学生 1984 人，42 个教学班级。除小章中心完小、黄泥冲小学和白泥塘小学外，其余村小及教学延伸点均为复式班。

2005 年，平布亮教学点并入白泥塘小学，大章小学并入黄泥冲小学，由 12 所学校整合为 10 个学校，有教职员工 47 人，开设教学班级 30 个，学生 1456 人。2014 年，对中心完小校舍进行改造和新建。配备“班班通”，实现多媒体教学。学校基础设施及装备全部配套。被评为湘西自治州“民族团结进步示范学校”。2015 年，国家加大农村学校办学投入，实行义务教育城乡均衡发展和学生营养餐计划。2016 年，实施精准扶贫，对建档立卡贫困户子女在校学生提供资助。9 月，小章乡中心幼儿园落成开园。建档立卡贫困户子女学前阶段 45 人，每人每年资助 2500 元；小学阶段 184 人，每人每年生活补助费 1500 元。

至 2017 年，学校占地面积 9480.23 平方米，建筑面积 6249.39 平方米，辖属村小 10 所，教学延伸点 7 个，在岗教师 68 人，在校学生 782 人。校长：张海涛。

扶贫建校、希望工程情况

台湾台塑集团捐赠扶贫建校资金 126 万元，修建中心完小明德教学楼，建筑面积 1200 平方米。湖南机械设备进出口公司捐资 19.6 万元，建设黄泥冲希望小学教学楼，建筑面积 400 平方米。

表15—45　　小章中心完小办学条件一览表　　单位：平方米、万元、册

学校名称	占地面积	建筑面积	教学用房	仪器电教装备总值	图书藏量	固定资产总值
小章小学	9480.23	6249.39	2280.17	38.376	10180	494.02
黄泥冲小学	5383.02	1686.13	628.33	14.52	4400	103.20
烟竹坪小学	782.12	435.14	289.33	0.87	1500	51.70
瓦曹小学	676.23	235.12	224.45	0.28	100	22.80
塘坪小学	532.21	115.18	82.33	0.2	200	20.40
洞上小学	375.24	147.13	136.55	0.12	100	12.70
能溪河小学	768.23	235.12	174.33	0.25	200	18.50
大西龙小学	240.22	90.32	65.45	0.52	180	20.30
白泥塘小学	240.23	206.13	159.33	0.22	850	15.20
桥坡小学	163.25	70.25	47.55	0.32	100	10.30

表15—46　　小章学校基本情况统计表

年度	学校数						学生数	教职工
		中心完小	片完小	村小	延伸点	幼儿园		
1951	3	1	2				25	1
1961	19	1	2	10	6	19	367	40
1975	19	1	2	10	6		598	29
1989	12	1	2	5	4	2 学前班	1281	38
2000	12	1	2	5	4		1984	46
2005	10	1	2	1	6	2 学前班	1456	54
2017	10	1	1	1	7	4	782	68

六、潭溪中心完全小学

潭溪中心完全小学位于潭溪镇潭溪社区土麻寨。学校创建于1951年，原名兄弟山民族小学，校址在潭溪镇张家湾后山坡。建校伊始，办学条件简陋，教室设在2栋民房中，有学生210人，教师22人。是年秋季，政府筹集资金，群众献工献料在潭溪区政府所在地修建3栋木质结构平房和1栋楼房新校舍，1952年春季交付使用. 时任校长张经勇。

1961年，学校设6个班，在校学生人数增至350名，教师30人。下辖新寨坪、松柏潭、兴隆寨、桃子坳、且己、小能溪、楠木冲、大陂流、小陂流、虎食溪、土麻寨、下都、朱雀洞、符家坪、盘古岩15所村小学。

1971年，兄弟山民族学校搬迁到土麻寨大队319国道后面团鱼包。与潭溪中学整合，更名潭溪镇中心学校，成为九年一贯制学校，其中小学五年，初中两年，高中两年，且己村小学开办初中班。1974年，开设小学一至五年级每个年级5班，初中每个年级1个班，在校学生1300名。1976年，潭溪中学从学校分离为独立中学，成为泸溪县第五中学。为适应教育发展需要，新增猫儿岩和啊湾溪两所村小，小陂流大队增设开设吉河坪和鱼从溪2个延伸点；楠木冲大队增设长潭尾、火麻冲和老屋场村小3个延伸点；小能溪大队增设千丘田延伸点；朱雀洞大队增设谷池延伸点；符家坪大队增设三角岩延伸点；盘古岩大队增设桃竹潭、扯夫溪2个延伸点。1977年，学校小学部为5个年级7个班，中学部2个年级，每个年级2个班，学生1500名，教师98人，其中，公办教师57人，民办教师41人。1979年，初中班停办。

1981年，学校规模为小学5个年级26个班，学生人数2000名，教师人数130名。1986年，拆除土木结构旧教室，新建砖混结构教室15间，面积300平方米，更新部分教学器材。1990年，根据教学需要，再次拆掉原建筑，全部改建成砖混结构楼房。

进入21世纪，潭溪镇中心完全小学进入快速发展阶段，基础设施建设日益完善。2001年至

2005年，中心完小学生人数增加，村小学生减少，朱雀洞、鱼丛溪、谷池等村小和教学点撤销。为解决中心学校教学用房紧张问题，学校实施贫困地区普及九年制义务教育工程项目，扩建校舍60平方米，改建校舍240平方米。2005年，学区学生数2000人，教师122人。2006至2012年，先后投入资金1000万元，用于修建校舍和危房改造。

2013年9月，新建成学生食堂及宿舍综合楼投入使用。11月，教师公转房投入使用。同时，重新规划学校操场，修建塑胶跑道，全部教室安装“班班通”，为学生添置新床铺，新课桌。期间，学校得到社会爱心人士捐赠资金80万元。其中42万元建设小陂流村小和且己学校，20万元建设兴隆寨村和小能溪村学校。争取中央体育彩票基金投资建设乡村少年宫。2016年，开展教育扶贫工作，按照“三个切实”“六个精准”“五个一批”要求，开展结对帮扶贫困生建档立卡工作，建立阳光服务站办公室，为贫困住宿生及时发放生活补助费，减免特困学生生活费，为3名在校孤儿争取社会爱心人士资助。2017年，学校向县教体局申报调拨教

学仪电器材价值 50 万元；自筹资金购置图书 17449 册；添置体育、音乐、美术器材价值 30 万元，教学仪器及图书达到小学标准配备。

至 2017 年，学校占地面积 12713.50 平方米，建筑面积 8312 平方米。下辖 10 所村小学，在校学生 814 人。其中，中心完小 676 人，开设 14 个教学班。专任教师 79 人。学校配套有仪器室、实验室、图书室、电脑室、语音室、少先队活动室、教育阳光服务站等各类功能室，14 个教学班全部实现“班班通”教学，学校基础设施齐全，是一所农村六年制中心完全小学。校长：胡成德。

学校先后荣获湘西州“文明学校”、湖南省“优秀少先队集体”。

希望工程建校情况：

香港企业家曾宪梓先生捐资 258 万元，援建中心完小，建筑面积 7212 平方米。湖南省劳动厅捐资 20 万元，援建劳动希望小学，建筑面积 601 平方米。

表15—47　　潭溪中心完小基本情况一览表

年度	学校数	其中(所)					在校学生数	教职工数
		初中班	中心完小	片完小	村小	延伸点		
1951	16	0	1	3	12		210	22
1961	19	0	1	3	12	3	350	30
1975	25	2	1	3	10	9	1008	65
1989	22	0	1	3	14	4	1780	102
2000	18	0	1	5	10	2	2200	122
2005	16	0	1	5	10		2000	108
2017	11	0	1	0	10		813	79

表15—48　　潭溪中心完小办学设施情况一览表　　单位:平方米、万元、册

学校名称	占地面积	建筑面积	教学用房	仪器电教装备总值	图书藏量	固定资产总值
中心完小	12713.5	8312	2911.5	50.27	17449	1088.1
新寨坪	1600.19	671.6	378.58	1.6827	2000	52.45
松柏潭	2400.12	288.1	216.24	0.9271	1000	12.78
兴隆寨	1500.70	281.6	216.36	0.5681	1500	15.32
且己	2700.21	600.9	378.21	1.4454	1200	43.57
盘古岩	1200.58	294.6	216.45	0.8564	800	21.57
下都	1500.89	243.8	162.56	0.7242	900	15.24
小陂流	1300.54	201.1	108.23	0.3838	1000	15.32
大陂流	2700.38	695.6	578.12	1.5454	1000	30.44
楠木冲	1200.35	150.7	105.31	0.7574	1200	32.53
小能溪	1600.65	320.8	210.35	1.2357	1430	44.37

七、八什坪完全小学

八什坪完全小学位于八什坪村。1942年,八什坪知名人士彭文席在孝安乡乡公所所在地,创建八什坪学堂,校舍是1栋3间土木结构平房,有教师2人,彭文席任堂长。1951年,学校更名为八什坪中心小学,时任校长王国安。1957年,更名八什坪酉溪民族小学。1966年,改名八什坪学校。至20世纪60年代末,新建1栋6间教室和1间办公室砖木结构平房,1栋10间教师宿舍,1栋3间土木结构学生宿舍和30平方米厨房。

20世纪70年代初,学校创办中学,开设初中、高中教学班。两年后停办高中班,学校成为九年一贯制寄宿学校。1979年,学校更名八什坪中心完全小学。80年代,全乡实现普及小学教育。90年代,有教学班21个,学生1236名,教师70人。初中毕业、升学考试连续六年名列全县农村中学第一名,是学校发展鼎盛时期。这一时期,学校参与社会扫盲工作,1996年,全乡青壮年文盲全部脱盲。2000年,学校通过国家"普九"验收。2002年,香港慈善家邵逸夫捐资30万元,修建中心完小逸夫教学楼,建筑面积900平方米。2003年,学校修建综合楼,建筑面积356平方米,配备图书室、阅览室,微机室、物理、化学仪器室、实验室。

2012年至2014年,经湖南青基会牵头,学校获得湖南顺兴公司董事长孙秀文女士、长沙芙蓉区马坡岭街道和长沙30位爱心人士捐赠电脑42台,支持资金200万元对学生寝室进行公寓式改造,配备大型空气源热水器,教室安装电风扇,重新修建校门和围墙。国家投

资修建 1 栋 48 套廉租房。学校安装校园监控系统，开通校园局域网，配置“班班通”12 套，教师配备电子办公设备。2015 年，学校开展精准扶贫，除“两免一补”资助外，帮助建档立卡贫困户学生和留守儿童解决学习生活困难问题。是年，恢复开办学前班，学龄儿童接受正常学前教育。

2016 年，行政区划调整，八什坪乡并入洗溪镇，学校更名为洗溪镇八什坪完全小学。2017 年秋季，停办初中班，完小有 6 个小学教学班和一个学前班，在校学生 153 人。至 2017 年，学校占地面积 10018.50 平方米，建筑面积 9100 平方米，辖 5 所村小，教职员工 23 人，在校学生 153 人。校长：彭顺杰（2010.9—2017.7）；向绍平（2017.7 任职）。

表15—49　　八什坪学校办学情况设施情况一览表　　单位：平方米、万元、册

学校名称	占地面积	建筑面积	教学用房	仪器电教总值	图书藏量	固定资产
中心完小	10018	5000	1080	50	10000	278
塘食溪村小	1600	359	200	0.02	100	16
杜家寨村小	660	146	100	0.15	150	8.15
欧溪村小	4720	1151	700	0.21	200	38
三角潭村小	350	470	300	0.25	180	35
池塘村小	465	122	80			
李什坪村小	1849	272	200			
龙背山村小	682	120	100			
五村村小	1468	524	202			
桃坨村小	780	90	85			
大村潭村小	655	93	70			
梯溪坪村小	1600	381	301			

表15—50　　八什坪学校基本情况一览表

年度	学校数	其中（所）					学生数	教职工
		初中班	中心完小	片完小	小学	延伸点		
1951	10		1		9		300	13
1961	26		1		9	16	530	48
1975	23		1	1	8	13	560	47
1986	21	6	1	1	8	11	650	54
2000	15	1	1	1	9	4	1100	86
2005	11	1	1	1	9		620	63
2017	5				5		153	23

表15—51 八什坪学校学生升学情况一览表

年度	小学升初中(人)	升学率%	初中升中专(%)	定向师范学院人数
1977—1980	100	70—80	3	
1981—1990	150	70—80	3	
1991—2000	200	98	8	2
2001—2010	150	98	3	2
2011—2017	100	98	3	1

八、县民族幼儿园

泸溪县民族幼儿园是全县第一所公办幼儿园。1957年11月，县文教科在县城武溪镇创办泸溪县直属机关幼儿园，招收县直机关双职工子女15名，开设混合班一个，设床位20个，以保育为主，实行全托。李双梅担任幼师，行政领导由县委组织部部长国重新兼任。20世纪60年代，幼儿园规模扩大，园区占地面积4000平方米，教职工15人，在园幼儿300人，开设教学班级6个。1962年，傅玉华任园长。20世纪70年代，幼儿园划归县妇女儿童联合委员会管理，后划归县人事局管理，成为县人事局辖属差额拨款二级机构。1978年，幼儿园在园人数增至530人，开设10个教学班，有教职工27人，管理体制由保育转向保育与教育并重。1985年，更名泸溪县民族幼儿园。1993年，县民族幼儿园在白沙镇筹建新校区。新建园区占地面积8791平方米，修建教学楼、教师宿舍各1栋，大型娱乐城1个，大型户外滑梯2个，保教设施、教育教学设施配置齐全。

1995年，在岗教职员工24人，招收学前幼儿400人，开设教学班级7个。11月，幼儿园随县城迁至白沙沅江社区怡馨小区星苗路13号。2007年，民族幼儿园划归县教育局管理，改为全额事业拨款单位，县幼儿园在办园条件、师资队伍、办学特色方面得到发展。2015年至2017年，投入资金600万元，新建综合楼1栋，维修老教学楼，改建大门、围墙，户外运动场，添置大型户外玩具、幼儿多功能厅、幼儿区角活动材料。

至2017年，园区占地面积8791平方米，建筑面积4680.13平方米，其中教学用房1900平方米。游乐设备总值14.43万元，藏书5000册，固定资产总值803.46万元。在岗教职员工51人，在园幼儿456人，设小中大教学班级11个。园长：康碧爱。

幼儿园先后获得湖南省"幼儿教育先进集体"， 湖南省"文明卫生单位"，湘西州"示范性幼儿园"，湘西州"幼儿教育先进单位"，湘西州级园林式单位，湘西州示范家长学校等荣誉。

表15—52　　民族幼儿园基本情况统计表

年度	开设班级	在校幼儿数	教职工数
1957		15	3
1961	6	300	15
1975	6	320	20
1986	10	530	27
2000	7	390	24
2005	7	350	31
2017	11	456	51

附　录

一、人物传略

吴永勋

吴永勋(1863—1947),字稷人,男,武溪镇人。九岁丧父,家无积蓄,惟赖兹母勤劳度日。少年时代,在岳父张声镛(清贡生)耐心辅导下,勤学苦读,博览经史子集。16 岁进学中秀才后,即在家设馆教私塾,籍以为生。后去浦市观澜书院继续深造,文才出众,常得优奖。20 岁时赴省应试,获贡生。

清末,废科举,兴学校。县府改南溪院书为官立高等小学堂,委任吴永勋为堂长。1904 年,任长沙府善化教谕。1908 年,离职归故里,在家设馆教私塾。1914 年,任县第一女子小学校长。1915 年,县立高等小学堂改名为第一小学,任校长。在学校教师选聘中,对受聘教师既要求真才实学,又要求品德优良。对任课教师一经发现不胜任教学或不堪为人师表者即行辞退,毫不苟且。为适应新设算术、自然、工用艺术、卫生等课程需要,在没有教材教法先例可循情况下,吴永勋带头探索,和学校教师共同切磋琢磨,克服困难,最先掌握算术、自然等新课教学法,带动全校教学工作。

1916 年,县府成立劝学所(后改名教育局),委吴永勋为所长。为便于集中领导,因地制宜地发展全县各地教育事业,他将全县划分为十个学区,每区设学董一人,主持域内教育工作。次年,改十学区为八区,迅速扭转各乡镇教育各行其是涣散局面,使全县新兴小学教育得以发展。1927 年,长沙发生"马日事变",泸溪县第一小学校长黄传湘惨遭杀害,其遗孤无钱读书。吴永勋倡议教育界人士集资,使黄传湘遗孤小学毕业后继续到常德师范就读深造,直至毕业。是年,湖南省陆军小学招生,分配泸溪两个名额。吴永勋保送刘峙、王广两人去长沙学习。1926 年—1927 年,谭延闿任湖南省长时召开全省劝学所长会议,表彰奖励吴永勋兴办教育成绩,奖给银质徽章一枚。

1929 年,被县府招安北区土著武装首领周安源向县府敲诈巨款未遂,其部属吴杰将县长江汉捉去做人质,扣押在天门溪。周安源扬言:"要放江汉保城内平安,只有派吴师傅(永勋)前来才成!"吴永勋为了县城人民安宁,置个人生死不顾,只身赴周部盘踞的天门溪,以他浩然正气,晓以大义,说服周安源放人。县长江汉脱离虎口,县城父老对吴等赞不绝口。

1931 年，泸溪兴办乡村师范学校，吴永勋受聘任该校国文教员。其行为端庄，服饰整洁，语言文雅，苟于言笑，深得师生尊敬。他讲学深入浅出，剖析透彻，常以古今中外爱国人士言论、思想教育学生，启发学生热爱国家民族觉悟。对康、梁变法倍加推崇，勉励学生向历史英雄人物学习，为中华民族做贡献。

1936 年至 1940 年，吴永勋主纂续修间断 180 多年的《泸溪续志》。

吴永勋从教不墨守成规，勇于探索，勤耕不息，在泸溪教育史上发挥了承前启后重要作用，泸溪学生赠献“教育先河”四字匾额是对吴永勋一生中肯评价。晚年，他将自己一生诗词酬唱、婚丧对联、寿柬文章编成《兰山房文艺杂集》一书，准备刊印出版，因时局动乱未成。此书手稿一直为其子吴雅章珍藏，后来遗失。民国 36 年(1947)，吴永勋病逝，享年 84 岁。

陈大诰

陈大诰(？—1941)，字小雅，男，浦市人，生于清同治年间。自幼勤奋好学，熟读诗书，学行端正，《五经》连注字也能背诵如流。能诗喜文，其文清隽典雅，备受推崇，时人赞为文章高手。少年应乡试，以学行兼优获贡生。课教私塾兼商会等团体师爷，地方公益善举，凡呈文撰稿常由其执笔。清光绪二十九年(1903)，改观澜书院为官立高等小学堂，辰州府通判林明哲聘其任堂长兼国文修身教师。他任职期间勤勉奉职，治教有方，教育学生以道德学问并重，从学之人成名者多，所编讲义深得学使嘉奖。湘西巡抚防军统领陈渠珍慕其名而聘其为秘书官。民国 20 年(1931)，受陈渠珍委托，撰写《湘西陈氏族谱》。平时撰写诗文甚多，著有《双福堂诗文集》。

1941 年，陈大诰病逝于浦市，县府及乡镇士绅亲临葬礼。县长主持殡葬仪式。殡过长街，市人夹道吊唁，长达数里。

黄尊三

黄尊三(1880—1950)，字达生，男，武溪镇人，其祖置有田产，家道殷实。

黄尊三禀赋聪颖，又勤奋好学，遍读经史。17 岁(1897)，府试中秀才，时新学方兴，黄考入湖南高等学堂读书。四年后，清政府选送一批官费留学生出国留学，黄因学行兼优被选送赴日本明治大学社会学与法学专业留学就读。在日期间。革命党领袖孙中山、黄兴等人宣传革命，黄尊三深赞同孙、黄提出“驱除鞑虏，恢复中华，平均地权，建立民生”主张。

辛亥革命前夕(1911 年)，黄尊三结束在日本 9 年学习生涯，与一批留日学生返回祖国，客居北京。民国建立后，从事文化教育工作，创办《新民报》，走“教育救国”之路。后任教育部佥事，因无意涉足官场，不久即辞去佥事职专事教学。先后在武汉江汉大学、北平燕京大学、女子师范大学、唐山大学等校任讲师，教授法律及社会学。后又与留日学生共同投资创办民国学院，推选鲁倏平为院长，黄任总务长。在北平高等院校任教期间兼事著作，撰写《释社会问题》《救济制度》《法律进化论》《教育思潮大观》等书，译作有《近世社会论》等。

1931年“九一八”事变后，偕家小返回泸溪，深居简出，闭门著书。1939年，黄尊三撰写《三十年日记(1902—1931)》出版，由宁乡县名流周震麟题字写序。《三十年日记》记载黄自留学日本到回国在京工作，又离京返乡定居历程。书内载有内外政局变化、形势分析、学术动态，人物评价，诗文创作、风土人情等等，有一定文史价值。抗战期间，辰郡联立中学打算迁出沅陵，黄与主持教育工作的杨成寅为辰郡联立中学迁到泸溪力排众议，终使辰郡中学迁至浦市，黄尊三被推为校长。任校长数年，在安定学校秩序团结教师，提高教育质量，为四县培养人才方面做出一定成绩。

1941年，省立四中校长向玉楷(常德中学于1938年迁泸，1942年2月改名省立四中，1945年迁回常德)仰慕黄尊三才华，聘其为学校国文教员。黄尊三教初中语文，讲课生动形象，学生为之折服。1944年春，县府为发展地方教育，培训师资，筹办县简易师范学校，黄尊三被推举为校长。他不顾年迈体弱，欣然应允。1945年秋，在招收师范班同时，招收初中第一班。学校更名为泸溪县立简易师范学校暨附设初中部，黄尊三用工整的魏体字写了校牌，悬于校门。1945年，四中迁回常德，黄尊三利用与四中校长向玉楷关系，通过交涉，县府划拨四中所有校产给学校，学校搬迁到此办学，成为泸溪一中前身。

1948年，黄尊三因年事已高，辞去县立简易师范学校暨附设初中部校长职务，居家养老。1950年7月，黄尊三病故于县城家中，享年71岁。

张仲山

张甫田(1890—1971)，字仲山，男，浦市镇人。擅长诗、书、画、棋等，集文人雅好于一身。22岁从教，先后执教于浦市豫章小学、浦市第二小学、辰郡中学、兴华中学、泸溪二中、湘西州民族中学。

张仲山幼时父母早逝，依靠叔父养育。其天资聪慧，才华过人。在浦市高等小学堂就读时，国文、数学成绩为全校之冠。但囿于家境困窘，生计维艰，几欲辍学。堂长、清贡生陈大诰惜才，多次登门劝阻并解囊资助，方得继续学业。因其学业成绩突出，常得先生圈点褒奖，赏赐银两。小学毕业后就读于辰州府立中学(设沅陵)，学习勤奋，成绩卓众。毕业后归乡从教。张仲山博学多才，精通语、数、外、物理等课程，教学风格严谨，讲课言简意赅，提纲挈领，重点突出，批改作业字迹工整，一丝不苟。根据历年教学笔记，自编《代数题解》《几何题解》《容易混淆的字词》等教案集，作为教材补充。在学生教育上善于循循善诱，启示自省，促其上进。1946年，受县长倪渭清之托，承担编修《浦市志》任务。1948年，完成初稿，部分章节在《泸溪民报.武水之波》刊载。因时局动乱，未能付梓。后《浦市志》被毁。1960年，受县委领导之命，将民国时期《泸溪续志》译成白话文体《泸溪译志》。

至湘西州民族中学执教期间，利用课余时间潜心研究魏晋南北朝文学，写下了大量心得笔记，后经整理，收存于其未出版的文集中。

1971年2月，张仲山病逝于家中，享年81岁。

陈良训

陈良训(1895—1961),男,达岚五德村眉毛冲自然村人。祖父陈大烈是清同治年间秀才,课教私塾,学识渊博,在当地颇有名气。陈良训自幼在祖父严督下课读考取浦市官立高等小学堂,后进县简易师范学校学习。毕业后,在爱安乡(今达岚镇)一带教学为生。1943年,被县教育科委任为蚂蝗溪(现更名为马王溪)中心小学校长,后又任祖坟山学校训育主任。

陈良训致力于乡村教育事业,辗转乡里,足迹遍及达岚、合水等地。每到一地,必以当地教育事业为己任。初任蚂蝗溪中心小学校长时,学校连课桌也没有,经费更无着落。陈良训奔走于民间和官府求助,苦心经营,使校得以如期开课。1949年湘西"三二"事变期间,祖坟山学校1名教员被当地土匪暗杀,陈良训愤而辞职,回到爱安乡。后受邀又在护国寨办学教书。

陈良训为人清廉端正,不慕官职钱财,深得当地民众尊敬。1947年,泸溪国民党与三青团为竞选国大代表尔虞我诈,地方上党团派系利诱恫吓陈良训为他们进行拉票活动。陈不为所动,严词拒绝,并断然出走行医,以示抗拒。

中华人民共和国成立后,陈良训有心从事人民教育事业,终因年迈体衰未能如愿。但他仍尽其所能从事业余教育,为达岚、合水一带培养不少人才。他循循善诱,一丝不苟教学态度至今仍在民间流传。

1961年,陈良训病逝,享年76岁。

黄传相

黄传相(1896—1927),又名辅宜,男,武溪镇人。幼时就读于县官立高等小学堂,后考进省立常德西路优级师范学堂学习四年。修业期满,黄传相回本县任教,在县立第一小学当教员。1925年,县府任其担任该校校长。因治校有方,考绩卓著,且平易待人,团结同事,县内一些学有成就师范毕业生陆续汇集于县立一小教学。在教学中,黄传相注重对学生进行爱国主义和民族气节教育,亲率师生走上街头进行反对军阀割据、抵制日货宣传。在黄传相推动和进步教师努力下,县立一小学生思想活跃,教学秩序井然,文化活动蓬勃开展,爱国、进步气氛浓厚,为全县教育界所瞩目。

黄传相秉性正直,不依附权势,为民众鸣不平,故为权贵豪门所不满。他对军阀反动统治愤懑不平,常出言抨击。一次与同事聚会,谈及地方军阀陈渠珍所部在泸溪摊派苛捐杂税、鱼肉百姓时,黄传相拍案而起,怒斥贪官"一时是鸟,一时是兽"。

1926年10月,国民党湖南省党部派党务员到泸溪筹建县党部,开展工农运动,黄传相加入国民党。随后,省农协、省工会又陆续派人到泸溪开展农民运动和工人运动。他们以县一小为立足点,以学校教师为核心力量开展活动,县一小成为革命活动中心。黄传相支持教师从事革命工作,自己也投身其中。他组织师生上街游行,高唱"打倒列强除军阀"歌曲,张贴标语。不久,县党部成立,黄传相被选为第一区(武溪)党部常务委员,主持区党务工作。

1926年下半年，黄传相在县农民协会筹备委员会授意下，发动郊区农民和城市贫民手工业工人公审土豪，打击贪官。在县城居民举行反对军阀陈渠珍游行示威中，黄传相走在游行队伍前列，带领群众高呼“打倒土豪劣绅，贪官污吏！”，被驻泸溪县城的陈渠珍部视为眼中钉。1927年5月21日，长沙发生“马日事变”。驻扎县城的陈渠珍部大肆搜捕革命进步人士。5月22日深夜，有人向黄传相密报劝他尽快逃离。黄传相却说：“怕什么？我不走。”5月23日，陈部包围县党部、县工会、农协等机关逮捕进步人士。当日上午，第一小学上课铃响起时，一队荷枪实弹士兵闯进学校，黄传相挺身上前与之相持，据理力争，使得老师们越窗翻墙而逃得以脱身。而黄传相与未及脱身的杨明权等人被捕，当天押往沅陵行政公署。黄传相等人被捕后，其亲属和社会各界努力营救，其他人通过家属亲友纳贿得以保释。黄传相属于“领头人物”，不许保释，营救行动失败。5月27日，黄传相被枪杀于沅陵县城，时年31岁。中华人民共和国成立后，黄传相被追认为革命烈士。

李如龙

李奇愚(1901—1945)，字如龙，男，浦市镇人。父亲李子玉是清末秀才，对子弟管教甚严。李如龙在五兄弟中为长，自幼受其父勤奋好学、治学谨严熏陶。

1920年，李如龙考入北京大学理工科读书。进入二年级时，因家庭经济拮据，不得不半工半读，费时七年才修完五年制课程。1927年，以优异成绩毕业于北大，先后在芷江、溆浦、辰溪等地中学任数学、物理、化学教员。由于专业造诣颇深，又能在教学中竭尽全力，故教学成绩显著，极受师生尊重，所任教学校都以比一般教师高数倍月薪延聘他。

1934年，李如龙接受家乡士绅聘请返回浦市，任县立第二小学校长。他爱才重才，一些学有专长者纷纷投奔二小任教，视李如龙为知己，与他同心协力兴办教育。李生性孤傲，唯知谨慎从教，不揣摩地方官吏意愿，更厌阿谀奉承。1937年，当地官员欲以其亲信取代他校长职务，李愤然辞职，遂闭门不出，潜心自修。

1938年，李如龙受聘于省立九师(今吉大师范学院)教员。1944年，暑假回浦市省亲，辰郡中学校长王悠然久慕其才，登门拜访，聘请其到学校任教。李见王校长情真意切，答应再次回乡任教。欲返乾城与九师校长辞别，取回书籍及生活用具。王悠然怕李如龙被九师挽留不放，要其不辞而别，辰郡中学愿如数补偿其书籍及生活用具损失。是年秋季，李如龙担任辰郡中学教员。消息传开，辰溪、溆浦等地一些学生纷纷转到该校读书学习。以往，辰郡中学仅以国文成绩著名，李如龙来学校教数学、理化课程后，教学质量提高，数理高才辈出，一时间辰郡中学声名大振。

李如龙书法在湘西首屈一指，墨迹散布很广。抗战时期，重庆邮政总局几名官员到浦市视察工作，他们对李如龙为浦市邮局书写“邮局”二字大为赞赏，即命人拓下带回重庆，复制后制成匾额悬挂于总局大门。在李如龙为友人书写众多镜屏、条幅中，常书“鞠躬尽瘁，死而后已”8个大字，体现其献身教育精神。

1945 年 6 月一天上午，李如龙因患白血病昏倒在课堂上。经战时医院名医诊治无效病逝，卒年 44 岁。

石素君

石素君(1951—1968)，女，武溪镇草坪头人。1958 年，石素君在武溪镇小学六年级乙班读书。6 月 22 日下午放学后，她与同班同学金敏芝结伴到县城东门黄泥嘴河湾游泳。先下水的金敏芝刚走到齐腰深处，脚下流沙溃崩，即被卷入深水。金不谙水性，在水中挣扎沉浮，情况万分危急，石素君见状纵身扑入水中相救。当石素君托着金敏芝游至离岸不远地方正欲上岸时，水中流沙再次塌陷，两人又被河水吞没。石素君跃出水面，毅然再次游向深水处，绕到金的背后托着昏迷的金敏芝向岸边急游。石素君年小力单，即将靠岸时已筋疲力尽，聚集全身力气将金敏芝推向岸边。金敏芝得救了，而石素君终因力竭沉入水底，不幸牺牲，时年 16 岁。

石素君英勇救人精神深得县城居民和学校师生敬佩，武溪小学在全校开展向石素君学习活动。根据她生前要求，经学校党支部、团支部介绍，报请团县委批准，追认为中国共产主义青年团团员。

张民化

张民化(1936—1983)，男，苗族，，中共党员，大学专科。1958 年 7 月，从中央民族学院武汉分院毕业后被分配到泸溪县第二中学任教。1960 年 7 月，被评为“湖南省教育先进工作者”，享受省劳动模范待遇。1961 年 5 月，以苗族校长身份参加湖南省少数民族参观团赴京参观，受到邓小平等中央领导接见。1968 年 10 月，任泸溪二中革命委员会主任。1977 年 3 月，任泸溪二中党支部书记兼校长。任校长期间，工作责任心强，为人诚恳衷执，胸怀宽广，淡泊名利，工作要求严格。兴建学校，整平教学场地，开展勤工俭学，提高教学质量，开展教学研究。学校高考成绩以文科突出据全县中学首位。

1983 年 10 月，张民化因患癌症医治无效病故，卒年 47 岁。

罗海凤

罗海凤(1975—1985)，女，浦市镇人。1982 年秋，进入浦市镇完小读书，在老师和家长教育下，雷锋、戴碧蓉和罗盛教等英雄模范人物事迹在她幼小心灵里留下了深深烙印。加入少先队后，她经常自觉地做好人好事，受到学校和老师多次表扬。

1985 年 7 月 13 日下午，罗海凤和堂妹罗西珍在沅江红桥码头洗澡上岸时，看到同校二年级学生刘青珍在河边玩水时失脚踩空，滑入江中，挣扎着沉入深水。10 岁的海凤扑入水中，经过与江水激浪几番搏斗，终于把刘青珍推向岸边。刘青珍得救了，而罗海凤被江水卷走，没力气再次游向岸边，不幸牺牲。7 月 21 日，共青团泸溪县委、县教育局和浦市镇人民政府为罗海凤举行追悼会。团县委、县教育局联合发出通知，授予罗海凤优秀少先队员称号，号召全县青少年学习她舍己救人的精神，州《团结报》在头版头条刊载罗海凤英雄事迹，并加发短评。共青团湖南省委、省少工委、省教委授予罗海凤“学英雄小标兵”称号。学校为其专门请工匠雕塑其形象，安放在校园内，作为德育教学的一项内容教育学生。

吴天球

吴天球（1931—2000），男，土家族，永顺县吊井乡树木村人，中共党员。1953 年 8 月，吴天球毕业分配到泸溪县第一中学任教，先后任县一中教导主任、副校长、校长职务。长期担任县一中领导职务，期间曾获过许多荣誉和奖励。1984 年、1985 年，因工作成绩卓著受记大功奖励 2 次。1985 年，被评为州、省优秀教师。1986 年，受浮动工资一级奖励。1987 年，记大功一次。12 月，被评为中学高级教师。1988 年，记功一次。连续十年被评为县优秀共产党员。1989 年，被评为县、州优秀党务工作者。1991 年 9 月，被国家教委授予“全国优秀教师”光荣称号并颁发奖章。2000 年，吴天球于永顺老家因病逝世，享年 69 岁。

康伯温

康伯温（1933—2006），男，汉族，浦市镇人，中共党员。1952 年 4 月参加工作，先后在解放岩学区、小章学区、浦市二中、浦市二小任教师、教导主任、校长等职务。在任浦市第二小学校长期间，使浦市二小迅速崛起，建成了一所富有民族特色的花园式小学。先后被评为州县优秀教师，优秀共产党员，优秀政协委员，获记功、记大功、浮动升级等奖励，1993 年 9 月被评为全国优秀教师。1995 年 4 月退休，2006 年 11 月，康伯温因病医治无效去世，享年 73 岁。

杨彩云

杨彩云（1957—2009），女，苗族，洗溪镇李岩村人，中共党员。

1980 年 7 月，吉首民师毕业，分配到梁家潭学校任教英语。1986 年 9 月，调洗溪学校任教英语，担任班主任至 2005 年。先后多次被评为县教育先进工作者，2 次获记功奖励，5 次被评为州优秀教师，荣获“覃申媛式的优秀教师”和省、州、县“优秀共产党员”称号。2000 年，荣获陈香梅全国优秀教师奖励基金会奖励。2001 年，被湖南省委，省政府授予“湖南省中小学教师师德标兵”。2003 年，被评为全省“优秀共产党员”。先后 9 次获县人民政府嘉奖，2 次记三等功奖励。

2009 年，杨彩云因病医治无效逝世，卒年 52 岁。

唐伏湘

唐伏湘（1931—2011），男，汉族，永兴场乡密灯村人，中共党员。1955 年 9 月，唐伏湘投入农村扫盲工作，因在扫盲工作中成绩显著，于 1958 年 11 月获湖南省第三次青年社会主义建设积极分子称号。1960 年，再次获湖南省青年社会主义建设积极分子称号，并出席全省文教群英会。6 月，荣获全国文教先进工作者称号，在人民大会堂受到周恩来、朱德、邓小平等中央领导接见并合影留念。7 月，调永兴场粮站工作，并任命为密灯村生产队队长，多次荣获县、乡优秀共产党员称号。

2011 年，唐伏湘因病在家去世，享年 80 岁。

二、泸溪教育史上的第一

第一所学宫。北宋庆历五年(1045)，在县城始创学宫。是湘西土家族苗族自治州地区第一所学宫。

第一座书院。南宋绍兴十九年(1149)，辰州府太守和卢溪郡令在武口洲(今五里洲)建东洲书院。是湘西土家族苗族自治州地区第一所书院。

第一所义学。清康熙五年(1666)，知县邵时英在县城北门外广储仓一侧修建全县第一所义学。

第一所小学。泸溪县立高等小学堂，创建于清光绪二十九年(1903)，南溪书院改为县立高等小学堂。是泸溪县第一所新式学校。

第一所师范学校。民国 20 年(1931)，创办县立乡村师范学校，是民国时期小学教师摇篮。也是全县第一所师范学校。

第一所中学。民国 32 年(1943)，创办县立简易师范学校。民国 34 年(1945)，县立简易师范学校暨附设初中部，成为县内第一所中学(即泸溪县第一中学前身)。

第一个文科进士。张赉在明代成化年丙戌科高中文科进士。

第一个武科进士。宋仁杰在清乾隆丙辰科高中武科进士。

第一个举人。谭镇在明永乐戊子科中举人，官至经历。

第一个贡生。明代贡生龙云是史料记载最早贡生，官至盐运知事。

第一个女教师。李婉淑(1878—1936)，武溪镇人，毕业于桃源第二女子师范湘西女师速成班。民国 3 年(1914)，受聘县女子学校教师。

第一批留学生。光绪二十七年(1901)，清廷为推行新学，兴办洋务，选派一批甲科出身士子出国留学，学习外国政治、经济、军事、教育和科学技术，黄尊三等 7 人，成为泸溪县历史上最早留学生。分别是：黄尊三，留学于日本明治大学；龚德柏，留学于日本大学；龚一，留学于日本帝国大学；张仲骞，留学于日本警察学校；熊钟麟，留学于日本早稻田大学；李景牧，留学于日本预科；张世藩，留学于日本正刚学校。

三、特　辑

(一)伟人关怀

领导者要尊重历史，不懂历史的人，就不能理解现实。各级领导干部尤其是高级领导干部要利用地方志提高领导水平。——毛泽东

编辑出版年鉴，很有必要，这是国家的需要、四化建设的需要。——邓小平

以史鉴今，启迪后人。要高度重视修史修志，把历史智慧告诉人民，激发我们的民族自豪感和自信心，坚定全体人民振兴中华，实现中国梦的信心和决心。——习近平

（二）家有谱、州有志、国有史

“家谱、方志、国史”并列成祖国三大历史文献。为世修志，为业存史，为人写传。—我们的修志生涯

（三）小知识

1. 年代划分。1840 年前是古代；1949 年前是近代；1949 年后是现代。

2. 中华民国时期泸溪区划为 2 镇 8 乡，84 个保，1161 个甲。2 镇武溪镇公所、浦市镇公所；八乡即忠安乡（设上堡）、孝安乡（设八什坪）、仁安乡（设浦市）、爱安乡（设达岚）、信安乡（设合水）、义安乡（设兴隆场）、和安乡（设潭溪）、平安乡（设水卡）。

3. 解放初期泸溪设立六区。一区：区政府设武溪镇，1949 年 11 月 28 日成立；二区：区政府设浦市镇，1949 年 12 月 12 日成立；三区：区政府设兴隆场，1950 年 4 月 20 日成立；四区：区政府设潭溪，1949 年 12 月 8 日成立；五区：区政府设达岚，1950 年 5 月成立；六区：区政府设白羊溪，1952 年 8 月成立。

1955 年 6 月，六个区政府全部改为区公所，依次为：峒河区公所、浦阳区公所、兴隆场区公所、潭溪区公所、达岚区公所、白羊溪区公所

（四）地球上最神秘古老的家族

世界上最富有的家族——罗斯柴尔德家族

1. 罗斯柴尔德家族，那个统治了地球 200 多年的其继承人是詹姆斯•罗斯柴尔德

2. 20 世纪二战前的美国、曾有句经典的话形容美国的情况：民主党是属于摩根家庭的；共和党是属于洛克菲勒家族的。然而，洛克菲勒和摩根、又都曾属于罗柴斯尔德的。

3. 现在罗斯柴尔德家族资产至少 50 万亿美元＝800 多个比尔盖茨＝2060 多个王健林＝2200 多个马云（上市之初）

4. 美联储最大的股东也是他家那个“钻石恒久远、一颗永流传”的钻石公司——戴比尔斯是他家投资的。

5. 遍布全球的 30 多个国家的罗斯柴尔德银行至今都不选择上市。

（五）“211”“985”及办学机构、“双一流”高校

1.“211”“985”工程

“211”工程。即面向 21 世纪，迎接世界新技术革命的挑战，中国政府集中央、地方各方力量，重点建设 100 所左右高校和学科、专业，使其达到世界一流大学水平。截至 2011 年 3 月 31 日，全国共有 112 所“211”工程大学，此后再不增设。

“985”工程。即 1998 年 5 月 4 日，江泽民在北大百年校庆的讲话。最初入选“985”工程

的高校只有 9 所，即“九校联盟”。原始 9 所是：北京大学、清华大学、复旦大学、南京大学、浙江大学、哈尔滨大学、上海交通大学、中国科技大学、西安交通大学。截至 2011 年末，“985”工程大学有 39 所。

我国现有普通高校 1700 多所。其中“211”工程大学占其中 6 %，承担全国五分之一博士生、三分之二硕士生、二分之一留学生和三分之一本科生培养任务，拥有 85%的国家重点学科和 96%的国家重点试验室，占有 70%国家科研经费。

2. 办学机构

宁波诺丁汉大学。宁波诺丁汉大学是中国改革开放后中国政府（时任省委书记习近平引进的第一所国际化办学机构），学校采用全英教学。教材从英国诺丁汉大学引进，师资全部由英国诺丁汉大学选聘，采用英国诺丁汉大学教育质量评估体系，共享英国诺丁汉大学网络和教学资源，颁发英国诺丁汉大学文凭。是一所中国最国际化的大学。招生条件特殊：一是本科以上录取，二是英语成绩 135 分以上，三是每年学费 6 万元（2015 年增加到 8 万元 / 年），四是只招收一本，不招收二本。

3.“双一流”高校。教育部、财政部、国家发展改革委印发《关于印发一流大学和一流学科建设高校及建设学科名单的通知》公布其名单。

一流大学建设高校 42 所。（A 类 36 所）北京大学、中国人民大学、清华大学、北京航空航天大学、北京理工大学、中国农业大学、北京师范大学、中央民族大学、 南开大学、天津大学、大连理工大学、吉林大学、哈尔滨工业大学、复旦大学、同济大学、上海交通大学、华东师范大学、南京大学、东南大学、浙江大学、中国科技大学、厦门大学、山东大学、中国海洋大学、武汉大学、华中科技大学、中南大学、中山大学、华南理工大学、四川大学、重庆大学、电子科技大学、西安交通大学、西北工业大学、兰州大学、国防科技大学。

（B 类 6 所）东北大学、郑州大学、湖南大学、云南大学、西北农林科技大学、新疆大学。

（六）收藏

1. 国家规定的 7 个节日。元旦、清明、五一劳动节、端午、中秋、国庆、春节。

2. 国家公务员如何践行核心价值观。“忠诚、为民、务实、清廉、卓越”是公务员核心价值观。是党和人民对公务员队伍的基本要求。是广大公务员必须自查坚持的共同价值取向。“忠诚”是队伍本色。就是忠于党、忠于国家、忠于人民、忠于法律、忠于职守。“为民”是根本宗旨。就是人民至上、服务为本、始终把人民放在心中最高位置，做到权为民所用、情为民所系，利为民所谋。“务实”是良好作风。就是实事求是，说实话、办实事、求实效。“清廉”是基本指导。就是清正廉明、无私奉献。“卓越”是不懈追求。就是要干就干最好、要做就做第一、敢于人先、争创一流。

3. 精准扶贫小知识

①六个精准：扶持对象，项目安排，资金使用，措施到户，因村派人，脱贫效果。

②四个切实:落实领导责任,做到精准扶贫,强化社会合力,加强基层组织。

③五个一批:通过扶持生产和就业、发展一批;通过移民搬迁一批;通过资金扶贫与低保政策兜底一批;通过医疗救助扶持一批;通过生态补偿脱贫一批。

④精准扶贫"十项工程"。即发展生产脱贫工程、乡村旅游脱贫工程、转移就业脱贫工程、易地搬迁脱贫工程、教育发展脱贫工程、医疗救助帮扶工程、生态补偿脱贫工程、社会保障兜底工程、基础设施配套工程、公共服务保障工程。

⑤"四跟四走"。资金跟着贫困对象走,贫困对象跟着致富能手走,致富能手带着贫困人口跟着产业项目走,产业项目跟着市场走。

⑥建档立卡档册资料基本要求。发一册,贴一牌,建三档,挂五图。一册即扶贫手册,一牌即结对帮扶责任牌,三档即贫困户、贫困村、乡镇档案。五图即开发条例,解读漫画,扶贫规划摘要,脱贫攻坚时间表,脱贫攻坚责任书

4.勿忘乡愁—故乡

每到春节,就有一股浓浓的乡愁迷漫着很多人的心头。从年前"一觉醒来是故乡"的期盼,到返城前"再看一眼雪中家乡"的眷恋,故乡这个词唤起多少回忆与感触。

"难忘日间禾苗香,最忆夜半月如霜。斜晖脉脉千村照,黄水悠悠万里长。念少时,想亲娘,此心安处是吾乡" 。对很多人而言,回乡过年是一次温暖的旅程。然而返乡情怯,当不少漂泊者们把房价压力、雾霾侵袭、职场纷扰就等抛在脑后,却发现梦中的故乡已恍如隔世,从而发生"故乡去哪儿了"的感慨。

大有大的难处,小有小的痛处。当特大城市陷入人口爆炸困境,承载能力日益逼近极限,当一些人疾感"长安米贵、居大不易"。呼喊着:"逃离北上广",却更发现,家乡小城虽进生活压力小些,却有着"机会更少、关系更多"的困扰,"拼能力不如拼爹娘"的重压,"物质更浓、精神更淡"的迷惘。

故乡、或许不能安放一份乡愁、却难以永载躁动的梦想。

迁徙者的身影,诉说着无数个体的命运轨迹,又何尝不是城镇化进程中诸多问题的缩影?多少年,大城市凭着政策和资源优势,在极度扩张和膨胀后中成为巨人。相比之下,不少中小城镇显得落后乃至凋敝。大片的农村地区更是成为被遗忘的角落。迁徙的故事,由此凸显更深层的问题语境—教育资源分布不均,让更多的人远离家乡;区域发展不平衡,强化着"人往高处走"的磁场。蜂蛹而往大城市的城市化定然不是方向,失去人气,流失人才的中小城镇难免彷徨于无地。比筑城更重要的命题是,如何在故园的地基上生长出孵化梦想的温床。

那些义不反顾的奔赴和逃离,与其说是向往城市,不如说是向往更多的发展机遇,更好地成长氛围,更大的生命张力……

后　记

2016年12月，根据州人民政府文件要求和县人民政府副县长尚远道批示，泸溪县教育和体育局与县史志办决定编纂《泸溪教育志》。志书编纂历时2年，终于告罄付梓。

《泸溪教育志》由序、概述、大事记、专志篇目、附录、后记构成。上限追溯至事物发端，下迄2018年年底，秉笔勾勒了泸溪教育发展真实轨迹，是泸溪县第一部正规出版的教育专业志书。

《泸溪教育志》所载资料，跨越2000多年时空，编修工程浩繁。编辑人员走访了全县所有中小学校和老教育人，在搜集整理大量资料基础上，去伪存真，远略近详，还原历史，比较清晰地记述了泸溪教育事业发展历程，特别是中华人民共和国成立后教育事业取得的辉煌成就。

《泸溪教育志》编纂成书，得到了县委办常务副主任黄海龙、县政府办主任陈永辉等的大力支持和帮助，得到了县教体局和各中小学的鼎力支持，在此表示感谢！同时，也凝结着全体编辑人员辛勤劳动和县教体局机关及全县中小学校资料收集编修人员的默默付出。大家怀着热爱泸溪、热爱教育、潜心修志的胸怀，在资料收集和编写过程中，不为艰辛笔耕而悔怨，却以能为志书编纂付出劳动而备感欣慰。

《泸溪教育志》跨越历史时间长，内容纷繁，虽经精心布局谋篇和多次修改校勘，囿于水平所限，加之时间仓促，纰漏误谬在所难免，恳请广大读者、方志专家和教育界同仁不吝赐正。

编者

2018年9月

参考书目及网站资料

一、参考书目

《泸溪县志》(乾隆二十年(1775)版)

《泸溪县续修县志》(中华民国29年(1940)版)

《泸溪县志》(1993年版)

《泸溪县志》(2005年版)

湘西土家族苗族自治州志丛书《教育志》

《泸溪县教育志》(1982年版,未正规出版)

《泸溪县组织史》

《泸溪县第一中学校志》(1993年版,未正规出版)

《泸溪县历代大事记》

《中国共产党泸溪县大事年表》

《中共泸溪县历代大事记》

《泸溪文史资料》1～12辑

《泸溪年鉴》

二、相关网站资料